KB163386

제국신문과 근대

매체 · 담론 · 감성

제국신문과 근대

매체 · 담론 · 감성

지은이

김복순

박애경

김현주

최기숙

김기란

박상익

배정상

김윤선

문일웅

이경현

이대형

장영숙

이경하

현실문화

일러두기

1. 필자에 따라 신문, 인명 표기가 다른데(데국신문/제국신문, 탄해생/탄히생 등), 이는 각 글의 특성과 지은이의 의견에 따른 것이다.
2. 신문과 잡지명에는 겹낫표(《 》)를, 기사 제목에는 큰따옴표(" ")를 붙였다. 단행본은 겹꺾쇠(『 』)로, 단편소설과 시, 논문은 홀꺾쇠(「 」)로 표기했다.
3. 이 책에서 인용한 각 신문의 글은 가능한 한 원문 표기를 살렸지만, 가독성을 높이기 위해 띄어쓰기만은 현대어 표기에 따랐다. 다만 당대의 한글 표기가 통일되어 있지 않았고, 오늘날의 어법과 차이가 있어 표현의 통일성이 온전하게 구현되지 못한 부분이 있다. 판독이 불가능한 어구는 '□'로 표시하였고, 인용자가 별도로 밑줄 등의 강조 표시를 한 경우에는 각주나 인용부 끝에 해당 내용을 밝혔다.

차례

발간사

1898년 8월 10일에 창간되어 1910년 3월 31일까지 간행된 《제국신문》은 국문 표기를 원칙으로 삼아 이른바 '언문 대중'을 독자층으로 포섭하고 근대 국민으로 견인하는 역할을 한 근대 초기의 대표적 신문 가운데 하나다. 《제국신문》은 가장 오랜 기간 동안 순국문으로 발간되었고 여성과 사회적 소외계층을 주요 독자층으로 삼았다는 점에서 여타의 근대 초기 신문과 구별된다. 내용 면에서도 다양한 사회 계층의 일상생활과 관심사, 흥미와 취향을 반영한 담론과 기사가 배치되었다는 점에서 뚜렷한 독자성을 지닌다.

지식인이 주도하는 대중 계몽의 유력한 도구로서 '논설'이라는 글쓰기 양식이 활용된 것은 《제국신문》도 마찬가지다. 그러나 《제국신문》의 '논설'에는 여성의 투고와 기서, 별보 등이 실림으로써, 여성이 대중을 향해 사회적 발언을 하는 '발신자'로서의 문화적 위치를 점유할 수 있었다. 비록 그 비중이 크지 않고, 대체로 근대 계몽의 이론을 지지하거나 생활적이고 경험적인 차원에서 이를 보완하는 내용에 해당하지만, 역사·사회적 차원에서 볼 때 여성 독자가 사회적 발언을 통해 대중 계몽의 주체로 인식되었다는 것은 간과할 수 없는 의미를 지닌다.

《제국신문》에는 논설 외에도 잡보나 외보, 소설, 광고 등 다양한 지면이 배치된다. 그중에서도 제국신문의 잡보는 근대의 일상과 생활사가 일종의 '사건'의 형식으로 기재되었다는 점에서 주목을 요한다. 독자가 알아야 할 근대 계몽의 지식 정보 이외에 정치·경제·사회·문화·외교 등 독자가 알아야 할 국민의 '지식'을 제공함과 동시에 생활과 일상의 사건 기사가 실림으로써, 당대의 일상 경험과 감수성을 파악할 수 있는 문화사적 자료를 제공했기 때문이다.

《제국신문》에서 수록된 서사에 주목해야 하는 이유는 두 가지 차원이다. 첫째는 글쓰기 방식의 보편화된 형태로서의 서사적 글쓰기이다. 둘째는 독립된 문학 장르로서의 서사 양식이다. 전자의 경우는 논설란이나 잡보란의 글쓰기 방식을 통해 확인된다. 논설란에는 김영민이 문학사적으로 명명한 '서사적 논설'로 볼 수 있는 글들이 상당수 실려 있다. 또 잡보란에는 '서사적 기사'가 다수 수록되어 독자의 관심과 흥미를 유발하는 경우가 많았다. 본격적인 소설 양식을 다룬 것도 주목할 만하다. 《제국신문》에는 이인직의 『혈의루』 하편과 『고목화』를 비롯해 『빈상설』, 『원앙도』, 『구마검』, 『홍도화』(상편) 등의 이해조 소설도 연재 수록되었기 때문이다. 그리고 이것들은 모두 '국문'으로 표기되었다. 말하자면 《제국신문》은 국문을

통한 대중문화의 저변 확대와 사회적 포섭을 적극적으로 실천한 매체라고
할 수 있다.

12년에 달하는 제국신문의 발행분 중 1898~1902년분은 오래전에 영인
되었지만, 그 후로도 오랫동안 나머지 발행분은 일반에 공개되지 않았다.
그러던 중 2011년에야 1903~1907년 5월까지의 발행분이 영인되었고,
2012년에 근대초기매체연구회에서 지금까지 공개되지 않았던 1907년 5
월 14일~1910년 2월말까지의 발행분을 접하게 되었다.

근대초기매체연구회는 2004년부터 《제국신문》, 《황성신문》 등의 근대
초기매체에 나타난 지(知), 담론, 일상, 문화, 서사를 연구하고 있다. 본 연
구회는 2년여의 작업 끝에 이 미공개 발행분의 논설을 따로 모아 자료집으
로 출간하면서, 그동안 《제국신문》을 대상으로 한 학계의 연구 동향과 추
이를 정리할 필요가 있다고 판단했다. 이에 따라 《제국신문》을 대상으로
한 선행 연구 중에서 매체, 담론, 감성의 차원에서 이 신문을 새롭게 해석
하거나 의미 있는 논점을 제출한 논문을 선별하여 한 권의 책으로 엮어내
기로 했다. 이는 미공개 자료를 학문적으로 공유함으로써 향후 근대 초기
의 역사와 문학, 문화와 사회에 대한 연구의 방향을 재설정하고, 나아가 근
대초기의 신문매체에 대한 연구의 전망, 특히 근대 매체로서의 《제국신문》
의 독자성과 특수성에 대한 연구가 필요하다는 판단에 따른 것이다.

제1부는《제국신문》을 통해 본 여성의 문화적 위치와 대중 독자의 감성에 관한 논문으로 구성되었다. 동시에《제국신문》을 통해 발신된 여성적 감수성과 생활적 감각을 규명한 논문들을 실었다. 당시에 여성은 근대의 타자로 간주되어 계몽의 대상으로 여겨졌을 뿐, 계몽의 주체라는 인식이 미약했다. 그러나《제국신문》은 여성을 적극적인 계몽의 주체로 상정하면서 사회와 가정, 국가와 세계에서 여성의 위치와 역할에 대해 논의하는 담론 공간을 제공해왔다. 이 신문에는 지식층 여성뿐 아니라 일반 부녀자들, 당대의 소외된 여성층인 첩, 무녀, 기생, 노파, 천민 여성을 둘러싼 다양한 담론과 기사가 게재되었다.

여기에 실린 논의들 중에는 근대 계몽을 주도한 남성 지식인의 논지와 일치하는 것도 있었지만, 그것과 차이를 보이며 균열을 일으키고 때로는 근대계몽의 논리 자체에 위배되는 문화적 관습과 태도, 감수성도 발견되었다. 이 또한《제국신문》을 통해 파악할 수 있는 근대적 현장이자 일상적 현실이다. 이 글들을 통해 하나로 획일화될 수 없는 근대의 다면성과 복합성을 확인하고, 지식인-남성 중심의 근대 해석에서 벗어나, 지배층 중심의 담론 형성 경로를 확정하지 않는, 근대에 대한 열린 이해의 가능성이 개방되기를 기대한다.

제2부에 실린 논문들은 서사 양식과 글쓰기에 나타난《제국신문》의 매

체적 특성을 살폈다. 이 글들은 논설과 유학생의 기서, 잡보 기사와 소설에 이르는 다양한 형식의 글쓰기 양식과 수사학에 대해 고찰했다. 근대의 논설이 지식과 논리에 근거를 둔 계몽적 주장의 글쓰기라면, 근대의 기사는 실제로 발생한 사건의 사실성과 현장성에 근거해 일종의 공적 정보에 대한 공통 감각을 형성했다. 한편 서사는 독자의 공감을 통해 비로소 완결되는 이야기 구조를 취하기 때문에, 여기에는 근대 이전부터 이어져 온 문화사적 감수성이 개입되고, 근대에 새로 유입된 문물과 지식, 정보와 감성 등의 요소가 결합되어 있었다.

이와 더불어 유학생의 기서는 외국이라는 세계 경험을 통해 자국의 위치를 재확인하고 교섭의 방향을 발견하는 경험을 공유하는 문화적 장이었다. 제2부의 논문들을 통해《제국신문》에서 모색되고 실험된 다양한 글쓰기가《제국신문》이라는 언론매체를 통해 어떻게 정착하고 유통되며, 문화적으로 확산되었는지가 정밀하게 탐구될 수 있을 것으로 기대한다.

제3부에는 근대의 신문에서 중요한 사회적 기능을 담당했던 근대 계몽과 지식 담론이 어떻게 신문이라는 매체를 통해 독자와 교섭하고 상호 영향을 미쳤는지에 초점을 맞춘 논문들을 실었다.《제국신문》창간의 역사적 맥락성에 대한 사회사적 탐구에서부터 근대 초기에 계몽 담론의 주류를 이루었던 '학문론' 및 오피니언 리더로서의 역할을 하던 논설란의 근대

계몽 담론을 연구했다. 이를 통해 《제국신문》의 당대 문화적 위치에 관해 숙고하는 계기를 마련하고자 했다. 동시에 이를 구체적으로 전달하는 수사적 특질을 살핌으로써 근대적 담론이 발신되고 교신되는 실제의 양상을 분석했다.

제3부에서는 신문이 일방적으로 대중-독자에게 발신하는 언론의 권력적 특성 및 해석을 지양하기 위해 매체와 독자 간의 상호 교섭 양상에 주목했다. 이에 따라 동시대 독자들의 발언에도 주목함으로써 매체 연구에 대한 균형감을 갖추고자 했다. 독자 투고를 통해 계몽담론의 추이를 살펴본 것이나 광고란에 대한 연구를 통해 독자-발신의 사회사에 대한 고찰을 다룬 논문들이 그것이다.

근대성 연구가 일반론적이고 보편적인 서술로 이루어지고 있는 것은 지금까지 근대성 연구의 성과이자 한계이다. 본 연구회는 '하나이지 않은' 근대의 실상을 파악하는 것이 중요하다고 판단하고 있다. 이는 그간 근대성 연구가 축적한 성과의 토대 위에서 가능한 결과였다. 앞으로 각 매체별 연구의 독자성과 개별성이 이루어져야 할 것으로 보고 있으며, 젠더, 계층, 지역, 세대, 문자 등, 여러 관점과 요소로 근대를 재성찰하려는 연구를 지속하고자 한다.

이 책에 글을 실을 수 있도록 수락해주신 여러 필자들께 진심어린 감사를 전한다. 좋은 논문이 많았지만, 한 권의 책이 갖는 물리적 한계로 인해 좋은 논문을 모두 싣지는 못했다. 앞으로 연구논문집을 한 권 더 출간할 계획이다. 후속 작업을 기약하며 학계 연구자 여러분의 관심을 부탁드린다.

2014년 9월

근대초기매체연구회와 필자들을 대신하여

최기숙 씀

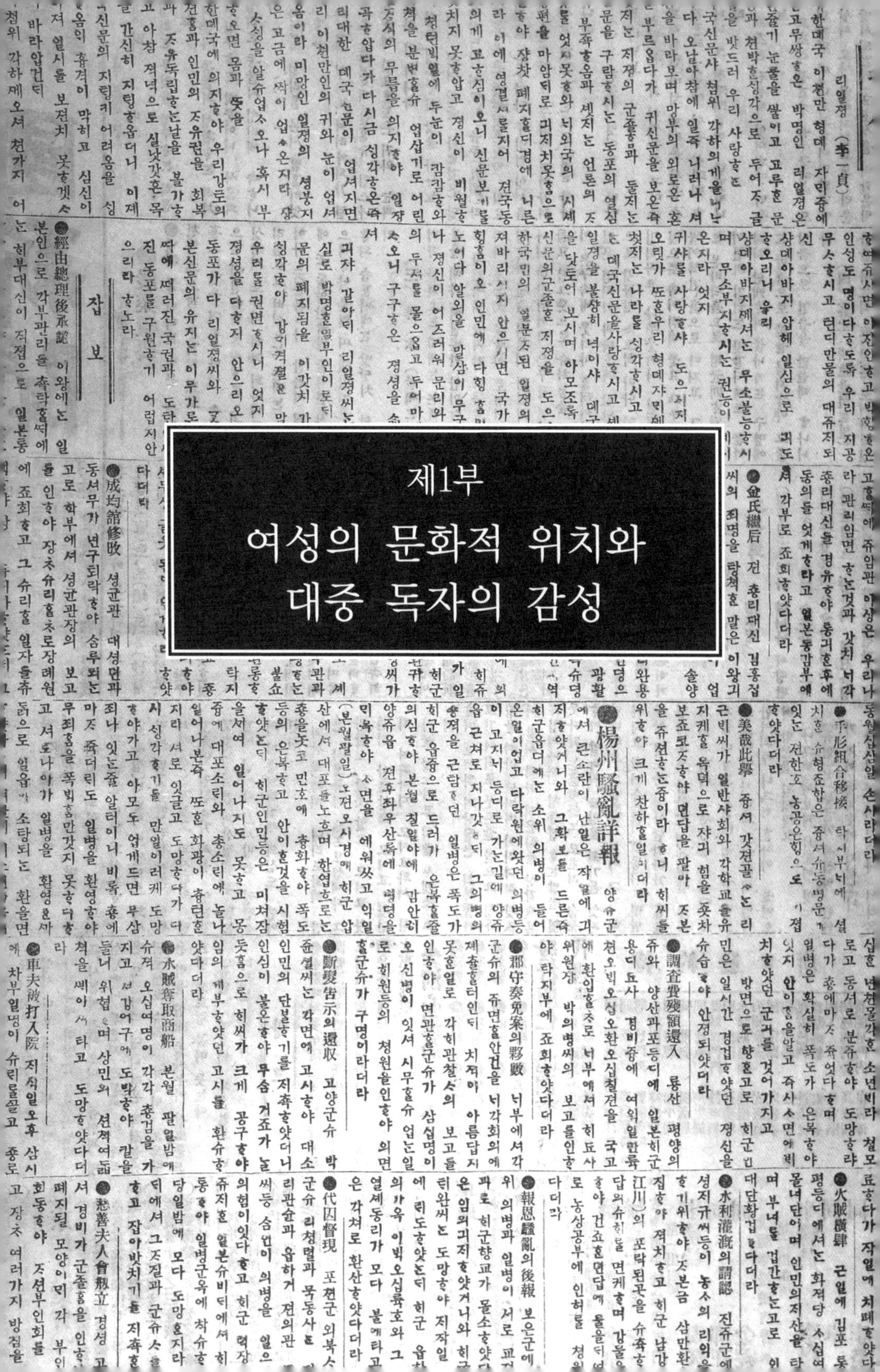

제1부

여성의 문화적 위치와 대중 독자의 감성

《제국신문》의 힘

'여성 감각'의 탄생

김복순

1. 페미니즘 인식론으로 보는 '계몽과 감성'의 연관

주지하다시피 감각(성)[1]은 이성에 비해 역사 발전에 별로 기여하지 못하고 학문적으로도 별로 주목받지 못한 채 주변부에 머물러왔다. 18세기 서구에서 계몽주의가 발생한 이후나 근대 초기 조선에서 사회개혁 운동이 폭넓게 일어났을 때도 사회개혁이나 체제의 변혁을 이끌거나 문명개화를 이루는 데 기여한 것은 이성이라고 인식되었지 감각(감성)이라고 인식되지는 않았다. 역사 발전 과정에서 감각(감성)은 이처럼 거의 도외시되어왔다.[2]

---

1   감각, 감정, 감성, 정서 등의 개념은 아직 우리 학계에서 깊이 있게 연구되지 못했다. 이들이 어떻게 같고 다른지, 또 서로 어떤 구조와 지평 속에서 논의될 수 있으며, 서구적 맥락에서 말하는 것과 동아시아의 맥락, 한국적 맥락이 과연 일치하는지에 대해서도 불확실하다. 여기서는 감성에 대해, 감각을 매개로 외부의 자극을 받아들이는 능력으로 의미화하면서, 각각에 대응되는 단어와 관련해 동일 맥락에서 사용하기로 한다.

2   호남학연구원 인문한국사업단, 『감성담론의 세 층위』, 경인문화사, 2010. 여기서는 균열, 분출, 공감의 세 층위로 감성을 범주화 하면서, 이들이 각각 개체(별)적인 것, 사

페미니즘 인식론은 감각이 이성에 비해 열등하다고 보는 전통적 인식론을 거부한다. 플라톤의 이분법적인 이성 중심적 세계관 이래, 감각은 열등하고 수동적인 인식 능력으로 여겨져 왔고, 이성/감각의 대립에 남성/여성의 성적 은유를 작동시키면서 인식론적 우열을 존재론적 우열로 치환해 왔다. 하지만 감각은 사실을 파악하는 준거, 세계가 세계로 인식되는 방식이기도 하다. '그 자체로 현존하는 리얼리티'이지만, 플라톤 이래 감각(감성, 감정)에는 리얼리티가 부여되지 않았다. 그 어떤 지식도 감정·직관·느낌과 분리되어 있지 않다는 점에서, 각 개별자의 감각, 느낌 등 감성의 실질은 '그 자체로 틀릴 수 없는' 진리의 기준이다. 따라서 감각(감성, 감정)을 배제하는 것은 소위 객관적 실재를 왜곡하는 것이다. 이성·논리에 의한 인식 방법이나 직관과 감각적 인식 방법 모두 세계 인식 방법 중 하나라는 사실에 주목할 필요가 있다. 방법이 다를 뿐 우/열은 아닌 것이다.[3]

모든 억압과 불평등을 개선, 극복하고자 하는 페미니즘은 '차이'를 중시한다. 차이를 차이로 보고 제대로 자리매김하는 것이야말로 틈입해 있는 억압을 발견, 해체하는 길이 되기 때문이다. 차이를 인식하지 않거나 덮어둘 때 그 차이에 내포된 억압은 사장되거나 왜곡된다. 그러나 이 같은 '차이'는 오랫동안 '발견'되지 못한 채, 여성을 동일 집단, 동일 계층으로 인식하는 오류를 범해왔다. 주체와 타자, 지식인 엘리트와 민중, 남성과 여성,

---

회적(집단적)인 것, 미학적인 것으로서의 감성에 대응한다고 보았다.

3   전통인식론에 대한 페미니즘 인식론의 도전 및 페미니즘 인식론의 이론적 특징, 감각을 복권하는 방법에 대한 폭넓은 논의는 연효숙, 「전통인식론에 대한 여성주의적 도전」, 『철학의 눈으로 읽는 여성』, 철학과 현실사, 2001; 연효숙, 「지성과 감성, 그리고 에로스─감성적 여성에 대한 다시보기」, 『철학의 눈으로 읽는 여성』, 철학과 현실사, 2001; 박의경, 「여성학적 인식론의 발견과 그 사상사적 지평」, 『동아시아와 근대, 여성의 발견』, 청어람미디어, 2004; 김복순, 『페미니즘 미학과 보편성의 문제』, 소명, 2005; Sally Haslanger, "Objective Reality, Male Reality, and Social Construction, Garry·Pearsall ed., *Woman, Knowledge, and Reality*, Routledge, 1996, 참조.

여성 내의 각 계층별, 계급별 차이에 따라 인식 체계 및 감성 체계가 다를 수 있다는 아날학파의 주장에 귀 기울인다면[4] 각각의 차이를 담지할 수 있는 이들의 세계 인식 과정, 역사 이해 방식, 커뮤니케이션 방식 등도 역시 차이를 드러낼 수 있다.

이 글에서는 근대 초기에 일정하게 사회개혁을 표방했던《제국신문》을 대상으로 '차이'의 문제를 검토해보고자 한다.《제국신문》은 부녀자 계몽을 주요 목적 중 하나로 제시하고 있었다. '독립신문은 민중을 선도하는 근본이지만 부녀자의 개명에는 아직 이르지 못하였다. 만약 신문을 발행한다면 반드시 부녀자 계몽지를 창간할 일이다.'[5] 다른 신문과의 차별성을 확보하기 위해《제국신문》은 부녀자 계몽을 핵심 기치로 내걸었던 것인데,《독립신문》과의 차별성이 '부녀자 계몽'이라면《황성신문》과의 차별성은 국문체라는 문체의 변별성이었다. 이런 탓에《제국신문》은 황성신문과 대비되어 '암[雌]신문'과 '수[雄]신문'으로 불리기도 했다.[6] 즉 제국신문은 주요 독자층을 '부녀자'로 상정하여, 부녀자들이 읽기 편한 국문체를 매체의 수단으로 삼아 폭넓은 교양을 펼치려 했다고 평가하고 있다.[7]

---

4   김복순, 『페미니즘 미학과 보편성의 문제』, 소명, 2005, 17쪽.

5   이종일, 『묵암비망록』, 1898년 1월 10일. 제국신문사 사장이었던 이종일이 1898년 1월 10일자 일기에 남긴 말이다. 이외에도 이종일은 1898년 6월 12일, 1898년 8월 5일, 1898년 8월 20일 등 여러 곳에서 이러한 의지를 분명히 피력한 바 있다.

6   최기영, 「제국신문의 간행과 하층민 계몽」, 『대한제국기 신문연구』, 일조각, 1991, 11쪽.

7   《제국신문》을 부녀자 신문이라고 규정하는 것은 '선입견' 또는 일종의 '낙인'이라 해석한 연구가 있다.《제국신문》창간사에서 특별히 그 대상을 밝힌 것도 아니며, 이종일 혼자 신문을 발간한 것도 아니라는 것이다. 또 국문으로 발간했다는 사실이 부녀자 계몽을 목적으로 발간되었다는 것을 보증하지 않으며,《제국신문》이 특별히 여성에 대한 관심을 드러낸 것도 아니라는 것이다. 그보다는 오히려 나라의 전체 구성원을 대상으로 했다고 보아야 한다는 것이다(이경현, 「《제국신문》초기 논설에 나타난 학문의 성격과 동양 사유방식」, 《한중인문학연구》 14, 2005, 68~70쪽). 물론 모든 신문은 잡

그런데 《제국신문》이 말하는 부녀자가 동일한 것인가 질문해볼 필요가 있다. 제2물결 페미니즘 시기까지의 페미니즘의 가장 큰 한계라면 '차이'를 고려하지 못한 것이었다. 여성층은 실로 다양하여 페미니즘이 지향하고 극복해야 할 방법도 다를 수 있다. 즉 서구의 경우만 하더라도 중산층 여성과 노동계층 여성은 그 물질적 기반이 다르고, 그에 따라 인식방법이 다를 수 있으며, 감각도 다를 수 있다, 또 서구 근대화를 일찌감치 달성한 나라와 제3세계 국가의 여성도 다를 수 있다. 제3세계 내에서도 중산층 여성과 노동계급 여성이 다를 수 있으며, 중산층 여성 가운데서도 워킹 맘과 전업주부가 다를 수 있다. 같은 제3세계라 할지라도, 또 제2차 세계대전 전에 서구의 식민지화를 경험한 나라라 할지라도 동양/서양 식민지였느냐에 따라서도 '방법'적 차이를 드러낼 수 있다.

따라서 여성층을 동일하다고 전제하고 접근하는 것은 매우 위험할 수 있다. 물론 때에 따라서는 '동일성'을 드러낼 수도 있다. 예를 들면 남성과의 대비적 측면에서 비교할 때는 남성 대 전체 여성이라는 구도가 작동할 수 있다. 하지만 무엇을 대비적 관점으로 삼느냐에 따라 여성층은 비동일성을 드러낼 수도 있다. 앞서 언급한 남성층과의 대비적 관점에서도 비동일성을 드러낼 가능성도 물론 있다. 실제로 《제국신문》에서는 "부인도 층층이오 스부도 층층 남의 첩도 층층"[8]이라는 인식이 여러 곳에서 확인된다. 기존의 연구에서는 이러한 차이를 적극적으로 보지 못했다. 여성의 독자

지와 달리 전 집단 구성원을 대상으로 한다. 잡지의 경우 특정 계층을 주요 대상층으로 상정하는 경우가 많지만, 신문의 경우는 그렇지 않다. 전 계층을 대상으로 하더라도 주요 대상층을 특정 계층으로 상정할 수 있으며, 창간 당시 다른 신문과의 차별성을 들어 자사의 정체성으로 제시하는 것은 전략상 매우 필요한 방법일 수 있다는 점에서, 《제국신문》의 '부녀자 신문'이라는 정체성은 다소 과장된 것일 수는 있어도 선입견이라거나 낙인이라고 하기는 어렵다.

8   신소당, '기서', 《제국신문》, 1898년 11월 10일.

투고를 발견하고 차이를 언급하는 데서 그치거나[9] 남성의 글쓰기와 '차이 없음'을 강조하면서 여성의 글쓰기가 남성의 글쓰기에 비해 열등하지 않음을 강조하고 있다.[10]

이 글에서는 《제국신문》이 말하는 여성이 '동일하지 않을 수 있다'는 가정 아래 미세한 차이라도 적극적으로 읽고자 한다. 《제국신문》 소재 여성 독자 투고를 대상으로[11] 당시의 제 담론들이 어떻게 인식, 수용되었는지를 검토할 것이다. 독자투고는 대개 기서, 별보 형식으로 처리되었고 때로는 잡보란에 소개되기도 했는데, 이들 기서, 별보, 잡보란 간의 내용 및 인식 방법이 달라지는지의 여부도 검토할 것이다. 이 시기의 여성들은 계몽의 대상으로 부각되었는데, 과연 계몽의 대상으로만 존재했는지도 아울러 검토할 것이다.

《제국신문》이 간행된 근대 초기는 서구 문물이 물밀듯이 쏟아져 들어오면서 우리의 인식체계를 교란하던 시기였다. 이 시기에 독자 투고를 통해 드러난 여성들의 인식 방법은 이성/감각 = 우/열 = 남성/여성이란 이분법적 위계를 형성하고 있었는지 검토할 것이다. 이는 근대 초기가 자기 식민화의 과정을 겪고 있었는지, 있었다면 그 구체적인 모습은 어떠한 것인

---

9   이경하, 「《제국신문》 여성독자투고에 나타난 근대계몽담론」, 《한국고전여성문학연구》 8, 2004.

10   홍인숙, 『근대계몽기 여성담론』, 혜안, 2008.

11   지금까지 《제국신문》은 1907년까지의 자료만 공개되어 있었다(한국학문헌연구소 편, 《제국신문》 창간호~1902년 2월, 아세아문화사, 1986; 국립중앙도서관 소장본, 《제국신문》 창간호~1903년 7월; 이화여자대학교 한국여성연구소 편, 『한국여성관계자료집 근대편』 상·하, 이화여대출판부, 1979, 1980). 『한국여성관계자료집』에도 《대한매일신보》, 《황성신문》, 《만세보》의 자료는 1910년 8월까지 수록되어 있으나 《제국신문》의 경우 1907년 10월 18일 이후의 것은 누락되어 있다), 이번에 필자는 《제국신문》 1907년 10월부터 1909년 2월까지의 자료를 확보해 공개한다. 여성 담론과 관련해서는 이 글에서 최초로 공개하는 것이다.

지를 살펴보는 작업이기도 하다. 특히 신문 중 타자였던《제국신문》[12]이 정체성 또는 자기 식민화의 모습을 어떻게 형성해갔는지를 확인하는 것은 타자성의 재생산 또는 극복과 관련해 매우 중요하다. 이 글은 이러한 질문으로부터 시작한다.

2. 여성의 계층별 '방법'의 차이

2.1. '타자-여성'의 경우

2.1.1. 구학문적 지성형: 국민/젠더의 '우선성'의 차이

《독립신문》의 독자 투고는 거의 남성들이 독차지하고 있었으나,[13]《제국신문》의 경우는 달랐다.《제국신문》에는 타 신문보다 여성 독자의 투고가 훨씬 많이 실렸다.[14]《독립신문》은 독자 대상을 '상하귀천이 없는 조선

---

12 《제국신문》은 앞서 언급했던 바와 같이 당대에도 신문 중의 타자였다. '암신문'이라는 표현은 이러한 타자성을 집약해 보여준다. 암신문에 투고된 여성의 글은 타자 중의 타자로서 '중첩적 타자성'을 지닌다. 그런데《제국신문》은 당대뿐 아니라 현재에도 타자화되어 있다는 것이 필자의 입장이다. 근대 초기에 발간된《독립신문》,《대한매일신보》,《황성신문》에 비해《제국신문》은 현재에도 '암신문'적 존재 가치로밖에 인정되지 않고 있다. 이 시기를 다룬 연구에서도 유독《제국신문》만은 언급조차 되지 않고 있는 실정이다. 이화여대 한국문화연구원,『근대계몽기 지식개념의 수용과 그 변용』, 소명, 2004;『근대계몽기 지식의 발견과 사유 지평의 확대』, 소명, 2006;『근대계몽기 지식의 굴절과 현실적 심화』, 소명, 2007.

13 채백, 「독립신문 독자투고의 현황과 특성에 관한 연구」,《언론과 사회》3, 1994; 서순화, 「독립신문의 독자투고 연구」, 충남대 사학과 박사학위논문, 1997.

14 《제국신문》의 경우 창간부터 1907년 10월 중순까지의 독자 투고는 모두 311건이며 이중 여성의 것은 21건이다. 이는 동 시기의《황성신문》이 5건,《매일신문》이 2건,《대한매일신보》가 14건,《만세보》가 6건인 것에 비해 압도적으로 많은 숫자다. 총 48

전국의 인민'으로 상정하고 국문을 택해 서민 부녀자층까지 확대[15]했지만 실제 여성의 목소리는 거의 배제되어 있었다. 여성은 《독립신문》에서 결과적으로 '타자'였다. 이러한 상황은 1905년 이후의 《대한매일신보》나 《황성신문》보다 더욱 심했다. 이는 《대한매일신보》나 복간한 《황성신문》에 여성의 독자 투고가 기하급수적으로 증가했기 때문이지 《독립신문》에 비해 갑자기 여성에 대한 인식이 바뀌었기 때문은 아니었다. 정도의 차이는 있으나 여성이 '타자'였음은 《대한매일신보》와 《황성신문》도 《독립신문》과 마찬가지였다.

이에 반해 《제국신문》은 여성의 글쓰기를 최대한 보장하려 했다. 독자 투고는 각 계층의 다양한 의견을 수렴, 반영하기 위해 활용한 방편으로서, 여론 수렴이라는 공공성을 확대시켰다. 독자투고를 통해 신문사는 구체적인 독자의 모습을 확인할 수 있었으며, 독자들의 언론 매체 수용양상도 확인할 수 있었다.

여성의 글쓰기는 우선 문자 해독력, 문장 가독력을 전제로 한다. 이 시기 글쓰기가 가능했던 여성은 최소한 국문을 읽고 쓸 줄 아는 능력이 있어야 했다. 양반가 여성들 중에는 『소학』, 『내훈』 등을 어릴 적 수학한 경우도 있었고 한문은 익히지 못한 채 국문만 익힌 경우도 있었다.

건 중 거의 절반가량에 속한다. 1907년 10월 중순부터 1909년 2월까지의 경우에도 《제국신문》 15건, 《대한매일신보》 10건, 《황성신문》 6건, 《경남일보》 1건으로, 총 32건 중 절반인 15건이 《제국신문》에 실렸다. 각 신문의 발간 연도가 다르기는 하지만 《제국신문》은 발간 기간 내내 다른 신문보다 재정 압박에 더욱 시달리며 정간, 속간을 되풀이했고, 전체 지면 수도 《대한매일신보》 등이 1일 4면인 데 비해 2면에 불과했다는 점, 전 기간 내내 고루 여성 독자 투고가 실렸다는 점이 고려되어야 한다. 1907년 10월 중순부터 1909년 2월까지의 《제국신문》 투고 15건의 여성 필자를 밝히면 윤정원 4건, 하소사 1건, 표준경 1건, 이소사 2건(기사는 6건), 대한부인회 회장 2건, 한동년 1건, 북촌 일과부 1건, 자혜부인회장 2건, 변월당 1건, 한남여사 1건이다.

15　'논설', 《독립신문》 창간호, 1896년 4월 7일.

구학문적 지성[16]의 여성들은 '남성의 타자'로서, 수신자를 어떤 계층으로 상정하느냐에 따라 대체로 두 유형으로 나누어진다. 수신자를 남/녀 범주를 특화시키지 않고 '국민'으로 상정한 경우와, '타자-여성'에게 발언한 두 가지가 그것이다. 전자의 경우로 한남여사와 이일정을, 후자로는 신소당을 대표적으로 들 수 있다.

1) 이 시되에 최고급선무는 인민을 교육ᄒ야 지식을 기발케 홀지어날 유독 아한은 츙효례지의지방이요 신셩흔 민족으로 세계에 유명ᄒ야 (…) 학문이 미기ᄒ고 교육이 불흥한 소이러니 (…) 긔호ᄂ 잠영지향으로 (…) <u>긔호제공이여</u> 국가의 간위흔 ᄶᆞ를 당ᄒ야 기연히 동심합력ᄒ야 긔호흑회를 셜립ᄒ고 (…) 국권의 회복홈과 민지의 기발홈과 (…) 모다 긔호에 잇다 ᄒ여[17]

2) 박명인 리일정은 <u>한쥴기 눈물을 쑬이고 고루한 문견과 쳔박흔 싱각으로 두어자 글월을 밧드러</u> (…) 우리 대한 데국신문이 업서지면 우리 이쳔만인의 귀와 눈이 업셔 지음이라 (…) 장찻 사싱을 알 슈 업ᄉ오나 혹시 부지ᄒ오면 몸과 뜻을 대한 데국에 의지ᄒ야 우리 강토의 보전홈과 인민의 ᄌ유권을 회복홈과 ᄌ유 독립ᄒᄂ 날을 불가ᄒ옵고 (…) <u>우리 형데 자민ᄭᅦ셔ᄂ</u> 쳣지ᄂ 나라를 싱각ᄒ시고 둘지ᄂ 데국신문을 사랑ᄒ시고 셋지ᄂ 일정을 불상히 녁이샤 (…) 대한 국민

---

16 지성은 지식 계층의 지적 재산, 사상이나 관념, 의식과 심리 내지는 그 지향을 모두 포괄하는 의미로 사용한다. 김혜순, 『조선조 후기 여성지성사』, 이화여대출판부, 2007, 7쪽. 김혜순은 조선 후기에도 여성들은 비록 특정 사상으로 이름 지을 만한 것을 보여주지는 않았지만 모두 당대의 당면한 문제들에 대한 깊이 있는 성찰을 보여준다면서, 김호연재, 임윤지당, 이빙허각, 강정일당, 김금원, 김경춘 등을 대표적인 여성 지성으로 소개한다.

17 한남녀사 김씨, "별보 — 한남녀사가 긔호학회에 듸한 한 긔셔", 《제국신문》, 1908년 12월 29일. 이하 강조는 인용자. 이 글은 《기호흥학회월보》 5호(1908.12)에 실린 글을 재수록한 것이라는 소개의 글이 첨부되어 있다.

의 일 분쟈된 일정의 말을 져바리시지 안으시면 국가에 다힝함이오 인민에 다
힝함이라 ᄒ노이다[18]

3) 본인 등은 일기 미미흔 녀인들노 (…) 포아도에 온지 우금 삼사년에 비록 육신
은 이곳에 잇슬지라도 마음은 본국에 잇셔 우리나라 권셰가 날로 픽ᄒ며 일반
동포가 도탄즁에 잇슴을 이통이 녀기든 즁 근일 신문을 보온즉 국치를 갑기 위
ᄒ여 일반동포가 일심합력ᄒ야 모집ᄒ심을 보오니 아모리 녀ᄌ인들 시이불견
ᄒ며 쳥이불문ᄒ리오 <u>녀인들도 이쳔만 동포즁 일기동포라</u> (…) 이 ᄯᅵᄂᆞᆫ 어느 ᄯᅵ
며 이셰딕가 어느 셰딕뇨 비유컨대 쌍룡이 여의쥬를 닷토ᄂᆞᆫ 듯 두 범이 고기를
다토ᄂᆞᆫ 듯 세계 열강국이 각기 용밍을 다ᄒ며 싸라셔 빈약흔 나라를 쎄아셔 싱
키랴 ᄒᄂᆞᆫ 셰딕로다 <u>우리 일반 동포들은 맛당이 정신을 가다듬으며</u> (…) <u>열밍국</u>
<u>에 메킴이 되지 말며</u> 어셔어셔 나라빗을 갑흔 후ᄂᆞᆫ 온젼흔 자유를 차지여 문명
흔 독립국되기를 간졀히 바라며 축원 ᄒ나이다[19]

1)은 한남여사의 글로셔, "긔호" 지역이 문명개화의 기틀을 마련하지
못함에 애통해하면서 기호 제공에게 국권 회복과 민지 개발을 요구하고
있다. 한남여사는 이 시기 중요한 여성 논설가 중 한 사람으로 《제국신문》
뿐 아니라 《대한매일신보》, 《황성신문》에도 글을 싣고 있다.[20] 여기서는

---

18 李一貞, "긔셔 ─ 新聞廣覽", 《제국신문》, 1907년 9월 11일.

19 "在外婦人義捐書", 1907년 5월 27일. '포와도(하와이를 말함) 가 잇ᄂᆞᆫ 본국부인들이 국
    치보상금을 것어 보ᄂᆡ며 보낸 편지'라는 제목이 붙어 있고 '포와도 와이바후 류ᄒᆞᆫᄂᆞᆫ 일
    나안 쎄니킴 등 경빅'으로 발신인이 적혀 있다. 5.18자에는 재일교포들이 의연금을 보
    낸 바 있는데, 외국에 가 있는 부인들이 보낸 의연금은 《제국신문》 외의 다른 신문에
    는 거의 실리지 않은 것으로 파악된다.

20 《대한매일신보》에 「祝每日申報」(기서, 1908년 2월 28일), 「勸告婦人界」(기서, 1908년
    3월 20일)의 글을 게재하고 있으며, 그 외에도 《기호흥학회월보》 8호에 「嗚呼同胞兄
    弟姉妹여」란 글도 싣고 있다.

국민된 의무로 말하고 있음을 재차 강조하면서 기호 제공에게도 역시 국민의 의무를 다할 것을 강조한다. 즉 여기서 기호, 기호학회는 '남성성'으로 대변되고 있으며 민지개발 등에 더욱 힘써야 할 대상으로서 여성은 도외시되어 있다. 《제국신문》은 한남여사의 글을 '격절한 언론과 우장한 문장'이라 평하고 있다.

스스로 학문을 알지 못하는 27세 기물이라 칭하고 있으나, 한남여사는 구학문적 교양을 쌓은 사람으로 판단된다. 신원은 구체적으로 소개되어 있지 않지만 고사와 전거를 능숙하게 처리하고 있는 것으로 보아 구학문적 소양을 일정하게 습득한 것으로 판단할 수 있다. 논설가라 부를 수 있을 만큼 논리적인 글쓰기를 보여주며, 고사와 전거, 국한문체 등을 통해 당대의 남성 논설 작가와 별반 차이 없는 내용을 제시한다.

이 글은 국문으로 되어 있지만 《기호흥학회월보》의 것은 국한문으로 되었다. 또 《대한매일신보》에 투고한 글도 국한문으로 되어 있다. 주로 국한문체를 사용하던 한남여사는 《제국신문》에 투고할 때는 국문으로 수정, 게재하는 것을 수용했다. 이는 여성(을 포함한 타자들)을 고려한 것이라 할 수 있다. 뒤에 살펴보겠지만 윤정원, 이일정 등도 《제국신문》에 투고할 때는 국한문을 국문으로 수정했다.[21]

문자 습득과 관련해 보자면, (국)한문체는 한문을 습득해야 가능하기 때문에 이들을 포함해 한남여사는 한문 습득 계층으로 볼 수 있다. 물론 한문적 소양이 있다고 해서 무조건 구학문적 지성이라 볼 수는 없다. 뒤에서 다

---

21 각주 20의 두 기서는 《대한매일신보》 국문판에는 게재되어 있지 않다. 즉 중요도에서 삭제된 것이다. 이는 《제국신문》과 《대한매일신보》의 여성필자에 대한 인식의 차이라고도 볼 수 있는 부분이다. 한남여사의 글이 매체별 문자의 취사선택에서는 여성 독자를 고려한 부분이 감지되지만 내용상에서는 다른 매체의 글과 거의 차이가 발견되지 않는다. 이는 신소당과 달리 '여성'에 대한 인식보다 '국민' 범주에 입각해 있음과 또 조선의 상층에 계층적 친연성을 보이는 것과 상통하는 지점이다.

루는 윤정원의 경우가 그러하다. 하지만 윤정원과 달리 한남여사의 글에서는 충효예의지국, 신성한 민족 등의 수사를 동원하고 있는 점, 또 우리나라가 삼강오상, 칠성지의, 효제충신을 모르는 자가 없다고 함으로써 조선의 상층 문화와 봉건적 질서에 대한 긍정적 시선을 보내고 있다. 이는 한남여사가 조선의 상층 계층 및 문화와 계층적 친연성을 보이는 부분이다.

한남여사는 당대를 육주열국이 열혈적으로 경쟁하는 시대라 하면서 외인의 능모함을 당하야 분발해야 할 사람들이 아직 취몽의 상태에 놓여 있음을 한탄한다. 국민을 둘로 분류하면서, 문명 지식을 선각한 자와 문명 공기를 흡수하지 못한 자의 두 부류는 각기 대처해야 할 바가 다름을 조리 정연한 논지를 통해 설파하고 있다. 자신은 계몽의 주체, 개혁의 주체라는 정체성을 드러내면서, 계몽의 대상을 '국민'으로 설정하고 있다. 여성 논설가지만 여성 문제에 주목하기보다, 즉 젠더 범주를 우선으로 하기보다는 국민 범주를 우선해 주장을 펼치고 있다.

2)는 이일정(李一貞)이 폐간 위기에 처한 《제국신문》의 처지를 듣고 전국 동포에게 힘과 정성을 다해 돕자고 호소하는 글이다. 이일정(1877~1935)은 이준의 부인(후처)으로,[22] 조선 최초로 부인 상점을 연 사람이다. '여성은 반드시 독자적으로 생활할 수 있는 독자적 기반을 닦아 놓지 않으면 안 된다'면서 여성의 자립을 외친 인물이다.[23]

---

22 1907년 9월 12일 《황성신문》에 소개되어 있고, 《제국신문》에는 이미 1907년 9월 4일에 "始乃發喪", 1907년 9월 5일에 "警吏不注意"라는 제목으로 소개되어 있다. 《황성신문》은 이일정이 《제국신문》에 쓴 기사 내용을 보도하면서 그녀가 이준의 부인임을 밝히고 있다. 당시에는 중요한 기사일 경우 각 신문이 1~2일 차이로 같은 기사를 싣기도 했으며, 보도 태도의 차이가 틈입하기도 했다. 하지만 다른 신문은 이일정에 대한 기사는 요약 형태로 단순 보도했을 뿐 기사 전문을 싣지는 않았다. 이 시기 이일정의 다른 투고 기사로는 《황성신문》 1904년 12월 19일, 공진회 부회장 김명준 씨에게 보낸 청원서가 있다.

23 최은희, 『여성을 넘어 아낙의 너울을 벗고』, 문이재, 2003, 94~105쪽. 남편 이준 열사

국문을 읽는 독자의 입장에서 《제국신문》이 없어지면 이천만의 귀와 눈이 없어짐이라고 언급한다. 당시에는 신문을 '귀와 눈'으로 비유하는 것이 일반화되어 있었는데, 이일정은 신문의 역할이 단순히 세상 물정을 알리는 것에 그치지 않고 인민의 자유와 독립과 연관되어 있음을 주장하면서, 신문의 역할이 지대함을 역설한다. 《제국신문》을 사랑하는 것이 곧 나라 사랑과 직결되는 것은 그 때문이다. 이일정의 논지에서는 《제국신문》을 사랑하는 것이 국민의 의무가 된다. 여기서도 수신자는 '국민'이었다. 폐간될 위기에 처한 《제국신문》을 구원할 방법은 전 국민에게 호소할 수밖에 없는 것이기 때문이다.

3)은 하와이 거주 동포들이 국채보상운동 소식을 듣고 의연금을 보내면서 덧붙인 내용이다. 여인도 이천만 동포 중 하나이며, 국민의 의무를 다해 문명한 독립국 되기를 간절히 바라는 마음에서 의연금을 보낸다는 것이다. 당시에는 하와이뿐 아니라 미국 본토 및 일본 거주 동포들도 여러 차례 의연금을 보낸 바 있는데, 이들은 하나같이 국민의 의무를 거론하며, 나라 안에 있건 밖에 있건 동일한 동포임을 강조하고 있다.

여기서도 '국민' 범주가 작동하고 있음을 알 수 있다. 이럴 경우 여성론은 남녀동등론으로 나타난다. 위 논자들은 '동일성'의 감각하에, 모든 동포가 동일하게 '국민'이라고 강조함으로써 남녀동등론에 입각해 있음을 알 수 있다. 여성도 남성과 같이 하늘로부터 부여받은 인권을 갖춘 하나의 인격체로서 남성과 동일한 권리를 누릴 수 있어야 한다는 것이 남녀동등론

가 정치 개혁 운동에 나서 옥고를 겪고 유배되는 동안 집안 살림을 책임져야 했던 탓에 경제적 이념을 남달리 빨리 터득했던 것으로 보인다. 1907년 서울 안현동(지금의 안국동 일대) 11통 16호 길갓집에 '안현부인상점'을 개업했다고 한다. 여성이 가게를 내고 영업을 한 것은 이일정이 최초라 한다. 《제국신문》 1905년 6월 16일 및 1907년 9월 5일의 기사에서도 안현상점 개업과 그 선구성에 대해 소개하고 있다.

인데, 이 동등론에 입각해 여성도 남성과 같이 국민으로서 동일한 의무를 행해야 한다는 입장이다. 당시에는 여성론과 관련해 부국강병적 남녀동등론과 남녀 역할 차이에 입각한 남녀분업론,[24] 남녀분업론에 대한 비판론의 세 갈래가 있었는데 여기서는 부국강병적 남녀동등론을 주장하고 있음을 알 수 있다. 천부인권론적 남녀동등론의 관점에서, 국민이 되기 위한 조건으로서 여성 스스로 '의무를 자청하거나'[25] 여성을 포함한 모든 국민에게 국민의 의무를 이행할 것을 강조하고 있다.

이에 반해 수신자를 '타자-여성'으로 상정한 경우로는 신소당을 들 수 있다. 한남여사가 국민을 독자 대상으로 초점화하고 있다면, 신소당은 주로 '타자-여성'을 초점화한 글을 썼다는 점에서 '차이'의 감각을 확인시켜 준다.

4) 츙효의리 품어스면 두려울 것 전혀 업소 츙셩 츙 굿게 잡아 보국안민ㅎ압셰다 나라이 튀평ㅎ고 빅셩이 안온ㅎ면 그 아니 죠흘잇가 슴쳔리 우리 강산 격양가를 불르랴면 부국강병 속히되게 졀용졀검ㅎ오소셔 졀용졀검 ㅎ오시면 부강이 될 듯ㅎ오 대한 텬디 창싱들은 동심합력ㅎ오소셔 기명진보 속키 ㅎ야 강국 침노 밧지 마오 기명진보 더듸되면 슴쳔리 가난보될 듯 (…) 우미흔 녀즈들도 연셜을 들러보니 츙이지심 격발ㅎ나 녀즈몸이 도엿스니 보국안민 홀 수 잇소 녀

---

24 한국여성개발원, 『한국 여성 교육의 변천과정 연구』, 2001, 67~72쪽에서는 여성교육론을 '남녀동권적 여성교육론', '남녀분업적 여성교육론', '부국강병적 여성교육론'의 세 가지로 나누고 있다. 첫 번째와 세 번째의 차이점은 첫 번째가 천부인권적 개념에 그쳐 있어 세 번째와 다르며, 이들에 대한 비판론은 언급하지 못하고 있다는 것이다.

25 홍인숙은 '여성'들이 국민이 되기 위해 스스로 '의무를 자청하는' 방식을 택할 수밖에 없었다고 보고 있으나(홍인숙, 『근대계몽기 여성담론』, 혜안, 2009, 232~237쪽) 이는 남성의 경우에도 마찬가지였다. 남성들도 국민이라는 정체성을 확보하기 위해 참여했으며, 때로는 자결로까지 '국민됨'을 자청했다.

학교 셜시ㅎ야 기명규칙 빈온 후에 남ㅈ와 동등되여 츙군이국 목적숨아 황실을 보호ㅎ고 민싱을 구제ㅎ면 그 아니 죠흘잇가 녀학교 회원들은 깁히 싱각ㅎ여 보오[26]

5) 데국신문 논셜보니 말마다 당연ㅎ나 부인평논 논셜 즁에 분간이 희미ㅎ기 되 강 들어 셜명ㅎ오 부인도 츙츙이오 ᄉ부도 츙츙이오 남의 쳡도 츙츙이지 ᄉ부 의 쌀이라고 힝셰가 탕잡ㅎ면 그릭도 부인잇가 샹놈의 쌀이라도 죵쟉업ᄂ 남쟈 들이 후취삼취 ᄉ취 ᄉ지 흠부로 히온 것도 부인츅에 가오릿가 (…) 슬푸다 대한 쳔쳡 된 여인들아 음력 구월 이십 ᄉ일 데국신문 논셜 ᄌ슬 가삼의 식여 두오 당 쵸에 쳡이라고 싱겨나셔 쳔딕ㅎᄂ 거시 쳡은 업스라고 흐거신딕 우미흔 우리 대한 녀인들이 광풍갓탄 남쟈말을 신탁ㅎ고 ᄎᄎ 풍습이 되여 지금에 니르러셔 쳡 턴디가 되엿스니 이 구습을 어이ㅎ리 우리도 개명되면 이러케 쳔흘 터이니 부딕부딕 쌀가지고 남의 시앗 쥬지 말고 쳡 노룻슬 ᄒ지 마오 셰샹에 못흘 노 룻 밧게 ᄯ 잇난가 깁히 깁히 싱각ㅎ고 아모됴록 학문비와 외국부인 동등되게 일시으로 합력ㅎ오[27]

앞의 1), 2), 3)이 남녀 범주를 구분하지 않고 수신자를 '국민'으로 상정 한 것과 달리 4)에서는 "녀학교 회원"을 수신자로 상정해, 문명개화하지 않 으면 가난한 나라가 된다면서 근검절약해야 한다고 일침을 가한다. 여자 들도 애국할 수 있다고 강조하는 것이 1), 2), 3)과 다른 점이다. 전 국민이

---

26 평안도 녀노인, "긔셔 — 節用節儉", 《제국신문》, 1898년 11월 5일. 이 여노인은 신소 당으로 추정된다. 5일 후 1898년 11월 10일에 실린 글에서는 '평안도 안쥬 녀노인 신 소당은 또 긔저하노라'라고 되어 있어 동일인임이 거의 확실해 보인다.

27 평안도 안쥬 녀노인 신소당, '기서', 《제국신문》, 1898년 11월 10일. 이 글은 11월 7일 논설의 내용, 즉 남의 첩 노릇하는 여인들이 부끄러워하지 않고 연회 등에 참여하는 것을 비판한 글을 재비판한 글이다.

애국해야 함을 역설한 후 여자도 애국할 수 있으니 여학교를 설시해 남자와 동등하게 만들어야 한다는 것이다. 여성을 독자 대상으로 초점화해 교육받아야 함을 강조하면서 그것이 남녀동등을 실천하는 것임을 역설한다. 같은 '남녀동등'을 언급하더라도 수신자가 다르다는 것은 '계몽'의 구체적 내용 및 방법을 '달리' 설정하는 것이다.

인용의 다음에 소개되는 구체적인 절약 방법들이 '여성'의 구체적 일상과 맞닿아 있는 것은 여성을 '대상'으로 설정했기 때문에 가능했다고 볼 수 있다. 탁지부 예산을 절약해서 학교 설시에 활용하고 회원들의 숙식을 절약하는 법, 의복비 절약법, 기강을 엄히 하여 방탕하지 않게 다잡기, 외국 빚 쓰지 않기 등을 제시하면서 국가든지 사가(私家)든지 빚이 없어야 지탱한다고 주장한다. 이러한 내용들은 수신자를 '여성'으로 상정할 경우 호소력이 더욱 증대되는 것이다. 문명개화, 남녀동등은 당시에 유행어처럼 번져 있었지만 근검절약과 외국 빚 문제 해결과 관련해서는 당시의 다른 글에서도 접하기 어려운 내용이라는 점에서 여성 논설가의 문제 해결 능력 및 방안을 확인시켜준다.

앞의 한남여사나 이일정과 달리 5)의 신소당은 '국민' 범주보다 '젠더' 범주를 우선성으로 삼아 논지를 전개하고 있음을 알 수 있다. 5)의 경우는 젠더 인식이 더욱 핍진하게 드러난다. 윤정원과 더불어 당대 최대의 여성 논설가라 할 수 있는 신소당[28]은 여성, 남성, 첩, 사대부의 딸 등을 동일하

---

28 신소당의 신문 투고는 1896년부터 1910년까지 모두 6회 발견되며, 초기의 글들은 모두 《제국신문》에 투고했다. 신소당의 대외적인 문필 활동이 《제국신문》에서 시작되었고 또 집중되어 있다는 점에서 신소당을 《제국신문》과 연관해 거론해도 무방하다고 판단한다. 신소당에 대해서는 박용옥, 『한국 여성 근대화의 역사적 맥락』, 지식산업사, 2001; 정경숙, 「대한제국말기 여성운동의 성격연구」, 이화여대 박사학위논문, 3장; 이경하, 「애국계몽운동가 신소당의 신문독자투고」, 《국문학연구》 제11호, 2007; 이경하, 「《제국신문》 여성독자투고에 나타난 근대계몽담론」, 《한국고전여성문학연

게 인식하지 않는다. '부인도 층층이오 ㅅ부도 층층이오 남의 첩도 층층'이라면서 각각을 일반화하지 말 것을 요구한다. 이들을 일반화할 경우 오류가 발생할 수 있다는 것이다. 신소당은 여성 내 차이뿐 아니라 남성 내 차이, 그리고 각 계층 및 직종 내의 차이까지 지적하면서 이들을 구체적으로 검토할 것을 당부한다. 축첩 문제는 당대의 여러 문제 중 가장 시급히 개량해야 할 과제로 인식되어 있었는데, 대부분의 축첩 비판 글들은 누가 축첩을 하는지, 즉 축첩의 주체는 언급하지 않은 채 관념적으로 축첩 문제를 거론하고 있다면서 신소당은 축첩 문제가 우선 남자들의 책임임을 분명히 일러준다. 더 나아가 신소당은 여성들이 남자들의 말에 속아 첩이 되지 말 것, 또 부모의 입장에서 딸을 첩으로 만들지도 말 것을 강조한다. 그간의 축첩하는 풍속의 근원을 밝히면서 남자들을 비판하고 동시에 여성들도 각성할 것을 촉구하고 있는 것이다. 관념적이고 이상적인 축첩론과 달리 행위자 당사자들을 일일이 열거하면서 비판, 경고하고 있다.

구학문적 지성형이 국민 범주를 우선성으로 하여 남녀동등론을 언표하고 있었다면 여기서는 남녀가 '다르다'는 것을 강조함으로써 남녀분업론의 단초를 보인다. 남성/여성, 여성 내에서의 차이를 강조하는 경우 대체로 남녀분업론으로 나아가게 된다. 남성과 여성의 역할을 분명히 분리하고 있지는 않으나, 남성과 여성의 '차이'로 인해 역사적으로 다른 사회적 토대에 위치케 되었음을 언급하고 있으며, 교육으로 이러한 차이를 극복해 개명한 후 여성 스스로 그 개명의 주체로 설 것을 역설하고 있다. 근대 초기의 경우, 《독립신문》 시기에는 대체로 남녀동등론이 우세하다가 《제국신문》에서는 두 가지가 섞여 드러나며, 1905년 전후부터는 남녀분업론과 부국강병적 여성교육론이 우세하게 되는데,[29] 《제국신문》의 독자 투고에서 남

구》 8, 2007 참조.

성과 여성의 차이 및 여성 내 차이가 언급되기는 신소당의 경우가 처음이다. 또 이 차이가 남성 여성 모두 비판받아야 할 지점이라는 것을 밝힌 것도 이 글이 처음이다.[30] 신소당이 보여준 '차이'에 대한 감각이 없었다면, 이 시기의 남녀동등론이 '국가'의 범위 내에서만 의미를 가지기 때문에 한계라는 비판[31]을 면할 수 없었을 것이다.[32] '차이'의 발견은 억압을 벗어나는 논리를 생산하는 지점이 될 수 있기 때문이다.[33] '계몽'의 논리로만 접근할 때 극복의 방법은 요원해진다. 그것이 바로 계몽의 모순이다.

2.1.2. 신학문적 지성형: '여성성'으로 한국 및 문명경쟁세계 극복

구학문적 지성형과 달리 신학문을 접한 여성의 경우는 조금 다른 세계를 제시한다. 대표적인 경우가 윤정원이다.

> 6) 오날놀은 (…) 석탄세계라 (…) 만일 석탄이 업스면 (…) 문명세계가 변ᄒᆞ야 캄
> 캄흔 세계가 되리니 (…) 문명셰계의 근본이라 홀 만흔 귀즁흔 석탄은 엇지ᄒᆞ야

---

29 한국여성개발원, 『한국 여성 교육의 변천과정 연구』, 2001, 67~72쪽 참조.

30 당대 모성 담론과 여성 담론에 대한 남/녀 필자의 개략적 차이에 대해서는 김복순, 「근대초기 모성담론의 형성과 젠더화 전략」, 《한국고전여성문학연구》 제14집, 2007; 「근대초기 여성교양의 성립과 파트너십 문화론의 계보」, 《여성문학연구》 제17호, 2007 참조.

31 전미경, 『근대계몽기 가족론과 국민 생산 프로젝트』, 소명, 2005, 160~174쪽.

32 전미경은 이 시기 남녀동등론이 여성을 규율하는 또 다른 원리로 작동했다고 보고 있으나(전미경, 『근대계몽기 가족론과 국민 생산 프로젝트』, 소명, 2005, 169쪽), 이는 '차이'를 보지 못한 데서 비롯된다. 전미경은 또한 이 시기의 여성론이 여성의 관점에서 여성을 조망하는 관점이 결여되어 있었고, 여성의 일상이 배제되어 있었다고 보고 있는데, 신소당과 윤정원의 사례가 말해주듯 이는 사실과 다르다.

33 남녀동등론과 남녀분업론이 수신자의 문제냐 하는 질문이 있었다. 그렇지 않다. 다만 앞서 언급한바, 같은 동등론이라 하더라도 수신자에 따라 '효과'가 달라질 수 있으며, 역으로 그 효과를 생산하기 위해 수신자를 달리 설정할 수도 있다.

싱긴 것인고 (…) 녯젹 식물이 싱명을 바린 결과라 ᄒ여도 됴흐리로다 이셰상
나라에 동셔남북을 물론ᄒ고 사름의 어미된 쟈ᄂ 그자녀를 기르기 위ᄒ야 일평
싱에 그 몸을 바린다 ᄒ야도 됴흘지니 (…) 어머니의 혈심 렬셩 (…) 예수 (…) 셕
가여리 (…) 공ᄌ (…) 다 몸을 바치는 정신과 다시 나는 ᄉ업을 귀ᄒ게 녁이는
거시오 (…) 데일 단톄에 든쟈의게 긴요ᄒ고 아람다온 덕은 몸을 밧치는 정신
이라 ᄒ리로다 (…) ᄉ희 안에 사름이 다 형뎨라 ᄒᄂ말을 김히김히 싱각ᄒ여
더욱 힘쎠 압흐로 나아갈지어다 (…) 한국인민이라ᄂ 사상이 죠곰이라도 잇ᄂ
쟈어든 그 ᄉ ᄉ싱각은 니져바리고 국가젼톄의 시급ᄒ 근심을 구원ᄒ여야깃다
ᄂ 싱각이 잇슬지라[34]

7) 일가도 평화를 부득ᄒ고 일국도 평화를 부득ᄒ고 지어텬하도 평화를 부득ᄒ
여 (…) 나라와 나라ᄂ 항상 호표갓치 싸호고 붕우친쳑형뎨ᄂ 어름갓치 링링ᄒ
여 정히 인싱셰계ᄂ 불평곤궁에 젼장이 됨을 면치 못ᄒᄂ도다

---

34 윤정원, "별보 — 몸을 밧치는 정신", 《제국신문》, 1907년 10월 23, 24일. 이 글은 《태
     극학보》 7호에 실린 "헌신적 정신"이란 제목의 글을 '국문'으로 게재한 것이다. 이때는
     윤정원이 벨기에에 유학 중이라는 것과, "지식과 학문이 남ᄌ에 지지 않아 일본 동경
     귀부인 사회와 신사사회에서 윤정원의 높은 이름을 모르는 자 없다"는 소개의 말이 실
     려 있다. 윤정원은 《태극학보》에 "본국 제형 제매에게"(2호), "추풍일진"(3호), "공겸
     의 정신"(4호), "헌신적 정신"(7호, 1907년 3월)의 4편을 싣고 있으며, "헌신적 정신"은
     《대한자강회월보》 10호에도 실렸다. 《대한자강회월보》의 글은 한문구절체 국주한종
     유형인데 《태극학보》에 실린 같은 제목의 글은 국문체로 되어 있다. 2호에 실린 "본국
     제형 제매에게"는 한문구절체 국주한종 유형이고 3호의 "추풍일진"부터는 국문체로
     바뀌어 있다. 윤정원은 2호의 글을 실은 후 제형 제매에게 국주한종 유형의 국한문체
     가 적절하지 않다는 판단을 한 것으로 보인다. 《제국신문》에 실린 글들은 《태극학보》
     의 것보다 더 읽기 쉽게 바뀌어 있다. 《태극학보》의 것은 한문 읽기에서 방점을 찍는
     것처럼 방점이 단어 또는 구절 단위로 찍혀 있다. 하지만 《제국신문》본에서는 방점이
     모두 사라져 가독성을 높이고 있다. 한편 《태극학보》의 글을 《대한매일신보》나 《황성
     신문》은 재수록하지 않았다.

이럼으로 자고로 허다흔 셩인군즈와 학쟈가 이 곤궁을 졔홀 방법을 연구호야 왈 종교 도덕 미슐 쳘학이라 호나 (…) 오즉 이가 온되셔 <u>몸으로 실힝호는 쟈는 다만 녀즛쁜이라</u> (…) <u>녀즛는 억지로 힘쓰지 아니호드릭도 텬셩으로 여추흔 아름다온 셩질을 가진 쟈라</u> 예수가 쟝츠 (…) 다만 일인도 그뒤를 싸라 아니호는 쯰를 당호여셔도십즛가하에 업되여 락루 요요흔 쟈는 엇지 녀즛가 안이리오 만국 사막에 물을 주고 <u>가난 곳마다 황홀흔 향긔로 텬하를 빗느게 호는 쟈는 엇지 녀즛가 안이리오</u> 털학즛의 만권셔가가 추호무공호고 궁리 의론이 조곰도 <u>인심을 위로치 못호는 쯰</u> 깁흔 동졍의 한마되 말노 능히 우려를 훗허지게 호고 가련이원호는 눈물로 능히 환란졍투를 화합케 홈도 엇지 녀즛가 안이리오 이를 비컨되 <u>남즛는 젼심진력호야 발연명구호는 쟈—오 녀즛는 직각실힝호는 쟈—라</u> 연고로 데일 덕당착실케 그 본분을 씨닷고 직희는 쟈는 녀즛라 호고 데일 바르게 그 길을 붉게 호는 것을 녀학이라 호고 이 길을 좃츠 가르치는 것을 녀즛 교휵이라 혼다 호노라[35]

8) 부득불 직히지 안이치 못홀 바는 국민뎍(國民的) 도덕이라 이 국민뎍 도덕을 남즛의 편으로 보면 남즛의 도덕이오 여즛의 편으로 보면 녀즛의 도덕이 될지라 대뎌 부인의 도덕이라 호는 것은 (…) <u>결단코 남즛의게는 쓸데업스나 녀즛의게만 필요되는 특별한 도덕이라 하는 것이 아니라 남즛의게도 필요는 잇스나 특별히 녀즛는 불가불 깁흔 소양이 잇셔야 홀 도덕을 믈홀비라</u> (…) 뎨일 우리 미형의게 필요로 싱각호는 바는 공겸(恭謙)의 졍신일 듯 공겸이라 홈은 그 글즛와 갓치 공겸호고 겸손호라는 말인즉 즛긔의 직지 학식 문벌 직산을 염두에 두지 아니호고 타인을 혐심으로 공경호고 즛긔를 겸션호라는 쯧이라
대뎌 녀즛가 녀즛갓치 아람답게 보이는 바는 이 졍신이 잇슴을 인홈이라 (…) 잠

---

35   윤정원, "추풍일진", 《제국신문》 1907년 10월 30일.

간 싱각흐면 공겸과 절조(節操)는 녀즈의 전문도덕 갓흐나 결단코 그런 것이 안 이라 다만 특별히 이 두 가지가 <u>남즈보담 녀즈의게는 즁대함</u>으로 인연함이라[36]

위는 윤정원의 글로서, 매우 심오한 내용을 품고 있다. 윤정원은 대한자강회 회장 윤효정의 장녀로 일본과 벨기에 등지에서 10여 년간 유학했고 10세 즈음에『효경』,『소학』,『열녀전』,「내칙」 등을 학습해 문필의 재주를 겸비했다고 알려져 있다.[37] 일본 각 신문에서는 동양의 제일 여사로 일컫는 시모타 우타코(下田歌手)와 나란히 거론[38]할 정도였다. 이력에서 볼 때 윤정원은 구학문 토대에서 출발해 신학문을 폭넓게 접한 경우에 해당한다.

6)에서는 모성성을 문명 세계의 이치와 동일성으로 바라본다. 예수, 공자, 석가의 정신도 자식을 위해 몸을 바치는 모성성과 동일한 이치라 설파하면서 한국인이라면 나라를 위해 몸을 바치는 정신을 잃지 말자고 했다. 여기서 윤정원이 말하는 바는 모성 신화가 아니다. 어머니들은 '자식을 위해 몸을 바쳐야 한다'가 아니라, 즉 여성성을 버리고 오직 모성으로만 존재해야 여성의 존재 의의가 있다고 말한 것이 아니다. 출산하고 자식을 위해 온몸을 바쳐 교육하는 그 정신이 바로 문명 세계가 이룩된 방식과 같다는 것과, 예수 석가 공자도 사실은 이와 같이 몸을 바치는 정신으로 세상을 구원하고자 했다는 것이다. 즉 어머니의 삶과 정신은 여태까지 칭송되었던

---

36 윤정원, "공겸의정신(恭謙의精神)",《제국신문》1907년 10월 31일.
37 1898년 8월 일본공사 가토 마스오(加藤增雄)의 부인 영사 아키쓰키(秋月) 부인의 허락과 소개를 받아 도쿄 메이지여학교 보통과에 입학해 광무 6년(1906) 4월에 보통과를 졸업했다. 같은 해 그 학교 고등과에 입학해 광무 9년(1905) 4월에 고등과를 졸업하고 여자대학교의 과정을 이수했다. 10년 사이의 학비는 일본의 부인교육가인 하라 토미코(原富子: 하라 로쿠로의 부인)가 책임지고 전담했다. 이후에 쿄토 도시샤병원에서 자원 활동으로 간호부의 실무를 견습하고, 도쿄 여자음악원에서 각종 서양음악을 통달하였다. 그 후 여자공예학교에서 수예의 미술을 학습하였다.
38 《대한자강회월보》10호, 58~61면.

현자들의 세상 구원 방식, 그리고 문명 세계가 탄생하게 된 방식과 동일하다는 것이다. 남자가 아니라 어머니의 정신이 그렇다는 것이다. 문명 세계는 남자들이 이룩한 것이지만, 그 정신은 남자들의 속성이 아닌, 여성의 원리, 즉 여성성으로 보아야 한다고 윤정원은 정반대로 주장하고 있는 것이다.

이와 같은 논리는 7)로 가면 더욱 치밀해진다. 여기서는 일국도, 세계도, 평화와는 무관한 전쟁터가 되었다고 진단하면서 허다한 성인군자와 학자인 남성들의 종교·철학·사상은 추호무공하여 효과가 없었다고 설파하면서, 구원의 방법은 남자들의 그러한 방법이 아닌 여성의 방법, 즉 몸으로 직각 실행해 환란쟁투를 멈추게 하는 것이라 했다. 여자는 천생으로 가진 아름다운 정신과 몸으로 직각 실행하는 방법으로 당대의 폭력, 투쟁, 비평화 등을 교정할 수 있다는 것이다. 남자들은 문명 세계를 만들었지만 그 문명 세계란 폭력, 투쟁, 불평등 때문에 어지러운 세상일 뿐이라는 문명 비판과 함께, 여성들의 평화, 화합, 희생정신, 실행정신으로 문명 세계의 문제를 해결하자는 것이다.

《제국신문》에는 실리지 않았지만 《태극학보》에 제일 먼저 소개된 "본국 제형 제매에게"를 보면 윤정원의 사고가 좀 더 분명해진다. 이 글은 윤정원이 외국에 유학 중 조선에 처음 보낸 글로서, 주장하는 핵심이 선명하게 제시된 글이라 할 수 있다.

9) 대뎌 우리나라 녀즈는 즈긔의 감화지력이 얼마즘 샤회상의 관계 잇는 줄을 아지 못혼다 하여도 됴흐리로다 녀즈라 호는 것은 국민지모요 샤회지화요 인류지태양이니 (…) 연즉 일가를 화긔만실케 호고 못 호기도 녀즈지수즁에 잇고 샤회를 번화찬란케 호고 못 호기도 녀즈의 수즁에 잇고 지어국가를 번화챵셩케 호고 못 호기도 별반 이상은 녀즈의 힘이 잇셔야 될터힌즉 엇지 녀즈의

칙임이 젹고 가바엽다 ᄒ리오 여ᄎ히 즁대ᄒᆫ 칙임이 녀ᄌ의게 잇는 쥴을 실노 깁히 ᄭᅵᄃᆞ를 디경이면 엇지 <u>금일ᄀᆞᆺ치 ᄲᆞᆯᄂᆡ와 다딤이를 텬명지직분으로 싱각ᄒ 거나</u> 혹은 담비를 피우고 슐을 머고 쓸ᄃᆡ업는 잡담으로 귀즁ᄒᆫ 셰월을 보닐 수 가 잇스리오[39]

여성을 국민지모라 하면서 '어머니도 국민'이라는 당대의 아비투스를 드러내지만, 그보다는 사회의 꽃이자 인류의 태양으로 더 강조한다. 여성이 아니면 일가도 사회도 국가도 변화·창성할 수 없으며, 그렇기에 여자의 책임이 막중하다고 역설한다. 그러면서 여성들로 하여금 빨래나 다듬이가 천명이 아니라고 분명히 강조한다. 남녀동등 아래 여성의 역할을 안/밖 이분법으로 보지 않고 있음은 물론이요, 남자보다 여자의 역할이 더 중요함을 역설하고 있다. 이러한 이유는 "추풍일진"에서 보듯 종교·철학 등 남성들의 만권장서가 다 소용없음이 드러났고 여성들의 화합·평화 정신이 요구되는 때라 인지되기 때문이다. 윤정원은 남성들이 이룩한 문명세계가 지양해야 할 쟁투의 세계임을 분명히 지적하면서, 소위 근대의 속성인, 이러한 쟁투를 끊고 평화의 세계로 지향할 수 있는 '원리'는 여성이 지니고 있음을 역설하고 있다. 이러한 인식은 페미니즘에서도 제2차 물결 이후 가능해진다는 점에서 윤정원의 이와 같은 인식은 당대 최대의 선진적 여성 이론가의 면모를 보인 부분이라 할 수 있다.

이는 당시 남성들이 쓴 《제국신문》 논설의 내용과도 큰 거리가 있다. 당시 남성들의 여성론의 대다수가 여성 교육의 필요성 및 그 근거를 구하는 지점은 대체로 가족제도 내에서의 능률적인 역할 수행, 특히 '어머니' 역할에 국한된 것이었다. 《제국신문》 창간자이자 오랫동안 논설을 발표했던

---

39 《태극학보》 2호, 38~41쪽.

이종일도 "우리나라 부인들은 학문이 업셔 능히 즈식을 교훈ᄒ지 못ᄒ고 (…) 아비 업는 즈식들은 허랑ᄒ고 방탕ᄒ야 픽가망신ᄒ는 이가 만히 잇스니 일노써 녀인을 잘 교육ᄒ는 거시 뎨일 급선무라 ᄒ노라"[40]고 하며 여성의 역할을 자식 교육과 연관된 '어머니' 역할에 국한하고 있음을 알 수 있다. 이는 남성 중심적 보편성 아래에서 여성의 긍정적 특수성을 인정해 어린이 교육 주체, 가정관리자로서 여성의 역할을 제한하는 것이다.[41]

하지만 윤정원은 이와 달랐다. 윤정원은 남녀동등론은 인정하지만 남/녀 = 밖/안이라는 성별 이분법으로서의 남녀분업론을 거부한다. 남녀분업론은 그간 남/녀의 역할을 분리하고 밖/안으로 고정함으로써 여성의 역할을 고정시키고 나아가 모성 신화를 창조하는 데 기여했으며, 결과적으로 여성의 권리 및 역할을 제한하고 차별을 조장했다. 남녀 역할 이분법이 근대의 대표적 억압 체계 중 하나로 언급된다는 점에서 윤정원의 선진성을 다시 확인할 수 있다. 윤정원은 이미 100년 전에 이러한 '근대'의 '차별적 원리'를 깨닫고 있었으며, 이를 거부하는 선진성을 드러낸다.

더 나아가 윤정원은 여성의 원리, 즉 여성성으로 하여 경쟁이 아닌 평화를 이룩하자고 역설한다. 여성성의 내포인 '몸을 바치는 정신'과 '상호 협력', '돌봄'의 정신으로 한국 및 문명 경쟁 세계를 극복할 수 있다고 강조한다. 한국의 당대 위기는 바로 문명개화에서 뒤처짐으로써 비롯된 것인데 이 문명개화 정신의 기본 토대인 '경쟁' 원리를 극복할 수 있는 방법은 숱한 이론가들이 주장한바 '경쟁'이 아니라, 그것을 '폐기'하는 것이다. 사회진화론에 기초한 당대의 경쟁 원리는 힘, 강자, 경제력이 있는 자에 의해 약자, 소수자, 경제력 없는 자가 도태, 패배할 수밖에 없다는 것을 '필연', '정의'라

---

40   이종일, '논설', 《제국신문》, 1901년 4월 5일.

41   김복순, 「근대초기 여성교양의 성립과 파트너십 문화론의 계보」, 《여성문학연구》 제17호, 2007, 177~223쪽 참조.

고 정당화하고 있었다. 이러한 논리에 의하면 서구열강에 의한 약소국의 식민지화는 필연이며 정의다. 윤정원이 당대 석학들의 철학, 사상이 추호 무공하다고 한 것은 경쟁을 이론화하는 사상을 받아들이는 한 한국의 미래는 없다는 판단을 했기 때문이다. 따라서 윤정원은 '경쟁' 원리를 폐기하고 문명개화할 수 있는 또 다른 방법을 찾고 있었던 것이고, 석탄세계 및 석가 예수 공자들의 이론에서 '몸을 바치는 정신'을 끌어내 '경쟁'을 극복할 수 있는 원리로 제시한 것이다. 그 극복 원리란 바로 여성성이었다. 윤정원이 말하는 '여성성'이란 당대까지 진행되었던 '근대'의 원리를 '부정'하고 '또 다른 근대'의 원리를 모색하는 것으로서, '복수의 근대'를 마련하는 이론적 정초에 해당한다고 할 수 있다. 자율성과 관계성, 정의와 배려를 동시에 상정하면서,[42] '돌봄'의 원리 등으로 '여성성'을 규정하고 '또 다른 근대'를 모색하는 이론적 움직임이 나타난 것이 20세기 후반이라는 점에서[43] 윤정원의 선진성은 강조해도 지나치지 않다. '경쟁' 정신으로 서구 근대를 계속 뒤쫓아봐야 항상 뒤처질 뿐 회복 불능이라는 점을 윤정원은 이미 알고 있었던 것이다.

윤정원의 글들은 《대한자강회월보》 《태극학보》에 실린 것을 재수록한 것이지만, 《대한매일신보》나 《황성신문》에는 실리지 않았다는 점에서 《제국신문》이 '여성'들을 향해 특별한 관심을 갖고 있었음을 다시 한번 확인할 수 있다.[44] 《제국신문》은 "남ᄌ보다 부인의게 유익ᄒᆞᆫ 신문"[45]이었으며, 그

---

42 有賀美和子, 『フェミニズム正義論』, 勁草書房, 2011, 26~30쪽.

43 앨리슨 재거 외, 『여성주의철학 1, 2』, 한국여성주의철학연구회 옮김, 서광사, 2005; 사스키아 벤델, 『여성주의 윤리학』, 송안정 옮김, 이화여대출판부, 2008; 한국여성연구원, 『지구화 시대의 여성주의 대안가치』, 푸른사상, 2005; 반다나 시바 외, 『에코 페미니즘』, 손덕수 외 옮김, 창비, 2001 참조.

44 특히 1907년 10월부터 두세 달간은 《제국신문》에서 여성과 관련한 폐습, 폐풍을 개량하자는 논의가 강력하게 설파되던 시기였다. 《제국신문》은 10월 10일부터 '풍속개량

렇기에 '여성성'으로 근대 극복 및 또 다른 근대에의 가능성을 단초로나마 열어줄 수 있었다. 이것이 바로《제국신문》의 꿈이며 힘이다.

2.2. '중첩적 타자-여성'의 경우

2.2.1. '여성의 국민 되기'의 수단, '차별의 감성' 지양으로서의 '감각'

앞 절에서 검토한 경우가 학문적 배경이 일정하게 드러난 경우라면 여기서 살펴볼 사례들은 학문적 배경이 없거나 있더라도 자신의 학문을 드러내기보다 '타자성'을 우선시하거나, 중첩적 타자를 배려하는, '시선의 이동'이 있는 경우다. '중첩적 타자성'의 여성들은 현실적으로 학문적 배경을 지니기 어려웠다. 중첩적 타자란 남/녀라는 타자의 기반 위에 양반/양민, 천민, 기생, 로인 등의 계층별, 사회신분별, 재산별 등의 '또 다른 타자성'이 가해진 경우를 말한다. 따라서 이 여성들은 앞의 장절에서와 같이 구학문적/신학문적 지성들과 인식, 표현 등에서 좀 다를 수 있다. 구학문적, 신학문적 지성형들은 직접 기서 또는 별보의 형태로 투고했지만 '중첩적 타자-여성'들은 이들과 달리 긴 글을 쓰기 어려웠다. 이 여성들은, 기사를 통해 간접적으로 소개되거나, 짧은 소감을 적어 보냈고, 제국신문사는 이들의 소감을 '소개의 글'과 더불어 전달했다.

10) 나는 녀ᄌ의 몸이 되어 나라은혜를 만분지 일도 갑지 못하고 부잘업시 륙십

론'을 13차례 논설로 연재한다. 필자는 탄히생 정운복이었으며, 논제는 '녀ᄌ의 기가
룰 허홀일' '닉외ᄒᆞ는 폐습을 곳칠 일' '압졔혼인의 폐푸을 곳칠 일' '택일ᄒᆞ는 폐풍을 버
릴 일' 등이었다.

45 《제국신문》, 1907년 10월 3일. '일 부인'이라 칭한 독자는 투고의 글에서 이같이 말하
면서, '릭일부터 쇼셜칙 그만두고 뎨국신문 사셔 쇼일 삼아 봅시다'고 말하고 있다.

일셰를 살앗스니 (…) 너는 나를 위ㅎ야 의복을 작만ㅎ거나 음식을 만다지 말고 그 돈으로뻐 반은 뎨국신문샤에 보내여 경비의 만일을 보틱게 ㅎ고 반은 고아 원에 보닉여 우리 불상ㅎ 동포의 주손의 교육비로 쓰게 하라 하시거늘[46]

정정의숙(貞靜義塾)을 창립한 한동년의 글로서, 모당의 회갑을 맞아 회 갑연을 차리려 했으나 모당은 회갑연을 열지 말고 제국신문사와 고아원에 의연하라 당부했다는 내용이다. 제국신문사는 '우리나라 사람이 공공사업 을 찬성하는 마음이 없어 문제'였는데 이에 크게 기뻐한다면서 별보로 사 실을 게재하였다. 한동년과 그의 모당은 유지한 양반집 부인들[47]로서 중첩 적 타자라 하기 어렵지만, 당대의 또 다른 타자인 '고아'에 배려의 시선을 보내고 있다는 점에서 매우 특이한 경우에 속한다. 당시 '고아'는 '여성'보 다 더 타자화된 존재로서[48] 과부 홀아비 노인 등과 함께 구호(救護)가 필요 한 존재로 인식되었다. 국민의 도리와 국가의 사업에 대해 염려하면서, 61 세이지만 자신을 당당한 개혁 주체로 자리매김하면서 시선이 별로 미치지 못했던 당대의 타자 중 타자, 사회적 소수자에 대해 배려의 시선을 보내고 있었다. 고아는 근대사회, 근대 가족의 출현과 더불어 새롭게 등장한 타자 인데, '독립을 수행할 국민'이란 새로운 담론 속에서[49] 적극적인 구호 혹은 통제의 대상이 되어간 존재였다.[50] 이 별보에서 보듯 당시의 여성들은 적

---

46 "별보 — 한동년 씨의 모당의 회갑을 밧드러 츅슈함", 《제국신문》, 1908년 6월 3일.

47 기생출신이라는 설도 있으나 '유지부인', '여사' 등으로 언급되어 있다. 1907년 2월 4일 《황성신문》의 "貞靜義塾趣旨書" 및 1907년 2월 7일 《대한매일신보》의 "貞靜義塾 廣 告", 1908년 5월 30일 《황성신문》의 "慈善及義捐" 참조.

48 소현숙, 「경계에 선 고아들」, 《사회와 역사》 제37호, 2007, 107~141쪽.

49 강제 합병 전까지의 고아에 대한 시선과 1920년대의 시선은 매우 다르다. 강제합병 전 까지는 '독립을 수행할 국민'으로서 호명했다면, 1920년대는 '어린이 보호'라는 또 다 른 의미가 부가된다. 즉 전자에서는 '어린이'라는 개념이 구체적으로 부각되지 못했다.

50 이 시기에는 많은 '고아원'이 창설된다. 이에 대해서는 후속 논문에서 다루기로 한다.

극적인 개혁의 주체는 아니었어도 실천적 주체로서 당대 사회에 적극적으로 참여하고 있었다.

《제국신문》은 특히 중첩적 타자-여성이 공적 영역에 참여할 수 있도록 적극적으로 나서고 있었다. 특히 일본 유학생 단지 사건[51]과 국채보상운동은 이 여성들을 공적 영역으로 불러내는 큰 계기가 되었다. 위의 한동년의 사례는 자신의 제국신문사에 의연금을 보냈기 때문이기도 했지만,《제국신문》은 다른 신문보다 여성들의 의연금을 '더 적극적으로' 소개했다. 국채보상 의연금 기사는《대한매일신보》나《황성신문》보다《제국신문》에 훨씬 많이, 다양하게 실렸다. 특히 여성 의연자들의 경우 더욱 그러했다.

독자들 역시 계층별로 신문사를 택해 의연금을 보내는 경향이 확인되었다. 소위 유지부인들, 양반층, 상층 부인들은《대한매일신보》나《황성신문》에 의연했다. 이에 반해 리소사 등의 일반 여성들이나 기생 등의 하층민 여성들은《제국신문》을 선택했다.《대한매일신보》나《황성신문》에는 이름 있는 부인이거나 일반 여성들이라 하여도 '*** 씨 부인' '*** 모'[52] '*** 처'[53]라는 이름으로 의연한 경우가 더 많았지만,《제국신문》에 의연한 경우에는 각자의 이름을 명기하거나(1907년 3월 12일), '* 소사' '기생' 등 자신의 직업을 밝히거나, 하층민 여성들인 경우가 많았다. 어린이들을 비롯해 약방 기생, 의녀, 집신 장사, 콩나물 장사, 술장사, 떡 장사 노파들(1907년 2월 27일) 등 소위 '여자 중 천인' 또는 하층민들은 대개《대한매일신보》나《황성신문》이 아닌《제국신문》에 의연했다.[54] 여성 문제와 관련한 각 신문의

---

51 유학생 단지 사건이란 일본 유학생 21인(일진회 파견)이 학비가 없어 단지한 내용으로, 이 기사를 본 많은 여성들이 '단지 의연금'이라 하여《제국신문》에 의연했다.《제국신문》 1907년 2월 16일.

52 《대한매일신보》1907년 5월 14, 15, 16일,《만세보》1907년 5월 26일 등 참조.

53 《황성신문》1907년 5월 22, 24일 등 참조.

54 근일 국치상환금 모집ㅎ는데 (…) 어른들의 의연ㅎ는 거슨 챠치ㅎ고 어린 아ㅎ들이 셰

보도 자세의 차이뿐 아니라 독자층의 인식의 차이도 드러나는 부분이다.

국채보상운동은 여성운동사상 여성이 스스로 사회 문제 및 정치 문제에 개입한 최초의 사회 운동 내지 정치 운동[55]이었는데,[56] 남성의 도움 없이[57] 여성이 중심이 되어 설립한 단체만 해도 30여 개가 넘고 참여한 인원만 해도 1821명으로 추정되지만, 사회신분별로 볼 때는 양반 및 유지 부인이 64퍼센트(여성 의연자 중)를 차지하는 등 상층 부인이 다수였다.[58] 이들은 대개《대한매일신보》나《황성신문》에 의연했고, 사회적 신분별로 볼 때 하층민이었던 기녀, 주희(酒嬉), 장사치들은 대체로《제국신문》에 의연했다. 모금 액수는 양반 등 상층 부인들에 비해 턱없이 적었으나 그 열의만큼은 하늘을 찌를 듯했다. '여성들의 의연'은 특히 '중첩적 타자'인 여성을 계몽의 주체 및 실천자로 위치시키는 계기가 되었다.

10년 전만 하더라도 여성들은 공적 영역에 자신을 드러낼 방법이 거의 없었다. 사회는 문명개화의 대상으로 호명했지만, 어디까지나 계몽의 대상으로였지 주체는 아니었다. 즉《독립신문》시기만 하더라도 여성들은 '되(어야 하)는' 주체였지 무엇을 실천'하는' 주체가 아니었다. 하지만《제국신문》시기에 이르면, 초기에는 '되(어야 하)하는 주체'로 언표되다가 중·후기로 갈수록 '하는 주체'로 변모했다. 계몽의 '대상'이 스스로 계몽의 '주체'

빈 절갑이라고 몇십 견식 부인들이 반으질 갑이라고 몇십 견식 가져오고 기타 약방 기싱 삼십구인이 (…) 녀즈 즁 쳔인이나 국가의무룰 져바릴 슈 업다 ᄒ니(《제국신문》, 1907년 2월 25일).

55 조형 외, 「한국 여성사 정립을 위한 인물 유형 연구 2」,《여성학논집》제10집, 1992, 17쪽.

56 사회 문제 중 여학교 설립 운동과 관련해서는 1898년 찬양회의 「여권통문」과 「상소문」이 있다. 이는 우리나라 여성에 의한 최초의 여권운동이었다.

57 그간 여성잡지(예컨대《가뎡잡지》), 여성을 위한 신문(예컨대《제국신문》) 등의 여성운동은 대개 남자들의 도움으로 이루어진 것이었다.

58 조형 외, 위의 글, 18쪽.

가 되어 또 다른 중첩적 타자를 이끌어내고 있었다. 대다수의 여성이 의연금을 보내면서 자신의 이름과 직업을 밝히기 시작했으며, 위의 예에서 보듯 국채보상과 관련되어서뿐 아니라 고아들을 비롯한 당대의 여러 타자에게 관심을 보이고 있었다. 이제 여성들은 자신의 '목소리'를 갖게 되었다.

또 초기에는 양소사(1097년 2월 27일), 노파(1907년 2월 27일) 함소사(1907년 4월 19일), 김소사(1907년 4월 29일), 경소사(1907년 4월 23일), 차소사(1907년 4월 26일), 궁내부 기녀(1907년 3월 8일) 등 개인적으로 의연하다가, 1907년 중후반부터는 조직화되어 집단적으로 행동화하는 특징도 확인되었다. 기녀 개인에서 기회(妓會)로, 부인 1명에서 3명(1907년 3월 9일), 더 나아가 단체로 조직되었다. 여성이 중심이 되어 조직한 단체만 해도 30여 개가 넘었으며,[59] 단체라는 명칭 없이 몇 명씩 소규모로 조직해 의연한 경우는 더 많았다. 단체를 조직하기 위해 연설하고, 단체를 조직한 후 의연하는 순서를 밟고 있었다. 예를 들면 여자교육회의 경우가 그것인데, 여자교육회는 여자 교육을 목적으로 출발했지만 국채보상 문제와 관련해 '자매에게 경고'한다는 논설문을 게재한 후 '국채보상여자의성회'를 조직하고 의연금을 모아 전달했다. 논제는 '일천만 자매에게 어찌 애국열성이 없으리오'였다(1907년 3월 15일). 여자도 국민의 일분자로서 그 의무를 다해야 한다는 당시의 논조를 그대로 설파했다. 1907년 3월 25일의 연설 소식을 듣고 '맹인적성회' '인천항적성회'(4월 1일) 패물폐지회(4월 4일), 탈환회(4월 23일)가 조직되었다.[60]

---

59 조형 외, 같은 글, 17쪽. 지역별로는 경상도가 가장 많았으며, 경기도 평안도 순이었고, 강원도는 없었다.

60 《제국신문》1907년 2월 22일에서는 "부녀들의 願學 위생"이란 글도 보도되었다. 유지 인사 부인들이 '임신, 출산, 육아에 관한 전문가의 강의를 요청한다'는 내용이다. 여성들이 스스로 자신들에게 필요한 것이 무엇인지 검토한 후 그것을 공적 사회에 요청하고 있는 것이다. 이는 국채보상운동과 같은 공적인 것과는 다른 사적 영역에 관한 것

이러한 기사들은 《제국신문》이 먼저 게재한 후 다른 신문으로 퍼져 나갔다. 일본 유학생 단지 사건과 관련한 의조금 기사도 《제국신문》에는 1907년 3월 26일에 실렸으나, 《대한매일신보》와 《황성신문》에는 다음날인 3월 27일에 실리기 시작했다. 또 《제국신문》에 국체보상 의연 기사가 봇물처럼 실리는 동안 《대한매일신보》 《황성신문》 《만세보》 등에는 여자교육과 관련한 기사들이 더 많이 보도되었다. 《황성신문》은 여회토론, 통상회 등을 보도했고(1907년 4월 19일), 《대한매일신보》는 '국채보상운동에 참여하는 것이 여자의 의무'라는 논설을 보도하고 있었다. 즉 《대한매일신보》, 《황성신문》 두 신문은 여전히 '이론적'으로 접근한 반면 《제국신문》은 실제 행동, 실천 등을 상세히 보도하고 있었다.[61]

'되(어야 하)는 주체'에서 '하는 주체'로, '비조직화'에서 '조직화'가 《제국신문》 초기와 후기의 차이였으며, 남자가 아닌 여성, 유지부인이 아닌 일반 부인, 여성 중에서도 천첩, 어린이 중에서도 고아 등이 지닌 타자성이야말로 《제국신문》이 힘써 보듬고자 했던 대상들이었다. 신문 중에서도 타자였던 《제국신문》은 자신의 타자성을 또 다른 타자성과 더불어 공공 영역으로 나아가면서 당대 사회의 나아갈 바, 즉 문명개화의 척도로 삼고 있었다. 타자성에 대한 해결 없이 문명개화, 근대는 허명임을 《제국신문》은 인식하고 있었던 것이다. 이것이 바로 《제국신문》의 꿈이며 힘이었다.

으로서, 당시의 여성들은 공·사 영역을 막론하고 '하는 주체'로 정체성을 마련하고 있었음을 알 수 있다.

61   여성과 관련한 풍속의 문제도 《제국신문》이 가장 심혈을 기울인 내용 중 하나다. 부인 의복 개량 문제와 관련해 논설을 게재한 것도 《제국신문》이 제일 처음이며(1907년 6월 19일, 7월 16일), 특히 '풍속개량론'과 '가정학'은 1907년 이후 《제국신문》 논설 중 가장 비중 있게 다룬 내용이었다. 풍속개량론은 탄희생 정운복이 1907년 10월 10일부터 11월 5일까지 13회 걸쳐 연재했으며, '가정학'은 1면에 학문론의 형태로 1907년 12월 11일부터 1908년 6월 19일까지 무려 142회에 걸쳐 연재되었다. 이에 관해서는 별도의 논문에서 상세히 검토할 예정이다.

다음의 예는 '하는 주체'가 된 '중첩적 타자-여성'이 느끼고 생각하는 '감각의 주체'임을 언표하는 놀라움을 보여준다.

11) 격절흔 언론과 은근흔 권고에 비록 용졸흔 녀즈나 엇지 감각홈이 업스리오. 그 시면에 가뎡학이라 홈은 사룸 사눈 집에 늘마다 쓰이눈 일이니 불가불 볼 것이오 외보와 잡보눈 방안에 안즈셔도 만리타국 일이며 젼국녀ᄉ정이 눈압혜 뵈이눈 것 갓고 론셜 소셜 긔셔 등은 악흔 일을 징계ᄒ고 션흔 일을 찬양ᄒ여 사룸의 마음을 흥긔홀 쓴 안이라 즈국의 졍신을 길너 이국ᄒ눈 ᄉ상을 발케 홈이오 기타광고 등은 모든 일을 일보에 광포홈이니 연흔즉 신문은 셰계에 귀와 눈이라 ᄒ여도 무방ᄒ도다 (…) 우리 젼국 남녀동포눈 문명 ᄒᆡᆼ복을 누리고져 ᄒ거든 각각 이 신문을 구람ᄒ여 몬져 지식을 넓히기를 바라옵고[62]

12) 본인도 비록 일기 규중녀즈나 쏘흔 대한국민의 한 분즈라 의무쇄재에 감동ᄒ난 눈물이 스스로 쎠러지나 힘이 졍셩에 밋지 못ᄒ야 겨우 구화 십이 원을 긔부ᄒ노라[63]

13) 우리 부인 동포님네 의리눈 남녀가 일반이오 부인 즁에 국가 ᄉ업흔 영웅이 하다ᄒᄃᆡ 이 위급흔 시ᄃᆡ에 부인이라 칭탁ᄒ고 안연 부동ᄒ면 마음도 붓그럽고 텬디신명 두렵도다. 여보 부인임네 우리도 일심혈츙 다 합셰다. 이갓치 젼황흔ᄃᆡ 히되눈 돈만 닐 것 아니라 금은 픠물이나 각죵 곡식으로 함ᄃᆡ로 수취ᄒ여 만분지 일이라도 죠역ᄒ와 민국대ᄉ 보죤ᄒ여 봅시다.[64]

---

62 평안북도 운산 읍내 긔명 표준경, '긔셔', 《제국신문》, 1908년 3월 24일.
63 아산 빅암리 량소사, '잡보', 《제국신문》, 1907년 2월 27일.
64 김포 검단면 고찬리 한시 로씨 김씨 등 부인, '잡보', 《제국신문》, 1907년 3월 25일.

11)의 필자인 표준경은 평북 운산이라는 협읍에서 성장했고 입고 먹으면 사는 줄만 알았던, 다만 겨우 국문만 읽는 정도라고 밝히고 있어 양반가의 부인은 아닌 것으로 판단된다. 《제국신문》도 어디서 빌려다 보고 '기차'라는 국문 풍월 모집 광고에 응모했는데 우연히 상으로 《제국신문》을 매일 보내주어 읽고 있다고 전한 후 신문평을 하고 있다. 가정학이라는 학문란 뿐 아니라 논설, 소설, 심지어는 광고까지 평하고 있다. 각 란에 대한 정확한 이해는 물론이오, 신문의 역할에 대해서도 정확하게 이해하고 있으며, 심지어 광고란의 성격까지 꿰뚫고 있다.

특히 표준경의 글에서 돋보이는 부분은 '생각과 느낌'을 통칭해 '감각'이라는 단어로 표현하는 부분이다. 그간 생각과 느낌은 서로 다른 영역으로 인식되어왔으나, 여기서는 오히려 '감각'으로 '통합'하여 사용하고 있으며, 또한 '지성'이나 '이성의 범주로 통합하지 않고 '감각'으로 통합되어 지(이)성과 감성을 아우르는 개념으로 사용하고 있다. 수신자는 비록 여성층에 국한되어 있지 않으나, 여성들의 발화가 항상 자신을 최대한 낮추어 발언하는 특징은 이 글에서도 분명히 감지할 수 있다.

국채보상운동과 관련해, 앞의 인용문 3)의 하와이 부인들처럼 국민적 의무에 대한 논리(이론)로 설파하지 않고 의무 수행(실천)과 관련해 언급하고 있으며, 밑줄에서 드러나는 바와 같이 국민된 의무를 이행함에 '감동의 눈물이 떨어진다'는 감회를 더 부각시키고 있다. 이처럼 '중첩적 타자-여성'의 경우 글의 길이는 비록 짧지만 국민 전체를 대상으로 이론을 설파하기보다 실천을 언급하는 경향이 있으며, 격렬하게 감정을 토로하는 특징을 보인다.

아래의 글은 '자칭 대한 광녀'라는 여인의 편지를 소개한 글이다.

14) 더욱 참아 말하지 못할 것은 녀즈의 신쳬가 불힝하야 청츈에 과부가 될 지

경이면 그 참혹한 광경은 니로 말홀 슈가 업거니와, 적적히 뷔인 방에 고침을 의

지ᄒᆞ야 이 싱각 져 싱각에 심스를 둘듸 업서 덜은 흐슘 긴 탄식에 긔구ᄒᆞ다 내

풀자여 봉바람 가을달은 이를 쓴는 경식이오 겨울밤 여름날에 잠 못 들어 성화

홀 제 원한이 사모쳐서 적으면 흔 집에 지앙이오 크면 나라에 요얼이라. 계집이

한이 오월에도 서리친다 ᄒᆞ엿스니 그 아니 지독흔가 (…) 시부모와 동기 간에 압

졔를 바다 후원 깁흔 방에 잉무서를 가둔 것ᄀᆞ치 밤낫으로 홀노 안즈 무졍흔

세월은 꿈결갓치 지나갈셰 제 싱각ᄒᆞᄂᆞ 것은 남의 부쳐 히로ᄒᆞᄂᆞ 거시오 들니

ᄂᆞ 것은 남의 ᄋᆞ들 쌀 나흔 거시라[65]

이 글의 필자는 자신을 광녀라 치부한다. 그렇지 않으면 이와 같은 주장

을 펴기 힘들었기 때문으로 해석된다. 사회적 타자로서, 당대의 질서를 이

탈하는 것이기에 자신을 '광녀'로 언급하는 지혜를 발휘한다. 세상 규범에

서 이탈하는 여자를 '광기', '미친년'으로 규정하면서 통제·억압했던[66] 역사

를 상고하건대, 스스로 '광녀'임을 자청하는 것은 세상이 자신을 이해하지

못하고 거부할 수 있다는 전제를 내리고 있는 것임을 알 수 있다. 이 광녀

는 '과부 개가'의 필요성을 언급하면서 자신에게 모든 세상은 절망적으로

인식된다고 호소한다. 하물며 봄바람 가을 달까지도 자신의 창자를 끊는

풍경이라고 '느끼고 인식'하고 있으며, 과부 팔자가 지속되면서 잠 못 드는

성화가 원한에 사무치기까지 한다고 언급한다. 이러한 정황을 광녀는 '지

독하다'고 느끼면서, 자신을 새장에 갇힌 앵무새로 비유한다. '새장에 갇힌

앵무새'나, '세월이 꿈결같이 지나간다'는 표현은 상투적이지만, 광녀는 자

신의 삶이 남의 부처 해로하는 것과 남의 아들 딸 낳는 것밖에 안 보인다는

---

65 '잡보', 《제국신문》, 1899년 10월 14일. 강조는 인용자, 이하 동일.

66 미셸 푸코, 『성의 역사』, 나남, 2001; 미셸 푸코, 『광기의 역사』, 나남, 2003 참조.

말까지 토로하기에 이른다. 과부처지가 무엇을 어떻게 느끼고 생각하게 만들었는지 구체적이고 핍진하게 보여주고 있다. 매우 구체적인 광녀의 이 같은 느낌과 생각은 과부이기에 가능한 것으로 이해된다. 과부라는 입장에서 나온 여성의 '구체적 경험'이 광녀 과부의 '느낌과 인식'을 '구성'하고 있는 것이다.[67]

> 15) 십팔 세 된던 히에 싀모상을 당ㅎ옴애 ㅎ날이 문허지고 짜이 쩌지는 슮흠에 겸ㅎ야 물 혼 목음을 먹지 안습고 밤낫으로 <u>통곡</u>ㅎ온즉 형용이 심히 <u>쵸췌</u>ㅎ야 <u>거의 목숨이 쓴치게 되얏스온지라</u> 일가생하와 동리사름까지 본인을 위ㅎ야 슮허ㅎ며 산쳔 쵸목까지 본인을 위ㅎ야 됴상ㅎ는 듯ㅎ되 <u>그 실샹은 싀모의 하세ㅎ심을 애통ㅎ는 것보담 남편 업는 계집의 신셰가 긔밥에 도토리 된 것이 가삼에 미치고 쩨에 사못쳐 당장에 약을 먹든지 목을 미여 죽고 십흐되</u> (…) 세샹에 모든 쳥샹된 쟈의 졍형을 싱각ㅎ올진된 본인보담 나은 쟈는 업슬지니 엇지 참아 그져 둘 바이리오 본인은 발셔 나이 삼십이 갓갑삽고 쏘흔 지효의 양자를 엇어 사름의 사는 즐거움이 잇스오나 젼국 가온딘 허다흔 쳥샹 중에 가긍ㅎ며 참혹ㅎ며 잔인흔 쟈 무수ㅎ야[68]

북촌 일과부라 밝히고 있는 필자는 문벌이 혁혁한 집안의 딸로 조부는 이조판서, 부친은 규장각 대교를 지낸 집안에서 부모의 뜻에 따라 13세에 통혼권 집안의 11세 아들과 조혼한 경우이다. 문벌이 혁혁한 집안이었으

---

67 이 필자가 '여성'이라고 한 정보를 그대로 믿어도 되는가 하는 질문이 있었다. 즉 기자들이 독자를 가장해 대리 투고 또는 가짜로 투고한 것이 아닌가 하는 것이다. 하지만 이 글 내용에서 보듯 남성의 대리투고로 보기에는 여성의 감각이 너무도 구체적이고 직접적이다. 남성의 대리 투고를 배제할 수도 없지만, 역으로 그것을 반증할 증거 또한 없다.

68 '기서', 《제국신문》, 1908년 6월 26일. 이 글은 25, 26일 이틀간 연재되었다.

므로 내훈 등 기본 수양서는 가르쳤다고 판단되지만, 투고자 스스로 전혀 구학문적 소양을 밝히지 않고 있음은 물론이오, 문체에서도 구학문적 흔적이 거의 없다. 자신을 양반집 부인보다 '과부 중 하나'로 밝히고 있어 여성 중 타자로 인식하고 있음을 드러내 여기에서 다룬다. 이 북촌 일과부는 앞에서 다룬 '타자-여성'들과 자신을 동일선상에 놓고 있지 않다. 앞장의 여성들은 한결같이 자신이 구학문적 소양이 있음을 드러낸 반면 북촌 일과부는 그보다 여성 중 '타자-과부'의 정체성을 드러내고 있는 것이다.

북촌 일과부는 《제국신문》의 바로 앞에 게재된 탄히생의 "녀주의 기가는 텬리의 쩟쩟함"이란 논설(1908년 6월 20일)과 우우싱의 "청츈을 규즁에셔 늙지 믈 일"(1908년 6월 23, 24일)이란 기서를 읽고 "진실로 텬리와 인정에 합당하"고 (…) "본인의 슯흔 마암이 식로히 간절하와 션후 업는 말삼으로 청상의 정형을 대강 들어 두어 줄 글월을 부치오니 텬하의 어진 마암을 가지신 군주들은 흔 줄기 눈물을 쑤려 동정을 표하야 쥬시압쇼셔"라 말하고 있다. 천리와 인정에 합당하다는 인식과 논설 기서를 읽고 슬픈 마암이 새롭게 간절해진 여인의 감각과 느낌이 구체적으로 언급되어 있다.

한편 문체와 관련해 살펴볼 것은 평안도 리소사와 북산 녀주 변월당의 글이다.

16) 「본인이 그 뎐쟝 쎅앗긴 일을 싱각홀 젹마다 눈에 피눈물이 솟아나고 흉격이 막혀 호흡을 통치 못하는 고로 항상 주먹으로 두다려 이 모양이 되엿나이다」 하기로 (…) 망부가 피를 몃 되식 토하더니 불과 긔년에 토혈과 울화로 세상을 쩌나온지라 어린 주식 수형뎨를 더불고 가난살이를 하옵 뒤에 언의 날 언의 시에 민영휘 씨를 싱각지 안이하엿스오릿가 (…) 혹 달뇌며 혹 위협하다가 맛참니 샤음을 식히는지라 이왕지스를 말하오면 니가 갈니고 눈에셔 피가 나되[69]

17) 여보 우리 녀즈 동포들아 나도 녀즈 동포 가온디 일분자(一分子)로 미양 이 것을 한흐는 바오니 우리가 엇지흐야 권리를 남즈에게 견슈히 쎅앗기엇나 남즈 가 우리 권리를 쎅셔가던가 우리가 우리의 권리를 우리 손으로 닉여쥬엇던가 (…) 칙임칙임흐여 권리를차즐 것 갓흐면 오날늘 우리가 차질 쎅까지 잇겟소 이 왕 몃빅 년 몃쳔 년 젼 부녀들이 차졋겟지 불가불지식이 이셔야 홀 것이니 지식 은 엇더케 흐여야 엇겟소 (…) 칙임을 극진히 흐야 권리룰 찻고져 홀진디 이왕의 부녀들보담 아죠 쉽겟소 엇지흐야 그러흐가[70]

역사 속 타자였던 여성의 특수한 경험은 여성들로 하여금 남다른 인식 을 가능케 했다. 그들은 동일 사물을 보고도 남성과 다른 시선을 갖게 되었 다. 더구나 과부 또는 층층시하 시집살이 등 타인과 관계 맺는 가운데 타자 로서 버텨야 했던 구구절절한 경험을 다양하게 겪게 했다.

'여성 개인'이 아닌, '비남성'으로 존재했던 중세기 이래 여성은 드디어 스스로의 개인적 감정을 드러낼 수 있게 되었다. 소설이 아닌 논설에서 여 성들이 이와 같이 자신의 감정을 드러내고 감각 주체로서의 '개인'을 확인 하기는 이 시기가 처음이다. 근대 이전에 여성은 이성적 사고의 주체도 아 니었고, 감성적 주체는 더더욱 아니었다. 위의 사례들은 여성 개인이 각 계 층별 입장에서 어떻게 사고하고 감정을 드러내는지 그 내면을 확인시켜준 다. 겉과 속이 다른 감정 표현 속에서, 체면치레와 실제 속마음의 차이까지 확인시킨다. 두려움과 서러움, 시샘과 부러움 등이 생생하게 살아 움직이

---

69 평안도 안주 김회정의 미망인 리소사의 호소, 《제국신문》, 1908년 3월 26~4월 8일(3 회). 민영휘가 평안감사 시절 권력을 이용하여 가산을 모두 빼앗아 가는 동안 억울함 에 시부와 남편이 모두 죽고 미망인이 된 리소사가 신문사에 찾아와 호소한 내용이다.

70 북산 녀즈 변월당, "별보 — 의무를 다흐야 권리를 차질 일", 《제국신문》, 1908년 8월 4, 5일.

는 여성의 내면을 제시한다는 점에서, 당시 여성들의 글쓰기를 '논설 편향'[71]으로 보는 것은 일부에 국한된 매우 제한적인 것임을 알 수 있다.

이러한 복잡하고 다양한 감정(성)은 우선 '나'에 대한 인식이 만들어진 이후에 가능한 것이다. 감정(감각)은 '나'와 연계된 지극히 개인적인 경험이다. 그럼에도 불구하고 감정은 또한 지극히 사회적이고 시대적인 것이다. '중첩적 타자-여성'들의 경우 감각(감정)은 그들의 고뇌를 표현하는 격렬한 문체였으며,[72] 정체성의 또 다른 이름이었다. 근대는 이성/감성(감정)을 우/열로 인식하면서 후자를 부정해왔지만, 감각은 열등하거나 인식하기 위한 도구에 그치는 것이 아니다. 감각은 사실을 파악하는 준거, 세계가 세계로 존재하고 주어지는 방식이기도 하다. 이때 감각은 '그 자체로 현존하는 리얼리티'이며, 이성도 감각을 매개로 운동하기에 주관화의 소산만은 아니다. 하지만 근대의 이성 중심적 미학, 인식론은 감각을 이성보다 열등한 것으로 간주했으며, 리얼리티를 부여하지도 않았다. 그 어떤 지식도 감정·직관·느낌과 분리되어 있지 않다. 각 개별자의 감각, 느낌 등 감성의 실질은 '그 자체로 틀릴 수 없는' 진리의 기준이다. 따라서 감성(감정, 감각)을 배제하는 것은 소위 객관적 실재를 왜곡하는 것이다. 이성, 논리에 의한 인식 방법이나 직관과 감각적 인식 방법 모두 세계 인식 방법 중 하나라는 사실에 주목할 필요가 있다. 방법이 다를 뿐 우열은 아닌 것이다.[73]

플라톤의 이분법적 이성 중심적 세계관 이래 감각은 열등하고 수동적

---

71 홍인숙, 『근대계몽기 여성담론』, 혜안, 2009, 216~231쪽. 이 책에서는 이 시기의 여성의 글쓰기가 조선에서 평가되던 '감정에 치우친 감상적인 글'과 달리 논설 편향적이었으며, 공적 주제에 대한 열정을 보인다고 평가한다. 여성들도 남성 못지않은 논리적 글쓰기를 보여주었다는 것이 요지로서, 남성/여성의 글을 이성/감성적으로 대분하는 전통인식론적 사고가 그대로 반영되어 있다.

72 石原千秋, 『近代という教養』, 筑摩書房, 2013.

73 김복순, 『페미니즘 미학과 보편성의 문제』, 16쪽.

인 인식 능력으로 여겨져 왔고, 이성/감각의 대립에 남성/여성의 성적 은유를 틈입시키면서 인식론적 우열을 존재론적 우열로 치환하는 인식은 '남성 중심적 인식 모델'이지만[74] '중첩적 타자-여성'의 글에서는 아직 이러한 이분법이 작동하기 이전의, '감각하는 여성'의 발견을 이루어낸다. '차별의 감성'으로 여성을 열등한 존재로 위치시키는[75] 것이 아니라, 오히려 '복수의 근대'를 가능케 하는 발견이라 할 수 있다. 여성의 감각(감성)을 구체적으로 제시하면서 그것이 열등한 것이 아니라 당대의 이러저런 상황, 일상에 처한 여성들의 보편적이면서도, 특수한 경험임을 알려주고 있다. 11)의 예문에서 보듯, '감각함'이란 '보고 듣고 느끼고 생각'하는 것을 통칭하는 것으로서, 이성/감성, 사고/감각이라는 이분법을 오히려 해체하고 있기 때문이다.

2.2.2. '타자성의 외화로서 여성 문체'의 발견

여성들 간의 차이는 문체에서도 확인된다. 신/구학문적 지성형과 '중첩적 타자-여성'의 경우에는 사용하는 문체 및 어법에서도 차이가 드러났다. 우선 학문적 습득이 있는 신/구학문적 지성형의 경우는 대체로 남성들의 경우와 다르지 않았다.

18) 우리 귀즁흔 녀학싱 제군이시여 여러분의 기간 나라와 집안을 위ᄒᆞ야 슈고

---

74 김복순, 「감각적 인식과 리얼리티의 문제」, 『페미니즘 미학과 보편성의 문제』, 138~142쪽.

75 고모리 요이치, 「차별의 감성」, 『감성의 근대』, 소명, 2011, 17~64쪽 참조. 일본에서 국민 관념을 요구하던 시기, 제도와 일상에서 전에 없던 '감성'이 위로부터의 강압에 의해 혹은 아래로부터의 자발적 협조에 의해 의식적·무의식적으로 형성되는 과정을 추적하고 있다. 만들어진 사회 규범과 감정의 발생 과정을 살피면서 이것들이 어떻게 내부의 연대를 강화하고 외부에 대한 차별을 합리화하는지 보여준다.

혼 것을 감샤ᄒ오며 겸ᄒ야 전진의 더욱 분발ᄒ시기를 간절히 희망하옵ᄂᆞᆫ바 (…) <u>녀학싱의 쥬의건</u> (…) 누의님들은 들어 쥬시옵소셔 ᄯᅩ 들어 쥬실 ᄲᅮᆫ 안이라 실힝ᄒ야 쥬시와 <u>이 사ᄅᆞᆷ의 말이 헛된 듸 도라가지 안이ᄒ게 ᄒ시압소셔</u>[76]

19) 귀샤 신문으로 인연ᄒ와 제공의 존셩 대명을 드른지 오ᄅᆡ오나 한 번도 친견치 못ᄒ와 번뇌ᄒ압든 ᄎᆞ에 송구영신ᄒᆞ옴에 셰비ᄎᆞ로와 뵈오니 (…) 이런 말삼을 고문 대가에 가셔 안견 셜곡코져 ᄒ오되 당돌무례ᄒ옵기로 귀신문에 앙고ᄒ압ᄂᆞ이다 <u>지식이 쳔단ᄒᆞᆫ와 두셔을 몰으고 쟝황히 믈삼ᄒᆞ오니 원컨듸 무식홈을 용셔ᄒᆞ옵소셔</u>[77]

20) <u>슯흐다</u> 국ᄉᆞ의 간우홈과 시국의 소요홈이 자못 아참 저녁을 보젼키 어려운지라 <u>불상ᄒᆞᆫ 우리 동포가 견무후무ᄒᆞᆫ 참혹ᄒᆞᆫ 화를 당ᄒ야 동셔로 류리표박ᄒᆞ거늘 오히려 놉흔 관에 넓은 ᄯᅴ로 무릅 ᄭᅮᆯ고 안져셔</u> (…) 그러나 황셩은 한문을 셕거 썻슴으로 보통 남녀는 보지 못ᄒ고 오즉 한문에 슉공이 잇ᄂᆞᆫ 쟈라야 가히 보고 ᄭᅢ다를지니 전국 가온듸 보ᄂᆞᆫ 쟈 몃 사ᄅᆞᆷ이나 되리오[78]

21) 수일 소문 드러보니 독립협회 혁하되고 만민공동회라 하엿다니 공동회라ᄒᆞᄂᆞᆫ 거슨 듸ᄒᆞᆫ 빅셩 아니릿가 (…) 아모죠록 우리 신문 보ᄂᆞᆫ 부인들은 이런 편지ᄒᆞᆫ 부인에 ᄯᅳᆺ과 갓치 진보하기를 힘쓰시오.[79]

---

76 김영구, "긔셔 — 여학싱 졔군의게 권고홈", 《제국신문》, 1908년 2월 6일.
77 경성 남셔 후동 류흥주, '기서', 《제국신문》, 1908년 1월 16일.
78 평북 텰산읍 정룡일, "긔셔 — 보통 지식을 발달홈은 신문에 지나는 것이 업슴", 《제국신문》, 1908년 7월 11일.
79 신소당, "여인기서", 《제국신문》, 1898년 11월 10일.

22) 대뎌 문명뎡도가 극진ᄒ 되 일은 오날늘은 무삼 세계뇨 ᄒ면 한편으로 셕탄 세계라 ᄒ여도 됴흘지라 오날늘 문명ᄒᄂ 되 뎨일 리한 그릇으로 아는 긔챠와 륜선과 ᄯ 허두한 제죠창에 (…) 엇지하얏던지 오날날 우리 녀ᄌ샤회에ᄂ 극히 긴요ᄒ고 아름다온 일이로다[80]

23) 우리나라 녀ᄌᄂ 하날이 쥬신 권리를 일흔 지가 슈쳔 년을 지닉야 남ᄌ 압졔 속에 구속이 되야셔 말은 사름이라 ᄒ나 실샹으로 볼진딕 한 동물이나 다를 것 업시 일동 일졍을 ᄌ유로 못 ᄒ고 깁고 깁흔 안방 속에 일평싱을 허송ᄒ니 (…) 불가불 우리 의무를 극진히 ᄒ 후에 될 것이요 의무라 흠은 무엇이뇨 곳 사름마 다 ᄆ흔 칙임이라[81]

위의 글 6편은 모두 《제국신문》에 기서 또는 별보 형식으로 투고된 글이다. 18)부터 20)까지는 남성의 글이고, 21)부터 23)까지는 여성의 글이다. 별반 차이가 인지되지 않는다. 대체로 논리 정연하게 이성적으로 자신의 소회를 피력하고 있다. 18)과 21)은 특히 여성을 독자로 호명하면서 호소하는 글인데, 18)의 남성의 글이 연설 투로 말하면서 주의사항을 조목조목 제시하되 문체는 '하압소셔' 등의 극존대를 하고 있다면, 21)은 오히려 명령조로 냉정하게 말하고 있다. 다만 여성투고자의 경우 신소당처럼 조선 후기의 가사체를 모방하는 경향이 눈에 띈다. 또한 이 두 글의 차이는 21)의 여성의 글이 여성 독자를 향해 그들의 유익함을 거론하면서 이야기하고 있다면, 18)의 남성은 극존대로 호소하고는 있지만 자신의 말이 헛되지 않게 해달라고 하고 있다. 즉 여성의 글은 상대방인 여성독자를 초점화

---

80 윤정원 "별보 ― 몸을 바치는 정신", 《제국신문》, 1908년 10월 23일.
81 북산 녀ᄌ 변월당, "별보 ― 의무를 다ᄒ야 권리를 차질 일", 《제국신문》, 1908년 8월 4일.

하고 있다면, 남성의 글은 필자인 자신을 초점화하고 있다.

하지만 전체적으로 볼 때 남성이나 여성이나 논설 투로 접근하고 있음을 알 수 있다. 20)처럼 '슯흐다'의 감정표현으로 시작하는 경우는 남성, 여성 필자를 막론하고 이 시기의 흔한 서두법에 해당한다. 이 서두 다음에는 감정 표현과 연관된 내용이 별로 등장하지 않는다. 논설의 경우에도 대동소이해서 비교적 차분하게 논리적으로 자신의 소견을 피력하면서 'ᄒ앳더라' '하노이다' 등의 종결어미를 사용하고 있다.

하지만 '중첩적 타자-여성'의 경우는 이와 좀 다르다. 11)에서는 "격절흔 언론과 은근흔 권고에 비록 용졸흔 녀즈나 엇지 감각홈이 업스리오"라고 하고 있고, 12)에서는 "본인도 비록 일기 규중녀즈나 쏘흔 대한국민의 한 분즈라 의무쇼재에 감동ᄒ난 눈물이 스스로 써러지나 힘이 정성에 밋지 못"한다면서 감정적으로 접근한다. 또 13)에서는 "이 위급흔 시듸에 부인이라 칭탁ᄒ고 안연 부동ᄒ면 마음도 붓그럽고 텬디신명 두렵도다. 여보 부인임네 우리도 일심혈츙 다 합세다"라고 말하면서 행위의 여부를 '부끄러움'과 '두려움'으로 인지한다. 이는 앞의 지성형들이 '의무'를 '논리적'으로 강조하는 어법과는 다른 것이다. 또 14)에서도 "더욱 참아 말ᄒ지 못홀 것은"이라고 자신의 감정적 소회와 더불어 말문을 연다. 이어지는 글의 내용 중에는 '불행' '참혹' '적적' '비인 방' '한숨' '탄식' '성화' '원한' '재앙' '서리' '지독함' 등 과부의 신세가 부정적 어사의 감정적 표현에 실려 점강되고 있다. 15)에서도 마찬가지다. 시모상을 당한 일을 "ᄒ날이 문허지고 짜이 써지는 슯흠"이라 말하면서 이에 "물 흔 목음을 먹지 안숩고 밤낫으로 통곡ᄒ온즉 형용이 심히 쵸췌ᄒ야 거의 목숨이 끈치게 되얏스온지라 일가생하와 동리사름까지 본인을 위ᄒ야 슯허ᄒ며 산쳔 쵸목까지 본인을 위ᄒ야 됴샹ᄒᄂ 듯"하다면서 자신이 슬퍼함은 사실 "싀모의 하셰ᄒ심을 애통ᄒᄂ 것보담 남편 업ᄂ 계집의 신셰가 기밥에 도토리 된 것이 가삼에 미치고 쎄에 사못처 당장에 약을 먹든지 목을 미여 죽고 십"었다고 설토한다. 여기서도 '참혹', '잔인' 등의 부정적 어사가 동원되면서 과부의 정경이 감정적으로 증폭되고 있다. 16)에서는 "싱각홀 젹마다 눈에 피눈물이 솟아나고 흉격이 막혀 호흡을 통치 못"할 정도로 고통스러움을 하소연하면서 억울함을 감정적으로 증폭시킨다. 여기서도 '토혈', '울화', "니가 갈니고 눈에셔 피가나되"라면서 격앙되고 극대화된 감정 표현을 서슴지 않고 있다.

17)과 18)은 문체상 눈여겨볼 필요가 있다. 17)에서는 "여보 우리 녀즈 동포들아"라고 여성들을 호명하면서, 자신도 '같은 여성'임을 강조하면서 여성독자를 글의 내용 속으로 '초대'한다. '초대의 수사학'은 그동안 간과되어온 수용자(청중, 독자)의 생활, 경험, 지식 수준을 적극적으로 고려하는 관점으로서, 여기서의 초대란 평등, 내재적인 가치, 자기 결정에 뿌리를 둔 관계를 창조하기 위한 수단으로서의 이해를 도모하는 초대를 의미한다. 초대하는 화자는 의식을 일깨우면서 관점을 제공하고 존경과 평등의식 속에서 상대방의 관점을 드러난 것을 허용한다. 독자와의 연대감과 친밀감을 형성케 해 '공유'하게 만드는 것이다. 근대 초기 여성들의 글쓰기에서는 이와 같은 '초대의 수사학'이 폭넓게 활용되었다. "우리 녀즈"들, "우리 우매한 녀즈들" 등에서 확인되는 '우리 ***'의 형식은 같은 성별의 여성들을 참여의 장으로 불러내는 역할을 수행한다.[82] 이때 '우리' 다음에 오는 대상들은 '여자', "천첩" 등 계층, 계급적으로 당대의 '타자'였다.[83]

특히 17)은 《가정잡지》 6호에 실린 기서를 재수록한 것으로서 구어체 문체, 그중에서도 대화체 문장이 눈여겨볼 만하다. 여성 발화의 또 다른

---

82   김복순, 「근대초기 여성교양의 성립과 파트너십 문화론의 계보」, 《여성문학연구》 제 17호, 2007, 210~217쪽 참조.

83   김복순, 「'조선적 특수'의 제 방법과 아나카 페미니즘의 신여성 계보》 ― 나혜석의 경우」, 《나혜석연구》 창간호, 2012, 참조.

특징을 찾을 수 있다. 종결어미는 발화자의 사고와 감정을 반영한다. '빼앗겼다'의 단정·확신형이 아니라 '빼앗겼나'의 반문형은 발화자의 의지가 약화되어 있음을 확인시킨다. 역사 속 타자였던 여성들은 단정짓고 확신에 찬 어의를 구사하기보다 망설이고 주저하는 '문체'를 발명해냈다. 또한 '차졌겠지' 등의 추측성 발화법과, 전체적으로 대화체로 연동하는 발화적 특징은 구술의 언어를 통해 타자와 직접 연결되려는 화자의 욕망을 확인시킨다.[84]

여성 중에도 국가 사업하는 사람이 허다하다고 전제한 후 여성도 국민의 의무를 다하지 않으면 마음도 부끄럽고 천지신명이 두렵다고 말한다. 남성 화자와 달리 거창하게 이론적으로 접근하지 않고, 부끄러움과 두려움이라는 감성을 동원해 언급하는 특징을 보인다. 특히 '합세다', '하여 봅시다'의 청유형은 남성 또는 남성적 시선의 여성 발화자들에서는 거의 드러나지 않던 형태로서, 발화 양상과 관련해 여성들이 지닌 '차이'가 느껴지는 부분이다. 남성 논설자들이 주로 사용한 종결 형태는 'ㅎ얏더라'가 가장 빈번하고 '보시오', '말지어다' 등의 명령형이나 '***하다 ㅎ노라',[85] '가히 *** 치 아니한가',[86] '오호 통재라',[87] '오호라 ***이여'[88]라면, 여성들의 발화는 이와 좀 달랐다.

이와 같은 청유형은 "인천항 적성회 취지서"에서도 확인된다. "됴션 부

---

84 망설임의 언어, 구술의 언어가 여성 발화자의 특징과 연관됨은 김미현, 『한국여성소설과 페미니즘』, 신구문화사, 1996; 김복순, 「대모신의 정체성 찾기와 여성적 글쓰기」, 『페미니즘 미학과 보편성의 문제』, 소명, 2005 참조.

85 탄히생, "진명부인회를 하례홈", 《제국신문》 1907년 6월 18일; "닉외ㅎ는 폐습을 고칠 일", 《제국신문》 1907년 10월 11일. 탄히생은 《제국신문》 최대의 논설가다.

86 "여자보학원", 《황성신문》, 1908년 5월 9일; "여학교발전기", 《황성신문》, 1907년 3월 13일.

87 "動物韓女", 《대한매일신보》, 1907년 6월 6일.

88 "觀女會記念式有感", 《황성신문》, 1907년 6월 4일.

인덜아 이 쩌를 당ㅎ야 국민된 의무를 힝ㅎ야 봅시다"(1907년 4월 1일)라고 함으로써 여성 수신자를 향한 여성들의 발화 방식을 확인시킨다. 청유형은 구어체로서 여성들에게 훨씬 가깝게 다가선 느낌을 주면서 참여의 장으로 불러내는 방식이다. 패물폐지회의 글에서는 '잇습나잇가', '감하옵소서'(같은 해 4월 4일) 등으로 아래 사람의 자세에서 윗사람에게 호소하는 내용의 표현이 보인다. '간절히 바라ㄴ이다', '츅원ㅎ나이다'(같은 해 5월 27일), '츅슈ㅎ옵나이다', '바라나이다'(같은 해 6월 26일 포와도 부인의 의연소감의 글)의 표현은 아랫사람이라는 존재의 위치성을 확인시킨다. 역사 속 타자였던 여성의 위치성이 표현 및 감각을 그와 동일하게 위치지었던 것이다.

3. 사회개혁에서의 감각(성)의 역할

이 글은 페미니즘 인식론에 기초해 《제국신문》의 여성이 동일하지 않으며, 계층별, 신분별로 여러 가지 방법적 '차이'를 드러내고 있었음을 입증했다. 여성 담론과 관련해서는 지금까지 한 번도 소개된 바 없는 1907년 10월부터 1909년 2월까지의 자료를 발굴해 소개했다.

《독립신문》의 독자 투고는 거의 남성들이 독차지하고 있었으나, 《제국신문》에는 타 신문보다 여성의 독자 투고가 훨씬 많았다. 구학문적 지성형을 비롯해 신학문적 지성형, 그리고 중첩적 타자라 할 수 있는 일반 부녀자, 기생, 천인, 노파, 각종 장사 들이 다양하게 참여하면서 자신의 목소리로 여성의 주체성을 발견해내고 있었다.

구학문적 지성형은 수신자를 어떤 계층으로 상정하느냐에 따라 두 유형으로 나누어진다. 수신자를 '국민'과 '타자-여성'으로 상정한 경우가 그것이다. 전자의 경우로는 한남여사와 이일정을, 후자의 경우로는 신소당을 들 수 있었다. 이들은 대체로 공적인 글쓰기를 보여주었다. 논설 작가라 부를 수 있을 만큼 논리적인 글을 구사했고, 고사와 전거, 국한문체 등을 통해 당대의 남성 논설 작가와 별반 차이 없는 내용을 보여주었다. 계몽의 주체, 개혁의 주체라는 정체성을 드러내면서, 계몽의 대상을 '국민'으로 설정하고 있었다. 여성 논설가이지만 여성 문제에 주목하기보다, 즉 젠더 범주를 우선성으로 하기보다 국민 범주를 우선성으로 해서 주장을 펼치고 있다.

이에 반해 주로 '타자-여성'을 초점화한 신소당은 '국민' 범주보다 '젠더' 범주를 강하게 인식하면서, 젠더 범주 내의 차이까지 구체적으로 분류해 검토하고 있었다. 한남여사 등이 국민 범주 우선성하에서 남녀동등론을 언표하고 있었다면 여기서는 남녀가 '다르다'는 것을 강조함으로써 남녀분업론의 단초를 드러냈다.

신학문적 지성형으로 대표되는 윤정원은 몸을 바치는 정신인 모성성·여성성이 문명 세계가 이룩되는 방식과 같다고 함으로써 여성성이 문명개화 방식과 동일함을 역설하는 한편, 일국도 세계도 평화와는 무관한 전쟁터가 된 당대를 구원할 수 있는 방법은 성인군자와 학자들-남성의 종교 철학 사상이 아니라 몸으로 직각 실행해 환란쟁투를 멈추게 하는 '여성의 방법'이라 하는 등 선진성을 보여주었다. 여자의 몸으로 직각 실행하는 방법으로써 당대의 폭력, 투쟁, 비평화 등을 교정할 수 있다는 것이다. 남자들은 문명 세계를 만들었지만 그 문명 세계란 폭력, 투쟁, 불평등으로 어지러운 세상일 뿐이라는 문명 비판과 함께, 여성들의 평화, 화합, 희생정신, 실행정신으로 문명 세계의 문제를 해결하자는 것이다. 문명개화를 긍정하지만, 문명개화 속에 내재된 경쟁 및 폭력은 부정하면서, '여성성'을 한국 및 문명 경쟁 세계를 구원할 '방법'으로 제시했다. 이는 '또 다른 근대'를 상상하는 단초를 제시해주었다.

'중첩적-타자 여성'들은 자신의 감정을 드러내고 감각 주체로서의 '개인'을 확인시켜 주었다. 근대 이전에 여성은 '비남성'으로서, 이성적 사고의 주체도 아니었고, 감성적 주체는 더더욱 아니었다. 하지만 《제국신문》 시기에 이르러, 여성 개인의 각 계층별 입장에서 생생하게 살아 움직이는 여성의 내면을 제시해주고 있다. 복잡하고 다양한 감정(성)은 우선 '나'에 대한 인식이 만들어진 이후에 가능하다는 점에서, 《제국신문》이라는 장을 통해 제시되는 여성들의 '감각'은 지극히 개인적인 경험이면서 동시에 지극히 사회적이고 시대적인 것이었다. '중첩적 타자-여성'들의 경우 감각(정)은 그들의 고뇌를 표현하는 격렬한 문체였으며, 정체성의 또 다른 이름이었다.

《제국신문》이 발견한 '여성의 감각'이 더욱 중요한 이유는 '차별의 감성'을 지양한 것이란 점에서다. 이성/감성(감정, 감각)이라는 근대의 대표적 억압 체계인 이분법이 해체되어 있었기 때문이다. 이성/감각의 대립에 남성/여성의 성적 은유를 틈입시키면서 인식론적 우열을 존재론적 우열로 치환하는 인식은 '남성 중심적 인식 모델'이지만 여기서는 이러한 이분법이 작동하지 않는 가운데 '여성의 감각(정)의 발견'이 이루어졌다. 이는 '또 다른 근대'를 상상하는 것이었으며, '복수의 근대'를 가능케 하는 것이었다. 이러한 단초가 《제국신문》의 여성 투고를 통해 이루어졌다는 점이야말로 이 신문의 위상을 재정립해야 할 필요성을 요청하는 것이다. 당대 신문의 타자였던 《제국신문》은 또 다른 타자성인 여성성을 발견하고, 그 여성성으로 또 다른 근대를 상상하고 있었다. 타자성에 대한 해결 없이 문명개화, 근대는 허명이란 것을 《제국신문》은 인식하고 있었다. 이것이 바로 《제국신문》의 꿈이며 힘이다.

'타자-여성'들의 동일성 및 차이의 감각, 근대의 속성인 경쟁 원리를 거부하고 여성성으로 또 다른 근대'를 상상하는 감각, 그리고 '중첩적 타자-여성'들의 '감각의 주체'로의 발견은 사회개혁에서의 감각(성)의 역할에 대한 기존의 인식을 수정하게 했다. 여태까지 감각(성)은 역사 발전에 별로 기여하지 못하는 것으로 인식되었으나, 근대 초기 사회개혁과 관련한 (여성)운동에서 감각(성)은 여성들이 개인 주체로 탄생하는 데 큰 역할을 했다. 근대 초기 여성의 감각(성)은 사회 발전의 동력이자 새로운 정의의 표현이었으며, 계몽과 감성은 무관한 것이 아니라 깊은 연관을 맺고 있었음이 확인되었다.

앞으로 남은 문제가 있다면 신문뿐 아니라 당대의 잡지와도 비교 검토하는 일이며, 더 나아가 근대 초기의 감각(성)이 강제 합병 후의 1910~1920년대를 지나면서 어떻게 굴절, 변모하는지의 양상을 추적하는 일이다. 안타깝게도 이는 후속 작업으로 남겨둔다.

참고문헌

1. 기본 자료

《제국신문》 창간호~1909년 2월 28일.

2. 논문

김복순, 「근대초기 여성교양의 성립과 파트너십 문화론의 계보」, 《여성문학연구》 제
    17호, 2007.

김정경, 「《제국신문》 독자투고에 나타난 사회인식」, 한국교원대 석사학위논문, 2007.

남주성, 「《독립신문》과 《제국신문》의 여성관 비교 연구」, 국민대 석사학위논문, 1996.

박의경, 「여성학적 인식론의 발견과 그 사상사적 지평」, 『동아시아와 근대, 여성의
    발견』, 청어람미디어, 2004.

연효숙, 「전통인식론에 대한 여성주의적 도전」, 『철학의 눈으로 읽는 여성』, 철학과
    현실사, 2001.

이경현, 「《제국신문》 초기 논설에 나타난 학문의 성격과 동양 사유방식」, 《한중인문
    학연구》 14, 2005.

이경하, 「애국계몽운동가 신소당의 신문독자투고」, 《국문학연구》 제11호, 2007.

_____, 「《제국신문》 여성독자투고에 나타난 근대계몽담론」, 《한국고전여성문학연
    구》 8, 2007.

정경숙, 「대한제국말기 여성운동의 성격연구」, 이화여대 박사학위논문, 2005.

3. 단행본

김미현, 『한국여성소설과 페미니즘』, 신구문화사, 1996.

김복순, 『페미니즘 미학과 보편성의 문제』, 소명, 2005.

박용옥, 『한국 여성 근대화의 역사적 맥락』, 지식산업사, 2001.

이화여대 한국문화연구원, 『근대계몽기 지식개념의 수용과 그 변용』, 소명, 2004.

_____, 『근대계몽기 지식의 발견과 사유 지평의 확대』, 소명, 2006.

_____, 『근대계몽기 지식의 굴절과 현실적 심화』, 소명, 2007.

전미경, 『근대계몽기 가족론과 국민 생산 프로젝트』, 소명, 2005.

조형 외, 「한국 여성사 정립을 위한 인물 유형 연구 2」, 《여성학논집》 제10집, 1992.

최경숙, 『황성신문연구』, 부산외국어대출판부, 2010.

최기영, 『대한제국기 신문연구』, 일조각, 1991.

최은희, 『여성을 넘어 아낙의 너울을 벗고』, 문이재, 2003.

호남학연구원 인문한국사업단, 『감성담론의 세 층위』, 경인문화사, 2010.

홍인숙, 『근대계몽기 여성담론』, 혜안, 2009.

고모리 요이치 외, 허보윤 외 옮김, 『감성의 근대』, 소명, 2011.

사스키아 벤델, 송안정 옮김, 『여성주의 윤리학』, 이화여대출판부, 2008.

티모시 보서스, 차유철 외 옮김, 『수사학이론』, 커뮤니케이션북스, 2007.

한국여성연구원, 『지구화 시대의 여성주의 대안가치』, 푸른사상, 2005.

石原千秋, 『近代という教養』, 筑摩書房, 2013.

有賀美和子, 『フェミニズム正義論』, 勁草書房, 2011.

Sally Haslanger, "Objective Reality, Male Reality, and Social Construction, Garry & Pearsall ed., *Woman, Knowledge, and Reality*, Routledge, 1996.

야만의 표상으로서 여성 소수자들

《제국신문》에 나타난 첩, 무녀, 기생 담론

박애경

1. 들어가는 말

근대 전환기[1]는 사회 각 부분에 걸쳐 전면적 쇄신을 요구하는 목소리가 넘치던 계몽의 시대이자 총체적 변화의 시기였다. 갑오개혁으로 촉발된 이른바 근대화, 문명화 운동의 초점은 봉건적 잔재 청산과 열강의 침략 위협에 맞설 수 있는 강대한 국가를 건설하는 것이었다. 아울러 조선을 둘러싼 열강들의 동향은 대외 인식을 포함한 정세 전반에 대한 통찰을 요구하게 되었다. 그 결과 서구 문명을 일방적으로 배척하던 전 시대의 태도에서 벗어나, 이를 본받아야 할 보편적 규범 내지 목표로 인식하기 시작했다. 이는 곧 조선을 지탱하던 중화주의적 세계관의 균열을 의미하는 것이었다.

---

[1] 이 연구에서는 1894년 갑오개혁 이후 1910년 경술국치까지의 시기를 근대 전환기로 보고자 한다. 이 시기는 근대를 지향하는 담론이 폭발적으로 분출했을 뿐 아니라 청일 전쟁의 결과에 따른 중화주의의 붕괴, 저널리즘 매체의 등장, 대한제국의 선포 등 '근대'를 향한 움직임이 실질적으로 가시화된 기간이라 할 수 있다.

더구나 일본의 승리로 끝난 청일전쟁의 결과는 중화주의와 실질적으로 결별하는 계기가 되었다.

　이러한 변화는 중화주의적 세계관, 그를 배태했던 조선의 전통에 대한 부정과 회의로 이어졌다. 그렇지만 봉건왕조를 지탱해왔던 제도와 관습, 유교적 가치가 엄연히 잔존한 상태에서 변화한 시대와 대면하면서 이 시기는 신(新)과 구(舊), 개화와 완고의 문제가 어느 시기보다도 첨예하게 제기되었다고 할 수 있다. 이렇게 본다면 근대 전환기는 구질서와 이에 기반을 둔 문화가 여전히 존재하는 가운데, 서구 문명(내지 서구화를 선점한 일본의 문명)을 표준으로 하는 지배 담론이 부상하는 시기, 즉 구질서와 이에 기반을 둔 문화 대 신질서와 이에 기반을 둔 문화가 충돌하는 문화 접변의 시기이기도 했다. 이질적인 가치와 관습 간의 길항은 이 시기 담론을 주도하던 지식인들에 의해 '문명개화'의 열망과 계몽의 수사로 집결되었고, '계몽'의 대상이 되었던 대다수 서민들은 봉건왕조의 신민에서 국민으로 정체성 전환을 요구받게 되었다.

　여성 관련 담론 역시 이러한 시대적 흐름에서 벗어났다고 할 수 없다. 전통 사회에서 공적 역할이 제한되었던 여성은 시대의 변화에 따라 비로소 새로운 지위와 역할을 부여받았다. 그 결과 이 시기 들어 양성평등과 여성 교육의 필요성을 주창하는 논의가 공적 영역에 본격적으로 등장하기 시작했던 것이다. 아울러 남존여비의 관습이나 여성을 공적 영역에서 제외하려는 태도는 '야만' 내지는 '구습'으로 인식되기 시작했다. 이러한 움직임은 국가와 국민을 최상의 가치로 두고, 개개의 주체를 문명화한 나라의 국민의 일원으로 호명하려는 '국민화, 문명화 프로젝트'[2]에 여성 역시 배치

2　근대 전환기 계몽담론의 궁극적 지향이 근대적 국민으로 문명화하려는 거대한 기획 안에서 이루어지고 있으며, 여성 역시 이러한 배치에서 예외일 수 없다는 것은 다음 논의에 대표적으로 나타나 있다. 고미숙, 『한국의 근대성, 그 기원을 찾아서 ─ 민족·

되었다는 것을 의미한다. '여성의 국민화'는 국가 건설 과정에서, 국민의 절반을 차지하는 여성을 배제하고는 그 과정을 효율적으로 진행할 수 없다는 의지의 표현으로 보인다.

그러나 '신민에서 국민으로'라는 정체성 전환의 과정이 반드시 동일한 궤적을 그리며 진행되었던 것은 아니다. 즉 담론의 주체, 그들이 택한 매체 그리고 포섭하고자 하는 대상에 따라 차별적으로 적용되었고, 근대 전환기라는 시기 안에서도 정세에 따라 매 시기 다르게 나타났던 것이었다. 이 글에서는 '국민화, 문명화 프로젝트' 담론이 차별적으로 적용되고 나아가 집단 별로 위계화하는 양상을 고찰하기 위해, 이 시기 대표적 계몽언론의 하나인 《제국신문》의 여성 소수자 관련 담론을 살펴보고자 한다. 이 글에서는 특히 청산되어야 할 구악(舊惡)의 표본으로 자주 등장하는 첩, 무녀, 기생과 삼패 관련 담론을 통해 전통적인 여성 소수자 집단이 타자화되고, 야만의 상징으로 고착화되는 양상을 주로 살펴볼 것이다. 이 과정을 통해 계몽의 이념이 젠더별, 계층별로 어떻게 위계화하는지를 가늠해볼 수 있고, 여성 소수자 집단을 배제하고, 타자화하는 데 신·구의 논리가 어떻게 작동하는지도 살펴볼 수 있을 것이다.

이를 서민층과 부녀자들 독자가 많아, 당대에도 속칭 '암신문'이라 불렸고,[3] 현재까지도 근대 초기의 대표적인 부녀자 신문으로 알려진 《제국신문》[4] 중심으로 살펴봄으로써 계몽 담론을 주도하던 남성 지식인 외에 여성

섹슈얼리티·병리학』, 책세상, 2001; 전미경, 『근대계몽기 가족론과 국민 생산 프로젝트』, 소명, 2004.

3   제국신문의 성격에 대해서는 다음 논의를 참조할 것. 최기영, 『《뎨국신문》 연구』, 언론학논선 3, 서강대 언론문화연구소, 1989.

4   《제국신문》의 여성 계몽적 성격에 대해서는 다음 논의를 참조할 것. 이경하, 「《제국신문》 여성독자투고에 나타난 근대계몽 담론」, 《고전여성문학연구》, 한국고전여성문학회, 2004; 홍인숙, 「근대 계몽기 女性談論 硏究」, 이화여자대학교 박사학위논문, 2006.

독자의 반응과 욕구도 읽어낼 수 있을 것이다.[5] 그리하여 궁극적으로는 근대 전환기 여성 담론에 나타난 여성 집단의 위계화 양상, 여기에 작동하는 논리를 읽어냄으로써, 문명개화를 통한 근대화라는 목표 안에 상이한 지향과 가치가 혼류하고 있다는 점을 확인하고자 한다.

2. 신·구문화의 접변과 근대 전환기 여성담론의 전개

근대 전환기 여성 담론은 국민화, 문명화라는 이 시대의 궁극적 지향으로부터 자유로울 수 없었다. 서구적 근대 가치의 수용을 통한 문명화는 법률과 제도의 공명정대함, 교육받은 각성된 국민이 전제되어야 가능한 것이었다.[6] 1894년 단행된 갑오개혁이 법률과 제도의 개혁을 통한 근대화, 문명화의 열망을 표현한 것이라면, 언론을 통한 대중의 계몽은 '각성된 국민'을 만들기 위한 의지의 표현이었던 것이다. 말하자면 이 시기 근대적 주체가 된다는 것은 국민의 일원이 된다는 것과 동등한 의미였던 것이다. 그런데 '국민'과 '문명'이라는 것은 내포가 모호하기 짝이 없는, 번안된 개념일 뿐 아니라 봉건적 신민의 일원으로만 살았던 대다수의 대중에게는 낯선 가치 체계였기 때문에 부득불 언론을 통한 대중 계몽의 필요성이 제기되었

---

5   계몽담론이 젠더별로 상이하게 추구되고 있다는 점은 다음 논의에서 지적된 바 있다. 김복순, 「근대초기 모성담론의 형성과 젠더화 전략」, 《한국고전여성문학연구》 14집, 한국고전여성문학회, 2007. 《제국신문》 독자 투고를 분석한 이경하의 논의 역시 남성 젠더의 계몽 담론에 동의하면서도, 미세한 균열을 일으키는 여성 독자의 내적 동기에 집중한 것으로 보인다.

6   이러한 문명 관념은 "나라 등슈"라는 《독립신문》 1899년 2월 23일자 논설에 잘 나타나 있다. 이 논설에서는 문명 관념의 심도에 따라 각국을 문명국, 개화국, 반개화국, 야만국으로 분류하고 있다.

던 것이라 할 수 있다.

그 결과 계몽언론을 통해 유포된 여성 관련 담론은 자연스럽게 '국민 만들기'라는 목표로 합류하게 되었다. 그 시작은 여성을 국가라는 공적 영역의 일원으로 호출하는 것이었다. 이는 '가족 내 일원'으로만 고착화되었던 여성의 지위와 역할을 새롭게 규정하는 것이기도 했다. 그런데 오랫동안 공적 영역으로부터 소외되어왔던 여성이 그 안에 진입하기 위해서는 별도의 관문이 필요하다. 여성 교육의 필요성은 바로 이 지점에서 힘을 얻기 시작했다. 다음의 두 인용문은 계몽의 열기가 고조되었던 1894~1899년 사이 여성 관련 담론의 인식적 기반을 분명하게 보여주고 있다.

가) 대져 사름은 다 일반이어늘 셔양 녀인들은 엇지ᄒᆞ야 그러ᄒᆞ고 쳥국이나 우리나라 녀인들은 일평싱 신셰를 남ᄌᆞ에게만 의탁ᄒᆞ고 갓아니 규즁에서 셰월을 보내야 음옥셔 죄안갓치 늙기ᄭᆞ지 셰상이 엇던 거신지 알지 못ᄒᆞ고 지나ᄂᆞᆫ 사름도 잇고 또 엇던 녀인들은 밤낫으로 경영과 공부ᄒᆞᄂᆞᆫ거시 남ᄌᆞ의 직물을 쎼아ᄉᆞ 먹어가며 아참에는 리가에 계집이오, 져녁에는 쟝가에 계집노릇 ᄒᆞ기로 능ᄉᆞ를 삼아가며 능라금슈로 몸을 싸고 유두분면으로 단쟝ᄒᆞ기만 힘을 쓰고 침션방직이나 됴셕 음식도 짓기를 슬혀ᄒᆞᄂᆞ니 그 신셰를 싱각건대 우리나라 녀인들도 아모됴록 남과 갓치 학문을 비와 녀즁군ᄌᆞ들이 되어 남의 교ᄉᆞ 노릇도 ᄒᆞ고 의원 노릇도 ᄒᆞ야 착ᄒᆞᆫ 일 ᄒᆞ기를 힘을 써셔 녀인의 명예를 셰계에 젼파ᄒᆞ기를 츅슈ᄒᆞ노라[7]

나) 셰상에 불샹ᄒᆞᆫ 인싱은 죠션 녀편네니 우리가 오늘날 이 불샹ᄒᆞᆫ 녀편네들을 위ᄒᆞ야 죠션 인민의게 말ᄒᆞ노라. 녀편네가 사나희보다 죠곰도 나진 인싱이 아

7   "何異東西",《제국신문》, 1899년 12월 19일.

닌딕 사나희들이 쳔딕ᄒᄂᆞᆫ 거슨 다름이 아니라 사나희들이 문명 긔화가 못 되야 리치와 안졍은 싱각지 안코 다만 ᄌᄀᆡ의 팔심만 밋고 압졔ᄒᆞ랴 거시니 엇지 야만셔 다름이 잇스리요 (…) 죠션 남녀의 ᄒᆡᆼ실을 비교ᄒᆞ여 볼진딕 녀편네가 사나희보다 빅 비가 나흔 거시 쳣지ᄂᆞᆫ 사나희 즁에 음ᄒᆡᆼᄒᆞᄂᆞᆫ 쟈이 더 만코 쳡 둔 사ᄅᆞᆷ이 만히 잇시되 녀편네 즁에ᄂᆞᆫ 음ᄒᆡᆼᄒᆞᄂᆞᆫ 이도 젹고 간부 둔 녀편네도 젹은 즉 엇지 사나희보다 놉고 졍결치 안ᄒᆞ리요 (…) 죠션 부인네들고 ᄎᆞ츠 학문이 놉하지고 지식이 널너지면 부인의 권리가 사나희 권리와 ᄀᆞᆺ흔 줄을 알고 무리흔 사나희들을 졔여ᄒᆞᄂᆞᆫ 방법을 알니라 그러키에 우리ᄂᆞᆫ 부인네들ᄭᅴ 권ᄒᆞ노니 아모쏘록 학문을 놉히 빅화 사나희들보다 ᄒᆡᆼ실도 더놉고 지식도 더 널펴 부인의 권리를 찻고 어리셕고 무리흔 사나희들을 교육하기를 ᄇᆞ라노라 [8]

두 글은 공통적으로 남녀 간의 동등권, 교육의 필요성, 여성의 사회 참여를 촉구하고 있다. 그뿐 아니라 여성을 하대하는 관습과 일부일처제의 근간을 흔드는 축첩과 음행(淫行)은 문명개화에 역행하는 야만으로 치부되고 있다. 가)에서는 동서 간 양성 권리의 차이가 문명의 차이로 이어진다는 점을 전제로 하고, 교육이 정당한 권리 획득뿐 아니라 인간 개조에 기여할 수 있음을 역설하고 있다. 여성의 사회적 역할과 관련하여 개개인(특히 여성)의 '처신'의 문제를 강조하는 것은 이후 《제국신문》에서 꾸준히 발견되는 논조다.[9] 여기에서 전통적 수신(修身)의 덕목이 개개의 신체에까지 작동

---

8   "哀呼我女", 《독립신문》, 1896년 4월 21일.

9   다음 장에서 다룰 '첩' 문제와 관련한 여성 독자 투고 "엇던 유지각한 시고 부인의 편지"나 국문을 통한 여성 교육의 중요성을 강조한 1903년 6월 20일자 논설이 대표적이라 할 수 있다. "지금 우리나라에 녀학교가 업고 계집ᄌᆞ식 가라치ᄂᆞᆫ 학교가 업셔 그러ᄒᆞ되 녀인의 ᄒᆡᆼ동거지와 쳐신범졀을 보게 드면 다각각 달음이 잇나니 가량 그 집안 규모가 단졍ᄒᆞ고 그 부형이 학문이 잇고 그 어머니가 졈잔은 집 ᄌᆞ손으로 유슌뎡졍ᄒᆞ게 드면 그 ᄌᆞ식들의 ᄒᆡᆼ실도 다 단졍ᄒᆞ고 만일 그 부형이 부량괴픽ᄒᆞ고 그 어머니가 ᄒᆡᆼ츙

하는 근대적 신체 규율로 바뀌어가는 양상을 확인할 수 있다. 나)에서는 행실 면에서 여성이 남성보다 못하지 않을 뿐 아니라 더 우월하다고 하며 보다 급진적인 남녀동등의 이념을 설파하고 있다. 나아가 여성의 권리를 문명화의 징표로 제시하고 있다.

두 글에서 말하는 교육이란 '교사 노릇'과 '의원 노릇'을 할 수 있는 것, 즉 근대적 지식 체계에 기반해 사회에서 유용하게 쓸 수 있는 학문을 배운다는 의미로 보아야 한다. 여기에서 여성의 처신, 교육, 가정 내 지위, 사회적 역할은 하나의 논리로 관통한다. 요컨대 문명한 나라의 국민이 되기 위해서는 개인의 신체, 가족 내 질서, 젠더별 사회적 역할 등 공사의 영역이 규제와 개조의 대상이 되었던 것이다.

그런데 사회 각 분야의 변화에는 그동안 존중되었던 관습의 변화 나아가 이를 제어할 수 있는 윤리적 기준의 형성[10]이라는 운동적 차원의 변화가 따르게 마련이다. 이 과정에서 구 지식과 이에 기반을 둔 제반 가치는 자연스럽게 변화와 성찰의 대상이 된다. 그리하여 봉건적 관계를 매개하면서 전통적 가치의 근간을 이루었던 유교 이념과 문명의 표준으로 새롭게 부상한 서구적 가치 사이의 거리는 조정될 수밖에 없다. 이렇게 본다면 '문명'과 이상적 공동체로서의 '국가'의 실질적 함의는 양자의 거리를 어떻게 조정하느냐에 따라 그 내용이 결정되었다고 해도 과언이 아니라 할 수 있다.

여성 관련 담론은 이렇듯 전통적 유교 담론과 새롭게 전범으로 부상한

믿음을 흐거나 픽악무도흐게 드면 그 즛식들의 보고 들은 거시 모다 그런 일이오 당초에 단정흐고 올흔 일은 보지 못흐얏스니 어딘로조차 문견이 잇스며 덕힝이 싱기리오 로류쟝화로 아참에는 쟝가의 계집 노릇흐고 젼역에는 리가의쳐 노릇흐는 계집의 싱쟝흔 근본을 보고 두 남편을 셤기지 안코 규즁에셔 늘는 부인의 본디를 싱각흐야볼진된 아마도 불학무식흔 사름에 즛식은 힝실이 단정치 못흐고 학문과 덕힝 잇는스룸의 즛식은 부잡흔 쟈가 젹은지라"("녀즛 교육의 관계", 《제국신문》 1903년 6월 20일).

10 전미경, 앞의 책, 137쪽.

서구적 문명 관념이라는 경계 위에서 형성되고 전개되었다. 말하자면 젠더 간 지위와 역할을 엄격히 구분하고, 이를 공사의 영역에 두루 적용했던 유교적 젠더관은 '남녀동등'이라는 새로운 윤리적 기준과 대면해야 했던 것이다. 다음 인용문은 상이한 가치가 어느 지점에서 만나는지를 보여주고 있다.

> 녀ᄌ는 나라 빅셩된 쟈의 어머니될 사람이라 녀ᄌ의 교육이 발달된 후에 그 ᄌ녀로 하여곰 착흔 사람을 일울지라 그런고로 녀ᄌ를 ᄀᄅ침이 곳 가뎡교육을 발달ᄒ야 국민의 지식을 인도ᄒᄂ 모범이 되ᄂ니라[11]

유학자 출신의 계몽 지식인이었던 장지연의 『녀자독본』의 첫 구절은 근대 전환기 여성을 둘러싼 담론이 어떤 방향으로 나아가는지를 보여주고 있다. 이 책은 앞서 살았던 여성들의 가행(嘉行)과 선행을 골라 모은 독본이라는 점에서, 조선 시대 여성 교육을 위해 제작했던 규훈서(閨訓書)의 전통을 이어받고 있다고 할 수 있다. 동시에 '국민의 어머니'로서 가져야 할 시대적 책무를 강조한 이 책은 가족 내 여성의 지위와 역할을 규정했던 전통적 유교 담론이 새로운 시대와 대면하면서 어떻게 변용되었는지를 명백히 보여주고 있다. 이 책에는 김유신의 어머니를 필두로 동서고금의 모범적인 여성들을 소개하고 있다. 여기에는 자녀교육의 모범이 된 어머니 외에 남편을 훌륭하게 내조한 양처, 가정과 나라를 위기에서 구한 의로운 여성들이 등장하는데, 공통적으로 희생과 헌신의 덕목을 내재화하고 있다.

집필 의도와 체재에서 드러나듯 『녀자독본』은 '자녀를 훈육하는 어머

---

11 장지연, 『녀ᄌ독본』 샹 데일쟝, 광학서포 발행, 1908(단국대학교 동양학연구소 편, 『장지연 전서』 4권).

니상'을 여성이 추구해야 할 최상의 가치로 두고, 교육의 주체를 어디까지나 '가정'으로 상정했다는 점에서 전통적 유교 지식인의 담론을 계승하고 있지만, 여성 교육의 궁극적 귀결점이 국민을 낳고 기르는 '국민 양성자'라는 점을 분명히 해[12] 여성의 지위와 역할을 새로운 시대에 걸맞게 제시하고 있다. 요컨대 '국민을 기르고 가르치는 어머니'의 지위를 얻으면서, 여성은 비로소 국민의 일원이 되는 것이었다.

국가에 이바지할 훌륭한 인재를 기르는 어머니의 역할은 '여자는 남자를 낳고 기르는 근본'이라는 말로 압축된다.

> 즈고 이리로 왕후장상과 영웅호걸이 다 녀즈의 비속으로 나오며 녀즈의 손아래서 길너내엿ᄂ니 만일 남즈를 교육홀 경영이 잇ᄉ면 반듯시 몬져 녀즈를 교육ᄒ여야 ᄎ데가 분명ᄒ고 남즈의 교육도 셩취가 될지라 비컨듸 나무를 심으라면 몬져 쓀희를 비양ᄒ여야 지엽이 무셩ᄒ고 쓀희가 단단치 못ᄒ면 지엽이 말을지라 이와 ᄀ치 녀즈는 남즈를 낫코 기르ᄂ 근본이니 엇지 근본을 놋코 문명 긔죠를 도모ᄒ리요 동양이 미약ᄒ고 진흥ᄒ지 못홈은 실노 녀즈의 교육이 업슴이라[13]

이처럼 여성이 '국민 양성자'로 거듭나면서, 가정은 개인과 국가를 잇는 사회의 하부 단위로 기능하기 시작한다. 가족은 더 이상 사적 영역에만 머무르는 것이 아니라 개인과 국가를 잇는 매개체이자 국민화, 문명화를 실천하는 기구였던 것이다.[14] 1900년 이후 계몽 담론에서 '가족'이 종종 개조의 대상으로 거론되었던 것은 가족을 공익을 실천하는 기구로 자리매김하려는 의도가 가시화한 것이라 할 수 있다.

---

12   홍인숙, 앞의 글, 64~65쪽.
13   '논설', 《제국신문》, 1901년 4월 5일.
14   전미경, 앞의 책, 28쪽.

여성 관련 담론의 추이에서 보듯, 여성 교육의 의미는 여성의 자신의 권리 신장으로 이어지는 것이 아니라 철저하게 가정의 개조를 통한 국가 건설로 귀결되었다. 즉 여성 지식 획득의 결과는 전통적 성 역할 구도에 변화를 가져오거나 위협적이지 않으면서, 가족의 질서를 공고히 하고 국가 부강의 기초가 되는 것이어야 했다.[15] 바로 이 지점에서 유교적 가부장제와 가부장적 국가주의는 큰 충돌 없이 병존하게 된다. 1908년 여자교육회(女子敎育會) 회지로 간행된 여성지 《녀ᄌᆞ지남》에 실린 청해백의 글은 남녀동등론이 어디로 귀결되는지를 보여주고 있다.

일어ᄒᆞ고야(여성이 그 직분을 다하지 못하고야: 필자 주) 엇지 그 사ᄅᆞᆷ이 문명ᄒᆞ며 그 집이 완전ᄒᆞ며 그 나라이 부강ᄒᆞ리오 연즉 이천만 동포에 남ᄌᆞ 일부분 잇슴은 알거니와 녀ᄌᆞ 일부분은 과연 말이지 잇서도 업는 모양이오니 녀ᄌᆞ는 국가분자가 안이되여 그러ᄒᆞᆫ가 남ᄌᆞ 부분 일천만 동포는 더 말ᄒᆞᆯ 것 업거니와 자미 부분 일쳔만 동포는 깁히 싱각ᄒᆞ오셔 일쳔만이 ᄒᆞ던 칙임의무를 이쳔만이 분담ᄒᆞ왓스면 사ᄅᆞᆷ이 문명ᄒᆞ고 나라이 부강ᄒᆞᆷ은 가히 안져셔 일울 터이오니 깁히 삼가고 길게 싱각ᄒᆞ옵쇼 남ᄌᆞ의 교육만 힘쓰지 말고 녀ᄌᆞ의 교육을 더욱 힘쓸지니 남녀가 동일히 교육을 밧아 동심동력으로 실업을 발달ᄒᆞ며 ᄌᆞ녀를 자양ᄒᆞ면 이것이 과녕 하늘과 ᄯᅡᆼ히 함께 힘써서 만물을 싱장 성실히 함과 갓고 남녀가 일반으로 자유권리를 엇고 의무칙임을 알면 이것이 과연 텬디 간에 날과 달이 쥬야로 분담ᄒᆞ야 명낭ᄒᆞᆷ과 갓고 [16]

---

15 홍인숙, 앞의 글, 108쪽. 《제국신문》 1903년자 6월 19일 논설 "녀자교육의 관계"에서도 여성 교육이 여성의 전통적인 덕목을 고수하는 데 장애가 되지 않음을 역설하고 있다.

16 청히빅웅, "남녀의동등론", 《녀ᄌᆞ지남》 제1권 1호(이화여자대학교 한국여성연구소 편, 『韓國女性關係資料集: 韓末女性誌』 이화여자대학교 출판부, 1981).

야만의 표상으로서 여성 소수자들 ▪ 박애경   73

부강한 국가의 건설이라는 현실적 목표 앞에서 남녀동등론과 음양론은 조화롭게 결합한다. '차이를 통한 생성'이라는 음양론의 기저[17]는 '국민의 탄생과 양성'이라는 절대 절명의 목표로 자연스럽게 이어지게 되는 것이다. 물론 가족을 개조의 대상으로 삼고, 여성을 가족 내 훈육자의 위치로 고정시키는 것은 기본적으로 계몽 언론을 주도한 남성 지식인의 입장이라 할 수 있다.[18] 이는 근대성이 남성성과 동일시된다거나, 근대의 담론이 '남성 중심적'이라는 사실[19]과 중첩된다고 할 수 있다. 그렇지만 '여성의 국민화'라는 남성 지식인 중심의 기획이 여성의 입장에서는 활동할 공적 영역을 확보하고, 발언권을 얻을 수 있는 유력한 방식이었다는 점까지 부인하기는 어려울 듯하다. 특히 우리나라를 둘러싼 주변 열강들의 동향이 분주해지는 1900년 이후에는 '가족이 확장된 형태로서의 국가'라는 관념이 우세하게 나타나고, 여성의 주장 역시 이에 포섭되는 경향이 보이기 시작한다. 여성을 민족적 주체로 재탄생하는 데 중요한 계기로 작용하게 한 1907년 국채보상운동[20]에 다양한 계층의 여성이 참여했던 것은 남성 지식인의 논리를 여성이 자발적으로 수용한 측면이 있다고 볼 수 있다. 이렇게 본다

---

17 이숙인, 「유가의 몸담론과 여성」, 『여성의 몸에 대한 철학적 성찰』, 철학과현실사, 2000, 134~135쪽. 음양론은 음과 양의 '차이'에서 성찰하는 논리에서부터 양존음비 (陽尊陰卑)라는 '차별'의 논리까지 편차가 존재한다. 따라서 음과 양의 상보적 대립의 내포는 시대와 논자와 해석의 시각에 따라 달라질 수밖에 없다. 근대 전환기 여성 담론과 음양론의 결합은 '생성'이라는 점을 공유한 결과로 보인다.

18 남성 젠더의 여성 담론이 국가 담론 및 가족 담론에 여성을 종속시키는 논리를 펼침으로써 여성 개인의 권리나 자유보다는 남성의 여성지배나 국가 발전을 우선시한 반면, 여성 젠더의 여성 담론은 모성 담론 및 가족 담론의 결여 형태로 여성 개인의 권리와 자유를 우선시한다고 해서, 젠더 간 담론의 차이를 보이고 있다는 문제 제기도 제출되어 있다. 김복순, 앞의 글.

19 리타 펠스키 지음, 『근대성과 페미니즘』, 김영찬 옮김, 거름, 1998, 43~44쪽.

20 고미숙, 앞의 책, 95쪽.

면 '여성의 국민화 기획'은 전통 논리의 전복, 전통 논리와의 협상의 과정을 부단히 거치면서 그 의미를 확정했다고 볼 수 있다.

3. 여성 소수자가 계몽 담론의 장(場)에 배치되는 방식

주변부에 위치했던 여성은 이렇듯 근대적 국가를 건설한 의무를 분담함으로써 국민으로 재탄생하게 되었다. 여성이 국민으로 다시 태어난다는 것은 근대가 요구하는 가치를 내재화해야 한다는 의미일 것이다. 여기에는 앞장에서 살펴본 국가적, 민족적 책무의 수용이라는 거대 담론 차원의 문제 외에, 신체에까지 작동하는 미시권력의 훈육 과정을 순조롭게 수용해야 한다는 조건이 부가되기도 한다.[21] 근대화의 전범으로 삼았던 서구에서 근대와 함께 신체의 재발견과 섹슈얼리티의 통제를 수반했고, 이것이 국민으로의 개조에 필수적이었다고 보았기 때문이다. 더구나 국민을 양성할 책임을 진 어머니가 될 여성에게 섹슈얼리티의 통제와 신체의 규율이라는 문제가 더 중차대했다는 것은 불문가지라 할 수 있다. 따라서 여성의 섹슈얼리티를 둘러싼 제도와 윤리적 기준은 개조와 관리의 대상이 되었다. 그 결과 계몽 언론에는 과부 재가의 문제, 조혼의 문제, 축첩의 문제 등 혼인 제도를 둘러싼 논의들이 봇물을 이룰 정도로 나타나게 되었다.

물론 섹슈얼리티의 통제와 이를 수행할 제도와 윤리적 기준은 전통 시대부터 있어왔다. 유교담론에서는 여성의 성을 '바른'이라는 의미의 정(貞)과 '그릇된' 혹은 '올바르지 않은'이라는 의미의 음(淫)으로 나눠, 정음(貞淫)

---

21   이형대, 「근대계몽기 시가와 여성담론」, 《한국고전여성문학연구》 10집, 한국고전여
      성문학회, 2001, 278쪽.

의 이분법으로 관리해왔다.[22] 이 구분에 따를 것 같으면, 여성의 성은 보호하고 관리해야 할 성과 일탈적 향락의 대상이 되어버린 공천(公賤)의 표상으로서의 성으로 구분된다. 그리하여 음(陰)과 양(陽), 정(貞)과 음(淫)이라는 섹슈얼리티 위계화의 기제가 부단히 작동하는 것이다. 엄격한 내외법(內外法)의 이면에서 이루어진 사대부와 기생의 로맨스와 '공공연한 불법'이었던 축첩제는 이중적인 성 관리의 실상을 보여준다고 할 수 있다.[23]

남녀의 위계화에 따른 섹슈얼리티의 통제와 그 부산물인 관습과 제도는 문명의 표준에 걸맞은 건전한 가정의 형성을 모범으로 상정했던 계몽 지식인에게는 '청산해야 할 구습'으로 비춰졌던 것이다. 이들이 이상적으로 생각하는 건전한 가정이란 '부부애'에 기초한 서구적 의미의 가정이었다.[24] 따라서 이전 시대부터 정절을 절대적 가치로 강요받았던 여성뿐 아니라 남성에게도 정절의 의무가 부과되었고, 당사자 간 합리적인 의사 선택이 배제된 조혼이나 매매혼은 가차 없이 비판의 대상이 되었다. 더구나 가정이 국민을 양성하는 국가의 하부 조직이고, 혼인은 그 가정을 이루는 행위였기 때문에 혼인과 관련한 제도와 관습의 개량은 한결 긴요한 문제로 인식되었던 것이다.

그들의 비판은 차별에 기초한 관습과 제도뿐 아니라 작첩을 하거나 첩이 되는 자, 매음을 하는 자, 건전한 풍속을 괴란시키는 자 등 구습을 행하는 자에게도 겨누어졌다. 그리하여 전통적으로 합법적인 가족제도의 외곽에 존재하며, '음란한 존재'로 규정되었던 첩, 기생과 삼패, 매음부, 무녀는

---

22 이숙인, 「열녀담론의 철학적 배경: 여성 섹슈얼리티의 문제로 보는 열녀」, 한국고전여성문학회 편, 『조선시대의 열녀담론』, 월인, 2002, 39~46쪽.

23 박애경, 「기생 — 가부장제의 경계에 선 여성들」, 《여/성이론》 4호, 여성문화이론연구소, 2001. 222쪽.

24 전미경, 앞의 책, 85쪽.

또다시 비판의 중심에 놓이게 되었다. 그 비판이 궁극적으로 어느 지점을 겨냥하고 있는지, 그리고 비판에 내재한 논리는 무엇인지를 짚어보는 것은 이 시기 남녀동등론의 인식적 기반을 다시금 성찰하는 데에도 유효하리라 생각한다.

3.1. 문명화된 가족제도의 국외자 ― 첩

첩은 가부장적 가족 질서가 낳은 전통적인 여성 소수자 집단이라 할 수 있다. 정실과 첩의 지위를 명시한 조선의 지배세력은 태종 연간부터 성종 연간에 걸쳐 처첩 간, 그들의 소생 간 차별을 법제화함으로써 성을 제도적으로 통제하고, 가족 질서를 구축하고자 했다. 특히 조선 후기 들어 종법적 가족 질서가 공고화하면서, 그 통제는 한결 강화되었다.[25] 이러한 통제책의 목적은 가부장과 정실의 지위와 역할을 엄격히 구분한 일부일처제 가족 질서를 구축하는 것이었다.

그러나 이러한 통제책과 상관없이 조선 시대 전 시기에 걸쳐 작첩은 지배 세력 간에 공공연히 이루어졌고, 축첩제에 대한 문제 제기가 본격적으로 이루어지기 시작한 한말에 이르면, 지위와 재력이 있는 지배층 간에는 첩을 두는 것이 일반화된 관습이었던 것으로 보인다.[26] 요컨대 남성 지배층에게 첩이란 가족 질서를 위협하는 위험한 존재인 동시에, 자신의 권력

---

25   정지영, 「조선 후기의 첩과 가족 질서 ― 가부장제와 여성의 위계」, 《사회와 역사》 65집, 한국사회사학회, 2004. 6쪽.

26   한말 호적 자료를 통해 서울 지역 첩가호의 분포를 살핀 연구에 의하면, 첩가호가 신분별로는 양반층에 80퍼센트 이상 집중되어 있고, 경제력으로 볼 때에는 20칸 이상의 집을 소유한 재력가에게 집중되어 있다는 점을 알 수 있다. 조은·조성윤, 「한말 서울 지역 첩의 존재 양식 ― 한성부 호적을 중심으로」, 《사회와 역사》 65집, 한국사회사학회, 2004.

과 재력을 과시할 수 있는 욕망의 대상이었던 것이다. 처첩 간 지위와 역할을 엄격히 구분한 것은 일부일처제를 명문화한 법제와 윤리 규범, 작첩이 관습적으로 허용된 실상 간의 괴리를 최소화하기 위한 고육지책이라고 할 수 있다. 즉 이들은 첩을 얻으면서도 첩을 배제하는 전략으로 정실의 입지를 손상하지 않는 범위 안에서 첩의 향유를 정당화했던 것이다.[27] 부덕을 지닌 정숙한 존재인 정실과 색기 넘치는 음란한 존재인 첩은 그리하여 자연스럽게 위계화된다. 정실에게 첩이란 가족의 안녕을 해치는 반갑지 않은 존재이지만, 자신의 입지를 지키고 도덕적 우월성을 드러내기 위해 투기를 삼가야 했으며, 첩은 가족제도로부터 소외된 존재이면서도 가족의 의무를 다하고 경우에 따라서는 향락을 제공하고 가장과 정실에게는 순종의 의무를 지켜야만 했다.

이렇듯 가족 질서를 위협하는 부도덕하고 음란한 침입자라는 시선을 받아왔던 첩은 근대 전환기에 이르면 전근대적 가족제도의 미개함을 표상하는 존재라는 낙인까지 얻게 된다. 요컨대 첩은 일부일처제를 근간으로 한 건전한 가정을 구축하는 데 최대의 장애물로 인식되었던 것이다.

가) 사름이 되어 남의게 첩 노릇ᄒᆞᄂᆞᆫ 녀인은 하늘에 ᄀᆞ치 풍부ᄒᆞᆫ 권리를 직회지 못ᄒᆞᄂᆞᆫ 인싱이라 불가불 ᄒᆞ등 쳔ᄒᆞᆫ 사름으로 ᄃᆡ졉ᄒᆞ여야 세상에 명기를 붓그러이 녁일지락 대져 사나희가 첩두ᄂᆞᆫ 거슨 졔일 괴악ᄒᆞᆫ 풍속이어늘 (…) 지금은 반상 등분을 업시 ᄒᆞ고 본즉 정실과 쳔첩의 등분이 업스면 명분이 자연 혼합ᄒᆞ미 괴악ᄒᆞᆫ 풍습은 곳칠 날이 업ᄂᆞᆫ지라 근자에 우리나라에 부인회도 싱기고 녀학교도 셜시 홀터인즉 그등 규칙 마련이 엇더ᄒᆞᆫ지는 모로 거니와 만일 늠의 첩이나 혹 쳔기 명쉭을 가리지 안코 ᄒᆞᆫᄭᅴ 참에 ᄒᆞ디겨이면 수부가 부인네가 참 쳔ᄒᆞᆫ 사

27 　정지영, 앞의 글, 34쪽.

름들과 도등을 아니 흐려 홀 터이오 (…) 쳐신이 탕잡한 계집들을 빅흘러이면 누가 쓸이나 누이나 안히를 닉세어 회석에 참예흐며 학교에 다니게 흐기를 됴하흐리오 그럼으로 우리 나라에서는 녀인회를 설시흐던지 녀학교를 설립흐던지 맛당히 규칙을 달니 마련흐야 늄의 첩노릇 흐는 계집들은 일절 동등권을 주지 말어 등분을 붉히 하여야[28]

나) 대한풍속에 괴이흔 거시 만흐되 그즁에 심흔 거슨 음풍이라 정부 관인으로브터 여항의 빅셩신지라도 쳐첩 두기를 됴화흐야 심흔 쟈는 정실 흐나에 별방이 삼ᄉ 쳐이오 그다음은 일쳐이첩이 대쟝뷰의 당연흔 일이라 흐며 아젹밥과 젼녁죽을 먹을 만흔 사름이면 의례이 첩을 두어 무죄흔 안히를 공연 박츅흐는 쟈도 잇고 첩으로 인연흐야 패가망신흐는 쟈도 잇시며 그 첩이 쏘흔 자긔 ᄆᆞ음에 합당치 못흐면 곳 보내고 다른 첩을 두기도 흐며 그 첩이 늙고 보면 쏘다시 이팔청춘의 쇼첩을 구흐는 쟈도 잇느니 이거슨 남ᄌ들이 음힝을 임의로 흐며 녀ᄌ로 흐여곰 졀기를 닐케 흠이라 태초시에 하ᄂ님이 사름을 내실 적에 일남 일녀로 작명흐신 것슨 음양의 공효가 셔로 ᄀᆞᆺ흠이오 남녀의 권리가 동등됨이라 류측과 긔계는 사름이 ᄆᆞ음ᄃᆡ로 부리다가 합의치 못흐면 비록 열 번이라도 팔코 사며 곳치려니와 쏘 ᄀᆞᆺ흔 사름으로 혈육을 교합흐던 녀ᄌ를 엇지 물건ᄀᆞᆺ치 츌쳑흐리오 이거슨 인의례지가 잇는 사름의 힝ᄉ가 아닌즉 엇지 만풍이라 흠이 젹당치 아니리오[29]

두 글은 '괴악한 풍속' 혹은 '만풍'이라 칭하면서 축첩제의 야만성을 질타하고 있다. 동시에 축첩제의 폐단을 개인의 부도덕성에서 찾고 있다는

---

28 '논설', 《제국신문》, 1898년 11월 7일.

29 '논설', 《제국신문》, 1901년 1월 31일.

점도 공통적이다. 가)에서는 남의 첩 되는 자는 천한 사람으로 대접 받는 것이 마땅하다는 논리를 들어, 처첩 간의 차별을 당연시하고 있다. 이들은 첩을 기본적으로 천기, 명색과 동류의 '행동 처신이 탕잡한' 음란한 존재로 못 박고 있다. 이러한 시선은 '첩을 얻는 사람이나 첩이 되는 계집들은 세상에서 가장 천한 사람으로 대접하여야 마땅하다'는 독립신문의 논조[30]와도 궤를 같이하는 것이다. 위 논설에서는 여기에서 더 나아가 여성회나 여학교 교육에서도 첩을 배제할 것을 주장하고 있다. 여성회나 여학교가 여성을 공적 영역으로 불러들여 이들을 의식화하고, 궁극적으로 국민화하기 위한 관문임을 상기해보면, 회합과 교육으로부터의 배제는 곧 첩의 국민될 자격을 원천적으로 박탈하자는 의미인 것이다. 이들에게 첩이란 반상의 구별이 철폐된 문명 세상과는 분리된, 여성 내부의 '불가촉천민'이었던 것이다.

서양인 객과 우리 논객 간에 오간 가상의 토론을 통해 축첩제의 문제에 접근한 나) 글은 첩을 두는 행위를 인의예지가 있는 사람이 차마 할 수 없는 음행(淫行)이라고 비판하고 있다. 그뿐 아니라 작첩 행위는 하늘이 정한 일부일처제의 떳떳한 원리에도 위배된다는 것이다.

이 글은 서양인 객이라는 가상 인물의 입을 통해 축첩제를 외부자의 시선에서 비판하고 있지만, 실은 계몽 지식인 대다수가 공유하는 시각을 화법을 달리해 옮긴 것에 불과하다. 특이한 것은 축첩제의 야만성을 질타하는 인용문 이후에 이어지는 우리 측 논객의 변이다. 논객은 백운과 혼인하기로 한 약조를 지킨 제후의 고사를 통해, 고래로 우리나라에도 신의와 정절이 있어왔다는 것을 설파하고 있다. 여기에서 축첩제의 야만성을 시정할 모범적인 사례로 든 것이 정혼한 자에 대한 의리를 끝까지 지켜낸 백운

---

30 '논설', 《독립신문》, 1896년 6월 16일.

의 열행(烈行)인 것이다. 신라 진흥왕 시절의 고사를 통해 정절의 문제를 새삼스럽게 제기한 논조는 광범위하게 퍼진 축첩제의 폐단을 개개인의 도덕적 각성을 통해 돌파해야 한다는 의지를 피력한 것으로 볼 수 있다.

두 글에서 확연히 드러나듯, 《제국신문》을 비롯한 계몽 언론의 주조는 축첩제를 사회구조적인 맥락에서 파악하는 것이 아니라 개개인의 도덕성 부재에 따르는 문제로 인식하고 있다고 볼 수 있다.[31] 이 대목에서 열행이라는 전통적 윤리는 축첩제의 야만성을 극복할 대안으로까지 미화되고 있다. 과부의 개가를 금지하는 제도를 전근대적 야만으로 규정하면서도, 열행을 칭송하는 의식의 착종은 전 근대적 가족제도의 후진성을 질타하는 와중에도 효부와 열녀에 대한 미담 기사를 지속적으로 게재했던 사실에서도 확인해볼 수 있다.[32] 첩 문제를 바라보는 《제국신문》의 접근 방식은 기본적으로 신·구의 가치가 혼재된 시기적 특수성에 기인하는 것으로 볼 수 있다. 즉 서구적 근대를 문명의 표준으로 인식하고 있었지만, 이에 도달하기 위한 구체적 실천이나 전망, 방법론은 부재했던 현실적 상황이, 의식적 지향과 담론적 실상 간의 괴리로 나타났다고도 볼 수 있다. 그러나 그 못지않게, 혹은 그 이상으로 가부장적 통제에 대한 남성 지식인의 무의식적 집착이 작용했다고 할 수 있다.[33] 왜냐하면 첩 문제는 남녀 간, 그리고 여성 내부에도 처첩 간 역동이 강하게 작용하기 때문에 성별과 계층에 따른 균열이 더 뚜렷하게 노출될 수밖에 없기 때문이다.

---

31 전미경, 앞의 책, 113쪽.

32 남녀동등론에 입각해, 여성 교육과 사회참여의 필요성을 촉구하는 논지가 강하게 피력되는 1898~1900년 사이에도 효부와 열녀에 관한 기사가 잡보란에 꾸준히 보이고 있다(1899년 5월 12일, 1899년 11월 3일, 1900년 6월 23일 잡보). 근대 전환기 신문 잡보란에 열행 관련 기사가 67회나 게재되어, 성 풍속 관련 기사 중 가장 많은 빈도수를 보인다는 보고도 제출되어 있다. 홍인숙, 앞의 글, 91쪽.

33 홍인숙, 앞의 글, 94쪽.

첩 출신으로 짐작되는 여성의 기고문은 이 점을 극명하게 보여주고 있다.

부인도 층층이요 수부도 층층이오 남의 첩도 층층이지 수부의 쌀이라고 힝셰가
탕잡ᄒ면 그린도 뷘잇가 샹노므 쌀이라도 죵작업는 남쟈들이 후취 삼취 사취싯
지 흠부로 히온 것도 부인츅에 가오릿가 첩이라도 상쳐흔 후 드러와셔 고락을
갓치 격고 봉졔ㅅ졉빈긱에 자식 낫코 일부죵ᄉᄒ는 첩이 부인만 못ᄒ릿가 탕잡
부량ᄒ는 첩과 갓치 옥셕구분ᄒ여셔야 엇지 아니 분ᄒ릿가 녀학교를 셜흔다니
셜시 젼에 이 구졍을 먼져 ᄒ기 쳔만츅슈 ᄒ나이다 (…) 부듸부듸 쌀 가지고 남의
시앗 쥬지 말고 첩노릇을 ᄒ지 마오 셰상에 못흘 노릇 그 밧게 ᄯᅩ 잇는가 깁히깁
히 싱각ᄒ고 아모됴록 흑문 빅와 외국부인 동등되게 일심으로 합력ᄒ오 [34]

처첩 간의 차별, 공적 영역에서의 첩의 배제를 주장한 11월 7일자 논설
에 대한 한 여성 독자의 반응에서 처첩 간 차별의 부당함, 남성과의 관계에
의해 일방적으로 주어진 신분이 아니라 여성 자신의 행실에 의해 그 지위
가 결정되어야 한다는 주장을 읽을 수 있다. 이 여성은 첩이라도 상처한 자
의 첩으로 들어가 일부종사하고, 봉제사, 접빈객의 의무를 다한 이는 부인
못지않으므로, 탕잡부랑한 첩과 같이 취급하지 말아줄 것을 당부하고 있
다. 요컨대 첩 간에도 탕잡한 무리와 실질적인 조강지처의 역할을 한 이 간
에 엄연히 차이가 있다는 것이다. 첩 간에도 옥석이 구분이 있고, 그것을
가르는 기준이 전통적 부덕이라는 점에서 시골 부인의 기고문은 일견 집
단 간의 위계화를 끊임없이 시도하고, 개개인의 처신을 강조하는 주류 담
론의 논리를 답습하는 듯 보이기도 한다. 그러나 이 기고문의 진정한 의미
는 첩에 대한 동류의식을 표명하면서 첩들도 교육을 통해 동등권을 획득

---

34   "엇던 유지각한 시고을 부인의 편지", 《제국신문》, 1899년 11월 10일.

해야 한다는 것을 강조했다는 점, 그리고 이것이 결과적으로 부덕을 지닌 정숙한 존재인 정실/음란·탕잡한 첩이라는 주류 담론에 균열을 일으켰다는 데에서 찾아야 할 듯하다. 애초에 논설을 게재한 《제국신문》 측에서도 소극적이나마 이 여성의 기고에 대해 찬동의 의견을 표할 수밖에 없었던 것은,[35] 문명한 세상을 일구는 데 일조할 떳떳한 주체로 거듭나고픈 첩 출신 여성의 의지를 수용했기 때문일 것이다.

3.2. 청산해야 할 구습의 표적 — 무녀

미신 타파는 근대 전환기 풍속 개량 담론의 핵심이었다. 귀신이 복과 재앙을 가져다준다는 전통적 하층민의 믿음은 곧 야만으로 치부되었다.[36] 비판은 무녀를 통해 안녕을 비는 자와 무녀에게 고루 향하고 있지만, 주 표적은 말할 것도 없이 무녀다. 무녀에 대한 비판은 그들이 백성을 혹세무민(惑世誣民)케 하는 존재이면서 궁극적으로는 미신의 담지자라는 데에 집중된다.

가) 삼청동 홍에문안에 샤는 계집 흔 년이 관운장을 집혓다 칭호고 금데 망건 진 스립에 물더폼 곳흔 탕건을 쓰고 안져서 세상에 지각 업는 사름들을 속여 직물

---

35 《제국신문》에서는 이 여성의 기고문 뒤에 첩이 천하다고 한 이유는 탕잡한 행위를 말한 것이고, 위의 여성처럼 상처한 자리에 들어가 첩을 말하는 것이 아니라고 해명하고, "긔명에 유위ㅎ는 ᄆ음에 감샤ᄒ야 발간ᄒ다"는 변을 덧붙이고 있다.

36 "슯흐다 동양사룸들은 학식이 고루ㅎ고 심지가 나약흔 고로 흔이 싱각ㅎ기를 귀신이 능히 사룸의게 직앙과 복을 준다 ᄒ야 (…) 셜흑 귀신이 잇실지라도 문명흔 나라사룸들은 당초에 딕졉을 아니ᄒ고 열니지 못흔 빅셩은 정셩으로 셤기는 고로 셔양에 잇는 귀신들이 모다 청국이나 인도국이나 아프리가 야만국으로 쫓겨간 거시로다ᄒ매 모힌 사룸이 다 손벽을 치며 ᄌ미잇게 드럿다 ᄒ니"('논설', 《제국신문》, 1901년 2월 5일).

을 쎅아샤 먹고 살더니 일젼에 경무쳥으로 잡아 갓다 ᄒ니 그런 요샤ᄒ 계집들
이 엇지 쟝구홀 리치가 잇스리오[37]

나) 무당이라 ᄒᄂ 거슨 네젼부터 요샤ᄒ 말과 화복의 일노 듯ᄂ 사ᄅᆷ의 ᄆ음을
공동ᄒ며 샤치의복과 공교ᄒᆫ 츔으로 보ᄂᄂ 사ᄅᆷ의 이목을 현황케 ᄒᄂ 고로 한
문글ᄌ로 볼지라도 말숨언ᄌ변에 무당무ᄌ를 니ᄅᆮᄃᆼ 속일무ᄌ라 ᄒᄂ니 무당
의 말이 흥샹 사ᄅᆷ을 속인다 ᄒᆷ이라 무식ᄒᆫ 빅셩들의 속ᄂ 거슨 족히 말숨홀 것
업거니와 경ᄉ대부의 집과 학식 잇ᄂ 션비집에셔도 죵죵 간ᄉᄒ 무녀의 속임을
당ᄒ야 져지와 포목을 공연히 허비ᄒ며 당집으로 보내여 복을 빌고 십삼도 관
찰부와 삼빅오십여 쥬에 읍ᄂ마다 관무당이라 ᄒᄂ 거시 의례히 잇셔 관찰ᄉ와
슈령들이 새로 도임ᄒ 후에 반다시 굿슬 ᄒ야 귀신의게 복을빌고 도아줌을 엇
은 후에 만ᄉ가 여의ᄒ며 빅셩이 안락ᄒ고 일후에 더 놉고 됴ᄒ 벼슬를 ᄒ다 ᄒ
ᄂ니 춤 어리셕고 개탄홀 일이라[38]

두 글에 따르면 무녀의 굿과 점술은 단순히 백성을 미혹케 하는 정도가
아니라, 그들을 요망하고 간사한 말로 속여 재물을 탈취하는 일종의 사기
행위로 그려지고 있다. 가)의 글을 보면, 경무청이 개입하는 것으로 보아
무당의 행위가 풍속의 문제를 넘어 범죄로 다루어지고 있음을 알 수 있다.
이틀 전의 기사에서도 궐내 여인과의 친분을 바탕으로 재물을 쌓고, 남편
의 인사에까지 개입한 화개동 작두방이라는 무당의 체포 기사를 전하며,
경무청이 당연한 직책을 했다고 치하하고 있다.[39]

나) 역시 무당을 '속이는 자'로 못 박고, 무당을 통해 안녕을 비는 풍속을

37 '잡보', 《제국신문》, 1898년 9월 29일.
38 '논설', 《제국신문》, 1901년 3월 9일.
39 '잡보', 《제국신문》, 1898년 9월 27일.

개탄하고 있다. 무당에 대한 적대감에 가까운 비판은 이어 소개하는 전국 시대 위나라 업하 태수 서문표의 고사에서 절정에 달한다. 서문표는 하수 물에 처녀를 제물로 바치는 인신공회의 악습을 근절하기 위해, 제물로 선택된 처녀 대신 노소 무당들을 차례로 다 하수에 던져 빠져 죽게 해 사람을 제물로 바치는 폐단을 시정했다고 한다. 악습의 주범인 무당에 대한 응징에 대해 논설에서는 전폭적인 동감의 의견을 표하고 있다.[40]

무녀에 대한 비판은 하층민 특히 여성 하층민 사이에 널리 퍼진 풍습을 전면적인 개조의 대상으로 삼았던 계몽 지식인의 시각을 그대로 노출한 것이라고 볼 수 있다. 그들에게 무녀는 무지함과 미개함을 환기케 하는 인물이었을 뿐 아니라 건전한 성 풍속을 해치는 음란한 존재로 치부되었다. 무녀와 하층 여성의 풍속에 대한 비판은 남성 지식인뿐 아니라, 공적 영역에 진출한 여성들 사이에도 공유되었던 것으로 보인다.

> 직앙과 복은 사람이 스사로 취홈이오 귀신이 능히 주지 못홈은 하늘 리치에 덧덧홈이니 (…) 영언빅명이 자구다복이라 ᄒ얏스니 그 뜻은 올흔 일로 텬명을 직히면 스살 복이 만히 온다는 말이오 또 음스무복이라 ᄒ얏스니 그 뜻은 음난흔 제사 지닉는 이는 복을 밧지 못혼다는 말이라 슬푸다 우리나라 녀즈사회는 요사흔 풍속으로 귀신을 밋으며 긔도를 조아ᄒ야 그 괴상흔 종류가 이로 쏩을 수 어브나 뒤강 말ᄒ건디 (…) 우리 녀즈도 문명흔 스업에 진보ᄒᄂ 터인디 엇지 직앙 취ᄒ기를 조아ᄒ리오 허무ᄒ고 능력 업ᄂ 귀신만 밋지 말고 총명흔 정신과 허비ᄒᄂ 직물로 자션을 목적ᄒ야 흔 사람을 구ᄒ면 빅 사람의 복을 밧을 것이오 두 사람을 구ᄒ면 쳔 사람의 복을 밧을 것이니 이는 하ᄂ님이 감동ᄒ야 복

---

40 "우리나라에도 셔문태슈 갓흔 이가 잇시면 무당들이 빅셩을 고혹ᄒ지 못홀진뎌"('논설', 《제국신문》, 1901년 3월 9일).

을 주심이오 쏘 사룸이 스사로 복을 밧음이로다 슬푸다 어지신 동포ᄌ미여 버

릴지여다 지앙을 스사로 버릴지여다 취홀지여다 복을 스사로 취홀지여다 우리

인ᄌᄒ신 동포ᄌ미여 [41]

　

유력자들의 부인들로 조직된 자선부인회의 회지로 발간된 잡지에 실린

이 글은 무녀를 '음란한 제사를 지내는 이'로 규정하고 문명한 사업에 역행

하는 자로 보고 있다. 무녀에게 복을 빌기보다는 자선사업에 힘써 스스로

복을 취하라는 당부의 말에서 여성에 대한 동류의식을 보여줌과 동시에

하층 여성 사이에 널리 퍼진 풍속을 야만시하는 시선을 보여 여성 간의 위

계화 의도도 보이고 있다.

　이처럼 무녀라는 대상은 담론 주체의 성별, 계층 별, 문화적 배경 별로

시선의 차이가 노출되는 문제적 영역이라 할 수 있다. 《제국신문》 무녀 관

련 기사와 논설은 전통시대부터 주류 담론에서 이탈된 존재이면서도, 여

성과 하층민의 일상을 구성하는 데 주요한 축을 담당했던 무녀가 '요망하

고, 음란한 야만적 타자'로 고착화하는 과정을 여실히 보여주고 있다. 이는

하층의 풍속에 대한 주류 담론의 광범위한 거부감을 보여주는 것으로도

해석해볼 수 있다.[42] 여기서 국가 건설, 문명 진보에 역행하는 일체의 행위

를 '야만'으로 치부했던 계몽 담론의 주류적 시선을 엿볼 수 있다.

41　김석ᄌ, "귀신의게 긔도히셔 복을 빌지 말고 불상ᄒ 스룸의게 자선을 베풀 일", 《자선
　　부인회잡지》 창간호, 1908(이화여자대학교 한국여성연구소 편, 『韓國女性關係資料集:
　　韓末女性誌』 이화여자대학교 출판부, 1981).

42　계몽 언론에서는 굿이나 점술 외에 민요, 잡가, 판소리와 같이 하층민이 즐기던 전통
　　적 유희에 대해서도 '황탄하다'는 비판을 가하고 있다. "我國의 所爲 演戱라 ᄒᄂ 것은
　　毫髮도 自國의 精神的 事相이 無ᄒ고 但其淫舞醜態로 春香歌니 沈 淸歌니 朴僉知니
　　舞童牌니 잡가니 打令이니 ᄒᄂ 奇奇怪怪ᄒ 浮湯荒誕ᄒ 技를 演ᄒ며"(《황성신문》
　　1907년 11월 9일).

3.3. 공적 영역에 침투한 음란한 계집 ─ 기생과 삼패

기생과 삼패는 가족 제도의 외곽에 위치한 탈법적 존재이면서도 일부
일처제를 근간으로 하는 가부장적 가족 질서가 유지되도록 하는 모순된
역할을 담당해왔다. 이들은 전통적으로 재색과 예술적 전문성을 가지고
공적 영역에서 활동한 여성 집단이었지만, 신분제와 부권 중심의 사회, 주
자학적 주류 담론으로부터 모두 소외된 다중적 타자였다.[43] 물론 관기 제
도를 법제화한 조선 시대에 기생과 삼패는 전문성과 수행하는 역할에 있
어 엄연히 격이 다른 존재였지만,[44] 공히 여성의 재능과 섹슈얼리티를 소
비하는 '제도화된 매춘'의 한 형태였다는 점은 부인하기 어렵다.

국가의 전례에 참여하는 관변 예인이었던 기생과 민간 오락의 수요에
응하는 예능인 겸 매음부로 취급되었던 삼패는 협률사의 설시 이후 극장
무대라는 동일한 공간을 공유함으로써, 근대적 공간에서 전문 예인으로
활약하기 시작했다. 다음 기사는 관기 출신인 기생과 삼패가 함께 무대에
섰다는 것을 보여주고 있다.

> 가) 금번 칭경례식에 기싱과 녀령을 불가불 쥰비ᄒᆞᆯ지라 삼픽의 도가를 봉상시
> 근쳐로 셜시ᄒᆞ고 어느 참령이 쥬간ᄒᆞ야 각쳐 삼픽를 모집ᄒᆞ야 노릭ᄒᆞᄂᆞᆫ 삼픽ᄂᆞᆫ

---

43 박애경, 앞의 글. 221쪽.

44 조선 후기로 갈수록 관기 출신 기녀와 창기의 역할이 점차 혼란스러워지자 대원군 때
　　에는 기녀 개혁을 단행하여, 화류계의 여성을 관기 출신의 일패(一牌), 속칭 은근짜(隱
　　君子)라 불리던 이패(二牌), 탑앙모리라 불리던 삼패(三牌)로 구분했다. 일패 기생은
　　관기 출신의 일급 예기인 반면, 탑앙모리 혹은 더벅머리로 불리던 삼패는 창기 부류로
　　매춘 집단 혹은 기생의 아류 집단 정도로 인식되었다. 관기와 삼패의 계급적 구분에
　　대해서는 권도희, 앞의 글 참조. 박애경, 「조선 후기 유흥공간과 일탈의 문학」, 《여성
　　문학연구》14집, 한국여성문학학회, 2005를 참조할 것.

기싱을 삼고 노래 못ᄒᄂᆞᆫ 삼픽ᄂᆞᆫ 녀령으로 마련ᄒᆞᆫ다더라[45]

나) 협률사에셔 기싱 삼픽 광ᄃᆡ 등을 모집ᄒᆞ야 희학ᄒᆞ야 관광쟈에게 돈을 밧더니 직작일 위시ᄒᆞ야 광ᄃᆡᄂᆞᆫ 영영 물시ᄒᆞᆫ지라 관광ᄒᆞᄂᆞᆫ 쟈가 업ᄂᆞᆫ 고로 ᄉᆞ무가 뎡지되엿다더라[46]

고종 황제의 칭경예식을 위해 설시한 관립극장 협률사는 기생과 삼패가 전문 예인으로 공적 영역에 진출하는 계기를 마련해주었다. 인용문은 국가적 전례를 위해 함께 동원되었던 기생과 삼패가 민간인에게도 오락을 제공하는 예인으로도 기능했다는 사실을 보여주고 있다.

전통적으로 음란함의 표상이었던 기생과 삼패를 바라보는 계몽 언론의 시선은 이중적이라 할 수 있다. 위의 기사에서 확인되듯 공적 영역에 진출하여 직무를 행하는 기생과 삼패에 대해서는 사실 전달 위주의 중립적 시선을 견지하고 있다. 다음 기사도 기생의 공적 활동을 '사실' 위주로 게재하고 있다.

가) 일본 대판 박람회에 대한 기싱도 츌품물노 갈 터인ᄃᆡ 직작일에 위션 이 명이 인쳔을 쩌나 갓다더라[47]

나) 일본 산구현 사ᄅᆞᆷ 산본미칠이란 사ᄅᆞᆷ이 대판셩ᄂᆡ에 죠션료리점이라고 설시ᄒᆞ고 대한 기싱 오명과 통변 손원식을 고용ᄒᆞ야 영업ᄒᆞᆫ다더라[48]

---

45 "잡보 — 三牌都家", 《제국신문》, 1902년 8월 15일.
46 "잡보 — 律社自廢", 《제국신문》, 1903년 2월 17일.
47 "잡보 — 麗妓渡日", 《제국신문》, 1903년 2월 21일.
48 "잡보 — 五妓賣日", 《제국신문》, 1903년 3월 11일.

다) 본년 삼월 이십일 황상폐하 어극 스십년 진연도감이 되는 고로 작일부터 기
싱들이 도감에 가셔 습의하기를 시작하얏다더라 [49]

가)는 1903년 대판 박람회에 출품물로 떠나는 기생과 관련한 기사다.
《제국신문》에서는 대판 박람회가 문명 진보를 위해 중요한 전기가 되리라
는 기대감을 논설을 통해 이미 피력한 바 있다.[50] 나)는 조선의 기생이 일본
에서 요리점을 설시한 기사로, 기생의 활동 영역이 다양화되면서 공적 영
역과의 접촉면이 넓어진다는 사실을 확인할 수 있다. 다)는 전통적인 관변
예인이었던 기생이 근대 전환기에도 여전히 국가 전례에 참여한다는 점을
보여주고 있다. 다)의 기사는 기생에게 부과된 전통적 역할을 보여주는 것
이라고 한다면, 가)와 나)의 기사는 근대적 공공 영역에 새롭게 진입한 기
생의 모습을 보여주는 것이라 할 수 있다. 물론 박람회에 기생을 출품한다
는 발상은 이들이 새로운 시대에서도 여전히 사물화된 타자라는 것을 상
기시켜 준다. 그러나 다양한 공적 활동이 경험이 기생의 집단적 자의식을
형성하는 계기가 되었다는 점은 분명해 보인다.

극장 공연을 통해 근대적 공적 사회와 대면하기 시작한 기생과 삼패는
1907년 국채보상운동에도 참여함으로써, 국민적 주체로 거듭나게 되었다.
이들이 국민의 의무를 자발적으로 수용하기 시작하자, 언론의 논조는 우
호적으로 바뀌기도 한다.

근일 국치 상환금 모집ㅎ는 데 딕ㅎ야 사름마다 의연금 것어 오는 이가 날노 늘
어셔 (…) 약방 기싱 삼십구 인이 이십여 환을 것어가지고 와셔 비록 녀즈 즁 쳔

---

49 "잡보 — 女伶習儀", 《제국신문》, 1903년 3월 11일.
50 "논설 — 박람회에 물화를 실어 보닉는거시 본국상무에 유조홈", 《제국신문》, 1903년
    1월 12일.

인이나 국가의무룰 져바릴 슈 업다 ᄒ니 젼휴근경을 슯히건딕 이거슨 인심의 화합흠이 안이면 엇지 이 지경에 닐으럿스며 인심이 화합ᄒ고 나라이 흥ᄒ지 않는 쟈 어딕 잇스리오 [51]

그러나 기생과 삼패의 공적 활동이 음란함을 야만적 산물로 바라보는 계몽 언론의 시선까지 바꾸지는 못했던 것으로 볼 수 있다.

그런데 맛당히 일남일녀가 쳥결흔 덕과 단졍흔힝실로 평싱을 젹희여 빅 년을 히로ᄒ고 셔시에 경국지식이나 두목지의 남즁일식을 엽헤 두고라도 눈을 엿보지 말고 닉의가 다갓치 힝실에 직힘이 올타 ᄒ깃거늘 엇지 방탕음란ᄒ야 륜리를 흐리게 만들니오 우리나라에도 국법이 ᄎᄎ 발거지면 각 대도회쳐에 음란흔 싱익ᄒ는 계집들을 한 디방을 허락ᄒ야 그 디방에셔만 살게 ᄒ고 ᄎᄎ 그 폐단을 막아 슈효가 늘치 못ᄒ도록 만들너니와 지금은 괴악흔 계집들을 국즁에 샹등으로도 딕졉ᄒ며 혹 로셩흔 사름도 침혹ᄒ니 엇지 더욱 소년들이야 허랑 방탕흠을 본밧치 안으리오 일로 인연ᄒ야 경향에 춍쥰흔 소년들은 거의 쥬식잡기에 ᄲ지지 안는쟈 듬은지라 국민의 손히도 이만흔 큰일이 업스려니와 위션 세계각국을 딕ᄒ야 국톄상 손히가 쏘한 엇지하리오 지금은 일본셔도 히마다 법률을 엄히 마련ᄒ야 힘쓰는 것이 아모조록 국즁에 믹음 힝챵ᄒ는 더러온 계집이 ᄎᄎ 업셔지고 다 학식 잇고 직조 잇는 부인네가 되여 올흔 ᄉ업을 힘써 왕화를 찬조ᄒ는 빅셩이 되게 ᄒ기를 위쥬로 ᄒ는 바ㅣ어늘 엇지 우리나라는 도로혀 이러틋 권면ᄒ야 쳔흔 계집이 늘며 국즁 쳥년들을 모도 화망의 ᄌ□로 인도ᄒ며 임후 국민의 모친될 녀ᄌ들을 모도 이러케 망케 만들니오 ᄎᄎ 이런풍속도 업셔져야 ᄒ깃고 이런 녀ᄌ도 업셔져야 ᄒ려니와 특별히 소년동포

51 "잡보 — 國債報償", 《제국신문》, 1907년 2월 25일.

들을 권호노니 음란흔 화류마당을 갓가히 말지어다 [52]

이 글에서는 화류계 여성을 '괴악한 계집'이라 하여 싸잡아 음란한 존재로 규정하며, 이들의 거주지를 제한할 것을 주장하고 있다. 이러한 주장은 조선에 유곽의 도입을 꾀하고, 삼패와 매음부의 위생 검진을 통해 화류계 여성을 통제하려 했던 일제의 의도와 궤를 같이 하는 것으로 보이기도 한다.[53] '괴악한 계집을 국중에 상등으로 대접한다'는 대목에서는 기생과 삼패가 공적 영역에 진출하고 활동 영역을 차차 넓혀가는 데 대한 불편한 심기가 엿보이기도 한다.

이들은 화류계 여성을 법적으로 통제함으로써 풍속의 괴란을 효과적으로 방지할 수 있다고 보았다. 이 주장은 궁극적으로 남녀 공히 음행을 중지하고 건전한 국민의 일원이 되라는 것으로 귀결되고 있다. 기생과 삼패와 같은 화류계 여성이 국민화에 장애가 되는 존재라는 것은 다음의 짤막한 기사에서도 나타난다.

금일 삼픽 노리에 엇던 쟈가 빅미 팔석을 보죠ᄒ며 부죡ᄒ면 통지ᄒ난 ᄃᆡ로 더 보닉마 ᄒ얏다 ᄒ니 그 사름은 계집 ᄉᆞ랑ᄒ기를 나라ᄉᆞ랑 ᄒᆞᆫ 것보다 더ᄒ게 넉이난 모양이더라 [54]

요컨대 이 시기 계몽 지식인들은 공연이나 박람회 참여 등 공적 활동을

52 "논설 — 음란ᄒᆞᆫ거시 사름의 큰죄", 《제국신문》, 1903년 1월 24일.
53 일제가 유곽 설치를 꾀하고, 삼패와 매음부의 성병 검진을 실시한 표면적 이유도 풍속 문란을 방지한다는 것이었다. 일제의 공창제 도입과 창기 단속에 대해서는 권도희, 앞의 글; 송연옥, 「대한제국기의 <기생단속령> <창기단속령>」, 《한국사론》 40권, 서울대학교 국사학과, 1998을 참조할 것.
54 "잡보 — 熱心賞花", 《제국신문》, 1906년 8월 16일.

통해 국민 된 자의 의무를 최소한이나마 행하는 기생과 삼패에게는 사실 전달 위주의 중립적 자세를 보이고, 국채보상 운동에 참여할 때에는 우호적 논조를 보이기도 하지만, 이것이 국민적 통합이나 건전한 풍속의 진작에 위협 요소가 된다고 판단할 때에는 가차 없이 비판을 하는 이중적 자세를 취하고 있다.[55] 이중적 자세는 '국가와 민족에 대한 의무를 다하는' 건전한 국민을 상정한 바탕 위에 이루어진 것이라는 점에서 궁극적으로는 하나의 가치로 귀결된다고 할 수 있다.

그러나 화류계 여성에게까지 국민의 의무를 부과하려 했던 계몽 지식인의 기획은 자유로운 공적 활동을 보장받고, 사회의 일원으로 인정받기를 원했던 기생과 삼패에게는 사회적으로 공인된 천출의 멍에에서 벗어날 수 있는 기회가 되기도 했다. 기생 죽엽이 《대한매일신보》에 기고한 시가는 이들이 위무를 제공하기 위해 불렀던 흥타령 조의 시가 속에 국민의 일원으로 참여하고픈 화류계 여성의 집단적 욕망을 담아내고 있다.

십년 검무 흐응 배운 뜻은 흥 촉석루 노름을 기드림이라 아 어리화 됴탸 흐응 닥치는 듸로 흥[56]

음란한 존재로 낙인찍혔던 여성이 자발적으로 국민의 의무를 수용하고, 국채보상운동에까지 참여한 데에서 사회적 승인에 대한 이들의 욕망을 읽을 수 있다.[57] 요컨대 이들은 남성들이 주조한 계몽 담론에 포섭되었지만,

---

55 나라 일에 성공하고, 동포에게 생색하면 창기라도 일등 여자가 될 수 있다는 《대한매일신보》의 1909년 8월 2일자 '시사평론', 논개나 계월을 본받지 못하고 <흥타령>이나 부르며 비루 잡년의 패를 면하지 못하는 여성은 가련한 매음녀일 뿐이라는 《대한매일신보》 1909년 3월 1일자 시사평론은 화류계 여성 역시 국민화 기획에 동원하고자 했던 계몽 언론의 시선이 보인다.

56 '론개학', 《대한매일신보》 1909년 3월 19일.

이를 통해 자신들의 집단적 자의식을 구축해갔던 것이다.

4. 나오는 말

이 글에서는 근대 전환기 상이한 지위와 처지의 여성 집단에게, 문명의 가치와 국민적 정체성이 강제되고, 내면화되는 과정을 살피기 위해 여성 관련 담론의 일반적 경향을 살피고, 《제국신문》을 중심으로 여성 소수자가 근대 전환기 언론 매체에서 다뤄지는 방식을 살펴보았다. 첩, 무녀, 기생와 삼패 등 여성 소수자 집단은 전통적으로 가족 질서의 외곽에 놓인 '음란한 존재'로 규정되었기 때문에, 이들에 관련한 담론은 근대 전환기 풍속 개량 담론, 성 담론과 밀접히 결부되어 있다. 따라서 여성 소수자 관련 담론은 젠더의 문제와 계층의 문제가 중첩되는 문제적 영역이라 할 수 있다. 또한 이들이 과거에도 주류적 담론으로부터 소외된 소수자 집단이었다는 점에서 신구 문화의 가치가 혼재하는 영역이기도 하다.

근대 전환기 신문에 나타난 여성 관련 담론은 기본적으로 매체를 주도한 남성 중심, 지식인 중심, 서구적 가치 추종의 시각을 보여준다. 여성 소수자에 대한 담론 역시 이러한 구도에서 그리 벗어나 있지 않다. 그런데 이들이 야만적 타자로 고착되는 과정에서 정(貞)과 음(淫)의 이분법이 예외 없이 작동하는 데에서 보이듯, 내적으로는 신구의 가치가 착종되거나 혼재되고 있다는 것을 확인할 수 있었다.

《제국신문》에서는 문명진보와 국가 건설에 참여하는 선별된 여성 소수

---

57 시대는 다르지만 정절의 의무가 없는 기생이 열행을 수행함으로써, 주류적 담론의 인정을 받으려 시도했던 것 역시 '사회적 승인에 대한 욕망'의 발로로 보인다.

자에 대해서는 포섭의 태도를 취했지만, '미신 타파'라는 풍속 개량 운동의 핵심적 표적이 된 무녀는 범죄자로 못을 박아 '국민 될 의무와 기회'를 원천적으로 박탈하고 있다는 점을 확인할 수 있었다. 이러한 여성 젠더 포섭/배제의 원리는 《제국신문》뿐 아니라, 여성의 국민화, 문명화 기획을 도모했던 계몽 언론이 공유하는 것이기도 했다. 이는 근대 전환기 남녀동등권이 개인의 권리를 신장하고, 여성의 공적 참여를 보장받는 기회로 삼고자 했던 여성들의 열망과는 달리, '국가와 민족'이라는 거대 담론으로 귀결된 저간의 사정을 극명히 보여주는 것이라 할 수 있다.

참고문헌

1. 기본 자료

《제국신문》 1898년 8월~1902년 12월(아세아문화사 영인본).

《제국신문》 1903년 1월~6월, 1904년 3~6월, 1904년 9월 ~12월(국립중앙도서관 소장).

《제국신문》 1905년 12월~1907년 5월 14일(한국학중앙연구원 장서각 소장).

국사편찬위원회 한국사 DB(http://www.history.go.kr).

독립기념관 고신문 DB(http://www.independence.or.kr).

고미숙·강명관 편, 『근대계몽기시가자료집』, 대동문화연구원, 2000.

이화여자대학교 한국여성연구소 편, 『한국여성관계 자료집 — 근대편 상·하』, 이화여대출판부, 1979, 1980.

이화여자대학교 한국여성연구소 편, 『한국여성관계 자료집 — 한말 여성지』, 이화여대출판부, 1981.

2. 논문

고은지, 「개항기 계몽담론의 특성과 계몽가사의 주제 표출양상」, 《우리어문연구》 18집, 우리어문학회, 2002.

권도희, 「20세기 관기와 삼패」, 《여성문학연구》, 16호, 한국여성문학학회, 2006, 81~120쪽.

길진숙, 「《독립신문》·《미일신문》에 수용된 '문명/야만' 담론의 의미 층위」, 《국어국문학》, 136호, 국어국문학회, 2004.

김복순, 「근대 초기 모성담론의 형성과 젠더화 전략」, 《한국고전여성문학연구》 14집, 한국고전여성문학회, 2007.

박애경, 「기생 — 가부장제의 경계에 선 여성들」, 《여/성이론》 4호, 여성문화이론연구소, 2001.

이경하, 「제국신문 여성독자투고에 나타난 근대계몽담론」, 《고전여성문학연구》 8집, 한국고전여성문학회, 2004.

이숙인, 「유가의 몸담론과 여성」, 여성철학회 편, 『여성몸에 대한 철학적 성찰』, 철학과현실사, 2000.

_____, 「열녀담론의 철학적 배경 — 여성 섹슈얼리티의 문제로 보는 열녀」, 한국고전여성문학회 편, 『조선시대의 열녀담론』, 월인, 2001.

이형대, 「근대 계몽기 시가와 여성담론」, 《한국시가연구》 10집, 한국시가학회, 2001.

_____, 「풍속 개량 담론을 통해 본 근대계몽가사의 욕망과 문명의 시선」, 《고전과 해석》 창간호, 고전한문학연구학회, 2006.

정지영, 「조선 후기의 첩(妾)과 가족질서 — 가부장제와 여성의 위계」, 《사회와 역사》 65집, 한국사회사학회, 2004.

조은·조성윤, 「한말 서울 지역 첩의 존재 양식 — 한성부 호적을 중심으로」, 《사회와 역사》 65집, 한국사회사학회, 2004.

홍인숙, 「근대계몽기 女性談論 硏究」, 이화여자대학교 박사학위논문, 2006.

3. 단행본

고미숙, 『한국의 근대성, 그 기원을 찾아서 — 민족·섹슈얼리티·병리학』, 책세상, 2001.

전미경, 『근대계몽기 가족론과 국민 생산 프로젝트』, 소명, 2004.

최기영, 『《뎨국신문》 연구』, 언론학논선 3, 서강대학교언론문화연구소, 1989.

《제국신문》에 나타난 혼인제도와 근대적 파트너십

김현주

1. 대한제국과 《제국신문》

중세의 경우, 가족은 혈통과 가문을 중심으로 신분 질서와 권력관계가 형성되어 공동체의 위계질서를 유지하는 핵심적인 단위였다. 반면에 근대 이후에는 사적 영역에 귀속되어 공적 영역의 피난처 역할과 정서적 친밀감과 구성원들의 유대를 존중하는 정서적 영역으로 변화해간다. 혼인은 기든스에 의하면 친밀성의 구조 변동 과정에서 일어나는 자연스러운 결과이며, 레비스트로스에 따르면 부부와 자녀, 그리고 다른 근친자가 포함될 수 있는 가족의 출발점이다.[1] 성결합체라는 사실적이고 관습적인 개념인 혼인[2]

---

1   앤서니 기든스, 『현대사회의 성·사랑·에로티시즘 ─ 친밀성의 구조변동』, 배은경·황정미 옮김, 새물결, 1996, 27~28쪽.

2   한국외국어대학교 외국학종합연구센터, 『세계의 혼인문화』, 한국외국어대학교출판부, 2005, 6~9쪽; Mary Ann Glendon, 1996, 『전환기의 가족법』, 한복룡 옮김, 길안사, 2005, 46쪽.

에 의해 공동거주, 경제적 협동, 재생산을 수행할 때 가족이라고 칭한다.[3]

대한제국은 친숙한 가족 개념으로 문명화된 제국을 환유하면서 국가의 기강을 바로잡고자 한다. 즉 1899년 8월에 반포된 대한국 국제는 제국의 성립과 황제의 권력을 정당화하기 위해 만국공법의 논리를 활용해 근대국가가 요구하는 제도의 설립과 황제권을 표명하면서,[4] "임금은 집안 어른이요 백성은 자식들이라"[5]라고 국민의 직분을 구분한다. 이는 임금을 아버지로 신하를 어머니로, 백성을 어린 자식으로 비유한 신라 향가 「안민가」를 연상시키지만, 전근대적인 의식과는 완전히 구별된다.

그 이유는 독립협회 등이 제기하는 입헌군주제적 근대국가론이 지식인들 사이에서 회자되는 가운데, 국가와 가족을 상상하는 방식이 근대라는 사회적 상상(social imaginary)에 포획되어 있기 때문이다. 신 앞에서 모두 평등한 존재라는 인식도 새롭게 자리 잡게 됨에 따라, 황제권을 구축하려는 제국의 논리와 근대적 입헌군주제를 구축하려는 지식인의 논리가 길항하면서 공존한다. 이들은 자주독립과 개화를 통한 근대 국민국가 형성이라는 과제를 모두 공유하면서도, 전자는 전대의 가치와 문화를 고수하려는 보수적인 입장으로, 후자는 사회, 문화 등 사회 전반에 걸친 근대적 가치와 문물을 수용하려는 진보적인 입장으로 대립한다.

국가상(象)의 차이나 그에 따른 윤리와 가치의 차이는 조선사회를 근대적 사회로 재편하는 과정에서 나오는 필연적 현상일 것이다. 특히 국문의 보급 및 국문 서적과 신문의 발행에 따라 확장되고 또 그러한 매체를 통해

---

3 조지 피터 머독, 『사회구조 ― 친족 인류학의 이해』, 조승연 옮김, 서경문화사, 2004, 23쪽.

4 김동택, 「대한제국기 근대국가형성의 세 가지 구상」, 《21세기 정치학회보》 20권 1호, 21세기정치학회, 2010년 5월, 102쪽.

5 《협성회 회보》, 1898년 3월 5일.

정보, 학문, 대중 지식이 확장됨으로써 근대의 사회적 상상이 공유되고 구체화되어간다.[6]

여기서 사회적 상상이란 동시대인들이 스스로 살면서 유지하는 사회를 상상하는 방식을 가리킨다. 일반적으로 근대적 문자매체인 소설은 사회적 상상을 투사해 재현하는 반면 신문은 사회 현상을 사실 그대로 보도한다고 생각한다. 그러나 신문 역시 사회적 현상을 보도하는 것에 그치는 것이 아니라 실천적 규정(imperative prescription)을 제시하면서 사회적 상상을 생산·재생산한다. 그러나 사회적 상상은 실체로 존재하는 것은 아니지만, 열심히 추구해야 할 그 무엇이자 실현되어야 하는 것으로 여겨진다.[7] 이런 점에서 근대 초기 신문 매체가 사회의 문제점을 발견하고 그것에 대해 대중과 소통할 수 있는 공론장의 핵심 역할을 할 수 있었던 것도 이러한 사회적 상상과 관련이 있다.

대한제국기에 《제국신문》[8] 역시 사회적 상상에 따라 실천적 규정을 제시해 "사람들의 의식을 문명화된 것으로 변화시켜가는 계몽적 역할"[9]을 수

---

6   김석봉, 「신소설의 대중적 성격 연구」, 서울대 국문학과 박사학위논문, 2003, 33쪽.

7   찰스 테일러(Charles Taylor)는 서구 근대성의 핵심이 사회의 도덕 질서에 대한 새로운 개념화로 간주했다. 그에 따르면, 새로운 원리에 따라 변화된 실천을 연결시켜 생생한 사회적 상상을 형성하기 전에, 이미 그전 시대의 원리가 붕괴한다. 그러나 이것은 공동체의 희생의 대가도 아니며 전통적인 제약들의 제거로부터 획득되는 것이 아니다. 다만 근대적인 도덕 질서는 개인들 사이에서 존재하고, 그 이익이 생명과 생활수단을 보장하며, 자유와 평등을 확보하는 행위다. 찰스 테일러, 『근대의 사회적 상상』, 이상길 옮김, 이음, 2010, 17~39쪽.

8   《황성신문》과 함께 1910년까지 10년간 지속적으로 발간되었다. 1898년 8월 10일 창간하면서 《뎨국신문》이라고 국문 제호를 사용하다가, 1903년 7월 7일자부터 종간 때까지 《帝國新聞》이라는 한문 제호를 사용했다. 이 글에서 인용 시에는 모두 《제국신문》으로 표기하기로 한다.

9   나가미네 시게토시, 『독서국민의 탄생』, 다지마 데쓰오·송태욱 옮김, 푸른역사, 2010, 204쪽.

행한다. 대한제국은 개개인의 일상의 근대적 변화가 강력한 제국 건설로 가는 길이라고 여겼으나, 그런 정치적 상상력을 법적 규제 등으로 강제하기에는 재정의 파탄, 열강의 이권 침탈, 국가 조직의 와해 등 총체적 위기 상황 탓에 분명한 한계가 있었다. 이 한계를 메우고 근대로의 계몽과 정치적 상상력으로 견인하는 역할을 당대 신문이 수행한 것이라 할 수 있다.

> 그즁에 국문으로 닉이는 거시 데일 기요홀 쥴노 밋는 고로 우리도 쏘혼 슌국문으로 박일 터인듸 (…) 국가 기명에 만분지일이라도 도움이 될가 ᄒ야 특별히 갑슬 간략히 마련ᄒ고[10]
> 국문으로 박여 폭원을 젹게 만들고 갑슬 간략히 마련ᄒ야 그져 쥬나 다름이 업시ᄒ야 샹하 남녀 귀쳔 무른ᄒ고 져마다 보게 ᄒ니 국민을 위ᄒ야 불쇼혼 돈을 허비ᄒ여 가며 일ᄒᄂ 거슨 실노 우리나라에 쥬리 업던 일이라 본 신문 쥬의인즉 첫재 우리나라 법도와 풍속을 날마다 고쳐 몃 해 안에 나라이 태셔 문명제국과 동등히 되어 놈의게 슈치를 밧지 안키를 바라노니[11]

인용문처럼 국한문 혼용 문체로 지식인층인 양반과 유생들을 주 독자층으로 확보한 《황성신문》과 달리, 《제국신문》은 "국문으로 박여" 부녀자층을 주 독자층으로 설정하고 "남녀 귀쳔 무른ᄒ고 져마다 보게 ᄒ니 국민을 위ᄒ야" "법도와 풍속을 날마다 고쳐 몃 해 안에 나라이 태셔 문명제국과 동등히 되"게 하고자 저렴한 가격으로 배포하는 등 문명개화에 앞장선다.[12]

---

10 '고백', 《제국신문》, 1899년 8월 10일. 신문 창간 고백에서 제국 창업을 기념하기 위해 '제국'이라는 신문 제호를 사용하고 국문으로 값싸게 공급(실제로 한 달에 9전, 3달에 2량 6전으로, 《황성신문》 한 달에 1량, 6달에 5량 5전인 것과 비교된다)할 것이라고 밝히고 있다.

11 '논설', 《제국신문》, 1898년 9월 1일.

12 《제국신문》의 초대 사장인 부녀자를 계몽할 목적으로 『제국신문』을 창간했다. 이종

게다가 《제국신문》은 다른 신문보다 저가로 보급함으로써,[13] "나 갓흔
로병지인 다만 모녀 상디흐야 남의 집 협방간도 넉넉지 못한 곳에 삼슌구
식 근근 득싱흐면서도 신문 갑은 건 데 업소"[14]라는 여성 노인 독자를 확보
할 정도였다. 즉《제국신문》은 이러한 문체 전략과 지가 전략으로 인해, 하
위층과 여성 독자를 광범위하게 확보했으며, 그들과 좀 더 일상적인 소통
이 가능했던 것으로 보인다.

그럼에도 《제국신문》은 언론사적 측면[15]이나 여성운동사적 측면,[16] 그
리고 서사적 논설에 초점을 맞춘 연구[17]는 진행되었지만, 《독립신문》이나

일, 「옥파 비망록」, 1989년 1월 10일.

13　최기영, 『《제국신문》연구』, 서강대 언론문화연구소, 1989년 6월; 차상찬, 「조선신문
　　발달사」, 《조광》, 1936년 11월, 45쪽. 당시 발간되었던 《대한매일신보》가 5전, 《황성
　　신문》이 2전인 것에 비해, 《제국신문》은 1전 5분으로 가장 저렴한 편이었다. 「본샤의
　　행복과 본 긔쟈의 해임」, 《제국신문》, 1907년 6월 7일.

14　가긍흔 녀로인, '긔서', 《제국신문》, 1900년 2월 5일. 신문의 계몽적 역할을 칭찬하면
　　서도, 동사자의 문제를 정부대신의 무능이 아니라 동사자의 나태로 매도한 신문의 논
　　조에 대해서 신랄하게 비판하고 있다.

15　김영희, 「뎨국신문에 관한 일연구」, 서울대 신문학과 석사학위논문, 1977; 김영희,
　　「이종일의 언론관과 뎨국신문의 성격에 관한 일고찰」, 『인석박유봉박사화갑기념논
　　총』, 전예원, 1981; 김인욱, 「한말 여성계몽운동에 대한 일연구: 제국신문의 역할을 중
　　심으로」, 한양대 역사교육학과 석사학위논문, 1985; 최기영, 『《제국신문》연구』, 서강
　　대 언론문화연구소, 1989년 6월; 이경현, 「《뎨국신문》초기 논설에 나타난 '학문'의 성
　　격과 '동양' 사유방식」, 《한중인문과학연구》 14, 한중인문학회, 2005, 65~90쪽; 김효
　　전, 「자유·평등·박애와 근대 한국」, 《헌법학연구》 15(2), 한국헌법학회, 2009, 229~
　　262쪽.

16　신윤주, 「뎨국신문의 교육사상연구」, 이화여대 교육학과 석사학위논문, 1993; 김영주,
　　「뎨국신문의 여성개화론 연구」, 이화여대 석사학위논문, 1989; 정경숙, 「대한제국기
　　여자교육회의 조직과 구성원 연구」, 《정신문화연구》 34호, 한국학중앙연구원, 1988
　　년 5월, 157~183쪽.

17　설성경·김현양, 「19세기말~20세기초《제국신문》의 <론셜> 연구」, 《연민학지》 8, 연
　　민학회, 2000, 223~253쪽; 정선태, 「개화기 신문 논설의 서사 수용 양상에 관한 연구」,
　　서울대 국문학과 박사학위논문, 1999; 구장률, 「한국문학사의 쟁점 1 — 근대계몽기:

《대한매일신보》 등 당대 신문 매체보다 연구가 덜 되었으며 잡보나 독자 투고란 등을 포괄해 당대 일상을 다룬 논문은 미미한 편이다.[18] 그러므로 이 글은《제국신문》에 게재된 잡보나 논설을 포함해 혼인 담론을 대상으로 삼아, 당대의 일상생활상과 사회적 상상을 고찰하고자 한다. 이를 토대로 이 시기 혼인 제도와 파트너십의 근대성을 구현하는 방식을 파악하고자 한다.

2. 일상의 탄생과 공론장으로 소환되는 혼인 제도

대한제국기는 국민국가를 구축하려는 사회적 상상 속에서 감시와 처벌의 체계를 마련하고, 각 개인이 국가로부터 개인의 지위로 호출 받고 그 체계 속에 합리적으로 순응했던 시기다. 이 과정에서 국민국가에 결핍된 것들을 감각하고 그것을 채우며 존재의 조건을 변화시키려는 욕망들이 촉발되고 이 욕망을 투사하는 역동적 표상들이 다양한 형태로 작동된다. 한편으로 개화와 계몽이라는 패러다임 속에서 전통과 근대, 야만과 문명, 주체와 타자, 새로운 것과 낡은 것의 도식적인 대립과 투쟁 속에서 불안정한 정체성을 형성해가는 시기다. 이러한 불안정한 변화 속에서 근대적 가치와

《제국신문》의 <서사적 논설> 연구 — 사유 기반과 수사적 특성을 중심으로」,《현대문학의 연구》22, 한국문학연구학회, 2004, 9~129쪽.

18 박애경, 「야만의 표상으로서의 여성 소수자들 —《제국신문》에 나타난 첩, 무녀, 기생 담론을 중심으로」,《여성문학연구》19, 한국여성문학학회, 2008, 103~138쪽; 조명진, 「한국과 미국 신문의 독자투고란 비교연구」, 이화여대 신문방송학과 석사학위논문, 2000; 김정경, 「제국신문 독자투고란에 나타난 사회인식」, 한국교원대 석사학위논문, 2007; 이경하, 「《제국신문》, 여성독자투고에 나타난 근대계몽담론」,《한국고전여성문학연구》8, 한국고전여성문학학회, 2004, 67~98쪽; 이경하, 「애국계몽운동가 신소당의 생애와 신문독자투고」,《국문학연구》11, 국문학회, 2004, 115~140쪽.

제도가 정치적으로 기획되고 일상의 변화를 야기하는 욕망들이 역동적으로 일상에 투사되고 공적 영역과 사적 영역이 서서히 분리되면서 일상 (everyday life)이 탄생한다.

일상의 탄생은 봉건적 질서인 '가문/가족'이 붕괴되고, 부부 중심의 '가정'이 근대적 공간으로 대중에게 서서히 각인되는 시점이기도 하다. 《가뎡잡지》에 '가뎡소설'이 게재되고, 《매일신보》 주최로 '가정박람회' 등이 개최되는 것도 이러한 인식을 강화시키는 요인으로 작동된다. 일반적으로 가정을 구성하는 계기가 되는 혼인은 근대적인 사회적 제도이자 일상과 개인의 미시적인 변화 그리고 사회와 문화와 관련된 제도의 변화를 중층적으로 드러내는 장이 된다.[19] "'대중'들의 현재와 생생한 현실에 대한 경험을 형성할 뿐 아니라 끊임없이 반복되는 일과로부터 빠져나올 수 있는 일상성의 힘에 내재한 차이를 실현할 '가능성'의 순간을 만들어"[20]내기 때문이다. 대중의 일상의 변화와 관련된 역동적인 욕망이 대한제국기의 혼인담론에도 투사되어 있다.

근대의 대중매체로 새롭게 등장한 신문은 혼인 등 대중의 일상성과 그에 투사된 욕망들을 공적 영역으로 소환해 공론화시키는 기능을 한다. 이는 전통사회의 소통 방식과는 현저한 차이를 보이는 것이다. 즉 전통사회에서 가문은 가부장제에 근거해, 그 구성원 모두의 복종을 요구하는 추상적인 관념이면서 직접적이고 실제적인 힘을 가진 상상의 공동체였다. 그것의 명예를 유지하는 관습이나 희생은 당연한 것이었으며 오히려 추앙 내지 무언의 권장사항으로 조장되었다. 혼인 역시 가문 계승과 재생산에 기반을 두고 있었기에 성 불변의 원칙, 조상 숭배와 제사상속, 재산상속과

---

19 김현주, 「구활자본 소설에 나타난 "가정담론"의 대중미학적 원리」, 《반교어문연구》 27, 반교어문학회, 2009, 271~272쪽.

20 해리 하르투니언, 『역사의 요동』, 윤영실·서정은 옮김, 휴머니스트, 2006, 34쪽.

소유권 등의 관행처럼 가문의 관행대로 부모나 가문의 결정에 따라 행해졌다.[21] 간혹 혼인과 관련한 문제가 야기되더라도 비밀에 부쳐졌다.

> 혼인ᄒ기 젼에는 힝동거지를 ᄌ유와 임의로 ᄒ야 혹 소년 남ᄌ와 말도 ᄀ치 둘니며 마챠도 ᄒ가지 타며 혹 손을 싀을고 홈쎄 운동도 ᄒ며 ᄯᅩ ᄌ긔의 집안 방에 공번되히 졀믄 ᄉ나희를 다리고 들러 가 셰샹 물졍과 이이기를 남남 쳡쳡히 ᄒ며 서로 편지를 보ᄂᆞ고 밧기도 ᄒ야 죠곰도 다른 사람을 긔탄ᄒᄂᆞᆫ 바 업스나 그 텬셩 되옴이 ᄭᅩᆨ 그 사나희와 졍혼을 ᄒ던가 ᄯᅩᄂᆞᆫ 혼인을 ᄒ고쟈 ᄒᄂᆞᆫ 마ᄋᆷ이 업ᄂᆞᆫ지라 (…) 녀ᄌ가 허다ᄒᆫ 소년 쟝부를 교졔ᄒᄂᆞᆫ 즁에 심지가 셔로 의합ᄒᄂᆞᆫ 쟈 잇스면 미리 남편을 졍ᄒ고 부모ᄢᅴ 쳥ᄒ야 그 허가를 엇어 친쳑 붕우를 모아 놋고 말숨으로 졍ᄒᄂᆞᆫ 례식을 힝ᄒᆫ 후에는 다른 소녀과 왕복ᄒ던 것도 ᄌ연이 ᄭᅳᆫ어지며 임의 졍혼ᄒᆫ 남ᄌ와는 교졍이 더욱 친밀ᄒ며 동셩의 교졔ᄂᆞᆫ 졈졈 번다 ᄒ야[22]

이 논설은 문명국에서의 혼인 관습, 곧 혼인 전 여성의 자유연애와 혼인 결정권을 강조하면서 혼인문제를 공론장으로 끌어내고 있다. 단순히 문명국의 혼인 관습을 보도하는 것이 아니라, 남녀동등권에 기반을 둔 자유연애나 일부일처제에 근거한 근대적 가족 로망스를 근대적 일상의 실천적 규정으로 제시하면서 근대국가의 사회적 상상을 펼쳐나가고 있는 것이다. 이러한 상상적 욕망은 조혼과 매매혼, 과부 개가 금지, 축첩 제도 등의 혼인 관행을 구습의 일상이자 공공의 적으로 소환시키는 동력이 된다.

---

21   실비아 월비, 『가부장제 이론』, 유희정 옮김, 이화여대출판부, 1990, 265쪽.

22   "론셜 ― 미국 부인", 《제국신문》, 1899년 5월 18일.

2.1. 억혼의 부당성과 남녀동등권

세종 때 『주자가례』에 명시된 연령에 준해 혼인할 것을 요청한 것을 보면, 조혼의 관행은 대한제국기에만 해당되는 문제는 아니었다.[23] 1894년 6월 28일 「허혼 연령을 정하는 건」[24]이 의안으로 마련되어 남자 20세 여자 16세 이후로 혼인연령을 규제했다. 그러나 이 의안은 "나라를 근심하는 선비가 혹 문장을 지어 신문과 잡지에도 기재하며 혹 연설도 하고 어떤 단체[25]에서는 정부의 헌의(獻議)도 하되 종시 시행되지 못하여 항상 한되는 바"[26] 되었다.

이에 따라 1907년에 남자 만 17세, 여자 만 15세 이상으로 혼인 연령을 낮추고 위반 시 법적 제재도 가하도록 「조혼금지에 관한 조칙」을 발표한다.[27] 이처럼 정부 차원에서 조칙을 발표해야 할 정도로 조혼이 문제가 된 이유는 근대국가 수립과 관련이 있다. 즉 국가의 기초 단위인 가정, 가정의 기초 단위인 개인이 근대적인 동력이 되어야 하는데, 조혼으로 인해 근대적 지식이나 문물을 습득할 어린이가 이미 가족의 생계를 책임지고 있기 때문이다. 조혼을 문명개화의 방해물, 곧 국민국가의 성장을 방해하는 요인으로 인식한 것이다. 그러므로 《제국신문》 논설위원들도 혼인에 관한 조칙에 대해 "동양의 녯법과 셔양의 현힝ㅎᄂ 풍속과 우리나라의 인정 습관을 참호(參互)ㅎ샤 가쟝 뎍당ㅎ게 마련ㅎ심이라"[28]라고 긍정적으로 평한다.

---

23 장병인, 『조선전기의 혼인제와 성차별』, 일지사, 1997, 205~206쪽.

24 송병기 외 편저, 『한말근대법령자료집 I』, 국회도서관, 1971, 15쪽.

25 대한자강회에서 남자 만 18세, 여자 만 16세 이전의 결혼을 불허해달라는 건의문을 참정대신 박제순에게 제출했다.

26 '논설', 《제국신문》, 1907년 8월 17일.

27 송병기 외 편저, 『한말근대법령자료집 VI』, 국회도서관, 1971, 10쪽.

28 '논설', 《제국신문》, 1907년 8월 17일. 조혼의 폐해에 대해서는 《제국신문》의 잡보에

국민을 모두 국가의 파트너로 동원하고 그것을 창출하기 위해, 대한제국이 조혼에 대한 법률적 조치를 취하여도 "팔구 세에 혼인하는 사람이 무수"한 일상적 상황을 막을 수는 없었다.[29] 조혼에 대해서 문제를 인식하고 그 문제의식을 공유하고 있는데도 막지 못하는 이유는 다음 두 가지에서 찾을 수 있다.

그 첫 번째 이유는 관습이라는 일반적인 힘 때문이다. 조혼의 관습은 성적 경험의 유혹으로부터 어린 남녀를 보호할 수 있고 가문의 순결성을 유지할 수 있다는 가문 중심적 발상에서 비롯된 것이다. 또한 평균적인 기대수명이 짧기 때문에 생의 주기를 "십오 세 생남, 삼십 세 득손, 사십오 세 증손, 회갑에 고손, 칠십오 세에 오대 자손"으로 인식하고 조혼 관행을 당연한 일상으로 수용했던 것이다.[30] 그러므로 아무리 우생학적 차원에서 "여물지 안은 열미를 심으면 삭이 부실"하고 "혈긔가 장성치 안은 남녀가 ᄌ식을 나으면 션턴이 부족"하여 각종 병이 생기고 자식을 많이 낳아도 다 기르지 못하고 죽는 경우가 허다하다고 조혼의 폐해를 구체적으로 비판하지만, 조혼의 관행을 막을 수 없었다.[31]

서보다 논설(1907년 9월 19일; 1907년 10월 12, 13일 등)에서 주로 다뤄지고 있다.

29 《황성신문》에서는 국가적 차원에서 조혼 문제를 논하고 있다. 즉 "인종(人種)의 감소(減少), 인재(人才)의 결핍(缺乏), 교육(教育)의 추락(墜落), 산업(産業)의 주잔(凋殘), 지기(志氣)의 박약(薄弱), 책망(責望)의 과중(過重)"을 들어 비판하면서, 이 관행은 "개량(改良)ᄒ야 기 남녀(其男女)가 연기 성장(年紀長成)ᄒ고 학식(學識)의 근기(根基)가 유(有)ᄒ 시후(時候)를 대(待)ᄒ야 배필(配四)을 택정(擇定)ᄒ야 가정(家庭)과 사회(社會)와 국가(國家)의 무궁(無窮)ᄒ 복지(福祉)를 기초(基礎)"하도록 개선해야 한다고 주장한다.("논설―조혼의 패혜를 통론홈", 《황성신문》, 1909년 9월 3, 4일) 구활자본 소설 『절쳐봉싱』에서도 조혼의 폐해를 비판하면서도, 조혼 금지 법령이 내리기 전에 혼사를 서두르자는 모순적 태도를 취한다. 박영원, 『절쳐봉싱』, 박문서관, 1912.

30 '논설', 《제국신문》, 1907년 10월 12일.

31 '논설', 《제국신문》, 1907년 9월 19일.

두 번째는 조혼이 돈의 교환이라는 근대적 형태, 곧 매매혼의 양태로 변모되면서 강력한 힘을 새롭게 충전했기 때문에, 억혼을 막지 못하는 것이다. 자본주의 사회에서 노동의 가치보다 노동력의 가치 즉 노동력의 재생산 비용이 가치로 교환된다. 그러나 초기 자본주의 사회에서는 노동과 노동력의 교환가치가 제 기능을 하지 못하고 있는 실정에서, 여성은 공적인 생산에서 소외되고 소비재로서만 기능하거나 사적 영역인 가정에서 노예적 노동에 종사하게 된다. 더욱이 민란 등으로 생계의 위협을 받게 된 부모에 의해서 조혼은 돈을 버는 하나의 상거래로 타락하게 된다.[32] 주로 부모가 자신의 딸을 파는 "야만의 풍속"인데, 나이가 어릴수록 몸값이 비싸게 매겨질 정도로 매매혼이 성행했고 어린 여성에게 가혹한 일상 현실이었다.[33] 매매춘 여성은 성 제공자이자 2세 생산자이며 가정의 필요 노동 인력으로 교환되었다. 그러나 혼인의 일상이 근대성과 서로 반응하면서 매매춘 여성은 소외와 사물화를 발휘하는 장소로 변화되었다.

아모리 칠팔 세 된 계집아히라도 엽젼 이삼빅 량 업시는 혼인 뎡홀 마음을 닉지 못ᄒᆞ고 그럿치 안으면 오륙빅 쳔여 량식 먼져 쥬어야 텅혼이 되고 돈만 밧은 후에는 혼인은 잘 지닉던지 못 지닉던지 상관이 업고 신랑에 의복 흔 가지 만들어 쥬ᄂᆞᆫ 법이 업스니 그런 고로 녀ᄌᆞ를 만이 길은 쟈ᄂᆞᆫ 부쟈가 된다 ᄒᆞ고 ᄯᅩ 그럿케 혼인을 지닉고 신부 다려온 후에ᄂᆞᆫ 그 녀ᄌᆞ를 사룸으로 딕졉ᄒᆞᄂᆞᆫ 톄통이 죠금도 업ᄂᆞᆫ 거시 그 녀ᄌᆞ가 ᄌᆞ식 낫코 시부모 죽어 당가 산림ᄒᆞ기 젼에ᄂᆞᆫ 방에셔 밥

---

32 당대 구활자본 (신)소설에서도 매매혼 서사가 많은 편이다. 즉 『모란병』의 금선, 「기생」(『공진회』)의 향운기, 『국의향』의 강국희(여학생), 『원앙도』의 금주, 『춘외춘』의 한영진(여학생), 『츈풍감별곡』의 채봉 등이 인신매매의 대상이었다. 김현주, 앞의 글, 2009, 247~280쪽.

33 '논설', 《제국신문》, 1901년 3월 25일.

먹어 보는 일이 업고 밥을 ᄉ발이나 쥬발에 담아 먹어보지 못ᄒ고 누룽지나 식은 밥밧게는 구경ᄒ지 못ᄒ고 들에 나가 농ᄉᄒ는 일이며 졔반 쳔역은 모다 ᄒ다 ᄒ니[34]

결국 "며느리나 그 안히를 돈 쥬고" 산 여성은 결혼을 했지만, 아내나 며느리로서 대접을 받는 것이 아니라 "부엌에셔 먹게 ᄒ고 누룽지 아니면 못"[35] 먹게 하는 등 "사름으로 ᄃᆡ졉ᄒ는 테통이 죠금도 업는 신세"로 전락한다. 이와 같이 매매로 결혼한 여성은 그녀를 매매한 가족 구성원으로부터 구성원으로 인정받지 못하고 오히려 소외된 채, 노예적 노동에 종사하는 교환가치를 지닌 상품으로만 간주된다.

그런데도 정부의 눈을 피해 조혼이나 매매혼를 치르는 현상이 넘쳐나고 있음을 신문 곳곳에서 발견할 수 있다. "근일 여렴가 혼인ᄒ는 풍속을 보건딕 빈한ᄒᆫ 사름은 쟝가들기가 믹우 극란ᄒ고 만일 혼인을 지닉랴면 큰 빗을 져가며 혼인"[36]한 이야기, 문란한 여성과 결혼하여 고생한 남성의 이야기, 시집에서 인간답지 못한 대접을 받고 육체적으로도 힘든 노동을 감당해야 하는 여성의 이야기,[37] 심지어는 "쏠이 과부가 되게 드면 쏘다시 풀아먹는 일도 허다ᄒᆫ데 그 풍속이 졈졈 번"지는 사태까지 매매혼의 피해는 광범위하게 퍼져나가면서 국가의 근간이 되는 가족의 윤리관을 파괴시

---

34 然然生, "긔서 ― 악습을 곳칠 일", 《제국신문》, 1903년 5월 13일.

35 '논설', 《제국신문》, 1901년 3월 25일.

36 "론셜 ― 녀ᄌ교육의 관계", 《제국신문》, 1903년 6월 20일.

37 칸디요티(Kandiyoti)는 가부장적 문화가 강한 사회에서 여성의 인권이 존중받지 못할 경우, 여성들은 아들을 많이 낳고 아들들과 강한 유대 관계를 맺는다고 한다. 아들이 혼인한 후 그 배우자에게 권위를 행사하는 것으로 자신의 고충을 보답받으려 한다. Deniz Kandiyoti, "Bargainig with Patriarchy", *Gender & Society*, 2(3), Sept, 1988, 278쪽.

킨다. 이에 대해 신문에서는 "즈식 팔아 먹는 놈은 앙화를 주"[38]어야 한다는 감정적인 언술로 비판하지만 그 폐해를 막기에는 역부족으로 보인다.

주로 남성 필진으로 구성된 《제국신문》은 이러한 현실을 타개하기 위해 대안을 모색한 바, 서구적 혼인 제도를 상상하면서도 그 혼인 예법의 실천적 규정을 전통적 윤리에서 찾은 근대적 혼인 방식을 제시한다.[39]

> 가) 처음 혼인홀 째에 엇지 남녀 간에 그 덕힝과 직질을 서로 즈셰이 헤아리지 못ᄒ고 다만 미쟈의 부허ᄒ 말만 밋어 경션이 혼인 지톄를 힝ᄒ리오 공즈ㅣ 글 아샤디 군즈의 도는 부부에 ᄯᆺ을 짓는다 ᄒ셧스니 녜적 셩인은 이ᄀᆺ치 훈계ᄒ 셧거늘 후싱들은 그 근본을 니져바리고 (…) 대한 동포들도 별안간 셔양사름과 갓치 남녀가 오릭 샹종ᄒ야 학문과 지식을 피츳에 즈셰이 안연 후에 뎌의 임의 디로 부부의 약됴를 덩ᄒ라는 것슨 아니로되 셜혹 부모가 쥬쟝홀지라도 첫직는 일즉 혼인을 아니홀 거시요 둘직는 문벌의 고하와 가세의 빈부를 보지 아니홀 거시요 셋직는 신랑과 신부의 직덕을 자셰이 탐지ᄒ야 작뎡 ᄒ는 거시 가할 터이어늘 비단 문벌과 얼골만 취홀 ᄲᅮᆫ 아니라 돈을 가지고 매미ᄒ는 폐단이 무슈ᄒ 줌에[40]

> 나) 혼인이란 거슨 일류의 큰일이오 복록에 근원이라 ᄒ달둔 사름은 며나리를 잘 엇어야 그 집이 화합ᄒ고 집이 화합ᄒ여야 만 가지 일이 되는 법이오 ᄭᅩᆯ둔 샤름은 스위를 잘 엇어야 내 ᄯᆯ의 일싱 신셰도 편안ᄒ고 두 집이 화합ᄒ야 혼단이

---

38 '논설', 《제국신문》, 1900년 5월 11일.

39 전통적 윤리를 실천적 규정으로 삼는 이유는 《제국신문》의 필진이 "일부 외국 유학생이나 배재학당 출신도 참여하였으나 대부분은 전통적인 유학교육을 받고 신학문의 필요성을 느낀 당시의 개신 유학자와 신흥 상공업자"인 것과도 관련이 있다. 최기영, 앞의 책, 51쪽.

40 '논설', 《제국신문》, 1901년 3월 25일.

업슬 거시니 ᄌ녀를 둔 사름들은 불가불 신랑과 신부의 덕힝과 그 집안 가풍을
퇵ᄒᄂ 것시 첫ᄌ 근본이어늘[41]

가)의 필자는 조혼과 매매혼의 관행을 "야만의 풍속"이라고 비판하는
데, 근대성과 전통적 가치를 그 비판의 잣대로 삼고 있다. 즉 "대한 동포들
도 별안간 셔양 사름과 갓치 남녀"가 임의대로 혼인할 수는 없는 일상 현실
을 직시하면서 다음과 같이 대안을 제시한다. 즉 "부모가 쥬쟝홀지"라도
"ᄌ녀 간에 십여 셰"가 되면 혼인시키거나 "돈을 가지고 매미ᄒᄂ 폐단"을
막기 위해, "공ᄌ"의 도에 따라 "신랑과 신부의 직덕을 자셰이 탐지"한 연
후에 혼인시켜야 한다는 것이다. 서구적인 혼인 제도를 상상하면서도 실
천전 규정은 전통적인 예법에서 찾고 있다. 나) 역시 억혼의 부당함을 지적
하며, 혼인은 인륜의 기초이기에 "남녀 간에 그 덕힝과 직질을 서로 ᄌ세이
헤아리"는 것이 "첫ᄌ 근본"이라고 하면서, 전통적인 혼인예법에 따라 혼
례를 치러야 한다고 주장한다.
    근대적 혼인 제도와 전통적 윤리의 절충 방안을 제시하지만 이의 실효
성을 확인할 수 없게 되자, 결혼 당사자의 혼인 결정권이나 혼인 당사자인
남녀의 자각을 촉구하기도 한다.[42] 특히 "녀ᄌ의 지각이 ᄌ연이 얼마를 기
명ᄒ리니 셩경 현뎐 즁 긴요ᄒ 아람다온 말과 착한 힝실을 번역ᄒ야 민간
에 광포ᄒ면 어언간 삼강오륜의 소즁흠을"[43] 존속할 수 있을 것이라고 역

41   然然生, "기서 — 악습을 곳칠 일", 《제국신문》, 1903년 5월 13일.
42   《황성신문》의 "혼인문답"(1907년 8월 22일)을 보면 "여보 근일에 조혼을 금흔다지요,
      그럿타오 나는 염려 업쇼 벌셔 혼인힛시니? (…) 별수 업시 보고 정ᄒ는 것이 제일임녠
      다"라면서 혼인 당사자의 결정권을, 《독립신문》 논설(1898년 2월 12일)에서도 서양
      혼례의 예를 들면서, "쇼학교에셔 반졀이나 빅호고 잇슬 아히들"의 조혼 폐해와 혼인
      당사자의 결정권을 제기한다.
43   "론셜 — 녀ᄌ교육의 관계", 《제국신문》, 1903년 6월 19일.

설한다. 이는 조혼, 매매혼 등의 억혼 담론을 통해, 가문의 기강이나 전통적 예법이 이미 돈의 교환이라는 근대적 형태에 의해서 무너졌으며, 그 피해가 고스란히 여성에게 전이되는 사실에 주목했기 때문이다.

이와 같이 억혼 비판 담론을 통해, 그동안 혼인 관행이 가정 내에서의 여성의 처지와 지위를 상품으로 전락시켰던 문제점을 공론화하고 여성의 인권을 회복하는 문제에 관심을 갖게 된다. 비록 서구적 혼인제도, 즉 근대적 가족 로망스가 국가를 하나의 가정으로 인식함과 동시에 가족 내에서 지도자는 아버지이며 피지배자는 아들과 딸이라는 사실을 간과하고 있지만,[44] 여성의 인권과 활동 영역을 확장할 수 있는 여지를 제공하고 있는 셈이다. 또한 전통적인 윤리관을 실천적 규정으로 내세울지라도 사회적 상상에 따른 일상의 변화가 생길 것이라는 막연한 관념을 형성시킨다.

이 시기 근대적 제도와 관련된 담론에서는 구습을 탈피할 수 있는 대안으로 남녀동등권이나 여성교육을 제안하는 여성의 목소리를 발견할 수 있다.[45] 이 글의 2, 3절에서 살펴볼 축첩이나 과부 개가 문제에서도 발견되는 여성의 생생한 목소리를 억혼과 관련된 담론에서는 발견할 수 없다는 것은 아이러니가 아닐 수 없다. 이는 억혼이 일반화된 혼인 관행이었기 때문에 재론의 여지가 없는 문제였을 가능성도 배제할 수 없다. 그러나 억혼으로 인해 근대적 지식을 습득해야 할 나이의 여성이 이미 결혼을 해서 가족을 부양하는 타자로서의 일상 또는 자신의 처지에 대해서 말할 수 없는 하위주체로 살아가는 일상에서 그 이유를 찾을 수 있다. 비록 여성의 목소리

---

44 린 헌트, 『프랑스 혁명의 가족 로망스』, 조한욱 옮김, 새물결, 1999, 10쪽.

45 당대 구활자본 (신)소설 『명월정』, 『모란봉』, 『혈의루』 등에서도 문명화와 부국강병을 위해서는 반드시 남녀동등권과 여성 교육이 실현되어야 한다고 주장한다. 1900년대 신문에 여성 교육 관련 기사는 1000건 정도 될 정도였으며, 《제국신문》 창간 무렵에도 평안도 여노인이라고 자신을 밝힌 신소당의 글 등을 쉽사리 발견할 수 있다. 신소당, '논설', 《제국신문》, 1898년 11월 5일, 1898년 1월 10일.

는 발견할 수 없지만, 억혼 악습은 공공의 장에서 공론화되게 되고 그로 인
해 억혼의 관습적 제도와 일상은 서서히 균열의 조짐을 드러내게 된다. 과
부 개가와 축첩 제도에 관한 여성 투고문에서 그 조짐을 발견할 수 있다.

2.2. 축첩 금지와 여성 전쟁

억혼이나 과부 개가 논의보다《제국신문》에서 가장 많이 공론화된 것
이 축첩 담론인데, 이 담론은 일부일처제의 근대적 가족 로맨스와 직접적
인 연관성을 보인다. 근대적 가족 로맨스와 배치되는 일부다처제는 남성
중심사회가 형성된 고대사회부터 혼인 형태로 용인되어왔다. 고려 전기에
이미 축첩에 대한 정치적 개입이 있었으며, 조선 태종 13년 이후에는 처와
첩의 신분이 엄격히 구별되었다.[46] 그런데도 축첩 관습은 가부장적 가족제
도와 농경 생활에서 지속적인 힘을 갖는다. 농경 사회에서 여성은 가사일
과 농사일의 이중 부담을 지므로 다른 여성이 가족 구성원이 되는 것을 환
영할 정도였다.[47] 그러나 대한제국기 근대적 가족 로맨스에 대한 사회적
상상 속에서 일부다처의 관습인 축첩 관습은 당연히 대표적인 혼인 악습
으로 간주되고, 이에 따라 1905년에 축첩 금지 형법이 마련된다.[48]

---

46 전미경, 「개화기 축첩제 담론 분석」, 한국가정관리학회,《한국가정관리학회지》19(2),
    2001, 70쪽.

47 이스터 보스럽은 책의 1장 1절에서 여성과 남성의 농경 사회에서 남녀의 역할이 어떻
    게 분화되는지를 밝히고 있는데, "통상적으로 여성과 남성의 노동 역할 변화는 인구
    밀도와 농경 기술과 밀접한 관련이 있다"고 주장한다. Ester Boserup, *Women's Role
    in Economic Development*(Reprinted), London · Sterling, VA: Earthscan Publication
    Ltd, 2007, 6쪽.

48 개화기 형법대전 제577조에 "妻로 妾을 作호 者는 笞一百이며 妾으로 妻를 作호 者는
    笞九十에 處호고 幷히 개정홈이라"라고 축첩 금지에 대한 제도가 명시되어 있다. 송병
    기 외 편저,『한말근대법령자료집 VI』, 국회도서관, 1971, 210~211쪽.

가) 직상의 첩이 장동 사는 박가의게 밧을 돈이 잇서 그 주식을 빼아스려 ᄒ엿단 말은 견호 신문에 닉엿더니 그 신문을 보고 박가의 계집을 불너 말ᄒ기를 이 말이 신문에 낫스니 네 주식은 차지ᄒ기 쇠흔지라 돈이나 갑흐라고 ᄒ더라니 글흔 쥴을 알고 곳치는 거시 좀 됴흔 일이니라[49]

나) 학부 학무국장 김각헌 씨 첩 황샹이가 탁지부 젼 대신 민영긔 씨 첩다려 죵의 주식이라고 ᄒ고 젼병스 리용한 씨의 첩다려 고 젼 본사 나희를 피해 식혓다고 ᄒ엿던지 리용한 씨의 첩과 민영긔 씨의 첩이 병뎡을 다리고 안동 황샹이란 졀듸가인의 집에 가셔 황샹의 머리치를 잡고 쌤을 쌔리고 웨 네가 터문이업는 거즛말을 ᄒ엿나냐고 ᄒ엿다니 무론 남녀 ᄒ고 말은 불가불 죠심홀 것 아닌가[50]

가)는 재상의 첩이 고리대금업과 인신매매에 참여했다는 기사이며, 나)는 국가 대신의 첩들끼리 다툰 기사로, 축첩 문제보다는 부차적인 사실 곧 인신매매나 싸움에 초점을 두고 있다. 또한 장흥고 앞에 사는 박진사가 첩을 얻었다가 빼앗겨서 경무청에 고소한 기사도 축첩보다는 그 첩을 뺏은 일당에 대한 비판이 주 관심거리가 된다.[51] 심지어 열네 살 먹은 딸을 후취로 시집보냈더니 매음을 강요하는 사건이 발생하는데, 여기서도 문제의 근원인 축첩보다는 사람을 짐승처럼 매매한 죄와 개인 취물한 죄만 논하고 있다.[52]

신문에서 축첩 제도를 비판하고 법적인 조치가 선포된 상황인데도, 축

---

49 '잡보', 《제국신문》, 1898년 10월 6일.

50 '잡보', 《제국신문》, 1899년 4월 16일.

51 '잡보', 《제국신문》, 1898년 9월 15일.

52 '잡보', 《제국신문》, 1899년 1월 11일. 또 《매일신문》에도 경상도 군수가 "첩이 열둘이요 그 아들의 첩이 닐곱이요 그 아우의 첩이 둘"이라는 기사가 버젓이 실린다. 《미일신문》, 1898년 10월 6일.

첩의 일상은 규제도 받지 않고 묵인되고 있는 셈이다. 이러한 모순적 태도가 일상화된 것은 농촌 생활에서 이해득실에 따라 존속했던 축첩 관습이 돈과 신분의 교환이라는 근대적 형태로 변모해 지속적인 힘을 가질 수 있었기 때문이다. 축첩 제도는 국가가 윤리적 기강을 바로잡기 위해 금지했던 것이지만, 성적 욕망과 생계수단을 교환하는 형태로 공공연하게 법률을 위반하고 있는 셈이다.

축첩 담론은 논자마다 약간의 편차를 보이지만 국민국가 형성이나 근대적 가족 로망스의 실현, 전통적인 윤리관에 위배되는 악습이라는 인식이 지배적이 되는 것도 사회적 기강 확립과 관련이 있다. 전근대 가족제도가 균열되면서 사회적 기강을 문란케 하는 축첩을 문제적 상황으로 인식하면서, 그것의 직접적인 피해자인 첩과 처가 축첩 담론에서 첨예한 대립을 보여준다.

> 굿흔 사름이 되어 남의게 첩노릇 흐는 녀인은 하늘이 굿치 품부흔 권리를 직희지 못흐는 인싱이라. 불가불 흔 등 쳔흔 사름으로 디졉흐여야 셰샹에 명분이 발나셔 사름이 비로소 텬뎡흔 명분을 흐리기를 붓그러히 넉일지라.[53]

위 인용문을 보면 "사나회가 첩두는 거슨 졔일 괴악흔 풍속"이라고 축첩 제도의 근원적인 문제를 지적하면서 시작한다. 즉 "이젼에는 반상 등분이나 잇슨 즉 오히려 관계가 덜흐엿거니와 지금은 반샹 등분을 업시 흐"니 오히려 "남성의 욕망의 원인"이자 "향유의 대상"[54]으로 축첩이 확산되면서 사회적 문제가 되고 있다고 진단한다. 그런데 "녀인회를 셜시흐던지 녀학

---

53 '논설', 《제국신문》, 1898년 11월 7일.
54 필리프 쥘리앵, 『노아의 외투』, 홍준기 옮김, 한길사, 2000, 86쪽.

교를 설립ᄒ던지 맛당히 규칙을 달니 마련ᄒ야 눔의 첩 노릇ᄒᄂ 계집들은 일절 동등권을 주지 말"자고 처첩의 신분 구분을 강조하면서 끝맺는다.

위 글은 가부장제의 모순을 정확하게 지적하면서도, 그 모순에서 파생된 첩의 처지 또는 인권에 대해서는 방관한 채 오히려 첩이 된 여성이 문제라고 지적한다. 처의 입장에서 자신의 사회적 지위를 확보하는 대신 첩의 상대적 지위는 박탈해버린 꼴이다. 이 글은 여성도 근대적 파트너로 남성과 동등한 권리를 갖자고 주장하면서도, 개인적 분노 대상인 첩의 문제에 관해서는 첩을 가문의 타자로 소외시켰던 전근대적 발상에서 전혀 벗어나지 못하고 있다.

> 일젼 뎨국신문 논셜 보니 말마다 당연ᄒ나 부인 평논 논셜 즁에 분간이 희미ᄒ기 딕강 들어 셜명ᄒ오 부인도 층층이요 ᄉ부도 층층이오 남의 쳡도 층층이지 ᄉ부의 쫄이라고 힝셰가 탕 잡ᄒ면 그릭도 뷘잇가 샹노므 쫄이라도 죵작 업ᄂ 남쟈들이 후취 삼취 사취까지 흠부로 힉온 것도 부인 츅에 가오릿가 쳡이라도 샹쳐ᄒ 후 드러와셔 고락을 갓치 격고 봉졔ᄉ 졉빈킥에 자식 낫코 일부죵ᄉᄒᄂ 쳡이 부인만 못홀릿가 탕잡부랑ᄒᄂ 쳡과 갓치 옥셕 구분ᄒ여셔야 엇지 아니 분ᄒ릿가 녀학교를 셜ᄒ다니 셜시 젼에 이 구졍을 먼져 ᄒ기 쳔만츅슈ᄒ나이다[55]

인용문은 앞의 글, 곧 "일젼 뎨국신문 논셜"에 대해 스스로 평안도 사는 신소당이라 밝힌 '어떤 유지각한 시골부인'이 반박한 글이다. 앞의 글에 대한 주요한 반박 내용은 근대적 가족 로망스를 상상하면서 "흠부로" 성윤리를 파괴하는 남성의 축첩 행위다. 비판에서 한발 나아가 성 윤리 기강, 남

---

[55] "엇던 유지각한 시고을 부인의 편지", 《제국신문》, 1898년 11월 10일.

녀동등권, 여성교육, 부국강병 등 구체적인 근대화의 과제를 제기하면서,
첩이라도 근대적 학문을 배운다면 공적인 주체가 될 수 있다고 응수한다.

그런데 봉제사, 접빈객, 자식 낳고 일부종사하는 첩은 행실이 나쁜 정실
부인보다 더 훌륭하다고 평가하면서, 행실이 나쁜 첩은 비난의 대상이 될
수 있다고 첩을 구분하면서 전자를 옹호한다. 이러한 태도는 공적 주체로
서 여성의 지위 확보나 인권 평등의 차원에서 축첩 제도를 논의하는 것처
럼 보이지만, 실제로는 사적 영역의 봉사자이자 타자로서 순응하는 여성
을 보호한다는 전근대적인 발상의 반복이며 첩 개인의 설분에 다름 아니
다. 이 역시 가부장제의 모순을 지적하지만 일상을 전복시키지는 못하고
있다. 가문의 관행에 순응한 뒤 근대 교육의 수혜자가 되어 처와 동등한 대
접을 받는 것으로 만족할 수밖에 없어 보인다. 이는 첩이라도 여학생이 된
다면 공적인 존재감을 획득할 것이고 그에 수반되는 역사적 소명의식과
책임감을 가진 계몽의 주체가 될 수 있다는 논리다. 이러한 논리는 당시 항
간에 관심을 불러일으켰던 사례가 상호텍스트성에 의해 의미를 발생시키
면서 생긴 관념이라 할 수 있다.[56]

처첩의 서로 다른 언설에서 근대 문명이라는 기표의 사회적 장악력과
그 합의의 공백 사이에서 발생하는 낙차를 실감할 수 있다. 근대 문명이란
용어가 일상생활에 스며들면서 그에 동반해 물질적인 변화들이 일상 속에
침투해 들어오기 시작했으나, 그 용어의 함의가 불명확하게 인지되는 한
문명한 삶을 이끌어줄 보다 높은 의식의 성숙을 기대하기 어려웠던 것이
다. 끊임없이 사회적 상상이 제기되면서도 전통적 가치로 귀결되는 것은
텅 빈 기표의 절대화가 야기하는 이념의 기대 지평과 일상 사이에서 낙차

---

56   첩이었다가 남편에게 쫓겨나 "아국(我國)의 일대병원(一大病源)"을 고치고자 진명여
학교에 들어간 여학생 기사 등의 기사를 공유·생산하는 상호텍스트성이 생겼을 것이
다. 《만세보》, 1906년 7월 24일.

가 발생하기 때문이다. 따라서 처첩 간의 입장 차이에 따라 축첩 담론이 소통되어도 공허한 연설조의 주장만 난무할 뿐, 첩을 거느린 남성들의 자각이나 가부장제의 문제점을 깊이 있게 논구해 들어가지 못한다.[57]

> 한 풍속에 괴이흔 거시 만흐되 그 즁에 심흔 거슨 음풍이라 정부 관인으로브터 여항의 백성꼬지라도 처첩 두기를 됴화ᄒᆞ야 심흔 쟈는 정실 ᄒᆞ나에 별방이 삼ᄉ 처이오. 그 다음은 일쳐 이첩이 대댱부의 당연흔 일이라 하며 아젹 밥과 전년 죽을 먹을 만한 사름이면 의례이 첩을 두어 부죄흔 안해른 공연이 박츅ᄒᆞ는 쟈도 잇고 첩으로 인연ᄒᆞ야 패가망신 ᄒᆞ는 쟈도 잇시며 그 첩잇 또흔 주긔 ᄆᆞᆷ에 합당치 못ᄒᆞ면 곳 보내고 다른 첩을 두기도 ᄒᆞ며 그 첩이 늙고 보면 또다시 이팔 청춘의 쇼첩을 구ᄒᆞᄂ 자도 잇ᄂ니 이거슨 남ᄌ들이 음행을 임의로 ᄒᆞ며 녀ᄌ로 ᄒᆞ여곰 졀지를 닐케 흠이라 태초시에 하ᄂ님이 사름을 내실 적에 일남일녀로 작뎡ᄒᆞ신 것슨 음양의 공효가 셔로 ᄀᆞ흠이오 남녀의 권리가 동등됨이라[58]

이 신문 논설은 앞선 논의들이 축첩의 문제를 남녀의 개인적 욕망으로 축소하는 것과는 달리 제도적 측면에서 접근하고 있다. 축첩 관습을 "일쳐 이첩이 대댱부의 당연흔 일"로 여기는 "남ᄌ들이 음행을 임의로 ᄒᆞ며 녀ᄌ로 ᄒᆞ여곰 졀지를 닐케" 하는 가부장적 제도에서 근원한 것임을 지적하지만, "태초시에 하ᄂ님이 사름을 내실 적에 일남 일녀로 작뎡"한 뜻에 따라 축첩의 일상 현실을 극복하자는 제안으로 끝나버린다.

이처럼 대한제국기 축첩 담론은 한편에서는 근대적 가족 로망스를 상

---

57 축첩 제도를 향유한 것은 남자인데도, 처첩 간의 문제로 축소시키는 사례는 고전소설 『장화홍련전』에서도 발견할 수 있다. 계모를 불완전한 가족 구성원으로만 인정한 남성의 문제는 묵인한 채, 전실 자식을 죽인 계모만을 악인으로 묘사하는 것과 동일하다.
58 '논설', 《제국신문》, 1903년 1월 31일.

상하는 과정에서, 다른 한편에서는 성윤리가 붕괴되고 있는 일상의 타개라는 측면에서 문제 제기가 된 것이다. 그러나 축첩 담론은 가부장적 모순을 문제 삼는 첨예한 논쟁으로 나아갈 수 있었음에도 불구하고, 근대성을 재정의하는 논자들 간의 모순적 태도와 입장의 차이만 드러낸다.

그러나 이처럼 모순적 태도와 입장의 차이가 드러나는 양상은 누구나 동등한 자격으로 국가의 파트너가 될 수 있다는 관념이 일상의 균열을 만드는 과정이자 근대성이 분화되는 과정에서 나타나는 것이라 할 수 있다. 축첩의 피해자인 여성 모두가 근대 교육의 수혜자가 될 수는 없을지라도, 근대 교육의 수혜자가 생길 것이다. 또한 그 수혜자 중에 신분이나 성 차이를 극복하고 남녀동등권을 획득하고 국가의 파트너로서 공적 주체가 될 수 있는 여성이 탄생할 것이라는 일상의 변화에 대한 관념이 구성된다.

2.3. 과부 개가 필요성과 열녀 찬양

과부 개가 금지는 가문의 순결성과 가부장제를 유지하는 수단으로 전근대 사회의 관습법으로 존속해왔다. 조선 태종 6년에는 3번 혼인한 여자를 품행이 나쁜 여자의 이름을 적어두는 명부인 '자녀안(恣女案)'에 올릴 정도로 과부 개가는 부정적으로 인식되었다. 그러나 남편이 죽은 지 3년 내에 재가한 경우에는 처벌을 받은 경우가 있기는 했지만,[59] 여성의 재가 자체를 사회적으로 규제하지 않았다. 임진왜란과 병자호란 이후, 지배 권력에 대한 하층민의 불신이 깊어지면서 지배층은 그 위기를 극복하기 위해서 가문의 결속을 다지는 등 지배 체제를 공고히 하기 위해 보수 반동화로

---

59 『태종실록』 10권, 태종 5년 8월 병술조. 장병인, 「조선 초기 재가 규제법의 시행경위」, 《부산교육대학 논문집》 26(1), 부산교육대학, 1990, 117쪽에서 재인용.

전회한 것이다. 이에 따라 17세기 중반 이후 성 문화나 여성에 대한 정책과 관습은 크게 경직되기 시작한다.[60]

조혼, 축첩의 문제처럼 1894년 갑오개혁 때 근대적인 제도 개혁의 일환으로 「과부의 재가를 자유케 하는 건」이라는 의정을 마련해, 과부 재가 금지를 일소시키려 했으나 1907년 8월 조칙이 발행되기 전까지는 그것의 실효를 거두지 못했다. 조칙이 실효성을 획득하지 못한 이유는 양반 가문에서 여성의 재가를 부끄러운 일로 가르치고 수절을 여성의 미덕으로 강조했던 것과 관계가 깊다. 수절이 미덕으로 칭송되고 포상과 직계 존비속의 출세라는 실제적인 혜택이 뒤따르면서 하층민에게도 여성의 미덕으로 확산되었던 것이다. 그러므로 과부 개가는 미덕의 상실이라는 점에서 대중의 심리적 저항을 염두에 두지 않을 수 없다. 여기서 신문 등 당대의 대중 매체가 왜 과부 개가에 대해서 이중적 태도를 취하였는지에 대한 의문점의 단초를 찾을 수 있다.

과부 개가의 부당성이 소통되는 시점에 동일한 신문의 잡보란(지금의 사회면)에서는 열녀 기사들이 미담으로 같이 실리면서 개가 담론의 효과는 상쇄되어버린다. 즉 "가쟝이 죽는 날 싸라셔 목을 믹여 세상을 버"린 여인들의 이야기[61]가 과부의 미덕으로 칭송되고, '쏠과 고기를 보닉여 죠리케 ᄒ고 관찰부에 포양ᄒ기를 쳥홀 것'[62]으로 공적인 포상의 대상이 된다는 기사들이 무수히 소개되면서, 과부 개가 금지는 근대 사회에서 일소될 관습이라는 막연한 관념만 기능한다.

---

60 최재석, 「조선 중기 가족 친족제의 재구조화」, 『한국의 사회와 문화』, 정신문화연구원, 1993, 231~237쪽.

61 '잡보', 《제국신문》, 1900년 6월 23일; 1899년 1월 18일; 1899년 5월 12일; 1899년 11월 3일; 1900년 6월 5일; 1900년 6월 23일; 1902년 9월 1일 등.

62 '잡보', 《제국신문》, 1899년 5월 12일.

따라서 "긔가홀 싱각이 미우 간절혼" 여인이 과부 개가의 필요성에 대해서 장문의 글을 신문사에 보낸다.

남녀난 비록 달으나 엇지 추등의 분별이 잇스리오 그런 고로 들은 즉 틱셔 각구에는 사람을 교육ᄒᆞ되 남녀를 물론ᄒᆞ고 어려서부터 학교에 들으가 나히 쟝성ᄒᆞ도록 공부를 힘써 ᄒᆞ야 무삼 학문이던지 졸업을 혼 연후에 비로소 빅필을 뎡ᄒᆞ야 범졀이 남ᄌᆞ와 달을 거시 업기로 남ᄌᆞ와 갓치 동등권을 잡아 동등 딕졉을 밧게 ᄒᆞ며 혹 집안에 청춘 과부가 잇스면 례졀을 갓초와 시집을 보닉ᄂᆞᆫ딕 례졀이 처녀와 틀닌 것이 업셔 사람마다 금슬지낙을 두게 혼다 하거늘 슬푸다 동양에 녀ᄌᆞᄂᆞᆫ 남ᄌᆞ와 갓지 못ᄒᆞ야 나히 칠세만 되면 남ᄌᆞ와 한 ᄌᆞ리에 갓치 안고 못ᄒᆞ고 그 소위 교육이란 것을 길삼이나 바너질 뿐이오 학문이란 것은 언문인딕 국문도 젹이 투철혼 녀자가 얼마 되지 안코 늙도록 문밧 혼 거름을 나지 못ᄒᆞ야 셰틱 물졍과 턴하형편을 알기는 고샤ᄒᆞ고 이웃집 일도 아지 못하야 (…) 개화 이후 셩은이 하늘 갓ᄒᆞ샤 과부 개가 ᄒᆞᄂᆞᆫ거슬 허하셧것만은 지우금 졈쟈는 집 과부 싀집 갓단 말을 듯지 못ᄒᆞ엿스니 무삼 ᄭᆞ닭인지 알 슈 업거니와 젹션지가에 필유여경이라 ᄒᆞ엿스니 엇지 아니 죠흐리오. 우리는 바라건대 처음에 하늘과 ᄯᆞ이 음양 긔운으로 차등 업시 닉신 남녀들을 일체로 교육ᄒᆞ야 리치를 거사리지 말면 나라이 흥황홀 듯ᄒᆞ도다 (…) 과부에 젹원이 국가 흥망에 관계가 업지 안을 듯ᄒᆞ더라[63]

인용문의 필자는 근대적 상으로 욕망하는 서양의 혼인예법과 일상성을 비교하면서 과부 개가론을 제기한다. 근대적 가족 로맨스에 대한 사회적

---

63   광녀, '논설', 《제국신문》, 1899년 10월 14일. 이 글의 첫머리에 "청년 과부로셔 긔가홀 싱각이 미우 간졀혼가 보더라"라는 게재평이 쓰여 있다.

상상 속에 반추되는 일상 현실의 과부는 심히 "참혹한 정경"이 아닐 수 없다. 그런데도 "과부 개가 ᄒ는 거슬 허하셧겄만은 지우금 졈쟈는 집 과부 싀집 갓단 말을 듯지 못ᄒ엿스니 무삼 ᄭᄃᆰ인지 알 슈" 없는 일상이다. 이런 일상은 "이쳔만 인구" 중 절반인 여성 문제의 불행이며, "차등 업시 닉신 남녀들을 일쳬로 교육ᄒ야 리치를 거사리지 말면 나라이 흥황"할 기회를 상실하는 것이라고 주장한다.

이처럼 인용문의 필자는 남녀동등권, 근대 교육, 대한제국의 당면과제인 부국강병의 차원까지 거론하면서 개가의 정당성을 제기하고 있다. 게다가 "과부들로 말ᄒ여도 본리 힝실이 탁월ᄒ야 송죽ᄀᆺ치 구든 졀기와 금셕ᄀᆺ치 단단흔 마음으로 평싱을 맛츠고져 ᄒ는 이는 그 뜻을 가히 쎗앗지 못"한다고 하면서 혼인 결정권은 과부에게 있음을 덧붙이고 있다.

이 글은 근대성에 대한 사회적 상상에 따라 과부 개가론을 주장하고 있는 듯하나, 과부 개가에 대한 심리적 저항을 염두에 둔 수사학적 언술이 첨가되어 있다. 즉 "음양 긔운으로 차등 업시 닉신 남녀"라고 전통적인 음양의 언술과 "송죽ᄀᆺ치 구든 졀기"라는 과부의 수절에 대한 전통적인 윤리적 잣대로의 회귀적 평가를 보족하고 있다.

근대적 가족 로망스를 상상하면서 개가의 정당성을 밝히지만, 전통적 가치나 윤리적 차원에서 재차 접근하고 있다. 이러한 양가적 태도는 과부 개가에 대한 심리적 저항을 완화하기 위한 전략이라고 간주된다. 심리적 저항을 최소화하기 위해 근대적 윤리와 가치를 전통적 가치와 윤리로 봉합하고 있는 셈이다. 과부 개가에 대한 양가적 태도를 남성 필자인 회계원경 민치헌의 상소문에서도 발견할 수 있다.

근고에 두 번 싀집 간 사름의 ᄌ손은 청환 벼슬을 주지 아니ᄒ미 당시 ᄉ대부 례양을 슝상ᄒ고 명긔를 즁이 넉이는 쟈들이 녀ᄌ의 행실을 굴ᄋ칠 졔 다만 경계 잇는 줄만 알고 권도 잇는 줄은 아지 못ᄒᆞ야 여렴 간 필부들ᄭᅵ지라도 ᄯᅩᄒᆞᆫ 실행 ᄒᆞᆫ는 일을 말ᄒᆞ기를 붓그러 ᄒᆞ야 듸듸여 나라에 큰 금법이 되여셔 (…) 셜혹 긔가 ᄒᆞᆫ는 쟈가 잇더ᄅᆞ도 남의 침 밧고 쑤지즘을 두려ᄒᆞ야 감이 례법으로 친영ᄒᆞᆫ는 일이 업셔셔 유쟝찬혈ᄒᆞᆫ는 것을 면치 못ᄒᆞ니 엇지 례법에 어긔미 아니릿가. 신 의 어리셕으믄써 ᄒᆞ건듸 지금붓터 사ᄅᆞᆷ의 집에 소년과부가 잇는 쟈ㅣ면 반다시 퇴일ᄒᆞ고 폐뷕을 드리고 혼갈갓지 혼인 례법을 차리되 십오 셰로붓터 이십 셰 신지는 초취로 ᄒᆞ고 삽십 셰로 ᄉᆞ십 셰ᄭᅡ지는 직취 삼취로 ᄒᆞ고 거긔 지는 쟈는 실시혼 것으로 치지ᄒᆞ고 이법을 어긔는 쟈는 이상혼 풍속으로 물니치되 만일 부모가 권ᄒᆞ고 리웃사ᄅᆞᆷ이 가유ᄒᆞ여도 죵시 맹셔ᄒᆞ고 개가ᄒᆞ지 안는 쟈는 구태 야 그 ᄯᅳᆺ을 ᄲᅢ앗지 말고 엄ᄒᆞ게 닐곱 가지 바라ᄂᆞᆫ 것을 붉히고 억지로 겁탈ᄒᆞᆫ는 쟈는 통금ᄒᆞ야 혼 시골이 행ᄒᆞ고 혼 나라이 본밧아셔 안으로 원망ᄒᆞᆫ는 계집이 업고 밧그로 홀아비가 업ᄉᆞᆫ즉 박혼 명이 가히 됴혼 인연을 닛고 깁히 억울홈이 굴너 샹셔가 되여셔 이 셰샹이 륭화혼 디경에 닐으리니[64]

민치헌은 대한제국이 "나라에 큰 금법"으로 과부 개가 금지를 막고 실 제적으로 외로움과 경제적 어려움을 이겨내야 하는 과부의 "탄식ᄒᆞᄂᆞ소 래"에도 불구하고, "두 번 싀집 간 사ᄅᆞᆷ의 ᄌᆞ손은 청환 벼슬을 주지 아니ᄒᆞ" 여 가문의 번영을 위해 스스로 수절을 선택하거나 가문에서 암묵적으로 규제해왔고 "여렴 간 필부들ᄭᅵ지" 그것을 추종하는 일상의 가치를 지적하 면서, 과부 개가 금지의 부당성을 제기한다.

민치헌 역시 과부 개가의 부당성을 과부 개인의 인권 차원, "셰샹이 륭 화혼 디경"이 되기 위한 것이라는 국가적 차원, 재가의 뜻이 없는 과부는 "그 ᄯᅳᆺ을 ᄲᅢ앗지 말"아야 한다는 과부의 혼인 결정권 차원에서 주장하고

---

64 '논설', 《제국신문》, 1900년 12월 5일.

있다. 앞의 글처럼 근대적 제도와 전통적 가치를 내세워 서로를 정당화하는 동시에 상쇄시키고 있다. 그러면서도 과부 개가가 결코 '부끄러운 일'도 '권장할 일'도 아니라고 전제하면서도, 개가를 할 경우 초혼처럼 혼인 예법에 따라 의식을 차려주어야 한다고 근대적 제도에 대한 경도를 보여준다. 즉 앞의 글에서 서양의 혼인예법으로 소개한 재가의 혼인 예법을 과부 개가의 일상적인 실천적 규정으로 제시하고 있다.

그러나 과부 개가에 대해 양가적 태도의 궁극적인 요인은 과부 개가와 관련해 문란한 성윤리를 단속해야 한다는 보수적인 풍속개량론과 관계가 있어 보인다. "대뎌 남녀가 작비홈은 인도의 비롯홈이니 가히 억지로 구ᄒᆞ며 강박히 힝치 못홀 것이오 호ᄅᆡ비와 과부가 셔로 작비홈은 져의 마암ᄃᆡ로 할 것이라"[65]이라는 잡보 기사에서도 드러나듯이 홀아비와 과부가 윤리 파괴의 주범으로 간주되고 공론화되고 있다. 그런데 더 재미있는 사실은 동일 시기의 신문기사를 보면, 과부를 "아주 주인 없는 물건"으로 여겨 동네 무뢰배들이 "공갈하여 빼앗아 오"[66]거나, 보쌈당한 여성이 자결한 사건[67]을 보도하면서 과부 개가 금지가 도리어 사회적 풍속을 해치고 있다는 사실도 동일하게 공론화되고 있다.

과부 개가에 대한 상반된 두 입장 모두 성 윤리가 붕괴하는 상황을 인식하고 있다. 그러나 그 책임 소재를 서로 다른 곳에서 찾고 있다.

문제는 가치와 윤리의 혼란을 극복하고 전통적인 성윤리의 회복이라는 회귀적 차원에서 과부 개가론을 접근하게 되면, 과부 개가가 성윤리의 주요 원인이 된다는 점이다. 즉 개가의 필요성은 근대적 감각으로 주장하면서도 풍속을 개량하자는 주장으로 혼인 제도의 근원적인 문제를 회피할

---

65   '논설', 《제국신문》, 1907년 6월 21일.
66   '논설', 《제국신문》, 1907년 6월 21일.
67   《황성신문》, 1907년 6월 21일. 《대한제국신보》, 1907년 7월 4일; 1910년 6월 26일 등.

경우, 자식이 없는 "少年(소년)喪夫(상부)"[68]는 개가를 허용하면서도 자식이 있는 과부의 개가를 불허하는 절충적인 태도로 과부 개가론을 봉합하게 된다.

> 녀인의 음란홈을 불가타 홀진딕 엇지 남쟈는 호롤 그 일을 힝ᄒ리오 이는 다만 남쟈의 긔긔ᄒ는 마음으로 나는 이러ᄒ 거시 관계치 안으되 너는 이러ᄒ여 못쓴다 ᄒ는 의견에쎠 싱김이라 엇지 공평ᄒ다 닐ᄋ리요 나의 이말이 녀ᄌ에 음란홈을 관계치 안타홈이 아니라 긔위 녀ᄌ의 음란홈이 불가ᄒ 쥴 알진딕 엇지 그 마음으로쎠 밀우어 남ᄌ도 음란홈을 엄금홈이 가ᄒ다 아니ᄒ나뇨 이는 다음이 아니라 나의 슈습이 엇지ᄒ야 이럿듯 되엿스니 이것이 올타고만 홀 쌴이오 남의 공편ᄒ 싱각에 올치 안을 쥴은 밋지 못홈이라 맛당히 일남 일녀가 쳥결ᄒ 덕과 단졍ᄒ 힝실로 평싱을 젹희여 빅년을 히로ᄒ고 셔시에 경국지식이나 두목지의 남중일식을 엽헤 두고라도 눈을 엿보지 말고 닉의가 다갓치 힝실에 직힘이 올타 ᄒ깃거늘 엇지 방탕음란ᄒ야 륜리를 흐리게 만들니오[69]

이 글은 과부 개가 문제가 양반층 특히 여성에 한정된 문제일 수 있는데 공론화가 되는 이유를 전통적 윤리관의 붕괴에서 찾고 있다. 이보다 더 큰 요인은 전통적 윤리관의 붕괴 책임을 과부 개가로 인한 "녀인의 음란홈" 때문이라고 몰아붙이는 보수적인 풍속개량논자들에게 있다고 주장한다.

실제로는 남녀 모두가 "방탕 음란ᄒ야 륜리를 흐리"게 했음에도 불구하고, 과부 개가가 윤리 파괴의 주범으로 간주하는 논자들이 문제라고 설득력 있게 윤리관의 붕괴 상황에 접근하고 있다. 그러므로 남녀동등권과 일

---

68 '논설', 《제국신문》, 1907년 10월 6일.
69 "론셜 — 음란ᄒ거시 사름의 큰죄", 《제국신문》, 1903년 1월 24일.

부일처제에 기초한 근대적 가족 로망스를 준거 삼아, "닉의가 다 갓치" "일남일녀가 청결흔 덕과 단정흔 힝실을 직희"야 한다고 혼인 제도에 따른 실천적 규정을 제시한다.

십습수 세부터 과거ᄒᆞ야 참혹흔 졍셰와 가련흔 신셰로 셰상에 낫던 보람이 업스며 심한 쟈는 초례를 맛친 후에 즉시 과거흔 쟈도 잇고 남편의 얼골이 엇더케 싱겻는지 몰으록 과거흔 쟈도 잇스되 일테 수졀ᄒᆞ는 풍속을 버셔나지 못ᄒᆞ야 젹만흔 공방에 자나씨나 슯홈이오 (…) 우리나라에서 본릭 녀즈의 기가흠을 법률로뻐 금흔 것은 업스되 기가흔 사름의 즈손은 쳥환을 식히지 안는 고로 ᄉᆞ대부가 이것을 붓그러워 ᄒᆞ야 힝ᄒᆞ지 안으며 ᄯᅩ한 지나의 빗사름의 렬녀는 불경이부라 ᄒᆞ는 말을 잘못 해셕ᄒᆞ야 남즈는 두 번 셰 번 쟝가를 들어도 녀즈는 불힝ᄒᆞ야 한 번 과거ᄒᆞ면 두 번 싀집가지 못ᄒᆞ게 ᄒᆞ엿는듸 여러 빅년 사이에 즈연히 풍속이 되여 하날이 뎡한 법으로 알고 감히 힝치 못ᄒᆞ는도다[70]

이 글 역시 과부 개가 금지 악습을 인정에의 호소와 여성의 인권, 남녀동등권, 나아가 국민국가 형성이라는 측면에서 비판한다. 더욱이 근대 이후 야만국으로 간주되는 중국의 예법이 조선 시대에 더 강화되었다는 점을 들어, 전통적 가치와 윤리의 근원에 대해서도 의구심을 드러낸다. 대한제국기의 사회적 상상 속에서 이전의 문명화된 중화로 여겼던 중국이 오히려 문명의 상대 개념으로 인식되면서, 중국의 예법 역시 야만의 풍속으로 간주되는 논의의 일면을 보여준다.[71] 그에 따라 윤리관의 붕괴 책임을 과부 등 여성의 성 윤리에서 찾으려고 하는 보수적 유학자들에게 야만/문

70 "론셜 ― 녀즈의 기가를 허흘 일", 《제국신문》, 1907년 10월 10일.
71 이경구, 「화이관과 문명·야만관의 사유 접점과 비판적 성찰」, 《유교사상연구》 35, 한국유교학회, 2009년 3월, 126~128쪽.

명 대비 담론으로 응수한다. 아직도 "긔가흔 사롬의 주손은 쳥환을 식히지 안는" 관습법과 "렬녀는 불경이부라 ᄒ는 말을 잘못 해석ᄒ"고 있는 부류가 있다고 비판한다.

요컨대《제국신문》의 과부 개가 담론은 조혼과는 달리 성 윤리의 붕괴라는 일상에 직면해 대중의 심리적 저항과 보수적 입장에 대해 응수하는 차원에서 진행되다보니, 양가적 태도를 더 강조하게 된다. "실제의 아버지를 상상적 아버지로 덮어씌움으로써 아버지를 둘로 만"[72]드는 오이디푸스 콤플렉스처럼《제국신문》에 나타난 근대의 가족 로망스는 일상 현실의 혼인 관습을 부정하고 비판하는 상상적 아버지인 제도로 기능한다. 즉 근대적 가족제도가 전통적 윤리와 상호보완적 관계를 유지하면서 상상된다.[73]

그 결과 과부 개가론은 생생한 일상을 개혁하지는 못하지만 서서히 변화하는 힘으로 작동된다. 갑오개혁 인사였던 김윤식은 "개가비왕정지소금(改嫁非王政之所禁)"에서 여성 순장 풍습을 천리(天理)를 해치고 인류를 저버리는 행위라고 비판하고, 1908년에 실제로 자신의 외손녀를 손수 개가시켰다는 사실이 화젯거리가 되는 것도 지속적인 일상이 지닌 힘의 투영이다.[74]

그러나 과부 개가론을 통해 여성을 근대국가의 파트너로 인정했다는 점이 중요하다. 또한 근대적 가족 로망스를 사회적 상상의 준거로 삼으면서, 이 상상에 대한 기대치를 제공하여 과부 개가에 대한 가치의 재배치 가능성을 열어놓고 있다. 이와 같이 대한제국기의 과부 개가론은 가치와 윤

---

72   필리프 줄리앵, 앞의 책, 78쪽.

73   사회적 상상이 공통의 실천을 할 때 공통의 이해를 포괄하면서 상보적 태도를 취하면서, 근대적 도덕적 질서를 형성해 간다. 찰스 테일러, 앞의 책, 44~50쪽.

74   《대한매일신보》, 1908년 7월 8일. 그 외에도 대한신문사의 충무신도 과부와 결혼한 사례나 궁내부 시종의 어머니가 개가한 사례 등이《대한매일신보》에 게재되었다. 과부 개가 사례가 1908년 이후《대한매일신보》에 유독 많이 게재되었는데, 이는 차후에 논의할 문제다.

리의 근대성과 전통성의 흔적을 남기고 서로를 가리면서 공존시키는 양상을 띠고 있다.

3. 혼인제도와 파트너십의 근대성

대한제국기는 국민국가를 욕망하면서 제도나 법률의 정비 외에 윤리적 담론을 기반으로 자신을 지탱하고자 한다. 기존의 윤리적 기강의 중심인 가문은 효에 대한 절대적인 헌신과 수직적 위계질서를 공고화하는 상상적 공동체이자 개인의 일상을 직접적으로 규제하는 제도였다. 그렇기 때문에 윤리적 기강을 새롭게 구성하고 국민 개개인을 동등한 자격의 파트너로 호출하려는 대한제국의 정책 기조와 충돌할 수밖에 없게 된다. 가문의 수장을 옹립하던 혼인제도 중 새로운 제도와 충돌하는 제도는 악습으로 간주되기 시작한 것이다. 이 점에서 이 시기 혼인 담론은 가문과 국가의 대리 각축장이라고 할 수 있다.

그러나 '가문의 수장인 가부장'이 왕에게 복종과 충성을 서약했던 관례를 원천적으로 부정할 수 없었기 때문에, 자연스럽게 '국가의 수장인 황제'에게 가문의 수장이 했던 것과 동일한 복종과 충성을 서약하게 된다. 대한제국 수립 이전에 가문의 수장이 왕에게 복종과 충성을 한 것과는 함의가 다름에도 불구하고, 대한제국기의 개개인들은 제국의 황제에게 충성과 복종을 약속하게 된다. 이에 따라 가부장의 위상을 점령한 국민국가와 문명이라는 기표가 절대화된 이념으로 존재하게 된다. 이 이념에 따라 가문으로부터 직접적인 규제를 받던 일상의 개인은 이제 국가로부터 직접적인 규제를 받게 되고, 국가의 소단위는 당연히 '가문'에서 '가정'으로 구심점을 이동해야 한다는 관념이 생기게 된다. 이러한 과정은 국민국가 형성이라는 정치적 상상력이 개개인의 일상을 성찰하도록 체계를 세우는 필연적 과정이다.

국민국가의 형성이라는 정치적 상상력과 그에 따른 근대로의 변화를 역동적으로 보도하고 그것으로 견인하는 역할을 했던 《제국신문》에서 혼인과 관련된 기사가 많았던 것도 그런 이유에서다.[75] 혼인 담론은 국민국가를 구축하려는 사회적 상상 속에서 일상의 변화와 그것을 야기하는 역동적인 욕망을 잘 드러내는 지점이기도 하다. 이 욕망은 근대적 가족 로망스의 사회적 상상으로, 다시 말해 가문의 일원으로서 종족 보존과 가문의 종속을 위해 헌신하는 자식이 아니라 동등한 권리를 가진 '남녀'로 구성된 '가정'으로 수렴된다. 가문 중심 사회에서 늘 타자로 인식되었던 여성이 남성과 동등한 자격을 가진 공적 주체로 호명되고 '개(個)'로서의 자존감을 사

75　혼인과 관련한 일상생활이 신문이라는 근대적 공론장으로 소환된 기사를 살펴보면 다음 [표1]과 같다(1898년 11월~1910년 8월 20일).

[표1] 각 신문에 게재된 혼인 관련 기사

분류	인신매매	억혼	개가	열행	축첩	치정	계
제국신문	12	8	5	7	4	5	41
대한매일신보	6	1	1	18	3	3	32
독립신문	18	4		2	1		25
황성신문	3	2	6	6	1	3	21
경남신문				23			23
매일신보	8	1		5		3	17
대한일보			1	5	2		8
만세보						1	1
시사총보	1						1
계	48	12	13	66	11	15	165

《제국신문》과 《대한매일신보》가 당대 신문 중에서는 혼인 기사를 많이 게재했다. 하지만 열행 기사를 제외한다면, 《제국신문》이 《대한제국신문》보다 혼인 기사를 월등하게 많이 게재했음을 알 수 있다. 이는 《제국신문》이 암글이라는 폄하적 가치를 부여받게 된 계기이기도 하다. 이화여자대학교 한국여성연구소 편, 『한국여성관계자료집(근대편 상/하)』, 이화여대출판부, 1979/1980 참조.

유할 수 있는 토대가 마련된다. 가족이 가문(家門)이 아니라 가정(家政)이라는 국가의 기초 조직으로 튼실하게 자리 잡기 위해서 국민의 위계화 속에서 여성의 지위도 조정된다.

근대적 가족 로망스는 당연히 여성을 가문의 소유물 내지 가문 계승의 도구이자 타자로 옭아매는 제도를 공적 영역으로 소환하는 수순을 밟게 된다. 공론장으로 출현한 가문의 관습인 과부 개가 금지, 억혼, 축첩 제도 등은 새로운 시대적 욕망을 실현하기 위해서 당연히 타파되어야 구습의 일상으로, 남녀동등법이나 일부일처제는 성취되어야 할 근대적 일상으로 규정된다. 그러나 근대적 일상의 실체를 확보하지 못한 채 논의가 진행되면서, 전통적 윤리와 절충하는 양가적 태도로 봉합된다. 이러한 양가적 태도는 일상성과 근대성 간에 일어나는 끊임없는 상호작용과 그로 인한 배치의 변화에 따라 일어나게 된다. 그러므로 근대라는 새로운 질서에 대한 당대 대중의 심리적 저항을 최소화하는 방법을 고민하는 과정에서 근대적 가족 로망스와 전통적 윤리의 상호보완적 관계를 형성한 것으로 보인다. 이 방법은 세계를 사유하는 정합성이나 보편 규범의 존재에 균열을 야기한다는 한계에도 불구하고 비동시성이 동시적으로 존재하는 근대성의 현상으로 작동된다.

그 결과 《제국신문》의 혼인 담론은 비참한 일상과 낭만적 환상이 교차되어 근대 교육의 수혜자로서 남녀동등권을 가진 여성이 공적 주체되어 남성의 근대적 파트너가 될 수 있다는 자유로운 상상이 넘나들게 된다. 비록 이 상상이 전통적인 가족 윤리를 완전히 해체하는 힘을 가지지 못한 채 관념으로만 존재하지만, 근대를 통틀어 유일하게 남녀가 동등한 자격을 가지고 국민의 일원으로 국가의 파트너가 될 수 있다는 꿈을 의심 없이 펼치고 있다. 따라서 국민국가의 파트너로 인정받는 여성은 여성 교육의 대상이자 주체로 나서게 되고, 이는 "남을 위하는 것이 아니"[76]라 여성의 경제적 풍요와 자립을 위한 토대를 마련하기 위한 행보였다. 여학교 교육의 필요성을 설파하면서도 늘 "문명부강의 기초"[77]라는 언술을 보족하게 되는 것도 이 때문이다.

전근대 사회에서 한 번도 주체로 인정받지 못한 여성이, 국민국가와 근대적 가족 로망스의 사회적 상상 속에서 역사적 주체로서 자부심을 지닐 수 있었고 남성과 대등한 주체가 될 수 있다는 확신을 갖게 된 것이다. 이러한 논의를 통해 여성이 국가의 파트너로 호출 받고 미약하나마 남성과 동등한 평등권과 사회적 진출 기회를 제공받은 것도 사실이다. 분명 전통적인 가족 내에서 종속적인 지위와 역할밖에 주어지지 않았던 여성을 공적 영역의 주관자로 공적 영역으로 호명한 것은 인권적 차원에서 볼 때 분명 일상의 변화이자 욕망의 실현이다.

그러나 대한제국기 《제국신문》에 나타난 혼인담론은 혼인 당사자의 성찰적 인식을 통해 문제를 자각한 것이 아니라 국가가 적극적으로 개입하여 계몽의 기획으로 개인의 일상을 통제하려고 하고 개인은 그것을 긍정적으로 수용하고 추종하면서도 자신의 욕망을 확장하려고 했기 때문에, 일상과 사회적 상상이라는 관념의 개인적 낙폭이 컸던 것으로 여겨진다. 이 시기 혼인 담론이 에릭 홉스봄의 말처럼 무정부 상태에서 대조적인 가정이 출현하고 그곳이 "기쁨이 깃들인 곳"이 될 것이라는 환상을 보여준 것과 유사한 현상이 나타나는 것도 그런 이유에서다.[78] 근대성에 대한 환상은 확신으로 이어져 그것이 존재의 균열 가능성을 내포하고 있다는 사실을 예측하지 못하는 경향이 있다.

그런데 여성의 일상성과 관련된 논의에서 근대성의 모순을 탐사할 시

---

76 윤호정, "긔서 — 부인 사회에 잠간 싱각홀 일", 《제국신문》, 1906년 11월 16일.
77 '논설', 《제국신문》, 1906년 4월 11일.
78 에릭 홉스봄, 『자본의 시대』, 정도영 옮김, 한길사, 1998, 45쪽.

야를 넓혀주고 있기 때문에, "공적 영역 또는 중립성이라는 미사여구로 교묘하게 젠더화"[79]된 국가라는 공적 가부장제에 예속시키는 근대성의 이면도 발견할 수 있다. 특히 계몽의 주체이자 파트너로 국민을 견인하는 과정에서 남성과 동등한 권리를 지닌 파트너로 여성 주체의 권리를 용인할 수 없었던 봉건적 남성중심성이 그대로 투사되어 가부장제 관습으로 회귀하고 일상성의 힘을 지속시키려 한다. 이로 인해 남녀동등권, 혼인 당사자의 혼인 결정권, 여성교육이 혼인 악습을 제거하는 방안으로 제기되면서도, 실효성 있는 법적 규제나 이혼을 요구할 수 있는 여성의 권리 등 실제적인 문제 해결 방안이 논의되지 않는다. 일상성의 힘이 지속성을 갖는 한, 계몽의 대상인 여성이 계몽의 기획에 적극적으로 부응할수록 그것이 내포한 모순을 고스란히 수용하게 된다. 즉 가문 계승과 재생산에 기반을 두고 직접적으로 가부장의 통제를 받았던 이전 시대의 여성과 달리, 계몽의 기획은 여성에게 가문의 일원으로서의 역할이나 책임에 공적 책임과 역할을 덧붙인다. 이 이중의 역할을 수행할 수 있는 당대 여성은 극히 일부에 불과했을 것이다. 여태껏 공적 주체로서 훈련되지 않은 여성에게 그 책임을 부여할 경우 자괴감에 빠져 계몽의 대상으로 전락할 확률이 높은 것도 사실이다. 그러므로 이 시기 마음이나 재주가 뛰어난 여자가 남자만 못하고, 여자는 사랑에 빠지기 쉬워 일을 편벽되게 처리하며 공적 주체로서의 책임감이 없으므로[80] 사회 활동을 할 때는 반드시 남성의 도움을 받아야 하며,[81] 남성의 의무는 국가 사회에 있고 여자의 의무는 집안 사회에 있다[82]고 하는 등 남녀의 사회·문화적 차이를 산출해내는 담론이 구성된 것도 우연이 아

---

79   우에노 치즈코, 『내셔널리즘과 젠더』, 이선이 옮김, 박종철출판사, 1999, 16쪽.
80   "론셜 — 남녀의 분별", 《제국신문》, 1902년 9월 29일.
81   "론셜 — 닉외ᄒᆞᄂᆞ 폐습을 곳칠 일", 《제국신문》, 1907년 1월 15일.
82   "론셜 — 대한 ᄌᆞ강회 연설", 《제국신문》, 1905년 5월 24일.

니다. 성차에 관한 논의는 남녀의 사회적 영역이 분리되는 것이 당연하다는 관념을 생기게 해, 남성은 자본의 생산이나 정치적 발언과 행사를 주관하지만 여성은 그것을 지원하는 조력자의 역할로 규정하게 만든다. 1917년 이광수의 소설 『무정』에서 공적 담화의 주관자는 남성인 이형식인 반면 그의 조력자로서 공적 파트너 역할을 수행하는 것이 여성인 것도 이러한 결과라 할 수 있다.

참고문헌

1. 기본 자료

《제국신문》

2. 논문·

권보드래, 「신여성과 구여성」, 《오늘의 문예비평》 46(2002년 가을), 세종출판사.

김복순, 「모성 담론의 문화적 형성과 재현: 고대에서 근대전환기까지 모성 담론의 문화적 조명 — 근대초기 모성담론의 형성과 젠더화 전략」, 《한국고전여성문학연구》 18, 한국고전여성문학회, 2007.

김현주, 「1950년대 여성잡지 『여원』과 '제도로서의 주부'의 탄생」, 《대중서사연구》 18, 대중서사학회, 2007.

_____, 「구활자본 소설에 나타난 '가정담론'의 대중 미학적 원리」, 《반교어문연구》 27, 반교어문학회, 2009.

박지영, 「『신여성』지(誌)의 "독자투고"문을 통해서 본 "여성적 글쓰기"의 형성과정 — 만들어지는 글쓰기, 배제된 글쓰기의 욕망」, 《여성문학연구》 12, 한국여성문학학회, 2004.

이경하, 「《제국신문》 여성독자투고에 나타나는 근대계몽담론」, 《한국고전여성문학연구》 18, 한국고전여성문학회, 2004.

전미경, 「개화기 과부 개가 담론 분석」, 《한국가정관리학회지》 19(3), 한국가정관리학회, 2001.

정지영, 「근대 일부일처제의 법제화와 '첩'의 문제」, 《여성과 역사》 9, 한국여성사학회, 2008.

홍인숙, 「"첩"의 인정투쟁 — 근대계몽기 매체를 통해 본 "첩" 재현과 그 운동성」, 《한국고전여성문학연구》 18, 한국고전여성문학회, 2009.

3. 단행본

고미숙, 『한국의 근대성, 그 기원을 찾아서 — 민족·섹슈얼리티·병리학』, 책세상, 2001.

김경일, 『여성의 근대, 근대의 여성 — 20세기 전반기 신여성과 근대성』, 푸른역사, 2004.

김미란, 『현대 중국여성의 삶을 찾아서 — 국가·젠더·문화』, 소명, 2009.

리타 펠스키, 『근대성과 페미니즘』, 김영찬 옮김, 거름, 1999.

문옥표 편, 『신여성 — 한국과 일본의 근대 여성상』, 청년사, 2003.

연구공간 수유+너머 근대매체연구팀, 『신여성 — 매체로 본 근대여성풍속사』, 한겨레신문사, 2005.

윤해동 외 편, 『근대를 다시 읽는다』, 역사비평사, 2006.

최혜실, 『신여성들은 무엇을 꿈꾸었는가』, 생각의나무, 2000.

다니엘 벨, 『자본주의의 문화적 모순』, 김진욱 옮김, 문학세계사, 1990.

에리히 프롬, 『여성과 남성은 왜 서로 투쟁하는가 — 사랑, 성애, 모권사회를 중심으로』, 이은자 옮김, 부북스, 2009.

르네 지라르, 『낭만적 거짓과 소설적 진실』, 김치수·송의경 옮김, 한길사, 2002.

미셸 페로·필립 아리에스 엮음, 『사생활의 역사 4 — 프랑스 혁명부터 제1차 세계대전까지』, 전수연 옮김, 새물결, 2002.

필립 아리에스, 『아동의 탄생』, 문지영 옮김, 새물결, 2003.

에드워드 사이드, 『오리엔탈리즘』, 박홍규 옮김, 교보문고, 1991.

Neil J. Diaman, *Revolutionizing the Family-Politics, Love, and Divorce in Urban and Rural China, 1949-1968,* Berkely: University of California Press, 2000.

이념의 근대와 분열/착종되는 근대 여성의 정체성과 담론

《제국신문》 논설·기서(별보)·서사의 여성 담론과 재현

최기숙

1. 서론: 《제국신문》의 여성 담론과 상상된 여성 이야기

이 연구는 근대 초기[1]에 '근대 기획'의 과정에서 '전통적'인 '문화·관습·풍속·제도·사상·학문' 등을 부정적으로 비판하는 형식으로 근대의 새로운 문화와 풍속, 제도를 창출하고 설득하는 과정에서 근대 계몽의 논리가 지닌 모순과 착종이 발생하는 것에 착목했다. 그리고 이를 근대를 재성찰하는 분석의 관점으로 설정했다. 이에 따라 서구화·문명화라는 개념과 현상을 중심으로 계몽의 근대를 정의해온 근대의 지식인과 언론의 시각과 태도를 정면으로 재검토하되, 특히 전통과 근대의 불규칙한 조우, 또는 비대칭적 만남을 근대성의 한 측면이자 정면의 모습으로 간주한다. 이를 통해

---

[1]　통상 국어국문학 분야에서는 19세기 말에서 20세기 초를 근대계몽기, 근대전환기, 애국계몽기 등의 용어로 호명하고 있으나, 이 연구에서는 보다 포괄적 의미에서 해당 시기와 식민지 시기와의 연계성에 주목할 필요에 의해, '근대 초기'라는 다소 광의의, 보편적 용어를 사용하고자 한다.

'하나이지 않은 근대'의 다층적이고 다면적인 모습을 재구성하고자 한다.[2]

이때 이 연구가 주목하는 것은 근대성의 재성찰에서 갖는 젠더적 관점의 유효성과 의의, 다시 말해 근대성의 함의를 재규정하는 데 젠더적 시각이 갖는 성찰성의 기능과 의미에 관한 것이다.[3] 근대 초기에 신문이나 잡지 등 근대적 인쇄매체를 중심으로 한 지식인의 근대 기획에서는 근대를 보는 시선과 근대성의 내용을 구성하고 새로운 형식으로 전달하는 과정에서, 여성의 일상과 사회적 역할 및 정체성에 대해서도 의견을 제출하기 시작

---

2   본 연구자는 근대의 다면적이고 다층적인 차원을 배제하고 성립하는 당대적 근대 담론의 형성과 후대적 차원의 근대성 연구를 '계몽의 역설'이라는 개념으로 정의하고, 근대성을 다각도에서 재성찰하려는 연구를 진행하고 있다. 이에 대한 근원적인 문제제기는 최기숙, 「전통과 근대의 '부정교합', 표류하는, 서사의 근대성 — 《제국신문》 (1898.8.~ 1907.10) 소재 서사와 담론의 근대성 재성찰」, 《고소설연구》 37집, 한국고소설학회, 2014ⓐ를 참조. 여기서 '하나이지 않은 근대'는 뤼스 이리가라이의 '하나이지 않은 성(Ce sexe qui n'en est pas un)'을 차용한 것이다. 본 연구자는 근대의 착종과 역설을 근대지식인과 언론(매체)를 중심으로 연구하는 작업 이후에, 근대성을 해명하려는 학술 연구가 근대지식인의 논리를 반복함으로써 보이는 착종과 역설에 대해 연구하려는 계획을 가지고 있다.

3   근대 초기의 여성 인식과 문화, 글쓰기에 관해서는 다음의 연구를 참조. 이경하, 「《제국신문》 여성독자투고에 나타난 근대계몽담론」, 《한국고전여성문학연구》 8, 한국고전여성문학회, 2004; 이유미, 「근대초기 신문소설의 여성인물 재현 양상 연구: 일본인 발행신문 「한성신보」 연재 서사물을 중심으로」, 《한국근대문학연구》 16, 한국근대문학회, 2007; 박애경, 「야만의 표상으로서의 여성 소수자들: 《제국신문》에 나타난 첩·무녀·기생 담론을 중심으로」, 《여성문학연구》 19, 한국여성문학회, 2008; 홍인숙, 「근대계몽기 여성담론 연구」, 이화여대 박사논문, 2007; 「근대계몽기 지식, 여성, 글쓰기의 관계」, 《여성문학연구》 24, 한국여성문학학회, 2010; 서지영, 「부상하는 주체들: 근대 매체와 젠더 정치」, 《여성과 역사》 12, 한국여성사학회, 2010; 김기란, 「근대계몽기 매체의 코드화 과정을 통한 여성인식의 개연화 과정 고찰: 《제국신문》의 여성 관련 기사 분석을 통해」, 《여성문학연구》 26, 한국여성문학학회, 2011 등. 이 중에서 《제국신문》을 다룬 이경하·박애경·서지영의 논문은 각각 1898~1907년(5월 27일까지)·1898~1907년(2월 25일)·1907년(4월 3일)까지를 다루고 있으며, 이 글에서 대상으로 삼은 시기의 자료는 포함되어 있지 않다.

한다. 이러한 움직임은 근대 언론을 중심으로 여성에 대한 근대 계몽의 논리를 담론화하도록 추동했고, 이에 근간하여 여성을 둘러싼 상상력과 공감대를 형성하는 근대 서사가 생성되기 시작했다.

그러나 기획과 이념으로서의 근대는 일상과 경험으로서의 근대와 정확하게 일치하거나 조화를 이루고 있지 않으며, 삶과 이념, 경험과 논리가 충돌하는 과정에서 논리적·정서적 모순이 발생하게 되었다. 따라서 근대성의 정의에 부합하는 근대지식인과 언론의 논리를 추려내는 방식을 지양하고, 근대 매체에 수록된 모든 자료를 포괄하는 방식으로 근대성의 논리를 재구성할 필요가 있다. 나아가 근대 매체에 수록되지 않은 당대성의 문화논리와 당대적 문화 주체의 구성 및 이들을 바라보는 시선에 대해서도 고려할 필요가 있다. 그리고 이를 젠더적 차원에서 성찰하려 할 경우, 근대기획의 논리와 담론화 과정에서 여성이 호명되고 포섭되는 담론의 지형을 새롭게 재구성할 필요가 있다.

이 연구는 근대 지식인이 제안하거나 합의한 '근대성'의 내용에 부합하는 사항만을 수렴하여 '근대 여성'의 정체성과 문화를 독해하는 관점을 지양한다. 예컨대, 근대에 관해 연구할 때, 근대의 개념과 정의, 인식과 입장을 명시적으로 제출한 지식인과 매체에 주목하는 경향이 있는데, 이는 결과적으로 지식인 중심의 근대(성) 연구를 하게 되는 순환론을 초래하게 된다. 이러한 차원을 고려하지 않을 경우, 근대언론 매체에서 누락된 대상·경험·인식·관점은 근대를 이해하거나 재구성하는 과정 자체에서 배제된다. 그리고 근대 지식인과 언론이 주장하는 근대의 정의와 내용에 맞는 텍스트만 연구할 경우에도 같은 모순이 반복된다. 이 글에서 근대 지식인과 언론이 당대 문화로서의 근대에 대해 제출한 입장의 불일치와 논리구조의 착종에 주목하는 이유가 여기에 있다.

이에 따라 이 글에서는 근대초기 인쇄매체에서 근대 여성에 관해 다룬 논설과 별보(기서)에 주목하는 한편, 상상된 서사에 나타난 '일그러진 근대성', '착종된 근대성', '모순과 역설'의 차원에 주목한다. 이는 이념이 아닌 현실, 기획이 아닌 현장으로서의 근대의 정면을 파악하는 방법이 필요하다고 보기 때문이다. 또한 근대의 다층적 현장성을 복원할 수 있는 대안을 마련하기 위해서이다. 특히 근대 초기 '계몽의 역설'이 젠더적 차원에서 어떻게 구성되며 전파되고 확산되는지에 관한 문화사적 맥락을 해명하는 데 목적을 둔다.

이를 위해, 여성을 중심 독자로 상정했던 근대초기 인쇄매체인 《제국신문》을 연구의 대상으로 택하여 창간호부터 다루되, 특히 그간 학계에 소개되지 않았던 자료인 《제국신문》이 지면확장을 시도한 1907년 5월 17일~1909년 2월 23일까지 발행된 자료를 '중심 대상'으로 삼는다.[4] 이때 신문의 지면 배치와 기사 수록의 맥락성을 고려해, 논설·기서·별보와 잡보란에 배치된 서사에 주목한다. 이는 다음과 같은 논거에 착안한다.

첫째, 논설은 계몽의 언설을 적극적으로 표출한 지면이라는 점에서 근대 계몽의 논리를 가장 확실하게 드러내는 란이며, 해당 신문의 논조를 대표하는 담론의 구심점을 이루고 있다. 따라서 논설에 나타난 여성에 대한 인식·주장·시선을 살핌으로써 근대초기 계몽적 지식인이 주도한 근대 여성의 담론의 주요 논점을 이해할 수 있다.

둘째, 별보와 기서는 독자 투고를 비중 있게 다루어 논설란에 배치한 경우인데, 대체로 신문사의 논조에 동의하거나 이를 지지하고, 때로는 자신

---

4 이 글에서 다룬 《제국신문》의 연구 대상은 창간호부터 1909년 2월 23일까지이다. 이 시기의 《제국신문》에 나타난 근대에 대한 시선과 입장이 이후에도 그대로 유지되는지, 아니면 변경되거나 수정되는지, 그리고 동시대의 다른 언론 매체의 입장과 어떠한 차이가 있는지에 대한 비교는 다루지 않았다. 한 편의 논문에 모든 자료를 분석하여 다루는 것이 불가능하다고 판단하여, 선행 연구에서 다루지 않은 미공개 자료를 '중심 텍스트'로 삼았음을 밝힌다.

의 일상적 경험을 바탕으로 계몽의 논리를 뒷받침하는 언설을 담고 있다. 따라서 이는 신문의 논설이 독자에게 갖는 영향력 및 신문과 독자, 언론과 대중의 관계 방식을 파악할 수 있는 중요한 자료이다.[5]

셋째, 잡보란에 실린 서사는 허구적 상상력에 근거한 소설 또는 사실에 근거한 서사적 기사 형식을 띠고 있다.[6] 서사는 독자 대중의 공감대에 기반하여 성립하고, 또한 이를 추동하고 유지하면서 전파력을 형성하기 때문에, 대중에 대한 문화적 영향력을 발휘하게 된다. 따라서 서사에 나타난 여성 인식, 여성의 정체성, 여성 담론의 주요 화제를 살피는 것은 당시 대중의 여성에 대한 시선과 이해를 파악할 수 있는 자료가 된다.

그런데 《제국신문》에 실린 논설과 기서(별보), 서사적 기사 및 소설에서 '여성'의 정체성에 대한 근대적 이해와 여성 담론들은 동일한 근대적 수사와 논리로 표현되기도 하지만, 경우에 따라서는 서사가 전하는 여성 인식이나 담론이 논설이나 기서(별보)에 실린 집필진이나 독자의 주장과 배치되는 서사 논리로 구성되기도 한다. 예컨대, 일부 서사에서는 전통적 가치관이나 문화 관습에 따른 서사논리와 근대 논리가 착종적으로 조우함으로써, 논리 구조의 정합성과 정서 구조 사이에서 모순을 보이며 분열의 징후를 드러내고 있다. 그리고 이러한 현상은 일회적이 아니라 반복적이고 중첩적으로 나타남으로써, 모종의 문화를 형성하고 있었다.

---

5   물론 독자 투고나 기서 중에는 논설의 논지에 반하는 반박문이나 비판의 글이 실리기도 한다. 이 또한 신문의 논조에 '대한' 주장과 언설을 담고 있다는 점에서 근본적으로는 신문에 대한 영향력의 자장 안에서 발생한 현상이라고 할 수 있다.

6   서사적 기사란 김영민의 '논설체 서사'와 '서사체 논설'이라는 개념에 착안해 필자가 명명한 것으로, 이야기 형식을 띤 사건 기사를 의미한다. 이러한 명명은 문학사에서 소설의 출현을 이전 시기로부터의 발전론으로 보는 시각을 재성찰할 필요성에 근간한 것으로, 소설이라는 특정한 문예양식보다는 '서사'라는 광의의 이야기라는 개념을 활용하는 것이 유효하다는 판단에 따른 것이다. 이에 관해서는 최기숙의 논문(2014 ⓐ)을 참조.

이 글에서는 특히 이러한 착종적 현상에 주목하여, 이를 '근대'의 다층적/다면적 모습의 일단으로 해석한다. 그리고 전통과 근대의 부정교합, 또는 불일치한 만남의 정황 자체를 근대에 대한 정의로부터 배제하거나, '반(反)'근대, 또는 '비(非)'근대로 보려는 입장(이는 당대적 입장과 근대 연구자의 입장 모두를 포괄한다)을 재성찰하는 관점을 강조한다. 특히 젠더적 차원에서 이러한 문제의식에 응답함으로써, 근대성의 이해·구성·연구의 관점에 대한 재성찰을 제언하고자 한다.

2. 《제국신문》 여성 담론의 지형: 논설과 기서(별보)

주지하는 바와 같이 근대의 언론과 인쇄매체는 근대계몽의 논리를 설파하는 지식과 정보의 매개가 됨으로써, 근대사회에 언론의 문화적 지위를 선점해왔다. 따라서 근대의 신문은 세계의 정체, 근대의 학문과 지식, 근대의 제도와 문물에 대한 정보를 제공함으로써, '신문을 읽는 독자'를 '근대인'으로 호명하는 언론의 문화정치를 작동시켰다.[7] 근대의 언론은 근대를 구성하는 콘텐츠로서 신물문과 개화에 대한 '지식'을 소개하는 통로가 되었으며, 신문을 읽는 독자들을 계몽하고, 또한 이에 응답하는 독자들의 서신을 별보나 기서 형식으로 게재함으로써, 근대성의 사회적 회전과 유통을 현실화하는 문화적 기제로서의 역할을 자처했다.

---

7   신문화 주체로서 '지식'이 매개되는 과정은 최기숙, 「'신대한소년'과 '아이들보이'의 문화 생태학: 《소년》과 《아이들보이》를 중심으로」(《상허학보》16, 상허학회, 2006), 2~3장을 참조. 신문과 '독자' 개념의 근대적 매개에 대해서는 전은경, 「근대 계몽기의 신문 매체와 '독자' 개념의 근대성: 번역어 '독자'의 성립 과정과 의사소통의 장」, 《현대문학이론연구》 46, 현대문학이론학회, 2011)을 참조.

이때 중요한 것은 근대를 구성하는 것은 무엇인가라는 '내용'의 차원과 근대를 어떻게 바라볼 것인가(또는 무엇이 근대인가)라는 '시선'의 차원이다. 근대 언론은 바로 이러한 양자의 차원에서 근대성의 내용과 형식을 규정하는 역할을 담당했다. 그리고 이러한 언론의 역할에서 《제국신문》 또한 예외적일 수 없었다.

이 장에서는 《제국신문》에 수록된 여성 담론의 지형을 논설과 기서(별보)를 통해 살펴보되, 근대적 여성의 정체성과 삶의 방식을 새롭게 제안하기 위해 전통 여성과 전근대 여성의 삶이 부정과 비판의 대상으로 위치지어지는 과정에 주목한다. 그리고 그 과정에서 생성되는 여성 주체 구성에 관한 젠더적 착종 현상을 논증해보고자 한다.

2.1. 근대의 눈과 《제국신문》, 그리고 여성의 목소리

근대 초기에 《제국신문》은 시대를 보는 새로운 눈을 강조하면서, 관직의 고하, 보유 자산의 고하로 사람을 평가하는 종래의 기준에서 벗어나, '학식'에 따라 '사람의 등분'을 나누는 근대적 평가기준을 제시했다. 그리고 이를 통해 사회를 재편하려는 근대 기획의 태도를 강조했다. '관직'이나 '자산'이 '근대가 아닌'(이는 문자적으로 제출되지는 않았지만, 의미론적 맥락상 '전근대' 또는 '반근대'를 의미한다) 시대/사회에서 사람을 평가하는 기준이 되었다면, 《제국신문》은 '학식'을 새로운 평가 기준으로 제출하고 이를 유효화하기 위한 논설을 지속적으로 게재하기 시작한 것이다.

이때의 '학식'이란 물론 '근대적 지식'을 의미했으며, 개화·문명화·서구화의 의미를 함축했다. 그리고 이러한 근대적 기준은 '전국 인민'과 '남녀로소'를 막론하는 보편적 시선이라는 논리 속에서, 신문이라는 근대적 인쇄 매체의 사회문화적 영향력을 전제로 한 일종의 문화 권력으로 작동했다.

그리고 여기에는 '남녀로소'를 근대 국민으로 호명하는 형식으로 '여성'을 근대 주체로 포섭하는 근대기획의 시선이 관철되어 있었다.

> ① 사름의 등분은 학식을 닐음이니 학식이 잇는 자는 상등이라 ᄒ고 학식이 업ᄂᆞᆫ 자는 하등이라 ᄒᄂᆞᆫ 것은 세계에 통동ᄒᆞᆫ 일이어니와 우리나라 소위 상등 인류란 것은 학식의 유무를 말ᄒᆞ지 안코 다만 사름의 관직의 디위나 놉고 쏘 지산이나 넉넉ᄒᆞ야 압졔로 남을 잘 부리고 남이 츄앙ᄒᆞᆫ 쟈를 칭왈 상등이라 홀 터이니, 그ᄂᆞᆫ 나라의 통이 학식을 슝상치 안어서 학식 잇ᄂᆞᆫ 자가 업ᄂᆞᆫ 연고라 홀 터이나 (…) 데일 증거 잇는 일노 말ᄒᆞ건딘 근일 젼국 인민이 무론 남녀로소ᄒᆞ고 각기 형셰딘로 츄렴홀셰 심지어 부인 유ᄌᆞ들이 다 국치를 갑허야 우리가 남의 로예를 면ᄒᆞ고 살깃다 ᄒᆞ야 부모의 병이 들어 약을 먹으면 살깃다 ᄒᆞ되 닋노치 안을 부인 유ᄌᆞ의 ᄉᆞ랑ᄒᆞ고 앳기던 직물을 글너노코 □원이 쟝지슈지ᄒᆞ야 가며 셩화독촉ᄒᆞᄂᆞᆫ 구실돈은 닋지 안으면셔도 이 돈은 닋야 나라□ 된다 ᄒᆞ며, 다만 일푼이라도 안이 닋ᄂᆞᆫ 자 업ᄂᆞᆫ 것은 그 상등 인류란 자들도 다 알 듯한딘 (…)[8]
>
> ② 학문이라 ᄒᆞ난 것은 사름으로 ᄒᆞ야금 능히 규식이 엇더ᄒᆞᆫ 물건인지 알게 ᄒᆞ며 리치가 엇더한 물건인지 분별케 ᄒᆞ난 힘이 잇게 ᄒᆞ야 학문이 잇는 사름은 상등이라 일컷고 학문이 업는 사름은 하등이라 일컷나니[9]

《제국신문》은 국채를 갚기 위해 아끼던 물건을 팔아 성금을 내는 국민으로서의 의무에 충실한 여성을 치하의 대상으로 간주하고, 그들에게 근대가 지향해야 할 '상등 인류'의 자격을 부여했다(①, ②). 말하자면 국민의 의무에 충실하다는 것 자체를 근대적 학식에 걸맞은 자격을 갖추는 일종

---

8 "론셜— 우리나라 상등 인류란 사름들은 하등으로 딘졉홀 일", 《제국신문》, 1907년 5월 4일.

9 "론셜— 학문으로 사름의 우렬을 말홈이라", 《제국신문》, 1907년 5월 31일.

의 자격 요건으로 간주하는 문화적 시선을 형성했으며, 여성은 바로 그러한 시선에 포섭됨으로써(①) 근대적 주체로서의 자격을 부여받았다.[10]

《제국신문》에서 여성은 기서의 형식으로 투고함으로써, 사회에 대한 발언권을 확보해왔다. 신문을 통해 이는 두 가지 방식으로 이루어졌다.

첫째, 《제국신문》의 논지에 동의하고 지지하며, 자신의 사례를 보탬으로서 근대인으로서의 자격을 부여받으려는 인정 구조에 대한 욕구를 표현하고, 또한 이를 해소하는 장으로 활용했다.

③ 경게쟈 본인은 ᄒᆞᆫ낫 녀ᄌᆞ라 협읍에서 싱쟝ᄒᆞ야 비와 아는 것도 본릭 업고 듯고 본 것도 별노 업셔 세월이 가는지 시딕가 변ᄒᆞ는지 국가가 무엇인지 다만 입고 먹으면 ᄉᆞ는 쥴만 녁엿더니 여간 국문ᄌᆞ이나 알기로 ᄒᆞ로 젼녁에는 넘어심심ᄒᆞ여 뎨국신문 ᄒᆞᆫ 쟝을 어더셔 비러다 본즉 뎨삼면에 긔챠라 문뎨ᄒᆞᆫ 국문풍월 모집광고가 잇기로 졈즉ᄒᆞᆷ을 무릅쓰고 우슴거리 삼아 변변치 못ᄒᆞᆫ 말을 긔록ᄒᆞ여 보ᄂᆡ엿더니 요ᄒᆡᆼ 방말에 참예ᄒᆞ야 상풍으로 신문 발송ᄒᆞ심을 입ᄉᆞ와 ᄆᆡ일 졉견ᄒᆞ온즉 격졀ᄒᆞᆫ 언론과 은근ᄒᆞᆫ 권고에 비록 용졸ᄒᆞᆫ 녀ᄌᆞ나 엇지 감각ᄒᆞᆷ이 업스리요. 그 시면에 가뎡학이라 ᄒᆞᆷ은 사름 사는 집에 늘마다 쓰이는 일이니 불가불 볼 것이요, 외보와 잡보는 방안에 안ᄌᆞ셔도 만리타국 일이며 견국ᄂᆡ ᄉᆞ정이 눈ᄋᆞ헤 뵈이는 것갓고, 론셜 소셜 긔셔 등은 악ᄒᆞᆫ 일을 징계ᄒᆞ고 션ᄒᆞᆫ 일을 찬양ᄒᆞ여 사름의 ᄆᆞ암을 흥긔홀 ᄲᅮᆫ 안이라, ᄌᆞ국의 졍신을 길너 이국ᄒᆞ는 ᄉᆞ상을 발케 ᄒᆞᆷ이요, 기타 광고 등은 모든 일을 일죠에 광포ᄒᆞᆷ이니, 연ᄒᆞᆫ즉 신문은 셰계에 귀와 눈이라 ᄒᆞ여도 무방ᄒᆞ도다 대뎌 이 셰상에 사는 사름이 셰상소식을 모르고 무삼 ᄌᆞ미로 살리요[11]

---

10 국채보상을 중심으로 여성이 의무의 이행을 통해 국민으로 호명되고, 사회적 위치를 차지하는 과정에 대해서는 이경하(2004, 86~87쪽), 홍인숙(2007, 160쪽)의 분석이 제출된 바 있다.

③에 따르면 《제국신문》은 국문을 읽을 줄 아는 여성들이 변화하는 사회에 대한 정보와 근대 지식을 접할 수 있는 통로였으며, 여성 독자는 기서의 형식으로 이에 적극적으로 반응함으로써, 근대인으로서의 자기 정체성을 구성하고 알려서, 이에 대한 동의와 지지를 구하는 일종의 사회적 장을 만들고자 했다.

둘째, 《제국신문》에 억울함을 하소연함으로써, 문제해결을 위한 사회적 도구이자 장으로서 언론의 힘을 활용했다.

④ 작일 오후 삼시량에 엇던 부인 일명이 쟝옷을 버셔 엽헤 끼고 무엇을 보에 쓰고 싸셔 허리에 단단히 미고 머리터럭은 어즈러온 쑥갓고 치마는 갈갈히 씌여지고 적오리 고름은 써러지고 두 눈에는 피눈물 흔적이 몰으지 안이ᄒ야 밋친 사롬의 모양으로 본샤에 들어와 슯흔 소리로 무르되「여긔가 뎨국신문샤오닛가」ᄒ거날 본긔쟈ㅣ 놀나 닐어나셔 문을 열고 무삼 연고로 뎨국신문샤를 찻나뇨 흔즉 그 부인이 한숨을 싸이 써지게 쉬고 하날을 불으지즈며 ᄒ는 말이「하도 지원극통흔 일이 잇셔셔 긔명흔 여러 량반의게 호소ᄒ랴 왓삽ᄂ이다」ᄒ는지라 본긔쟈ㅣ 그 곡직을 알고져 ᄒ야 쳥ᄒ야 들인 후에 무삼 일인지 전후릭력을 소상히 말ᄒ라 흔디 그 부인이 억싁ᄒ야 말을 일우지 못ᄒ다가 겨오 졍신을 슈습ᄒ고 갈아디, 본인은 평안도 안쥬 남셩면 농쟝이라 ᄒ는 싸에 사는 김희뎡의 미망인 리소ᄉ이온디[12]

위의 사례는 '지원극통흔 일이 잇셔셔 긔명흔 여러 량반의게 호소ᄒ랴'는 미망인 리소사의 이야기를 실으면서, 리소사의 억울함에 공감하여 눈

11   표준경, 평안북도 운산 읍닉 긔명, '긔셔', 《제국신문》, 1908년 3월 24일.
12   '별보', 《제국신문》, 1908년 3월 26일.

물을 흘리며 위로하면서, 문제적 상황('허물')이 고쳐지기를 바란다는 기자의 반응을 실었다. 이는 《제국신문》이 여성독자의 일상적 삶에 관심을 기울이고 억울함을 헤아리는 정서적 공동체이자, 문제해결의 출구로서의 역할을 하고자 했으며, 여성 독자가 이에 대한 기대와 신뢰를 가지고 있었음을 '홍보'하는 사례이다.

이상의 사례들은 《제국신문》이 근대의 내용과 시선을 동시에 제공하면서, 근대 언론으로서의 문화적 입지를 확고히 하는 입장을 가지고 있었음을 보여준다. 여기에는 여성이 포섭되어 있었고, 실제로 여성들은 언론의 논지에 동의하고 지지하며, 이에 의존하는 방식으로 근대인으로서의 사회적 인정 구조를 확보하고자 했던 것이다.

2.2. 부정된 여성의 전통/문화

언론을 통해 여성을 근대인으로 호출하는 방식은 자연스럽게 '근대 여성이 아닌 여성'을 차별화하는 문화적 시선과 입장을 수반했다. 바꾸어 말하면 근대 언론은 이른바 '근대인'을 새 시대의 문화 주체로 부각시키기 위해, 그에 반하는 인간상, 말하자면 전근대, 반근대인을 부정하고 비판하는 논리를 강조했다.

⑤ 근일 녀ㅈ샤회가 점점 발던되야가는 것은 거의 다 알 듯ᄒ지만은 작년일 싱각ᄒ고 금년일 싱각ᄒ즉 셰상일의 변쳔되야가는 것을 이로 측량치 못ᄒ깃도다. 년견ᄉ로 의론ᄒ건듸 우리나라 사름들이 <u>부인의 츌입을 엄금ᄒ야 문밧글 나가지 못홀 샏더러 남의 집 하인 외에는 얼골을 들고 일월을 보지 못ᄒ게 ᄒ고 비록 집안의 일가친척이라도 오륙촌만 되면 서로 얼골을 상듸치 못ᄒᄂ 법이오 녀ᄌ의 교육이란 것은 지나가는 말도 들어보지 못ᄒ고 믹양 ᄒᄂ 말이 계집들</u>

이 학문을 알면 방탕ᄒ야 못쓴다 ᄒ고 간신이 국문ᄌ이나 갈아치는 자밧계 업는 것은 세상이 다 아는 바어니와 혹 누가 녀ᄌ의 교육일을 말ᄒ면 큰 변괴로 알고 녀ᄌ의 얼골을 들어닉노코 츌입ᄒ다는 일을 말ᄒ면 그 말ᄒ는 자를 오랑캐로 지목ᄒ더니 셰계풍긔가 날노 변ᄒ야 사름이 아모리 변치 안코져 ᄒ야도 ᄌ연즁 한 거름 두 거름식 젼진ᄒ야 셔양으로 말ᄒ야도 각부 부원쳥의 셔긔갓흔 벼살단이는 것은 챠치ᄒ고 정부에 들어가 나라일 의론ᄒᄂ 의원도 되고 법률을 졸업ᄒ야 법률학ᄉ노릇ᄒᄂ 부인도 싱겻ᄂ지라 (…) 그러ᄒᄂ즉 이ᄵ를 당ᄒ야 녀ᄌ샤회의 발동ᄒᄂ 것을 잘 됴졔치 안이ᄒ고 그딕로 맛겨두면 큰 폐단이 싱길 념려가 업지 안이ᄒ니 시무의 유지흔 자들이어나 정부당국자들은 깁히 강구ᄒ야 녀ᄌ샤회의 젼뎡을 잘 인도ᄒ야 션미흔 결과를 보계흘 것이오 결단코 변고로 알고 막을 싱각을 두지 마는 것이 가ᄒ도다[13]

《제국신문》이 여성을 담론화하는 방식은 교육을 통한 문명개화를 이루어야 한다는 계몽의 논리 속에서 이루어졌다. 이때 '년젼ᄉ'로 언급된 조선의 전근대 사회는 여성 교육의 시각에서 부정되었는데, 그 이유는 부인의 출입을 엄금하여 견문을 차단하고, '녀ᄌ의 교육이란 것은 지나가는 말도 들어보지 못'하던 사회였기 때문이라는 것이 지적되었다.

그러나 조선시대에도 '여교'나 '내훈' 등 여성교육에 대한 인식이 존재했으며, 다만 그 방식이 가정 내부의 역할에서 아내와 며느리, 어머니로서의 역할에 한정되었고, 유교적 이념에 정향되어 있을 뿐이었다. 따라서 '년젼' 사회에 여성 교육이 존재하지 않았다는 것은 사실에 부합되지 않는다. '계집들이 학문을 알면 방탕ᄒ야 못쓴다 ᄒ고 간신이 국문ᄌ이나 갈아치는 자밧계 업는 것'이라는 판단이 어느 정도 사실에 부합하는 것이라고 해도,

---

13   "론셜 — 녀ᄌ 샤회의 발동", 《제국신문》, 1907년 5월 29일. 강조는 인용자.

여성 교육 자체가 부재했던 것은 아니기 때문이다. 중요한 것은 '근대적 기준'에 맞지 않는 전통, 또는 (중립적 의미에서의) 전근대의 여성 교육이 '없는 것'으로 표현되었다는 사실이다. 말하자면 근대의 기준에 맞지 않는 것은 '없는 것'으로 간주하는 방식이 근대가 전통·반근대·전근대를 서술하는 레토릭으로 전면화되었다는 사실이다.

또한 (이종일의 글로 추정되는) 위의 논설에서는 '녀즈 샤회의 젼뎡'을 인도할 대상으로서 유지한 자들이나 정부 당국자들을 상정했다. 말하자면 계몽과 교육의 대상으로 여자를 상정했지만, 여전히 교육의 주체가 아닌 '대상'으로 간주하는 입장이 견지되었으며, 여자 사회를 구성하고 이끌어 갈 대상으로서 여성을 배제하는 착종을 보여주었다.

이는 일본에 유학하여 명성을 얻고 '구라파 빅리의'[벨기에]에 유학하던 윤정원의 기서에도 드러나 있다.

⑥ 쏘 이 셰샹 나라에 동셔남북을 물론ᄒᆞ고 사람의 어미된 쟈는 그 즈녀를 기르기 위ᄒᆞ야 일평싱에 그 몸을 바린다 ᄒᆞ여도 됴흘지니 아히가 티즁에 잇슬 찌에는 그 어마니가 티즁 아히를 보호ᄒᆞ기 위ᄒᆞ야 잠시라도 일동일정을 임의로 못ᄒᆞ고 아히가 어릴 찌에는 그 어마니가 츌입을 마암대로 못ᄒᆞ며 (…) 이로 보면 어머니 된 이는 즈긔 일신의 즐겁고 슯흔 거슬 도라보지 안이ᄒᆞ고 다만 그 즈녀를 위ᄒᆞ여 산다 ᄒᆞ여도 과흔 말이 안이로다[14]

⑥은 본래 《태극학보》에 실렸는데 《제국신문》이 전국의 독자에게 알리기 위해 전문을 등재한 것이다. 여기서 필자는 '어머니로서의 여성'이라는 정체성을 거론하면서 '자녀를 위해 사는 삶'을 강조했다. 남성의 필진인 ⑤

---

14   윤정원(尹貞媛), "별보 — 몸을 밧치는 정신", 《제국신문》, 1907년 10월 23일.

의 논지와 여성 독자의 글인 ⑥의 논지가 맥락을 같이 하는 것은 여성의 자기 인식에 남성 필자가 주도한 근대 언론이 영향을 미치고 있음을 보여준다. 이를 언론사의 관점에 보자면, 주필의 입장에 동의하는 독자의 글을 수록함으로써, 이를 '여론'으로 형성하는 문화 정치를 수행했음을 알 수 있다.

부인회의 창설을 치하하며 '여성의 교제'를 강조한 글[15]에서조차 여성의 자기 인식이나 교제보다는 자녀교육에 매진해야 할 의무를 강조한 것을 주목을 요한다. 근대적 여성상을 강조하는 방식이 여전히 전통적 사유를 반복하는 형태를 취했기 때문이다. 이 글에서는 근대인으로 살아가기 위해서는 자기를 중심을 삼지 말고 단체로 중심을 삼아야 한다고 함으로써, '사'를 억압하고 '공'을 지향하는 근대 계몽의 논리를 반복했다. 이러한 맥락은 여성의 위치를 가정의 내부로 한정시켰던 전근대의 발상과 유사한 언설 구조를 보여주고 있다.[16]

---

15 윤정원(尹貞媛), "별보 — 몸을 밧치는 정신", 《제국신문》, 1907년 10월 25일.

16 윤정원의 여성관에는 근대적인 요소와 전통적인 요소가 혼용되어 있다. 그리고 이러한 혼용과 착종이야말로 윤정원의 개인적 특성이라기보다는 근대의 복합적이고 중층적인 일단을 보여준 것이라고 판단하고 있다. 참고로 윤정원은 여성의 덕목을 반드시 남자의 것과 분리시키지 않았으며, 남녀를 아우르는 상위에 '국민'이라는 개념이 자리하고 있었음이 발견된다. 이에 관해서는 이 절의 다음 사례 분석을 참조. "부득불 직회지 안이치 못홀 바는 국민덕(國民的) 도덕이라 이 국민덕 도덕을 남즈의 편으로 보면 남즈의 도덕이요 녀즈의 편으로 관찰ᄒ면 녀즈의 도덕이 될지라 대뎌 부인의 도덕이라 ᄒ는 것은 엇더ᄒ 도덕인고 ᄒ는 의심이 잇슬 듯하나 이는 결단코 남즈의게는 쓸디 업스나 녀즈의게만 필요되는 특별ᄒ 도덕이라 ᄒ는 것이 안이라 남즈의게도 필요는 잇스나 특별히 녀즈는 불가불 깁흔 소양이 잇셔야 홀 도덕을 몰홀 비라", 윤정원(尹貞媛), "공겸의 정신(恭謙의 精神)", 《제국신문》, 1907년 10월 31일. 그리고 국민을 상위에 두는 발상은 《제국신문》의 논설에서도 일관되게 발견된다[예컨대, "그런즉 우리가 어린 아히를 길으고 가라침은 부모된 의무가 잇슬 쑨 안이라 국민된 분슈의 썻썻흠이라", "론셜 — (풍속기량론)(十一): 아히들의 운동을 힘쓸 일", 1907년 11월 5일]. 윤정원이 여성의 덕목으로 강조한 것은 '공겸의 정신'이다.

⑦ 대뎌 우리나라는 조고 이릭로 녀주를 천호게 되졉호야 규즁에 가두고 문 밧게 나오지 못호게 홀 쑨 안이라 가라치는 바는 반으질과 음식시시 외에 지나지 못호며, 간혹 국문 빅화 군두목으로 편지쟝이나 쓰고 삼국지 소대성젼이나 보면 그 부인은 유식흔 부인이라 지목호나 칭찬호는 쟈는 적고 죠롱호는 쟈가 만핫스니 녀주의 지식이 업스면 사롬노롯을 홀 슈 업는 즁에 더욱 일평싱을 옥에 갓친 사롬과 갓치 세상에 나와 보고 듯는 것이 업스니 그러케 어둡고 어리석고야 혼 집의 쥬부가 되여 가사를 엇더케 규모 잇게 다사리며 조녀를 엇더케 법도 잇게 가라치리오[17]

⑦의 논설은 진명부인회의 개회식에 참석한 뒤에 감동을 전하기 위해 쓴 글인데, 근대적 부인 교육을 강조하기 위해, 여성을 규중에 가둔 조선의 풍습과 문화를 비판하면서, 전통적인 여성 문화를 '어둡고 어리석은' 것으로 규정했다. 이에 따라 전통적인 문화 속에서는 여성이 규모 있게 가사를 다스리고 자녀를 법도 있게 가르치는 것이 불가능하다는 문화적 '불능성'과 '무능력함'을 부각시켰다.

이는 근대 계몽의 가치와 여성 교육의 중요성을 강조하기 위한 수사적 전략이었지만, 동시에 당대에 현존하는 문화를 '과거'로 되돌리고 전통을 부정하는 일종의 근대 계몽 논리의 착종성을 보여주는 것이기도 하다.[18] 또한 전통 문화를 쇄신의 대상으로 간주하는 언론과 지식인의 시각을 '근

---

17 "론설 — 진명부인회를 하례흠", 《제국신문》, 1907년 6월 18일.
18 현존하는 전통문화를 '과거'로 되돌리는 근대 수사의 모순에 관해서는 최기숙의 논문 (2014ⓐ; 舊物如何成為頑固: 透過帝國新聞(1898-1908)看近代化理論的錯綜與逆說('옛 것'은 어떻게 '완고'가 되었나?:《제국신문》(1898-1908)을 통해 본 근대화 논리의 착종과 역설)」(대만중앙연구원 중국문철연구소 +연세대 국학연구원 HK사업단 제2회 공동학술회의 발표문, 2014ⓑ. 4.21(월), 대만중앙연구원 중국문철연구소 2층 회의실)을 참조.

대의 눈'으로 전면화하는 언술의 전략이기도 했다.

평양에서 25년을 살다가 경성으로 온 리지춘이 여자 교육을 강조한 기서 "녀즈 교육의 시급론"(1908.4.1)에서는 "녀즈는 남즈의 시임흐는 노비갓치 즁궤나 쥬쟝흐고 간혹 명민흐면 빈계신명이라 흐야 일싱 속박된 몸이 슌종홀 짜름이"였음을 거론하여 여성에 대한 종래의 문화적 습속을 비판했다. 여기서도 여성의 자유와 권리를 강조하고 교육의 필요성을 주장하는 근거가 된 것은 국가에 대한 충성과 애국의 논리였다. 처음부터 필자는 "애국열셩"을 권고했으며, 지식이 애국의 전제 또는 선행 요건이라는 발상("지식이 잇슨 후에 익국지심 절노 나니")을 드러냈다. 따라서 여성이 교육받아야 하는 이유는 애국을 위한 선행 요건을 갖추기 위함이며, 이에 따라 여성이 국민으로 포섭되는 근대 기획의 시선을 내면화했음을 고백하고 있었던 것이다.

이처럼 여성을 '국민'으로 포섭하면서 근대 주체로서의 지위를 부여하고 인정하려는 문화적 관습은 《제국신문》에서 지속적으로 이루어졌다.[19] 그리고 이는 종래의 '무능하고 부정적인' 여성상에 반하는, 개화된 여성, 근대적 여성으로 자리매김 됨으로써, 근대 여성의 문화적 위치를 제고하는 역할을 강화했다. 그 과정에서 전통적인 여성상이나 문화는 부정적으로 위치지어졌고, 이는 근대적으로 '부재한 것'이라는 논리적 착종의 구조를 생성했다.[20]

---

19 윤정원(尹貞媛), "공겸의 정신(恭謙의 精神)", 《제국신문》, 1907년 10월 31일; "론셜 ─ (풍속기량론)(十一): 아히들의 운동을 힘쓸 일", 《제국신문》, 1907년 11월 5일; "론셜 ─ (풍속기량론)(二): 뇌외흐는 폐습을 곳칠 일", 《제국신문》, 1907년 10월 11일 등. 근대초기 여성이 국민으로 호명되는 사례에 대해서는 이경하(2004), 82~87쪽; 홍인숙(2007), 158~163쪽; 김복순, 「《제국신문》의 힘: '여성의 감각'의 탄생」(《민족문학사연구》 51호, 민족문학사연구소, 2013)을, 가족 제도의 외곽에 위치한 탈법적 존재로서의 여성을 공적 단위에서 배제하는 논리에 관해서는 박애경(2008), 117~133쪽을 참조.

2.3. 풍속개량과 전/근대 여성

《제국신문》은 근대 여성의 함의를 새롭게 구축하기 위해 '전근대적 풍속'이나 '반근대적 여성에 대한 인식'을 전면적으로 비판했다. 이러한 관점에서 '풍속'은 '개량'의 대상으로 위치지어졌다. 풍속개량이 '정치개량'보다 선행되어야 한다[21]는 주장을 배경으로, 《제국신문》에 연재된 '풍속개량

---

20 '부정적으로 존재하는 것'을 '부재하는 것'으로 위치시키는 담론의 수사학, 또는 언설 구조 또한 이 논문에서 다루는 '근대의 역설'에 해당된다. 이에 관해서는 각주18)의 논문(2014ⓐ)과 발표문(2014ⓑ)을 참조.

21 이는 "몬져 풍속을 기량치 안으면 정치의 기량이 실시되기 어려움은 분명ㅎ도다"("론설 — 정치기량보담 풍속기량이 급홈", 1907년 10월 9일)라는 의식에 근간한 것이었다. '풍속개량론'은 《제국신문》만의 독점적인 주제가 아니라, 근대 초기부터 꾸준히 이어온 계몽 담론의 일정한 지형을 차지하고 있었다. 여타의 근대 매체에 대한 '풍속개량 담론'에 관해서는 《대한매일신보》를 대상으로 한 이형대(「풍속 개량 담론을 통해 본 근대계몽가사의 욕망과 문명의 시선: 《대한매일신보》를 중심으로」, 《고전과 해석》 1, 고전문학한문학연구학회, 2006), 식민지 시기를 다룬 권명아(「풍속 통제와 일상에 대한 국가 관리」, 《민족문학사연구》 33, 민족문학사연구소, 2007), 연극장을 중심으로 다룬 문경연(「한국 근대연극 형성과정의 풍속통제와 오락담론: 근대초기 공공오락 기관으로서의 '극장'을 중심으로」, 《국어국문학》 151, 한국국어국문학회, 2009), 우수진(「연극장 풍속개량론과 경찰 통제의 극장화: 한일합병 전후를 중심으로」, 《한국극예술연구》 32, 한국극예술학회, 2010)의 논문을 참조. 홍인숙(2004)의 논문 Ⅵ장에서 다룬 '근대계몽기 성 풍속의 개조와 '여성'의 발견'은 이 글에서 다룬 '풍속개량론'과 일치하는 내용이 다루어졌으나, 이 글에서 다룬 '론설(풍속기량론)'을 다루고 있지는 않다. 다만 이 연구를 통해 탄해생의 풍속개량론 이전에도 《제국신문》, 《매일신문》, 《독립신문》 등에 조혼, 매매혼, 개가금지 등에 대한 비판적 논설이 제시되었으며, 탄해생의 해당 연재는 이러한 지속적이고 반복적인 언론인/지식인의 풍속론의 연장선상에서 제출되었음이 파악된다. 연구자의 분석 대상과 시기에 따라 '풍속개량'에 대한 미세한 차이성이 발견되며, 이를 '사건'으로 기술하는 차원에서는 근대를 살았던 사람들의 실질적인 경험과 현실적 태도 등이 드러나 있다. 이는 논설의 필자를 중심으로 한 풍속개량의 논점과는 다른 생활적 감각·관습·정서를 보여주는 것이다. 이에 대한 세밀한 재검토가 필요할 것으로 본다.

론'('탄히싱'이라는 필명을 쓴 정운복의 논설)과 관련 논설·기서를 정리하면 다음 [표1]과 같다.

[표1] 제국신문에 게재된 풍속개량론 및 관련 글 목록

날짜	호수	수록란	제목	필자
1907.10.10(목)	2516호	론셜(풍속기량론) (一)	녀주의 기가를 허홀 일	탄히싱
1907.10.11(금)	2517호	론셜(풍속기량론) (二)	닉외ㅎ는 폐습을 곳칠 일	탄히싱
1907.10.12(토)	2518호	론셜(풍속기량론) (三)	압졔혼인의 폐풍을 곳칠 일	탄히싱
1907.10.13(일)	2519호	론셜(풍속기량론) (四)	압졔혼인의 폐풍을 곳칠 일 (전호속)	탄히싱
1907.10.15(화)	2520호	론셜(풍속기량론) (五)	틱일ㅎ는 폐풍을 버릴 일	탄히싱
1907.10.16(수)	2521호	론셜(풍속기량론) (六)	위싱에 쥬의홀 일	탄히싱
1907.10.18(금)	2523호	론셜(풍속기량론) (七)	샹업게의 폐풍을 고칠 일	탄히싱
1907.10.19(토)	2524호	론셜(풍속기량론) (八)	온돌을 폐지홀 일	탄히싱
1907.10.20(일)	2525호	론셜(풍속기량론) (九)	음식 먹는 습관을 고칠 일	탄히싱
1907.10.27(일)	2530호	론셜(풍속기량론) (十)	아히 길으는 방법	틱극학회원 김락슈
1907.10.29(화)	2531호	론셜(풍속기량론) (十二)	아히 길으는 방법 (련속)	틱극학회원 김락슈
1907.11.5.(화)	2536호	론셜(풍속기량론) (十一)	아히들의 운동을 힘쓸 일	
1908.6.5(금)	2705호	론셜	녀주의 의복과 단쟝을 급히 기량홀 일	탄히싱
1908.6.19.(금)	2074호	론셜	부인의 의복을 기량홀 일	탄히싱
1908.6.20(토)	2718호	론셜	녀주의 기가는 텬리의 썻ㄷ홈	탄히싱
1908.6.23(화)	2720호	긔셔	쳥츈을 규즁에서 늙지 물 일	우우싱
1908.6.24(수)	2721호	긔셔	쳥츈을 규즁에서 늙지 물 일 (속)	우우싱
1908.6.25(목)	2722호	긔셔	쳥샹의 졍샹	북쵼 일 과부
1908.6.26(금)	2723호	긔셔	쳥샹의 졍샹 (속)	북쵼 일 과부

풍속개량론 중에서 여성과 관련된 것은 혼인(4편)과 육아(2편)[22]에 관련된 6편이며, 그 밖에 이와 관련된 논설 2편과 기서 4편이 주목할 만하다.

'풍속개량론'에서 여성과 관련된 '개량'해야 할 풍속의 중심에 놓인 것은 혼인이었다. 이는 여성의 사회적 정체성이 여전히 혼인을 중심으로 재편된다는 발상을 보여준다. 물론 《제국신문》은 여성의 개가를 지지하고,[23] 내외하는 풍속을 '폐습'으로 여겼으며, '압제 혼인'에 반대했다. 이는 결혼 문화를 근대화하려는 의도를 반영하지만, 여전히 여성 담론의 중심을 혼인으로 삼은 것은 이전 시대와 같았다.

⑧ 녜로부터 젼ᄒᆞ야 오ᄂᆞᆫ 우리나라 풍속 가온ᄃᆡ 여러 가지 기량ᄒᆞᆯ 일이 허다ᄒᆞᆫ 즁에 가쟝 급ᄒᆞ고 큰 문뎨ᄂᆞᆫ 녀자의 기가ᄒᆞᄂᆞᆫ 일인 고로 이왕에도 본 긔쟈ㅣ 이 일을 의론홈이 한 번 두 번이 안이로ᄃᆡ 오히려 이 풍속을 고치지 못ᄒᆞ야 젼국 가온ᄃᆡ 쳥년 과거로 무졍ᄒᆞᆫ 셰월을 근심과 슈심으로 보ᄂᆡᄂᆞᆫ 쟈ㅣ 허다ᄒᆞ니 엇지 사ᄅᆞᆷ의 참아 보고 참아 들을 바리오 우리나라 사ᄅᆞᆷ은 혼인을 과도히 일즉이 지ᄂᆡ며 기가ᄒᆞᄂᆞᆫ 풍속이 업슴으로 인ᄒᆞ야 다른 나라보담 이팔쳥츈에 남편을 여의고 인싱의 즐거옴을 엇지 못ᄒᆞᄂᆞᆫ 쟈ㅣ 더욱 만토다 오날늘을 당ᄒᆞ야 이 풍속을 고치고져 ᄒᆞ면 첫지ᄂᆞᆫ 죠혼을 힝치 말지오 둘지ᄂᆞᆫ 기가를 허홀지오 셋지ᄂᆞᆫ 렬녀(烈女)의 본의를 그릇 히셕지 안케 홈이 필요ᄒᆞ도다[24]

---

22 이 글의 주어는 '부친된 이'와 '모친된 이'(1907년 10월 27일), '어린 아히를 둔 부모와 아즉 두지 못ᄒᆞᆫ 부모들'(1907년 10월 29일)로 되어 있어, 부모 양자의 책임성을 드러냈다. 이는 '아히 길으ᄂᆞᆫ 방법'을 '몸을 건쟝ᄒᆞ게 기를 것', '마암과 의긔를 발달식혀 쥴 것', '쟝셩ᄒᆞᆫ 후에 스스로 셔로 지닐 거슬 쥰비홀 것' 등 교육 철학과 태도의 차원에서 논의했기 때문이다.

23 '본래' 여자의 개가를 법률로 금하지 않았지만 개가한 사람의 자손은 벼슬길에 오를 수 없게 한 것은 여성의 처신을 가족 제도 안에서 규제하도록 한 문화 통제의 결과였다. "론셜(풍속기량론) (一) — 녀ᄌᆞ의 기가를 허홀 일", 《제국신문》, 1907년 10월 10일.

24 탄히싱, "론셜 — 녀ᄌᆞ의 기가ᄂᆞᆫ 텬리의 쩟ᄃᆞ 홈", 《제국신문》, 1908년 6월 20일.

위의 논설에서 필자는 '상고에는 사람의 도덕심이 발달치 못ᄒ야 남ᄌ와 녀ᄌ가 셔로 맛나면 그 음란흔 힝동이 금슈와 달으지 안[25]았지만, 지금은 시대가 변하여 도덕심이 발달했으므로 내외하는 풍속을 폐지해야 한다고 주장했다. 선진문명국에서 그런 예법이 존재하지 않는다는 것도 논거로 작용했다. 말하자면 '도덕심'이라는 윤리와 인성의 차원에서 근대는 이전에 비해 '개명진보'한 상태로 상정되었고,[26] 선진문명국의 판단이 새로운 기준점으로 작용했다.

'녜로부터 젼ᄒ야 오는 우리나라 풍속 가온디 여러 가지 기량'할 일 중에서 가장 급하고 큰 문제가 개가라는 것을 강조한 것(⑧)은 종래의 풍속이 '개량'의 대상이 된다는 것을 전제로 한 발상이며, 따라서 여성의 개가를 허용하고 권고하는 근대의 문화를 선진적인 것으로 홍보하는 관점이 일종의 '순환적 논의 구조' 속에서 생성되었음을 보여주었다. 이때 개가를 허용하는 논리는 '청년 과거'로 '무정흔 세월을 근심과 슈심으로' 보내는 자를 구하기 위함이며, '청년 과거'가 생겨난 이유를 조혼 풍속 때문이라고 함으로써, 개가금지와 조혼풍속이 모두 여성의 삶을 압박하는 '개량해야 할' '전통(전근대) 문화'라는 언설 구조를 형성했다.

이러한 논설은 독자들의 지지를 얻어 1908년 6월 23~24일에 '우우싱'[27]

탄희싱, "론셜(풍속기량론)(二) — 닉외ᄒ는 폐습을 곳칠 일", 《제국신문》, 1907년 10월 11일.

26 근대의 '도덕심'이 전에 비해 '발달한' 것으로 보는 관점은 다음의 논설에서도 발견된다. "그 시디에는 이것이 가쟝 아름다온 풍속이 되엿스나 수쳔년 후 오날놀을 당ᄒ야는 시디가 ᄀᆞᆺ지 안을 쑨 안이라 사람의 도덕심이 크게 불달ᄒ얏거늘 오히려 녯 풍속을 굿게 직회여 변홀 줄 몰으니 이러ᄒ고셔는 범빅스의 진보ᄒ거나 발달홀 긔약이 업스리로다", "론셜(풍속기량론)(二) — 닉외ᄒ는 폐습을 곳칠 일", 《제국신문》, 1907년 10월 11일.

27 우우생이 누구인지 현재로서는 확인할 수 없다. '탄해싱'이라는 필명을 쓴 정운복일 가능성도 완전히 배제할 수 없는데, 그럴 경우 논설의 뜻을 지지하는 독자의 기서 형식

이라는 필명의 독자가 "청춘을 규중에셔 늙지 물 일"이라는 제목을 단 '기서'를 투고하는 과정으로 이어졌다. 여기에 이어 탄해생의 논설과 우우생의 기서를 읽은 '북쵼의 일 과부'가 "청샹의 졍샹"(1908년 6월 25~26일)이라는 기서를 보내어, 13세에 모친을 잃고 11세 남편과 혼인하여 사별한 뒤, 시부모를 봉양하며 한스럽게 지내는 심정을 고백했다.[28] 이는 《제국신문》이 여성 독자들에게 일종의 억울함을 하소연하는 공론장을 제공했으며, 나아가 이러한 문제적 여성 문화를 타개할 근대의 논리를 제안하는 계몽의 장으로 기능했음을 보여주고 있다. 여성 독자는 《제국신문》을 통해 자기 삶을 반추했으며, 독자 투고를 통해 연민과 동정, 위안의 공감대를 형성해갔음을 알 수 있다.

또한 탄해생은 "압졔혼인의 폐풍을 곳칠 일"(1907년 10월 12~13일)이라는 논설에서 '혼인 일즉ᄒᆞᄂᆞᆫ 폐단'을 논설한 뒤에 조혼이 부모의 압제에 의해 이루어지므로, 이를 폐해야 한다는 논지를 이어갔다. '혼인을 남녀 즈유에 맛겨 늣게 홀 일'이라는 논설에서는 '피ᄎᆞ간에 지긔가 샹합ᄒᆞ고 힝실이 아름다와 일호라도 미흡ᄒᆞᆫ 곳이 업슨 후에야 결혼'[29]해야 한다는 자유 혼인

을 취한 것이라, 자기 지지의 언설 구조를 만드는 문제적 현상이 발생한다. 현재로서는 문자 그대로 '우우생'을 익명의 필자로 간주한다.

28 다음의 인용에는 청상으로 지내는 삶의 절박한 슬픔과 고통이 토로되어 있다. "남편 업ᄂᆞᆫ 계집의 신셰가 기밥에 도토리 된 것이 가삼에 밋치고 쎄에 사못쳐 당쟝에 약을 먹든지 목을 미여 죽고 십흐되 싱목숨을 끈치 못ᄒᆞ고 근근히 부지ᄒᆞ야 우의로 환거ᄒᆞ시는 싀부를 봉양ᄒᆞ며 아리로 수다ᄒᆞᆫ 권속을 거ᄂᆞ려 크나 큰 셰간 살님을 맛흔 후로부터 가ᄉᆞ에 분쥬홈을 인ᄒᆞ야 슬은 싱긱이 얼마큰 감ᄒᆞ오나 봄곳 가을달에 다른 사람은 즐겨ᄒᆞᆫ것만은 나의 구곡간쟝은 구뷔구뷔 슈심이라 엇던 ᄢᅵ는 주먹을 쥐여 가삼도 두다리며 엇던 ᄢᅵ는 밋친 사람갓치 벌쩍 닐어나 압뒤뜰로 도라ᄃᆞᆫ이기도 ᄒᆞ며 엇던 ᄢᅵ는 담빅를 피여 물고 졍신업시 안기도 ᄒᆞ며 엇던 ᄢᅵ는 자다가 말고 화닥닥 닐어 안져 어듸로 쳔 리 만 리 ᄃᆞ라나고 십흔 싱각이 시압 솟듯 ᄒᆞ오되 풍속과 법률에 거리끼여 이리도 못ᄒᆞ고 뎌리도 못ᄒᆞ오니 엇지 인싱이라 칭ᄒᆞ리오", 북쵼 일 과부, "긔셔 — 쳥샹의 졍샹 (속)", 《제국신문》, 1908년 6월 26일.

에 대한 논지를 뚜렷하게 드러냈다.

이러한 논지는 풍속을 '개량'의 대상으로 상정함으로써, 근대를 긍정하기 위해 '전근대'를 부정하는 논리 구조를 형성하고, 그 안에서 여성과 관련된 풍속을 재구성했음을 보여준다. 여성독자는 논설의 논지에 근거해 자기 삶의 의미를 재정리하고, 감성적 반응과 성찰의 근거를 마련했으며, 눈물을 흘리며 하소연하거나 공감하는 정서적 반응을 표현했다. 그리고 논설은 다시 이러한 독자의 반응을 지지하고 확고히 하는 논지를 이어감으로써, '계몽의 기획-독자의 공감-논리화 근거의 확인'이라는 과정을 반복했다. 이때 개량된 근대 여성의 풍속이 과연 '전근대'에 비해 근원적으로 '선진적인 것'이었는가, 또는 과연 여성의 풍속이 개량됨으로써 근대 여성의 일상이 근원적으로 달라졌는가 하는 문제는 근원적으로 배제되었으며, 침묵하는 언설 구조 속에서 이에 대한 성찰의 지점은 누락되었다.

2.4. 방황하는 젠더 인식, 여성 주체 구성의 착종

근대 초기 《제국신문》에서 여성의 근대적 문화 개량과 교육이 강조되었지만, 사실상 여성의 지위나 역할에 근본적인 변화가 발생했다고 보기는 어려우며, 이를 적극적으로 지향한 것도 아니었다.

풍속개량을 통해 도달해야 할 근대 여성의 일상이 전근대 여성에 비해 크게 달라진 것으로 제시되었다고 보기는 어렵다. 부인교육회나 학교, 부인회 등의 활동이 권고되었지만, 이는 지식층 여성에 한정된 것이었으며, 근대 여성 또한 여전히 출산과 육아, 자녀 교육에 치중하는 '어머니'나 가사

---

29 탄희싱, "론셜(풍속기량론) (四) — 압졔혼인의 폐풍을 곳칠 일 (젼호속)", 《제국신문》, 1907년 10월 13일.

에 충실한 '주부'로서의 역할이 가장 크게 강조되었기 때문이다. 그리고 이는 사실상 전근대 여성의 역할과 근본적으로 다를 바가 없었다.

여성 교육의 핵심을 '어린 아히 ᄀ라치ᄂ 법도'를 익혀 '잘 가라치'게 하는 데 있다고 한 것[30]은 여성 교육의 목적을 '육아'에 두는 종래의 이념을 이어받고 있었다. 《제국신문》의 논설이 강조했던 것은 '우리나라 사ᄅ의 ᄌ식 기르ᄂ 풍속은 악습과 폐단'을 부정하고 근대적 방식의 교육을 하게 하자는 '방법'에 있었지, 교육의 목표 설정 자체를 달리했던 것은 아니었던 것이다.

또한 산파 학교의 필요성을 강조한 논설 "히산구원을 싱슈에 맛기지 못ᄒᆞᆯ 일"(1907년 6월 26일)에서와 같이, 여성 교육을 위해 기능적으로 필요한 내용을 고려할 때에도 주요한 고려 대상은 출산과 육아의 범주를 벗어나지 않았다. 다시 말해 임신과 출산, 육아라는 전통적인 여성의 의무를 근대 신문도 여전히 강조하고 있었으며, 다만 이것을 실천하는 '방법의 근대'를 주장하면서, 근대적 의학과 교육, 위생의 덕목을 강조했을 뿐이었다.

물론 여성 스스로 근대적 여성상을 찾고 이에 대한 의의를 공유하려는 움직임도 존재했다.

⑨남ᄌ들의 학문과 지식이 우리 녀ᄌ보담 벌로 나흘 것 업고 이왕 차지ᄒᆞ엿던 권리 바람에 우리를 압졔ᄒᆞᄂ 것인즉 우리가 멋쳔 년 일헛든 권리를 차질 놀이 오늘놀 우리 손에 달넛다 ᄒᆞᆯ 만ᄒᆞ오 그러나 우리가 이러ᄒᆞᆫ 교디의 찻지 못ᄒᆞ

---

30 "텬하의 남의 부모 된 쟈는 누구던지 그 ᄌ식을 나아 기를 젹에 두 가지 큰 욕심이 잇스니 첫지는 병업시 잘 잘아셔 오릭 사ᄂ 것이오 둘지는 문무겸젼ᄒᆞ야 부귀와 공명을 누리ᄂ 것이라 (…) 우리나라 사ᄅ의 ᄌ식 기르ᄂ 풍속은 악습과 폐단이 하도 만하셔 이로 말ᄒᆞᆯ 슈 업스나", 탄히싱, "론셜—어린 아히 ᄀ라치ᄂ 법도", 《제국신문》, 1907년 6월 20일.

면 다시는 찾질 늘이 업슬지니 (…) <u>우리도 이러한 교뎍에 아모죠록 학문을 숭</u>
<u>상ᄒᆞ야 지식을 열고 의무를 다ᄒᆞ야 권리를 찻고 권리를 찻져 몃쳔년 압졔를</u>
<u>벗고 또 남자와 일심동력ᄒᆞ야 남자의 일흔 권리ᄭᅡ지 차져 보면 그 안이 우리</u>
<u>셩명이 스긔의 빗날가</u>[31]

⑨는 1908년 8월 4일~5일자 《제국신문》의 별보에 2회에 걸쳐 연재된
'북한 녀ᄌᆞ 변월당'의 기서 "의무를 다ᄒᆞ야 권리를 차질 일"이라는 글이다.
변월당은 남자에 비해 여자의 권리가 구속되어 '동물'이나 다를 바 없는 삶
을 살았으니, 이는 남성이 빼앗은 것이 아니라 여성이 내어준 것임을 강조
했다. 나아가 여성의 권리는 의무를 다하는 데서 나온다고 보고 '학문과 지
식'을 숭상하는 것만이 권리를 찾는 길이라고 주장했다.

이러한 주장은 여성의 자기 책임성과 교육을 강조한 것이지만, 결과적
으로는 문제의 원인을 여성 자신에게 되돌림으로써 사회비판의 시선을 배
제하는 효과를 도출했다. 여성 주체의 성찰성을 강조하는 방식이, 도리어
사안에 대한 여성 자신의 귀책론으로 협소화할 위험성을 내포하는 것이다.

⑩ (녀학ᄉᆡᆼ의 쥬의건)

一. 다ᄒᆡᆼ호 긔회를 엇엇스니 이ᄯᆡ에 아모됴록 속히 신셩호 도덕으로 쥬심을 잡
아 가지고 각종 됴흔 학문을 만히 공부ᄒᆞ야 각각 가정 교육의 졔도를 실시훌 것
과 가족 샤회의 쾌락을 유지케 ᄒᆞᆯ 일

一. 집안에 잇든지 학교에 단이기 위ᄒᆞ야 도로에 왕리ᄒᆞᆯ 쩍에 몸 가지기를 지
극히 단정히 ᄒᆞ야 몬져 부즈런ᄒᆞ야 온유 겸손ᄒᆞ며 죤졀 금박홈이 가ᄒᆞ고 이외

31 북산 녀ᄌᆞ 변월당, "별보 — 의무를 다ᄒᆞ야 권리를 차질 일 (젼호속)", 《제국신문》,
1908년 8월 5일(강조는 인용자).

에 슈신샹 육익혼 션셩의 교훈과 부모의 훈계를 복죵ᄒ실 일

一. 공부를 혼다 ᄒ되 쟝릭 셩취홀 소망은 업고 도로혀 사름만 버릴 듯혼 증죠를 씌닷거든 번그러옴을 수양ᄒ고 다시 죵용히 쳐ᄒ야 젼일의 셩실히 젼문으로 빅호든 바누질과 쌜닉 다듬이 ᄒᄂ 법과 음식 믿ᄂᄂ 법을 온젼히 공부ᄒ야 가면셔 여가에 우리나라의 훌륭혼 글 국문을 잘 ᄒᆞ득ᄒ야 이러혼 됴혼 뎨국신문갓흔 신문과 가뎡잡지ᄀᆞᆺ흔 셔젹을 만히 보셔셔 밧갓으로ᄂ 세상일도 슓히고 안으로ᄂ 집안을 잘 다스릴 일[32]

⑩의 사례는 '긔서'의 형식으로 게재된 여성의 사회적 기대를 담고 있는 글이다. 여기서도 여성에게 학문을 권고하고 있지만, 그 쓰임은 '가정교육' 과 '가족 사회의 쾌락'을 유지하기 위함인 것으로 설정되었다. 장래에 성취할 소망이 없다면 전일에 배우던 바느질, 빨래, 다듬이, 음식 등을 공부하라고 권고한 것은 여성에게 사회적 목표나 성취를 강조하기보다는 가사일을 우선적인 목표로 간주하는 입장을 보여준다. 여성의 삶을 가정과 자녀 교육으로 한정시킨 논리 구조를 드러낸 것이다. 여성을 여전히 '어머니' 로 호명함으로써, 여성 교육을 자녀 교육을 위한 수단으로 간주한 것 또한 근대적 관점에 내포된 전통적 시선이 작동한 결과라 할 수 있다.[33]

'풍속개량론' 연재 이후에 탄해생이 게재한 "녀ᄌ의 의복과 단쟝을 급히 기량홀 일"에서 여성의 의복을 개량해야 하는 이유로서 사회의 풍속 개량

---

32 김영구, "긔셔 — 녀학싱 졔군의게 권고홈", 《제국신문》, 1908년 2월 6일.

33 《제국신문》 논설의 풍속개량론에서 근대적 방식의 자녀 교육에 헌신하는 어머니상을 강조한 관점은 곧바로 독자의 반향을 얻게 되는데, 한 독자가 2회에 걸쳐 "ᄋᆞ히 어마니를 권면홈"(1908.2.15~16)이라는 긔서를 연재한 것이 그 예이다. 논설의 논지를 뒷받침하는 긔서를 게재하는 방식은 신문과 언론의 역할이 가장 명시적으로 부각된 예에 속한다. 독자는 논설의 취지에 동의하거나 이에 합당한 사례를 제시하고, 이를 지지하는 경험과 논지를 서술함으로써, 스스로 근대적 인간형으로 인정받으려는 태도를 취했던 것이다.

과 더불어 자녀 교육을 거론한 것 또한 여성 생활의 근대화에 '자녀교육'이 기준점으로 작용했음을 보여주었다. 그리고 이는 사실상 여성적 삶의 기준으로 어머니로서의 역할을 존중했다는 점에서 이전 시기와 다를 바가 없었다.

그럼에도 불구하고 이들은 여성의 일상, 정체성의 근대화를 주창하는 언설 구조와 사회적 맥락 속에서 논의되었다. 말하자면 '방법/시각'으로서의 근대와 '내용/이념'으로서의 전근대가 불균형하게 만나는 방식을 보여준 것이다.

3. 전통 윤리의 지속과 부재하는 근대 여성: 서사

그렇다면 근대계몽을 선언하거나 뒷받침하는 《제국신문》의 논설과 이에 동의하고 지지하는 기서·별보와 달리, 정서적 공감대에 근거한 상상적 이야기 구조 속에서, 근대 여성의 일상과 지향 가치, 정체성은 어떻게 논의되었는가.

이를 살피기 위해서는 잡보란에 실린 소설과 기타 지면에 실린 각종 서사에 주목할 필요가 있다. 우선, 《제국신문》의 '잡보'가 현실의 사건을 기사화한 지면이라는 것을 고려할 때, 비록 강한 서사성의 맥락을 띠고 있다고는 할지라도, 잡보란에 실린 여성 인물의 성격은 그대로 당대 현실을 살아가는 여성의 역할이나 기대가 투영된 모습이었다는 것을 짐작하는 것은 어렵지 않다.

또한 《제국신문》이 표기문자로서 국문을 선택하면서 여성 독자를 고려해왔다는 것, 그리고 전통적으로 소설이 여성의 문화 상품이자 읽을거리였다는 점을 고려할 때, 《제국신문》에 게재된 서사에 나타난 여성상을 살피는 것은 다음과 같은 두 가지 차원에서의 주목을 요한다. 첫째, 《제국신문》의 서사에서 여성은 어떠한 모습으로 형상화되는가. 둘째, 서사에 등장하는 여성을 바라보는 텍스트 내부와 외부의 시각은 어떠한가.

여성과 관련하여 잡보와 서사의 이러한 특성을 고려할 때, 《제국신문》의 서사가 형상화하는 여성상은 매우 착종적이며, 그간 근대문학/문화(사) 연구자들이 간과했던 근대의 표정을 정면으로 드러내고 있다고 해도 과언이 아니다. 우선 여기에는 근대 계몽의 이념이나 근대적 이성, 근대적 제도와 문화적 태도, 교양 등을 적확하게 구현하는 여성 주체가 등장하고 있지 않다. 말하자면 《제국신문》의 서사에 등장하는 여성은 근대성의 타자로서, 그리고 근대적 가치를 실현하고자 하지만, 정확하게 근대성의 내용을 숙지하여 내면화하지 못한 채 흔들리는 불완전한 존재로서, 또한 남성의 보조자로서의 위치를 고수했다. 이는 근대 여성에게 전통적인 여성의 윤리·신념·태도가 여전히 강조되었음을 보여준다. 그리고 이는 '반근대'의 모습으로서가 아니라, 그 자체로서 '근대'의 단면을 구성했다.

3.1. 현모양처 여성상의 지속과 근대 여성의 딜레마

1906년 9월 18일자에 수록된 '소설'은 첫날밤에 신랑의 어리석은 처신에 대해 현명하게 대처한 여성 이야기("어리석은 신랑과 령특한 신부")를 다루고 있다. 신부는 첫날밤 조카의 희롱을 받은 남편에게 '장부가 되야 무식하면 셰상에서 아지 못ᄒ나니, 닉가 엇지ᄒ야 살던지 랑군의 뒤를 될 거시니 공부ᄒ라'고 권유하여, 절로 올려 보낸 뒤, 십 년간 공부하게 한다.

여기서 신부의 역할은 '침션방젹과 졔반 로동을 다ᄒ야 미삭 신랑의 의식을 공급'하는 내조로 일관되었다. 또한, '영귀한 아들을 나아 나라에 훈공을' 세우도록 하는 어머니의 역할로 한정되었다. 말하자면 근대계몽의 논지로 일관된 신문에서 신부의 이미지는 여전히 남편과 아들의 입신출세를 돕는 보조자로 위치지어졌다. 그런데 이러한 서사 구조와 여성 인물의 형상은 사회적으로 비천한 남자와 혼인하여 출세시키는 야담에서 '여성 이인'의 계보를 이은 것이었다.[34]

한편, 1906년 9월 19일부터 21일까지 3회에 걸쳐 연재된 '소설' 「평양 외성 짜에」[35]는 평양 회성에 사는 고아 한씨의 혼인담이다. 한씨는 일찍 부모를 여의고 삼촌의 집에서 자라지만, 가난하여 혼처를 구할 수 없던 중에, 강동 부자인 김좌수의 손녀와 혼인하게 되었다. 그런데 한씨가 가난하다는 것이 밝혀지자 처가에서는 한씨를 박대했다. 이에 한씨는 계교를 내어 부인을 본가로 데려가는데, 이때 서술자는 '녀주는 삼종지의가 잇슨즉 비록 십싱구ㅅ호더릭도 랑군을 짜라가리다'('小소說셜', 《제국신문》, 1906년 9월 19일)라며 남편을 따라가는 과정을 서술했다.[36]

---

34 야담에서의 여성 이인담에 대해서는 최기숙, 「여성성의 재발견: 이성·지혜·성공의 탈영토화 ― 18·19세기 야담집 소재 '여성일화'를 중심으로」, 《한국고전여성문학연구》 6집, 한국고전여성문학회 2003을 참조. 《제국신문》의 해당 서사는 여성 이인담의 구도를 정서와 서사의 차원에서 잇고 있다.

35 이 제목은 소설의 첫 구절을 따서 제목으로 삼은 김영민의 명명법을 따르며, 이후로도 제목이 붙지 않은 《제국신문》 잡보란의 '소설'에 대해서는 같은 원칙을 따른다(김영민·구장률·이유미, 『근대계몽기 단형 서사문학 자료전집』 상·하, 소명출판, 2003). 강현조에 따르면 이 소설은 이보다 앞서 《한성신보》에 "계이취거액금"이라는 제목으로 수록된 바 있다(강현조, 「근대초기신문의 전래 서사 수용 및 변전 양상 연구 ― 《한성신보》와 《제국신문》의 공통 게재 서사물을 중심으로」, 《현대문학의연구》 51, 한국문학연구학회, 2013, 237쪽). 논자가 지적한 바대로 서사적 동일성을 갖추었고 내용이 확장되었지만, 구체적인 서사전개의 흐름이 다르고 이에 따라 인물 성격의 해석에도 차이가 나며, 문장 단위의 서술도 차이가 있다.

36 물론 이러한 서술자의 주제적 확정 또는 주제적 제안과는 달리, 독자에 따라 해당 소설의 주제를 다양하게 이해하고, 재구성할 가능성이 존재한다. 그러나 근대계몽의 논리를 구성하고 전달하는 매체로서의 신문의 문화적 위상을 고려할 때, 소설의 주제에 대한 일정한 가이드라인을 제공한 서술 형식이 갖는 문화적 힘을 간과할 수는 없을 것

서사 전개의 과정에서 여성의 입장이나 위치는 남편에게 순종적인 것으로 고정되어 있었다. 그리고 여성이 자신을 키워준 조부보다 남편의 의사결정을 우선시했다는 점에서 철저하게 '삼종지도'의 전통적 윤리를 추수하는 입장을 고수했다. 서술자는 신부가 남편을 따라가기로 결심한 데에는 그간의 친밀한 정의도 작용했지만, 삼종지의를 따르는 것이 당연하다는 논리를 전제로 삼았다.

이러한 이야기들은 '서사'라는 이야기 형식 속에서 여전히 남편을 뒷바라지하고, 아들을 양육하며, 삼종지도를 따르는 현모양처형의 여성상에 대한 공감대를 반영했다. 동시에 서사 내부에서 '지식'과 '학문'의 혜택을 받는 인물을 남성으로 제한함으로써, 여성인물을 근대성의 함의에서 배제된 모습으로 형상화했다. 이러한 현상은 근대적 여성의 삶에 대한 방안을 제시하던 근대 언론의 전체적인 지형 속에서, 서사적 상상력 또한 '반-근대'적 여성상을 지속하는 모순을 반복했음을 보여준다.

3.2. 충 · 효 · 열의 희생자, 부재하는 여성의 자리

《제국신문》에 8회에 걸쳐(1906년 10월 22~11월 3일) 연재된 소설 「살신성인」은 추노 관련 설화에 근거해 있다.[37] 친부를 살해한 노비의 외동딸과 혼인하게 된 주인공 곽동은 자신의 정체를 알아차린 처가에서 살해의 위기에 처한다. 이때 신부는 부모를 살리면 상전과 가장이 죽고, 상전과 가장을 살리려면 부모가 죽을 것이라며, '첫지 상뎐이 즁ᄒ고, 그 다음은 가장이고,

---

이다.

37 이에 관해서는 정준식, 「추노계 소설의 개작양상 연구」, 《국어국문학》 34집, 국어국문학회, 1997을 참조. 이 소설은 《한성신보》에 "기곽생복슈사"라는 제목으로 먼저 실렸다(강현조, 2013, 235쪽).

친뎡 부모는 츌가외인이라'("殺身成仁", 《제국신문》, 1906년 11월 2일)고 함으로써 이들간에 존재의 경중을 서열화하는 논리를 펼쳤다. '부모를 살니고져 흔딕 상뎐과 가장이 죽을 거시오, 상뎐과 가장을 살니고져 흔즉 부모가 죽을 거시니 부모를 살니는 것시 가ㅎ오릿가, 상뎐과 가장을 살니는 거시 가ㅎ오릿가'라는 신부의 고민을 일종의 딜레마라고 한다면, 이는 가장/상전과 부모를 선택해야 하는 '곤경'에 있는 것이 아니라, 바로 그 고민의 지점에 자신의 생명에 대한 배려와 돌봄의 인식을 드러내지 않았다는 점에 있다.

그리고 이러한 신부의 처신은 앞서 살펴본 '삼종지의'를 존중하는 여성의 처신(「小小說說」, 《제국신문》, 1906년 9월 19일)과 완전히 동일할 뿐더러, 야담집 『청구야담』에 실린 「삼강을 구비한 계집종(乞父命忠婢完三節)」(41회)[38]과도 유사하다. 『청구야담』에 등장하는 여성 인물(향단)은 함께 사는 노복들이 추노 나온 남편을 살해하려는 것을 알아채고 남편을 살리기 위해 옷을 바꾸어 입은 뒤, 아버지만은 살려달라고 청하고 죽음을 맞이한다. 이 여종의 의식은 충·효·열의 이데올로기에 강박되어 있는데, 실질적으로 여성의 희생이 남성 인물들의 목숨을 구하고 안위를 보존시키는 데 바쳐짐으로써, 남성 중심적 이데올로기에 희생되는 여성상을 보여주었다.[39] 이에 대해 야담의 편자는 여종의 희생을 치하하는 논평을 덧붙였는데, 이러한 논조는 《제국신문》에 실린 「살신성인」의 논평과 정확하게 일치했다.

---

38   『청구야담』, 이월영·시귀선 옮김, 한국문화사, 199, 202~204쪽.

39   여기서 국가에 대한 '충'의 관념은 '주인'에 대한 '복종'의 관념으로 수용되었으며, '정절 의식'의 표현이었던 '열' 관념은 남편을 살리기 위한 희생 관념으로 변질되어 나타났다. 이에 대한 상세한 논의는 최기숙, 「불멸의 존재론, '한'의 생명력과 '귀신'의 음성학 ─18·19세기 야담집 소재 '귀신'과 '자살' 일화를 중심으로」(《열상고전연구》 12집, 열 상고전연구회, 2002), 331~333쪽을 참조.

⑪ 시신을 건지난되, 십오 년 된 곽씨의 신톄가 일호도 썩지 안코 형용이 싱활흔 사람과 갓고 또 그 신부의 시신은 그 곽씨 신톄 압헤 누엇는 거시 더욱 긔이흔지라. 만득의 부쳐 주녀를 다 법되로 조쳐ㅎ되, 오즉 젓헛 주식은 죽은 신부의 유언을 싸라 살녀두고 나라에 계문ㅎ야 그 신부를 표양ㅎ야 셩문을 셰웟스되 한 가지는 츙로오, 한 가지는 효부요 한 가지는 렬녀라. 그 몸을 죽어 강상대의를 온젼흔 쟈, 텬하에 몃몃치나 되리오. 현풍 짜에 그 졍문이 지금까지 분명이 잇셔셔 보는 쟈 탄상치 안으 리 업다더라⁴⁰

⑫ 아! 이 여자는 주인을 위해서는 충(忠)을 이루었고, 지아비를 위해서는 열(烈)을 이루었으며, 아버지를 위하여는 효(孝)를 다하였으니, 일거에 삼강(三綱)을 갖추었던 것이다. 본 읍에서는 비(碑)와 정문(旌門)을 세워 주었다(噫! 此女爲其主 逐其忠 爲其夫成其烈 爲其父盡其孝 一擧而三綱具矣. 本邑立碑旌焉)⁴¹

「살신성인」의 논평에서는 '첫지 상뎐이 즁ㅎ고, 그 다음은 가쟝이고, 친뎡부모는 츌가외인이라'("殺身成仁")는 이유로 하면서, 상전·가장·친정부모 사이에서 생명의 경중을 서열화했다. 여기서 여성 자신의 생명에 대한 존중 의식은 보이지 않는다. 이에 대해 논평자 또한 '나라에 계문ㅎ야 그 신부를 표양ㅎ야 셩문을 셰'운 것으로, 여성의 처신에 대한 사회적 보상책을 마련한 것을 서술함으로써, 여성의 처신을 지지했다. '츙로'이자 '효부'이고 '렬녀'라는 전통적 가치는 1906년에도 여전히 《제국신문》의 독자층에게 설득할 만한 '가치'로 옹호되었으며, 이는 이전시대의 문화 논리와 이념과 정확하게 일치했다.

또한 「살신성인」에서 부인의 희생으로 살게 된 남편은 부인과 함께 눈

---

40   "殺身成仁", 《제국신문》, 1906년 11월 3일.

41   「삼강을 구비한 계집종(乞父命忠婢完三節)」, 『청구야담』 41화. 번역은 필자가 원문을 보고 다시 수정하였다(『청구야담』, 앞의 책, 203~204쪽).

물을 흘릴지언정, 이를 만류하거나 살해 계획에 맞서 싸우는 적극성을 보이지 않았는데,[42] 이 또한 『청구야담』에서의 반응과 일치했다. 이 두 텍스트는 모두 '강상대의'를 따르는 여성을 치하하고 그 삶을 선양함으로써, 전통적 가치를 따르는 여성에 대한 사회적 인정을 구조화했다.

말하자면 이 이야기는 《제국신문》이라는 근대적 인쇄매체에 수록된 서사였지만, 서사구조나 주제, 정서 구조는 이전시대의 공감 구조와 일치했으며, 다만 근대 신문이라는 매체의 근대성으로 인해 근대 서사로 위치지어졌다.

그러나 이러한 논지는 신문의 논설란에서 지속적으로 주장된 반근대의 이념에 근접한 것이었다. 따라서 이는 서사적 차원에서 전통과 근대의 부정교합을 보여주는 것이라 할 수 있다. 동시에 근대의 일면으로 존속되었던 전통을 근대에 실재하던 현장의 삶으로 재인식해야 할 필요성을 제기하고 있다.

3.3. 남성의 조력자, 산종되는 여성의 주체성

《제국신문》 1906년 9월 22일부터 10월 6일까지 10회에 걸쳐 연재된 '소설' 「경상남도 문경군에」[43]는 경남 문경군의 부가자제(富家子弟) 오유생

---

42 '곽씨가 그 정경을 보미 더욱 슯흠을 익의지 못ᄒ야 손을 붓들고 울음이 북밧쳐 엇지홀 줄을 몰으더니 (…) 셔로 안쏘 누어 눈물노 지닉더니' ("殺身成仁", 1906년 11월 2일); '선비는 매우 슬퍼하였다(士人大感傷)'(「삼강을 구비한 계집종(乞父命忠婢完三節)」, 『청구야담』 41회, 위의 책, 같은 쪽).

43 조선후기 야담집에서는 능력이 있지만 처지가 낮은 남자를 남편으로 골라 출세시키는 여성 이야기가 종종 발견되는데, 서술자나 논평자는 이 여성들을 '이인'으로 평가했다. 이에 관해서는 최기숙의 논문(2003)을 참조. 한편, 『차산필담』에는 횡성의 선비 이선랑이 종로의 천냥방의 기생을 거짓으로 속인 뒤 위협하여 금강산으로 가서 중들에게 술을 팔아 거금을 버는 내용이 실려 있다(이우성·임형택 편역, 『李朝漢文短篇集』

과 여성 사당패의 이야기이다[44]. 사당패에게 호의를 건넸던 오유생이 가세가 탕패하여 유랑할 때, 사당으로부터 보답을 받는다는 내용인데, 젠더적 관점에서 몇 가지 문제를 함축하고 있다.

이 소설에서는 사당패 여성이 자신에게 은전을 베풀어준 남자에게 보답하기 위해 성매매도 마다하지 않는 과정을 다소 선정적으로 서술했다. 술청의 주인이 되기를 거부했던 여사당이 점점 호객에 익숙해지는 과정이

(上). 일조각, 1973, 「嚇美醋僧」. 73-80쪽). 여기서는 남자의 권유로 기생이 술청을 차려 노동을 했음에도 불구하고 어떠한 보상도 얻지 못하지만, 이에 대한 문제의식은 제기되지 않았다.《제국신문》에 실린 위의 이야기와 직접적인 영향관계를 찾기는 어렵지만, 소재나 상상력 면에서 참고할 만하다.

44 10일에 걸쳐 연재된 이 '소설'은 신문에 최초로 연재된 소설이라기보다는 이미 원작이 있던 소설로 짐작된다. 그 이유는 소설이 연재되던 도중에 '그 계칙이 무엇인고. ᄒ회를 볼지어다'(1906년 9월 29일)라는 문장이 제시되는데, 이는 연재가 마무리되는 위치가 아니라 연재 도중에 적혔기 때문이다. 따라서 'ᄒ회를 볼지어다'라는 문장은 한정된 지면에 일정한 분량을 게재하고, 다음 날짜로 이어진다는 것을 안내하기 위한 필요에서 제시된 것이 아니라, 이미 기록된 텍스트의 문장을 기계적으로 옮겨 적다가 발생한 '오류'인 것으로 판단된다. 강현조에 따르면 이 '소설'은《한성신보》(1896년 8월 7~22일, 잡보 2면)에 「창녀지보은기모(娼女之報恩奇謀)」라는 제목으로 먼저 실렸다(강현조, 2013, 231쪽). 그런데《한성신보》의 텍스트에도 'ᄒ회를 볼지어다'라는 문장이 없으며, 이 문장이 제시된 부분이 2회에 해당되므로,《제국신문》의 텍스트가《한성신보》를 참조한 것이 아닐 가능성이 보인다. 그렇다면 해당 텍스트가 연재된 다른 신문이나 매체가 존재했고 이를《제국신문》의 기자가 참조했을 가능성이 있다.《한성신보》에 수록된 소설이 이후에 필사되어 단행본으로 유통된 경우가 있는데, 이를 다른 신문에서 참조하고,《제국신문》이 이를 저본으로 삼아 개작했을 가능성이 있다. 현재로서는 정확한 판단이 어렵다.

강현조는《제국신문》의 텍스트가 보다 확장된 서사라고 판단했는데, 필자가 확인한 결과,《제국신문》의 경우가 서사 전개에서 대한 여성의 주도권이 보다 강조되어 있었다. 예컨대,《제국신문》에서는 여성의 권유로 남자주인공이 사교를 시작하고, 술장사를 권유받기에 이르는데,《한성신보》에서는 여성이 권유하는 부분이 없다.

한편, 「경삼남도 문경군에」에서 사당이 파는 술로 열거된 '소쥬 약쥬 탁쥬 믹쥬 삼판쥬 오갈피 등속'(1906년 10월 1일)에 언급된 '맥주'는 근대에 새로 등장한 종류의 술이다.

나, 마을 사람들이 사당의 술청에 호감을 보이는 과정은 독자층의 흥미를 끌기에 충분했을 것이며, 독자의 호기심이 곧 신문의 매출과 관련되던 여건을 고려할 때, 상업적 의도가 개입되었음을 부정하기 어렵다. 그러나 이여성이 은혜를 갚기 위해 남성과 부부로 가장하고 술청을 차려 돈을 벌도록 처신하는 과정에는 여성 자신이 스스로의 삶을 도구화하고 있다는 문제를 포함하고 있다.

이 '소설'의 전개 과정은 '지인지감'을 갖춘 여인이 '능력이 있으나 가난한', 또는 '잠재력이 있으나 몰락한' 남자를 만나 출세시킨다는 야담 서사와 일정한 관련성을 맺고 있다. 말하자면 야담의 여성 이인담이 이 '소설'에서는 여성 보은담으로 바뀐 셈이다. 그러나 소설 속의 여사당은 온전한 의미에서 '여성이인담'을 승계했다고 보기는 어렵다. 왜냐하면 여사당은 온전히 자기 주도적인 삶을 살고 있지 않으며, 앞날을 헤아리는 '이인'이라기보다는 오직 '은혜갚음' 또는 '의리'에 충실한 생애를 살았기 때문이다. 또한 은혜를 갚은 이후에는 '자기 삶의 자유'를 회복하려 했기 때문이다. 남성의 보조자로서 자기 생의 일정 기간을 바친다는 점은 야담과 동일하다. 그러나 야담에서는 여성 이인의 주도적 행위가 강조된 반면, 이 '소설'에서는 여성의 행위가 '보응'을 위한 일시적 도구로 기능했다는 차이가 있다.

말하자면 이 소설에는 서사전개의 흐름과 인물의 성격 설정에 모종의 착종과 결렬이 포함되었다고 볼 수 있다. 인물형상이나 서사 구성 면에서는 조선후기 여성 이인담의 성격과 유사하지만, 이야기는 조선후기 여성 이인담이 형성된 맥락성(context)[45]에 대한 이해도 부족하며, 근대적 여성상

---

45 간단히 정리하자면, 여성이 자신의 사회적 정체성을 구성하려면 '남편'이라는 매개항이 필요하기 때문에, 남편을 선택하는 능력이 필요하며, 대개의 여성 이인담에서 여성의 신분은 중인(이하)이므로, 상대 남성은 능력이 있으나 신분이 몰락한, 자신의 능력을 스스로 인식하지 못하는 남성 중에서 선택되었다. 이 여성은 세상의 이치와 사람의

을 보여준 것도 아니기 때문이다. 전통과 근대에 대한 이해도에 있어서 이 이야기는 양자에 대한 이해의 불완전함 속에서 형성되었기 때문에, 서사의 정합성이라는 차원에서 볼 때 일정한 착종과 결렬을 보인 것이다.

이 글에서는 이러한 착종과 결렬의 지점이야말로 '서사적 근대'를 정면으로 보여주는 장면이라고 판단한다. 관습적으로나 경험적으로는 전통적인 서사전개의 틀에 익숙하지만, 근대적인 서사 구도를 갖추어야 한다는 의식을 가지고 있었고, 그것이 완벽하게 숙지되지 않은 상태에서 전통과 근대의 서사가 어색하게 조우한 방식이, 바로 근대초기 서사의 한 단면을 구성하고 했다고 보는 것이다. 그리고 이러한 '어색한 조우'는 젠더적 차원에서 여성의 정체성과 삶의 방향을 상상하는 데에도 그대로 투과되었다.

3.4. 열의 윤리에 대한 옹호와 음녀에 대한 규탄

《제국신문》1906년 10월 19일~20일에 걸쳐 연재된 「(小說) 犬馬忠義」는 영남에 사는, 열행이 탁이한 부인이 가장의 무덤 근처에 초막을 짓고 조석 상식을 받들다가 패류한에게 겁간의 위협을 당해 자결하자, 부인의 개가 관가로 달려가 범인을 잡게 한 이야기이다. 여기서 개는 주인의 억울한 죽음을 법에 호소하고, 범인을 처벌하게 한 뒤에 무덤 앞에서 죽는다.

이 소설에서 부인이 당한 겁간의 위기와 자결 과정은 매우 선정적이고 폭력적으로 묘사되었다. 이는 '수백 년 전 영남 땅'에서 발생한 일로 소개되었으며, 부인의 처신 또한 전통적으로 여성에게 요청되었던 열과 절개를 실천하는 전형적인 방식이었다. 여기서 개가 범인을 죽이고 열녀의 무덤

본질을 읽는 눈(知人之鑑)이 있지만, 여성인데다가 신분이 낮아서 자신의 능력을 '현실화'하려면 '남편'이라는 매개가 필요했던 것이다. 이에 관한 상세한 분석은 최기숙(2003)의 논문을 참조.

앞에서 죽은 것으로 마무리 된 것은, 이 이야기가 법적 처벌 못지않게 심리적 복수에 대한 공감과 지지의 맥락에서 완성되었음을 시사한다. 작가(또는 기자)가 이 소설의 주제에 대해 '세상사람'의 발언이라는 형식으로 논평한 내용도 '주인의 은공을 갚는 것'에 집중됨으로써, '충'의 관계론을 강조했다.

이는 다음날(1906년 10월 20일) 이어지는 소설 '견마충의'에 제시된 개와 소의 에피소드와 더불어 '지성이면 하늘도 감동한다', '주인을 위하는 충의가 하늘에 사무쳐 공을 이루었다'는 정성의 논리에 호소하면서 '사람의 지혜와 노력은 정성이 있으면 이루어진다', '지금 우리나라 형세는 소와 개에 부끄럽다'는 사회비평적 언설로 이어졌다.

> ⑬ 평론ᄒᆞᄂᆞᆫ 쟈 갈ᄋᆞᄃᆡ, 지성이면 하날도 감동ᄒᆞ다 ᄒᆞ니, 불을 쎠셔 쥬인을 구ᄒᆞ기와 범과 싸와 쥬인을 구ᄒᆞ 소가 엇지 능력이 잇서 그러ᄒᆞ리오. 다만 그 쥬인을 위ᄒᆞᄂᆞᆫ 충의가 능히 하날에 사모친 고로 필경 공을 닐엇ᄂᆞᆫ지라. 즘싱도 그러ᄒᆞ거던 함을며 사름의 지혜와 능력이야 정성만 도려ᄒᆞ면 무삼 일 되지 안ᄂᆞᆫ 거슬 근심ᄒᆞ리오. 지금 우리나라 형셰로 의론ᄒᆞᆯ진ᄃᆡ 엇지 그 소와 ᄀᆡ가 붓그럽지 안이ᄒᆞᆫ가[46]

그런데 바로 이러한 논지는 바로 근대가 부정하던 전근대의 문화논리이기도 하다. 근대적 가치를 강조하기 위해서 여전히 전근대의 지식과 교육 내용, 정서적 공감대에 의존해야 했던 착종의 지점을 보여주는 것이다.

이와 더불어 주목할 것은 《제국신문》 1907년 1월 31일과 2월 2일의 잡보란에 2회에 걸쳐 연재된 "穿人鼻巡廻"라는 기사이다. 이는 사건에 대한 정

---

46   「(小說」 犬馬忠義」, 《제국신문》, 1906년 10월 20일.

보 제시 차원의 기사라기보다는 구체적인 내용과 장면 묘사가 두드러진 서사 형식을 취하고 있다. 해당 기사는 전라북도에 사는 조씨 가족 2인과 처가 3인, 처 측의 간부 1인의 살해와 사망, 자살 등 총 6건의 죽음에 대한 자극적이고 선정적인 내용으로 구성되었다.

18세의 무남독녀 조씨는 홀시어머니의 칠대독자인 김씨(14세)와 결혼했다. 그런데 신랑의 조부는 신부가 간부와 함께 신랑을 죽이고 도망가려는 것을 목격하고, 간부를 살해하고 자결했다. 뒤이어 신랑의 모친, 신부의 부모 등 총 4명이 자결했으며, 이로써 총 2건의 살인과 4건의 자살이 발생했다. 해당 사건에 대한 판결과 기자의 논평은 다음과 같다.

> ⑭ 법부에 보고ᄒ야 지령을 기디려 거힝ᄒ자 ᄒ야 법부예 보고ᄒ민 법부에서 지령ᄒ기를, '각도각군으로 회시ᄒ 후 본도에 환슈ᄒ라.' ᄒ지라. 음력 십월일일부터 그 계집 아희를 다리고 남북도 각군으로 단이며 그 ᄉᆞ실을 셜명ᄒ는디 일젼에 공쥬군에 것쳐셔 지금 츙쳥북도 쳥쥬디방으로 갓는디 그 계집 아희의 코를 쑬으고 텰ᄉᆞ를 ᄢᅦ여 ᄭᅳᆯ고 단이고 의복은 그 신힝 ᄣᅥ 입엇든 디로 록의홍샹에 당의와 족도리를 쓰엿고 그 죽은 간부 아희놈은 그 계집아희의 외륙촌 되ᄂᆞᆫ 놈이라더라.
>
> ⑮ 슯흐다. ᄌᆞ고 이리로 강상대변이 허다ᄒ거니와 엇지 이럿케 육칠명이 일시에 죽ᄂᆞᆫ 쟈 어디 잇스며 ᄯᅩ한 남의 죽음을 밧지 안코 ᄌᆞ결ᄒ기를 그갓치 용이케 ᄒᆞᆫ 쟈 어디 잇스리오. 무섭도다. 간음에 폐단이여. (완)[47]

이 사건의 비극은 신부가 정부와 간통한 것을 목도한 신랑의 조부가 간부를 살해하고 자결한 데서부터 시작되었다. 말하자면 6인의 죽음을 몰고

---

47 「잡보 ― ● 穿人鼻巡廻」, 《제국신문》, 1907년 2월 1일.

온 원인이 신부의 간통으로 규정되었으며, 그 신부는 코를 뚫고 철사를 끼워 끌려 다니는 형벌을 받았다. 매우 선정적이고 자극적인 내용의 기사는 그 자체로 흥밋거리가 되기에 충분하다. 기자는 이를 '간음에 폐단'으로 정리했으며, 그 가운데에는 여성의 음행을 마땅히 징계해야 할 대상으로 위치 지으려는 정절 의식에 대한 공감과 지지가 작용했다.

이러한 것은 여성에게 여전히 '절개'와 '열'이라는 전통적 윤리가 가치 있는 것으로 여겨졌으며, 이 또한 근대 여성에게 요구되던 윤리이자 문화였음을 보여주고 있다. 그런 점에서 이는 마땅히 지켜져야 할 '전통 문화'로서 강조되어야 했으나, 전통과 과거에 대해 오로지 '비판'과 '부정'의 수사를 펼쳐온 근대의 언론은 이를 '전통의 윤리'나 '문화'로 옹호하는 대신, '여성의 음행'이나 '간음의 폐단'이라는 풍속의 논리로 전유함으로써, 근대 여성의 문화를 재맥락화했다.

4. 결론

여성을 중심 독자로 상정하면서 국문표기 방식을 택했던 《제국신문》은 개화와 문명론을 강조하는 계몽 언론의 입장을 유지하면서, 여성에 대해서도 학교를 통한 교육과 부인회 등의 사회활동과 봉사, 직업을 가진 삶 등을 권장하는 방식으로 근대 여성의 정체성과 일상문화에 대한 변화의 방향을 제안해왔다. 이러한 취지를 선도하는 《제국신문》의 기본적인 입장은 여성을 '국민'으로 호출하는 방식으로 여성의 정체성을 재규정하는 한편, 조혼과 개가 금지 등의 혼인 풍속이 여성에게 불평등한 지위를 부여하고 인권을 저해한다고 지적함으로써, 여성과 관련된 전통 문화를 '개량'의 대상으로 위치시켰다.

그러나 정작 풍속개량을 통해 도달해야 할 근대 여성의 문화적 내역은 여전히 출산, 육아, 자녀 교육에 치중하는 '어머니'나 가사에 충실한 '주부'로서의 역할이 강조되었다는 점에서 사실상 전근대 여성의 역할과 근본적인 차이를 보이지 않았다. 이는 젠더적 차원에서 근대 여성의 삶의 지향점이 이전 시대와 연속적이었음을 시사한다. 그러나 《제국신문》은 이를 실천하는 방법이나 시선을 새로운 것으로 담론화함으로써, 이전 시대를 부정하고 비판하거나, 그러한 삶 자체가 '없었던 것처럼' 논의하는 '부정'의 수사(修辭)를 펼쳤다. 그리고 이는 전통과 근대의 착종적 만남, 또는 일종의 '부정교합'을 형성했다.

한편, 여성에게 학문을 권고하는 이유 또한 '가정교육'과 '가족사회의 쾌락'을 유지하기 위함인 것으로 설정됨으로써, 《제국신문》의 논설과 별보(기서)는 '방법/시각'으로서의 근대와 '내용/이념'으로서의 전근대가 불균형하게 만나는 방식을 보여주었다. 그리고 전근대와 근대의 비대칭적 관계는 독자 대중의 상상력과 감성에 기반을 둔 '서사'에서도 착종적으로 재현되었다.

양식화된 소설이 연재되기 이전에 《제국신문》에서 '소설'로 소개되거나 '서사적 기사' 형식으로 수록된 이야기에 등장하는 여성들은 남편에게 헌신하거나 삼종지도를 따르는 인물로 등장하여 현모양처의 여성상을 보여주었다. 또한 충·효·열의 이념을 실천하고, 상전/주인·남편·아버지를 위해 희생되는 모습을 보임으로써, 스스로 사회적 자리를 박탈하는 딜레마에 놓여 있었다. 이러한 여성상은 《제국신문》이 그토록 '개량'되어야 할 대상으로 호명했던 '전근대'의 여성상과 일치하고 있었다. 이런 점에서 근대 기획의 이념에 반하는 모순과 착종을 보이고 있었다. 일부의 서사에서는 이전 시대의 야담 서사에서 보이는 이인 여성의 서사를 차용했지만, 주체적 여성의 태도나 능력을 계승하지는 못했다. 또한 남성에게 은혜를 갚기 위해 자신의 삶을 희생시키는 퇴행적 모습을 보여주었다. 그리고 여전히 여성에게 열의 윤리를 강요하는 이야기를 반복함으로써, 남성에게 종속된 성 관념을 유지했다.

근대 계몽을 주도한 근대의 언론과 지식인들은 근대의 이념을 제도와 일상의 차원에서 실천하기 위한 논설과 주장을 전개했으며, 독자들은 이에 호응하고 지지하는 형식으로 독자투고(기서)를 게재했다. 그러나 주장과 이념으로서의 근대는 내용의 차원에서 오히려 전통, 또는 전근대의 내용과 중첩되어 있었고, 경험이나 정서의 차원에서는 전통문화에 대한 이해도를 벗어나지 않았다. 특히 감수성과 공감대에 근간하여 성립하는 서사의 차원에서는 이러한 근대적 착종과 의식/경험 간의 분열이 더욱 두드러졌다. 그리고 이러한 균열은 근대 여성의 정체성이나 일상에 대한 근대적 변혁을 주창하는 근대 언론의 경우에도 반복되었다.

이 글에서는 바로 이러한 모순과 착종, 그리고 딜레마를 근대의 모습으로 간주하고, 근대화의 논리와 이념의 이면에 경험적으로 자리하고 있는 불균형한 모습을 '하나이지 않은 근대'의 현장성으로 간주하면서, 이를 여성 담론과 여성 서사를 통해 논증하고자 했다.

참고문헌

1. 기본 자료

『청구야담』, 이월영·시귀선 옮김, 한국문화사, 1994.

《제국신문》

『한성신보』

김영민·구장률·이유미, 『근대계몽기 단형 서사문학 자료전집』상·하, 소명출판, 2003.

2. 논문

강현조, 「근대초기신문의 전재 서사 수용 및 변전 양상 연구: 《한성신보》와 《제국신문》의 공통 게재 서사물을 중심으로」, 《현대문학의연구》51, 한국문학연구학회, 2013.

권명아, 「풍속 통제와 일상에 대한 국가 관리」, 《민족문학사연구》33, 민족문학사연구소, 2007.

김기란, 「근대계몽기 매체의 코드화 과정을 통한 여성인식의 개연화 과정 고찰: 《제국신문》의 여성 관련 기사 분석을 통해」, 《여성문학연구》26, 한국여성문학학회, 2011.

김복순, 「《제국신문》의 힘: '여성의 감각'의 탄생」, 《민족문학사연구》51, 민족문학사연구소, 2013.

문경연, 「한국 근대연극 형성과정의 풍속통제와 오락담론: 근대초기 공공오락기관으로서의 '극장'을 중심으로」, 《국어국문학》151, 한국국어국문학회, 2009.

박애경, 「야만의 표상으로서의 여성 소수자들: 《제국신문》에 나타난 첩·무녀·기생 담론을 중심으로」, 《여성문학연구》19, 한국여성문학학회, 2008.

서지영, 「부상하는 주체들: 근대 매체와 젠더 정치」, 《여성과 역사》12, 한국여성사학회, 2010.

우수진, 「연극장 풍속개량론과 경찰 통제의 극장화: 한일합병 전후를 중심으로」, 《한국극예술연구》32, 한국극예술학회 2010.

이경하, 「《제국신문》 여성독자투고에 나타난 근대계몽담론」, 《한국고전여성문학연구》 8, 한국고전여성문학회, 2004.

이유미, 「근대초기 신문소설의 여성인물 재현 양상 연구: 일본인 발행신문 《한성신보》 연재 서사물을 중심으로」, 《한국근대문학연구》 16, 한국근대문학회, 2007.

이형대, 「풍속 개량 담론을 통해 본 근대계몽가사의 욕망과 문명의 시선: 《대한매일신보》를 중심으로」, 《고전과 해석》 1, 고전문학학문학연구학회, 2006.

전은경, 「근대 계몽기의 신문 매체와 '독자' 개념의 근대성: 번역어 '독자'의 성립 과정과 의사소통의 장」, 《현대문학이론연구》 46, 현대문학이론학회, 2011.

정준식, 「추노계 소설의 개작양상 연구」. 《국어국문학》 34집, 국어국문학회, 1997.

최기숙, 「이성·지혜·성공의 탈영토화: 18·19세기 야담집 소재 '여성 일화'를 중심으로」, 《한국고전여성문학연구》 6, 한국고전여성문학회, 2003.

_____, 「'신대한소년'과 '아이들보이'의 문화생태학: 《소년》과 《아이들보이》를 중심으로」, 《상허학보》 16호, 상허학회, 2006.

_____, 「전통과 근대의 '부정교합', 표류하는, 서사의 근대성: 《제국신문》(1898.8.~1907.10) 소재 서사와 담론의 근대성 재성찰」, 《고소설연구》 37집, 한국고소설학회, 2014ⓐ.

_____, 「舊物如何成為頑固: 透過帝國新聞(1898-1908)看近代化理論的錯綜與逆說('옛것'은 어떻게 '완고'가 되었나?: 《제국신문》(1898-1908)을 통해 본 근대화 논리의 착종과 역설)」, 대만중앙연구원 중국문철연구소+연세대 국학연구원 HK사업단 제2회 공동학술회의 발표문, 2014ⓑ. 4.21(월), 대만중앙연구원 중국문철연구소 2층 회의실.

홍인숙, 「근대계몽기 여성담론 연구」, 이화여대 박사논문.

_____, 「근대계몽기 지식, 여성, 글쓰기의 관계」, 《여성문학연구》 24, 한국여성문학학회, 2010.

3. 단행본

뤼스 이리가라이, 『하나이지 않은 성』, 이은민 옮김, 동문선, 2000.

제2부

서사 양식과 글쓰기에
나타난 매체적 특성

근대계몽기 매체의 코드화 과정을 통한
여성인식의 개연화 과정 고찰

《제국신문》의 여성 관련 기사 분석

김기란

1. 사회적 소통 체계로서 매체

"문학에서 문화"라는 구호[1]는 지난 2000년대 국문학 연구의 학제적 전환을 간명하게 압축한다. 학제적 전환의 계기는 한국근대문학의 기원을 탐색한다는 명분 아래 마련되었고, 그것의 구체적 전개는 실증적 태도를 표나게 내세워 국문학의 연구대상을 작가와 작품에서 문학장(文學場)[2]으로

---

[1] 이에 대해서는 소위 문화론 내부의 다음과 같은 진술을 참조할 수 있다. "근대문학의 기원을 찾는 작업 자체가 근대문학사를 해체하고 다시 쓰기 위한 작업과 연관되었던 것입니다. 더구나 거기에 90년대 이후 '(근대)문학의 위기'도 함께 얹혀져 있었던 것입니다. 이를 환기할 필요가 '부정적' 자기규정에 관련되어 있었고, 이 자체가 '문화론적 연구'의 출발이기도 했습니다." 천정환, 2006년 민족문학사연구소 학술 심포지엄 발제/질의문.

[2] 다른 사회적 시스템(체계)에 대해 상대적인 자율성을 지닌 문학적 시스템을 말한다. 곧 정치와 권력, 자본의 영향으로부터 자율적인 문학적 소통의 장이라고 할 수 있다. 문학장은 미적 기호, 취향, 신념, 가치관, 구체화된 작품과 특화된 활동 영역을 구성하며 그것의 자율성은 미적 근대성의 표지가 된다. 김춘식, 「한국 신문학 초창기의 문학

확장시키는 소위 문화론의 양상을 보여주었다. 이러한 양상을 근대계몽기 문학 연구에 한정하여 살펴보면 문학장 내부에서 문학이 분화되는 정황을 문(文)과 매체의 관계 속에서 입체적으로 조망하는 가운데, 구체적으로는 새로운 매체의 등장으로 인한 글쓰기 방식의 변화, 매체를 통해 활성화된 문학 소비 체계의 변화, 새로운 독자층의 구성에 주목하는 연구가 진행[3]되고 있다. 이들 연구에서는 전통적 문으로부터 문학이 자율적 예술체계로 분화되는 과정에서 매체가 중요한 역할을 담당했을 것이라고 판단되는 정황을 분석하여 전통적 문으로부터 새로운 문학을 구성하려는 역동적인 실천이 사회·문화적 영역의 경계를 넘어 교섭했던 정황을 매체와 연관시켜 고찰한다.

그러나 이와 같은 매체연구와 연동된 문화론은 매체를 문학텍스트를 담고 있는 도구나 그것을 전달하고 확산시키는 기술적 수단으로 이해하는 태도에 한정되어 있다는 점에서 다음과 같은 비판을 피할 수 없다. "[근대문학 연구에서는] 문의 영역에 대해서 그것의 실질적인 역사적 존재방식 그 자체에 주목하는 것이 아니라 후에 내부로의 수렴운동을 통해 결정화된 문학성에 근거하여 문의 영역을 몇 가지 양상으로 분절하고 있다. 즉 문학을 모종의 양식 혹은 심미적인 것 등으로 간주하면서도 그것이 1차적으로 기능하는 소통 체계로서의 매체 성격을 간과하고 있으며, 신문 잡지와 같은 매체에 대해서는 정보전달이라는 미디어의 특정한 기능을 강조하면서 그것이 문의 영역 속에 놓여 있음은 주목하지 않는다."[4] 이는 "자기시대의 문

장의 형성과 서구적 개념의 미적 근대성 비교」, 《동서비교문학저널》12호, 2005, 181쪽과 피에르 부르디외, 『예술의 규칙』, 하태환 옮김, 동문선, 1998, 158~162쪽.

3   한기형 외, 『근대어·근대매체·근대문학』, 성균관대 대동문화연구원, 2006.

4   차태근, 「매체의 문학과 문학적 매체」, 『지식의 근대기획, 미디어의 동아시아』, 성균관대 동아시아학술원 동양학학술회의, 2007, 87~88쪽.

학성을 도출하기 위해 다수의 문 영역을 '문학' 영역으로 끌어들이면서 문학 자신의 특수성을 설명하는 데 과도하게 치중하는 "내부로 수축(involution)" 하는 연구 경향을 겨냥한 비판으로, 문자텍스트의 특권적 지위를 해체하며 문화론적 접근을 시도한 지난 10여 년의 학제적 전환의 의미를 다시 성찰케 한다.

매체는 한 시대의 신념이나 가치체계(푸코식으로 말하자면 담론)를 통해 사회적 경험을 변용시키고 사회구성원들의 관계를 새롭게 설정하는 일련의 사회화 과정을 매개한다.[5] 매체는 새롭게 등장한 담론이 사회구성원들에게 전달되는 과정을 매개함으로써 의사소통 방식 자체를 변용시켜 새로운 표상 체계의 코드를 창출한다. 즉 한 시대의 신념과 가치체계는 매체를 통해 사회적 문제제기와 다름없는 준거의 틀을 통과하며 새로운 표상 체계로 코드화된다.[6] 따라서 매체는 단순히 정보를 전달하는 기술적 수단 혹

---

5   매체에 대한 정의는 대략 세 가지로 정리될 수 있다. 대부분의 매체이론은 이 세 가지 개념을 공유한다. 매체에 대한 가장 일반적인 정의는 매체를 특별한 내용을 전달하는 경로(Kanäle)로 이해하는 것이다. 이는 포괄적인 만큼 피할 수 없는 하나의 질문을 상정하게 되는데, '무엇을 어떻게 전달하는가' 라는 질문이 바로 그것이다. 즉 내용과 그것의 전달과정이 어떤 상관관계를 지니고 있으며, 그것이 각각 다른 수용자에게 어떤 지각의 차이를 가져 오는가 등의 구체적인 질문에서 자유로울 수 없다. 두 번째 정의는 매체를 언어의 차원에서 이해하는 것이다. 특히 언어학과 밀접한 연관성을 지니며 다양한 매체의 '문법'을 고찰하는바 매체의 문법생산기술에 관한 연구와 복합매체의 문법에 대한 연구로 구체화된다. 세 번째 정의는 매체 각각이 아닌 매체 간 사회적 관계에 주목한다는 특징을 지닌다. 주로 매체를 둘러싼 환경과 문맥에 관심을 보인다. 개인이 매체와 접속할 수 있는 것은 초개인적·사회적 문맥을 통해서만이 가능하다고 보고, 개인과 매체의 접속을 가능하게 하는 사회·정치·역사적 환경과 문맥을 주요 관심사로 연구한다. 새로운 매체가 낡은 매체를 어떻게 대체해가는가, 새로운 매체는 사회적 관습이나 익숙한 환경과 어떻게 융합되어가는가, 사회적 제도를 새로운 매체는 어느 정도까지 변화시킬 수 있는가 등이 주요 의제들이다(Peter Ludes, *Einführung in die Medienwissenschaft-Entwicklungen und Theorien*, Berlin: Erich Schmidt Verlag, 1998, pp.40~41).

은 도구라는 상식적 이해를 넘어 다양하게 규정될 수 있다. 가령 맥루언은 "인간의 힘과 감각 및 육체적 기능을 기술적으로 확산, 보완해 주는 모든 것을 매체로 규정"했고, 미하엘 기제케(Michael Giesecke)는 "정보를 저장하는 기능을 갖고 있는 모든 정보 저장체"를 매체로 부를 것을 주장했는데, 이들의 개념 규정에 따르면 복잡한 기술적 장치뿐만 아니라 정보 저장 기능을 보유한 사회 집단과 인간 자체도 매체의 범주에 포함된다. 여기에 체계이론 기반의 매체 이론에서 탤코트 파슨스(Talcott Parsons)는 "의사소통을 행위 단위들 사이에서 공통된 코드의 도움으로 이루어지는 상호작용 과정으로 파악하고, 전체 사회 체계를 안정화시키고 성공적인 의사소통을 가능케 하는 상징적으로 일반화된 교환매체로서 화폐, 권력, 영향력, 가치 구속력"을 언급했다. 또한 파울슈티히(Faulstich)는 매체를 "사회적인 지배력과 특정한 능력을 지닌 조직화된 의사소통의 통로를 둘러싼 제도화된 체계"로 규정짓고, 의사소통 기술이나 정보저장체가 사회적 조정 및 방향 설정의 기능을 지닐 때 매체적 성격을 지닌 것으로 이해했다.[7]

이처럼 매체가 "사회적 조정 및 방향 설정 기능"을 지닌다고 이해하면, 매체는 단순히 추상적인 저장을 가능케 하는 상징체계이자 도구에 한정될 수 없다. 매체는 단순히 의사소통의 의미를 지니는 조직이나 제도에 한정되는 것이 아니라 사회적, 문화적 상호작용 과정을 매개하는 메커니즘으로서 매체가 위치한 사회적 관계에 결정적인 영향력을 행사한다. 곧 매체는 전달의 도구가 아닌, 실천적인 문화적 효과를 가져 오는 사회적 소통방식으로 이해될 수 있는 것이다. 그렇기 때문에 인쇄매체가 새로운 소통 체

---

6   김기란, 「한국 근대계몽기 신연극 형성과정 연구」, 연세대 박사학위논문, 2004, 19~20 쪽.

7   베르너 파울슈티히, 『근대초기 매체의 역사』, 황대현 옮김, 지식의 풍경, 2007, 10~12 쪽.

계의 도구로 적극적인 역할을 했다는 상식적인 이해나 인쇄매체가 처리하는 정보에 집중하는 태도만으로는 근대계몽기, 소통 체계의 변화가 가능하게 한 인간의 인식과 감성구조의 변화를 면밀하게 설명하기 힘들다.

이런 문제의식에서 이 글은 근대계몽기 사회적 의사소통 체계로 기능했던 신문매체와 문학장이 소통하며 상호작용하는 과정을 고찰하려 한다. 특히 1898년 8월 10일 창간되어 1910년 3월 31일까지 한글 표기로 발행된 《제국신문》[8]에 실린 여성 관련 기사를 분석하여, 근대계몽기 여성인식이 매체의 코드화에 의한 일련의 사회적 소통과정을 통해 개연성을 확보하며 안정적인 결과물인 신소설이라는 문학 장르로 구축되는 과정을 살펴보려 한다. 당대의 이념이 매체를 통해 개연화되는 소통의 과정에 집중하려는 이 글의 목표는 그러므로 신소설이라는 장르적 존재의 규명에 놓여 있지 않다. 그보다는 《제국신문》의 여성 관련 기사에서 드러나는 관념적으로 상상된 여성성(Women)과 현실 속 여성(women)에 대한 인식이 매체의 코드화를 통해 사회적으로 소통되며 개연적인 여성인식으로 구축되는 과정을 살펴보려 한다. 곧 여성 주인공을 내세우고 여성 독자를 의식한 순한글

---

8 1898년 8월 10일 창간되어 1910년 3월 31일까지 발행된 《제국신문》은 제국신문사의 창간멤버이자 사장이었던 이종일이 자신의 일기체 메모인 「묵암비망록」을 통해 "부녀자 계몽지"로 만들 의도에서 창간되었음을 분명히 밝히기도 했지만, 무엇보다도 한글 전용이란 당시로서는 혁신적인 표기체계를 통해 출발부터 여성을 위한 신문임을 분명히 표방했다. 선행 연구에서는 이러한 《제국신문》의 특징에 착안, 《제국신문》에 게재된 여성 관련 기사나 여성 독자투고 기사에 주목하여 이 시기 여성계몽담론을 고찰해 왔다. 가령 "《제국신문》은 암신문으로 인식되었던 만큼 여타 신문에 비해 당대 여성의 목소리가 독자투고의 형태를 빌어 보다 활발하게 표출될 가능성이 높다."(이경하, 「《제국신문》 여성독자투고에 나타난 근대계몽담론」, 《고전여성문학연구》 8집, 한국고전여성문학학회, 2004, 70~71쪽)는 전제는 그러한 태도를 잘 보여주지만, 여성이라는 소재 자체에만 집중하여 "암신문"이라는 《제국신문》의 특성을 매체적 특성에 주목하여 총체적으로 고찰하지는 않았다.

표기를 선택한 새로운 문학 장르 신소설의 등장에 주목하여, 문학 장르라는 개연적 상태가 사회적으로 외화되기까지 《제국신문》이라는 매체가 매개한 여성인식에 대한 사회적 소통 과정을 분석하려는 것이 이 글의 목표다. 이를 통해 매체와 문학이 상호 교섭하는 문학장 내부의 코드화 과정을 이론적으로 고찰할 수 있으며, 궁극적으로는 근대계몽기 여성의 사회적 정체성이 당대 어떤 의미론으로 구성되었는지를 밝힐 수 있을 것으로 생각한다.

2. 《제국신문》이라는 매체

1907년은 근대계몽기 여성인식과 관련하여 중요한 결절점(結節點)을 보여준 해다. 구체적으로는 근대계몽기가 요구한 이상적 남성성을 전유한 새로운 자질의 여성을 주인공으로 선택한 이인직의 『혈의루』[9]가 신소설이라는 문학 장르의 형태로 1907년 간행되었고, 신문의 소설 지면 활성화와 함께 여성 독자를 의식한 소설 작품들이 여성 위인전인 『애국부인전』을 비롯 활발히 간행[10]되기 시작했다. 또한 1907년에는 고미숙이 지적한 것처럼 "여성을 근대적 국민의 일원으로 재탄생시키기 위한 계몽의 프로젝트 가운데 가장 뚜렷한 계기"[11]라고 할 수 있는 국채보상운동이 일어나, 1898

---

9   이인직의 『혈의루』는 1906년 7월 20일부터 10월 10일까지 50회에 걸쳐 《만세보》에 연재되었다. 이후 1907년에는 김상만 서포에서, 1908년에는 광학서포에서 출판되었고, 1912년에는 식민지 검열에 따라 여러 부분이 삭제되거나 수정되어 『목단봉』이라는 제목으로 동양서원에서 출판되었다.

10   박진영, 「번역·번안소설과 한국 근대소설어의 성립」, 『흔들리는 언어들 — 언어의 근대와 국민국가』, 성균관대학교 대동문화연구원, 2008, 272쪽.

11   고미숙, 『한국의 근대성, 그 기원을 찾아서』, 책세상, 2001, 95쪽.

년「여권통문(女權通文)」이후 미약하나마 자신들의 목소리를 내기 시작했던 여성들의 사회적 발언이 사회적 실천으로 구체화되면서 여성에 대한 새로운 인식들이 사회적으로 수용되기 시작했다.

이러한 상황으로부터《제국신문》도 예외는 아니었다. 1907년《제국신문》의 지면은 국채보상운동을 빼놓고는 이야기하기 어려우리만큼 국채보상운동의 시작과 진행, 그 과정의 에피소드를 특히 여성들의 활약을 중심으로 소개했다. 1907년 2월 16일 대구 대동광문회 회원 서상돈의 발의로 국채보상운동이 시작되었음을 알린 후,《제국신문》은 1907년 3월 15일 "경고 일천만 자매"라는 제목의 잡보를 통해 국채보상운동과 관련하여 "여자교육회장 이옥겸, 리숙자, 김운곡, 박주경, 박청운, 정경옥, 이형렬, 진정옥, 김영자, 신여자등 제씨가 발기하야 대한일천만 자매의게 공고한 전문이 본사에 래도"하였다고 소개한 후 그 내용을 게재한다. 이전《제국신문》에 투고된 여성독자들의 글에서는 투고자의 이름을 구체적으로 밝히지 않았으나, "경고 일천만 자매" 잡보에서는 발기인 한 명 한 명의 이름을 분명히 명기하고 있는 것이 이채롭다. 이어 1907년 4월 1일자 잡보에서는 국채보상운동에 참여한 인천 지역 기독여성들의 모임을 소개하는 등《제국신문》은 국채보상운동을 통해 촉발된 여성들의 사회 참여 양상을 부지런히 기사화했다. 이는 제국신문사가 국채보상운동에 대해 정치현실을 감안한 냉정하리만큼 중립적인 태도를 보여준 것과는 대비된다[12]는 점에서 주목

---

12 《제국신문》은 1907년 2월 16일자 잡보를 통해 국채보상운동의 시작을 가장 먼저 알린 후 같은 해 2월 28일부터 3월 5일까지 다섯 차례에 걸쳐 "국채보상금 모집에 관한 수정"이라는 기사를 게재한다. 이들 기사에서는 국채보상운동 자체가 국가의 독립기초가 보이는 일이라고 찬양하면서도 완전한 국채보상이 현실적으로 불가능하다는 것과 모금과정의 폐해를 주지시키고 있다. 또한 3월 1일자 잡보에서는 신문사무의 분망함과 의연금수집소가 다른 곳에 많이 생겼음을 들어 제국신문사는 의연금을 수납하지 않겠다고 밝힌다. 이어 5월 30일자 논설에서는 "국채보상금 처리의 곤란할 일"이라

되는 태도이다.

한편 《제국신문》 내부의 변화도 감지된다. 급변하는 정세 속에 재정난 등으로 1907년 9월 20일 폐간을 선언하고 발간을 중지했던 《제국신문》은 10월 3일부터 다시 신문을 간행하지만 곧 '출세지향형 친일파'로 분류되는 정운복이 신문사를 인수한다. 이미 1907년 3월 6일부터 수회에 걸쳐 논설 난에 이준 검사 사건에 관한 연설문을 게재한 바 있는 정운복은 1907년 6월 8일자 논설 "첫 인사"를 시작으로 '탄해생'이라는 필명을 통해 주필로도 활동한다.[13] 그런데 정운복이 제국신문사 사장에 취임하기 전후 제국신문 사에서 의욕적으로 추진되었던 사업이 《제국신문》의 지면을 확장하여 소설 지면을 신설하는 것이었다는 점은 특히 흥미롭다. 1907년 3월 20일부터 4월 19일까지 이미 《제국신문》은 "소설"이란 표기 아래 작자 미상의 「허생전」 연재를 시작한 바 있다. 「허생전」 연재가 끝난 후인 5월 4일, 《제국신문》은 새삼 "간신이 긔계를 구득ᄒᆞ고 부죡ᄒᆞᆫ 쥬ᄌᆞ를 쥰비ᄒᆞ야 방장설비즁이온즉 이달 십륙일부터ᄂᆞᆫ 지면을 널녀 신문면목을 일신케 ᄒᆞ고 론설과 소설도 일층 쥬의ᄒᆞ야 샤회의 졍신을 되표ᄒᆞ려니와 관보와 외보를 긔직ᄒᆞ야 쳠군자의 ᄉᆞ랑ᄒᆞ시ᄂᆞᆫ 후의를 갑고져 ᄒᆞ오니 더욱 ᄉᆞ랑ᄒᆞ시기 바라오며(…)"라는 "특별고빅 — 본보 확장ᄒᆞᄂᆞᆫ 일"을 신문의 앞 장 논설란 앞에 게재하며 소설 지면 확충의 의지를 분명히 드러낸다. 정운복 취임 후 제국신문사에서 진행한 소설 지면의 확충은 당시 대중의 인기를 끌던 신소설

는 제목으로 국채보상이 불가능할 경우에 대비하여 의연금의 처리방안을 강구해야 할 것을 주장한다(최기영, 『《대국신문》 연구』, 서강대언론문화연구소, 1989, 61~62쪽).

13 1907년 5월 17일자부터 6단으로 지면을 확충한 《제국신문》은 6월 7일자로 편집진을 보강하는 사고(社告)를 낸다. "본샤 편집원은 정운복 씨로 츄션되야 금일부터 일반 편즙ᄉᆞ무를 담임사무ᄒᆞ오며 물리학과 소설은 박정동, 리인직, 이해죠 삼씨가 담임 더슐ᄒᆞᆫ대 이상 졔씨는 본 신문이 우리 한국 개명기관에 요졈됨을 생각ᄒᆞ야 보슈의 다소를 구의치 안코 다 ᄌᆞ원 근무ᄒᆞ오니 일반동포는 죠량ᄒᆞ시기 바라오"

을 염두에 둔 선택이었고 이는 제국신문사의 재정난을 돌파할 수 있는 비장의 카드였을 것으로 생각된다. 제국신문사는 신소설을 기대하던 1907년 당시의 사회문화적 상황을 적극 수용하여 "론셜과 소셜도 일층 쥬의ᄒ야 샤회의 졍신을 되표"하겠다는 특별고백을 통해 제국신문사의 신문기자였던 이해조의 신소설『고목화』,『빈상설』,『구마검』등을 연재할 준비를 갖춰나갔던 것이다.[14]

여성들의 참여가 두드러진 국채보상운동이나 여성을 주인공으로 내세운 신소설의 영향력을 인지한《제국신문》의 경우만 생각해도, 1907년의 상황은 여성에 대한 사회 인식이라는 측면에서 기대 이상의 놀라운 성취로 기록될 만하다. 하지만 1907년의 여성과 관련한 대사회적 반응을 단순히 우발적으로 발생한 문학사적 사건이나 사회적 사건으로만 이해할 수는 없다. 여기서 주목되는 것은 여성인식과 관련하여 비(非)개연적이었던 상황이 개연적인 상황으로 수용되는 과정이며, 그러한 과정을 매개한《제국신문》의 매체적 기능이다. 루만(Luhmann)은 "매체들이란 상징적으로 일반화된 교환매체들"이라고 정의한다. 예컨대 문자 자체는 매체가 될 수 없지만 문자가 편지나 서적과 같은 매체와 결합되어 기억이나 경험을 매개하고 교환가능한 상태가 되면 매체적 성질을 지닌다고 본다. 이때의 교환가능성이란 매체가 상대적으로 비개연적인 소통을 성공하도록 뒷받침해주고, 비개연적인 소통이 사회적 신뢰감을 조성하여 개연적인 것으로 안정되는 효과를 발휘할 때 성립한다. 가령 당시 김규홍의 첩으로 애국계몽운동을 활발하게 펼친 것을 알려진 신소당의 경우, 당대의 맥락에서는 특이한 여성 존재로 현실을 반영한 개연성을 담지한 인물로 수용되기 힘들다.

---

14 이인직의『혈의 루』하편도 1907년 5월 17일부터 6월 2일자까지 연재되었으나 같은 해 7월 이인직이《만세보》를 인수한 대한신문사의 사장에 취임하면서 곧 연재가 중단된다(최기영,『《뎨국신문》연구』, 서강대언론문화연구소, 1989, 46~48쪽).

하지만 이런 비개연적인 인물이 매체를 통해 매개, 소통되는 과정에서 사회적으로 수용될 수 있도록 개연화될 가능성은 높아진다. 매체가 지닌 이런 기능 때문에 매체 내부의 코드화가 충분한 사회적 신뢰를 얻어 예측 가능할 만큼 일관되게 사용되면, 매체는 복잡한 사회적 체계들의 분화를 야기하는 촉매로 간주[15]된다.

《제국신문》이 교환가능성을 지닌 사회 소통 체계로 작동하며 비개연적인 것을 개연적인 것으로 안정화 시키는 매체의 기능을 보여주는 정황은 《제국신문》지면 간 활발한 소통[16]을 통해서도 확인할 수 있다. 여성관련 기사에 한정한다 해도,《제국신문》의 논설란[17]과 잡보란은 취재된 사건을

---

15   니클라스 루만,『열정으로서의 사랑 — 친밀성의 코드화』, 정성훈 외 옮김, 새물결, 2009, 15~16쪽.

16   제목을 큰 활자체로 강조한 1907년 3월 9일자 잡보 "의무교육 실시"에서는 평양에서 실시 예정인 의무교육에서 "기타 나이 만은 자들은 한문신문과 국문신문을 슈삼인식처럼하야 보게 하얏더라"라는 내용을 통해 신문이 교육자료로 활용되며 소통되는 구체적인 상황을 전한다. 또한 1907년 4월 3일 잡보에는 유지부인 이소사가 신문 덕분에 세상사정과 애국사상에 눈을 뜨게 되어 감사한 마음을 담아 성의로 지전 이원 십전을 동봉하고 특별 기고한 글이 실려《제국신문》의 사회적 영향력을 확인할 수 있게 해준다.

17   제국신문의 논설란은 1907년까지 사장이었던 이종일이 주필(主筆)을 겸임하여 신문논설의 대부분을 집필해왔다고 주장되지만, 실제《제국신문》논설란의 입장과 시각은 동일한 사안에 대해서도 다양하게 표출되기 때문에 이런 주장에는 의문이 남는다. 특히 논설기자인 주필을 구하는 어려움을 토로한 1907년 1월 9일자 '편집여록(編輯餘錄)' 기사를 보면 이러한 의문은 더욱 강해진다. 기사에서는 "기ᄌ스무 잘할 사람 스면으로 방구하되 구지 부득할 슈 업고 데국신문 론셜 견습 구한 지가 슈년이나 가부간 누구던지 ᄌ원쟈가 영무하니 민망답답 기막힌다 그중에 국문신문 한문보다 용이할 듯 남보기가 가소롭되 론셜할 쟈 아조 업셔 신문유지 극란하다"고 했는데, 실제 제국신문사는 1901년부터 1903년까지는 옥중에 있었던 이승만의 도움을 통해, 그리고 1905년에는 이승만을 비롯한 여러 미국유학생 혹은 이민쟈나 독자들이 보낸 투고문인 기서(奇書)를 통해 논설란을 채울 수 있었다(최기영,『《데국신문》연구』, 서강대언론문화연구소, 1989, 46쪽).

전하거나 독자들의 투고 글을 싣는 기능에 한정되지 않고 각각의 지면 기사에 대한 반응과 이전 기사에 대한 후일담을 다시 기사화하는 방식을 취했다. 1903년 4월 16일자 논설 "녀ᄌ교육의 관계"에서처럼 "본인이 비록 성품이 어리석고 학식이 쳔루ᄒᄂ 두어 마디 관계됨을 설명ᄒ니 그릇된 말은 유지군자 계시거든 밝키 가라쳐 쥬시오"라고 하여 소통의 가능성을 열어놓는 것이나, 잡보 기사에 대한 논평이 논설란에 실리고 잡보 기사에 대한 후속 조치나 후일담이 다음 날 잡보란에 실리는 방식이었다.

한 예로 1900년 12월 1일자 잡보에는 "젼 찬졍 민치헌 씨는 과부ᄀ가법을 터셔 과부 혼인이라도 례를 갓초아 신랑신부와 갓치 지ᄂ게 ᄒ쟈고 샹소ᄒ엿다더라"는 과부개가법의 발의를 알리는 기사가 실린다. 이어 12월 4일자 잡보에는 "회계원경 민치헌 씨가 과부ᄀ가ᄒ기로 상소ᄒ엿말은 이왕 긔직ᄒ엿거니와 비지가 나리시기를 졍부로 ᄒ여금 품쳐ᄒ라 ᄒ셧ᄂ지라 그 샹소ᄉ의는 이십 새 이하 과부는 초취일례로 혼인ᄒ고 삼십 셰까지는 직취로 혼인ᄒ고 ᄉ십 셰 이샹 과부는 마음ᄃ로 ᄒ되 무론 몃 살된 과부든지 누가 억지로 강박ᄒᄂ 쟈는 일률 시힝ᄒ기로 ᄒ다더라"고 하여 과부개가법의 시행과 구체적인 내용을 알린다. 이어 과부개가법 시행에 대한 대사회적 반응이 상소문의 형식으로 12월 5일자 논설란에 별보[18]로 게재되고, 1898년 11월 10일 잡보에는 첩 노릇하는 여성을 비하한 11월 7일 자 《제국신문》의 논설을 문제 삼은 독자의 투고글을 싣는다. 독자의 항의에 대해 제국신문사는 "우리가 신문에 첩이 쳔하다고 ᄒ 말은 상하귀쳔 물론 ᄒ고 남의 시앗 노릇슬 ᄒ거나 탕잡ᄒ 거슬 쳔ᄒ다고 ᄒ 말이오 샹챠ᄒ 딕 던지 과부되여 ᄀ가ᄒ 시름을 나물인 말이 아니어니와 이 편지를 보니 ᄀ

---

18 "음란ᄒ 풍속이 변ᄒ야 단졍ᄒ 풍속된 것이 아람답지 아님이 아니로되 당초의 법을 마련ᄒ 뜻은 또ᄒ 형벌ᄒ야가며 엄ᄒ게 금ᄒ라는 것이 아니어늘(…)"

명에 유위ᄒᆞᄂᆞᆫ ᄆᆞ음이 감ᄉᆞᄒᆞ야 발간ᄒᆞ니 아모죠록 우리 신문 보ᄂᆞᆫ 부인들은 이런 편지한 부인에 ᄯᅳᆺ과 갓치 진보ᄒᆞ기를 힘쓰시오"라는 해명기사를 실어 기민하게 대응한다.

기사 간 소통 방식이 첨예한 사회·정치적 성격의 사안에만 해당되는 것은 아니었다. 1902년 12월 11일과 12일자 잡보는 사건과 그 사건의 후일담을 연속적으로 전하며 마치 연재소설 같은 형식을 구성한다. 김명돌의 처 실종사건과 그에 따른 폭행사건을 전한 11일자 잡보에 이어 다음날인 12일자 잡보에는 김명돌의 처를 그 의숙모인 조건식의 처가 돈 300량을 받고 가평군에 사는 사람에게 방매한 것으로 드러났다는 기사를 게재하여 김명돌 처 실종사건의 후일담을 전하는 방식을 취하기도 하고, "전 즁츄원 의관 리승만 씨가 감옥셔 죄슈가 된 지 오린 고로 그 부인이 ᄌᆞ긔 남편을 위ᄒᆞ야 샹소를 스스로 지어 써 가지고 직작일에 인화문 밧ᄱᅴ 가셔 복합을 ᄒᆞ다니 부인이 ᄌᆞ긔 남편을 위ᄒᆞ야 샹소ᄒᆞᄂᆞᆫ ᄯᅳᆺ슨 뉘 쟝ᄒᆞ다 아니 ᄒᆞ리오 ᄒᆞ더라"[19]는 기사에 이어 3월 27일자 잡보[20]에서는 문제의 주인공인 이승만 처의 시위가 어떻게 진행되고 종결되었는지를 자세히 게재하여 독자들의 궁금증을 풀어주는 방식을 선택하기도 한다.

이처럼 《제국신문》은 매일 간행되는 일간지의 특징을 십분 활용하여 여성관련 기사를 포함한 각종 사회·정치 사안에 대한 사회적 의사소통 과정을 실시간 매개했다. 물론 사안의 경중에 따라 즉각적인 반응을 보류하

---

19 '잡보', 《제국신문》, 1899년 3월 25일.

20 "감옥셔예 갓친 즁츄원 젼 의관 리승만 씨의 부인이 ᄌᆞ긔를 가두고 ᄌᆞ긔 남편을 노와 달라고 인화문 밧ᄱᅴ셔 샹소를 ᄒᆞ녀라고 잇흘을 업듸엿더니 궁녀셔 슌검의 말이 칙임관 외에는 샹소를 못 ᄒᆞ기로 향일 관보에 쟝뎡이 낫고 샹소홀 만흔 일이 잇스면 즁츄원으로 헌의ᄒᆞ면 즁츄원에셔 회의ᄒᆞ야 의졍부로 통쳡ᄒᆞ면 의졍부에셔 샹쥬ᄒᆞᄂᆞᆫ 거시 어늘 여긔셔 빅날을 잇슬지라도 격식이 틀녀 그 샹소를 밧아드리지 못ᄒᆞ겟스니 즁츄원으로 가라 ᄒᆞ기로 그 부인이 즁츄원으로 가셔 헌의셔를 드린다더라"

고 일정 기간 소통의 과정을 매개하는 치밀함을 보이기도 했다. 1899년 4월 27일자 논설에는 "(…) 근일의 시무를 안다는 션빅들은 대한의 약흠이 남즈의 실학 공부를 아니 ㅎ는딕 잇는 줄만 아나 그 실샹은 대한의 간난흠이 녀인들의 놀며 먹고 공부 아니 홈으로 말미암아 그러흔 일이라. 쟉년에 경성 사는 모모 부인들이 녀인의 무식흠으 남즈의 하슈가 됨을 씨닷고 분히로 넉여 녀학도의 교육흠을 즈긔의 담칙으로 알고(…)"라는 기사가 게재된다. 이는 몇 개월 전인 1898년 9월 1일 북촌의 부인들이 발표한 조선 최초 여성들의 근대적 권리 선언이라 평가되는 「여권통문(女權通文)」에 대한 논평이다. 주지하다시피 「여권통문」은 《황성신문》에는 1898년 9월 8일자 논설란에 "오백년유(五百年有)"라는 제목으로, 《독립신문》에는 9월 9일자 여학교란에 "여권통문"이라는 제목으로 게재되었다.[21] 하지만 무슨 까닭인지 암신문으로 알려진 《제국신문》에는 「여권통문」의 전문 기사가 실리지 않았다. 그 대신 「여권통문」 발표 하루 뒤인 1898년 9월 9일자 잡보에 "북촌에 엇던 부인네들이 부인회와 녀학교를 셜시ㅎ런다는 말은 견호에 긔직ㅎ엿거니와 어제 황셩신문을 본 즉 리소스와 김소스 두 부인이 녀학교 셜시ㅎ는 스실과 입학 권면ㅎ는 말노 광고를 써서 돌녓는지라 우리나라 부인네가 이런 싱각이 잇슬 줄을 엇지 쑴이나 쑤엇스리오 진실노 희한은 일이로다"라고 하여 여권 선언문을 한갓 "희한은 일"로 치부한다. 하지만 앞서 1899년 4월 27일자 논설을 통해 실제로는 제국신문사가 「여권통문」이 일으킨 사회적 반향을 예의주시하며 관찰하고 있었다는 것을 알 수 있다. 실제 《제국신문》은 부인회와 여학교 설립과 관련된 사안을 1907년[22]

21　이송희, 「한국 근대사 속의 여성 리더십」, 『역사속의 여성리더십』, 한국여성사학회 국제학술대회 자료집, 2011, 179쪽.

22　이와 관련된 기사가 게재된 경우는 대강 정리해보아도 1899년 5월 18일 논설, 1901년 4월 5일자 논설, 1901년 6월 8일자 논설, 1903년 4월 11일자 잡보, 1903년 4월 16일

까지 지속적으로 여러 차례 기사화했다.

여성관련 기사에 한정한다 해도,《제국신문》은 사회적 공론에 대한 논의의 과정을 끈질기게 추적하고 그에 대한 사회적 의견들을 상호 매개하며 사회적 의사소통 체계로서의 기능을 수행했다고 볼 수 있다. "녀ᄌ도 우리 대황뎨폐하에 젹ᄌᆫ 일반이온듸"라는 논리를 내세워 1907년의 국채보상운동에 적극적으로 참여할 것을 주장했던 당시 여성들의 인식이 개연적인 것으로 수용되어 사회적 실천으로 구체화될 수 있었던 것은 바로 이처럼 사회적 소통 과정을 매개하여 "사회적 조정 및 방향 설정 기능"을 작동시킨 매체,《제국신문》의 역할에 힘입은 바 크다고 하겠다.《제국신문》이 폐간의 위기에 처할 때마다 내세웠던 신문의 사회적 기능과 감화의 효과, 이에 호응하듯 자발적으로 기부금을 보내주었던[23] 여성 독자들의 존재 역시 당시《제국신문》이 내장한 매체적 효과를 증명하는 것이다.《제국신문》이 사회문화적 상호작용 과정을 매개하는 매체적 효과를 본격화하는 상황은 다음 장에서 살펴볼 여성인식을 사회적 코드로 구조화하는 과정을

논설, 1907년 1월 8일자 논설, 1907년 2월 23일자 외보, 1907년 2월 19일 잡보, 1907년 3월 16일 잡보 등이 있다. 그중 "부인학회의 취지와 젼진ᄒᆞᄂᆞᆫ 삼퇴"라는 제목의 1907년 1월 8일자 논설이다. "(…) 지금 슈삼쳐 녀학교가 싱겻ᄂᆞᆫ듸 학교에서 교육을 밧ᄂᆞᆫ 쟈ᄂᆞᆫ 쟝리에 됴흔 결과를 엇으려니와 부인회라 녀ᄌ교육회라 하야 닐어나는 듸ᄂᆞᆫ 그 힝동을 살펴보건듸 본듸 학식업ᄂᆞᆫ 녀ᄌ들이 모혀셔 ᄌ고이릭로 듯도 보지 못ᄒ던 일들을 힝한즉 ᄌ연 규모도 졍졔치 못ᄒ고 또한 죵죵 연셜을 ᄒ다 토론을 ᄒ다 ᄒ니 그 즁에 학식잇ᄂᆞᆫ 교ᄉ가 잇다던지 졈쟌은 남ᄌ가 잇셔셔 지도나 ᄒ면 혹 효험이 잇슬이라 ᄒ려니와 그러치 못ᄒ고 다갓치 학문업ᄂᆞᆫ 녀ᄌ들이 어듸로 죠차 아름다온 결과를 엇으리오 (…) 근일에 샤회상 유지ᄒᆞᆫ 멋멋 사ᄅᆞᆷ들이 발긔ᄒᆞ야 부인학회를 조직ᄒ되 그 부인학회ᄂᆞᆫ 녀ᄌ에게만 맛게두지 안코 각기 부인의 가쟝된 이들이 찬무회를 조직ᄒᆞ야 부인회즁 ᄉ무를 감독ᄒ고 그 학회 쳐소ᄂᆞᆫ 교동 운현궁 건너 녀학교로 뎡ᄒ고 그 학교 녀학도들이 휴가ᄒᆞᄂᆞᆫ 공일마다 모여가셔 삼시간식 공부를 ᄒ고 헤여지ᄂᆞᆫ 듸 일본 녀학교 교ᄉ 령목녀ᄉ와 기타 유지ᄒᆞᆫ 부인이 담쟝ᄒᆞ야(…)"

23 '잡보',《제국신문》, 1907년 9월 11일과 '잡보',《제국신문》, 1907년 10월 3일.

통해 구체화된다.

3. 《제국신문》의 두 개의 여성 이야기 — 열녀/비열녀의 코드화

《제국신문》 잡보란에 실린 여성과 관련된 기사 대부분은 정숙한 여성이 자신의 삶을 자발적으로 희생하여 가정을 수호하는 열녀담과 무당, 기생, 첩과 간음한 '소사'[24]들이 일으키는 사기와 살인 등의 가정분란담[25]으로 양분된다. 죽은 남편의 뒤를 좇아 목숨을 끊는다든가 손가락을 잘라 부모의 위중한 병을 고치는 등 자신의 생을 자발적으로 희생하는 정숙한 여성들의 이야기[26]는 반(反)근대적 요소가 다분함에도《제국신문》에서 상찬의

---

24 1900년 4월 17일자 잡보. "동대문밧게 사는 박영진 씨는 무삼 간음 등스로 그 처의 무함ᄒᆞ는 루명을 듯고 분심을 참지 못ᄒᆞ야 삼일 젼에 양지물을 먹고 당장에 세상을 버렷다더라"/ 1907년 5월 9일자 잡보. "작일 한성지판소에 셔서 만리지 인민 스오십 명이 계진ᄒᆞ야 등소ᄒᆞ얏ᄂᆞᆫ디 그 스실인 즉 회동에 스는 셔가위명자가 그 이웃집 리가의 안히를 줌통ᄒᆞ다가 본부에게 발각되미 본부는 그 계집을 간부에게 맛기고 다시 장가들부비 일만량을 징급홀 뜻으로 수표를 밧앗더니 셔가가 도로혀 한성지판소예 뎡소ᄒᆞ야 그 슈표를 환츄코즈 홈으로 일동 인민이 공분지심을 이긔지 못ᄒᆞ여 등소ᄒᆞ고 셔가의 유부녀 통간ᄒᆞᆫ 죄를 징치ᄒᆞ야 달나 홈이라더라"/1907년 1월 4일자 잡보 "가위건송 (可謂健訟)". "창원항에 스는 홍달건이라는 자이 그 이외죵간 되는 누의에 집에 즈쥬 심방ᄒᆞ여 단이다가 그 누의와 갓치 통간이 되얏던지(…)"

25 1900년 9월 13일자 잡보. "지금 북촌에서 사는 녀인이 리소스라고도 ᄒᆞ고 죠소스라고도 ᄒᆞ는 계집 ᄒᆞ나히 나히 근 삼십 되는데 오륙년 젼에 북촌 어느 지샹과 홈의 술다가 즉시 나와서 즁부골 근디에서 살며 안협군슈 젼아모와 살쟈 ᄒᆞ야 돈 십칠만 량을 건물ᄒᆞᆫ 후에 지판신지 ᄒᆞ고 탁국으로 다니며 뮤슈히 협잡ᄒᆞ다가 타국에서 징역신지 ᄒᆞ고 년젼에 도로 나와서 남촌 사는 죠아모와 갓치 살쟈 ᄒᆞ고 돈 몃만 량을 쎄아서 먹은 후에 장안 부쟈 몃몃을 젹어 가지고 다니며 살쟈고 즈쳥ᄒᆞ다가 지금 북촌 사는 착슈ᄒᆞᆫ 오쳔 셕ᄒᆞ는 진스ᄒᆞᆫ 소년을 쇠여 홈의 사는데 그 소년진스가 그 간특ᄒᆞᆫ 계집 쇠임에 쌔져 픽가ᄒᆞ는 것을 미우 이셕히 넉인다 ᄒᆞ며(…)"

26 1900년 6월 23일자 잡보. "츙쳥북도 단양군 북면 안동리 사는 쟝하식 씨의 쳐 됴씨는

대상으로 기사화되는 반면 간음한 여성, 첩, 무녀, 기녀는 사회의 악덕으로 지목되어 비판의 대상이 된다. 《제국신문》의 잡보란에 실린 남성들의 미담이 선정을 펼친 지방관, 민족을 위해 헌신하는 촌부, 신문의 기능을 긍정하고 격려하는 개화 지식인 등 다양한 인물들에 포진했던 사실과 비교하면, 여성관련 미담이 단일하게 조선조 열녀들을 환기시키는 여성들의 이야기에게 집중되었다는 점은 근대계몽기 여성인식의 특이점이라 하겠다. 이는 근대계몽기 여성들이 개인적 여성(women)의 차원에서 인식된 것이 아니라 사회적으로 존중되고 격려받아 마땅한 여성성(Women)으로 인식되었다는 정황을 보여준다. 곧 현실의 개별적 여성 모두가 존중받을 수 있었던 상황은 아니었으며, 전통적 윤리에서 발견된 새로운 민족공동체 구성의 가능성을 보여주는 특정한 여성성만이 새로운 표상들이 추천되던 당시 계몽담론 속에서 존중되고 보존되어야 할 대상으로 부각되었다는 것이다. 존중되고 보존되어야 할 여성성과 비판받아 마땅한 여성들이 대립적인 한 쌍을 이루는 정황에서 《제국신문》에 등장하는 여성들은 열녀이거나 열녀가 될 수 없는 비열녀로 귀결되는바, 이는 매체를 통한 코드화[27] 과정

지금 나히 미만 이십인듸 본듸 싀부모에게 효힝이 특이ᄒ야 일향이 칭도ᄒ더니 본년 삼월분에 그 가부 쟝씨가 불힝단명일식 됴씨가 두 번 단지ᄒ 후 필경 그 가쟝이 죽는 날 짜라서 목을 미여 세상을 버렷ᄂ지라. 일향 대소 인민들이 그 됴씨의 효렬이 구젼 홈을 포양ᄒ쟈고 탄복ᄒ야 부군에 호소ᄒ고 쟝촛 상언신지 ᄒ기로 흔다더라./ 1901년 6월 10일자 잡보. "(…) 현씨의 부인 경쥬 최씨ᄂ 이십 세에 가쟝을 여의고 다만 그 시어미니와 녀식만 잇ᄂ듸 지셩으로 시모를 봉양ᄒ기를 죠금도 게을니 아니ᄒ다가 그 로모가 병들어 세상을 바리미 최씨가 이애 망극ᄒ야 손가락을 씌어 피롤 흘닛쩌니 그 로모가 회싱ᄒ야 일 년을 더 살랏고 그 후에 삼년상을 례로써 지니고 심지어 그싀 모의 친구가 오게 되면 그 싀모 살아쓸 쩌와 갓치 딕졉ᄒᄂ 례졀을 지셩으로 ᄒ미 일향이 최효부라 칭도ᄒ며 여러 션빈들이 희군과 관찰부를 것쳐 쟝례원에 경ᄒ야 포양ᄒ야 달나고 ᄒ얏더라"/ 부모상을 지내다가 죽은 남편 원씨의 장례를 모두 마친 후 조용히 목을 달아 자결한 여인 이야기를 전하는 "잡보 — 후부자결(後夫自決)", 《제국신문》, 1907년 5월 3일자.

으로 이해된다. 《제국신문》의 가장 많은 분량을 차지하는 지면인 논설과 잡보는 여성관련 기사에서 지면의 구획을 넘어 열녀/비열녀의 기사를 소통시키며 열녀/비열녀의 코드를 개연적인 것으로 강화시킨다.

《제국신문》의 열녀/비열녀의 코드는 '가정'이라는 컨텍스트를 매개로 그 차이가 구체적으로 개연화된다. 곧 열녀와 비열녀를 차이화하기 위한 주요 전제로 가정의 보존 여부가 맥락화된다. 《제국신문》에 등장하는 가정을 보존하는 열녀와 가정을 파괴하는 비열녀 이야기가 내장한 의미론은, 이후 가정이 민족 혹은 국가의 은유로 수용되면서 가정의 보존이 민족 혹은 국가의 보존이라는 개연성을 확보하는 포석으로 기능하게 된다. 한 예로 1907년 1월 31일과 2월 1일 2회에 걸쳐 《제국신문》에 연재된 가정분란담의 전형을 보여주는 잡보 기사를 보자. 잡보의 기사는 전라북도 고부군 말목장터 안 동리의 조가 제족 마을에서 일어난 어린 신랑이 혼사날 신부와 신부의 간부에게 죽음을 당한 살인사건을 전한다. 신문에 실린 기사임에도 마치 한 편의 소설처럼 흥미롭게 서사를 구성한 잡보의 마지막 부분은 다음과 같이 끝을 맺는다. "관찰부에 보고ᄒ기를 그 계집아희는 당장에 장시에서 타살ᄒ쟈고 ᄒ얏더니 관찰부에서 옥톄가 즁대ᄒ니 법부에 보고 ᄒ야 지령을 기다려 거ᄒᆡᆼᄒ쟈 ᄒ야 각도각군으로 회시ᄒᆫ 후 본도에 환슈 ᄒ라 ᄒ지라 음력 십월 일일부터 그 계집아희를 다리고 남북도 각군으로 단이며 그 ᄉ실을 셜명ᄒᄂᆞᆫᄃᆡ 일젼에 공쥬군에 것쳐서 지금 츙쳥북도 쳥쥬디방으로 갓ᄂᆞᆫᄃᆡ 그 계집아희의 코를 뚫으고 텰ᄉ를 ᄭ여 ᄭᅳᆯ고 단이고 의복은 그 신힝 ᄯᅥ 입엇든ᄃᆡ로 록의홍상에 당의와 족도리를 쓰엿고 그 죽

27 "코드란 두 개의 값을 갖는 단위로 그 중 하나의 값이 다른 값을 동시에 대표하는 단위이다. 코드는 차이의 통일이라는 형식을 갖되 이 형식의 한 면이 형식 자체를 대표한다. (…) 코드는 그에 상응하는 감정들이 형성되도록 고무한다." 니클라스 루만, 앞의 책, 71쪽.

은 간부 아히놈은 그 계집아히의 외륙촌 되는 놈이라더라. 슯흐다 즈고 이 리로 강상대변이 허다ᄒ거니와 엇지 이럿케 륙칠 명이 일시에 죽는 쟈 어 듸 잇스며 쏘한 남의 죽음을 밧지 안코 즈결ᄒ기를 그갓치 용이케 흔 쟈 어 듸 잇스리오 무셥도다 간음에 폐단이여(완)" 이 기사는 육하 원칙에 충실하 여 객관화된 사실을 전해야 하는 신문기사임에도 불구하고 마지막 부분에 간음의 폐단을 한탄하는 기사작성자의 논평을 달아 실재(實在) 사건의 단 순한 전달 이상의 효과를 발휘하는 마무리를 보여준다.

그런데 짤막한 논평을 덧붙임으로써 위의 기사가 환기시키고자 한 문 제의식은 이미 10여 년 전인 1898년 11월 7일자 《제국신문》 논설에서 토 로된 바 있다. 이 논설에서는 반상의 구분이 없어진 지금 정실과 천첩의 등 분마저 없으면 명분이 뒤섞여 축첩제와 같은 나쁜 풍속을 고칠 수 없다고 주장하며 첩과 천기를 "행동 처신이 탕잡한 계집들"로 일반화하고, 부인회 사업에도 규칙을 세워서 "남의 첩 노릇하는 계집들은 일절 동등권을 주지 말아 등분을 밝게 해야 한다"고 주장한다. 부인회 같은 여성 계몽사업에서 도 첩과 천기는 동등하게 참여할 수 없음을 주장한 이 글에서 "탕잡부랑한 행실"을 하는 여성으로 지목된 첩과 천기들은 10년 후 《제국신문》에서 가 정분란을 일으키는 간부(奸婦)들로 구체화된다. 10여 년의 시간에 걸쳐, 논 설을 반박하는 독자의 반응,[28] "리죠 량셩으로 힝셰ᄒᄂ 계집이 닉외국에 링왕ᄒ며 부쟈를 유인ᄒ야 직물을 탈취ᄒ고 쏘 외국에 증역도 ᄒ엿다고 일젼 본보에 긔직ᄒ엿더니 다시 드른즉 다 허무흔 말이기로 졍오ᄒ노라"[29] 라는 여성에 대한 음해성 소문, 무당과 판수는 일개 '병인'이고 성치 못한 사람이니 이들의 말을 성한 사람들이 들어서는 안 된다는 경고[30]가 《제국

---

28 '잡보', 《제국신문》, 1898년 11월 10일.

29 '잡보', 《제국신문》, 1900년 10월 3일.

30 '논설', 《제국신문》, 1901년 4월 22일.

신문》안에서 서로 매개되고 소통되는 가운데 뚜렷한 근거 없이 관념적으로 주장되었던 논설 속 비열녀들의 부정적 측면이 개연적인 실재(實在) 사건으로 구체화되는 정황을《제국신문》은 보여주는 것이다.《제국신문》이 여성에 대한 당대 사회적 인식을 구조화한 코드 즉 열녀/비열녀라는 이항 대립항은 그 차이를 통해 전통적 윤리에서 발견된 새로운 민족공동체 구성의 가능성을 보여주는 특정한 여성성을 존경과 보존의 대상으로 부각시킨다는 점에서 그 각각에 주목하기보다는 함께 분석하여야만 당대의 의미론을 추출할 수 있다.[31]

근대계몽기 '가정'이라는 컨텍스트 안에서 그 차이가 유의미하게 작동되었던 열녀/비열녀 코드는 열녀라는 대표적 체계와 의미를 확정한 것이 아니라, 근대계몽기가 요구하는 시대적 가치와 맥락 속에서 열녀라는 체계와 의미가 제시할 수 있는 새로운 자기확정 가능성을 구체화하고 확장[32] 시켰다. 곧 가문을 수호하는 정숙한 여성, 가정을 지키기 위해 희생하는 여성이라는 전통적인 열녀의 의미가 비개연적인 것으로 탈락하는 대신, 근대계몽기가 요구하는 여성성에 대한 기대를 충족시키는 방향으로 열녀의 의미가 확장되면서 그것이 사회적 의미론으로 확정될 수 있는 개연적인 것으로 안정화되어간 것이다. 이는 한 사회의 특정 관념과 관련된 행위, 그것을 표현하는 단어의 겉모습, 미사여구, 격언, 속담 등이 전승되어 사용되는 과정에서, 그 안에 코드화된 의미는 시대의 사회문화적 변화와 함께 강화되며 새로운 사회적 전망을 열어주는[33] 효과를 창출하는 것과 동일한 원리로 이해된다.

---

31   박애경, 「야만의 표상으로서의 여성 소수자들」,《여성문학연구》19호, 여성문학학회, 2008의 논의는 이런 면에서 일정한 한계를 노정한다.

32   니클라스 루만, 앞의 책, 129쪽.

33   같은 책, 20쪽.

물론 안정화의 단계가 순차적으로 강화되며 진행되었다고 볼 수는 없다. 하지만 열녀/비열녀의 코드 차이를 통해 근대계몽기 열녀의 의미가 구체적으로 형상화되며 안정되는 과정은 가정을 지키기 위해 희생하던 열녀가 미국 하버드라는 현실적 공간으로 유학 간 남편의 공부를 뒷바라지하는 열녀로 변화되는 지점에서 포착된다. 1907년 4월 25일자 잡보 "북미통신 제 일"에서는 당시 미국 하버드 대학교에 유학중이던 한인 학생 윤병구가 소개되었고 같은 날 잡보의 다른 지면에서는 윤병구의 고학으로 인한 딱한 가정사정이 전해진다. 정리하자면 본래 가산이 넉넉지 못한 집안의 가장인 윤병구는 유학의 기회를 얻었음에도 가족 걱정으로 유학을 망설이는데, 윤병구의 처 안원규는 자신이 생계를 꾸려 나갈 것이라고 설득하여 윤병구를 하버드 대학으로 유학 보냈다는 내용이다. 잡보는 본국에 있는 외국 유학생의 친구들은 안씨를 본받을 것이며, 아내 되는 자들은 만리타국에서 고생하는 유학생 가장들을 너무 원망하지 말라는 당부와 함께 마무리된다. 이 기사는 남편을 유학시키고 그 뒷바라지를 하는 억척 부인과 가정을 돌보지 않는 가장을 원망하는 부인이 근대계몽기의 새로운 열녀와 비열녀의 의미론으로 차이화되는 정황을 보여준다.

나아가 가정 안에 머물며 가정을 지키던 여성들이 사회 계몽 사업의 실천에 앞장서 모범적으로 민족의 과업을 함께하거나 대장부 못지않은 민족애를 발휘하는 사례를 통해 전통적으로 남성들의 행위로 분류되어 온 행위를 전유함으로써 근대계몽기 여성들이 계몽과 민족애의 표상으로 안정화[34]되는 상황을 보여주는 기사도 발견된다. 가령 1907년 2월 19일자 잡

---

34   나아가 1907년 2월 23일자 외보의 "영국 셔울 론돈에서 다수흔 부녀들이 션거법에 참여홀 권리를 엇으랴 흐야 하의원에 모야 갓난듸 엇지 폭동이 되얏던지 그즁에 명의부녀는 부상ᄒ고 륙십 명은 포박이 되얏다더라"라는 기사를 통해 여성들의 권리 참여가 국가와 충돌을 해서라도 획득해야 할 가치로 인식됨을 전한다.

보[35]에서는 여학교에서 부인학도들을 가르치는 전 감리 하상기의 부인이 학도들이 답례로 보낸 선물을 정중히 거절한 사건을 보도하며 그녀의 청렴한 선택을 격려했고, 1907년 2월 16일자 잡보에서는 "일본 류학싱의 학주금 연죠로 구화 이십륙 원을 보닌난 중 십이 셰 녀아 리상길과 팔 셰 여아 김녕희가 귀신문의 광고를 보고 강기지셩이 고발ᄒᆞ야 주원연조ᄒᆞᄂᆞᆫ 지경에 닐으니 (…) 슯흐다 뎌 어린 녀주들의 열심을 보건ᄃᆡ 소위 대장부 명싁으로 국가ᄉᆞ상이 업ᄂᆞᆫ 쟈야 엇지 죡히 나라 빅셩이라 칭ᄒᆞ리오"라고 하여 "어린 여자들"의 민족애가 대장부 못지않음을 칭찬한다. 이는 조선조 열녀가 독점했던 칭찬받아 마땅한 여성성이 근대계몽기가 요구하는 이상적 남성성을 전유한 여성성으로 변화되는 지점을 보여주는 것이다.

근대계몽기가 요구하는 이상적 남성성을 전유한 여성성이 개연적인 것으로 안정화되는 징후는 앞 장에서 지적한 것처럼 1907년 국채보상운동을 둘러싼 여성들의 활발한 실천, 그리고 그런 여성성을 형상화한 여성 주인공이 등장하는 신소설의 등장에서 찾을 수 있다. 국채보상금 모금 운동으로부터 배제되었던 여성들은 자발적 모임인 '패물폐지회'[36]을 만들어 국채

---

35 "전 감리 하상기 씨의 부인이 남누 안 딜셩 여학교애 날마다 나다며 부인학도를 가르치는데 그 답례로 학도들이 선물을 보내자 정중히 사절하며 "닉가 외국에도 나아가 구경도 ᄒᆞ얏거니와 이런 일은 보지 못ᄒᆞ얏고 이제 만일 우리나라 풍속으로 소위 교ᄉᆞ명식이 학도의게 셰찬을 밧게 드면 그즁 빈한흔 ᄉᆞ람도 긔어히 남의게 뒤지지 안이ᄒᆞ랴 ᄒᆞ며 빗이라도 닉여 물션을 쟉만홀 터인즉 후일에 크게 관계된다 ᄒᆞ얏다더라"

36 1907년 4월 4일자 잡보. "심화항 김경지 씨 부인 김씨가 녀인들의 픽물을 폐쩌ᄒᆞ야 국치보상 ᄒᆞ쟈는 회를 조직ᄒᆞ고 그 취지서를 보닉엿기로 자에 긔직ᄒᆞ노라. 은금보픽폐지부인회취지셔. 대뎌 부모가 빗이 잇쓰면 자손이 담당할 바요 국가에 빗이 잇쓰면 국민이 담당할 의무라 국가가 완젼치 못ᄒᆞ면 엇지 안보ᄒᆞ리요 (…) 무론 남녀로소ᄒᆞ고 가로상에 연초를 먹는다거나 의연금 모집에 수슈방관ᄒᆞ거나 혹 협잡ᄒᆞ거나 방히ᄒᆞᄂᆞᆫ 자는 결단코 딕한 동포가 안이오 국가에 죄인이라 (…) 복은 우미한 한 기 여자로 문견이 견미ᄒᆞ여 감이 세상사를 쟝황 론셜할 수 업스나 또한 화육즁 인물이라 감각한 마음을 익의치 못ᄒᆞ며 례졀을 숣히지 못ᄒᆞ고 황송을 무릅쎄 존장에 우미한 소견을 젹쓰와

보상운동에 동참하며 사회운동의 전면에 나서게 된다. 여성들의 사회적 영향력이 커졌을 때, 이를 수렴하여 반영한 여성 주인공을 내세운 신소설이 가능할 수 있었고, 이렇게 등장한 신소설에 대한 폭발적 인기는 곧 그 안에 구축된 여성상이 당시 사회적으로 안정적인 개연성을 획득하게 되었다는 것을 의미한다.

4.《제국신문》의 기사와 『혈의 루』의 서사 ― 열녀/비열녀 코드의 확장, 문제적 두 여성 주인공

근대계몽기 출현한 문학 장르 신소설은 《제국신문》 기사에 담긴 여성 인식이 일련의 사회적 소통 체계를 통해 독립체계로 정식화(formal)된 결과물이다. 곧 《제국신문》을 통해 매개, 소통된 열녀/비열녀의 코드가 스스로를 확정할 가능성을 확장하며 문학 장르라는 안정된 상태로 본격화된 것이다. 일반적으로 사회적 위치와 이름을 가진 인물들이 등장하는 소설은

외람이 전국부인동포좌하에 복고하옵나니 바라옵건디 첨부인은 허물을 용서ᄒ옵시고 잠간 구버 감하옵쇼셔"/ 1907년 4월 3일자 잡보. "유지부인-이소사가 신문 덕분에 세상사정과 애국사상에 눈을 뜨게 되어 감사한 마음을 담아 성으로 지전 이원 십견을 동봉하고 특별 기고함. 경계자 본인은 하향벽읍 일기 녀즈로 셰샹에 싱겨난 후 발츠최난 셩분밧게 써나지 못ᄒ엿스니 안즘방이와 달음업고 눈은 한쥴 글을 보지 못ᄒ얏스니 쟝임이나 달음업스오나 이것은 우리나라 풍속이 녀즈에게난 교육을 허지 안이ᄒ고 학문을 갈아치지 안이ᄒ 연고라 본인이 미양 혼즈 탄식홀 쑨이거니와 이위 가뎡교훈을 밧아 여간 국문을 학습하야 가장이 샹판츠로 출타한 후면 고담칙이나 보옵다가 근쟈에 귀샤 신문 일쟝을 힁득ᄒ야 보오니 그 스의가 공평졍대ᄒ야 셰계ᄉ졍을 력력히 긔재함과 애국ᄉ샹을 흥긔케 권고ᄒ고 국민의 지식 발달 권도ᄒᄂ 졍셩을 한번 보미 이위 보던 고담칙의 허탄홈을 가히 씌닷깃난 쟈라 이것을 조조 듯고 오릭 보앗스면 안즌방이와 쟝님의 병신 칙망을 십분지일이나 면홀가 료량ᄒ와"

인물들에게 전형적인 성격을 부여하고 인물들의 행위는 상식적으로 통용되는 기준에 따른 판단에 종속되기 마련이라는 점, 근대계몽기 신문이 우리가 일반적으로 리얼리티라고 부르는 당대적 현실성을 구현했다는 점,[37] 서적과 같은 인쇄물은 매체의 코드가 지닌 의미를 강화하고 그것을 고착시킨다[38]는 점을 상기할 때, 신소설이라는 문학 장르와 그 안에 형상화된 여성 주인공을 한 시대의 코드의 안정화라는 측면에서 수용할 수 있는 가능성이 열린다.

이런 점에서 최초의 신소설 『혈의 루』의 두 여성 주인공인 옥련과 춘애는 특별한 의미를 지닌다. 옥련과 춘애는 매체의 코드가 그에 적합한 인간학을 만들어내는 것[39]처럼 《제국신문》이라는 매체가 사회적 소통 체계로 작동하는 과정에서 구성한 코드에 조응하는 인물로, 전통적 열녀/비열녀의 의미론을 가능케 했던 컨텍스트에서 벗어나 근대계몽기의 사회적 담론이라는 컨텍스트 속에서 안정화된 인간형으로 수렴된다. 곧 옥련과 춘애는 근대계몽기 계몽 담론 안에 착종되어 있는 여성인식을 표상[40]한다는 평가처럼 《제국신문》의 여성관련 기사에서 반복적으로 나타나는 코드화 곧 열녀/비열녀의 코드를 수렴하되 동시에 조선조 열녀의 의미론을 비개연적인 것으로 만드는 새로운 여성상을 보여준다.

여기에 《제국신문》의 여성 이야기가 가정이라는 컨텍스트에서 여성 문제를 다룬 것처럼 신소설 역시 가정을 주요한 컨텍스트로 선택함으로써 《제국신문》의 여성 이야기와 교접한 상황을 보여준다. 이와 관련하여 『혈

---

37 한기형, 「매체의 언어분할과 근대문학」, 『흔들리는 언어들 — 언어의 근대와 국민국가』, 성균관대학교 대동문화연구원, 2008, 245쪽.

38 니클라스 루만, 앞의 책, 86쪽.

39 같은 책, 74쪽.

40 양윤선, 「계몽된 딸과 미몽의 어머니-이인직의 『혈의 루』와 20세기 초 한국 가정소설」, 국제한국문학문화학회 2011년 봄 학술대회 발제문.

의 루』의 첫 장면에 주목한 후, 『혈의 루』를 "신소설 장르의 지배적인 패러다임을 가정소설로 세우는데 결정적인 역할을 하고 있는 작품"으로 평가하고 『혈의 루』가 드러내는 "가정소설의 정치성"[41]을 읽어낸 논의는 경청할 만하다. 《제국신문》의 열녀/비열녀의 코드화에서 발견되는, 여성 자체의 악함 때문이 아닌 가정을 파괴한다는 맥락에서 악덕의 화신으로 설정된 첩, 무녀, 기녀들은 최초의 신소설 『혈의 루』에서 옥련과 춘애가 환기하는 열녀의 새로운 의미론 즉 가정의 보존이 민족 혹은 국가의 보존이라는 개연성을 예비한 것으로 이해할 수 있다.

《제국신문》의 열녀/비열녀의 코드화가 신소설 『혈의 루』에서 가정-민족(혹은 국가)의 컨텍스트에 위치하게 되었을 때, 가정을 새롭게 발견하고 개연화하려는 근대계몽기 문학장의 움직임이 동반되었다. 1907년 1월 8일부터 《제국신문》광고란에 실리기 시작한 《가정잡지》 발행 알림 광고[42]가 그것으로, 1907년 5월 5일자 잡보는 각 학교 운동회에 상품으로 법어학교 교관 김상천 씨가 《가정잡지》 100권을 기부하여 그것을 "오처 녀학교에 각 20권씩 출급한다"고 전하는바, 이는 《가정잡지》 발행 이전에 이미 그 존재가 사회에서 안정적으로 수용되는 정황을 전한다. 이어 1908년 1월 5일부터 《제국신문》은 논설란에 '가정학'을 수회에 걸쳐 연재한다. 문답 형식으로 가정에 유용한 정보를 담고 있는 이 글의 내용을 현재 확인할 수는 없지만, 여성인식이 가정의 문제와 매개되는 정황[43]을 이해하기 위한

---

41 같은 글, 4쪽.

42 "쟈녀간 교육에 필요한 언론과 일용사위에 젹당한 의미를 순국문으로 편즙ᄒ야 가정 잡지라 명칭ᄒ고 미월 일차식 발간ᄒ되 양력 류월 이십오일부터 발힝ᄒ오니 무론 경 향ᄒ고 가가구람ᄒ심을 희망ᄒ오 경셩상동 쳥년학원 안 가정잡지사"

43 근대 일본의 경우에도 청일전쟁 전후 미디어 상황과의 밀접한 관계 속에서 가정소설 이라는 장르가 등장했다(가네코아키오, 「가정소설」을 둘러싼 미디어 복합—1900년 대를 중심으로」, 『지식의 근대기획, 미디어의 동아시아』, 권정희 옮김, 성균관대 동아

단서는 제공한다. 즉 한 시대가 요구하는 사회적 이념과 그것을 소통케 하는 매체가 당 시대가 개연적인 것으로 기대하는 체계에 조응하는 문학 장르의 출현을 추동케 한다는 점이다. 그리고 그렇게 등장한 문학 장르가 다수의 독자를 획득하면서 독립된 사회적 체계로 안정화되는 과정을 신소설의 존재를 통해 확인할 수 있는 것이다.

이런 맥락에서 이인직이 구축한 신소설 『혈의 루』의 서사에서 《제국신문》에 실린 기사의 내용을 공유하는 지점들이 발견되는 것은 흥미로운 지점이다. 예컨대 옥련 모 춘애가 옥련을 잃어버리는 내용은 《제국신문》광고란에 빈번히 실리는 여아실종광고를 환기시키고, 일본인 군의관에게 구원을 받는 옥련의 처지는 1900년 4월 2일 잡보 란에 실린 일본에서 의학 공부하는 학생의 학비를 대주었다는 일본 의사의 이야기를 연상케 하며, 옥련이 위기에 처하거나 타지에 유학할 때에 민족의 도움을 전혀 받지 못하는 상황은 1907년 3월 9일자 잡보란에 실린 <위학구걸>[44]이나 1907년 4월 25일자와 26일자 기서인 <북미통신>[45] 기사가 전하는 사태와 유사하다.

시아학술원 동양학학술회의, 2007, 115~118쪽).

44 "리슉원, 윤규원, 리신원 삼씨는 모다 부인인데 일본단지 유학싱의 경비 구죠ᄒ기 위ᄒ여 그전에 보죠도 잇셧거니와 한번 보죠로는 장구이 지팅키 어렵다 ᄒ야 의죠금을 수합ᄒ야 존본취식ᄒ야 련속 보죠ᄒ기로 의연금을 것우다가 여의치 못ᄒ음으로 평싱에 집신과 장옷을 몰던 사름들이 일전에 집신에 장옷 쓰고 집집이 단이며 학싱의 의죠금 말은 아니 내고 달은 방법으로 시주를 쳥ᄒ 즉 돈량식 우수히 넉는지라 그 부인 삼인이 돌아와셔 피를 토ᄒ며 세인의 우미ᄒ음을 기탄이 넉이고 그 일을 뎡지 ᄒ야다더라"

45 "당초 우리 한인 중 미국에 나온 쟈는 모다 ᄒ나도 정부의 도움을 밧지 못ᄒ엿고 (…) 평안도 순천 ○○학교 생도 리희건 씨가 이 나라[미국]셔울셔 작고홀 쎅에도 ○○ 리승만씨 혼즈 그 친구를 구원코즈 ᄒ야 여러 셔양 친구들과 각 교회에 담이며 입살이 타도록 말ᄒ야 여러사름의 구조를 만이 밧앗느나 필경애는 그 친구들도 형셰가 다ᄒ야 즈긔들이 일본공사에게 말ᄒ야 병인을 본국으로 보너고져 홈이 (…) 이쩌에 그 친고들 마암은 과연 병인을 사랑홈이나 그러ᄒ나 그 엽혜 잇는 한인의 마음이야 얼마즘 분ᄒ며 얼마즘 붓그러울이오. 그런고로 그 죽게 된 병인도 이것을 분히 넉여 그 친

또한 1907년 2월 16일자 잡보에 등장한 민족애로 무장된 "십이 세 여아 리상길과 팔 세 여아 김년희"는 옥련이를 떠올리게 하며, 옥련은 1901년 5월 4일자 창간 100일을 맞아 실린 '특별고빅'에서 《제국신문》이 말한바, "사람은 학문이 있은 연후에야 나라 사랑하는 마음이 생기는 것"이라는 진술에 부합하는 여성성을 보여준다.

이처럼 《제국신문》 기사와 『혈의 루』 서사 사이의 유사성을 통해 양자가 소통한 정황을 생각해 볼 수 있는데 작가 이인직의 창작과정의 특징을 고려하면 이것은 전혀 가능성이 없는 것도 아니다. 알려진 것처럼 이인직은 일본 동경정치학교에서의 유학 경험을 통해 일본의 신문연재소설-신파극의 문화적 실천 도식을 조선의 신소설-신연극으로 이행한 인물이다. 이인직은 신문이라는 매체가 신문연재소설이라는 선형성에서 신파극이라는 입체적 문화물로 확장되는 것을 일본에서 직접 체험한 인물로 그는 자신의 체험을 1908년 신연극 <은세계> 공연으로 현실화했다.[46] 특히 이인직은 실사(實事)를 소설의 내용으로 취했다는 점을 강조하며 자신의 <은세계> 공연을 "신연극"이라고 강조하는 자신감을 보여주었다.[47]

청일전쟁의 평양성 전투를 배경으로 한 『혈의 루』의 혁신적인 첫 장면을 기억한다면 실사(實事)를 바탕으로 작품을 창작한다는 이인직의 원칙은 『혈의 루』의 창작에서도 일관되게 고수되었다고 할 수 있다. 이인직 최초의 습작인 「과부의 꿈」을 교열한 것으로 알려진 치즈카 레수이와 이인직

고들씌 딕ㅎ야 종용히 사례ㅎ고 말ㅎ기를 나는 ᄎ라리 외국에 고혼이 될지언정 우리 일반 국민이 한 가지로 됴히 넉이지 안는 나라 사름의 보호는 밧지 안켓노라 ㅎ고"

46 김기란, 「신연극 <은세계> 연구」, 《한국근대문학연구》 16호, 한국근대문학회, 2007.

47 다음의 기사는 실사(實事)가 신소설의 소재로 활용되는 정황을 보여준다. "원각샤에셔 쟝ᄎᆺ 안쥬군에 사ᄂᆫ 리쇼스의 젼일 악형을 당ㅎ던 일노 새 연희를 뭄인다고 대한신문에 게지ㅎ 바ㅣ 어니와 다시 드른 즉 그 리쇼스를 평ㅎ야 젼후 ᄉᆞ실을 일일이 탐문ㅎᄂᆫ 즁이라더라"('ᄉᆞ실탐문', 《대한매일신보》, 1909년 5월 27일).

의 관계는 이러한 추론에 더욱 힘을 더한다. 치즈카 레수이는 유빈호치신문(郵便報知新聞)의 기자로서 청일전쟁 당시 평양 전투를 직접 취재하고 종군 체험 기록, 특히 평양성 전투 취재 기록을 『진중일기』(1894)와 『격전 중의 평양(상/하)』(1895)이라는 두 권의 책으로 남겼다. 더욱이 치즈카 레수이와 이인직은 같은 신문사에서 함께 근무한 것으로 알려지는 바, 치즈카 레수이의 평양전투 체험과 이인직의 『혈의 루』의 창작 사이에는 일정한 상관관계가 존재할 가능성이 높다.[48]

신문기사 속 '현실'과 소설 속 '허구'를 매개하는 관계는 《제국신문》에 등장한 여성들의 이야기가 『혈의 루』라는 신소설로 안정화되는 과정, 곧 취재된 '현실'들이 신문매체라는 사회적 소통 체계를 거치면서 문학 장르라는 개연성을 지닌 확정적이고 안정적인 존재로 구축되는 과정에서 드러난다. 곧 『혈의 루』의 두 여성 주인공 옥련과 춘애는 《제국신문》에서 기사화된 열녀/비열녀의 코드를 통해 형상화되고, 『혈의 루』의 구체적인 행위와 사건은 《제국신문》에 실린 기사 속 사건과 유사하게 구성되며, 이런 조건들의 이념적 지향점은 《제국신문》 논설에서 지향한 당대 이상적 여성성과 닿아 있다는 것이다.

전통적으로 여성의 고유한 영역이었던 가정은 남성의 역할과 여성의 역할이 교환될 수 없는 성적(性的) 비대칭성을 특징으로 하는 영역으로 여성을 이러한 가정의 컨텍스트에 위치시키려는 관념 자체가 실상 새로운 것은 아니다. 그럼에도 가정이라는 컨텍스트를 기반으로 한 『혈의 루』의 여성 주인공이 주목되는 이유는 전통적 가정의 성적 비대칭성을 여성과 남성 역할의 교환이 가능한 대칭성의 영역으로 전환시키고 있기 때문이다.

---

48 강현조, 「『혈의 루』의 원전 비평적 연구」, 《우리말글》 41호, 우리말글학회, 2007, 227쪽.

『혈의 루』의 옥련 모 춘애가 속한 가정은 전통적 여성들의 그것으로 성적 비대칭성이 고수되는 영역이다. 이에 반해 이전에는 남성의 영역에 속하던 신학문, 유학, 민족 영역의 주체로 설정된 옥련은 자신의 가정을 성적 대칭성을 지닌 것으로 새롭게 구성한다. 이처럼 『혈의 루』는 가정과 서로 다른 방식으로 결합된 두 여성 주인공을 서사화했기에 두 여성을 짝패삼아 독해하는 것이 중요하다.[49]

옥련을 당대의 이상적 남성성을 전유한 여성의 등장으로 이해할 수도 있지만, 보다 중요한 것은 남성성을 전유한 여성들의 존재가 아니라 이를 통해 성적 비대칭성이 대칭성으로 교환되며 여성과 가정의 컨텍스트가 새롭게 규정된다는 점이다. 춘애는 성적 비대칭성과 대칭성의 문제를 부각시키기 위해 『혈의 루』가 필연적으로 요구한 인물이며, 동시에 "비문명화된 과거의 잔재와 민족의 존중할 만한 전통이라는 두 가지의 상징적인 의미 사이에서 동요"[50]하는 열녀/비열녀 코드화의 역설[51]을 내장한 인물이다. 춘애라는 인물이 내장한 역설은 곧 코드화의 역설이기도 하다. 예컨대 열녀/비열녀의 코드가 함축하고 있는 구별 자체는 제거될 수 없지만, 열녀라는 코드 자체를 비열녀라고 지칭할 가능성 역시 차단할 수 없기 때문에 코드는 열녀가 열녀인지 비열녀인지를 확정할 수 없는 코드화의 역설을 지

---

49 권보드래의 논의처럼 신소설의 서사패턴을 소위 "남성-이주의 서사와 여성-망명의 서사"로 이해하는 경우에도 고려해야 할 요소는 동일한 공간의 이탈을 남성에게는 이주로, 여성에게는 망명으로 차이화하는 매개인 가정이라는 컨텍스트다. 이런 맥락에서 남성과 여성을 각각 개별적 성, 그들의 행위를 개별적 행위의 패턴(pattern)으로 이해하는 것보다 가정으로부터의 이탈이라는 맥락(context)에서 해석하는 것이 더욱 타당하다고 하겠다(패턴(pattern)과 컨텍스트(context)의 차이에 대해서는 김영민의 『컨텍스트로, 패턴으로』, 문학과 지성사, 1996 참조할 것).

50 양윤선, 「계몽된 딸과 미몽의 어머니 — 이인직의 『혈의 루』와 20세기 초 한국 가정소설」, 국제한국문학문화학회 2011년 봄 학술대회 발제문, 12쪽.

51 니클라스 루만, 앞의 책, 72쪽.

닌다. 『혈의 루』의 춘애가 보여주는 당대 여성인식의 코드화가 지닌 역설은 신여성이 등장한 후 신여성을 둘러싼 담론 속에서도 지속[52]된다는 점에서 『혈의 루』의 두 여성 주인공은 분명 문제적이며 동시에 개연적이다.

동일한 맥락에서 『혈의 루』의 두 여성 주인공을 구분하는 신/구의 이분법 역시 유효할 수 없다. 신여성 옥련이나 구여성 춘애 모두 가정과 관련하여 담지하고 있는 내용이 여전히 불안정하기 때문이다. 때문에 『혈의 루』가 "관민족적 문명개화 교육을 통해 옥련은 개화한 한국 남성의 약혼녀가 되고, 이로서 신분제 중심적인 전근대 가족 대신 다른 가정들에 대해서 수평적인 관계를 가지며 민족국가에 대해서 동등한 접근권한을 갖는 근대 가정을 만들 준비"를 하게 되었다는 평가[53]는 유보되어야 한다. 「열녀전」이나 「삼강행실도」처럼 전통적 교훈서에 나오는 여성을 상기시키는 춘애 뿐만 아니라 외국 유학을 한 근대적 계몽지식인의 외피로 치장된 옥련 역시 가정을 구성하는 구심점이 되는 '결혼'의 문제에서는 동일하게 전근대적[54]이기 때문이다. 서구의 경우 근대적 연애관계에서 일정한 역할을 하는

52 "전통은 문명개화 달성을 위해 반드시 변해야 하는 영역이기도 했지만, 역설적으로 위기를 맞이한 민족의 고유한 정체성을 유지하고 회복시키기 위해 변하지 말아야 하는 부분으로 설정되었다. 전통은 주로 조선의 가정과 관련되어 이해되었기에 가정은 조선의 도덕적, 정신적 우월성을 보증하는 영역이었다. 전통의 담지자이며 가정의 중심 인물로 여겨졌던 여성들은 민족을 위한 통제의 대상이자 조선의 미덕을 구현하는 주체가 되어야 했다."(전은정, 「근대 경험과 여성주체 형성과정」, 《여성과 사회》 9권, 한국여성연구소, 2000, 30쪽)는 평가 역시 이러한 코드화의 역설을 잘 보여준다.

53 양윤선, 앞의 글, 3쪽.

54 1899년 5월 18일자 논설. "셰계 각국에 미국 녀ᄌ같이 희한흔 것은 업스니 그 혼인ᄒ기 전에ᄂ 힝동거지를 ᄌ유와 임의로 ᄒ야 흑소년 남ᄌ와 말도 ᄀᆞ치 둘니며 마챠도 흔 가지 투며 (…) 미국 ᄉ졍에 통달치 못흔 외국사람의 눈치에 반ᄃᆞ시 이상흔 싱각을 둘지라 (…) 그러ᄒ나 그 실상인즉 죠곰도 의상흠이 없스며 그 졍졀과 죠심의 굿셰고 아름다움은 가히 칭찬홀 만흔지라 (…)" 미국 여성들의 자유 연애를 조선의 정절과 정숙함으로 이해하는 글로 근대계몽기 혹은 그 이후 신여성 담론이 노정한 자유연애의 모

수많은 구별들, 가령 남녀의 구별, 노소의 구별, 애인과 다른 인격들의 구별 등은 모두 쾌락과 사랑이라는 중심적 차이를 통해 의미론적으로 변형[55]되고 결혼의 근대적 의미는 자유연애(낭만적)의 본질인 자유를 기반으로 한 행동의 선택가능성으로 완성된다. 하지만 옥련의 경우 연애든 결혼이든 그것을 작동시키는 것은 계몽된 민족, 근대화된 국가라는 단일한 항목이며 그것의 지향점은 계몽된 민족과 근대화된 국가에 복속되도록 구성된 가정이다. 이후 우리의 근대화 과정에서 소위 자유연애(낭만적 사랑)가 새로운 성담론으로 등장하게 되었을 때, 가정(가족)으로부터의 자유를 뜻하는 자유연애의 '자유'가 오히려 결혼을 통해 또 하나의 가정(가족)을 만들기 위한 전단계로 이해되고, 그렇게 생산된 가정(가족)이 기존 가족의 영향 밑에 놓이는[56] 순환을 반복하게 된 것처럼 옥련이 『혈의 루』의 말미에서 구성한 근대적 가정이란 허구이자 관념일 뿐이다.

5. 매체의 코드화와 문학 장르

이 글에서는 근대계몽기 《제국신문》이 매체로 기능하며 열녀/비열녀의 코드화를 작동시키는 과정을 고찰하고, 열녀/비열녀의 코드가 신소설 『혈의 루』의 두 여성 주인공 옥련과 춘애와 소통하는 과정을 분석하여, 코드화를 매개로 근대계몽기 여성인식의 의미론이 확장되는 양상을 살펴보았다. 이를 통해 궁극적으로는 문학으로 환원되는 매체와 문화연구가 지닌

순된 지점을 잘 보여주는 예다.
55   니클라스 루만, 앞의 책, 131쪽.
56   조주현, 「섹슈얼리티를 통해 본 한국의 근대성과 여성주체의 성격」, 《사회과학논총》 17집, 1998, 224쪽.

한계를 극복할 수 있는 한 대안을 제시하고자 했다.

결혼과 가정의 구성이 지닌 사회적 의미론은 사회체계와 양립 가능한 것이었을 때 개연적인 것이 될 수 있으며, 이전 사회체계에서 경험되던 개연성이 상실되면 그것은 새로운 개연성으로 대체되어야 한다. 본론에서 살펴본 것처럼 계층화된 구(舊) 사회체계와 가정체계가 존속하던 근대계몽기, 열녀/비열녀의 코드화로부터 추동된『혈의 루』의 문제적 여성 주인공 옥련은 근대계몽기가 요구하는 새로운 열녀의 개연성을 구축하는 인물로 제시된다. 그럼에도『혈의 루』에서 옥련의 서사가 춘애의 서사에 비해 터무니없이 분량이 적은 것[57]은 옥련이라는 인물이 지니는 개연성이 상대적으로 불안정하고 따라서 구체적인 형상화가 아직은 불가능했기 때문으로 생각된다. 옥련이 개인의 열정이 아닌 개인의 이성적 목적에 초점을 맞춘 약혼을 통해 민족(국가)공동체의 은유인 가정을 구성하려 하고, 미몽의 조선땅과 계몽된 미국땅에 떨어져 있던 옥련과 춘애가 다시 만나 한 가정을 이루며 기거하게 될 것이라는 하권을 예고하는『혈의 루』상권의 마지막은 그러므로 매우 불길하다.

최초의 신소설이라는 대의에 주목하거나 의심할 바 없는 근대계몽기의 이념으로서 옥련을 부각시켜온『혈의 루』관련 기존 연구들은, 옥련이라는 인물을 시대가 요구하는 개연적인 것으로 구성하는 사회적 소통의 과정을 분석에 담아내지 못한 채 옥련이라는 존재를 당대의 이념이나 작가 이인직의 사회적 인식과 관련시켜 논의해왔다. 이와 같은 기존 연구 방법은 옥련이라는 문제적 여성 주인공을 특히 여성주의 관점에서 주목하고자

---

57 만세보에 연재된『혈의 루』50회 중에서 20회 정도가 춘애를 중심인물로 해서 전개되는데, 이는 김관일에 할애된 분량보다는 약 4배, 옥련의 약혼자 구완서보다는 약 2배 가량 많은 분량이다. 또한 옥련이 직접적으로 등장하는 19회 이전까지 이야기를 이끌어 나가는 중심인물도 춘애이다(양윤선, 앞의 글, 1쪽).

할 때 다음과 같은 비판을 피할 수 없다. 곧 "한국에서 페미니즘 연구는 주로 '여성'이라는 주체성을 보편화하고 일반화하며 동시에 신성화하는 역설을 보여준다. 이러한 방식의 여성사 연구는 민족이라는 주체를 신성화하고 역사를 민족의 생성과 발전의 과정으로 탐구하는 것과 마찬가지로 여성적 정체성의 형성, 발전, 전개라는 동일한 도식을 반복하는 바 이는 젠더화된 근대적 주체성의 기획을 반복하는 것이다"[58]는 비판이 그것이다. 이와 같은 비판을 직시하고 수용하는 한 방법으로 본고에서는 『혈의 루』의 두 여성 주인공의 출현을 열녀/비열녀의 코드가 추동시킨 사회적 소통의 결과물로 이해하고 그 소통의 과정을 분석했다. 열녀/비열녀의 코드가 확장된 『혈의 루』 텍스트 내 여성인식의 의미론을 구체적으로 분석하는 것은 이후 연구 과제로 남겨둔다.

---

58   권명아, 『역사적 파시즘 ─ 제국의 판타지와 젠더 정치』, 책세상, 2005, 63쪽.

참고문헌

1. 기본 자료

《제국신문》, 『혈의 루』

2. 논문

강현조, 「『혈의 루』의 원전 비평적 연구」, 《우리말글》 41호, 우리말글학회, 2007.

김기란, 「한국 근대계몽기 신연극 형성과정 연구」, 연세대 박사학위논문, 2004.

김기란, 「신연극 <은세계> 연구」, 《한국근대문학연구》 16호, 한국근대문학회, 2007.

김춘식, 「한국 신문학 초창기의 문학장의 형성과 서구적 개념의 미적 근대성 비교」, 『동서비교문학저널』 12호, 2005.

박애경, 「야만의 표상으로서의 여성 소수자들」, 《여성문학연구》 19호, 여성문학학회, 2008.

박진영, 「번역·번안소설과 한국 근대소설어의 성립」, 『흔들리는 언어들 — 언어의 근대와 국민국가』, 성균관대학교 대동문화연구원, 2008.

양윤선, 「계몽된 딸과 미몽의 어머니 — 이인직의 『혈의 루』와 20세기 초 한국 가정소설」, 국제한국문학문화학회 2011년 봄 학술대회 발제문.

이경하, 「《제국신문》 여성독자투고에 나타난 근대계몽담론」, 《고전여성문학연구》 8집, 한국고전여성문학회, 2004.

이송희, 「한국 근대사 속의 여성 리더십」, 『역사속의 여성리더십』, 한국여성사학회 국제학술대회 자료집, 2011.

전은정, 「근대 경험과 여성주체 형성과정」, 《여성과 사회》 9권, 한국여성연구소, 2000.

조주현, 「섹슈앨러티를 통해 본 한국의 근대성과 여성주체의 성격」, 《사회과학논총》 17집, 1998.

한기형, 「매체의 언어분할과 근대문학」, 『흔들리는 언어들 — 언어의 근대와 국민국가』, 성균관대학교 대동문화연구원, 2008.

가네코 아키오, 권정희 옮김, 「'가정소설'을 둘러싼 미디어 복합 — 1900년대를 중심

으로」, 『지식의 근대기획, 미디어의 동아시아』, 성균관대 동아시아학술원 동
　　양학학술회의 자료집, 2007.

3. 단행본

고미숙, 『한국의 근대성, 그 기원을 찾아서』, 책세상, 2001.

김영민, 『컨텍스트로 패턴으로』, 문학과지성사, 1996.

권명아, 『역사적 파시즘 ─ 제국의 판타지와 젠더 정치』, 책세상, 2005.

한기형 외, 『근대어·근대매체·근대문학』, 성균관대 대동문화연구원, 2006.

차태근, 「매체의 문학과 문학적 매체」, 『지식의 근대기획, 미디어의 동아시아』, 성균
　　관대 동아시아학술원 동양학학술회의, 2007.

최기영, 『《데국신문》 연구』, 서강대언론문화연구소, 1989.

베르너 파울슈티히, 『근대초기 매체의 역사』, 황대현 옮김, 지식의 풍경, 2007.

니클라스 루만, 『열정으로서의 사랑 ─ 친밀성의 코드화』, 정성훈 외 옮김, 새물결,
　　2009.

피에르 부르디외, 『예술의 규칙』, 하태환 옮김, 동문선, 1998.

Peter Ludes, *Einführung in die Medienwissenschaft-Entwicklungen und Theorien*, Berlin:
　　Erich Schmidt Verlag, 1998.

《제국신문》 소재 서사적 논설의 논증 방법과 수사적 상황

"이전 파사국에"[*]

박상익

1. 서론

조지 레이코프는 저서 『삶으로서의 은유』에서 "논증은 전쟁이다"[1]라고 은유한다. 이는 논증 행위에 내재되어 있는 정신적 충돌인 갈등의 요소를 물리적 충돌인 전쟁에 비유해 논증 행위의 역동성에 초점을 맞춘 발언이다. 모든 논증 행위에 어김없이 상존하고 있는 갈등은 논증의 시작점인 동시에 궁극적으로 논증이 해결해야 할 목적이다. 논증이 존재하기 위한 최소의 조건은 주장이 있어야 하고, 그 주장에 대한 어떤 도전이 있어야 하며, 이 주장을 하는 이유, 즉 갈등을 해결하기 위해 제시되는 어떤 이유의 형식으로 이 도전에 대한 응답이 있어야 한다.[2] 그리고 그 사회적인 행위로서의

---

[*] 이 논문은 2008년 발표한 석사학위논문 「《제국신문(帝國新聞)》 소재 서사적 논설의 논증 방법 연구」를 수정·보완한 것임.

[1] 조지 레이코프, 『삶으로서의 은유』, 노양진 옮김, 서광사, 1995, 22쪽.

[2] 제임스 크로스화이트, 『이성의 수사학』, 오형엽 옮김, 고려대학교출판부, 2001, 149쪽.

갈등은 각각의 당사자가 합의점을 찾아냈을 때 해결되는 것이 이상적이지만, 해결되지 않는 첨예한 갈등은 담론으로 남아 담론 간의 쟁투를 거듭한다. 이렇게 볼 때, 논증 행위는 하나의 담론을 만드는 수사적 행위다.

근대 계몽기는 서구의 근대적 사유 체계와 문화가 본격적으로 수입되면서, 대한제국 사회 내부의 수많은 욕망과 사회적 갈등이 급격하게 증가하던 시기였다. 그 시기는 정치·철학적으로 중심 담론이었던 중국적 천하관과 성리학 체계가 붕괴해 그 공백을 대체할 것이 필요했다. 이러한 상황에서 서구의 사상과 문물을 중국과 일본을 매개체로 보다 일찍 받아들인 신지식인 그룹은 민족 계몽을 통해 근대화를 이루고, 자주 독립을 획득하고자 했다. 그들은 그 방법의 일환으로 신문 발행에 주목했다. 중국과 일본에서 신문이 근대적 공공 담론의 공간을 생성했고, 구시대의 유습 철폐나 국민의 정신 개조 그리고 시대적 소명을 부르짖음으로서 계몽적 효과를 상당 부분 획득한 사실에 대해 이미 신지식인들이 알고 있었기 때문이었다.[3]

신문은 근대 계몽기에 조선이 수입한 서양 문물 중 가장 즉각적으로 담론을 생산해낼 수 있는 매체였다. 그것은 단지 새로운 매체의 출현이 아니

---

3   물론 신학문을 공부한 지식인들이 신문의 영향력을 주목하게 된 것은 일본과 중국의 영향력이 지대했다. 병자수호조약 체결을 전후로 한 1873년과 1874년에 캉유웨이(姜瑋)가 쓴 『북유담초(北游談草)』와 『북유속초(北游續草)』에 신문에 관한 대화가 나온다는 점에 주목할 필요가 있다. 중국 관리인 장세준은 '청국이 동문관을 설치하여 그들로 하여금 말과 문자를 익히게 하여 매월 1회씩 각 항구의 상황을 신문에 게재함으로써, 각국의 정형을 사람들이 자주 보도록 해 (…) 우호적인 관계를 유지케 한다.'고 말한다. 그뿐 아니라 일본에 다녀온 수신사나 신사 유람단의 기록에서 신문의 영향력에 관해 상세하게 설명하고 있는 것을 보면 신문의 영향력은 일찍이 신학문에 관심을 가진 지식인들에게 널리 알렸을 가능성이 크다. 약 10년 뒤인 1883년, 조선 조정에서 한국 최초의 신문인 《한성주보》와 《한성순보》를 창간했다는 사실이 이와 같은 추론을 뒷받침한다. 위암 장지연 선생 기념 사업회, 『한국 근대 언론의 재조명』, 커뮤니케이션북스, 2001, 10~21쪽 참고.

었다. 사회에 대한 새로운 공론장, 하나의 새로운 담론이 대한제국 사회에 탄생하는 순간이었다. 대중이 동일한 시사 텍스트를 공유함으로써 근대적 공론장이 형성되고, 이 공론장에서 산출된 담론은 다시 문화 변동의 추동력이 되는 것이다. "새로운 매체의 탄생은 새로운 문화의 탄생을 의미한다. 매체는 그 자체가 문화의 일부이면서, 당시대의 문화를 바꾸는 선도적 역할을 한다"[4]는 김영민의 지적은 근대 계몽기 신문이 지녔던 담론 생산의 능력을 보여준다.

1896년 4월 최초로 민간에서 주도하고 발행한 한글 신문인 《독립신문》이 서재필 등의 발의로 창간된 이후, 신지식인 집단에 의해 창간된 신문은 점점 그 수와 양을 확장해갔다. 특히 1898년에는 《매일신문》, 《제국신문》, 《황성신문(皇城新聞)》이 차례로 창간되어 대중이 신문을 통해 접촉하는 정보가 크게 증가했다. 그중에서도 이 글이 연구 대상으로 삼은 《제국신문》은 이종일을 사장으로 해 1898년 8월 10일 창간호를 발행한다. 《제국신문》은 그 창간호부터 국민 계몽에 뜻을 두고 있음을 천명했다. 그리하여 《제국신문》은 하층 계급의 사람들이나 여성들까지 신문을 구매할 수 있도록, 가격을 저렴하게 발행했고, 신문의 표기 수단은 순국문을 고수했다. 이는 일부 교육받은 지식인들에게 한정되어 있던 사회 소식을 일반 대중에게 확대시킴으로써 사회에 대한 관심을 증대시키고 계몽의 효과가 상승할 것을 기대했던 것이다.

《제국신문》 중에서도 독자들에게 가장 인기 있었던 기사가 '논설'[5]이었

---

4   김영민, 『한국의 근대 신문과 근대소설 ― 1. 대한 매일 신보』, 소명출판, 2006, 3쪽.

5   근대 계몽기 논설에 대한 주목할 만한 연구는 이재선의 『한국 개화기 소설 연구』에서부터 시작한다. 이재선은 근대 계몽기 신문의 논설란에서 특히 '서사성'(narrativity)에 주목하면서, 그것이 초기 근대 소설의 한 형태인 동시에 공익적 성격이 강한 형식임을 최초로 주목한다. 그의 연구는 이후 서사적 논설 연구가 나아가게 되는 지형도, 즉 고전 문학과 근대 문학의 전도체로서의 서사적 논설의 위상을 제시했다는 점에서

다. 특이하게도 이 논설들은 현대 신문의 논설과 전혀 다른 서술 형태인 짧은 이야기들이 게재되어 있었다. 주로 서사적 논설이라고 불리는 이 논설들은 동서양의 옛 이야기나 우화 등을 이용해 계몽의 담론장을 형성했다. 그중에서도《제국신문》은 이 계몽의 담론을 주로 하층민에게 두고 있었으므로 서사적 논설의 내용도 비교적 손쉬웠고 그 양적인 측면에 있어서도 여타의 다른 신문들을 압도한다.[6]

서사적 논설의 수가 이렇게 압도적인데도 그간의《제국신문》의 서사적 논설에 대한 연구는 내용적인 측면에 집중되었던 것이 사실이었다. 예컨대 그 계몽적인 성격과 각 서사적 논설이 맺고 있는 관계를 논설을 통해 기술하거나,[7] 젠더적인 측면에 집중해《제국신문》이 여성 글쓰기에 미친 영향을 설명하는 양상과 같은 연구[8]들이었다. 근대 소설과의 연관 관계를 탐

큰 의의를 지닌다. 이후 김영민은『한국 근대 소설사』에서 그것을 "논설과 결합한 서사 양식"(170쪽)으로 언명하면서, 서사적 논설과 논설적 서사를 양분한다. 그는 서사와 논설이 상호작용하는 서사적 논설의 연구의 지평을 확대하고 있다.

6   김영민 외 3인 편,『근대계몽기 단형 서사문학 자료전집』, 소명출판, 2004에 실린 근대 계몽기 각종 신문의 단형서사 문학 가운데에서《제국신문》소재 서사적 논설은 92종으로 그 뒤를 잇는《경향신문》의 56종보다 압도적으로 많은 수를 자랑한다. 그중에서도 이 논문이 대상으로 삼는 논설은《제국신문》의 논설란에 게재된 75편을 대상으로 한다.

7   정선태에 의하면, 근대 계몽기 신문 논설이 한자 문화권에서 전통적인 기술(記述)방법으로 자리했던 '논(論)'과 '설(設)'에서 비롯했다고 본다. 자기의 의견을 직접적으로 주장해 서술하는 '논'과 사물에 대한 의견을 진술하거나 의미를 우회적으로 표현하는 '설'이 근대 계몽기 신문에 '논설'이라는 이름으로 재등장해 계몽의 담론의 척후병 역할을 했다는 것이다. 특히 그는 '설'이라는 요소에 '허구성'이 개입한다는 사실에 주목하면서, 근대 계몽기의 신문 논설에 서사성이 수용 가능했을 것이라고 추측한다. 정선태,『개화기 신문 논설의 서사 수용 현상』, 소명출판, 1999, 63쪽을 볼 것.

8   이경하는《제국신문》에 나타난 여성독자투고를 분석하면서 그녀들이 근대계몽담론을 수용하고 재생산하는 양상을 고찰하고 있다. 특히 여성들이《제국신문》에 투고한 글이 여성들의 자의식이 구체화된 텍스트로 파악하고 있다. 이경하,「《제국신문》여성독자투고에 나타난 근대계몽담론」,『한국고전여성문학연구』8, 한국고전여성문학

색한다는 점에서는 서사성을 연구했고, 젠더나 계몽 등의 흐름과 양상 탐구는 논설적인 측면에 집중했던 것이다. 정리하면,《제국신문》소재 서사적 논설의 연구 성과들은 서사성과 그 논설적 측면 중에서 어느 지점에 무게중심을 두고 연구할 것인가의 문제로 정리, 요약할 수 있다.

이에 이 글에서는《제국신문》서사적 논설의 논증 과정을 분석하고자 한다. '서사적 논설'이라는 명칭이 내포하고 있는 의미처럼 논증 과정은 서사성에 의해 뒷받침되고 개연성을 인증 받을 수 있었다. 이러한 논증 과정을 분석하고 고찰하는 것은 근대 계몽기의 담론이 어떤 방법으로 형성되었으며, 그 형성의 근간이 되는 사유가 어떤 것인지를 파악하는 것에 도움을 줄 수 있다. 또한《제국신문》의 서사적 논설이 기능할 수 있었던 수사적 상황을 함께 검토함으로써 논증 형성의 사회적 역할 역시 파악할 수 있을 것으로 기대된다. 더불어 서사적 논설에서 '서사성'이 지니는 의미를 수사학적 논증 연구를 통해 고찰함으로써 서사적 논설의 문학사적 의미를 재평가할 수 있을 것이라 기대한다.

2. 일반 논증 모델과 수사적 상황

사실《제국신문》을 포함한 근대 계몽기 단형서사체는 논리적이라기보다는 열정 혹은 정념(흔히 파토스로 번역되는)의 수사학으로 자주 인식되었다. 많은 논자들[9]은 당시의 논설을 '웅변'으로 치환하면서, 그것이 '상대방

회, 2004, 91~94쪽 참조.

9 자세한 것은 정우봉, 「연설과 토론을 통해 본 근대 계몽기의 수사학」,《고전문학연구》 30호. 2006; 고미숙 「계몽의 담론, 계몽의 수사학」,《문화과학》 23, 문화과학사, 2000 을 참고.

의 마음을 파악하고 상대방의 감정을 움직이는' 수사학으로 전이되었다고 분석한다. 그러나 '모든 주장에는 그 논증 과정이 존재한다'는 신수사학의 입장에서 보면 근대 계몽기 《제국신문》의 서사적 논설 역시 그 나름의 논증 과정이 존재했을 것이다.[10] 그 논증 과정이 어떻게 이루어졌는지를 살펴보는 것은 근대 계몽기의 담론이 소유하고 있는 사유의 기반과 그 형성의 문법을 밝히는 문제와도 직결된다. 이를 밝히기 위해 툴민(Stepthen E. Toulmin)의 일반 논증 구조 모델을 통해 서사적 논설의 논증 구조를 고찰하고자 한다.

모든 주장은 최초에 불안정하다. 주장은 처음에는 그것의 '옳음'을 뒷받침할 그 어떤 다른 명제도 지니고 있지 않기 때문이다. 그러나 근거와 자료를 통해 뒷받침된 주장은 점차 안정 상태로 전이한다. 이는 '무한정성(indeterminateness)'에 대항해 '한정성(determinateness)'을 증진시킨다.[11] 다시 말해서 수많은 항로가 존재하는 가능성의 바다에서 가장 최적의 항로를 찾는 것에 비유할 수 있다.[12] 툴민은 논리의 기본적인 기능인 합리적인 절차를 하나하나 분석하는 행위를 강조하며, 아리스토텔레스의 『수사학』으로 돌아간다. 그래서 툴민은 논증 과정에 형식적 체계를 부여하고, 이를 바탕으로 '일반 논증 구조 모델'을 만들어낸다. 이를 통해 논증에 참여하는 각 명제들 사이의 관계에서 타당성을 도출하고, 합리적이고 논리적인 논증 과정의 흐름을 보여준다. 이것은 단순하게 논증 과정에서 발생하는 사고

10　이는 신수사학은 논증을 철학의 한 분과로 취급하는 논리학에 한정시키지 않기 때문이다. 오히려 논증은 논리학과 철학의 경계를 뛰어넘어 '응답과 질문을 요구하는 담화행위' 전체로 확장된다. 다시 말해서 모든 주장은 그 타당성과 합리성과는 별개로 그나름의 논증이 존재한다는 것이다. 자세한 것은 크로스화이트, 앞의 책, 51쪽.

11　같은 책, 126쪽.

12　자세한 것은 스티븐 툴민, 『논변의 사용』, 고현범·임권태 옮김, 고려대학교출판부, 2003, 68~72쪽 참조.

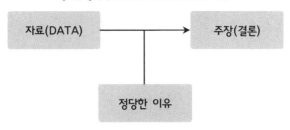

[그림1] 정당한 이유가 첨가된 논증 모델

의 흐름을 도식화한 것이 아닌, '지식이 증가하는 과정을 표현할 수 있는 합리적 방법론'[13]인 것이다.

툴민은 주장(Claim, 이하 C로 지칭)과 자료(Data, 이하 D로 지칭)를 우선 설정한다. 전술한 바와 같이 어떤 사안에 대한 주장은 항상 불확실성에 노출되어 있고, 이러한 불확실성은 갈등은 만들어낸다. 이러한 갈등에 대해 주장이 그 토대로 삼는 정보를 자료라고 부른다. 이러한 자료를 통해서 주장이 확실성을 획득하는 것은 아니다. 우선 주장과 자료가 연관성이 있음을 증명할 수 있는 '추론 허가증'이 필요하다. 그는 이를 정당한 이유들(Warrants, 이하 W로 지칭)[14]이라고 명명한다. 여기까지의 일반 논증 구조 모

---

13   크리스티앙 플랑탱, 『논증 연구』, 장인봉 옮김, 고려대학교출판부, 2003, 16쪽.

14   '정당한 이유들'은 유명한 논증 방법인 삼단논법에서 대전제에 해당하는 것이다. 삼단논법의 대전제는 귀납으로 이루어져 있다. 예컨대 '모든 강은 북쪽에서 남쪽으로 흐른다. 한강도 강이다. 그러므로 한강도 북쪽에서 남쪽으로 흘러갈 것이다.'라는 논증은 논증 과정과 그 결론이 모두 타당하다. 그러나 '모든 강은 북쪽에서 남쪽으로 흐른다. 나일강도 강이다. 그러므로 나일강도 북쪽에서 남쪽으로 흐른다'라는 논증의 논증 과정은 타당하지만 결론은 옳지 않다. 일반적으로 사람들이 논증을 할 때에는 과거의 기억이나 경험을 바탕으로 추론한다. 그리고 삼단 논법의 대전제는 이런 식으로 이루어졌다고 생각하기 마련이다.
툴민은 이러한 오류를 지적하면서, 논증이 부당하게 무시되어 왔다고 선언한다. 그래서 그는 논증을 실질적인 논증과 분석적인 논증으로 분류한다. 실질적인 논증은 사람들이 곧잘 사용하는 논증으로써, 과거의 경험과 개념들을 참조해서 결론을 내린다. 그러나 분석적인 논증은 다르다. 분석적인 논증은 각각의 사례를 모두 조사해 논증 과정

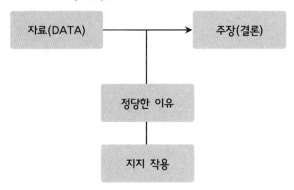

[그림2] 툴민의 일반 논증 구조 모델

```
┌──────────────┐          ┌──────────────┐
│  자료(DATA)  │─────────▶│  주장(결론)  │
└──────────────┘          └──────────────┘
        │
        │
┌──────────────┐
│  정당한 이유  │
└──────────────┘
        │
        │
┌──────────────┐
│   지지 작용   │
└──────────────┘
```

델은 [그림1]과 같이 도식화할 수 있다.

논증 과정에서 자료가 타당해 충분히 결론과 같은 주장을 할 만하다고 판단하게 하는 '추론 허가증'이 바로 정당한 이유들이다.[15] 불변하는 사실인 자료(D)와는 달리 정당한 이유(W)는 일정한 조건 아래서 보편성을 지향할 때 성립하는 가언적 명제다. 그러나 가언적 명제인 정당한 이유만으로는 주장의 합리성이 충분하지 않다. 이런 문제점의 해결책으로 툴민은 정당한 이유를 지지할 수 있는 요소를 첨가한다. 그것이 바로 지지 작용 (Backing, 이하 B로 지칭)이다. 지지 작용은 '만일', '혹은' 따위의 조건을 붙이지 않은 확정된 정언 명제로만 이루어질 수 있다. 그래서 최종적으로 논증 모델은 [그림2]와 같은 꼴을 지니게 된다.

이러한 툴민의 논증 모형은 전술한 것처럼 단순히 논증 분석에 유용한 수단에 머물지 않는다. 툴민은 이 모델을 통해 아리스토텔레스가 정초하

자체에 이미 결론을 내포하고 있다. 그러므로 분석적인 논증은 형식적으로 완성되어 있다. 논증 외부에서 빌려온 개념이나 사례를 통한 실질적인 논증과는 달리 분석적인 논증은 논증 내부의 정보만으로 개연성을 도출할 수 있기 때문이다. 그렇다고 해서 실질적인 논증이 분석적인 논증보다 가치가 폄하되지는 않는다. 자세한 것은 스티븐 툴민, 앞의 책, 200~206쪽 참고.

15 같은 책, 3쪽.

고 키케로가 완성한 고대 수사학의 말터(topos)[16]를 재발견한다. 이 말터는 논증 과정에서 개연성을 산출하기 위해 도달해야 하는 지점이다.

이를 통해 툴민은 논증이 조직되는 하나의 네트워크를 알기 쉽게 제시한다. 각 말터에서 비롯한 논거들이 각각의 적절한 명제에 연결되었을 때, 논증은 개연성을 지니게 된다. 그래서 논증은 하나의 '인간적 상호작용'으로 정의된다.[17] 다시 말해서 논증은 주장·자료·이유·근거 등등 각각의 명제가 '갈등'을 산출하고 그것을 해결해나가는 과정인 것이다.

《제국신문》 내 서사적 논설이 사회적 공론장으로 기능하기 위해서는 갈등을 산출하고 해결하는 과정에서 타당성이 담보되어야만 했다. 그런데 서사적 논설은 상당수가 예화를 그 논설의 도입부로 활용한다는 점이 독특하다. 여기에서 사용되는 예화는 일화(anecdote), 우화(fable), 유화(parable), 전기(biography) 등 장르적으로도 다채로울 뿐 아니라, 그 주제적 측면에서도 동서고금의 그것을 망라하고 있다. 이러한 예화들은 형식과 내용 양면

---

16 양태종, 「문학 텍스트의 분석을 위한 논거와 무늬」, 《동악어문논집》 23집, 2007, 117~118쪽.

"논거는 설득하기에 적절한 생각을 담은 말이 된다. 이런 말이 숨어 있는 곳을 수사학에서는 말터(topos)라고 한다. (…) 그것은 말하기 위해 가야 할 곳이고, 할 말을 떠올리기 위하여 가야 하는 곳이며, 한 말 또는 할 말의 크기를 가늠해보는 곳이다. (…) 논거는 말터에서 나오기 때문에 말터는 논거의 출처가 된다. (…) 페렐만은 '결합의 말터'와 '분리의 말터'로 분류한다."

토포스는 본디 '장소'라는 의미를 가진 그리스어였다. 이것은 역자에 따라 공론(김현), 일반적 논제(Dixon), 화제(박우수) 등으로 번역된다. 그러나 토포스가 지닌 '장소'의 의미를 가장 잘 살린 번역어는 양태종의 '말터'다. 그래서 이 글에서는 양태종의 말터나 토포스를 병행해 사용한다. 자세한 것은 양태종, 「말터 나누기」, 《언어와 언어교육》 11, 동아대학교, 1996; 김현 편, 『수사학』, 문학과지성사, 1985; 박우수, 『수사적 인간』, 도서출판민, 1995; Peter Dixon, 『수사법』, 강대건 옮김, 서울대학교 출판부, 1979를 참고.

17 크리스티앙 플랑탱, 앞의 책, 25쪽.

에서 서사적 논설의 논증 과정에 중요한 역할을 담당하고 있는 것이다. 김영민이 이미 고찰한 것처럼 이러한 서사적 논설의 형식적 특성은 '서사' 부분과 '논설' 부분으로 나뉘어, 개별적으로 기능한다고 인식되어왔다. 그러나 서사 장르에서 개별적으로 기능하는 부분은 존재하지 않는다. 이에 관해 루보밀 돌레젤은 다음과 같이 언급한 바 있다.

> 형식 속에 들어 있지 않던 것은 아무 내용 속에도 들어 있지 않다고 말할 수 있다. 다른 말로 한다면, 문학 예술 작품에서는 표현되어야 할 모든 것이 제각기 특수한 표현 방법을 가지고 있다는 것이다.[18]

이 진술은 문학 텍스트를 구성하고 있는 형식적 요소들에서 무의미한 것은 아무것도 없으며, 모든 요소는 치밀하게 계산되어 있다는 것이다. 이렇게 치밀하게 짜인 구성 요소들은 독자에게 제시되어 특정한 문학적 효과를 작동시킨다. 그렇게 보면, 서사적 논설에 삽입된 예화들이 논증의 속성과 의미에도 깊은 영향을 미치는 것은 당연하다. 이러한 일련의 '옛 이야기'인 예화는 대체로 서사적 논설의 중·후반부에 등장하는 자료부와 결론부를 이어주는 역할을 담당하고 있다.[19] 자료부에서는 당대 대한제국의 현실을 거론함으로써 신문 논설이라는 매체적 특성을 살림과 동시에 논거(topoi)로써 수사적 논증의 한 측면을 담당한다. 한편 결론부에서는 예화와 자료부에서 제시된 사항을 바탕으로 결론을 도출한다. 결론부에서 만들어

---

18 루보밀 돌레젤, 「서술자의 유형이론」, 김병욱 편, 『현대소설의 이론』, 최상규 옮김, 예림기획, 1997, 528쪽.

19 신문의 논설에 가상의 사건과 현실의 사건이 혼종되는 방식에 대해 고미숙은 '사건이라는 범주 자체가 견고한 울타리를 지니고 있지 않았던 것이고, 그런 까닭에 그것을 언표화하는 방식 역시 예기치 않은 흐름을 지니고 있었다'고 논평한다. 자세한 것은 고미숙, 「계몽의 담론, 계몽의 수사학」, 《문화과학》 23, 문화과학사, 2000, 211쪽.

[그림3] 하트의 수사적 상황 모델

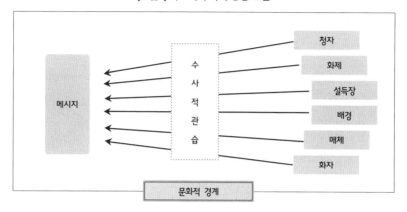

[그림3] 하트의 수사적 상황 모델

진 결론은 상식적이지만 가변적인 명제로 보강되며, 그 명제는 다시 전술한 '예화'를 통해 뒷받침된다. 예화는 서사적 논설의 도입부와 함께 지지 작용을 담당한다. 《제국신문》의 논설은 이렇게 각 형식 부위의 긴밀한 구조화를 통해서 주장의 타당성을 자체적으로 획득함과 동시에 당대의 수사적 상황을 탐지할 수 있도록 한다.

수사적 상황(rhetorical situation)은 로이드 비처가 1968년에 기초한 이래, 영미 수사학 연구의 중요한 개념 중 하나가 되었다. 그는 언어 행위를 창조하고 담화를 발동시키는 모든 외부 조건을 결정하는 사항을 수사적 상황으로 정의한다. 덧붙여, 비처는 그 개념을 "발화자나 작가가 수사학적 담론을 창조하는 맥락"[20]으로 설명하고 있다. 그에 따르면 "상황에 부과된 요구에 대한 언어적 반응은 분명히 육체적인 반응만큼이나 기능적이고 필수적"[21]이라는 전제 아래, 수사적 상황은 메시지에 남아 있는 텍스트상의 증거(textual evidence)를 검토함으로써 분석된다. 로드릭 하트는 수사적 상황

20　Lloyd F. Bitzer, "The Rhetorical Situation"(1968), Burgchardt. Carl R.(ed), *Reading in Rhetorical Criticism*, Stata, 2005, 58쪽.

21　같은 글, 61쪽.

에서 고려해야 할 요소를 [그림3]과 같은 7가지로 정리한다.[22]

하트에 따르면 수사적 상황은 문화적 경계의 틀 안에서 작동한다. 이 문화적 경계 내부에서 청자(audience), 화제(topic), 설득장(persuasive field), 배경(setting), 매체(media), 화자(speaker), 수사적 관습(rhetorical conventions)이 역동적으로 얽히고설키며 메시지를 창출한다는 것이다. 발화하기 위해 우리가 행하는 다양한 결정들은 중요한 사회적 행위의 하나이며, 수사적 상황의 다양한 요소들은 종종 메시지에 각인되므로 비평적 안목을 위한 다양한 원천을 제공할 수 있다.[23] 수사적 상황에서 검출할 수 있는 텍스트상의 증거는 당대 서사적 논설이 구성하고 있는 공론장의 논증 모델을 구체적으로 살핌과 동시에 논증에 관여하는 사회·정치·문화적 특수성의 고려를 통해 《제국신문》의 저자와 독자들이 공유했던 약호를 해독할 수 있다.

3. 논설 "이전 파사국에"의 논증과 수사적 관습: 전거 수사로서의 예화

《제국신문》의 논설이 지니고 있는 문제의식은 '계몽'이라는 용어로 집약된다. 《제국신문》 서사적 논설의 필진에게 전근대적이고 부정적인 대한제국의 현실은 서구의 '문명'을 통해 '계몽'함으로써 치유될 수 있었다. 이러한 출발선에 놓인 세계 인식은 대한제국 관리들의 무능함, 조선 민중의 나태와 완고를 강한 어조로 비판하는 동시에 역사 속 구국 영웅의 행적, 민족의 나아갈 길 등을 알리고 교양시키는 설득의 세계다. 그래서 《제국신문》의 서사적 논설의 담론은 비판과 변혁이 어울린 설득적인 논설들이다.

---

22   Roderick P. Hart, *Modern Rhetorical Criticism*, Allyn and Bacon, 1997, 48쪽.
23   같은 책, 55쪽.

《제국신문》서사적 논설에서는 당시 발생한 사건이 논설의 배경에서 수사적 상황의 한 요소로 기능하고 있을 뿐이며, 실질적인 논설 텍스트 전면에 등장하는 것은 동서양의 우화, 위인전, 민담 등이다. 이러한 논설의 '서사' 개입은 그 장르적 형태와 주제가 독립적인 서사로 기능했다기보다는 논증의 근거로써 사용되었다고 판단된다. 이렇게 《제국신문》서술적 논설에서는 계몽을 그 기본적인 주장의 축으로 하면서 동서양의 많은 고사나 사건을 전거(典據)로 삼아 '서사성'을 획득하고 있다. 다음의 인용문은 1898년 9월 30일의 논설 "이전 파사국에"다. 여기서는 일화에 해당하는 서사가 논설에 개입하고 있다.

> (B) 이전 파사국에 유명한 님군이 멋멋 신하를 다리고 산에 올나 산영을 호더니 우연히 산즁에 들어 음식은 예비치 못호고 시장호여 심히 곤호신지라 시신을 명호야 산영호 바 힝즁에 잇는 즘싱 호나흘 불에 익혀 요긔를 호러 홀식 신하가 황급히 고기를 익혀 다 먹게 된 후에 방장 나외려 호다가 본즉 고기에 소금을 치지 아니혼지라 황망히 츄종을 불너 분부호야 급히 촌에 나려가 소금 혼 즙만 엇어오라 호즉 즉시 소금을 엇으러 가려 홀 추에 님군이 그 신하에 이르는 말을 들으시고 불너 명호시기를 돈을 보내여 소금을 사오는 거시 올흐니 그져 엇으러 보내지는 말나 호시는지라 신하가 알외되 소금 혼 즙이 별노 민간에 폐 될 거시 아닌즉 그져 엇어 와도 과히 관계가 아니어늘 구타여 돈 쥬고 사올거시 잇습느잇가 혼즉 왕의 말슴이 지금 세상에 큰 폐단 되는 거시 당초에는 다 이곳치 조고마혼 긔미에서 싱긴 거시라 내가 빅성의게 소금 혼 즙을 토식하면 내 아리 디방관 된 신하는 빅성의게 소를 씨으러 오는 폐단이 싱길 터이니 일호인들 엇지 소홀히 호리오 호엿스니 이 말이 고금에 유명혼 교훈이라 엇지 본밧지 안을 치리오 근일에 법을 의론호는 자들이 말호기를 금번 사변에 범혼 흉역은 전국 신민이 모도 분히 넉이는 비라 도륙은 못호나 역적을 참호

는 거시 법에 업슬 지라도 이번에는 불가불 힝할 슈밧게 업다고 홀디라 이도 쏘
흔 츙분에 격흔 말이라 긔왕 죽일 죄인을 교흐나 참흐나 별노 다른 거시 업슬 뜻
흐나 법률에 엄는 거시라도 이번에만 힝하겟다 흐는 말은 우리가 크게 위티히
넉이노라 지금 (W) 시작은 바늘샃마치 적으나 이후 폐인이 틱산 굿히 막기 어
렵게 될 렴녀가 잇을 쏜디라 당초에 우리

대황뎨 폐하쎄옵셔 이 법을 업시 흐옵시기는 그 폐단을/통촉흐옵신 빅어늘 지
금 다시 힝흐는 거슨 관대흐옵신/셩의만 져브리는 거시오 죽는 죄역의게는 참
흐나 교흐나 조금도 다를 거시 없고 다만 법률이 문란히 되는 폐단만 싱기는
거실 쑌더러 죄인을 참흐야

황샹폐하씌 유죠흔 일은 일호도 업고 만일 법률이 문란흐야 폐단이 빅츌홀 디
경이면 그 희는

님군쎄와 빅형의게로 일톄로 도라갈 터이니 일시 신민의 츙분흔 ㅁㅇ을 인연
흐야 법률에 업는 일이라도 힝흔다 흐는 말은 대단히 두렵게 넉이노라 사롬이
분흔 일을 보면 법률과 경계를 도라보지 아니흐고 분뒤로 흐고 십흔 거슨 인
졍애 즈연흔 빅나 무슴 일을 당흐던지 그 일이 분흔즉 법에 업는 일이라도 힝
하자 홈은 비유턴디 눕이 내 부보를 살히흐려 흐기로 내가 그 사롬을 칫다 흐
는 것과 굿흐니 의리샹으로 말흐면 당연흐나 법률노 말흐면 내가 더 큰 죄범
이라 (C) 그런즉 분홀ㅅ록 법뒤로만 흐여야 의리와 법률샹에 온젼히 올흔 사롬
으로 우리는 아노라 이번에 (D) 법부대신이 독립협회에 흔 답장 즁헤 셩인이
글ㅇ샤딘 우헤셔 그 도를 일흐미 빅셩이 훗허짐이 오릭다 흐셧다고 인증흐엿
스니 이는 파ㅅ국 님군의 말슴과 굿흔 쓰시라 우리는 싱각건딘 법부대신이 이
말을 흔 거슨 법관이 그 도를 일치 안켓다고 흐는 쏫신 듯흐도다 우리가 이 말 흐
는 거슬 가지고

님군을 위흐야 츙분흔 싱각은 젹고 법률만 의론흔다고 말홀 이가 잇을 뜻흐나
법률을 바로 세우자 흐는 거시 쏘흔 누구를 위홈이라 하리오 우리는 간졀히 ㅂ

라건틱 우혜셔 권셰 가지신 분들이 홍샹 파사국 님군의 말솜을 싱각하야 젹은 일일스록에 후폐를 싱각하는 거시 춤/님군을 근심하고 빅셩을 스랑하는 신하일 쥴노 밋노라(강조졈과 밑줄 및 로마자 삽입은 인용자, C: 주장, D: 자료, W: 정당한 이유, B: 지지작용)

　이 논설에 삽입된 서사는 옛 파사국의 어느 왕이 산행을 떠난 것에서부터 비롯한다. 이 산행에서 소금을 준비하지 못한 신하들은 민가에서 소금을 빌려 왕을 대접한다. 이에 왕은 소금의 값을 민가에 치룰 것을 명한다. 이에 신하가 소금 한 줌이 큰 폐가 되지 못함을 왕에게 아뢰자, 왕이라 해 백성에게 폐가 되는 특례를 만들어서는 안 된다고 명한다. 서사가 선행하고 논설이 후행하는 형태인 논설 "이전 파사국에"에서 일화가 유발하는 효과는 독자의 흥미를 불러일으키는 것과 함께 자연스럽게 당대의 현실로 글의 흐름을 이끌어주는 역할이다.[24] 실질적으로 서사가 이 논설에서 담당하는 역할은 이야기적 흥미에 있지 않다. 오히려 서사는 논증을 위한 하나의 논거로써 사용된다. 그리고 뒤에 이어질 당대의 현실은 논설이 쓰이게 된 수사적 상황을 제시함과 동시에 논증의 정당한 근거들(W)과 결론부(C) 그리고 자료부(D)로 연결되고 있다. 이 논설에서는 툴민의 논증 모형에서 가장 기본적 명제인 결론과 자료가 각각 다음 [그림4]와 같이 이루어져 있다.

24　김영민·구장률·이유미 편, 『근대계몽기 단형서사문학 자료전집 (상)』, 소명, 2004, 547~565쪽 참고.
　이 책에서는 서술적 논설을 서사가 위치한 형태를 따라 크게 3분한다. 서사가 선행하고 논설이 뒤에 첨가된 것, 논설이 선행하고 서사가 뒤에 첨가된 것, 논설 사이에 서사가 첨가된 것이 그것이다. 이 글에서도 크게 김영민의 분류를 따른다.

[그림4] 《제국신문》 논설 "이전 파사국에" 서사 분석 1

D: 법부대신은 법을 준수
할 것을 천명했다. } ———————→ C: 상황에 따라 법을
바꾸어서는 안 된다.

앞서 서술한 바와 같이 자료는 주장의 직접적인 토대이며, 그 성격은 정
언적인 명제다. 이 논증에서 사용된 자료는 법부대신의 "법을 준수할 것"
이라는 사실이다. 그러나 결론으로 이어지는 수많은 불안정성을 제기하는
질문들을 해소하기 위해서는 널리 이해될 수 있는 보편적인 명제가 자료
와 결론을 이어주어야 한다. 그러한 보편적인 명제는 확실한 사실이 아니
더라도 의사소통이 이루어지는 사회 내부에서 일반적으로 수용되는 것이
라면 가능하다. 그래서 "이전 파사국에"에서는 크게 두 개의 논거를 들고
있다. 첫째는 죄인을 법률대로 처결하라는 명이 "대황데 폐하"로부터 비롯
했다는 것이다. 널리 알려진 것처럼, "대황데 폐하"라는 단어는 대한제국
의 모든 권력이 발현하는 지점이었고, 이는 당시 사회에서 널리 받아들여
지는 공리였다.[25] 둘째로 죄인을 참형시킨다 해도 국익에는 전혀 도움이
되지 않을뿐더러 법률을 어겼다는 나쁜 선례를 남기게 된다는 것이다. 인
용문에서는 의리와 법률의 차이를 설명하면서, 세상의 의리(혹은 공리)에
어긋남이 없다 해도 법률로는 죄를 지을 수 있음을 예증한다. 이 모두 당시
사회에서 널리 받아들여지고 일반적으로 통용되던 논거들이다.

　이 두 개의 논거는 모두 "흐야"라는 이유의 양태어를 통해 주장과 연결
된다. 이 양태어는 전술한 논거들이 결론과 자료의 근거임을 지시하는 지

25　《제국신문》의 논설란을 차지하고 있는 논설의 상당수는 '황제 폐하'를 논거로 사용하
고 있다. 예컨대, 1899년 3월 23일 논설에는 "우리 황뎨 폐하 씌옵셔 넓으신 셩덕으로
츙셩된 말을 드르시고 곳 힝ᄒᆞ시니 황감 흔 마음은 비홀딕 업거니와"라고 적고 있다.

표다. 논거들이 연결되어야 할 곳을 지시하는 힘의 지표는 개연성의 절차를 통해 논증을 자명한 것으로 만든다.[26] 그래서 "분홀스록 법되로만 ᄒ여야 의리와 법률상에 온전히 올흔 사ᄅᆷ으로 우리는 아노라"라는 명제가 "그런즉"이라는 결론의 양태어를 지닐 수 있었던 것이다. 그러면 논증 구조는 다음 [그림5]와 같은 형태를 지니게 된다.

[그림5] 제국신문 논설 "이전 파사국에" 서사 분석 2

D : 법부대신은 법을 준수할 것을 천명했다. } 그런즉 → C : 상황에 따라 법을 바꾸어서는 안 된다.

ᄒ야

W : (일반적으로) 1. 황제께서 법대로 하라는 처결을 내리셨다.
   (일반적으로) 2. 죄인을 참형해도 이익이 없을뿐더러 참형이나 교수형이나 죽는 것은 같다.
   그러나 법을 어겨 참형을 하면 나쁜 선례를 남기게 된다.

그러나 이 논증 구조는 형식적 논증이라고 부르기에는 무리가 있다. 그 이유는 '정당한 이유들'(W)이 그 자체로 확정성을 담보하지 못하기 때문이다. 정당한 이유는 연역추리의 대표 격인 삼단논법에서 대전제의 역할을 하는 것이다. 그래서 '정당한 이유의 지지 작용(B)을 언명하는 것은 불가피하게 국회법과 같은 것들에 대한 언급을 포함'하는 행위를 필요로 하는 것이다. 다시 말해서 실질적인 논증인 '정당한 이유들'을 지지할 정언적 명제가 요구된다. 정언적 명제는 정확한 정보를 기반으로 해 '정당한 이유들'을 지지해야 한다. 그래서 지지 작용(B)에는 정당한 이유들을 뒷받침할 수 있는 통계 조사나 법 조항이 위치하기 마련이다. 하지만 "이전 파사국에"에서는 이런 논거들이 위치하지 않는다. 일반적으로 생각할 때, 서양의 옛 이야기가 논증의 지지 작용을 하는 《제국신문》의 서술적 논설은 그 형식 내

---

26   스티븐 툴민, 앞의 책, 77쪽.

부에서 아무런 개연성을 보장할 수 없는 것처럼 보인다. 형식 내부에서 그 개연성을 보장한다는 것은 전술한 바와 같이 논증 외부의 지식이 개입하지 않아야 한다.

그럼 이러한 옛 이야기가 '지지 작용'의 역할을 담당하게 된 까닭은 무엇일까? 그것은 동양의 전통적인 수사 관습에서 찾을 수 있다. 전거수사(典據修辭) 혹은 용사(用事)는 바로 앞 시대에 이루어진 전적(典籍)이나 작품, 역사적 사실 등에 쓰인 말과 뜻을 사용해 자기의 시상이나 논리를 정리·보완한다는 의미의 단어다. 전거수사는 유교 문화의 독특한 역사관인 상고주의로부터 연원한다. 상고주의는 옛날에 있었던 일을 기준으로 현실을 비판하는 유교의 사상이다.[27] 이때, 과거는 단순한 참조로서의 위상을 벗어나 현실을 비판하기 위한 근거이자 현실의 타개책으로써 기능하게 된다.

유협(劉勰)은 동양 수사학의 고전인 『문심조룡(文心雕龍)』에서 목전의 현실을 대상으로 하면서도 전고(典故)를 수용하는 전거 혹은 용사의 개념을 정리한다.[28] 그의 작업은, 서구 수사학으로 비유하면, 토포스를 확장하고 강화시키는 정신적 경향이다. 이러한 전거수사는 서양보다는 동양의 한문학에서 빈번하게 사용되던 수사 방법이다.[29] 전거를 사용하는 글에서는 절

---

27 조현우, 『고전서사의 허구성과 유가적 사유』, 보고사, 2006, 57쪽.
   이러한 상고주의는 공자와 맹자의 경서에서 드러나는 주된 특색이다. 공자는 현실에서 필요한 질서 원리를 주나라 제도로의 복귀에서 찾으려 했으며, 맹자는 왕도의 기점을 요·순·우 임금에게서 찾는다. 이와 같은 사고를 통해 공자와 맹자는 자신이 살았던 시기를 난세로 보고 이상향을 실현하기 위해 사상을 펼쳤다.

28 최신호, 「초기시화(初期詩話)에 나타난 용사이론(用事理論)의 양상」, 『고전문학연구1』, 한국고전문학회, 1971, 117~121쪽 참고. 또한 유협, 『문심조룡』, 최동호 옮김, 민음사, 1994, 445~457쪽 참고. "문장들 속에 들어 있는 사례(事例)들은 표현하려는 생각과 정서의 바깥에 있는 문장들이다. 그것들은 여러 사례들을 원용해 글의 의미를 증명하고, 옛일들을 인용해 현재의 의미를 증명하기 위한 문장인 것이다(事類者, 蓋文章之外, 據事以類義, 援古以證今者也)."

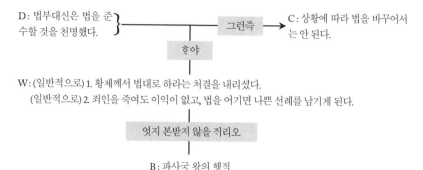

[그림6] 제국신문 논설 "이전 파사국에" 서사 분석 3

D: 법부대신은 법을 준수할 것을 천명했다. } 그런즉 → C: 상황에 따라 법을 바꾸어서는 안 된다.

흥야

W: (일반적으로) 1. 황제께서 법대로 하라는 처결을 내리셨다.
　(일반적으로) 2. 죄인을 죽여도 이익이 없고, 법을 어기면 나쁜 선례를 남기게 된다.

엇지 본받지 않을 지리오

B: 파사국 왕의 행적

대에 가까운 권위를 보장받을 수 있었다. 왜냐하면, 그 전적의 대부분이 중국의 것이었으며 그런 의미에서 그 전적에 대한 사회적 승인은 이미 이루어진 것에 다름없었기 때문이다.[30]

　실질적인 논증에서 '정당한 근거들'에 사용되는 논거는 일반적이고 보편적인 가언 명제임은 주지의 사실이다. 유협은 "일반적인 원리들을 명백하게 하기 위해 옛 격언들"을 인용한다고 진술한다. 동양 수사학 전통에서는 툴민이 사용한 '정당한 근거들'에 대한 '지지 작용'이 전거라는 이름으로 이미 사용되고 있었던 것이다. 그것은 논증의 불확정성을 감소시켜 개연성을 확대시키는 유용한 방법으로서 한문학 수사 전통에 이어져 내려오고

29　박현수, 「이육사 문학의 전거수사와 주리론의 종경정신」, 《우리말글》 25, 우리말글학회, 2002년 8월, 431~438쪽 참고.

30　최미정, 「한시의 전거 수사에 대한 고찰」, 서울대 석사학위논문, 1979, 34쪽. 또한 유협은 『문심조룡』 445~446쪽에서 다음과 같이 밝힌다(강조는 인용자). "이러한 예들에서는 원리들을 분명히 하기 위해 고대의 격언들이 인용되었다. 따라서 일반적인 원리들을 명백히 하기 위해 옛 격언들을 인용하고, 어떤 의미를 증명하기 위해 관련된 사례들을 인용한 것이 성현들의 위대한 문장이며, 그것은 경서(經書)의 일반적인 규범이었다(此全引成辭, 以明理者也. 然則明理引乎成辭, 微義擧乎人事, 乃聖賢之鴻謨, 經籍之通矩也)".

있었다.

근대 계몽기 신문 제작에 참여한 지식인들은 어린 시절에 한문학 교육을 받았기에, 신문을 주된 글쓰기 공간으로 삼으면서도 자신이 체득한 글쓰기 관습을 전략적으로 활용하고 있었던 것이다.[31] 그들에게 동서양의 옛 사적은 타당한 근거로 작동할 수 있었다. 그런 까닭에 파사국 왕의 전거는 "안을 지리오"라는 양태어를 통해서 논증의 지지 작용이 된다. "이전 파사국에"의 최종적인 논증 모델은 [그림6]과 같은 모습을 지니게 된다.

이 논증 모델이 출발하게 된 수사적 동기는 기존 사회에서 이루어지고 있는 논의를 변화시키고자 하는 의도이다. 세계가 끊임없이 변하고 있다는 사실을 깨달은 근대 계몽기의 신지식인들은 변화하는 세계에 조국이 적응하지 않는다면 도태된다는 사실을 인지하고 있었다. 그들은《제국신문》이나《독립신문》등과 같은 신문을 통해 친서구적인 경향을 노골적으로 드러내고 있었다.[32] 그러나 완고한 사람들과 무지한 사람들은 변화하는 세계를 배제하고 금지하려는 태도를 고수하고 있었다. 무엇보다 그들에게는 수백 년간 조선 사회를 지배한 중심 담론인 '성리학'이 존재했다. 이러한 성리학에 맞서 신지식인 집단이 계몽과 근대화의 담론을 구조하는 것은 상당히 어려운 상황이었다.

그래서 신지식인들은 성리학적 사유의 틀 안에서 계몽의 담론을 생성

---

31 구장률, 「《제국신문》의 <서사적 논설> 연구 ― 사유 기반과 수사적 특성을 중심으로」, 《현대문학의 연구》 22집, 2004, 116쪽.

32 정선태는 그들이 현실적 토대나 역사적 조건 등을 깊이 고려하지 않은 채, 문명과 야만을 선명하게 구분하고 문명인들의 시선으로 조선의 상황과 조선인을 바라보았으며, 정체성을 찾기 위한 노력보다는 문명인들과 동일하게 보이려는 욕망이 논설의 곳곳에서 발견된다는 사실을 지적한다. 그러나 그 역시도 그들의 현실 대안 제시나 현실 비판에 대해서 높게 평가하고 있다. 자세한 것은 정선태, 앞의 책, 소명, 1999, 63쪽을 참고.

하고자 한다. 기존의 토포스를 통해 새로운 주장의 타당성을 성립시킴으로써 '완고' 세력을 설득하려 한 것이다. 그들은 기존의 중심 담론에 새롭게 예화를 적용함으로써 주변 담론과의 역전을 꾀했다. 그 담론은 법적 정의를 요구했고, 부국강병이라는 근대화의 이상을 부르짖었다. 또한 그것은 민족의 미래를 예측하고 나아갈 길을 제시함과 동시에 그 실천을 모색하고 공헌했다. "상호 주관적으로 형성된 실체들이 권력을 구성하는 것"[33]처럼 이 신지식인 집단의 담론도 새로운 권력을 구성했다. 이는 『담론의 질서』를 통해 담론이 생성되는 문법에 지대한 관심을 보였던 미셸 푸코의 논의와도 연결된다. 푸코는 "진리에의 의지는 (…) 지식이 한 사회에서 사용되는 방식, 그것이 가치를 부여받고, 분배되고, 어느 면에서 부과되기도 하는 방식에 의해 갱신된다"[34]고 말한다. 그가 염두에 둔 담론이란 중심 담론이 주변 담론과의 관계 속에서 '진리'의 장을 구성하는 언술 체계(말하기와 글쓰기를 포함한)를 말한다.[35] 담론은 세상의 모습을 보여주는 하나의 방식이다. 담론이 보여주는 세상의 모습은 담론을 생산해내는 편에 의해 일방적으로 조작되는 것이 아니라 그 담론의 수용자와 상호 작용하는 역동적인 과정을 통해 형성된다. 《제국신문》 소재 서사적 논설이 선택한 수사적 관습은 청자·화자·화제의 3요소에 주도적으로 작용해, 권위와 친근함이라는 역설적인 효과를 획득한다.

일반적으로 권위의 논거는 화제에 정통한 전문가가 구사하는 것으로 오해받는다. 그러나 권위의 논거는 일상적인 생활에서도 흔히 사용되는 것이며, 전술한 바와 같이 유가적 수사 관습에서 전거 수사가 지니는 신뢰

---

33   Roger Fowler, 'Power', *Handbook of Discourse Analysis*, Vol.4, Academic Press Inc., 1985, 61쪽.

34   미셸 푸코, 『담론의 질서』, 이정우 옮김, 서강대학교출판부, 2005, 17쪽.

35   박종성, 『탈식민주의에 대한 성찰』, 살림, 2006, 51쪽.

성은 막강한 것이었다. 전거 수사를 설명할 때 필수적으로 거론해야 하는 사상이 종경(宗經) 사상인데, 이는 모든 문장은 성인의 말씀을 담은 경전에 전적으로 의존해야 한다는 사상이다.[36] 전거 수사를 사용함으로써 《제국신문》 소재 서사적 논설은 친근감이라는 부수적 효과를 획득한다. 그들이 논증에서 설득하고자 했던 결론은 당대 민중들과 '완고당'인 유생(儒生)들에게는 너무나도 낯선 서구 문명을 통한 입헌군주정의 형성이었기 때문이다. 또한 일반 민중들도 잘 알고 있을 성인의 이름을 제시함으로써, 전거수사는 권위의 이름을 다시 한번 획득한다. 권위에 의한 논증자는 문외한인 청자를 대상으로 하기 때문에 어려운 전문 용어보다는 유명한 화제를 내세운다.[37] 그 담화는 유명한 이름의 명성을 통해 효과적인 권위를 누리면서 《제국신문》의 독자들인 하층민과 여성들에게 타당성을 획득할 수 있었다.[38]

---

36 조강석, 「관계론적 사유의 문학적 전개 —『문심조룡』의 장르론을 중심으로」, 《현대문학의 연구》 20호, 한국문학연구학회, 2003, 400~405쪽.
유협은 문장이 단순하게 개인의 정신에서 비롯한 것이 아니라 하늘의 도에서 연유한다고 생각했다. 그가 「원도」편 첫머리에 "문의 덕은 지극히 크니, 천지와 함께 생육하는 까닭은 무엇인가?" 하고 묻는 것은 하늘과 땅과 인간 혹은 하늘의 문과, 땅의 문, 인간의 문을 연계와 진행의 관점에서 파악하고 이들이 맺는 '총체적인 근본관계'를 드러내고자 하는 의도를 담고 있다고 할 수 있다. 즉, 이는 천지 만물의 세계를 거대한 유사 체계로 인식하는 사유 구조다.

37 크리스티앙 플랑텡, 앞의 책, 278쪽.

38 이런 부분에서 《제국신문》 소재 서술적 논설 안에서 총 5편이 게재된 '사전(史傳)'에 주목할 필요가 있다. 전한(前漢) 한무제(漢武帝) 시대 사마천(司馬遷)의 사기(史記)의 열전(列傳)에서 비롯한 전은 그 인간 중심의 역사 서술을 통해 이전의 사서와는 그 차원을 달리했다. 특히 열전의 경우 서술의 마지막 부분에 서술자의 평을 붙인 논평이 이루어지고 있다. 그 목록 중 1899년 10월 12일 "아라스 전 님군 피득황뎨의 ᄉ적"과 1901년 2월 16일 "신라국 ᄌ비왕 시절에"는 서술+논평의 형태를 취하고 있으며, 1900년 2월 24~26일 "우리나라 사람은", 1900년 3월 23일 "신라국 츙신 박제샹의", 1901년 1월 23일 "속담에 닐ᄋ기를", 1901년 2월 12~13일 "대개 사름의 이목구비와"는 논평 +

이 동양과 서양의 사적을 통해 《제국신문》 내 서사적 논설이 제시하는 주장은 기존 담론의 승인을 받을 수 있었다. "담론적 경찰의 규칙을 준수한 언술은 진리에서 존재"[39]하며 이러한 언술 행위들은 또 하나의 '진리'로써 언술 행위에 접촉하는 주체에게 작용한다는 푸코의 논의를 고려하면, 전통 사회의 글쓰기 규칙을 충실히 수행한 《제국신문》 내 서사적 논설은 청자·화자·화제의 3요소가 효과적으로 상호작용할 수 있도록 고안된 발명품이라고 할 수 있다. 다음의 인용문은 이러한 태도를 《제국신문》의 서사적 논설이 스스로 천명한 부분이다.

오늘날 신문은 곳 녯날 스긔니 (…) 그 올코 그른 행적을 숨기기 어려온 고로 당시 사름들이 착흔 일을 보면 셔로 권면ᄒ고 악흔 일을 보면 셔로 즁계ᄒ야 싱전에 명예를 취ᄒ고 스후에 루명을 면ᄒ라고 밤낫스로 동동 촉촉ᄒ야 정직 흔 일만 힝ᄒ고 간악흔 일은 츄호도 범치 아니홈은 스판에 필젹이 스후에 젼홈을 두려워 홈이러니 (…) 공평 정직흔 사름이 금 셰샹의 어두온 것 한탄ᄒ고 엇지 흔 번 긔명식힐 방척으로 스긔필법 본을 밧아 신문국을 비셜ᄒ고 셰샹권리 폐치 안코 남의셰력 불고ᄒ며 정부 스무의 흥폐와 슈령 정치의 션악과 빅성 산업의 리히를 낫낫히 말ᄒ야 국가 덕화를 아리로 페이가 ᄒ고 민간 질고를 우희셔 통촉케 ᄒ야 샹덕과 하정이 셔로 통ᄒ게 ᄒ라고(…)[40]

서술 + 논평의 형태를 지니고 있는 서술적 논설들이다. 사전과는 다소 차이가 많지만 탁전(托傳)인 1899년 11월 29일 "샤회 상에 이상흔 친구가 잇스니" 역시 논평 + 서술 + 논평의 구성을 지니고 있다. 또한 '傳' 양식과 서술성에 대해서는 송명진의 논의를 참고. 송명진, 「개화기 서사 형성 연구」, 서강대학교 국문학과 박사학위논문, 2006, 145쪽.

39 미셸 푸코, 『지식의 고고학』, 이정우 옮김, 민음사, 1992, 201쪽.
40 '논설', 《제국신문》 1899년 3월 17일.

이 논설은 1899년 3월 17일자 논설에 실린 논설이다. 이 논설에서는 신문이 과거의 역사 기록과 같다고 전제하면서 글을 시작하고 있다. 그리고 그 사기에 적힌 사적들에 대해 간단한 설명을 덧붙이면서, 이러한 사적이 과거에 인간의 행동을 올바르게 규제한 사실에 대해 진술한다. 그러나 사기가 사람들의 역할을 평가하는 것은 후세의 일이기 때문에 불공평한 일을 시정하기 위해, 신문을 창간했음을 밝힌다. 신문 창간의 주요한 목적은 세상의 불합리를 한탄하고 그것을 시정하기 위해 "긔명식힐 방칙으로 스긔필법"을 사용한 것이다. 《제국신문》은 외국의 개명한 법률을 본받도록 촉구했고, 법률의 개폐보다 공정한 시행을 강조했다.[41] 이러한 인식의 저변에는 근대 국가로 나아가는 첩경이 바른 법률의 시행이라고 생각하는 《제국신문》 필진의 생각이 담겨 있다.

4. "이전 파사국에"의 수사적 상황: 김홍륙 독다 사건과 만민공동회

《제국신문》 소재 서사적 논설의 수사적 상황을 분석하는 것은 현재의 신문 논설과는 매우 다르다. 현재의 신문 논설은 사회에서 이슈가 된 중요 사건을 선정해 논평한다. 그러나 《제국신문》 소재 서사적 논설은 사회에서 이슈가 되는 중요 사건보다는 신문물 교육의 당위성이나 준법정신의 확립, 식생의 중요성 등을 논설의 주요한 화제로 삼았기 때문에 주변 정황을 확인하기 어렵다. 그래서 이 글에서는 청자, 화자, 화제, 설득 장, 배경, 매체, 수사적 관습[42]을 분석할 수 있는 "이전 파사국에"를 중심으로 수사적

---

41   최기영, 『제국 신문 연구』, 서강대언론문화연구소, 1989, 56쪽.

42   수사적 상황들에 개입하고, 그것을 분석하는 7개의 변수에 대한 자세한 설명은 Roderick P. Hart, 앞의 책, 48~55쪽 혹은 우찬제, 『텍스트의 수사학』, 서강대학교출판부, 2005,

상황을 검토해보고자 한다.

"이전 파사국에"는 1898년 9월 11일 발생한 고종 암살미수 사건, 소위 '김홍륙 독다(毒茶) 사건'[43]을 그 역사적 배경으로 하고 있다. 러시아어 역관으로 고종의 신임을 받던 김홍륙이 실각하자 고종을 시해하려고 음모한 이 사건은 당시 사회적으로 큰 파장을 불러일으켰다. 이 서사적 논설은 "수사적 상황"이란 개념을 정립한 로이드 비처가 제시하는 수사적 상황의 3가지 요소 — 정황(exigence), 청중(audience), 제약(constraints) — 을 매우 잘 반영하고 있다. 비처가 정의하고 있는 '정황'은 언어 행위가 이루어져야 할 문제적이며 긴급한 상황이며, '청중'은 그 상황을 변화시킬 수 있는 의지나 능력이 있는 인물들이고, '제약'은 언어 행위를 제약하는 문화적·정치적·이데올로기적 한계를 의미한다. 범박하게나마 "이전 파사국에"의 수사적 상황을 대입해보면, 정황은 김홍륙 독다 사건이며, 청중은 제국신문의 독자, 제약은 계몽·성리학적 이데올로기로 정리할 수 있다.

39~42쪽을 참고할 것.

43 김홍륙(?~1898)은 함경도 경흥(혹은 단천)에서 태어난 천인 출신이다. 그는 유년기에 러시아 상트페테르부르크로 이주해 성장했다. 1896년 고종이 러시아 공사관으로 피신한 사건(아관파천) 당시에 김홍륙은 고종과 러시아 공사 간의 통역을 담당해 고종의 신임을 획득한다. 러시아의 세력에서 벗어나려던 고종은 김홍륙을 종신 귀양에 처한다. 이에 앙심을 품은 김홍륙은 황제를 암살하기로 결심, 심복인 황실 주방장 공홍식을 사주해 황제 암살을 시도한다. 공홍식은 김홍륙에게서 받은 아편을 고종이 진어할 커피에 섞어 진상하고 이를 마신 황제와 황태자가 구토하며 실신하는 사건이 발생한다. 고종 황제와 황태자는 곧 회복되었고, 공홍식은 유력한 용의자로 지목되어 감금·고문을 받게 된다. 공홍식은 주모자가 김홍륙이라고 자복했고, 김홍륙은 다시 서울로 소환된다. 다음 날 아침, 공홍식과 공범 김종화는 옥중에서 시체로 발견되고, 김홍륙과의 대질 심문은 불가능하게 되었다. 김홍륙은 심리도 없이 교수형에 처해지고, 처 김씨는 3년간 유배형을 받는다. 조재곤,『그래서 나는 김옥균을 쏘았다』, 푸른역사, 2005, 190~197쪽; 이승원,『학교의 탄생』, 휴머니스트, 2005, 215~222쪽; 황현, 허경진 옮김,『매천야록』, 서해문집, 2006, 264~265쪽; 이민원,『명성황후 시해와 아관파천』, 국학자료원, 2002, 203쪽 참조.

김홍륙 사건에 대한《제국신문》의 최초의 보고는 9월 13일 잡보란에 실린다.[44] 이 기사의 화자는 기본적으로 애국적인 논조를 지니고 있었고, 무엇보다 대한제국의 황제를 국권의 중심으로 파악하고 있었다.《제국신문》은 황제의 암살 기도를 국가에 대한 '반역'으로 규정하고 이번 사건을 "천만 불칙훈 대변"으로 재정의함으로써 이러한 인식을 더욱 강화시킨다. 또한 황제와 황태자의 용태 관련 잡보를 9월 13일에서 19일까지 내보냄으로써 황실의 안위에 대한 걱정이 단순히 관용적 표현이 아님을 표명하고 있다.

《제국신문》이 간행되던 근대계몽기에는 성리학의 영향이 일반 민중들에게 여전히 강하게 남아 있었다. 그래서 그들의 발화 상황에서는 그 발화의 범위가 황제를 모독할 수 없었으며, 청자의 고정 관념 역시 모독적인 발화를 용인하지 않았다. 이러한 청자의 고정 관념은《제국신문》도 전적으로 지지하는 것이기도 했다. 그리하여 "이전 파사국에"의 논평 부분에 나타난 것처럼《제국신문》의 화자와 독자는 김홍륙을 사형시켜야 한다는 점에 있어서는 이견의 여지가 존재하지 않는다. 즉 그들은 성리학적 세계관과 군왕 중심주의라는 당대 이데올로기와 교의에 전적으로 동의하면서 청중과 화자의 공통된 기반을 효율적으로 활용하고 있다.

그러나 이 공론장에 참여한 청자는 화자와는 다른 역사적 경험을 경험

---

44 '잡보',《제국신문》, 1898년 9월 13일. 원문은 아래와 같다.
     직작일 밤에
     황상 폐하꼐셔와
     황태즈 뎐하 꼐옵셔 양요리를 진어 ᄒᆞ옵시다가 별안간 다 토ᄒᆞ옵시고 인ᄒᆞ야
     옥톄 미령ᄒᆞ옵신 즁이라ᄂᆞᄃᆡ 상궁들이 괴이히 넉여 그 음식을 맛보미 무슴 약긔가 잇
     셔 즉시 토ᄒᆞᆫ지라 (…) 엇더ᄒᆞᆫ 역젹비가 감히 대닉를 갓가히 ᄒᆞ야 천만 불칙훈 대변을
     힝ᄒᆞ엿ᄂᆞᆫ지 상하 신민이 일심으로 사힉ᄒᆞ기를 시간인들 감히 지체치 못홀 일이어니와
     <u>황상 폐하의 옥톄 강건 ᄒᆞ옵시기를</u>
     <u>ᄒᆞ늘ᄭᅴ 츅슈ᄒᆞ노라</u>

한 바 있다. 바로 김홍륙 독다 사건이 발생하기 3년 전, 명성황후가 일본 낭인들에게 무참히 살해당한 "을미사변(乙未事變)"을 경험했기 때문이다. 이렇게 국체를 위협하는 사건이 빈번히 발생하자 일반 민중들은 법보다는 감정적인 격앙으로 인해 참수형을 주장하게 되었던 것이다. 심지어, 유생들을 비롯한 '완고당'은 죄인을 참하고, 가산을 몰수함과 동시에, 가솔은 노비로 만드는 '노륙률(孥戮律)'의 부활까지 주장할 정도였다. 그러나《제국신문》의 화자는 민중들의 의견과는 달리 참형을 반대하고 있으며, 교수형을 주장하고 있다. 그 중요한 이유는 갑오개혁 이후에 참수형이 폐지되었으며, 현재 법률이 정하고 있는 사형제는 노륙률과 같은 전근대적인 형벌을 금지하고 있기 때문이다. 다시 말해서, 그들은 "말하기를 통해 어떠한 종류의 사회적 진술"을 구성하는 화자 변수의 요건을 갖추어, 흥분한 민중과 완고당을 설득시키고 있는 것이다. 이 논증의 사회적 역할은 민중의 사유와 그들 개인적인 이데올로기에 의해 결정되었고, 이는 그대로 수사 행위에 반영된 것이다.[45] 그러나 이러한 언어 행위는《제국신문》이 그동안 구축해 온 에토스를 저해할 수도 있는 것이었다. 다시 말해서 "이전 파사국에"라는 담화 행위는 화자에게 지닌 자산, 즉 에토스를 걸고 하는 언어 게임인 동시에 그것을 일거에 상실할 수도 있는 도박이기도 한 것이다. 하지만 '수사학적 청중(rhetorical audience)'으로서의 신문 구독자들을 설득해, 준법정신이라는 계몽과 근대화의 중요한 사회적 진술을 전달하고 있다.

이러한《제국신문》의 화자 분류적 성격은 청자 분류와도 자연스럽게 연결된다.《제국신문》의 필진과 독자는 충군애국이라는 이데올로기를 공유하고 있었다. 이러한 이데올로기는 화자가 청자 간에 공유하는 기반을

---

45   Roderick P. Hart, 앞의 책, 49쪽. "이 질문들(화자 변수에 대한)은 화자가 말하는 것이 사회적 역할과 개인적 이데올로기 그리고 강제된 공공의 이미지, 어떤 지시가 어떻게 다루어지는가에 대한 것이다."

활용할 수 있는 요소로 작용한다. 물론 당대《제국신문》의 독자들이 필진에게 영향을 미칠 수 있는 규약을 만들었다고 보기는 어렵다.《제국신문》의 독자들은 계몽이 필요한 하층민이었거나 부녀자들이었기 때문이다. 그러나 그들이《제국신문》의 독자가 되었을 때, 그들은 "단순히 듣기를 통해 중대한 사회적 진술을 만드는" 역동적인 수사학적 청자로 재탄생된다. 캠벨은 말하고 듣기의 역할이 빈번하게 교환되는 커뮤니케이션의 형태인 인식 작용으로 널리 알려진 수사적 기술(rhetorical technique)이 가정주부들로 구성된 초기 여성 운동에 특히 적합했음을 관찰한 바 있다.[46] 단순한 듣기 행위를 통해 변화된 청중은 중대한 사회적 변화를 이끌어낼 수 있는 것이다.

《제국신문》의 구독자들이 중대한 사회적 변화를 이끌어내는 주체로서 기능하고 있었다는 사실은 1898년 9월 18일 잡보에는 '일본 사람들이 인삼을 사고 정해진 값을 치루지 않았다'는 삼포 상인들의 제보에 대한 정정 기사에서 찾아볼 수 있다. 삼포 상인들과 노역자들은 조선 사회에서 교육받을 수 있는 상황에 위치하지 않았음은 주지의 사실이다. 그런 그들까지도《제국신문》에 기사를 제보해 주체적으로 사회적 담론을 생산하고 있는 것이다. 이는 전국적인 현상이었던 것으로 판단된다. 1901년 9월 20일자 잡보에는 경상도 풍기의 선영 싸움이 제보되고 있다. 선영을 관리하는 묘지기가 나무를 벌채하고 선영을 밀매한 후, 관리에게 뇌물을 사용해 서울로 도주한 사건에 대해 피해자들이 편지로 제보하고 있다. 그뿐 아니라 1898년 10월 11일 잡보에는 과천의 나무장사와 군밤장수가 의연금을 출연한 일과 죄수들이 의연금을 출연한 일이 게재되어 있다는 점에서 하층민들까지도《제국신문》이 형성한 공론 영역에 참여하고 있는 것이다.

---

46 같은 책, 50쪽.

《제국신문》의 독자들이 중요한 사회적 진술을 만드는 청자가 되어 영향력을 행사한 결과를 구체적으로 실증할 수 있는 예는 "이전 파사국에"의 화제(topic)가 '법률'과 관련된 것이었다는 점이다. 《제국신문》 소재 논설 및 기사에서 중점적으로 다루던 화제 중 하나가 바로 법률이었다. 《제국신문》은 나라의 기강을 세우기 위해 법률의 공정하고 바른 시행을 요구했으며, 그것은 무분별한 법률의 남발로 인한 폐혜를 최소화하기 위함이었다. 그런데 이 화제가 '김홍륙 독다 사건'에도 적용된 것이었다. 화제의 논의 가능성의 범위(range of discussability)는 화제의 복잡성 정도에 따라 제한받게 되는데, 법률의 공정한 적용이라는 《제국신문》의 화제는 충군과 애국이라는 또 하나의 화제와 충돌하게 된다. 이 문제는 비단 《제국신문》만의 문제가 아니었다. '완고당'인 유생들과 관료 그리고 백성들은 연일 고종에게 상소를 올려 역적 김홍륙을 참하자고 주장했으며, 갑오개혁으로 폐지된 처참형의 하나로 중죄인의 직계가족 모두를 처형하거나 종으로 삼고 가산을 몰수하는 '노륙률(孥戮律)'의 부활을 주장하기도 했다.[47]

도약소에서는 황제에게 상소를 올리고 독립협회와 신지식인들의 준법 주장을 강하게 비판했다.[48] 이에 "이전 파사국에"에서는 "죽는 죄역의게는 참하나 교하나 조금도 다를 거시 없고 다만 법률이 문란히 되는 폐단만 싱기는 거실 뿐더러 죄인을 참하야/황샹폐하씌 유죠한 일은 일호도 업고 만

---

47   조재곤, 앞의 책, 196쪽.

48   "도약소방", 《제국신문》 1898년 10월 7일.
      그 쳐주들은 안언 무수하야 조곰도 긔탄이 업슴으로 발씀치를 쪼츳 이러나는 역적이
      쉬일 씨가 업는바는 무타리 역적의 죄가 다만 그몸만 밋치고 노륙과 연좌법을 쓰지 안
      는 연괴라 (…) 독립협회 회장 윤치호가 홀노 의론을 달니하야 노륙하는 옛법을 좃치
      면 우흐로 군부에 욕이되고 아리로 국톄를 더러이고 만민의 권리가 희롭다 하엿스니
      슬프다 역적을 노륙홈이 무서이 군부의 욕이되며 국톄에 무어시 더레오며 만민의 권
      리가 희로옴이 잇스리오

일 법률이 문란ᄒ야 폐단이 빅츌홀 디경이면 그 히ᄂᆞᆫ/님군쎄와 빅형의게로 일톄로 도라갈 터이니 일시 신민의 츙분ᄒᆞᆫ ᄆᆞᄋᆞᆷ을 인연ᄒ야 법률에 업ᄂᆞᆫ 일이라도 힝ᄒ다 ᄒᄂᆞᆫ 말은 <u>대단히 두렵게 넉이노라</u>(강조는 인용자)"라고 논평한다. 역모 사건은 황실과 관련된 중대한 사안이니 만큼 죄인을 참하자는 의견 역시 "츙분에 격ᄒᆞᆫ 말"로서 반대 의견을 인정하지만, 또한 그것은 "대단히 두려"운 말로 재설정해 언어적 경쟁을 완화시킨다. 폐지한 법을 되살리는 것은 황제에게 충성할 수 있을지는 몰라도 황제와 국가에 유익한 행위는 아니다. 폐지된 법은 그에 상응하는 폐단이 있었기 때문인데 그 법을 되살리게 되면 백성의 고통이 증가할 것이고 곧 이는 황제에게 불충하게 된다는 추론을 통해 상대편 논리의 근거지였던 '충심'을 붕괴시킨다. 또한 논설은 상대편의 의견은 '순간적인 충심'에서 발로한, 논리적인 추론을 거쳐 생성된 명제가 아님을 명시한다. 이제 죄인을 참하자는 말은 황제에게 거역하는 행위가 된다. 《제국신문》의 필진은 자신의 주장에 충돌하는 다른 메시지를 효과적으로 고려하는 동시에 철저한 수사적 관습에 입각해 논설을 작성한다.

당시 신문의 수사적 관습은 철저하게 고전 산문 양식을 기준으로 삼았다. 사람들은 각각의 새로운 사회적 사건에 대한 완벽하게 새로운 메시지를 개발하기보다는 기존의 상황을 다루었던 수사적 지침들을 관용화한다.[49] 사람들은 기존의 수사적 관습들에서 편안함을 느끼기 때문이다. 하지만 시대가 변하면, 어떤 수사적 관습은 사용할 수 없는 경우가 있다. 기존 수사적 관습이 지니고 있던 수사적 유용성이나, 이데올로기가 더 이상 해당 문화권에서 받아들여지지 않거나, 새로운 매체의 출현으로 기존의 글쓰기가 변하기 때문이다. 이는 근대 계몽기의 수사적 관습에도 동일하게 적용

---

49   Roderick P. Hart, 앞의 책, 54쪽.

된다. 국민, 경제, 민족, 계몽 등의 개념은 기존 유학적 글쓰기의 체계를 교란시켰다. 서양에서 건너온 새로운 개념의 수용은 경서, 사서, 소설에 대한 인식을 변화시킨 것이다.[50] 변화한 시대의 새로운 개념을 담지하기 위해 경서와 사서 속 글쓰기 전범도 역시 그에 걸맞은 체계로 변화해야 했다.

《제국신문》 소재 서사적 논설 역시 새로운 시대에 적응해 변화하는 수사적 관습의 양상을 드러내고 있다. 전언의 상황을 제시하고 예화를 서술하고 그 예화의 주제적인 의미를 서술자가 표명하는 방식의 구성은 기존 글쓰기 전통에서 찾아보기가 어렵지 않다.[51] 특히 예화를 제시하고 서술자의 개입을 통해 그 의미를 밝히는 형식이 주로 사용되는데, 근대적인 사유를 밝히는 것으로 대체된다. 예컨대, "이전 파사국에"에서 "법률을 바로 세우자 ᄒᆞᄂᆞᆫ 거시 ᄯᅩ흔 누구를 위흠이라 하리오 우리는 간절히 ᄇᆞ라건ᄃᆡ 우혜셔 권셰 가지신 분들이 홍샹 파사국 님군의 말슴을 싱각ᄒᆞ야 젹은 일일ᄉᆞ록에 후폐를 싱각ᄒᆞᄂᆞᆫ 거시 참/님군을 근심ᄒᆞ고 빅셩을 ᄉᆞ랑ᄒᆞᄂᆞᆫ 신하일 쥴노 밋노라"라는 부분은 인용된 예화를 평가하는 전형적인 서술자의 모습을 보여주고 있다. 그러나 그 평가는 기존 수사적 관습이 지향했던 이데올로기와는 목적을 달리한다. 이전 수사적 관습에서 법과 황제의 우열은 자명했다. 황제에게서 법이 나오므로, 황제는 법보다 월등했으며 그 권력은 하늘에서 수여받은 것이었다. 그러나 "이전 파사국에"에서는 황제에게서 법이 비롯한 것은 부인하지 않지만, 황제라 해도 법을 어길 수는 없다는 사유를 그 근저에 두고 있다. 기존 이데올로기에 사뭇 도발적일 수도 있

---

50 송명진, 「개화기 서사 형성 연구」, 서강대학교 국문학과 박사학위논문, 2006, 145쪽. 그는 이 논문에서 고전 산문 양식이 근대 계몽기 신문 논설에 적용되고 변화하는 양상을 고찰한다. 그는 전통적인 글쓰기 양식이 새로운 개념의 수입으로 인해 서사성을 중심으로 재편되고 있다는 관점을 취하고 있다.

51 설성경·김현양, 「19세기말~20세기초 《제국신문》의 <논설> 연구 ─ <서사적 논설>의 존재 양상과 그 위상에 대하여」, 《연민학지》 8권, 2000년 1월, 239~242쪽.

는 내용은 '황제에게 충성할 수 있는 다른 방법' 그리고 '백성을 사랑하는 방법'으로 그 수단이 재설정된다. 《제국신문》으로서는 기존 애국 계몽적 신문 매체로서의 에토스를 유지해야 했지만, 황제 암살 미수 사건이라는 미묘한 정치·사회적 화제라고 해서 《제국신문》의 논조를 변경할 수도 없는 상황이었다. 그래서 화제를 '역적에 대한 처벌'이 아닌 '준법과 위법의 문제'로 프레임을 재설정해,[52] 에토스를 유지하고 청중이 동의할 수 있는 상황으로 변화시킨다. 자연스럽게 그 수사적 진술 전략 역시 청자와 설득 장을 고려하게 된다.

결국 《제국신문》의 주장은 흥분한 민중·완고당을 설득하는 데 성공한다. 독다 사건의 주모자 김홍륙은 교수형으로 사망하고, 노륙율은 시행되지 않았다. 이에 머무르지 않고 김홍륙 독차사건과 관련한 《제국신문》 소재 수사적 논설의 수사적 상황은 '준법'이라는 문제로 프레임 재설정되어 새로운 담론을 구성하게 된다. 독립협회는 공흥식의 살해와 심문 과정에서의 가혹행위를 조장했다는 혐의로 법부대신, 협판, 경무사를 고등 재판소에 고발했고, 만민공동회를 개회한다.[53] 《제국신문》에서는 독립협회의

---

52 김상희, 「현대 의사소통이론과 수사학」, 《한국프랑스학논집》 50집, 한국프랑스학회, 2005, 40~44쪽.
프레임 재설정은 청중의 동의를 얻기 위해 논거를 유관한 사항으로 기술하고 성격을 부여하며, 부풀리고 반복하는 것이다. 프레임 설정의 논증 기법은 청자의 머릿속에 있는 요소들을 찾아내어 그것에 맞는 논증 형식을 발견하는 것이며, 청자가 이미 알고 있는 것과 자신이 주장하는 것 사이에 공감을 일으키는 논증을 말한다. 이 논증 방식은 가치의 변화를 꾀하는 전략으로 논증에서 사용된다.

53 '잡보', 《제국신문》, 1898년 10월 7일.
작일 독립협회에서 고등 지판소 압헤 긔회ᄒ고 의론 ᄒ식 이번 ᄉ변과 나라 일이 모도 점점 잘 못되여 가ᄂ거시 실상인즉 정부 대신녜가 각기 그 직ᄎᆨ을 힁치 못ᄒᆫ 칙망이라 이런 ᄯᅢ를 당ᄒᆞ야 맛당히 죄역을 법딕로 다스리려 홀터인딕 법관 붓터 말이 법이 좀 더 붉으면 나라 일이 잘 되겟ᄂ냐 ᄒ니 법률을 가지고도 호소홀 곳이 업ᄂ지라 우리가 일졔히 인화 문밧그로 나아가 우리 대황뎨 폐하씌 상달 ᄒ고 이런 대신네 아릭셔는 빜

상소와 만민공동회, 그리고 이차 상소의 전문을 연 5일간 자세히 게재해, 그 사정을 독자들에게 알려 여론의 호응을 촉구한다. 결국 10월 12일 고종은 독립협회와 신지식인들이 주도한 만민 공동회의 요구를 수락하고, 의회 설립 운동을 목적으로 하는 근대개혁파 정부를 출범시킨다. 결국《제국신문》소재 서사적 논설 "이전 파사국에"가 존재하도록 소환했던 수사적 상황은 근대적 의회설립이라는 새로운 담론을 형성하는 데 이바지하는 결과를 산출했던 것이다.

5. 결론

모든 언어행위에는 그에 적합한 수사법이 존재한다. 가장 효율적으로 메시지를 전달하기 위해 화자는 늘 그 전달 방법을 고민하기 때문이다. 그렇게 조직된 언술은 청자에게 전달되어 행위를 만들거나 또 다른 담화를 발동시키기도 한다. 이렇게 언어행위가 가진 능력은 세계 변화의 중요한 열쇠가 된다. 《제국신문》의 서사적 논설이 구독자들에게 영향을 미쳤던 19세기 말은 실로 난세였다. 열강은 수백 년간 존재했던 조선의 주권을 노리고 있었고, 그 국가를 지탱해온 정신적 가치는 그 흔적을 찾을 수 없었다. 이러한 현실을 극복하고 조선을 근대국가로 재탄생시키기 위해 당대의 지식인들은 효과적이고 파괴적인 언어 행위를 필요로 했다. 그 결과물 중 하나가 바로《제국신문》의 서사적 논설이었다.

《제국신문》의 발행인들은 문맹률이 높고 한자 해독 능력이 뛰어나지

성 노릇슬 홀 슈 업느니다 ᄒ고 상소 ᄒ자고 가결되여 일졔히 대궐문밧게 북합ᄒ기로 ᄒ엿더라

못했던 일반 민중을 위해, 쉽고 재미있는 예화를 논설에 삽입했다. 단, 그 예화는 자신들의 주장과 부합하는 것이었다. 이를 일반 논증 모델에 적용시켜 다시 서술하자면, 자료와 주장만으로 성립할 수 없는 논설의 설득력을 정당한 근거들과 지지 작용을 통해 강화한 것이다. 그러한 이러한 글쓰기 방법은 서구 수사학에서 영향을 받았거나, 그들이 독창적으로 고안해낸 것은 아니었다. 그것은 근대 계몽기의 신지식인들이 일찍이 교육받았던 글쓰기였다. 한문학에서 오랫동안 사용되었던 전거수사 방법이었던 것이다.

그들이 서사적 논설에 사용했던 전거수사는 수사적 관습과 긴밀한 관계를 맺고 있다. 이렇게 메시지는 그 사회의 수사적 관습에서 자유로울 수 없다는 수사적 상황의 기본 입론이 다시 한번 증명되었다. 그뿐 아니라 수사적 관습은 청자, 화자, 주제, 매체, 설득장, 배경과 같은 수사적 상황과 역동적으로 상호작용하며, 해당 메시지를 창출해낸다. 그것은 김홍륙 처벌에 대한 논의를 넘어, 만민공동회로 이어진다. 이 연속된 상황이 입헌군주제라는 장대한 이상까지 전진하는 단초였다는 점은 언어행위가 가지는 힘을 재삼 생각하게 한다.

참고문헌

1. 기본 자료

김영민·구장률·이유미 편, 『근대계몽기 단형서사문학 자료전집 (상)』, 소명, 2004.
《제국신문》

2. 논문

고미숙, 「계몽의 담론, 계몽의 수사학」, 《문화과학》 23, 문화과학사, 2000.

구장률, 「《제국신문》의 <서사적 논설> 연구 — 사유 기반과 수사적 특성을 중심으로」, 《현대문학의 연구》 22집, 2004.

김상희, 「현대 의사소통이론과 수사학」, 《한국프랑스학논집》 50집, 한국프랑스학회, 2005.

루보밀 돌레젤, 「서술자의 유형이론」, 김병욱 편, 『현대소설의 이론』, 최상규 옮김, 예림기획, 1997.

박현수, 「이육사 문학의 전거수사와 주리론의 종경정신」, 《우리말글》 25, 우리말글학회, 2002.8.

설성경·김현양, 「19세기말~20세기초 《제국신문》의 <논설> 연구 — <서사적 논설>의 존재 양상과 그 위상에 대하여」, 《연민학지》 8권, 2000.1.

송명진, 「개화기 서사 형성 연구」, 서강대학교 국문학과 박사학위논문, 2006.

양태종, 「문학 텍스트의 분석을 위한 논거와 무늬」, 《동악어문논집》 23집, 2007.

이경하, 「《제국신문》 여성독자투고에 나타난 근대계몽담론」, 《한국고전여성문학연구》 8, 한국고전여성문학회, 2004.

조강석, 「관계론적 사유의 문학적 전개 —『문심조룡』의 장르론을 중심으로」, 《현대문학의 연구》 20호, 한국문학연구학회, 2003.

최미정, 「한시의 전거수사에 대한 고찰」, 서울대 석사학위논문, 1979.

최신호, 「초기시화(初期詩話)에 나타난 용사이론(用事理論)의 양상」, 《고전문학연구 1》, 한국고전문학회, 1971.

Lloyd F. Bitzer, "The Rhetorical Situation"(1968), Burgchardt. Carl R.(ed), *Reading in Rhetorical Criticism*, Stata, 2005.

Roger Fowler, "Power," *Handbook of Discourse Analysis*, Vol.4, Academic Press Inc., 1985.

3. 단행본

김영민, 『한국의 근대 신문과 근대소설 — 1. 대한 매일 신보』, 소명, 2006.

미셸 푸코, 『담론의 질서』, 이정우 옮김, 서강대학교출판부, 2005.

━━━, 『지식의 고고학』, 이정우 옮김, 민음사, 1992.

박종성, 『탈식민주의에 대한 성찰』, 살림, 2006.

스티븐 툴민, 『논변의 사용』, 고현범·임권태 옮김, 고려대학교출판부, 2003.

위암 장지연 선생 기념사업회, 『한국 근대 언론의 재조명』, 커뮤니케이션북스, 2001.

우찬제, 『텍스트의 수사학』, 서강대학교출판부, 2005.

유협, 『문심조룡』, 최동호 옮김, 민음사, 1994.

이민원, 『명성황후 시해와 아관파천』, 국학자료원, 2002.

이승원, 『학교의 탄생』, 휴머니스트, 2005.

이재선, 『한국 개화기 소설연구』, 서강대학교 인문과학연구소, 1972.

정선태, 『개화기 신문 논설의 서사 수용 현상』, 소명, 1999.

제임스 크로스화이트, 『이성의 수사학』, 오형엽 옮김, 고려대학교출판부, 2001.

조재곤, 『그래서 나는 김옥균을 쏘았다』, 푸른역사, 2005.

조지 레이코프, 『삶으로서의 은유』, 노양진 옮김, 서광사, 1995.

조현우, 『고전서사의 허구성과 유가적 사유』, 보고사, 2006.

최기영, 『제국 신문 연구』, 서강대언론문화연구소, 1989.

크리스티앙 플랑탱, 『논증 연구』, 장인봉 옮김, 고려대학교출판부, 2003.

황현, 『매천야록』, 허경진 옮김, 서해문집, 2006.

Roderick P. Hart, *Modern Rhetorical Criticism*, Allyn and Bacon, 1997.

이해조 소설의 《제국신문》 연재 양상과 그 의미

배정상

1. 머리말

한국의 근대소설은 제국주의의 침탈이 가시화되는 상황에서 실력을 양성하고 국권을 회복하려는 일련의 대응 전략과 밀접한 관련을 맺으며 형성되었다. 특히, 신문, 잡지, 단행본 등 새롭게 형성된 출판 미디어는 이야기가 지닌 다양한 가능성을 실험하고, 근대소설을 촉발시키는 데 매우 중요한 역할을 담당했다. 그중에서도 신문은 소설이 지닌 '재미'와 '교훈'을 적극 활용해 독자 계몽이라는 시대적 요구를 가장 적극적으로 실현한 매체다. 신문은 폭넓은 지면을 확보해 조금 더 안정적으로 장편의 소설 연재가 가능한 환경을 조성했고, 소설은 이러한 매체의 지면 위에서 다양한 실험을 모색할 수 있었다.

이해조는 1907년 6월 5일 「고목화」를 시작으로 총 8편의 소설을 2년여의 시간 동안 《제국신문》에 연재했다. 1898년 창간된 《제국신문》은 순 한글을 언어 전략의 핵심으로 삼고, 여성을 중심으로 한 독자 대중의 교육과 계몽에 힘을 쏟은 신문이다. 《제국신문》은 1907년 5월부터 대대적인 지면 확장과 체제 변화를 시도하는데, 이때 소설 기자로 입사한 이해조는 이러한 상황 속에서 다양한 소설 실험을 지속적으로 수행할 수 있었다.

지금까지의 이해조 소설 연구는 대체로 단행본을 중심으로 이루어졌는데,[1] 이 글에서는 신문 연재본을 중심으로 이해조 소설에 접근하고자 한다. 이해조 소설에 대한 신문 연재소설로서의 특성을 파악하는 일은 다음과 같은 특징을 지닌다.

첫째, 신문과 단행본은 기본적으로 정보 전달 및 유통 방식에서 중요한 차이점을 지니고 있다. 예컨대 신문이 논설과 잡보 등 분할된 지면 안에 소설을 배치해 매체가 지향하는 담론을 구체화한다면, 단행본은 소설 텍스트만을 독립시켜 이를 재화의 교환이 가능한 하나의 상품으로 유통시킨다. 단행본 위주의 연구는 이러한 차이를 인식하지 못하거나 배제하고 있는데, 이는 당대의 소설이 주로 신문 연재 후 단행본으로 출판되었다는 중요한 특성을 감안하지 못한 결과다. 따라서 이해조 소설이 당시 여러 서포에서 판을 거듭하며 발매된 사정을 고려할 때, 신문 연재본은 다양한 변이 가능성을 배제하고 가장 작가의 의도를 정확하게 파악할 수 있는 초판본 내지는 결정본의 지위를 갖는다.

둘째, 이러한 방식은 기존의 연구가 주로 '신소설'이란 양식 범주를 이미 설정한 후 이해조 소설의 특징을 논하는 것과는 차별화된다. 1907년 이해조가 《제국신문》에 소설을 연재할 무렵만 해도 '신소설'이라는 용어는 흔히 후대 연구자들이 지칭하는 특정한 양식(樣式) 명칭이라기보다 수사(修

---

1   물론 이러한 경향은 1907년 이후 《제국신문》 자료에 대한 접근이 용이하지 않았다는 점과 관련이 깊다. 이 글은 연세대학교 도서관 국학자료실이 소장하고 있는 《제국신문》을 토대로 이루어졌다. 이 자리를 빌려 귀중한 자료의 열람을 허락해주신 국학자료실 관계자 여러분에게 감사의 말씀을 드린다.

辭)의 의미가 크다.[2] 신소설을 하나의 양식으로 선규정한 채 이해조 소설에 접근해서는 근대문학의 형성과정에 놓인 이해조 소설의 특징을 올바로 규명하기 어렵다. 따라서 신문소설로서의 특징을 살피는 일은 '신소설'에 대한 과도한 의미 부여를 지양하고 근대문학 형성 과정에 놓인 이해조 소설의 위치를 구체적으로 드러내는 데 유효한 시각을 제시할 수 있다.

셋째, 이러한 관점은 1910년을 기점으로 한 이분법적 도식성을 극복하기 위한 모색이기도 하다.[3] 물론 1910년 한일병합이 이해조 소설에 미친 영향은 간과할 수 없지만, 이것을 그의 문학을 이해하는 절대적인 기준으로 설정하는 것 역시 무리가 따른다. 《제국신문》 소재 이해조 소설에 대한 연구는 1910년 한일병합을 기준으로 한 이분법적 구도를 넘어설 수 있는 계기를 마련해준다. 이를테면 1910년 이전의 이해조 문학을 '계몽성'이라는 단어 하나로 규정짓기에는 '계몽성'이라는 범주가 지닌 편폭은 너무나 크다. '계몽성'이라는 범주는 1910년 이전은 물론 모든 소설 일반에 적용할 수 있는 특성이기도 하므로, 좀 더 정교한 방식으로 이해조 소설이 지닌 특성을 살필 필요가 있다. 신문 연재소설로서의 특성을 파악하는 일은 이해

---

2   이에 관해서는 김영민의 연구가 상세하다. 김영민, 「근대계몽기 문학 연구의 성과와 과제 ─ '신소설'에 대한 논의를 중심으로」, 《인문연구》 50, 2006 참조.

3   지금까지 이해조 문학에 연구에 대한 가장 탁월한 성과를 이루었던 최원식은 1910년 한일강제병합을 기점으로, 그 이전과 이후 이해조 문학의 성격을 '계몽성'과 '통속성'으로 설명하고 있다. 이러한 틀은 이후 이해조 문학 연구에 대한 결정적인 영향력을 행사해왔으나, 과도한 민족주의적 입장을 바탕으로 이해조 문학을 도식화한다는 한계를 지니기도 한다. 최근에는 이를 극복하기 위한 다양한 시도들이 간헐적으로 이루어지고 있지만, 신소설의 양식적 특성을 설명하기 위해 이해조 소설을 부분적으로 언급하거나, 특정한 주제에 맞는 몇 개의 작품들을 임의로 선택해 다루는 것이 일반적이다. 최원식 이후 이해조 문학을 정면으로 다룬 박사학위논문이 전무하다는 사실은 이해조 문학을 새롭게 이해할 만한 방법론을 찾지 못한 현실을 간접적으로 입증하는 셈이다. 최원식, 「李海朝 文學 硏究」, 서울대학교 박사학위논문, 1986.

조 소설의 위치를 구체적으로 파악하는 데 도움이 된다.

결국 이 글은 단행본 중심의 기존 연구와는 달리 신문 매체와의 관련성을 통해 이해조 소설이 놓인 위치를 좀 더 입체적으로 배치하는 것을 목적으로 한다. 이는 기존 연구의 한계를 극복하고 이해조 소설 연구에 대한 새로운 가능성을 제시할 수 있을 것이다.

2. 1907년 《제국신문》의 체제 변화와 소설 배치

1898년 순한글 신문으로 창간된 《제국신문》은 1907년 무렵까지 다양한 서사 양식들을 실험해왔다.[4] 《제국신문》은 일찍이 논설란을 통해 '이야기'가 지닌 계몽적 효과에 주목한 바 있으며, 1906년 7월 12일부터 8월 11일까지는 '이어기담(理語奇談)'이라는 고정란을 만들어 총 5개의 짤막한 서사물을 연재했다. 이 '이어기담'은 논설란을 벗어나 독립된 연재물로 기획되었다는 특징이 있으나, 각각의 연재물은 논설란에서 실험되던 기존의 단형 서사의 내용과 형식을 넘어서지 못하고 있었다.

그러던 중 《제국신문》은 1906년 9월 18일부터 본격적으로 '소설(小說)'란을 만들고 몇 편의 서사물을 연재했다.[5] 이러한 '소설'란의 출현은 분명

---

4   장편의 신문 연재소설인 이인직의 「혈의루(血의淚)(下)」가 연재되는 1907년 5월 이전까지 《제국신문》 소재 단형 서사문학은 총 90여 편에 이른다. 김영민·구장률·이유미편, 『근대계몽기 단형 서사문학 전집』, 소명, 2003.

5   새롭게 설치된 '小說'란에는 먼저 제목이 없는 세 편의 이야기를 싣고, 「정기급인(正己及人)」(1906년 10월 9~12일), 「보응소소(報應昭昭)」(1906년 10월 17~18일), 「견마충의(犬馬忠義)」(1906년 10월 19~20일), 「살신성인(殺身成仁)」(1906년 10월 22일~11월 3일), 「지능보가(知能保家)」(1906년 11월 17일), 「허생전(許生傳)」(1907년 3월 20일~4월 19일)을 연이어 게재했다. 이 중 「살신성인」은 이해조가 《매일신보》에 연재한 소설 「탄금대」와 유사한 화소를 지니고 있어 주목할 필요가 있다.

그간《제국신문》에서 보이지 않던 "소설"이라는 표제에 대한 전면적인 수용과 동시에, 간간히 다루고 있던 서사적 이야기들을 독립된 지면 안에 흡수했다는 의미가 있다. 이는《제국신문》의 편집진이 동시대의 여타 매체들에서 보이는 소설에 대한 인식 변화를 민감하게 감지하고, 또 그것을 수용한 것으로 보인다.[6] 하지만 새롭게 만들어진 '소설'란의 이야기들은 이전에 연재되었던 '이어기담'의 성격과 별반 차이가 없으며, 대부분 조선 후기에 성행하던 야담이나 일화의 성격을 벗어나지 못한다.[7]

특이한 점이 있다면 가장 마지막에 연재되었던 「허생전」이다. 「허생전」은 총 25회 연재되었는데 첫 회만 3면에 게재되고 이후 나머지 24회의 연재분은 모두 1면에서 연재되었다. 기존의 작품들이 3면에서 연재되었는데 반해, 「허생전」은 논설과 함께 1면에 수록되어 연재되었다는 점이 특징적이다. 이러한 변화는《제국신문》내에서 '소설'의 비중이 점차 높아지고 있음을 확인할 수 있는 대목이다.

「허생전」의 연재가 끝나고,《제국신문》은 대대적인 지면 확장과 체제 변화를 시도한다. 1907년 5월의 대대적인 지면 확장은 지속적인 재정의 어려움에도 국문판 신문으로서의 확고한 위치를 다지기 위한 야심찬 계획이었다.[8] 특히, 이는 탁지부(度支部) 대신(大臣) 민영기(閔泳綺)와의 신문 확장

---

6   이 무렵 이미 여타 신문 매체들은 '소설'이라는 표제를 달고 다양한 서사 양식들의 실험을 진행하고 있었다.《대한매일신보》에서는 '소설'이라는 표제하에 「靑청樓루義의女녀傳전」(1906년 2월 6~18일)을 연재했고,《황성신문》에서 역시 「신단공안(神斷公案)」(1906년 5월 19일~12월 31일) 연재 시 제목 밑에 '소설'이라는 표제를 분명히 하고 있었다. 또한《만세보》에서는 이인직의 소설 「혈의 루(血의淚)」(1906년 7월 22일~10월 10일)가 '소설'란에 연재되고 있었다.

7   김영민, 『한국 근대소설의 형성 과정』, 소명, 2005, 145쪽.

8   최기영은 이 무렵《제국신문》의 체제 변화가 발간을 앞두고 있는《대한매일신보》국문판과 관련이 있다고 주장한다. 유일한 한글 전용 신문임에도 불구하고 만성적인 재정의 어려움을 겪던《제국신문》은《대한매일신보》의 국문판 창간을 견제하고 판매부

에 대한 경비 지원 약속 덕분에 가능했다.[9] 사장인 이종일은 신문 확장에
경비를 지원하겠다는 약조를 받은 뒤, 기존의 4단에서 6단으로 지면을 확
장하고 대대적인 체제 변화를 시도한다. 1907년 5월 4일부터 수일간《제
국신문》은 다음과 같은 기사를 게재한다.

> 본보를 창간흔 지 십 년 동안에 본샤 샤원의 열성이 쉬지 안이흐고 쳔신만고를
> 지내가면서도 여일이 지팅흠은 여러분들의 스랑흐시는 셩의로 인연흠이오나
> 지면이 협착흐야 학슐의 됴흔 의론과 관보와 외보 등을 마암디로 게지치 못흐
> 와 구람흐시는 이들의 쯧을 딸흐지 못흠은 비록 지졍이 군졸흔 연고오나 지금
> 이 띠를 당흐야 시국의 졍형과 학문상 됴흔 언론을 급급히 동포에게 알니지 안
> 을 슈 업기로 간신이 긔계를 구득흐고 부죡흔 쥬즈를 쥰비흐야 방장셜비 즁이
> 온즉 이달 십륙일부터는 지면을 널펴 신문면목을 일신케 흐고 론셜과 소셜도
> 일층 쥬의흐야 샤회의 졍신을 디표흐려니와 관보와 외보를 긔지흐야 쳠군자
> 의 스랑흐시는 후의를 갑고져 흐오니 더욱 스랑흐시기 바라오며 이 신문이 결
> 단코 몃몃 샤원의 스삿일이 안이라 젼국 샤회의 셩쇠에 큰 관계오니 유지흐신
> 동포들은 다 각기 남의 일노 싱각들 말으시고 극력찬셩 흐시기 바라나이다[10]

위 글에서 알 수 있듯이 신문 지면의 확장은 매체가 담아내는 정보의 양
을 늘리는 데 그치는 것이 아니라, 정보의 질을 향상시키는 데 도움이 된다.
지면의 확장을 통해 더 많은 정보를 전달하는 것은 물론 정보의 질을 향상

수를 올리기 위해 어려운 상황 속에서도 지면 확장 및 체제 변화를 시도한다는 것이다.
최기영, 『大韓帝國時期 新聞硏究』, 일조각, 1991, 30~32쪽 참조.
9   "오유약조(烏有約條)",《황성신문》, 1907년 9월 27일; "시ᄉ평론",《대한매일신보》국
      문판, 1907년 9월 29일.
10 "특별고빅 ― 본보 확장흐는 일",《제국신문》, 1907년 5월 4일. 강조는 인용자.

시켜 '사회정신'을 대표하고, 독자들의 성원에 보답할 수 있다는 것이다. 특히, 이러한 새로운 변화에서 눈에 띄는 것은 바로 소설에 대한 언급이다. 이 글에서 소설은 논설과 대등한 위치에서 사회정신을 대표하기 위한 방편이 되며, 지금까지 연재되었던 소설과는 다른 지향점을 추구한다. 결국 '일층 주의하여' 게재하는 새로운 소설은 항간에 떠도는 재미있는 이야기의 수준을 넘어, '사회정신'을 대표할 수 있는 새로운 글쓰기로 기획되었음을 알 수 있다.

1907년 5월 17일부터 《제국신문》은 대대적인 체제 개편을 실행하는데,[11] 그 결과 다음과 같은 변화 양상을 보인다.

첫째, 각 지면이 4단에서 6단으로 확장되었다. 둘째, 대체로 1면 첫머리를 장식하던 논설란이 2면으로 옮겨가고, 빈자리에는 근대 지식에 관한 내용으로 채워진다. 셋째, 1면 하단에 '소설'란이 배치되고 '국초(菊初)'라는 필명으로 이인직의 소설 「혈의 루(血의淚)」 하편(下篇)이 연재된다. 이 같은 변화는 《제국신문》의 소설 기획과 관련해 매우 중요한 의미를 담고 있다.

먼저 4단에서 6단으로의 지면 확장은 활자의 크기를 작게 하는 방식이 아니라, 기존의 종이보다 더 큰 종이를 사용한다는 점에서 더 많은 인력과 경비의 지출을 요하는 것이었다. 게다가 만성적인 재정 곤란을 겪던 《제국신문》의 입장에서 이러한 변화는 엄청난 모험이었다. 그 가운데 《제국신문》은 10년 남짓한 기간 동안 지속해오던 관례를 깨고 1면 논설을 2면으로 돌리는 한편, 1면을 새롭게 배치하려는 계획을 시도한다.[12] 신문의 1면은

---

11 예고했던 바와 달리 체제 개편은 16일이 아니라 17일부터 시작된다. "지면 확장ᄒᆞᄂᆞᆫ 일에 ᄃᆡᄒᆞ야 다소간 미비ᄒᆞᆫ 수를 인ᄒᆞ야 명일부터 잇슬 동안은 신문발힝을 뎡지ᄒᆞ고 십칠일부터 기량ᄒᆞ야 발힝ᄒᆞᆯ 터이오니 쳠군ᄌᆞᄂᆞᆫ 서량ᄒᆞ시옵"("본보정간과 연기(本報停刊과 延期)", 《제국신문》, 1907년 5월 14일).

12 논설이 1면에서 2면으로 옮겨지고, 1면이 광고로 채워지던 시기가 잠시 있었다. 하지만 이는 일제의 검열로 인한 발행 시간 지연을 극복하기 위한 임시적 방편이었을 뿐,

각 매체의 지향점이 무엇인지를 가장 극명하게 보여주는 지면이다. 1896 년《독립신문》의 창간 이후 대부분의 신문은 1면에 항상 논설란을 마련하고 있었으며, 논설을 통한 독자 계몽을 가장 중요한 목표로 삼고 있었다. 따라서《제국신문》의 이러한 변화는 편집진의 신문 발행 지향점이 논설에서 근대 지식과 소설로 옮겨 가고 있음을 보여주는 단적인 사례가 된다.[13]

《제국신문》의 지면 확장과 더불어 1면의 논설을 대체한 것은 다름 아니라 새로운 근대 지식이었다. 이 난(欄)은 주로 박정동[14]에 의해 저술되었는데, 첫날 '학문(學問)'이라는 표제로 연재를 시작했으나 다음날인 21일부터 '학문의 필요(學問의 必要)'로 표제를 바꾸어 다양한 근대 지식을 소개하고자 했다. 이 난의 세부 내용은 우주, 공기, 물, 수증기, 비, 눈과 우박, 이슬과 서

특별한 지면 배치를 의도해 기획된 것은 아니다. "본 신문을 미양 첫 면에 긔저 ᄒ더니 일인에게 검열을 밧기 시작ᄒ야 가지고 검열을 밧아오면 일력이 부죡되야 긔계소에셔 젼후면을 밋쳐 박일 슈 업는 고로 부득이 첫판에 광고롤 계지ᄒ야 미양 오졍후부터 광고판을 박이고 나죵에 론셜과 잡보판을 검열흔 후에 인쇄ᄒ더니 신문 구람ᄒ는 이들의 이론이 잇슬 쑨외라 지금은 일력이 넉넉하기로 즉금 이후로는 첫면에 광고ᄂᆡ기롤 뎡지ᄒ얏사오니 쳠군ᄌ는 일층 애독ᄒ시기를 바라오"('사고',《제국신문》, 1906년 4월 25일).

13 이러한 변화는 당시 새롭게 창간된《대한매일신보》국문판과는 차별화되는 전략으로 파악된다.《대한매일신보》국문판의 창간은 동일한 독자층을 대상으로 삼고 있는《제국신문》에게 위협이 될 수 있었다. 따라서《제국신문》은 이에 대한 대응 전략의 일환으로 근대 지식과 소설을 중심으로 한 체제 변화를 시도한 것으로 보인다.

14 박정동(朴晶東)은 한성사범학교를 졸업하고 관립 소학교와 남원군의 공립 소학교, 그리고 한성사범학교에서 교사를 역임했으며, 휘문의숙에서 이학(理學)을 강의하기도 했다. 1904년 '국민교육회'에 가담해 일본의 교육식민화 의도를 저지하고자 했으며, 흥사단의 편집부장을 맡아 국민교육을 위한 교과서 편찬에 주력했다. 주로《소년한반도》,《제국신문》,《기호흥학회월보》,《교남교육회잡지》등의 신문과 잡지에서 근대 지식의 교육과 보급에 활발한 활동을 했으며, 저서로는『新撰 家政學』(1907),『國際公法志』(1907),『經濟原論』(1907),『初等本國地理』(1908),『新撰尺牘完編』(1908),『新撰 理化學』(1908),『初等 大東歷史』(1909),『初等本國史略』(1909),『(改訂)新撰理化學』(1910) 등이 있다. 김봉희,『한국 개화기 서적 문화 연구』, 이화여자대학교 출판부, 1999 참조.

리, 바람, 전기, 소리, 유성기, 빛, 렌즈, 눈, 사진, 광학, 열학 등으로 이루어져 있다. '학문의 필요'는 이후 '물리학(物理學)', '리학(理學)', '화학(化學)', '생리(生理)', '심리(心理)', '철학(哲學)', '광물학(鑛物學)', '가정학(家庭學)', '윤리학(倫理學)', '위생학(衛生學)'으로 표제를 달리하며 1908년 10월 31일까지 총 1년 5개월에 걸쳐 연재되었다.

특이한 점은 연재 초기에는 대부분 자연과학의 기초 지식을 다루지만, '가정학'과 '윤리학'이 총 1년 5개월의 연재 기간 동안 가장 많은 비중을 차지한다는 점이다. '가정학'은 1907년 12월 11일부터 1908년 6월 19일까지, '윤리학'은 1908년 6월 20일부터 동년 10월 27일까지 연재되었으니 이 둘은 총 17개월의 연재 기간 동안 절반이 넘는 10개월을 채운 셈이다. 이는 《제국신문》이 추구하는 근대 지식이 주로 '가정학'과 '윤리학'과 같은 여성을 중심으로 한 일반 독자의 교육과 계몽에 그 초점을 두고 있다는 것을 보여준다.

1907년 5월 17일의 체제 개편에서 가장 중요한 대목 중 하나는 근대 지식과 함께 1면에 배치된 소설이었다. 1907년 5월 17일부터 《제국신문》의 1면 하단에는 '소설'이라는 표제와 함께 '국초'라는 필명으로 「혈의 루」 하편이 연재되기 시작했다.

먼저 비록 필명이지만 분명하게 저작자가 표기되었다는 점에서 이는 기존의 소설 연재와는 다른 특징을 보인다. 당시 이인직은 《만세보》에 '국초'라는 필명을 이미 사용한 적이 있으며, 《제국신문》에 「혈의 루(하편)」의 연재를 시작한 1907년 5월 17일에는 《만세보》에 「귀의성(鬼의聲)」을 연재하던 도중이었다.[15] 이인직은 「귀의성」의 연재를 채 끝나기도 전에 《제국신문》에서 「혈의루(하편)」의 연재를 시작한 것이다. 분명한 저작자가 존재

15　《만세보》에 연재된 이인직의 「귀의성」은 '국초'라는 필명으로 1906년 10월 14일부터 1907년 5월 31일까지 연재되었다.

하지 않는 떠도는 이야기이거나 저작자의 존재를 드러낼 필요가 없었던 이야기에 불과했던 《제국신문》의 소설은 이제 개인 저작자의 창작물로서의 지위를 획득할 수 있었다.

또한 새로운 소설은 기존의 소설이 주로 3면에 연재되었던 것과는 달리 당당하게 1면을 차지하고 있다. 물론 새로운 소설의 1면 배치는 우선적으로 독자들의 관심을 끌고, 판매부수를 올리기 위한 사정과 무관하지 않다. 하지만 더욱 중요한 사실은 새로운 소설이 근대 지식을 다루는 학술란과 함께 교육과 계몽을 실현할 또 다른 층위의 글쓰기 양식으로 기획되었다는 점이다. 당시 《제국신문》이 무엇보다 여성을 중심으로 한 일반 대중 독자층을 주된 독자로 설정하고 있다는 사실은 《제국신문》의 연재소설의 담론 지향성을 확인할 수 있는 중요한 단서가 된다. 다양한 글쓰기 양식들과의 관계 속에서 이루어진 이러한 '배치'는 《제국신문》 연재 이해조 소설의 특성을 이해하기 위한 필수 요소다.

이인직의 「혈의루(하편)」은 연재가 시작되고 채 며칠이 지나지 않은 1907년 6월 1일자를 마지막으로 중단되었다. 6월 4일에는 다음과 같은 기사가 게재된다.

본보의 옥년젼은 소셜긔쟈가 유고ᄒ야 몃일 동안 뎡지ᄒ오니 죠량ᄒ시옵[16]

이로 미루어 보아 이인직의 소설 연재는 일시적인 중단 상태였으며 언제든 다시 연재를 속개할 여지가 있는 것으로 보인다. 하지만 이후 이인직의 소설은 더 이상 《제국신문》에서 보이지 않으며, 「혈의루(하편)」은 미완인 채로 마무리되었다.[17]

---

16   "혈루잠정(血淚暫停)", 《제국신문》, 1907년 6월 4일, 3면.

「혈의루(하편)」의 연재가 중단되고, 이해조의 「고목화(枯木花)」 연재가 시작된 후 6월 7일에는 편집진의 교체를 통해 5월부터 진행해온 체제 변화가 완성된다. 6월 7일자 사설에서 《제국신문》은 10년간 유지해오던 이종일 중심의 편집 체제를 일신 개량하겠다고 선언한 것이다.[18] 이에 따라 창간부터 《제국신문》의 편집을 도맡아오던 이종일이 사장직임은 유지한 채 일선에서 물러나고, 정운복이 새롭게 편집을 맡게 되었다.[19] 정운복은 그 다음 날인 6월 8일에 "첫인사"라는 글을 게재하며 본격적으로 《제국신문》의 편집에 참여한다.

결국 이해조의 소설은 이러한 《제국신문》의 체제 변화와 밀접한 관련을 맺으며 연재되었으며, 정운복의 논설, 박정동의 학술과 함께 이후 《제국신문》을 이끌어가는 중추적인 역할을 맡게 되었다.

3. 이해조 연재소설의 특질과 의의

3.1. '표제' 선택과 그 의미

앞 장에서 살펴본 바와 같이 이해조 소설은 1907년 《제국신문》의 체제

---

17   《제국신문》에 연재되던 이인직의 「혈의루(하편)」은 불과 11회를 끝으로 더 이상 보이지 않는다. 「혈의루」 하편은 이후 《매일신보》에 「모란봉」(1913년 2월 5일~6월 3일)으로 제목을 바꾸어 본격적으로 연재된다.

18   "샤셜 ― 본샤의 힝복과 본 긔쟈의 희임", 《제국신문》, 1907년 6월 7일.

19   "본샤 편집원은 정운복 씨로 츄션되야 금일부터 일반 편즙ᄉ무를 담임ᄉ무 ᄒ오며 물리학과 소설은 박정동 리인직 리해죠 삼씨가 담임 뎌슐ᄒᆞᆫ듸 이상 졔씨ᄂᆞᆫ 본 신문이 우리 한국 긔명긔관에 요졈됨을 싱각ᄒᆞ야 보슈의 다소를 구ᄋᆞ치 안코 다 ᄌᆞ원 근무ᄒᆞ오니 일반 동포ᄂᆞᆫ 죠량ᄒᆞ시기 바라오."('사고', 《제국신문》, 1907년 6월 7일).

[표1] 제국신문에 연재된 이해조 소설

번호	표제어	작품명	저작표기	연재 기간
1	小說 → 소셜	枯木化 → 고목화(枯木花)[20]	東儂	1907. 6. 5.~1907. 10. 4.
2	소셜	빈상셜(鬢上雪)	동농(東儂)	1907. 10. 5.~1907. 12. 25. (1부) 1907. 12. 26.~1908. 2. 12. (2부)
3	소셜	원앙도(鴛鴦圖)	동농(東儂)	1908. 2. 13.~1908. 4. 24.
4	연극소셜	구마검(驅魔劍)	열지(悅齋)	1908. 4. 25.~1908. 7. 23.
5	정치소셜	홍도화(紅桃花)	열지(悅齋)	1908. 7. 24.~1908. 9. 17.
6	가뎡소셜	만월딕(滿月臺)	열지(悅齋)	1908. 9. 18.~1908. 12. 3.
7	뎡탐소셜	쌍옥적(雙玉笛)	열지(悅齋)	1908. 12. 4.~1909. 2. 12.
8	신소셜	모란병(牧丹屛)[21]	열지(悅齋)	1909. 2. 13.~1909. 2. 28(?).

변화와 지면 쇄신의 일환으로 기획되었으며, 새로운 소설에 대한 당대 인식의 변화 양상을 반영하고 있기도 하다. 따라서 《제국신문》이라는 신문 매체의 지향성 및 담론 배치에 대한 이해는 이해조 소설의 특징을 온전하게 드러낼 수 있는 중요한 토대가 된다. 무엇보다 신문 연재소설로서의 특성을 밝히는 일은 기존의 단행본 중심 이해조 소설 연구의 한계를 극복하는 방편이 될 수 있다.

《제국신문》에 연재된 이해조 소설은 [표1]과 같다.

《제국신문》에 연재된 이해조 소설은 총 8편인데, 각각의 소설들은 모두

---

20 '小說 枯木花'는 1907년 6월 9일자부터 표제와 제목을 한글로 표기하게 된다. 이는 한자를 모르는 독자의 목소리를 반영한 것인데, 그 이후 이해조 소설의 표제와 제목은 모두 한글 표기를 기본으로 하며 제목의 경우 괄호 안에 한자를 병기했다. 이 같은 변화가 일어나기 하루 전인 6월 8일자 '讀者聲'에는 다음과 같은 독자투고가 게재되었다. "▲ 귀 신문에 시로 닉는 쇼셜은 대단히 주미 잇셔셔 늙은 사룸의 심심파젹이 잘 되나 그러나 그 일홈을 몰나 답답후오 「무식로인」 긔쟈왈 고목화라 칭후나니 그 쯧인즉 말은 나모의 쏫이란 말이오"(《제국신문》, 1907년 6월 8일, 3면).

《제국신문》의 1면 하단에 순한글로 연재되고 있었다. 눈에 띄는 대목은 다양한 표제어가 등장하고 있다는 점이다. 처음에는 '소설'이라는 일반적인 표제를 제목 앞에 명시하고 있었지만, '연극소설', '정치소설', '가정소설', '정탐소설', '신소설' 등으로 표제가 바뀌고 있다. '신소설'이라는 표제는 마지막으로 연재된 「모란병」에 가서야 비로소 나타나는데, 이러한 사정을 감안하면 이해조가 처음부터 '신소설'이라는 양식을 의식하고 소설을 연재한 것이 아님을 알 수 있다.[22] 따라서 이러한 사실은 이해조가 자신의 소설을 기존의 고소설과는 구별되는 의미의 '신소설'로 양식화하려 했던 것이라기보다는, 다양한 표제 선택을 통해 소설 내적 실험을 시도하고 그 가능성을 살피려 했던 의도가 강하게 작동한 것으로 보인다.

이인직의 경우 「혈의루」와 「귀의성」의 《만세보》 연재 시 '신소설' 대신 '소설'이라는 표제를 작품 앞에 붙여놓고 있었다. 다만 특징적인 것은 이인직의 「혈의루」의 단행본 출판 광고다. 단행본 『혈의루』의 광고는 《만세보》에 처음 광고가 실렸을 때 '소설'이라는 표제로 소개되었으나, 다음날 '신소설'로 그 표제가 바뀌었으며 저작자 및 가격 표시가 추가되었고, 작품에 대한 내용 소개 역시 달라졌다.[23] 하지만 이 같은 변화는 당시의 상황에서 매우 이례적인 사건으로 보인다. 단행본 『귀의성』 광고의 경우 반대로

---

21 현재 확인이 가능한 《제국신문》은 1909년 2월 28일자까지다. 따라서 「모란병」의 경우 14회차 이후의 연재 분량을 확인할 수 없다. 따라서 14회차 이후의 「모란병」은 단행본에 근거했다.

22 「모란병」 이후 《대한민보》에 연재된 이해조의 소설 「현미경(顯微鏡)」(1906년 6월 15일~7월 11일)에는 '소설'이, 「박정화(薄情花)」(1910년 3월 10일~5월 31일)에는 '신소설'이 표제로 사용되었다. 이후 《매일신보》에 가서야 이해조 소설은 '신소설'이라는 표제를 고정적으로 사용하게 된다.

23 이에 대해서는 구장률의 연구를 참조. 그는 단행본 『혈의루』 광고의 이러한 변화를 기존의 소설과는 차별되는 '신소설'에 대한 이인직의 구상이 적극적으로 반영된 결과로 파악한다. 구장률, 「신소설 출현의 역사적 배경」, 《동방학지》 135, 2006, 290~295쪽.

[표2] 이해조 소설의 수록 매체에 따른 표제 비교

번호	신문 연재본		단행본				표제 변화
	작품명	표제어	작품명	표제어	발행소	발행일	
1	고목화	小說	고목화 (상)	최근소설	東洋書院	1912. 1. 20.	小說 → 최근 소설
				최근소설	博文書館	1922. 11. 5.	
2	빈상설	소설	빈상설		東洋書院	1908. 7. 5.	소설 → 없음
					광학서포	1908. 7. 5.	
3	원앙도	소설	원앙도		普及書館 東洋書院	1911. 12. 30.	소설 → 없음
4	구마검	연극소설	驅魔劍 구마검		大韓書林	1908. 12.	연극소설 → 없음
			구마검		以文堂	1917. 10. 20.	
5	홍도화	정치소설	홍도화	최근쇼셜	唯一書館	1908.	정치소설 → 최근소설
			홍도화 (상권)	최근소설	東洋書院	1912. 4. 22.	
6	만월딕	가뎡소설	滿月臺	륜리소설	東洋書院	1910. 11. 1.	가정소설 → 윤리소설
7	쌍옥적	뎡탐소설	쌍옥적	뎡탐쇼셜	東一書館	1911. 12. 1.	동일
				뎡탐쇼셜	五車書廠	1918. 4. 1.	
8	모란병	신소설	모란병	新小說	博文書館	1911. 4. 15.	동일

처음 이틀간은 '신소설'이라는 표제로 소개되었으나,[24] 이후 내내 '가정소설'이라는 표제로 광고되기 때문이다.[25] 이해조 소설은 물론 이 무렵 신문 매체에 실린 소설 광고에서 '신소설'이라는 표제는 몇 개의 예외를 제외하고는 거의 사용되지 않았다.[26]

---

24 《만세보》, 1907년 5월 31일.

25 《만세보》, 1907년 6월 2일;《황성신문》, 1907년 6월 5일;《제국신문》, 1907년 6월 8일; 《대한매일신보》, 1907년 6월 21일.

26 1907년 1월부터 1910년 8월까지 그 당시 주요 신문 매체였던 《만세보》,《제국신문》,

작품의 '표제'는 광고뿐 아니라, 발행된 단행본의 표지에서도 찾아 볼 수 있다. 《제국신문》에 연재된 이해조 소설은 단행본으로 발매되면서 각기 다른 표제를 사용하는 경우가 많은데, 이러한 차이에는 작가의 영향보다는 단행본을 출판하는 출판업자의 의도가 좀 더 강하게 반영된 것으로 파악된다. 왜냐하면 이해조가 자신의 단행본을 출판하는 모든 출판사에 전적으로 영향력을 행사하기도 어렵고, 각각의 출판사에서 출간되는 자신의 작품들에 대한 모든 권리를 지니고 있었는지도 불분명하기 때문이다.

[표2]에서 보이듯 신문 연재본의 표제는 단행본으로 출간되면서 다소 변화된 양상을 보인다. 단행본 출판에 관여하던 사람들은 표제의 중요성을 인식하지 못하거나, 표제를 독자의 관심을 끌기 위한 대중적 전략으로 사용한 것으로 보인다. 가령 '최근'이라는 수사를 통해 이전의 고소설과의 구별을 강화시키거나 '정치'와 같은 다소 딱딱한 표현을 순화시키기도 했고, '윤리소설'과 같이 기존에 사용되지 않았던 새로운 표제를 통해 독자의 호기심을 자극하려는 의도가 엿보인다.[27] 이는 소설을 하나의 상품으로 파악하고, 생산과 소비의 유통 과정 속에 출판물을 위치시키려는 당대 출판업자들의 전략과 관련이 깊다.[28]

《대한매일신보》, 《대한매일신보》(국문), 《황성신문》을 확인한 결과 '신소설'이라는 표제를 사용한 광고는 『혈의루』, 『애국부인전』, 『자유종』이 유일하다. 대부분의 소설 광고는 표제를 사용하지 않거나 '가정소설', '골계소설', '정치소설', '교육소설', '실업소설', '과학소설' 등 다양한 표제를 활용하고 있음을 확인할 수 있다. 또한 위 세 작품이 '신소설'이라는 표제를 분명히 하며 광고되었으나, 이 작품들을 동일한 양식을 지칭하는 명칭으로 이해하기는 어렵다.

27 '가정소설'이라는 표제는 당시 상당한 인기를 얻고 있던 이인직의 『귀의성』에서 이미 사용된 적이 있으므로, 동일한 표제의 사용보다는 '윤리소설'이라는 새로운 표제의 사용을 통해 독자들의 구매 욕구를 자극하고자 했던 것으로 보인다.

28 이에 대해서는 남석순, 「한국 근대소설 형성과정의 출판 수용 연구」, 단국대학교 박사학위논문, 2003을 참조.

그렇다면 중요하게 남는 사실은 이해조 연재소설의 표제가 개별 작품의 특성을 가장 온전하게 드러낼 수 있는 중요한 단서가 된다는 점이다. 《제국신문》에 연재된 이해조 소설의 표제는 작가가 작품을 구상하는 단계에서부터 신중하게 결정된 것이며, 각각의 표제는 작품의 내적 특징과 긴밀한 연관을 맺고 있다. 이러한 점은 오직 신문 연재본을 통해 발견할 수 있는 특징이며, 표제와 작품이 맺고 있는 상관성을 살피는 일은 이해조 소설의 특성을 규명하는 데 핵심적인 접근 방법이 될 수 있다.

3.2. 새로운 소설 실험과 그 가능성

《제국신문》의 이해조 연재소설에서 본격적인 표제 실험이 일어나는 것은 바로 「구마검」부터이다. 「구마검」은 '연극소설'이라는 표제를 명확히 하고 있는데, 단행본에서는 표제 자체가 생략되어 있다.[29]

이무렵 신문 연재소설에 표제가 붙은 것도 낯선 일이지만, '연극소설'이라는 표제가 붙은 경우는 매우 특수한 경우이다. 이인직의 『치악산』이 '연극신소설(演劇新小說)'이라는 표제를 사용해 단행본으로 출판되었지만,[30] 이는 이인직의 의도인지 출판업자의 의도인지 파악하기 어려우며 실제 연극으로 공연되었다는 기록을 찾을 수 없다. 최근의 한 연구에서는 『치악산』이 단행본 출판 이전에 《대한신문》에 연재되었다고 추정했으나,[31] 현

---

29 지금까지 「구마검」에 대한 연구는 단행본 위주로 이루어졌기 때문에, 이 '연극소설'이라는 표제와 작품의 내적인 상관성에 대한 논의가 거의 없었다. 그러나 최근 양세라의 연구는 '연극소설'이라는 표제에 주목해 「구마검」이 지닌 '연행성'을 풍부하게 밝히고 있다는 점에서 의미가 크다. 하지만 「구마검」을 '연행된 이후에 신문에 연재된 연행본이자 채록본'으로 규정하고 있는 부분은 수정이 필요해 보인다. 양세라, 「근대계몽기 신문 텍스트의 연행성 연구」, 연세대학교 박사학위논문, 2010, 150~151쪽 참조.

30 이인직, 『치악산』, 유일서관, 1908년 9월 20일.

재 《대한신문》이 남아 있지 않아 연재 시에 '연극신소설'이라는 표제가 사용되었는지는 확인할 수 없는 상황이다. 그 밖에 이인직의 『은세계』가 원각사에서 공연되었으나, 1908년 11월 20일 '동문사(同文社)'에서 출간된 단행본에는 '신소설'이라는 표제가 게시되어 있다.

실제로 「구마검」은 소설 연재를 마친 후 원각사에서 연극으로 공연되었는데,[32] 이러한 사실로 보아 이해조는 연극공연을 염두에 두고 「구마검」을 집필한 것으로 보인다. 따라서 「구마검」은 《제국신문》에 연재된 다른 소설들과 차별화된 특성을 지니고 있다. 이는 「구마검」의 '연극소설'적 특성이라 말할 수 있겠다.

「구마검」에서는 금방울의 '진배송'[33], 임지관의 '땅풀이'[34], 최씨부인의 '자탄가'[35] 등 여타 이해조 소설과는 뚜렷하게 구별되는 발화 형식이 비중 있게 다루어지고 있다. 또한 "~하지 마오" 등의 반복 표현이나, 문장의 길이가 길게 늘어지는 등 판소리 사설을 연상시키는 대목들도 눈에 띈다.[36] 이는 연극 공연을 염두에 둔 작가의 의도를 반영하는데, 둘 이상의 인물이 나누는 비교적 짧은 형식의 대화 지문이 아닌 독백조의 긴 사설로 되어 있다는 특징이 있다. 만약 「구마검」이 연극을 염두에 두지 않았다면 금방울이 굿하는 장면이나, 임지관이 땅풀이를 하는 장면 등은 장황하게 인용될

---

31 강현조, 『이인직 소설 연구』, 연세대학교 박사학위논문, 2010, 32~33쪽.

32 "再昨日下午十時量에 新門內 圓覺社에서 小說驅魔釼을 實地演劇ㅎᄂᄃᆡ 盲人 三名을 雇入(雇金은 每名 五十錢式)ㅎ야 誦經의 貌를 行ㅎᄂᄃᆡ 層階를 上ㅎ다가 其中 一名이 失足仆地ㅎ야 右股를 傷흠으로 該盲人이 其誣欺事를 詰問退去ㅎ얏다더라"("맹인피기(盲人被欺)", 《황성신문》, 1909년 7월 27일.

33 「구마검」, 《제국신문》, 1908년 5월 9~14일.

34 「구마검」, 《제국신문》, 1908년 6월 10~12일.

35 「구마검」, 《제국신문》, 1908년 5월 23~24일.

36 최원식은 일찍이 「구마검」을 분석하면서 「흥부가」와 「배뱅이굿」의 영향을 언급한 바 있다. 최원식, 『한국근대소설사론』, 창작사, 1986, 93~94쪽 참조.

필요가 없었으며, 단지 요약된 장면 처리를 통해 전근대적 관습을 비판하는 사례로만 기능했을 것이다. 이는 '진배송'과 '땅풀이'를 전근대적 관습을 비판하는 중요한 대상임과 동시에 연극 공연을 위한 예술적 코드로 형상화하고자 했던 작가의 의도를 보여주는 구체적인 사례가 된다.[37] 그 밖에 다른 소설에 비해 비교적 단순한 구성을 취하고 있으며, 비교적 등장인물의 숫자가 적다는 점도 「구마검」의 연극소설로서의 특징을 보여주는 사례가 될 수 있다.

「홍도화」는 '정치소설'이라는 표제로 연재되었는데, 이 역시 다른 작품과는 구별되는 '정치소설'로서의 특징이 두드러진다. 「홍도화」는 '태희'라는 매우 현실감 있는 여성 주인공을 형상화해 《제국신문》의 주된 독자층인 당대 여성들을 본격적으로 계몽하려는 의지가 가장 직접적으로 드러난 작품이다. 이 작품은 여타 이해조 연재소설과는 달리 《제국신문》의 논설 내용을 직접 삽입하거나, 심상호의 연설 내용을 장황하게 늘어놓는 등의 정론적 특징이 두드러진다. 이러한 특징은 당시 《제국신문》이 추구하던 '풍속 개량'과 밀접한 관련을 맺고 있다.

「홍도화」에 인용되어 있는 《제국신문》의 논설은 '탄해생'이라는 필명으로 쓰인 '풍속개량론' 시리즈의 첫 번째 글이다. '탄해생'은 새롭게 《제국신문》의 주필을 맡게 된 정운복의 필명이며, '풍속개량론'은 "정치기량보담 풍속기량이 급홈"[38]이라는 논설을 통해 풍속 개량의 중요성을 언급한 다음

---

37 특히, 임지관의 '땅풀이'는 매우 사실적일 뿐 아니라 많은 어휘들이 한자 병기로 되어 있다는 점이 흥미롭다. 어려운 한자들로 가득 채워진 임지관의 '땅풀이'는 중인 출신이지만 선대로부터 물려받은 재산으로 양반 행세를 하는 함진해를 현혹시키는 중요한 장치로 활용된다. 이는 이해조가 어려운 한자 어휘를 통해 당시 무지한 백성들을 현혹시키는 풍수지리의 전형을 임지관의 발화를 통해 구체적으로 재현하려는 노력으로 보인다.

38 '논설', 《제국신문》, 1907년 10월 9일.

날부터 본격적으로 연재되는 기획 논설이었다.[39] 이해조는 그중 첫 번째 논설인 "녀ᄌ의 기가를 허ᄒᆞᆯ 일"을 본문에 직접 인용해, 자살을 결심하던 태희의 마음을 바꾸어 놓는 중요한 장치로 활용한다.[40] 재미있는 점은 「홍도화」에 인용된 마지막 부분이 실제 논설과 달라졌다는 것이다.

(가) 만일 남ᄌ나 녀ᄌ가 음란흔 ᄒᆡᆼ실로 ᄉᆞᆺ로히 합ᄒᆞ야 부부라 칭흘지라도 륙례를 갓초지 안이ᄒᆞ엿거든 그 사이에서 나는 ᄌᆞ식은 남녀를 물론ᄒᆞ고 ᄉᆞᄉᆡᆼᄌ(私生子)라 칭ᄒᆞ야 샤회에서 쳔ᄒᆞ게 ᄃᆡ졉ᄒᆞ야 인류의 명분을 바르게 홈이 가ᄒᆞ니 우리나라의 이왕부터 잇던 혼인법과 오날늘 세계각국의 ᄒᆡᆼᄒᆞᄂᆞᆫ 혼인법을 참작ᄒᆞ야 ᄒᆞᆫ 법규를 졔뎡ᄒᆞ야 즁외에 반포ᄒᆞ야 이십셰긔(二十世紀) 텬하의 아름다

---

39 《제국신문》에 연재된 논설 「풍속개량론」은 다음과 같다. '탄히ᄉᆡᆼ' 졍운복 이외에도 태극학회 회원 김낙수와 윤졍원이 필진으로 참여했다.

[표3] 제국신문 논설 「풍속개량론」 필자 분석

날짜	회차	제목	저자 표기
1907년 10월 10일	풍속기량론 (一)	녀ᄌ의 기가를 허ᄒᆞᆯ 일	탄히ᄉᆡᆼ
1907년 10월 11일	풍속기량론 (二)	닉외ᄒᆞᄂᆞᆫ 폐습을 곳칠 일	탄히ᄉᆡᆼ
1907년 10월 12일	풍속기량론 (三)	압졔혼인의 폐풍을 곳칠 일	탄히ᄉᆡᆼ
1907년 10월 13일	풍속기량론 (四)	압졔혼인의 폐풍을 곳칠 일(전호속)	탄히ᄉᆡᆼ
1907년 10월 15일	풍속기량론 (五)	퇴일ᄒᆞᄂᆞᆫ 폐풍을 버릴 일	탄히ᄉᆡᆼ
1907년 10월 16일	풍속기량론 (六)	위ᄉᆡᆼ에 쥬의흘 일	탄히ᄉᆡᆼ
1907년 10월 18일	풍속기량론 (七)	샹업계의 폐풍을 고칠 일	탄히ᄉᆡᆼ
1907년 10월 19일	풍속기량론 (八)	온돌을 폐지흘 일	탄히ᄉᆡᆼ
1907년 10월 20일	풍속기량론 (九)	음식 먹ᄂᆞᆫ 습관을 고칠 일	탄히ᄉᆡᆼ
1907년 10월 27일	풍속기량론 (十)	아히 길으ᄂᆞᆫ 방법	틱극학회원 김락슈
1907년 10월 29일	풍속기량론 (十二)	아히 길으ᄂᆞᆫ 방법 (련속)	틱극학회원 김락슈
1907년 10월 30일	풍속기량론 (十三)	츄풍일진	윤졍원
1907년 11월 5일	풍속기량론 (十一)	아히들의 운동을 힘쓸 일	없음.

40 본문에 인용된 《제국신문》 논설은 1908년 8월 18일부터 19일까지 이틀 동안 장황하게 인용되었다. 부모가 딸에게 직접 개가를 권하지 못하고, 이 논설이 실린 신문으로 옷을 싸 보냈다는 설정은 작가의 섬세함이 돋보이는 대목이다.

온 풍속을 일우기를 간절히 바라노라

(나) 이 법을 남즈는 셜혹 힝코져 ㅎ눈쟈ㅣ 잇스나 미양 녀즈들이 편협ᄒ 마암으로 청종치 안일지니 그 청종치 안임이 엇지 쳥상의 슯ᄒ 신셰를 즐겨서 그리ᄒ리오 다만 박졀ᄒ 가풍과 무식ᄒ 습속에 엇지지 못ᄒᆷ을 인ᄒᆷ이니 엇지 오희가 안이리오 슯흐다 쳥상으로 규즁에셔 늙으시는 부인들이여

(가)는 "녀즈의 기가를 허홀 일"의 마지막 대목인데, 이 부분이 「홍도화」에서는 (나)와 같은 내용으로 바뀌었다. (가)에서는 개가를 하더라도 혼인 절차에 맞게 예를 갖추어야 한다고 주장하고 있으나, (나)에서는 여성이 개가를 선택하기 어려운 이유가 사회적 관습 또는 시선 때문이라며 여성이 스스로 그것을 뛰어넘을 것을 요청하고 있다. 이해조는 남녀독자는 물론 정부에까지 시선을 확장시키는 논설의 마지막 부분을, 여성의 주체적인 결정의 문제로 구체화함으로써 작품 속 태희의 선택에 개연성을 부여하고 있다.

또한 작품의 마지막 부분에서 문중 어른들을 모시고 자신의 뜻을 밝히는 심상호의 연설은 9월 15일부터 9월 18일까지 장장 4일에 걸쳐 장황하게 서술된다. 하지만 이는 앞서 살펴본 《제국신문》 논설의 인용 내용과는 달리, 개가의 문제가 단지 개인의 차원을 넘어 국가 전체의 문제로까지 확장된다.

이로 미루어보아 '정치'라는 표제는 당대 현실 정치의 문제보다는 '정론적'이라는 의미로 사용되고 있음을 짐작할 수 있다. 이러한 '정론성'은 이해조가 「홍도화」를 구상할 때부터 이미 준비된 것이며, '정치소설'이라는 표제는 이러한 작품의 특징을 구체적으로 드러내는 기표가 된다.

그 밖에 '가정소설' 「만월딕」는 가정이라는 울타리 안에서 벌어지는 형

제간의 우애를 작품의 주제로 내세웠으며,[41] '정탐소설' 「쌍옥젹」은 별순검을 주인공으로 해 잃어버린 결세 상납금을 되찾는 과정을 부각시키고 있다.[42] 이러한 표제는 작품의 내적 특질과 긴밀한 연관을 맺고 있으며, 작품의 특질을 온전히 밝혀내는 중요한 지표가 될 수 있다.

결국 이해조는 《제국신문》의 소설 연재를 통해, 새로운 소설에 대한 다양한 가능성을 실험하고자 했다. 특히, '연극', '정치', '가정', '정탐' 등 다양한 표제는 새로운 소설이 드러낼 수 있는 각기 다른 지향점을 가장 극명하게 드러낸다. 이해조의 다양한 소설 실험은 장편의 연재가 가능한《제국신문》이라는 안정된 지면을 바탕으로 이루어질 수 있었는데, 이는 이해조 소설을 넘어 소설의 근대적 전환 과정에 신문이 담당한 역할이 얼마나 컸는

---

41 「만월딕」는 여타 연재소설과는 달리 '가정소설'이라는 표제를 사용해 가정 안에서의 윤리, 종교(기독교), 상업, 위생 등의 문제들을 집중적으로 다루고 있다는 특징이 있다. 특히, 소설의 마지막 작가의 목소리는 '가정소설'이라는 표제를 전면에 내세워 목표했던 소설의 주제를 직접적으로 드러낸다. "긔쟈왈 사롬의 힝실에 데일 웃듬은 츙효데라 인군에게 츙셩ᄒ고 부모에게 효도ᄒ고 동긔에게 우애ᄒ 연후에야 금슈보다 낫다 홀지라 만일 그러치 안이ᄒ면 엇지 츙셩 잇는 기읍이와 효힝 잇는 감악귀와 우애 잇는 쳑령식가 붓그럽지 안이ᄒ리오 그럼으로 사롬이 쳐엄 남애 그 부모되ᄂ 니가 희망ᄒ고 기딕ᄒ기를 츙효데의 힝실이 츌듀발군ᄒ야 나라에 빗 잇는 신하되고 가뎡에 영화로온 ᄌ손됨이라 (…) 슯흐다 만월딕을 교훈ᄒ던 것과 라씨부인과 빅남 형데의 효우홈을 본밧아 몸소 힝ᄒ고 갑록 뎡록의 불효불데홈과 윤씨 고씨의 괴픡가도ᄒ던 일을 거울삼아 징계ᄒ야 본 긔쟈의 뜻 둔 바를 져바리지 말지어다"(「만월딕」,《제국신문》, 1908년 12월 3일.

42 「쌍옥적」은 단행본으로 출판될 때 '정탐소설'이라는 동일한 표제를 사용했다. 따라서 「쌍옥적」이 '정탐소설'이라는 표제와 맺고 있는 관련성은 이미 여러 연구에서 밝혀진 바 있다. 최원식,『한국근대소설사론』, 창작사, 1986, 140~141쪽; 임성래,「개화기의 추리소설「쌍옥적」연구」,『추리소설이란 무엇인가』, 국학자료원, 1997, 145~161쪽; 서형범,「이해조 신소설의 '흥미 요소'에 관한 시론」,《한국학보》제28집, 2002, 167~193쪽; 오혜진,「근대 추리소설의 기원」,《한민족문화연구》제29집, 2009, 175~206쪽; 고은지,「'정탐소설' 출현의 소설적 환경과 추리소설로서의 특성」,《비평문학》제35집, 2010, 7~25쪽.

지를 짐작케 하는 대목이다.

3.3. 다층적 독자 교직(交織)

《제국신문》에 연재된 총 8편의 이해조 소설을 관통하는 가장 핵심적인
특징은 바로 다양한 층위에서의 독자 교직이다.

기본적으로 이해조의 연재소설은 신문 매체의 독자와 소설 독자를 교
직하는 특성을 지닌다. 논설, 잡보 등의 기사에 관심을 갖던 기존의 《제국
신문》 독자들은 이해조 소설을 통해 소설 독자가 되었고, 반면 이해조 소
설을 통해 《제국신문》을 읽게 된 독자들은 이를 계기로 《제국신문》의 논
설 및 잡보의 독자가 될 수 있었다. 물론 이러한 독자 교직은 이해조의 소
설이 '사실성'이라는 나름의 논리적 기반을 갖추고 그것을 적극적으로 실
현하고자 했기에 가능했다. '있는 그대로의 사실'만을 전달하겠다는 당대
신문 매체의 기본적 속성은 '허탄무거'로 대표되는 이전 소설과는 달리, 당
대 현실을 구체적으로 재현하고자 하는 새로운 소설의 이념과 적극적인
결합이 가능했던 것이다. 이러한 변화는 1907년 5월 《제국신문》의 지면
쇄신과 함께 시작되었으며, 이해조의 소설은 정운복의 논설, 박정동의 학
술과 함께 매체가 지향하는 담론을 구체화시키는 데 일조했다. 학술, 논설,
소설을 중심으로 한 계몽의 기획 아래 이해조 연재소설은 더 많은 독자를
확보하고 담론을 이야기의 층위에서 재현하는 역할을 충실히 한 셈이다.

무엇보다 이해조의 소설은 다양한 소설 실험을 통해 전통적 소설 독자
층을 유인하고, 이를 새로운 소설의 독자로 견인해내는 것을 목표로 삼고
있다. 이해조 연재소설은 대부분 이전 이야기의 화소를 통해 사건이 진행
되고, 근대 문명을 상징하는 도구나 장치에 의해 사건이 해결된다는 공통
점을 지닌다.

이미 잘 알려진 바와 같이 이해조 연재소설들은 대부분 설화나 한문 단편 등 이전 이야기의 화소들을 적극적으로 차용하고 있다.[43] 이러한 특징은 고소설의 전통과 근대소설을 연결하는 대목으로 평가받기도 했으나, 구소설의 틀에서 완전히 벗어나지 못했다는 점에서 한계로 지적되곤 했다. 하지만 이러한 특징을 한계로 지적하는 것은 당대 매체와의 결합을 통한 새로운 소설 실험의 과정을 이해하지 못한 결과로 보인다. 신소설을 완성된 근대 소설을 향해 나아가는 미완의 양식으로 선규정한 채 이해조 소설을 이해하는 것은 통합된 질서를 요구하는 근대적 관점이 지나치게 간섭한 결과일 뿐, 이해조 소설의 당대적 특성을 온전히 드러내는 데 도움이 되지 않는다.

이해조가 전대 이야기의 화소를 차용하는 것은 오히려 《제국신문》이라는 특정 매체의 성격에 맞는 소설 전략으로 보는 편이 타당하다. 《제국신문》은 1898년 창간된 이후로 주로 순한글 독자층의 계몽을 주된 목적으로 삼아 발행되었다. 여기서 순한글 독자층은 상대적으로 한자 교육으로부터 소외되어 일반 평민 대중 독자들을 말하며, 이해조 소설이 설정한 주된 독자층과 일치한다. 따라서 이해조는 상정한 독자층이 익숙하게 여기는 이야기의 화소들을 적극적으로 차용해 독자들을 유인하고, 이를 기반으로 새로운 소설의 다양한 실험은 물론 《제국신문》이 추구하는 계몽적 목표를 실현하고자 했던 것이다.

다음은 《제국신문》의 편집진이 지향하던 '소설'에 대한 입장을 잘 드러내고 있는 글이다.

닉 나라 사롬의 긔이흔 일을 긔록지 안코 항상 송나라이나 명나라 사롬의 일을

---

43   최원식, 『한국근대소설사론』, 창작사, 1986 참조.

들어 말흐얏슨즉 이는 일반 우부우부(愚夫愚婦)로 흐야곰 남의 나라 잇는 쥴만 알게흐고 닉 나라 잇는 쥴을 몰으게 홈이라 우리나라 사름의 나라사랑흐는 마암이 부죡흔 원인이 소셜에 잇스며 명산대쳔이나 부쳐의게 긔도흐야 낫치 못흐던 즈식을 나앗다 흐니 이는 인심을 고혹케 흐야 무녀 복슐을 확실히 밋게홈이라 우리나라 사름이 즈긔의 힝할 바 의무와 직분을 닥지 안이흐고 귀신 셤기기를 일삼는 원인이 소셜에 잇스며 젼쟝에 나아가 쏘홈을 익인즉 그 공으로 부귀공명을 누린다 흐얏스니 이는 션비의 긔운이 비루흐야 쳔츄만셰에 유젼흘 큰 스업은 셰우고져 안이흐고 목젼의 영화를 탐흐게 홈이라 우리나라 사름이 스농공상 간에 직업을 힘쓰지 안코 다만 벼살흐기에만 욕심이 간졀흔 원인이 쏘흔 소셜에 잇도다 그런즉 소셜과 풍속의 관계홈이 진실로 막대흔지라[44]

위 인용문은 《제국신문》 사장이자 주필인 정운복이 쓴 논설의 일부다. 이 글은 정운복 개인은 물론 당시 《제국신문》의 소설 정책이 어떠한 지향점에 위치해 있는지를 선명하게 보여준다. 정운복은 소설이 국가 사회의 풍속과 긴밀한 연관을 맺고 있다고 주장한 뒤, 이전 소설이 풍속을 해치는 원인이 된다며 비판한다. 따라서 새로운 소설은 당대 우리의 현실을 다루어야 하며, 독자로 하여금 미신에서 벗어나 자기의 의무와 직분을 다하고 국가 사회에 이바지할 수 있는 큰 사업에 힘쓰도록 해야 하는 것이다. 이러한 입장은 이해조의 소설관과 크게 다르지 않다.

이해조는 이전의 소설과는 완전히 다른 새로움을 추구하기보다는 기존의 이야기 전통에 익숙한 독자들을 자신의 소설 독자로 유인하고, 단행본과는 다른 안정적인 신문 연재를 기반으로 다양한 소설 실험을 시도했다. 특히, 이해조 연재소설은 이전 이야기의 화소를 적극적으로 차용하되, 근

---

44   탄해생, 「소설(小說)과 풍속의 관계」, 《제국신문》, 1908년 5월 14~15일.

대적 제도나 장치들이 항상 서사의 진행과 갈등의 해결 과정에 중요한 역할을 한다는 특징을 지닌다. 편지(등기·전보), 신문, 학교, 운동회, 기차, 륜선, 경무청, 감옥, 해외 유학 등은 사건이 진행되는 시간적 배경이 현재 독자들이 살고 있는 동시대임을 끊임없이 환기시키며, 근대 문명의 당위성을 자연스럽게 주입시킨다.

또한 이전 소설의 독자를 새로운 소설의 독자로 형성하려는 노력이 시간을 기준으로 한 독자의 교직이라 한다면, 이해조 연재소설의 또 다른 특징은 한반도 경계 내의 독자를 통합하는 공간적 독자 교직이라 할 수 있다. 이해조의 《제국신문》 연재소설에는 당시 '대한제국'이라는 영토경계를 상상하게 만드는 다양한 공간 배경들이 구체적으로 지시되어 있다. 대부분의 작품이 서울과 경기를 작품의 주된 공간적 배경으로 삼고 있으나, 충청·인천(고목화), 부산·인천(빈상설), 평양·양덕(원앙도), 개성(만월대), 전라(쌍옥적), 인천·강화(모란병) 등의 지역이 서사 전개의 주요 배경으로 구체화되어 있다. 이러한 다양한 공간 배경은 소설 독자에게 공통된 실감과 정서를 부여하는 데 중요한 장치다. 이해조 소설은 작품의 공간을 한반도 경계 내의 다양한 지역으로 확장하고, 이를 구체적으로 재현함으로써 다양한 지역에 흩어져 존재하던 독자를 대한제국의 국민으로 통합해내고자 했던 것이다.

결국 이해조의 소설은 이전 소설과는 구별되는 새로움을 나름의 논리를 갖추어 조직해야 했으며, 이러한 과정을 거쳐야 비로소 새로운 소설이 담당해야 할 시대적 의무를 다할 수 있었다. 이해조 소설은 이전 소설과는 달리 구체적인 시공간 제시를 통해 당대 조선인의 이야기를 다루고자 했으며, 전대 소설이 지닌 우연적이고 비현실적인 속성을 사실적인 해결 과정을 통해 극복하고자 했다. 또한 사건이 해결되어 주인공이 입신양명하거나 큰 복을 받는다는 개인적 차원의 결말을 지양하고, 보다 현실감 있는 비교적 다양한 결말 방식을 작품 안에서 고민했다.[45] 물론 이러한 작품 속 결말의 최종 목표가 풍속 개량을 통한 독자 계몽에 있었다는 점은 재론의 여지가 없을 것이다.

4. 맺음말

지금까지 논의한 《제국신문》에 연재된 이해조 소설의 특징은 다음과 같다.

첫째, 1907년 5월 《제국신문》의 대대적인 지면 확장 및 체제 변화와 밀접한 관련을 맺으며 이루어졌다. 《제국신문》은 4단에서 6단으로 지면을 확장하는 동시에, 근대 지식과 소설을 1면에 배치했다. 이해조의 소설은 한글독자를 기반으로 하는 《제국신문》의 특성과 공고하게 결합할 수 있었으며, 또한 6단으로의 지면 확장은 장편의 소설을 안정적으로 연재할 수 있는 토대가 되었다. 또한 《독립신문》 이후 대부분의 신문이 1면에 논설을 두어 독자들의 교육과 계몽에 힘을 쏟았던 데 반해, 《제국신문》은 10여 년간 유지해오던 논설 중심의 체제를 바꾸어 1면에 근대 지식과 소설을 함께 연재했다. 이러한 변화는 여성을 중심으로 한 대중 독자들의 교육과 계몽

---

45 특히 승학과 옥희의 결혼식날 도착한 서정길의 편지 한 통으로 이씨부인의 얼굴에 웃음이 피는 장면으로 마무리된 「빈상설」이나 심상호의 일장 연설 뒤 문중 어른들과 친구들이 "가하오 가하오" 하고 외치는 「홍도화」의 마지막 장면은 이전 소설의 결말과는 차별화되는 이해조 소설의 특징이라 볼 수 있다. 이해조는 모든 사건이 해결되고 결국 주인공이 부귀영화를 누린다는 천편일률적인 이전 소설의 결말 방식을 지양하고, 독자들에게 여운을 줄 수 있는 보다 극적인 결말 방식을 추구했다. 또한 사건의 해결이 개인적 차원에서 그치기보다 구체적으로 재현된 주인공과 사건의 해결 과정을 통해 국가 사회 전반에 좀 더 폭넓은 영향력을 미치길 희망했다.

을 기존의 논설보다는 근대 지식과 소설을 통해 이루겠다는 전략과 관련이 깊다. 이해조 소설은 이러한 근대 신문 매체와의 밀접한 관련 속에서 이루어진 것임을 알 수 있다.

둘째, 다양한 표제 선택을 통해, 기존의 고소설과는 차별되는 새로운 소설에 대한 다양한 실험을 시도하고 있다. 이해조의 신문연재소설은 '소설', '연극소설', '정치소설', '가정소설', '정탐소설', '신소설' 등 다양한 표제를 작품의 전면에 내세우고 있었다. 한 작가의 작품이 이렇듯 표제를 바꾸어 가며 소설을 연재한 경우는 당시 신문 매체에 수록된 소설에서 발견하기 어려운 독특한 특징이다. 또한 이러한 표제 선택은 광고나 단행본보다 구체적이고 적극적으로 표현되어 있어, 이해조 소설을 이해하는 데 중요한 지표가 될 수 있다. 이러한 표제들은 각각의 작품에 대한 독자들의 관심을 높이고, 작품 내적 특성을 상징적으로 드러내는 기표가 된다.

셋째, 다양한 층위의 독자를 적극적으로 교직하는 특성을 지닌다.《제국신문》에 연재된 이해조 소설은 기본적으로 신문의 독자와 소설의 독자를 통합할 뿐 아니라 이전 소설의 독자를 적극적으로 수용하고 이를 기반으로 삼아 새로운 소설 독자를 형성하고자 했다. 이해조는 새로운 소설이 지닌 '사실성'을 기반으로 삼아, 신문 매체의 담론을 이야기의 층위에서 재현해 신문 독자와 소설 독자를 결합시킬 수 있었다. 또한 익숙한 전대 이야기의 화소를 통해《제국신문》이 대상으로 상정한 독자들을 유인하고, 근대문명을 상징하는 도구나 장치를 통해 사건을 해결함으로써 새로운 소설 독자를 형성하고자 했다. 그 밖에 국가의 영토 경계를 상상하게 만드는 다양한 공간 배경을 작품 속에서 구체화해, 소설의 독자를 대한제국의 국민으로 통합시키려는 모습을 보이기도 한다.

이러한 이해조 소설의 특징은 당대의 소설이 신문이라는 근대 인쇄 매체와 매우 밀접한 관련하에 이루어졌다는 점을 방증한다. 따라서 이러한 시도는 기존의 단행본 중심의 연구가 가진 한계들을 극복하고, 이해조 소설의 위치를 좀 더 입체적으로 살필 수 있는 계기가 되었다. 물론 각각의 작품에 대한 구체적인 분석이 이루어지지 못하고, 이해조 문학의 전체적인 규모 안에서 《제국신문》 이해조 소설에 대한 특징을 살피지 못한 점은 이 글의 한계이기도 하다. 이는 소논문이 지닌 분량상의 제약 때문이기도 한데, 아쉬운 점은 후속 연구에서 채우고자 한다.

참고문헌

1. 기본 자료

《제국신문》, 《황성신문》, 《만세보》, 《대한매일신보》, 《대한매일신보》(국문판), 《매
　　일신보》, 《대한민보》, 《소년한반도》, 《기호흥학회월보》

2. 논문

고은지, 「'정탐소설' 출현의 소설적 환경과 추리소설로서의 특성」, 《비평문학》 제35
　　집, 2010.
구장률, 「근대 지식의 수용과 소설 인식의 재편」, 연세대학교 박사학위논문, 2009.
＿＿＿, 「신소설 출현의 역사적 배경」, 《동방학지》 135, 2006.
김영민, 「근대계몽기 문학 연구의 성과와 과제 ― '신소설'에 대한 논의를 중심으로」,
　　《인문연구》 50, 2006.
남석순, 「한국 근대소설 형성과정의 출판 수용 연구」, 단국대학교 박사학위논문,
　　2003.
배정상, 「《대한매일신보》의 서사 수용 과정과 그 특성 연구」, 《현대문학의 연구》 제
　　27집, 2005.
서형범, 「이해조 신소설의 '흥미 요소'에 관한 시론」, 《한국학보》 제28집, 2002.
양세라, 「근대계몽기 신문 텍스트의 연행성 연구」, 연세대학교 박사학위논문, 2010.
오혜진, 「근대 추리소설의 기원」, 《한민족문화연구》 제29집, 2009.
이용남, 「이해조연구」, 서울대학교 석사학위논문, 1982.
이원종, 「舊韓末 政治·社會·學會·會社·言論團體 資料調査」, 《亞細亞學報》 2, 1966.
임성래, 「개화기의 추리소설 「쌍옥적」 연구」, 『추리소설이란 무엇인가』, 국학자료
　　원, 1997.

3. 단행본

강현조, 『이인직 소설 연구』, 연세대학교 박사학위논문, 2010.

김봉희,『한국 개화기 서적 문화 연구』, 이화여대출판부, 1999.

김영민,『한국 근대소설의 형성 과정』, 소명, 2005.

김영민·구장률·이유미 편,『근대계몽기 단형 서사문학 전집』, 소명, 2003.

최기영,《뎨국신문》연구』, 서강대언론문화연구소, 1989.

_____,『대한제국기 신문연구』, 일조각, 1991.

최원식,『한국계몽주의 문학사론』, 소명, 2002.

_____,『한국근대소설사론』, 창작사, 1986.

한기형,『한국 근대소설사의 시각』, 소명, 1999.

《제국신문》에 나타난 미국 유학과
유학생 기서 연구

근대 계몽 담론의 양상과 글쓰기의 변화

김윤선

1. 《제국신문》, 여성신문에서 민족 계몽지로

1898년 8월 10일에 창간되어[1] 1910년 3월 30일까지 발행된 《제국신문》은 《황성신문》과 함께 대한제국 당시 대표적인 신문이다. 《제국신문》은 국문을 공식 언어로 채택함으로써 다양한 독자층을 확보할 수 있었으며, 한말의 민족지로서 대한제국의 형성과 몰락을 함께했다. 동시에 한글 보급에도 기여한 바 크다. 더구나 《제국신문》은 당시 12년간 발행된 최장수 신문이기도 했다. 때문에 《제국신문》은 당대의 역사적 사료로서뿐 아니라 한국 근대 매체의 형성과 발전에 관한 연구를 위해서도 중요한 보고다. 그

---

[1] 8월 6일 인가받고 창간호는 8월 10일에 발행했으나, 농상공부의 인가일을 8월 8일로 기재했다. 창간호에 8월 8일자와 9일자의 관보를 게재했으며 8월 8일에 신문 2000부를 발행했다고 한다. 이후 8월 8일을 창간일로 기념했으며, 1908년 8월 8일자 창간 10주년 기념호를 발행하기도 했다. 이에 대한 구체적 논의는 『《뎨국신문》 연구』(최기영, 서강대언론문화연구소, 1989)를 참고.

러나 이제까지 《제국신문》에 대한 연구는 그리 활발하지 못했다.[2] 그 이유로는 크게 두 가지를 들 수 있다. 첫째, 《제국신문》 확보와 이와 관련한 자료 분석의 곤란이다. 현재 《제국신문》은 아세아문화사에서 두 권의 영인본이 있다. 이 영인본은 1898년 8월 8일 창간호부터 1902년 12월호까지의 신문을 수록하고 있다. 때문에 1903년부터 1910년까지의 내용을 확인하기 위해서는 여타의 노력이 필요하기에 자료 접근성이 떨어진다. 게다가 1907년 6월 이후의 《제국신문》은 국내에는 없는 것으로 확인된다. 이러한 자료 확보의 어려움은 《제국신문》 연구의 가장 큰 문제점이기도 하다. 이는 《제국신문》 전체의 내용을 확인하지 못한 상태에서 산재해 있는 자료들을 정리해 연구해야 하는 문제와 더불어 《제국신문》 전체를 통괄할 수 없는 한계를 전제해야 하기 때문이다.

두 번째 이유는 첫 번째 이유에서 파급된 결과이기도 한데, 《제국신문》에 대한 오해 때문이다. 첫 번째 문제와 관련해서 더욱 공고화된 《제국신문》의 성격과 가치에 대한 평가는 《제국신문》에 대한 편견과 오해로 지속되어왔다. 그중 대표적인 내용이 《제국신문》이 암신문, 즉 여성을 위한 신문이었다는 점이다. 이러한 주장의 중요한 근거로 《제국신문》의 한글 간행을 든다.[3] 《제국신문》은 한글로 간행됨으로써 여성까지도 그 독자로 확

---

2 《제국신문》에 대한 기왕의 연구는 최기영의 저서 외에 박애경(2008), 구장율(2004), 이경하(2004), 설선경(2000)의 논문이 있다. 두 권의 영인본을 중심으로 출판서지에 관해 연구한 최기영의 저서 이외의 《제국신문》의 논의는 논설 특히 서사적 논설과 여성에 대한 연구로 대별된다. 박애경, 「야만의 표상으로서의 여성 소수자들 — 《제국신문》에 나타난 첩, 무녀, 기생 담론을 중심으로」, 《여성문학연구》 19, 한국여성문학학회, 2008, 103~138쪽; 구장율, 「《제국신문》의 <서사적 논설> 연구」, 《현대문학의 연구》 22, 한국문학연구학회, 2004, 89~125쪽; 이경하, 「《제국신문》 여성독자투고에 나타난 근대계몽담론」, 《한국고전여성문학연구》 8, 한국고전여성문학회, 2004, 67~98쪽; 설선경·김현양, 「《제국신문》의 <론설> 연구」, 《연민학지》 8호, 2000, 224~253쪽.

3 《제국신문》은 한글로만 간행되지는 않았다. 회를 거듭할수록 한자의 비중을 늘려간

보한 신문이었지 여성만을 위한 신문은 아니었다. 그런데도 《제국신문》이 여성만을 위한 신문의 대명사로 불리면서 《제국신문》의 다양한 논의를 단순화하는 결과를 초래했다. 물론 여성 독자를 고려한 《제국신문》의 간행 언어 선택에 대한 편집인들의 전략은 인정되어야 한다. 《제국신문》이 보여주는 '여성' 독자를 고려한 신문으로서의 가치 역시 간과될 수 없다. 그러나 《제국신문》이 함의하고 있는 다양성과 그 내용과 가치를 온전하게 평가하지 않은 채 여성들만을 위한 신문으로 단정짓는 경향은 지양해야 할 것이다. 이는 《제국신문》에 대한 연구가 활성화됨으로써 해결될 수 있는 문제점이기도 하다.

사실 《제국신문》은 최기영이 밝혔듯이 처음부터 부녀자를 주 독자층으로 삼고 발간된 것은 아니었다. 《제국신문》은 상하, 남녀, 귀천을 막론한 독자층의 확보를 목표로 했으나, 이러한 전략의 결과로서 국문만을 해득한 하층민과 부녀자들이 독자층이 될 수 있었다. 특히 1899년 4월 4일 《매일신문》이 폐간되고 12월 4일 《독립신문》이 폐간되자 국문신문은 《제국신문》만 남게 되어 국문 해득자들은 《제국신문》만을 읽을 수밖에 없었다. 《제국신문》 자체도 여성을 압제하는 사회관습 타파와 여성교육에 대하여 창간 이래로 깊은 관심을 갖고 이와 관련된 기사를 발표하였지만, 구한말에 여성 문제는 구한말에 《제국신문》만이 가진 관심사가 아니라 당시 간행된 모든 신문의 관심사이기도 했다.[4]

따라서 《제국신문》 연구를 위해서는 《제국신문》을 국민 계몽지로 자리 매김하는 것에서부터 시작해야 한다. 자주독립과 국민 계몽, 이를 위한 여

다. 제호도 '뎨국신문'에서 '제국신문'으로 바뀌었으며, 특히 각 기사의 제목은 한자어로 발표하고, 기사 본문만 한글 위주로 간행했다. 《제국신문》 간행어에 대한 연구는 다음 기회로 넘긴다.

4   최기영, 『《뎨국신문》 연구』, 서강대언론문화연구소, 1989, 21~23쪽.

론 형성을 목적으로 한 본래의 간행 취지[5]을 살려 그것이 어떻게 구현되었는가를 분석하는 연구가 필요하다. 이를 통해《제국신문》의 가치가 제대로 규명될 수 있을 것이다. 그런데 국민 계몽 관련 담론의 경우 그 준거는 서양, 그중에서도 미국이었다. 따라서 이 글은《제국신문》에 수록된 미국 유학생 관련 논설과 그들의 기서(寄書)를 중심으로 고찰하고자 한다. 기서와 논설은《제국신문》에서 가장 대표적인 글의 양식이기도 하다. 논설은 1898년 8월 13일《제국신문》제4호에서부터 등장한다.[6]《제국신문》의 논설란에는 현대의 신문에 등장하는 사설뿐 아니라 독자 기고, 서사적인 글, 고백의 글 등 다양한 글이 실렸으며, 기서 역시 처음에는 논설란을 통해 소개된다. 논설은 1900년대의 중요한 글쓰기 양식이었다. 때문에 논설란을 통해 소개된 기서 역시《제국신문》편집자들에 의해 그 중요도를 인정받았다고 할 수 있다. 이후 기서는 논설로서가 아니라, 그 위치에 배치는 되었으되 기서라는 항목으로 독자적으로 등장한다. 특히 기서는《제국신문》의 특이성이 부각되는 글로《제국신문》이 초기부터 신문에 마련한 독자란이라고 할 수 있다. 이 난을 통해《제국신문》은 독자들의 의견을 수렴하고 공론화했으며, 독자들과 소통함으로써 독자층을 확보하는 효과도 얻을 수 있었다. 무엇보다도 근대 매체에 등장하는 독자 투고의 기원이 되었던 것도 기서다. 독자들의 의견을 싣는 글이기는 하지만 기서로 소개되는 글은《제국신문》편집자들의 분명한 발행목적에 따라 선택 혹은 기획된 글이라는 점에서도 의의가 있다. 이 글은《제국신문》에 논설 및 논설란에 소개된 기서와 차차 독립적인 글로 자리매김해가던 기서, 즉 편지를 통해 소개된

---

5 《제국신문》의 간행 목적은 국민계 몽과 여론 형성을 통한 국가 개명의 도모였다. 이 같은 간행 목적을 밝힌 글로는 1898년 9월 7일자 논설이 있다.

6 창간 당시에는 고백, 관보, 잡보, 전보, 광고가 있었으며 4호부터 논설이 등장한다. 같은 해 8월 17일 6호부터는 외신난이 등장하기 시작한다.

미국 유학생들의 글을 중심으로《제국신문》에 나타난 근대 계몽 담론의 양상과 글쓰기의 변화 및 특징을 분석하고자 한다.

미국 유학생의 글을 집중적으로 분석하고자 하는 것은 이들의 글이《제국신문》이 주창한 계몽 담론을 구체적으로 보여주는 텍스트라고 여기기 때문이다.《제국신문》이 국문을 중시한 것도, 법률의 공정한 시행과 풍속 개량을 주장한 논설들을 실은 이유도 국가의 발전을 위해서였다.《제국신문》은 국가의 발전과 국권의 수호를 위해 국민의 실력을 양성해야 한다는 입장이었으며, 의병 활동이나 무장 투쟁에 대해서는 오히려 회의적이었다. 국권 침탈에 대한 적극적 대항보다는 실력 양성을 강조한《제국신문》은 '공부'를 국권 보호와 국가 발전을 위한 최고의 방책으로 여겼던 것이다.[7] 그런데《제국신문》이 강조한 '공부' 즉 학문은 기존의 전통적인 동양의 학문이 아닌 서양의 학문, 그중에서도 미국에 관한 학문이었다. 미국과 관련된 공부와 미국 문화의 습득이 국권 수호와 국가 부강의 길이라 여겼기에《제국신문》이 미국에 대한 기사와 미국으로 간 유학생들의 글을 싣는 것은《제국신문》의 발간 취지의 가시화라 할 수 있다. 그러므로 이 연구는 미국 유학생들의 글을 중심으로《제국신문》이 주창한 '공부'의 내용이 무엇이었는가를 밝히고《제국신문》이 표방한 근대 계몽 담론의 양상을 살펴보고자 한다.

근대에 대한 다양한 모색이 이루어지던 대한제국기는 전근대와 근대,

---

7   일본의 국권 침탈에 대한 적극적 대항보다는 실력 양성을 강조하고 원인을 자책론에서 찾는 것은《제국신문》에 대표적인 입장이다. 신조약 성립 후 발간된 1905년 12월 6일 논설 "룡두스미 되지 말 일"에서도 이러한 입장을 확인할 수 있는데,《제국신문》은 을사보호조약의 책임을 한국민에게 두고, 해결책으로 '공부에 힘쓸 것'을 거듭 강조한다. 그 부분을 소개하면 다음과 같다. "그 힝위 생각하면 엇지 남의 잘못한 거슬 시비하리오 헛된 례식과 문구가 지금 시국에 유조한 일 일호반졈 업스니 외양치례 그만두고 실지상 공부 힘들 쓰기 바라오."

전통과 외래, 민족과 제국이 혼류하는 혼돈의 장이자 전례 없는 도전과 시험에 직면한 격변의 시대였다. 대한제국에게 서양은 다른 공간인 동시에 근대라는 다른 시간의 표상이었다.[8] 척사론은 사라지고, 보편 원리로서의 도와 기술로서의 기를 구분해 서양의 기술문화를 선별적으로 수용하자는 동도서기의 절충론적 단계를 거쳐, 이 시기에 이르면 서양의 문명을 보편 문명으로 인식하기 시작한다.[9] 미국은 서구 중에서도 대한제국이 가장 적극적으로 관심을 표명한 국가였으며, 고종이 특히 미국에 대한 호감을 갖고 있었다고 한다.[10]

보빙사 파견에서 비롯된 미국과의 접촉은 학생들의 미국 유학으로 본격화되고 구체화된다. 이들은 미국에서 보고 배운 것을 전달해주었을 뿐 아니라 미국 사회에서 한국 문화와 미국 문화의 접촉을 체험한다. 한국의 근대화 과정에서 일본 유학생과 미국 유학생이 끼친 영향에 비해 그들에 관한 연구는 많지 않다. 게다가 대부분이 일본 유학생[11]을 대상으로 한 연구 위주로, 미국 유학생 특히 그들의 유학 생활과 근대 문화 수용 과정을 다룬 연구는 아직 미개척의 분야로 남아 있다.[12] 미국 유학생의 미국 문명

---

8   박애경, 「대한제국기 가사에 나타난 이국 형상의 의미 — 서양체험가사를 중심으로」. 《고전문학연구》, 한국고전문학회, 2007, 31~32쪽.

9   길진숙, 「《독립신문》, 《미일신문》에 수용된 '문명/야만' 담론의 의미 층위」, 《국어국문학》 136호, 국어국문학회, 2004, 321쪽.

10 임선화, 「선교사의 독립협회와 대한제국 인식 — 언더우드와 아펜젤러를 중심으로」, 《역사학연구》, 호남사학회, 2000, 67쪽. 실제로 고종은 미국 출신인 선교사들과 자주 접촉하며 많은 대화를 나누었다고 한다.

11 일본 유학생의 편지가 처음 《제국신문》에 소개된 것은 1899년 2월 28일인데, 그 편지는 유학 생활의 경제적인 어려움을 호소하는 내용이었으며 다음 절부터 본격적으로 다루게 될 미국 유학생 편지 내용과는 이런 면에서 성격이 다르다.

12 장규식(2006), 「일제하 미국유학생의 서구 근대체험과 미국문명 인식」, 『한국사연구』, 한국사연구회, 141~142쪽. 이 논문에서 장규식은 3·1운동 이후 미국 유학생 집단의 성격을 '북미대한인유학생회'를 중심으로 소개하고 있다.

인식은 한국인의 대미 인식 형성의 전제로서도 연구되어야 할 주제이며 이 글 역시 이에 기여할 것이다.

2. 진보를 위한 유학, 유학을 통한 교화

《제국신문》에 소개된 유학생들의 글은 외국 유학을 통해 선취하고 경험한 서구 문명을 소개함으로써 민지계몽을 목적으로 한 내용이 주를 이룬다.[13] 그런데 외보나 논설을 통해 외국 사정을 소개하던 글들에서 1900년대 이후《제국신문》에는 외국유학의 필요성들을 제기하는 글들이 등장하며, 특히 1905년을 전후해서 집중적으로 외국에 유학 중인 학생들의 글들이 소개되는데, 이러한 변화에 주목할 필요가 있다. 이는 1905년 외교권 박탈에 따른《제국신문》의 대응방식이기도 했기 때문이다.

《제국신문》1903년 1월 22일과 23일 논설에는 "외국에 유학ᄒᆞ는 리익"이라는 글이 이틀 연속 실린다. 물론 유학의 필요성에 대한 구체적인 논의 전에 이미《제국신문》에서는 서양을 배우라는 주장의 글이 1899년 1월부터 등장한다. 서양은 문명의 다른 이름이었고 그에 대한 지식은 대한제국의 문명화를 위한 지식이었기 때문이다. 그런데 1903년부터는 좀 더 구체적으로 이러한 지식의 습득을 위한 미국 유학의 필요성이 대두되었던 것이다. "외국에 유학ᄒᆞ는 리익"은 청국의 범위씨가 상해 청년회에서 한 연

---

13 서형범에 의하면 계몽 담론은 크게 세 가지로 나눌 수 있다. 민지계몽을 목적으로 한 언설과 문건, 서구가 대표하는 선진 제국의 일상적인 가치관과 세계관을 명제화한 언설과 문건, 서구를 세계를 이끌어가는 자리에 올려놓았던 제반 지식 체계와 제도에 대한 지식이나 정보가 그것이다. 이 같은 분류는 계몽 담론을 분석할 수 있는 유용한 개념틀이다(한국어문교육연구회 제176회 전국 학술대회 자료집 토론문, 2009년 9월 26일 별지).

설문을 번역하여 실은 글이다. 이 글에 대한 다른 논평은 언급되지 않았으나 이틀간의 논설란에 실릴 정도로 비중이 있는 글이며,《제국신문》발행인들이 이 글을 통해 강조하고자 한 바를 확인할 수 있는 글이다. 논설 서두 부분에 '청국 범위씨가 상히 청년회에서 연설'이라는 부제가 있을 뿐 필자나 번역자에 대한 소개, 글 소개와 번역의 취지는 기술하지 않았다. 다만 논설의 마지막을 '하였더라'의 종결어법을 씀으로써 직접 쓴 글이 아닌 번역문임을 차별화해서 기술했다.

이 글은 청국의 예를 들어 한국의 독자들을 설득하기 위한 글로 3000년 이상을 홀로 살아온 중국의 사정을 비판하면서 문명 개방을 해야 한다는 주장에서 시작한다. 그런데 문명과 개방의 방법으로 제기된 것이 유학에 관한 논의다. 주목해야 하는 점은 일본 유학보다는 서양으로 가는 유학을 권하는 점, 일본 유학생 출신인 '이등박문', '정상형등'의 예를 들어 유학을 금하던 시절 어려운 처지에서도 미국 유학길에 오른 일본 정치가를 모범으로 소개한다는 점이다. 특히 청국 소년들이 외국에 가서 공부하는 것이 청국 장진의 여망되는 바임을 강조한다.

> 청국에 소년들이 외국에 가셔 공부ᄒᆞᆫ 거시 청국 쟝진의 여망되ᄂᆞᆫ 바니라 그러나 오늘날 청국의 쇠픽함은 다만 인민의 지식이 부족ᄒᆞᆫ 연고쑨 아니라 더욱 즁ᄒᆞ쟈ᄂᆞᆫ 덕힝이 셔지 못ᄒᆞᆫ 연고라 <u>덕화ᄂᆞᆫ 어딕셔 싱기ᄂᆞ뇨 교화에 달닌지라 셔양 교화ᄂᆞᆫ 인민의 몸과 마음을 ᄌᆞ유로 노아 압졔와 풍속의 결박홈을 면케 ᄒᆞ나니</u> 이럼으로 사름사름이 다 쟝진할 싱각이 잇셔 그 지식이 날로 기명ᄒᆞ며 그 학문이 졈졈 발달ᄒᆞ야 져러틋 부강문명에 나가ᄂᆞᆫ 바라
>
> 근릭 청국학도들이 외국에 가셔 공부ᄒᆞ되 다만 학문과 기예상에만 견혀 쥬의홀 쑨이오 지어 교화ᄒᆞ야ᄂᆞᆫ 전연히 도라보지 아니ᄒᆞ며 <u>일본에 가셔 공부ᄒᆞᄂᆞᆫ 쟈들인즉 전혀 그 나라에셔 듯고 보ᄂᆞᆫ것만 □□쟝ᄒᆞᆫ 줄로 알고 가쟝 외국 학문</u>

을 빙화 믹히는 거시 업는 드시 힝셰ᄒ려ᄒ나 실샹인즉 일본의 교화가 아직 문명에 이르지 못ᄒ지라

대기 문명국이라 ᄒ는 거슨 학문과 긔게 공쟝의 진보랄 것만 보고 닐캇지 못ᄒ고 그 교화가 깁히 ᄇᆡ여 인민의 남녀로소를 물론ᄒ고 일테로 덕힝이 놉하 다 착ᄒ고 올흔 사름으로 나라히 깃부고 화락ᄌ유ᄒ는 텬디가 되야 홀지라. 사름들이 이거슬 모로고 다만 직조만 닥그려 ᄒ니 엇지 졍치가 바르고 풍속이 아름다워질 긔초를 뎡ᄒ리요

지금 미국대통령 루스발트 씨가 하바드 대학교에서 연셜흔 말을 듯건ᄃᆡ 미양 덕힝이 뎨일인 쥴 말슴ᄒ엿고 ᄯᅩ흔 닐ᄋᆞᄃᆡ 국가에서 인재를 쓰려면 보통의 학식으로 퇵홀 거시오 구타여 깁고 놉흔 젼문학을 공부흔 쟈로 갈힐 거시 아니라 ᄒ엿더라

(…) 근일 졍부에서 각 독무에게 신칙ᄒ야 학도를 쏸바 ᄌᆞ본을 쥬어 셔양에 보ᄂᆡ여 공부ᄒ게 ᄒ야 ᄒ시ᄆᆡ 그 ᄯᆺ시 이러틋 긴즁ᄒ거늘 각 독무들이 미양 학도의 셔양글을 보고 학문을 ᄇᆡ혼쟈들과 ᄃᆡ하면 항샹 ᄌᆞ긔의 완고ᄒ고 고루홈을 비교홀진ᄃᆡ 스스로 싀긔ᄒ는 싱각이 나는지라 이에 칭탁ᄒ는 말이 백셩으로 ᄒ여금 셔양을 유람ᄒ고 셔양글을 닉게 ᄒ면 평등권이라 ᄌᆞ유권이라 ᄒ는 것을 ᄇᆡ와 국가를 능멸ᄒ니 ᄎᆞᄎᆞ 이러ᄒ면 필경은 ᄇᆡ셩을 다스릴 슈 업깃다 ᄒ야 □반으로 져희ᄒ는지라 엇지 더욱 어리셕지 안으리오

지금 이십세긔 동안에는 세계 긔명에 풍긔가 조슈 밀어들 듯 ᄒ야 인력으로 능히 막을 슈 업는지라 좌우에 외국공령ᄉᆞ관은 공즁에 소셔 대궐과 갓치 다토어 놉흐며 ᄂᆡ왕하는 뎐-류거는 우뢰갓치 소ᄅᆡ질러 구즁궁궐 깁흔 쑴이 시시로 놀ᄂᆡ시는지라 삼천년릭로 문닷고 혼져 잇던 완호흔 풍습을 이 텬디에 안져셔 홀노 직히려 흔들 엇지할 슈 잇스리오 종시 이 싱각을 고집ᄒ여 □ᄒ노니 즁국에 소년들은 텬하에 형편을 ᄭᅵ닷고 나라의 위틱흠을 일어나 ᄇᆡ화다가 에좌동편에 젼파ᄒ면 즁국이 쟝ᄎᆞ 쟝진이 잇스리로데 ᄒ엿더라[14]

《제국신문》에서 외국 유학의 필요성에 대해 가장 직접적인 내용을 기술한 위 인용문은 비록 번역문이나 몇 가지 《제국신문》의 발행인들이 주창한 시대의식과 유학에 대한 입장을 확인할 수 있는 글이다. 첫째, 세계 개명의 시대에서 벗어날 수 없는 시대로 당대를 인식했다는 점, 둘째, 진보의 기준을 일본이 아닌 서양에 두고 있다는 점, 셋째, 유학의 목적을 학문적 차원이 아닌 교화에 두고 있다는 점, 넷째, 유학을 통한 교화가 국가의 장족진보 즉 장진을 이끌 수 있다는 점이다. 특히 유학의 효과를 단순한 지식의 습득이 아닌 교화에 두고 있다는 것은 주목할 만하다. 이 글에서 교화란 지식의 습득이 아니라 지식의 습득을 통한 진보를 말하는 것으로, 전문 지식보다는 백성을 이끌 수 있는 보통의 지식으로서 교양의 습득 및 실천, 지식의 생활화, 지식의 체화와 관련 있는 용어다. 그리고 이를 위해 필요한 것이 유학이다. 서양의 학문과 지식을 단순히 '재주'로 습득하는 것이 아니라 체화, 생활화로 풍속의 아름다움으로 완성되어야 하며, 때문에 교화가 되지 않은 일본보다는 서양의 문명국에 직접 가서 생활하고 풍기를 배워오는 데에 유학의 필요성이 제기되고 있다. 즉 문명국에서의 생활 체험을 강조하는 것이다. 이러한 《제국신문》 논조는 계속 유지되었는데, 한국의 경우를 논할 때에도 마찬가지였다.[15]

유학의 필요성에 대한 글은 청국에 있는 알렌 씨의 글을 소개하는 1903년 2월 12일과 14일자 논설에서도 확인할 수 있다. 이 글은 "청국에 있는 미국인 알넨 씨가 동방문졔로 의론ᄒ 글을 번역ᄒ노라"로 출처를 소개한 뒤 본문으로 이어진다. 앞서 소개한 논설에서와 같이 이틀 연속 게재되고, 청국을 비롯해 동양 모든 나라의 개화를 촉구하는 내용으로서 외국에 인

---

14 '논설', 《제국신문》, 1903년 1월 23일. □는 판독 불가 글자, 강조는 인용자.
15 이에 대한 구체적 논의는 이 글의 3절과 4절에 이어진다.

재를 보내어 교육케 함, 즉 유학을 강조한다. 그런데 이 글에서 서양인 필자 알렌은 서양에 대한 긍정적인 시각과 함께 서양인을 중심으로 한 연합과 새것에 대한 옹호를 강하게 표출한다. 전반부, 즉 12일자 논설에서는 서양 사람은 동양 각국이 강해지는 것을 두려하지 않으며 오히려 그렇지 못한 것을 두려워한다고 전하면서 그 예로 '토이기'를 든다. 토이기, 즉 터키가 약해서 강한 나라의 욕심 때문에 토지가 분할되기에 이르렀을 때 '관계 있는 모든 나라들'이 힘을 합해 그 나라를 보호했다는 것이다. 서양국들의 연합을 전제한 기술이다. 또한 이 글은 각국은 토지와 국권을 평안히 보전할 수 있어야 하며, 특히 스스로 구제할 수 있어야 함을 강조한다. 그 방법이 새것에 힘쓰는 것이다.

> 대기 스스로 구제ᄒᆞᆫ는 법은 한 가지가 잇스니 곳 <u>식 것을 힘쓰는 딕</u> 잇는지라 만일 제 손으로 구제홈을 힘쓰지 아니ᄒᆞ면 각국이 ᄌᆞ연히 찬조ᄒᆞᆯ지니 엇지 토이기경형을 보지 못ᄒᆞ는가 그 나라에도 유지ᄒᆞᆫ 선비가 업지 아니ᄒᆞ야 젼국인민을 고동ᄒᆞ여 <u>식 법</u>을 구ᄒᆞᄆᆡ 두황ᄌᆞ의 소년 령민ᄒᆞᆫ 지조로 익국ᄒᆞ는 마음을 발ᄒᆞ야 <u>긔화</u>를 위쥬ᄒᆞ는 사람들과 합력ᄒᆞ야 쥬션ᄒᆞ다가 완고당들에게 ᄒᆡ를 밧아 옥에 갓치기ᄭᅵ지 이르럿스니 국정은 졈졈 포악ᄒᆞ고 형세는 졈졈 위틱ᄒᆞᆫ지라 엇지 여망이 잇스리오 만일 <u>각국의 보호홈</u>이 아니러면 토이기가 발셔 아라스에 쟝즁물건이 되엿슬 거시어늘 아직도 씌닷지 못ᄒᆞ니 필경 복멸홈을 면치 못ᄒᆞᆯ지라 어둡고 <u>완고ᄒᆞᆫ 나라들에 심히 위틱함</u>이 이러틋 급급ᄒᆞ도다[16]

새것을 추구하는 것은 새 법, 개화로 이어지며, 이를 위해 서양국들의 보호가 터키를 아라사, 즉 러시아로부터 지킬 수 있었다는 예를 들어 새 것

---

16 '논설', 《제국신문》, 1903년 2월 13일.

의 추구를 강조한다. 이때 새 것의 추구는 서양 것의 추구다. 즉 서양 것을 추구하는 것이 자국의 보호와 직결된다는 논조는 이어지는 14일의 논설에서 청국 현실과의 관련성 아래 좀 더 구체적으로 강조된다. 청국의 처지를 터키의 예와 동일시하고 '아라스의 눈독' 때문에 위급함을 경고하면서, 개화가 청국을 지킬 수 있는 유일한 길임을 주장한다. "기화를 실상으로 아니 흐려는 날은 나라히 분파될 거시오 나라히 분파흐는 날은 각국이 와서 셔로 닷톨 것시오 각국이 닷토는 화근은 청국 군신상하가 다 당흐여 일톄로 어육이 도리지니 후회흔들 무엇하리요 오직 정치와 법률을 실로 변혁흐야 기명을 힘쓸진듸 모든 위험흔 일이 일시에 다 풀닐지니 이는 다만 청국만 그러흘 뿐 아니라 동방 모든 나라이 다 이러흐니 실상으로 기화를 구흐면 젹국이 물러날 거시오 힝치 안으면 젹국이 졈졈 만흘지라" 하며 변혁과 개화만이 동방의 각국이 자립하고 세계 평화를 이룰 수 있다는 주장은 다시 교육 그중에서도 유학의 필요성으로 이어진다.

> 밧비 학교를 만히 셰우고 학도를 만히 파송흐야 만인과 청인이 학문교화가 일톄로 진보흐야 민심이 주유로 노아줌을 엇더 발달 흥왕흐게 흘진듸 피 흐르는 일이 업시 스스로 변혁이 되고 셰상에 기명흔 정부가 될지니 형셰가 강흐며 슈치가 업셔질지라 이거시 뎨일 평화의 쥬의로다
> 대기 정부는 머리라 머리의 령민흠은 슈족으로 나리나니 슈족이 격구로 밧괴면 크게 어지러울지니 오날날 가장 힘쓸 것은 싱도를 외국에 보닉여 인지를 빅양 흐기에 잇스니 명년 미국 셩루이스 디방에셔 만국 박람회를 셜시흐는 바에 그 경비가 금젼으로 수쳔만 원이라 흐니 사룸을 마니 파송흐야 구경을 식힐진듸 셰계에 널은 식견을 엇을너라 흐엿더라
> 긔쟈 - 왈 이상 의론이 다 졀졀히 대한에 길졀히 관계되는지라 다 남에 말갓지 안키로 널니 보기를 원흐거니와 져 집정흐신 이들이 이런 셰상공론을 좀 들어

내 의견만 고집ᄒ지 아니ᄒ면 이 젹은 인민과 젹은 디방을 가지고도 도리키기

어렵지 안을 거시어늘 엇지 의혹홈이 이다지 심ᄒ니잇고

같은 논설의 마지막 부분이다. 앞서 인용한 1903년 1월의 논설과는 달리 이 글은 '긔쟈 - 왈'로 시작되는 글이 덧붙여져서 소개한 알렌의 글이 대한제국의 현실과도 관계되는 것임을 부각시킨다. 즉 알렌이 주장하듯이 교육, 그중에서도 유학을 통해 학문과 교화의 진보를 이룸으로써 변혁과 평화를 이루자는 것이다. 외국에 인재를 보내어 키우는 일은 자국의 안전과 발전을 위해 가장 시급한 과제로 부상한다. 그리고 1904년 이후 1905년까지 《제국신문》에는 본격적으로 그리고 집중적으로 미국 유학생들의 기서가 소개되기에 이른다.

교육에 대한 강조, 새로운 학문에 대한 강조는 《제국신문》의 주요한 주제였다. 그런데 여기서 새로운 학문은 백인종의 학문과 풍속,[17] 서양의 학문이었으며 1900년대 이후 《제국신문》은 본격적으로 서양 학문, 새로운 학문에 대한 중요성을 강조하는 논설들을 발표해왔다. '격물치지부터 공부한 후에 수신제가치국평천하해야 하는' 학문을 설명하면서 격물치지를 학문의 전범으로 삼았으며, '외국 사람들은 물리학을 공부하지 않는 이가 없다'고 국내인과 대조하면서 '초목곤충, 버러지 나비에 대해서도 배워야' 한다고 주장했으며, 물건과 생물과 자연의 이치에 대한 지식을 강조했다.[18] 개명한 나라와 개명하지 못한 나라를 학교 정황을 통해 그 근거로 삼기도 했으며,[19] 본격적으로 서양 학문과 동양 학문을 대조함으로써 서양 학문을 통한 개화가 위태로운 나라를 구하는 길[20]이라고 주장했다. 왜냐하면 애국

---

17 '논설', 《제국신문》, 1900년 5월 26일.

18 '논설', 《제국신문》, 1900년 11월 21일; '논설', 《제국신문》, 1900월 12월 11일.

19 '잡보', 《제국신문》, 1900년 12월 27일.

심은 학문상으로 생기는 마음, 사람이 학문을 한 후에야 나라 사랑하는 마음이 생기는 것이라고 보았기 때문이다.[21] 이러한 서양 학문을 통한 구국의 강조는 1903년을 지나면서 미국 유학의 필요성으로 구체화되었으며, 1904년과 1905년에는 대한제국 청년 중에서 미국 유학생들의 글을 적극적으로 소개하기에 이른다. 미국 유학생들은 외교권을 박탈당했던 1905년을 전후해《제국신문》을 통해 편지, 논설 등의 글을 집중적으로 발표했으며, 이는 유학생뿐 아니라《제국신문》의 국가 위기 상황에서의 대처방식이기도 했다.

3. 공적 글쓰기로서의 편지쓰기

《제국신문》에 글이 소개된 미국 유학생은 신흥우, 이승만, 안정수, 박처후, 황용성이다. 배재학당 출신으로 1903년 선교사를 통해 미국에서 유학을 한 신흥우는 1904년 11월 10일과 11일 양일에 걸쳐 논설란을 통해 '긔서'를 발표한다. 이 글이《제국신문》에 등장하는 미국 유학생의 첫 번째 편지다.[22] 긔서가 소개된 배치, 내용에 주목해서 분석할 필요가 있기에 긔서

---

20 '논설',《제국신문》, 1901년 5월 1일.

21 '특별고백',《제국신문》, 1901년 5월 4일.

22 현재 확보한《제국신문》1907년 5월까지 신문 중에서 미국 유학생의 긔서가 마지막으로 등장하는 글은 1907년 3월 27일의 '긔서'다. 그런데 이 글은 1904년도 1905년의 긔서와는 성격이 다르다. 이 글의 3절에서 분석할 글들보다 좀 더 사적인 글이라고 할 수 있으며,《제국신문》독자를 전제한 편지가 아닌 영화학교를 수신인으로 한 편지다. 미국에서 공부하는 학생들이 인천영화학교 학도들에게 편지한 것을 영화학교 측에서 다시 신문에 기재한 글이다. 내용은 영화학교의 교육 내용과 방식을 칭송하는 글로, '공부를 해태이 여기지' 말고 청년의 유식함이 나라의 영화와 직결되니 '우리나라 전체와 압제당하는 동포'를 위한 공부를 게을리 하지 말라는 당부다.《제국신문》1907년 3

전문을 《제국신문》에 기재된 그대로 소개하면 다음과 같다.

論론說셜 신흥우긔서

이천만동포의게 붓치노라

●나의 사랑ᄒᄂᆞᆫ 동포형데 제군들아 희포 만에 그듸들을 향ᄒᆞ야 붓듸를 들으니 졸디에 무삼 말을 홀난지 정신이 희미ᄒᆞ도다

나ᄂᆞᆫ ᄒᆞᆫ번 고국산천을 이별ᄒᆞ고 한□리에 대희를 건너 이곳에 이른 후로 작정ᄒᆞ기를 이왕 부모형데를 ᄶᅥ나 멀리 왓슨즉 마음을 두지 말고 공부에 힘을 써 이다음 맛치ᄂᆞᆫ 날 본국에 도라가 우리 동포를 위ᄒᆞ야 몸이 맛도록 일을 ᄒᆞ여볼가 ᄒᆞ야 □□□ □□□□□ 희가 지나도록 마음을 억제ᄒᆞ고 입 1번 열지 은고 잇셧더니 근일에 니르러 마음이 □□□□ <u>슬픔을 참지 못ᄒᆞ와 두어 마디 써 보ᄂᆞ니 지각업다 밋쳤다 말으시고 좀 상고ᄒᆞ여 보시오</u> (…)

일아긔젼이 시작되민 <u>여긔 사람들이 말ᄒᆞ기를</u> 인제ᄂᆞᆫ 한국에셔 아라ᄉ 권력이 물너가고 일본에 엽혀셔 챤죠ᄒᆞ니 한국에 은혈 긔회가 당하엿다 ᄒᆞ더니 불과 몃날 은에 뎐보가 여긔 각 신문샤로 건너오기를 일본이 압데 덜ᄒᆞᄂᆞᆫ 싸닥으로 리용태 씨가 닉부대신을 ᄒᆞ면서 원과 관찰ᄉ 팔기를 도로 시작ᄒᆞᆫ다 ᄒᆞ며 그 갑ᄭᆡ지 낫낫치 세계 각국 지문에 반포되니 그분 일흠은 모든 사람이 모다 한 번식 알 것시니 류방빅셰를 ᄒᆞ던지 무엇을 하던지 그 대감님이 일이어니와 우리 대한 모양을 엇더하엿깃소 내 얼골이 쯧쯧ᄒᆞ야 남 보기가 <u>붓그러윗스며</u> 그 외애 ᄌ상달하ᄂᆞᆫ 이에 <u>담지 못홀 말이 연일 신문잡지에 나니 눈 잇는 사람이야 엇지 대한 형편을 황연이 아니 못ᄒᆞ오릿가</u> (…) 여보시오 친구들아 거울이 잇거든 그듸의 얼골들을 좀 들여다보시면 올녀니와 우리 대한 동포들에 얼골이던지 신톄 건장ᄒᆞ긴던지 모다 쥰수ᄒᆞ고 직죠 잇셔 보이고 무엇으로 보던지 나아 보이ᄂᆞᆫ듸

월 27일 수요일 '긔서' 참조.

무삼 신닥으로 오날날 이 셜음을 밧는지 그 이치는 참 올다가도 모르깃소 (미

완)[23]

●지금 당흐여는 그만치 경력이 잇스니 남이 잘흐여 쥬기도 바라지 말고 정부

당국ᄌ들이 잘하기도 기ᄃ리지 말고 각각 일기인 흐기에 잇는즉 내가 잘홀 싱

각을 좀 합시다 오날 이 디경에 니르되 정신을 못 차려셔야 엇지 금슈에서 조금

이나 다르릿가 (…)

지금이 언으 ᄶᆡ뇨 밧그로는 텅국이 서로 결으는 즁 일본과 아라스가 ᄌᆞ웅을 닷

토며 이 ᄊᆞ홈 ᄶᆞ나기를 기ᄃ려 우리 죤망을 판단하랴 흐는 즁 의리로 도와주랴

흐는 쟈도 별노 업는 모양이며 은으로는 정부와 빅셩이 정신을 못 차려 굿셴 마

음이 업스니 참급흐고 위틱흐도다 이럿케 위틱흠을 모다 몰으는 바 아니나 알

고도 엇지 홀 쥴을 모로며 홀 쥴 아는 쟈는 미리 낙심흐야 힝치 은이흠이니 이는

곳 실심으로 제몸 사랑홀 쥴을 모르는 신닥이다

나라일이 남의 일갓허 보이난잇가 종로 대로상에서 외국인게 천빅 인이 일시에

봉욕흠과 텰도모쏜이게 결박당흐기와 쳐쳐 살상이 모다 남의 일갓처 보이난잇

가 오날 이것이 ᄃᆡ일심흐면 그ᄃᆡ들 집에서 편이 누어 잠잠을 못 잘 거이고 오날

놉흔 사람 호령이 릭일 무삼 디경에 니를는지 모르니 그ᄃᆡ들 몸을 싱각흐야 나

라를 좀 도라보시오 이 다음 남의 노예노릇홀 ᄶᆡ 후회흐여도 쓸데업스니 지금

은 느졋스나 그리흐여도 이 다음보다는 니르외다

오늘날 내가 금갓흔 시간 허비흐여가며 그ᄃᆡ들씌 권고흐니 효험이 잇기를 바라

오며 비노라 참 여기서는 시간이 곳 금□이외다 이것 쓰는 도은에 밧게 나가 일

을 흐면 돈을 벌어도 적지 은소 부딕 시□□□□령 웃지 말고 좀 싱각을 하시오

싱각하여 보아 내 말ㅣ 올커든 엇지흐면 나라와 몸을 □□□□를 궁리하여 보

23 '논설', 《제국신문》, 1904년 11월 10일. □은 판독불가 글자, 강조는 인용자.

고 계획을 엇은후에 남이야 ᄒ던지마던지 쳔빅인이 말니더릭도 결심ᄒ딕로 힝하시면 필경 귀*이 날러이오니 처음겸 한번 시험을 여보오 <u>이는 곳 나의 결심으로 여러 동포들씌 츙고흠이니</u> 심심소일로 보아 닉여바리지 말고 <u>좀 힘써봅시다 부딕</u> □□□ 물리치거니와 반항흘 싱각은 마시오 우리가 잘ᄒ면 오날 원수가 릭일은 은인 되나이다 홀 말 무궁하나 ᄉ연이 □□□□□ □□□□□ 우리 대한에 안영을 상턴에 축원ᄒ노라

광무팔년구월십ᄉ일 미국류학싱 申신 興흥 雨우 빅[24]

　　논설란에 기서로 소개된 이 글은 신흥우가 2000만 동포에게 부치는 편지글이다. 쓴 날짜는 9월 14일이지만 이 글이 《제국신문》 지면에 발표된 것은 11월 10일과 11일이니 그사이 약 두 달의 시간이 소요된 것을 확인할 수 있다. 처음 두 단락에는 수신인의 호칭과 발신인인 신흥우의 소회가 기술되어 있다. 특히 '근일의 슬픔'이라는 것은 대한제국을 둘러싸고 국제 정세를 염두에 둔 지적이며, 러일전쟁을 둘러싸고 미국에서 보는 대한의 현실에 대한 비판과 권고를 전하고 있다. 또한 대한제국을 둘러싼 국제 정세에 대해 국외에서 어떻게 바라보는지를 알 수 있는 글로 러일전쟁에 대한 미국인의 반응을 소개하고 조선의 상황과 그 원인에 대한 신흥우의 시각을 확인할 수 있다. 신흥우는 11월 10일에 소개된 편지에서는 각 신문 매체를 통해 전해지는 고국의 소식과 '여기사람들', 즉 미국인의 반응에 수치를 느낀다고 고백한다. 청과 러시아보다는 일본에 우호적인 미국의 반응도 확인할 수 있다. 특히 편지 본문의 전반부에서 신흥우는 이러한 원인을 무엇보다 '백성이 변변하지 못'했기 때문으로 보고, 백성이 '정신을 차렷'다면 일본이 못된 짓을 할 생각도 하지 못했으리라고 판단한다. 러일전쟁으로

24　'논설', 《제국신문》, 1904년 11월 11일. □은 판독불가 글자, 강조는 인용자.

인한 대한제국의 자치권 상실을 바라보는 신흥우의 시각은 원인을 자국민에게 둠으로써 실력양성론으로 이어지지만 그 이면의 다분히 제국주의적 시각을 배제하기 어렵다.

이어지는 편지의 후반부, 즉 11월 11일의 편지에서는 러일전쟁으로 인한 대한제국의 처지를 정부와 백성이 정신을 못 차려 굳센 마음이 없는 참담하고 위태한 상황이라고 기술하면서 이에 대한 해결책을 제시하는데, 그것은 바로 개인의 발견 및 개인의 충성이다. 인용문 중 밑줄 친 부분에서 확인할 수 있듯이 개인적 차원에서 '내가 잘할 생각'을 하고 '제 몸을 사랑할 줄' 알아야 한다는 것, 그리고 내 몸을 생각해 '나라를 좀 돌아보는' 것, 이를 통해 계획을 결심해 행하는 것이 그가 동포들에게 주장하는 바다. 마지막 단락은 금 같은 시간에 글을 쓰는 이유를 강조하면서 글을 마무리하는데, 바로 이러한 내용의 강조가 유학의 효과를 보여줄 수 있는 근거이기도 하다. 앞 장에서 살폈듯이 당시 유학의 필요성은 단지 책을 통한 지식 습득으로는 얻을 수 없는 문명의 생활화, 체화를 경험하는 데 있었다. 따라서 유학생은 풍속, 자신이 유학 생활 중에 체험한 서양인들의 생활 습관을 소개함으로써 유학의 효과를 보여주고, 유학생으로서의 자신의 정체성을 강조한다. 그런데 여기서 발신자 신흥우가 수신자인 동포들에게 사용하는 권고하고 주장하고 명령하는 문체에도 주목할 필요가 있다.

편지는 친지나 지인에게 보내는 사적인 글이다. 그러나 신흥우를 비롯해 이후 유학생들은 자신들의 편지를 《제국신문》을 통해 발표함으로써 공론화하고 공적인 글로 활용한다. 특히 《제국신문》에서 유학생들은 미국과 한국이라는 공간적 거리를 '편지'라는 형식을 통해 극복하고 편지라는 글이 갖는 친밀감을 독자와 공유하면서도 사제 관계와 같은 수사로 수신인인 독자들에게 가르치고 설득하며 주장하는 문체를 유지한다.

특히 당시 유학생들의 편지는 계몽 담론을 전하는 공적인 글로 부상한다. 이러한 편지의 부상이 이후 1910년대 잡지의 특별 현상 응모 부분으로 '편지'를 가능하게 했던 전시대의 배경이 될 수 있었을 것이다. 1910년대 우편제도의 안착과 교통 공간의 균질화 속에서 일상적으로 확산된 편지 쓰기는 여행의 경험과 결합하면서 '기행 편지'의 양식을 만들어낸다.[25] '유학'과 '편지'는 1910년대 중반 이후 새로운 글쓰기 양식을 만들어내며, 이러한 새로운 글쓰기를 박영희는 새로운 문장 형식이라고 하면서 '서간체 기행문'이라고 명명했다.[26] 1910년대 중반 이후 조선인 학생들의 일본 유학이 늘어나면서 그들의 유학과 귀향의 경험을 문예적 수법으로 써서 선진의 문물과 이국적 정서를 표현한 글이 1910년대 서간체 기행문이다. 가장 대표적인 예가 이광수의 「동경에서 경성까지」(1917)다. 권용선은 1910년대 서간체 기행문이나 논설에서도 나타나는 편지글이 1910년대의 새로운 글쓰기이며, 1910년대 중반 이후 '편지' 양식의 글쓰기가 계몽의 확산을 위해 적극적으로 활용되었다고 밝힌다.[27] 그러나 이에 대한 정확한 이해를 위해서는 앞서 1900년대 신문 매체를 통해 나타났던 유학생들의 편지에 주목할 필요가 있다. 계몽의 확산을 위한 유학생들의 편지 쓰기는 1900년대부터 등장했으며, 최소한 이들과의 연관성 아래서 1910년대 중반 이후 유학생들의 편지 양식이 확산될 수 있었기 때문이다.

더구나 1910년대의 계몽적 논설에도 편지 양식이 개입한다는 지적[28]은 1900년대로 수정되어야 할 것이다. 1910년대 중반 이후 논설, 에세이, 소설의 형식으로까지 변화하며 '계몽'과 '고백'을 위한 형식으로 범람할 수 있

---

25 권용선, 「1910년대 '근대적 글쓰기'의 형성과정 연구」, 인하대학교 박사학위논문, 2004, 104쪽.

26 박영희, 「초창기의 문단측면사」, 《현대문학》 56호, 1959년 8월, 210쪽.

27 권용선, 앞의 글, 99쪽.

28 노지승, 「1920년대 초반, 편지형식 소설의 의미」, 《민족문학사연구》 20호, 2002, 358쪽.

었던 서간체는 1910년대 유학생들의 계몽적 논설로 활용된 기서 즉 편지의 연장선상에서 가능했기 때문이다. 또한 기행 편지, 혹은 서간체 기행문의 형식으로서 유학생의 편지는 이미 《제국신문》 1904년 11월 26일 논설란과 1904년 12월 24일 논설란에 소개된 "리승만 씨의 편지"에서도 확인할 수 있다. 11월 26일, "미국으로 가는 리승만 씨의 편지"와 12월 24일 "리승만 씨 편지" 모두 미국으로 가는 배 안에서 쓴 글로, 배에서 느낀 감회를 서술하면서도 계몽의 시선으로 만난 문명과 야만의 풍경과 정서를 고백하고 청년들에게 학문을 잘 배워 돌아와 '나라'를 위해 쓰자는 권면의 내용을 담은 편지다. 여정과 감회가 구체적으로 기술되어 있어 기행 편지, 서간체 기행문이라고 해도 손색이 없는 글이며, 특히 제목을 "미국으로 가는 리승만 씨 편지"라고 제시함으로써 '편지'라는 용어를 표면화하고 있다. 20일 후 이승만의 여정에 따라 신호에서 썼던 편지에 이어 포와국(하와이)으로 향하는 배에서 쓴 두 번째 편지가 연재된다.

보통 편지는 사적 글쓰기의 대표적인 양식이다. 그래서 1920년대 서간체 소설이나 기행문을 개인의 발견과 개인의식의 확장에 따른 글쓰기로 논의해왔다. 그러나 1900년대 《제국신문》을 통해서 확인할 수 있었듯이 대한제국 이전 시대부터 양반이나 여인들을 중심으로 존재했던 기서는 편지라는 명칭으로 바뀌면서 공적 글쓰기로 변화했다. 수신자는 한 개인이 아니라 국민, 동포, 혹은 청년집단, 《제국신문》의 독자 전체였으며, 문명의 수혜자인 유학생이 전하는 계몽 담론의 글쓰기로 변모해 이후 1910년대와 1920년대 근대 문학의 대표적인 문체로 확립된다. 《제국신문》은 이미 미국의 근대 학문의 수혜를 받은 유학생들의 글을 통해 계몽 의지와 유학의 필요성을 확산하고자 했다. 그리고 이 과정에서 새로운 글쓰기 양식으로 변모된 편지는 1910년대와 1920년대 식민지 조선 문단에서 서간체라는 문체의 유행을 가능하게 했다. 이 과정에서 드러나는 특징은 무엇보다 수신자 집단의 축소와 개인화였다.

4. 계몽과 문명의 수사로서의 편지

당시 미국 유학생의 편지에서 가장 강조되는 부분은 유학의 필요성이다. 유학은 '나라'의 안위와 평화를 위해 청년들이 해야 할 첫 번째 임무이며, 이를 권하는 것이 곧 문명화의 길이요 위기에 처한 나라를 구하는 길이기도 하다는 것이다. 그들에게 유학은 구국의 방법이었다. 이를 가장 구체적으로 보여주는 글이 1905년 4월 12일의 논설과 1905년 4월 13일의 논설로 연재된 미국 유학생 안정수[29]의 "한국에 청년을 권ᄒᆞ야 외국에 유학케 홀 일"이다. 이 글에서 안정수는 우리나라를 외국의 압제로부터 구하고 평등한 독립국을 만드는 주체로 청년을 호명하면서 유학의 중요성을 강조한다. 그런데 특이한 것은 이러한 주장의 방법으로 이 글이 사용하는 수사적 특징 중 하나는 '경고'의 논조로 글을 서술한다는 점, 다른 하나는 이미 문명국 국민이라고 할 수 있는 미국인, 영국인 등 서양인의 말을 인용한다는 점이다.

> ●미국에 유학ᄒᆞ난 은정수는 우리 한국에 쟝릭 쥬인 되실 청년대공씌 두어 즈
> 글노 경고ᄒᆞ옵나이다 (…) 그 의리의 커다란 민긔를 빙양ᄒᆞ고 다음 교육에 힘
> 을 써서 오날날 셰상에 변동ᄒᆞ난 □□올어 힘써 한국에 쟝릭 쥬인될 자격을
> 예비홈이 가홀지로다 미국에 한 박학한 스람이 우리 청년 즁에 무식ᄒᆞ고 나라

---

29 안정수에 대한 기록은 거의 남아 있지 않다. 그는 1903년 8월 하와이 호놀룰루에서 이교담, 홍승하, 윤병구, 박윤섭 등 감리교 신도들과 신민회를 조식, 한인 사회의 단결과 독립을 위해 활동한 인물이다.

일을 힘쓰랴 ᄒᄂᆞᆫ 이를 권면ᄒᆞ여 갈아되 너의 나라 빅셩들이 너의 나라에 졍
치를 열 번 곳치고 온 □□를 일일이 긔혁ᄒᆞᆫ지라도 교육이 업셔 그 뒤를 ᄯᅡ르
ᄂᆞᆫ 자가 업스면 그 식 졍치가 반다시 길치 못ᄒᆞ고 이에 부픠ᄒᆞᆫ 졍부다 도로 필
수밧게 업스리니 너의 쳥년들은 교육에 몬져 힘을 쓰라 ᄒᆞ엿시니 과연 수리에
덕당ᄒᆞᆫ 말이라 이것시 엇지 쳥년에게 금ᄌᆞ한 말이 아니며 나라를 ᄉᆞ랑ᄒᆞᄂᆞᆫ 이
들이 교육에 ᄯᅳᆺ을 아니 두리오 이졔 다시 한국 쳥년 졔공ᄭᅴ 경고ᄒᆞ옵니다 네나
라 로예 마당을 잠간 ᄯᅥ나시고 속히 이 신셰계 읍졔 업ᄂᆞᆫ ᄯᅡᆼ에 와셔 하날이 쥬
신 자유와 민긔를 기르시고 졍신의 교육을 밧으시옵소셔. (미완)[30]

밑줄 친 부분에서 확인할 수 있듯이 이 글은 경고로 시작해 경고로 끝나
는 경고문과 같은 글이다. 서양, 특히 미국을 자유와 민긔가 있는 곳으로,
대한은 그것이 없는 압제의 땅 '로예 마당'으로 대조하면서 단순히 서양 학
문을 배우는 것에 그치는 것이 아니라 민긔, 즉 민의 정기를 배양하고 교육
에 힘을 쓸 수 있는 유학이 청년을 기르고 개혁을 이끌 수 있는 유일책을 주
장한다. 여기서 민긔는 민족주의 관점에서의 민족의 정기가 아니라, 민주
주의의 바탕이 되는 정신으로서 백성의 기운으로 현대의 시민의식과 흡사
한 개념어라 할 수 있다. 이는 앞에서도 언급한 바와 같이 단순한 지식의
획득이 아닌 유학 생활의 체험을 통해 가능한 것이다. 그리고 이런 주장의
논거를 제시하는 방식이 인용으로, 이미 문명국 국민으로 학문과 민긔를
겸한 미국인의 말이다. 이러한 글쓰기 방식은 다음날인 13일의 논설에서
도 계속된다.

근릭에 미국 셔울 사ᄂᆞᆫ 영국 사름 하나이 한국 근졍을 긔록ᄒᆞ야 미국 늬유욕□

---

30 '논설', 《제국신문》, 1905년 4월 12일. □은 판독불가 글자, 강조는 인용자.

룩아웃이라 ᄒ난 월보샤에 노닌 거슬 엇어보니 그 가온딕 말ᄒ기를 일아젼칭이
한국 도셩 셔울 근쳐 졔물포에셔 시작ᄒ야 딕포 소리가 텬지 진동ᄒ되 그 본토
인들은 눈 하나 깜작이지 안코 일본 군ᄉ 사십만 명이 셔울노 들어와 압녹강으
로 향홀 쌔에 그 십여만 명 군ᄉ가 ᄒ나도 규구에 버셔남이 업시 뎌의 눈압헤 지
나가되 이 빅셩들은 그 일본 군ᄉ가 어듸셔 완는지 어딕로 가난지 무삼 거죠를
언으 쌔 어듸셔 닐난지 이 일아젼칭이 언으 나라로 인ᄒ여 낫난지 몰르고 모든
백셩이 여젼히 편은ᄒ고 틱연ᄒ다 ᄒ엿시며 그 긋헤 말ᄒ기를 그러나 그 백셩
을 쫄지에 나무랠 수 업난 거슨 뎌의들이 아모것도 읗지 못ᄒ다 ᄒ엿시니 우리
들이 긔명한 셰계에 사룸으로 헤아리고 한 말이며 <u>엇더ᄒ 미국 샤룸은</u> 우리나
라 상업에 부픠홀 졍형을 말ᄒ여 갈아딕 일본 사룸들은 갑오 이젼에 쳐음으로
한국에 나올 쌔에 권연과 ᄉ탕쟝ᄉ로 시작홀졔 그 졍형이 구챠막심ᄒ더니 오날
날 부상딕고가 되어 활발ᄒ 긔샹으로 동셔에 분쥬ᄒ야 곡식을 무연ᄒ다 쓰할슨
다 그 상업이 날노 발달ᄒ야 언으 곳에 일본 쟝ᄉ가 업난 딕가 업거날 너의 나라
빅셩은 이 자나간 십 년 젼에 버린 쟝ᄉ가 오날날 그 쟈리에 그만큼 되난 물품을
가지고 은 젓시며 ᄒ 사룸도 샹희 하나 조직ᄒ엿단 말은 듣지 못ᄒ엿고 다만 외
국 사룸의 시죵드난 빗쑨이니 과연 너의 나라 백셩은 보아도 보지 못ᄒ은 빅셩
이로다 그러나 이 백셩을 이졔 <u>츠기망ᄒ난 거시 가ᄒ냐 아니오</u> 져 백셩이 무식
<u>ᄒ 신닥이라</u> ᄒ엿시니 과연 무식ᄒ외다 져 셔양 사룸과 일본 사룸에게 비ᄒ면
<u>과연 무식ᄒ외다 나도 닉 나라에 잇슬 쌔에는 그럿케 무식ᄒ 쥴 몰라더니 이</u>
<u>곳에 오보니 과연 무식ᄒ 사룸이오</u> 갑오을미 이릭로 뎌 나라이 우리나라에 딕
ᄒ여 힝홀 일을 싱각ᄒ면 이거시 나라가 나라에 딕하여 한홀 일이며 빅셩 잇난
나라에 딕하여 홀 일이오 혈셩이 죠곰이라도 잇셧고 교육이 조곰이라도 잇셧시
면 말 ᄒ 마듸 업시 안져 당ᄒ엿깃소 (…) 뎌 나라이 우리나라에 오날날 쳥지 쓰
기 젼에 우리 백셩이 무식ᄒ야 범ᄉ에 순복홀 쥴을 미리 거울굿치 혜아림이라.
뎌 나아이 노라날 무ᄒ헌 빅셩을 <u>우리 짜에 이쥬ᄒ야 은연즁 식민디를 만달며</u>

무한혼 죠회쟝으로 유한혼 토디를 사셔 더의 영유홀 싸흘 만다는 거시 오날날 더의 졍긱에 큰 지혜요 우리나라 망하나나데 큰 근본이라 우리나라를 싱각ᄒ다가 이 졍형에 니르러는 과연 졍신이 아득ᄒ도다 우리국민의 흐고은진 졍형을 싱각ᄒ면 오날날 셰계에 아모 나라에게던지 이ᄀᆺᆺ흔 환을 당홀지라 엇지 독히 더의를 원망ᄒ리오 (미완)[31]

이 글의 필자는 미국에 사는 영국인과 어떤 미국인의 말을 인용해 한국의 정세와 한국인의 무식함을 경고하고, 유학을 통해 그 무식을 알았음을 고백한다. 미국인과 영국인들이 한국의 정세에 대해 한국인보다 더 잘 아는 것은 그들의 유식함 때문이오, 한국인이 정세를 파악하지 못하고 환을 당함은 국민의 무식함 때문이기에 '식민디'의 처지가 되었다고 주장한다. 그리고 이 모든 것이 무식 때문이기에 유식해지는 것만이 고난과 압제의 시대에서 벗어나는 길이다. 이처럼 서양과 한국의 극단적인 대조, 논거로 활용되는 인용, 그리고 경고와 자기부정에 이를 정도의 자아비판은 당시 유학생들이 글을 기술하는 수사의 방식이었다고 할 수 있다. 대조가 극단적일수록 경고와 계몽의 어조는 강조되었다. 유학생들은 유학이라는 자신들의 경험을 극단적인 대조의 수사로 기술할 수 있었고 이를 통해 위기로 치닫는 대한제국의 처지를 구하고자 했다. 그러나 대한제국과 미국이 극단적으로 분리될수록 유학, 교육, 학문의 또 다른 식민화는 이미 그 당시부터 시작된 것은 아니었는지 더 심층적인 분석이 필요하다.

1905년 5월 1일에는 이승만과 미국 유학 서생들의 기서가 독립적으로 실린다. 이전에 기서는 '논설'이라는 제목으로 기재되었다. 그러나 기서는 이제 독립적인 글로 《제국신문》에 등장한다.[32] 1905년 5월 1일자 '기서'에

---

31 '논설', 《제국신문》, 1905년 4월 13일. 강조는 인용자.

서 이승만은 미국 대통령 부임예식이라는 제목으로 워싱턴에서 행해지는 루스벨트 대통령 부임 행사와 그 부대행사였던 불놀이를 전하고,[33] 그들의 즐거움을 보면서도 슬퍼지는 감회를 고백하면서 대한인의 합심을 강조한다. 이 글의 제목에는 '연속'이라고 적혀 있어 전반부의 내용이 다른 날 기재되었을 것이나, 4월 18일부터 5월 1일 전까지의 《제국신문》을 구할 수 없어 앞의 내용을 확인할 수 없다. 글의 마지막에는 '양 삼 월 오일 리승만 백'이라는 문구가 적혀 있어 날짜와 발신자를 확인할 수 있다. 미국 유학생의 편지가 독립적으로 소개된 것은 이 글이 처음이다. 다음 날인 5월 2일자에는 "북미합즁국에서 류학ㅎ난 서싱 등은 우리 동포들께 두어 말노 삼가 충고하노라"라는 제목의 기서가 논설란이 실렸던 위치에 논설 대신 게재되는데, '논설'이라는 제목은 찾아볼 수 없다. 연속으로 게재한다는 예고 표시가 있긴 하지만 또 다른 글은 확인되지 않는다. 5월 2일자 기서 끝에서도 날짜와 발신자를 확인할 수 있으며 '광무구년스월쵸사일 사룽ㅎㄴ 동포등 신흥우 박용만 쟝 경 빅빅'이라 썼는데 내용은 정부와 백성의 합심을 강조한 글이다.

5월 9일과 17일에는 하와이와 관련된 기서들이 소개된다. 5월 9일에는 유학생 박용만이 연재한 글로, "여행 즁의 보고 들은 것 (속)"이라는 글이 소개되고 있으며, 유학생의 기서는 아니지만 미국 하와이의 한국 선교 목사 문명호의 기서가 소개되기도 한다. 하와이에 있는 한국 동포들의 소식

---

32 '기서'라는 난이 독립해서 등장하는 글은 1905년 4월 8일 리희경의 글이다. 이 글은 제국신문 논설이 위치했던 곳에 기재되는데, 일본 유학생 이희경이 일본 동경 여관에서 이천만 동포에게 부친다는 인사말로 시작한다.

33 이처럼 유학생들의 글이 보여주는 특징은 단순히 서양 지식에 대한 강조가 아니라, 서양 생활의 소개에 있다. 이러한 내용적인 특징이 1910년대와 20년대 서간체 소설과 기행문을 가능하게 한 요소라 할 수 있을 것이며, 이에 대해서는 1910년대와 1920년대 서간체에 대한 연구를 통해 보완되어야 할 부분이다.

을 본국 동포들에게 전하기 위해 쓴다는 인사로 시작하는 이 글은 하와이 이민사를 확인할 수 있는 글이기도 하다. 그런데 이 글이 발표된 시점에 주목할 필요가 있다. 바로 전날인 1905년 5월 16일 잡보에는 일본 공사가 이민 금지를 명했다는 소식이 전해졌다. 1905년 5월 잡보에는 이민 탐보, 이민 출항, 이민 금지 등으로 이어지는 하와이 이민과 관련된 일제의 압력이 시작되었음을 시사하는 글들이 많다. 이 같은 상황에서 하와이 소식을 전하는 기서를 소개하는 편집은 다분히 《제국신문》 발행인들의 의도였다고 할 수 있다. 이는 단지 하와이의 정황을 소개하는 데서 그친 글이 아니라 일제로부터의 압제의 위기의식 속에서 이에 맞서고자 한 《제국신문》의 대응 방식이었다. 또한 러일전쟁과 1905년 외교권 박탈로 이어지는 당시 대한제국의 현실에 대처하는 《제국신문》의 대응 방식은 외보와 특히 미국 문명국의 지식을 배우고 있는 미국 유학생들의 기서를 통한 교화 및 서구 지식의 강조였다.

이후 1905년의 유학생의 기서는 박처후[34]의 6월 16일자 기서와 12월 21일자 기서가 있으며, 1906년 4월 2일 미국 유학생 황용성의 기서, 4월 16일 하와이의 김해석의 기서가 소개되며, 이후에는 거의 1년 만에 1907년 3월 27일의 영화학교에 보내는 기서가 발표된다. "미국유학싱 박처후 씨가 보낸 편지", "미국유학싱 박처후 씨가 보낸 글"이라는 제목으로 기서란에 소개된 두 글 역시 이전의 기서와 같이 일등 문명국가의 본을 따서 상등 국가 상등 국민이 되자는 주장을 담은 글인데, 문견과 학식, 하나님의 사랑, 신문사와 신문 읽는 모습 등을 문명국가의 상징으로 기술하고 있다. 앞에 나온 글들과 마찬가지로 극단적인 대조의 수법으로 청년들을 독려하는 글이

---

34 이승만과 함께 활동한 기록이 남아 있다. 그는 이승만에게 극동 시베리아 지역 상황에 대한 정보를 제공한 인물이며, 일찍이 박용만과 함께 애국동지대표회와 소년병학교의 설립을 주동한 인물이다.

기도 하다. 1906년 4월 2일의 기서, 황용성 씨의 편지 역시 학식이 있으면 강하고, 무식하면 약한 것을 강조하면서, 한국이 식민지 조약을 맺은 원인이 교육의 부재 때문이라고 주장한다. 미국 유학생들의 편지가 이후 활발하게 발표되지 못한 데에는 1906년 5월 19일 잡보에 실려 있는 것처럼 미국에 갔던 이승만이 대학을 졸업하고 귀국함으로써 더 이상 제국신문사와 미국 유학생 간의 연락망이 이어지지 못한 것이 그 원인 중 하나로 작용했을 것이다.

5. 미국 유학생 편지의 현재적 의미

대한제국기에 우리에게 서양 특히 미국은 다른 공간이면서도 문명의 선험지로 추구해야 할 이상국이었다. 그곳에서 보내온 미국 유학생들이 《제국신문》에 기고한 긔서, 논설류의 글들은 현실과 이상의 거리와 괴리를 극복하고자 했던 미국 유학생들의 노력의 일환이며 교화의 수단이었다. 또한 이들의 글과 소식을 전하면서 《제국신문》은 변화하는 국제 정세 속에서 대한제국의 위상을 정립시키고자 독자를 계몽했으며, 구체적으로 일본의 세력에 맞서는 대응 방식을 담론화한다. 그 과정에서 사적인 편지는 공론화의 과정을 거쳐 공적 담론의 양식으로 굳어지면서 1900년대의 새로운 글쓰기로 부상한다. 이미 편지는 사적 글쓰기로서가 아니라 '공적 매체' 안에서 '논설'로 자리매김했으며, 후에는 '긔서' 그 자체의 독립성까지도 누릴 수 있었다. 이러한 편지, 긔서의 변화는 1910년대 서간체 기행문, 서간체 소설 등 1910년대 대표적인 글쓰기 양식으로 전개되며, 선진문물을 담아 나르는 계몽의 '그릇'으로, 공적인 글쓰기 안에 수용될 수 있었다.

《제국신문》을 통해 발표된 미국 유학생의 글들은 국제 정세 속에서 위기에 처한 대한제국의 존립과 구국의 길을 가고자 한 능동적 글쓰기였다. 국가와 민족의 문제를 편지에 옮겨 공론화하면서 그들은 이미 개인과 국가, 민족과 제국, 주권과 식민을 체험하면서 대한제국 속에 미국, 야만 속에서 문명을, 전통 속에서 근대화의 길을 모색해나갔던 것은 아닐까. 그들의 글, 그들의 편지를 통해 대한제국으로 들어온 '미국'은 이후에도 계속 한국 사회가 추구해야 할 이상의 공간으로 지속될 수 있었다. 대한제국 시절 고종은 '신구절충', '구본신참'을 강조했지만, 동/서, 신/구의 이원론적 세계관을 통해 드러날 수밖에 없는 단절을 편지라는 글쓰기로 연결하고자 했던 노력, 그것이 바로 1900년대 미국 유학생들의 글이 갖는 의의일 것이다. 단, 거기서 파급되는 자기소외를 대한제국 시기 미국 유학생들에게 기대할 수는 없을지라도 말이다. 근대화의 시작에 거부감 없이 우리에게, 특히 유학생으로 대표되는 새로운 세계의 지성인과 지도자들에게 흡수되어간 미국, 그런 미국의 존재를 다시 물어야 한다면, 《제국신문》에 기재된 미국 유학생들의 편지는 아직도 유의미한 텍스트다. 그것은 이제 미국과 너무나 가까워져서 공간적 이질감이 적게 느껴지기에 오히려 위험한 2000년대 한국의 독자를 위해 100여 년이라는 시간이 걸려 도착한, 오래되었으되 낡지 않은, 다시 읽고 연구해 공론화해야 할 편지일 것이다.

참고문헌

1. 기본 자료

《제국신문》

2. 논문

구장율, 「《제국신문》의 서사적 논설 연구」, 《현대문학의 연구》 22, 한국문학연구학회, 2004.

권용선, 「1910년대 '근대적 글쓰기'의 형성과정 연구」, 인하대학교 박사학위논문, 2004.

노지승, 「1920년대 초반, 편지형식 소설의 의미」, 《민족문학사연구》 20호, 민족문학사학회, 2002.

박애경(2008), 「야만의 표상으로서의 여성 소수자들 ─《제국신문》에 나타난 첩, 무녀, 기생 담론을 중심으로」, 《여성문학연구》 19, 한국여성문학학회.

박영희, 「초창기의 문단측면사」, 《현대문학》 56호, 1959년 8월.

설선경·김현양, 「《제국신문》의 <론셜> 연구」, 《연민학지》 8호, 연민학회, 2000.

이경하, 「《제국신문》 여성독자투고에 나타난 근대계몽담론」, 《한국고전여성문학연구》 8, 한국고전여성문학회, 2004.

임선화, 「선교사의 독립협회와 대한제국 인식 ─ 언더우드와 아펜젤러를 중심으로」, 《역사학연구》, 호남사학회, 2000.

장규식, 「일제하 미국유학생의 서구 근대체험과 미국문명 인식」, 《한국사연구》, 한국사연구회, 2006.

3. 단행본

김명호, 『초기 한미관계의 재조명』, 역사비평사, 2005.

김원모, 『개화기한미교섭관계사』, 단국대학교출판부, 2003.

이화여대 한국문화연구원, 『근대계몽기 지식개념의 수용과 그 변용』, 소명출판, 2004.

정용화, 『문명의 정치사상 — 유길준과 근대 한국』, 문학과지성사, 2004.
존 프랭클, 『한국문학에 나타난 외국의 의미』, 소명출판, 2008.
이나바 쯔기오, 『구한말 교육과 일본인』, 홍준기 옮김, 온누리, 2006.
최기영, 『《뎨국신문》연구』, 서강대학교언론문화연구소, 1989.

제3부
근대 '지'의 담론과 매체-독자 간 상호 교섭

《제국신문》의 창간과 그 경향성

만민공동회 시기 협성회의 노선 대립을 중심으로

문일웅

1. 머리말

《제국신문》은 만민공동회 운동이 한창이던 1898년 8월 10일에 창간했다. 이 신문은 비슷한 시기에 창간한 《황성신문》과 더불어 대한제국이 일본에 강제 병합된 1910년까지 발간된 신문이었기에 대한제국기 지식인의 사유 변화 양태를 살필 수 있는 자료로서 일찍부터 연구자들이 주목해왔다. 기존의 연구에서는 이 신문에 대해 주로 부녀자 및 하층민을 계몽하기 위한 신문으로 정의해왔다.[1] 그리고 이 일련의 연구에서 의미하

---

1   김영희, 「뎨국신문에 관한 一研究 ─ 한국 신문사에서의 그 의의 규명」, 서울대학교 신문학과 석사학위논문, 1977; 최준, 『한국신문사』, 일조각, 1977; 이현희, 「동암 장효근의 역사의식」, 『한국사연구』(《사총》 21-22), 고려대학교 역사연구소, 1977; 김훈순, 「구한말 五大紙 연구: 민족언론의 역사적 의의를 중심으로」, 이화여자대학교 신문방송학과 석사학위논문, 1980; 정진석, 『한국언론사연구』, 일조각, 1988; 전기영, 「옥파 이종일의 교육사상」, 《중앙사론》 5, 한국중앙사학회, 1987; 최기영, 『《뎨국신문》 연구』, 서강대언론문화연구소, 1989; 김영주, 「《뎨국신문》의 여성개화론 연구」, 이화여

는 계몽이란 근대적 지식을 알리는 행위, 즉 교육과 등치되는 개념으로 이해된다.

《독립신문》을 위시해 대한제국기 창간된 각종 신문의 목적은 일차적으로 계몽을 위한 것이었음은 이미 널리 알려져 있다.[2] 당대 신문들이 기사 및 논설을 서로 다른 언어로 표기한 것은 신문 발간 주체가 계몽하고자 했던 대상의 상이성, 더 나아가 목적의 상이성을 반영한 것으로 볼 수 있다. 여기에 계몽 혹은 교육은 그것을 주도하는 인물 혹은 집단의 목적의식에 따라 그 면모를 달리한다는 점을 상기한다면, 《제국신문》에 대한 성격 규정은 이 신문의 발간 주체가 '어떤' 대상을 주된 독자로 설정했는가와 함께 '왜' 특정한 대상을 주된 독자로 삼고자 했으며 그 대상에게 '어떻게' 접근하고자 했는지를 함께 고려해야 한다.

기존 연구에서 이 신문의 발간 목적이 부녀자 및 하층민 계몽이라 인식하고 있다는 것은 앞서 언급한 바 있다. 이러한 인식은 창간 이후 오랜 기간 동안 이 신문의 사장직을 맡았던 이종일의 비망록을 주된 근거로 하고 있었다. 그러나 이 비망록만을 《제국신문》의 성격 규정에 주된 근거로 삼는 것에는 몇 가지 문제점이 있다. 첫 번째로 이미 이광린이 지적한 바 있듯 이 비망록은 군데군데 가필의 흔적이 나타나기에 이 자료만을 근거로 《제국신문》의 성격을 규정할 수 있는지 의문시된다.[3] 두 번째는 첫 번째 문제와 맞물린 것인데, 이 역시 이미 이경현이 지적한 바 있듯 《제국신문》은 이종일 개인이 창간한 것도 아니며 신문의 창간 목적을 밝힌 논설 및 기사

자대학교 사회생활학과 석사학위논문, 1990; 최기영, 『대한제국시기 신문연구』, 일조각, 1991; 김유원, 「근대언론의 전개」, 『새로 쓰는 한국 언론사』, 아침, 2001; 박걸순, 『이종일 생애와 민족운동』, 독립기념관 한국독립운동사연구소, 1997; 정영희, 「묵암 이종일의 근대교육운동」, 《한국민족운동사연구》 43, 한국민족운동사학회, 2005.

2　최기영, 『대한제국시기 신문연구』, 일조각, 1991, 242쪽.

3　이광린, 「《황성신문》 연구」, 《동방학지》 53, 연세대학교 국학연구원, 1986, 5쪽.

어느 곳에서도 이종일의 비망록에서 언급된 내용이 분명하게 나타나 있지 않다는 점이다.[4] 아울러 첫째, 둘째 문제와 연관된 문제로서 이종일이 《제국신문》에서 '왜' 부녀자 및 하층민을 주된 독자로 삼고자 했는지에 대해 이 비망록으로 설명할 수 있는지도 의문시된다.

《제국신문》이 만민공동회 시기에 창간되었다는 점은 앞서 언급했다. 《제국신문》이 만민공동회가 시작된 1898년 3월을 전후해 창간된 여러 신문 가운데 하나라는 점은 이 신문의 성격을 규명하는 데 하나의 단서를 제공한다. 후술하겠지만 《제국신문》은 독립협회의 전위적 조직이었던 협성회에서 이탈한 인물들이 별도로 창간한 신문이었다. 따라서 《제국신문》의 창간자들이 협성회를 이탈하는 과정 및 협성회에서 발간한 《매일신문》과의 논조 차이는 결국 《제국신문》의 창간 의도와 직접적으로 결부된 것이라고 볼 수 있다.

이 글에서는 《제국신문》의 창간 의도를 협성회 내부의 노선 분화 단계에서부터 설명하고자 한다. 이미 필자는 이에 대한 논문을 발표한 바 있으므로,[5] 여기서는 《제국신문》의 성격 규정에 좀 더 중심을 두고 시론적이나마 그 계층성에 대한 내용을 좀 더 보강하는 방식으로 논지를 전개하고자 한다.

---

4   이경현, 「《데국신문》 초기 논설에 나타난 '학문'의 성격과 '동양' 사유방식」, 《한중인문학연구》 14, 한중인문학회, 2005, 69쪽.

5   문일웅, 「만민공동회 시기 협성회의 노선 분화와 《제국신문》의 창간」, 《역사와 현실》 83, 한국역사연구회, 2012.

2. 협성회의 창립과 성격 변화

1896년 11월 30일 서재필의 지도를 바탕으로 배재학당에서 협성회가 창립되었다.[6] 협성회의 창립 취지는 조정신료와 일반 인민들에게 "옛것을 혁파하고 새것을 취하"도록 해 "한마음으로 뜻을 모으게 함"에 있었고 아울러 "이용후생의 급무"인 "태서(泰西)의 정묘한 기예"를 배워 "비루한 것을 보충하고 이를 더욱 빛나게 하는 것"에 있었다.[7] 창립 이후 협성회의 주된 활동은 토론회였는데, 협성회 초대 회장인 양홍묵의 설명을 참고하면, 이는 서구의 의회 제도를 모방한 것이었다.[8] 이를 놓고 볼 때 앞서 협성회 창립 취지에서 언급된 "태서의 정묘한 기예"는 바로 서구의 의회 제도와 같은 것이라 생각된다. 이 창립 취지와 관련된 내용을 종합해보면 협성회는 회원 및 일반 대중에게 서구의 의회 제도를 학습시켜 이를 매개로 일반 인민의 합심을 목적으로, 즉 국민 통합에 이바지할 목적으로 창립되었다고 볼 수 있다.

이 단체가 창립 직후 발간한 『협성회 규칙』을 참고하면 협성회의 운영은 회장의 의중에 크게 좌우되었음을 알 수 있다. [표1]에서 나타나듯 협성회 회장은 서기, 회계, 사찰, 사적을 통솔할 수 있는 권한과 함께 임시회 및 통상회의 논제를 지정할 수 있었으며, 이러한 논제를 조사 및 정리하는 임원인 제의를 지명할 수도 있었고, 매 회의마다 논제에 대한 토론을 벌여나갈 정연의, 좌연의까지도 지명할 수 있었다. 협성회의 주된 활동은 토론회였으므로 협성회 회장은 협성회의 방향성을 규정할 수 있는 존재였다.

---

6   김동면, 「협성회 활동에 관한 고찰: 토론회와 기관지간행을 중심으로」, 《한국학보》 7, 일지사, 1981, 45쪽.

7   梁弘默, 1896 「協成會序」, 『協成會規則』, 協成會, 4쪽.

8   《독립신문》 제2권 144호, 1897년 12월 4일, 1면.

[표1] 협성회 임원 규정

직책	정원	역할	선출방법	임기
회장	1	대소 사무를 통할하고 통상회 및 임시회를 지휘. 임시회, 통상회의 논제 지정.	회원 투표	3개월
부회장	1	회장을 보좌. 회장의 유고 시에 대리.	회원 투표	3개월
서기	2	문서 사무를 관장. 임시회 및 통상회에 연설과 의사를 작성해 다음 회에서 읽음.	회원 투표	3개월
회계	2	재정 사무를 관장. 단, 제반 비용의 지출 시 회계 본인 및 회장, 서기의 서명을 모두 받아야 함.	회원 투표	3개월
사찰 (査察)	2	회원의 임직 태만 여부 및 행동의 적합성 여부를 조사해 회장에게 보고.	회원 투표	3개월
사적 (司籍)	2	협성회의 제반 서적을 간수하고 서적의 구입 및 발간, 대여업무 관장.	회원 투표	3개월
제의 (提議)	3	학문상 유익하며 협성회가 실시할 만한 문제를 회장에게 제출.	회장 지명	3개월
정연의 (正演議)	2	통상회 및 임시회의 개회 시 회장의 지휘를 받아 제출된 문제에 대해 연설. 이때 각각은 한 명씩 제출된 문제의 가부 양편의 입장에서 연설.	회장 지명	매회 지명
좌연의 (佐演議)	2	정연의의 역할과 같으나 정연의를 보좌.	회장 지명	매회 지명

출전: 『협성회 규칙(協成會規則)』

그렇다면 협성회의 회장은 누가 되었을까? [표2]를 살펴보자.

아쉽게도 협성회의 제2~3차 임원단의 면면은 현재 파악할 수 없다. 다만 제1차 및 제4~6차 임원단의 면모를 살펴본다면 제2~3차 임원단의 경향성을 추측할 수는 있다. 단, 제7차 임원단은 후술하겠지만 협성회에 중대 변화가 있을 때이므로 임원단의 경향성 파악에서는 일단 제외해야 한다.

제1차 임원단은 모두 협성회 창립 멤버였다.[9] 또한 제4~6차 임원단의

---

9   고정휴, 「개화기 이승만의 사상형성과 활동(1875~1904)」, 《역사학보》 109, 역사학회,

[표2] 협성회 임원 변화

	제1차	제4차	제5차	제6차	제7차
	1896.11.30.~ 1897. 2.	1897.12.~ 1898.2.12.	1898.2.12.~ 1898.5.14.	1898.5.14.~ 1898.7.23.	1898.7.23.~ 1898.10.
회장	양홍묵	이익채	류영석	이승만	한치유
부회장	노병선	노병선	윤창렬	양홍묵	윤창렬
서기	이승만, 김연근	오긍선, 이응진	김연근, 이응진	오긍선, 이만교	
회계	윤창렬, 김혁수	류영석, 민찬호	노병석, 양홍묵, 민찬호	노병선, 김규환, 김규찬	
사찰	이익채, 임인호	윤창렬, 문경호	박인식, 김기원	유전, 문경호	
사적	주상호, 문경호	김규찬, 정대희	최학구, 정동원	민찬호, 송언용	
제의	류영석, 서영석	이병철, 권정식	신흥우, 오신영, 주상호	이응진, 현제창, 양종묵	

출전: 『협성회 규칙』; 《협성회 회보》; 《매일신문》.

회장 역시도 모두 창립 멤버가 맡았다는 것을 알 수 있다. 여기에 임원단의 경향성을 살펴보자. 『협성회 규칙』에 의하면 협성회 회원이 되려면 배재학당 학생으로서 기존 회원의 과반수 동의가 필요했다.[10] 『협성회 규칙』에는 1896년 12월에 가입한 회원, 즉 창립 멤버가 지지하는 회원들의 명단이 첨부되어 있다. 이를 통해 임원단을 구성한 인물을 살핀다면 총 29명의 인물 가운데 약 38%인 11명(이응진, 이병철, 권정식, 노병석, 최학구, 오신영, 이만교, 김규환, 유전, 현제창, 양종묵)을 제외하고는 모두 1896년 12월 이전에 입회한 회원이었다. 이를 종합해본다면 협성회의 운영을 주도한 계층은 창립 멤버였고 이들과 행동을 함께하는 사람들이 주요 임원을 맡았다는 것을 알 수 있다.

1986, 31쪽.

10 「協成會規則」, 『協成會規則』, 協成會, 1896, 5~8쪽.

앞서 협성회의 창립은 서재필의 지도에 의한 것이라고 언급한 바 있다. 1895년 12월에 미국에서 귀국한 서재필은 이듬해 2월에 발생한 아관파천 직후 일본의 망명자와 연계해 모종의 정치적 목적을 달성하고자 했다.[11] 당시 망명자는 갑오개혁 주도집단으로서 이들은 아관파천 이후 일본에서 고종의 퇴위 및 입헌군주제 확립을 목표로 1898년에 정변을 일으킬 것을 결정하고 국내에 있었던 서재필과의 연대 및 정치적 외연 확대에 주력하고 있었다.[12] 서재필이 독립협회의 결성이나 아울러 협성회 창립에 간여한 것도 이러한 정치적 의도와 무관하지 않았던 것으로 보이는데, 이를테면 앞서 협성회가 처음부터 '서구의 의회 제도'를 일반 인민에게 학습시키고자 했었다는 점도 이러한 맥락 속에서 이해되어야 할 것이다.[13]

---

11 이미 1970년에 소개된 자료인 「獨立協會沿歷畧」에서도 이와 관련된 흔적을 찾을 수 있다. 이 자료는 독립협회 회원이었던 어떤 인물이 개인적으로 남긴 회고다. 이 자료에서 독립협회 회장으로 기존에 알려진 인물과 함께 당시 일본에 망명 중이던 박영효, 유길준이 거론되어 있다는 사실은 주목할 만하다. 비록 이 자료의 저자가 누구인지 알 수 없으며 자료를 작성한 시점도 1926년이라 오류일 가능성 혹은 과장된 측면도 없지 않으나 박영효, 유길준 등의 망명자가 독립협회와 실질적으로 협력 관계였다는 것을 반영한 것은 아닌가 생각된다(「資料紹介: 獨立協會沿歷畧」,《創作과 批評》 16, 창작과 비평사, 1970).

12 문일웅, 「대한제국 성립기 재일본 망명자 집단의 활동(1895~1900)」,《역사와 현실》 81, 한국역사연구회, 2011, 305~316쪽.

13 《제국신문》의 기사에 따르면 만민공동회가 처음 열릴 때 배재학당의 인물들을 선두에서 이끈 인물은 양홍묵과 이승만이었다(《제국신문》 제1권 119호, 1898년 12월 29일, 1면). 그리고 만민공동회가 처음 열리던 날 연설한 인물은 이승만, 조한우, 홍정후, 문경호, 현공렴으로 확인된다(주진오, 「19세기 후반 개화 개혁론의 구조와 전개 ― 독립협회를 중심으로」, 연세대학교 사학과 박사학위논문, 1995, 109쪽). 이때 조한우라는 인물을 제외하고는 모두 협성회와 관계가 있는 인물이었다는 점이 주목된다. 이승만, 문경호는 협성회 창립 멤버였고 현공렴은 1896년 12월에 협성회에 입회한 인물이었으며, 홍정후는 1897년에 찬성원으로 가입한 것이 확인된다. 게다가 후술하겠지만 이 무렵부터 협성회 창립 멤버 가운데 하나였던 류영석은 협성회 회원들을 이끌고 가두에서 연설을 시작했다고 한다(신흥우, 「新聞人列傳: 最初로 日刊發行-柳永錫篇」,《한

『협성회 규칙』에 따르면 협성회 회원은 기본적으로 배재학당의 학생이어야만 했다.[14] 그런데 1898년 1월 1일부터 발간된《협성회 회보》를 보면 1897년 어느 시점부터 기존 회원 자격 이외에 찬성원이라는 회원 자격이 도입되었으며 기존의 회원을 본회원이라 지칭하게 된 것을 알 수 있다.[15] 본래 찬성원은 배재학당 학생이 아닌 사람으로 협성회의 행사에 참석할 수 있는 권한만 인정되었을 뿐 토론의 가부 의사표시와 신입회원 가입에 대한 투표권이 인정되지 않았다. 요컨대 찬성원은 단순히 협성회의 고문, 혹은 명예회원의 자격만 부여되었던 것이다.[16] 그러나 1897년부터 본회원의 입회 양상이 둔화되는 한편 찬성원의 입회가 증가 추세가 되자 협성회에서는 찬성원의 권한 문제가 대두되었던 것 같다. 이에 협성회에서는 1898년 1월에 찬성원의 권한을 본회원과 동일하게 할 것을 결정하였다.[17] 이는 협성회가 배재학당의 학생 단체적 성격을 지녔던 점에서 탈피하여 본격적인 대중단체로 변모하였음을 의미하는 것이라고 볼 수 있다.[18]

협성회가 대중단체로 변모했었던 점은 무엇을 의미하는가? 앞서 협성회가 독립협회와 밀접하게 관련되었다는 것을 언급한 바 있다. 독립협회에서는 1897년 8월 8일 서재필, 윤치호의 제안으로 정기적인 토론회를 마련했는데, 이 토론회의 방식은 『협성회 규칙』에 규정된 협성회의 그것과

국신문편집인협회보》3호, 1957년 10월 15일, 3면).

14 회원은 배재학당에 입학한 지 30일이 지난 학생이어야만 했고, 배재학당 학생 가운데 입회증서를 작성해 회장에게 제출하면 통상회에서 기존 회원 가운데 15세 이상의 회원들의 입회 가부 투표를 거친 뒤 입회금 20전을 납부해야 비로소 회원이 될 수 있었다(「協成會規則」, 『協成會規則』, 協成會, 1896, 5~8쪽).

15 《협성회 회보》제1권 1호, 1898년 1월 1일, 4면.

16 '회중잡보',《협성회 회보》제1권 3호, 1898년 1월 15일, 4면.

17 '논설',《협성회 회보》제1권 8호, 1898년 2월 19일, 1면.

18 김동면, 앞의 논문, 78쪽; 주진오, 1996 「청년기 이승만의 언론·정치활동 해회활동」 『역사비평』 33, 역사문제연구소, 103쪽

매우 유사했다.[19] 신용하가 이미 지적한 바 있듯이 독립협회 토론회는 독립협회에 일반 인민들의 참여를 활성화시켰으며 이 단체의 성격을 변모시켰다.[20] 따라서 협성회에서 찬성원 제도를 신설한 것도 독립협회와 마찬가지로 일반 대중의 참여를 적극적으로 유도하려는 의도였던 것으로 볼 수 있다. 다만 1898년 1월에 접어들자 찬성원을 본회원과 동등한 권한과 책임을 부여한 것으로 볼 때 협성회의 대중단체화는 독립협회 전위세력의 양성과 관계가 있다고 판단된다. 실제로 독립협회 주도로 1898년 3월 10일부터 시작된 만민공동회에서 선두에 섰던 인물들은 대부분 협성회에서 주도적 위치에 있었던 인물이었는데, 이들과 함께 찬성원 신분이었던 홍정후도 행동을 함께했다는 점은 이를 방증하는 사례로 볼 수 있다.[21]

3. 《매일신문》을 둘러싼 협성회 내부의 갈등

협성회는 1898년 1월 1일에 기관지인 《협성회 회보》를 창간했다. 협성회가 이 신문을 발간한 이유는 신문의 창간사 격인 1898년 1월 1일자 '논설'에 나타난다. 이에 따르면 이 신문은 협성회의 목적을 일반 인민에게 선전하기 위한 도구였다.[22] 이는 앞서 살펴보았듯 협성회의 외연을 확장하기 위한 목적과 결부된 것으로 볼 수 있다.

---

19 독립협회 회장이 토론회 의장 역할을 맡았던 점, 회장만이 논제를 지정하고 토론자를 지명할 수 있었던 점, 회원만이 토론회에 참여할 수 있으나 일반 대중의 적극적인 참관을 독려하고 있다는 점이 협성회 토론회와 같았다. 독립협회 토론회 규칙에 대해서는 「자료소개: 독립협회토론회규칙」, 《한국학보》 15, 일지사, 1989를 참조.

20 신용하, 「자료해제: 독립협회토론회규칙」, 《한국학보》 15, 일지사, 1989, 309~310쪽.

21 각주 13을 참조.

22 '논설', 《협성회 회보》 제1권 1호, 1898년 1월 1일, 1면.

협성회는《협성회 회보》를 발간하기 위해 회보장이라는 직책을 신설했다. 회보장이 회장이 임명하는 직책인지 아니면 회원의 투표로 선출되는 직책인지는 알 수 없지만 초대 회장인 양홍묵이 이 직책을 맡았던 것으로 확인된다.[23] 협성회 창립 멤버의 영향력이 컸다는 점과 함께 그 창립 멤버 가운데 회장직을 역임한 바 있었던 양홍묵의 입지를 고려해보면《협성회 회보》의 논조는 협성회 회장의 의도와 반드시 일치하지 않았으리라는 점을 추론할 수 있다. 아울러 협성회의 회장이 협성회의 방향성을 규정한다는 점과 이 신문이 협성회 토론회가 열렸던 매주 토요일에 발간되었다는 사실을 생각하면, 양홍묵이 회보장으로 있던《협성회 회보》는 협성회의 입장을 그대로 반영한다기보다는 협성회의 기본적인 취지를 일반 인민에게 이해시키는 동시에 협성회 토론회를 위해 회원들에게 시사적 지식을 환기하기 위해 발간되었다고 생각된다.[24]

《협성회 회보》는 류영석이 회장으로 있던 제5차 때인 1898년 4월 9일에 일간지《매일신문》으로 바뀌었다.《매일신문》은《협성회 회보》와 달리 협성회 회장이 사장직을 맡게 되었다는 것에 주목할 필요가 있다.[25] 아울러《매일신문》의 창간사 격인 1898년 4월 9일자 '논설'에서는 "우리 회원이 일심 애국하는 지극한 충성의 간담을 합하여 이 신문상에 드러내"고자 한다고 서술되어 있는 것을 확인할 수 있다.[26] 이 두 사항을 종합해보면 앞서《협성회 회보》가 회원 내부의 주의를 환기시키는 역할이었던 반면《매일신문》은 협성회의 입장을 일간지 형식으로 대중에게 전달하고자 했던 것으로 볼 수 있다.[27] 아울러 이는 만민공동회가 시시각각으로 정치적 투

---

23 《협성회 회보》제1권 8호, 1898년 2월 19일, 4면.
24 정진석, 앞의 책, 203쪽.
25 《매일신문》제1권 4호, 1898년 4월 12일, 4면.
26 '논설', 《매일신문》제1권 1호, 1898년 4월 9일, 1면.

쟁으로 변모하는 과정과 결부된 것으로 볼 수 있다.

류영석은 《매일신문》의 발간을 위해 자신의 이름으로 별도의 활판을 임차해왔으며 자신의 회장 임기가 종료된 이후에도 신문사에 영향력을 행사했던 것으로 확인된다.[28] 《매일신문은 초창기에 독자 수가 적어 적자 규모가 상당했기에 류영석은 신문 구독자를 알선하는 사람에게 금전을 지불하는 등의 전략을 써서 매일신문사의 경영을 안정화했고 그 과정에서 자연스레 신문사 경영의 주도권을 잡게 되었던 것 같다.[29] 그와 행동을 함께한 인물은 창립 멤버였던 이승만과 함께 협성회 회원인 최정식, 이종일로 확인된다.[30]

그러나 이 무렵부터 신문사를 둘러싼 갈등이 대두되기 시작했다. 신문사에 잡음이 본격적으로 대두한 것은 이승만이 협성회 제6차 회장으로 선

---

27   이러한 점은 류영석의 언급에서도 확인할 수 있다. 류영석은 《매일신문》의 간행 이유에 대해 "우리 백성들은 압제와 토색(착취)과 외국(노서아)의 참혹한 짓밟힘에 거의 죽을 지경에 이르렀다. 그래도 대언하여 줄 사람이 없다. 지금 우리나라에는 신문이 둘이 있다. 하나는 일본사람이 하는 '한성신보'(漢城新報), 또 하나는 '독립신문'이다. 둘 다 격일(隔日)이다. 그래서 우리는 일간신문을 하나 시작하여야 하겠다"라고 말하고 있다(신흥우, 앞의 글).

28   이에 대해서는 서정주가 1949년에 삼팔사에서 간행한 책을 복간한 『우남 이승만전』, 화산문화기획, 1995, 136쪽의 내용 및 민사 판결문(「第233號 判決書」, 『民事判決原本』, 漢城裁判所, 1898년 7월 19일)을 참조.

29   《매일신문》 제1권 78호, 1898년 7월 8일, 4면.

30   최정식은 1898년 2월 19일에 협성회 찬성원으로 입회했다(《협성회 회보》 제1권 9호, 1898년 2월 26일, 4면). 이후 협성회 측에서는 류영석과 최정식은 행동을 함께하는 사람으로 인식하고 있었다(《매일신문 제1권 78호, 1898년 7월 8일, 4면). 이승만은 그의 회고에서 류영석은 《매일신문》의 간행에 매진했으며 이문사 사장이었던 이종일이 잡보 기사 취재를, 최정식과 자신이 논설 집필을 각각 맡았다고 언급한 바 있다(서정주, 앞의 책, 137쪽). 이때 신문사 업무에 막대한 영향력을 행사하고 있던 인물은 류영석과 최정식이었던 것 같다. 그리고 이승만과 이종일의 경우 류영석과 최정식이 협성회를 이탈한 이후 그대로 《제국신문》으로 자리를 옮긴 것으로 보아 이들 역시도 《매일신문》에 참여하고 있었다고 생각된다.

출된 5월 14일 이후였다. 5월 21일자《매일신문》을 참조하면 이승만은 회장으로 선출될 당시 매일신문사 사장으로 인정되지 않았던 것으로 확인된다.[31] 5월 27일 무렵에야 이승만이 협성회 회장 업무와 매일신문사 사장 업무를 정식으로 수행하게 되는 것이 확인되는데,[32] 이는 당시 이승만이 독립협회 및 만민공동회 활동에 전념했던 결과로 보인다.[33] 그런데도 류영석이 신문사에 계속해서 영향력을 행사하는 것으로 보아 이승만은 류영석에게 운영상의 실질적 권한을 위임하고 자신은 명목상의 사장 역할만을 맡았다고 생각된다.[34]

그러나 이승만이 협성회 관련 업무를 보기 시작한 지 3일 후인 5월 31일 협성회 부회장 양홍묵의 주재하에 협성회 특별회가 열렸다. 그 결정 사항은 6월 4일자《매일신문》에 게재되었는데, 내용은 다음과 같다.

> 전 화요일 특별회[5월 31일 — 인용자]에 회원들이 모여 난상이 의논하고 매일신문사를 본회 회원 중으로 고본금을 수합하여 회사로 조직하고 사장은 양홍묵 씨요 기재원은 최정식, 이승만 두 씨를 인용하고 회계는 류영석, 박신영 두 씨로 정하고 간독은 현제창, 현덕호 두 씨로 작정되다"[35]

---

31 《매일신문》제1권 37호, 1898년 5월 21일, 4면.
32 《매일신문》제1권 42호, 1898년 5월 28일, 4면.
33 이 무렵 이승만은 독립협회 총 대위원으로 활동하고 있었다(《독립신문》제3권 60호, 1898년 5월 26일, 1면).
34 해방 이후 이승만은 젊은 시절 자신의 경력을 과장하는 경향을 보일 때도 매일신문사의 경영에 관해서는 류영석의 영향력을 인정하고 있었으며 아울러 자신은 계속해서 논설을 쓰는 '주필'의 위치에 있었다고 회고하고 있었다(서정주, 앞의 책, 137~138쪽). 실제로 이후 협성회 내부에서 류영석 등의 기존 매일신문사 임원에 반발하는 세력은 이승만에 대해 언급하지 않은 채 류영석, 최정식에 대한 불만을 토로하고 있는 것이 확인된다(《매일신문》제1권 78호, 1898년 7월 8일, 4면).
35 《매일신문》제1권 49호, 1898년 6월 4일, 4면.

앞서 [표1]에서 확인할 수 있듯 협성회 회장의 부재 시 부회장이 이를 대리할 수 있었으므로 이날 회의는 이승만의 부재중에 이루어졌다는 것을 알 수 있다. 5월 31일의 특별회는 "난상이" 의논을 했다고 했으므로 이날 매일신문사의 경영 문제에 관하여 많은 토론이 오갔다는 것을 알 수 있다. 이날 회의를 양홍묵이 이승만, 류영석을 밀어내기 위한 조치로 보는 연구도 있지만 양홍묵의 전후 행적을 살펴본다면 오히려 회원들 간의 여러 의견을 조율하고자 전면에 나선 것으로 생각된다.[36] 당시 일반회원 가운데 《매일신문》의 논조가 과격하다는 것에 부담을 느끼는 사람이 있었다는 것을 상기할 때,[37] 이날 특별회는 류영석이 계속해서 신문사에 영향력을 행사하는 것을 일단 막고 신문사 경영을 주식회사 형태로 변경한 후 신문사 사회(社會)를 통해 신문 논조를 결정하고자 했던 것이었다.[38]

이날의 결정은 신문사 내 류영석의 영향력을 축소시키는 결과를 가져왔다. 류영석 등 기존 매일신문사를 주도했던 사람들은 이날 결정에 대해 협성회를 배반한 처사라고 강하게 비난했다.[39] 일단 협성회 회원의 주식을

---

36   정진석은 이 특별회가 양홍묵 계열이 이승만을 밀어내기 위해 열었던 것이라 보고 있었다(정진석, 앞의 책, 205쪽). 그러나 앞서 서술했듯 양홍묵은 이승만과 함께 만민공동회를 여는 데 큰 역할을 했었다. 아울러 이후에도 이 두 사람은 윤치호의 부탁을 받고 1898년 11월 무렵 대중시위를 함께 조직하기도 했다('1898년 11월 5일자 일기', 『윤치호 일기』 5, 국사편찬위원회, 1975, 177쪽; 주진오, 앞의 논문, 122쪽). 전후 양홍묵의 경향성을 놓고 볼 때 정말 이승만을 밀어내기 위해 이 특별회를 조직했는지는 의문이다.

37   '논설', 《매일신문》 제1권 31호, 1898년 5월 14일, 1면; '논설', 《매일신문》 제1권 37호, 1898년 5월 21일, 1면.

38   5월 31일의 결정 사항에서는 신문사 내 사회(社會)에 대해 언급되어 있지는 않다. 그러나 7월 8일자 신문을 보면 이날 결정은 매일신문사를 회원들의 주식을 수합해 운영하는 형태를 취함과 동시에 신문사 내 사회(社會)를 조직하는 것도 포함된 것 같다(《매일신문》 제1권 78호, 1898년 7월 8일, 4면).

39   《매일신문》 제1권 77호, 1898년 7월 7일, 4면.

수합해 운영하겠다는 방침이 결정되었으므로 매일신문사는 협성회에 확실하게 종속되게 되었으며, 아울러 주식을 많이 보유한 협성회 회원에게 매일신문사에 대한 강한 발언권이 인정되게 되었다. 류영석, 최정식은 신문사의 경영권을 탈취하려는 인물로 양홍묵이 아닌 김백년이라는 사람을 지목하고 있는데,[40] 이는 신문사 대주주였던 것으로 보인다.[41]

이러한 내부의 대립은 7월 초 절정에 다다랐다. 양측의 입장 차이는 7월 7~8일자 《매일신문》의 기사에서 분명하게 드러나 있다. 7월 7일자 《매일신문》에는 류영석, 최정식 등의 의견이 반영되어 있었고, 7월 8일자 《매일신문》은 류영석, 최정식 등을 축출한 이후 매일신문사를 완전히 장악한 측에서 앞서의 기사 내용을 반박하는 내용이었다. 7월 8일의 기사를 보면 류영석, 최정식 등은 신문사 사회에서 제명당한 것이 확인된다.[42] 따라서 7월 8일 이후 류영석, 최정식 등은 매일신문사의 주도권을 완전히 상실하게 되었다. 물론 매일신문사에서 축출당한 류영석, 최정식은 가만히 있지 않았다. 류영석은 자신의 이름으로 이문사 활판을 대여했으므로 기존 매일신문사 사옥에서 별도로 《일일신문》을 간행했다.[43]

한편 협성회 회장이자 매일신문사 사장이면서도 류영석, 최정식이 신문사 경영을 주도하는 것을 방관했던 이승만은 7월 23일에 협성회에서 아

40 　7월 7일자 《매일신문》에 최정식이 사내 분규의 주범으로 지목한 김백년이라는 인물은 2월 5일에 입회한 김백연이라는 인물과 동일인물로 보인다(《협성회 회보》 제1권 7호, 1898년 2월 12일, 4면). 이때 최정식이 김백년이라 지칭한 것은 경멸의 표시로 보인다. 그 다음날인 7월 8일에는 매일신문사에서 류영석, 최정식을 축출하고 정정기사를 냈는데 이 김백년이라는 이름은 김백련이라 고쳐져 있었다(《매일신문》 제1권 78호, 1898년 7월 8일, 4면).

41 　신흥우는 《매일신문》과 《제국신문》이 분리된 근본적인 원인이 금전적인 이유였다고 회고한 바 있다(신흥우, 앞의 글).

42 　《매일신문》 제1권 78호, 1898년 7월 8일, 4면.

43 　「第233號 判決書」『民事判決原本』, 漢城裁判所, 1898년 7월 19일.

예 제명당했다는 것을 확인할 수 있다.[44] 이에 대한 별다른 설명이 없는 것으로 보아 협성회 통상회에 4회 연이어 불참한 것이 이유였던 것으로 봐야한다.[45] 그러나 이미 5월 무렵 협성회 업무에 소홀했던 이승만에 대해 규정까지 변경하며 제명을 막고자 했던 움직임이 있었던 것을 고려하면 이 조치는 징벌적 성격도 동시에 지녔다고 볼 수 있다.[46] 물론 그간 계속 회원의 의견을 중재하는 입장에 있었던 양홍묵은 부회장으로서 매일신문사 경영을 맡아야 했지만 이승만 제명 문제에 책임을 느꼈던지 자원해 사장직에서 물러났다.[47] 앞서 류영석이 주도해 발간한 신문인《일일신문》은 곧《제국신문》으로 제호가 변경되어 발간되었는데 여기에 참여한 인물은 류영석과 이승만, 이종일로 확인된다.[48]

---

44 《매일신문》제1권 95호, 1898년 8월 15일, 4면.

45 협성회에서는 이미 5월 13일에 통상회에 연이어 불참하면 출회할 것을 결정한 상태였다(《매일신문》제1권 30호, 1898년 5월 13일, 4면). 7월 23일까지 협성회 통상회는 7월 2일, 7월 9일, 7월 16일, 7월 23일에 열렸다. 7월 8일자《매일신문》에서는 이승만이 근래 '유고'로 최정식에게 자신의 직임을 대리하게 했다는 언급이 나타나는데(《매일신문》제1권 78호, 1898년 7월 8일, 4면), 앞서 류영석, 최정식의 경우 신문사 사회에서만 축출당했지 회원 자격을 상실한 것이 아니었다는 점을 놓고 본다면 통상회 4회 연속 불참이 이승만 제명의 주된 이유라 생각된다.

46 본래 4회 연속 불참 시 회원에서 제명된다는 규정은 5월 13일부터 발효될 예정이었다(《매일신문》제1권 30호, 1898년 5월 13일, 4면). 그러나 5월 27일의《매일신문》에서는 이 규정의 발효 시점이 이승만의 회장 임기 시작 직후인 5월 15일로 변경되었다는 것을 알 수 있다(《매일신문》제1권 42호, 1898년 5월 27일, 4면). 이는 당시 불참이 잦았던 이승만의 제명을 막기 위한 조치로 보인다.

47 《매일신문》제1권 95호, 1898년 8월 15일, 4면.

48 "본사의 행복과 본기자의 해임",《제국신문》2424호, 1907년 6월 7일, 2면.

4. 협성회 내부 갈등의 노선 대립적 성격

3절에서 협성회의 내부 갈등의 전개에 대해 살펴보았다. 그렇다면 이 갈등은 어떠한 상이함에 기반하고 있었던 것인가? 이에 대한 접근을 위해 먼저 협성회의 회원 가입 양상에 대해 살펴보자.

[표3] 협성회 회원 입회 양상

연	1896	1896	1897	1898																	
월	11	12		1			2			3			4		5	6			7		8
일				8	15	29	5	19	26	5	19	26	2	16	13	4	18	25	9	16	13
본회원	13	78	47	0	0	0	9	2	2	0	0	6	3	13	3	7	12	7	6	3	7
찬성원	·	·	54	5	17	5	9	8	8	5	9	6	3	13	3	7	12	7	6	3	7

출전: 『협성회 규칙』;《협성회 회보》;《매일신문》.

[표3]에서는 아쉽게도 본회원과 찬성원이라는 명칭마저도 완전히 소멸되는 1898년 3월 26일 이후에는 기존 『협성회 규칙』에서 규정한 본회원 및 찬성원의 증가 양상에 대해서는 알 수 없다. 다만 1897년부터 1898년 3월 19일까지 가입 양상은 찬성원이 증가세였음은 확실히 알 수 있다. 협성회가 대중단체로 변모한 이후 배재학당이라는 한정된 범주에서 회원으로 가입하는 경우보다는 찬성원의 가입이 많았을 것이기에 3월 26일 이후에도 계속해서 찬성원으로 입회하는 회원이 많았을 것이라 생각된다. 이러한 추세는 본회원만 회원으로 인정되었을 때 창립 멤버의 영향력을 인정해온 관행에 중대한 변화를 가져오게 된 것 같다. 이를테면 앞서 [표2]에서 제7차 회장으로 이례적이게도 협성회의 창립 멤버가 아닌 인물인 한치유가 선출되었다는 사실은 이를 방증하는 사례로 볼 수 있다.

그렇다면 찬성원으로 가입한 사람들의 대체적 성향은 어떠했을까? 우선 앞서 언급한 한치유의 경우 독립협회 온건노선자로 분류될 수 있다.[49] 앞서 언급한 협성회가 독립협회와 가지는 밀접한 관계성을 상기한다면 이와 성향이 유사한 회원의 영향력이 증대했다는 것을 추론할 수 있다. 특히 협성회 내분이 점점 고조되던 시기에 독립협회 온건계열의 인물들이 대거 가입하는 양상이 두드러지는데, 일례로 6월 4일에 입회한 회원인 라수연, 남궁억은 독립협회 중진이자 대표적 온건노선자로 유명한 사람들이었다.[50] 이와 더불어 류영석 등이 이탈하고 난 뒤 《매일신문》의 발간을 책임진 인물로는 현재 유맹이라는 인물만 확인이 되는데[51], 그가 협성회 회원이 아님에도 신문발간을 맡게 된 것은 독립협회의 온건노선자라는 점이 강하게 작용했던 듯싶다.[52] 이는 이 무렵 독립협회 내에서 윤치호 계열의 입지가 증대된 것과 상관관계가 있는 것으로 보이며 분쟁 이후에도 협성회 회원 활동을 계속해나간 회원들은 이러한 추세에 긍정적인 생각을 견지했던 것으로 볼 수 있다.

그렇다면 류영석, 이승만, 최정식, 이종일의 경향성은 어떠했던가? 이들의 영향력 감소는 단순히 개인적인 차원에서 이루어진 것은 아니었던 것 같다. 특히 이승만이 제명당하고 《매일신문》의 발간이 분쟁 때문에 파행으로 이어질 무렵에는 협성회에서 통상회조차도 제대로 이루어질 수 없

---

49   주진오, 앞의 논문, 248쪽.

50   주진오, 앞의 논문, 146~148쪽.

51   류영석, 이승만, 최정식, 이종일이 이탈한 이후 신문사의 경영을 주도한 인물은 당대 사료에서는 나타나지 않는다. 다만 협성회의 창립 멤버였던 신흥우의 회고에서 이 신문의 발간을 유맹이 맡았다고 언급되어 있을 뿐이다(신흥우, 앞의 글). 그러나 협성회 운영에 영향력이 있는 창립 멤버의 한 사람이었던 신흥우의 회고이기에 신뢰할 만하다고 생각된다.

52   《협성회 회보》 및 《매일신문》에서는 협성회 회원의 가입 명단이 기재되어 있지만 그 어느 곳에서도 유맹의 가입 사실이 확인되지 않는다. 유맹의 성향에 대해서는 주진오, 앞의 논문, 116쪽을 참조.

을 정도로 회원의 참여율이 저조했음을 확인할 수 있다.[53] 따라서 류영석 등의 이탈은 당시 협성회에서 입지를 강화해나가던 독립협회 온건계열과 상이한 경향성을 지닌 회원의 이탈 현상을 반영하는 것으로 볼 수 있다. 물론 협성회 이탈자들은 독립협회 온건계열에 반대했다는 점만 같을 뿐 류영석 등과도 뜻을 달리하는 별도의 입장을 견지했을 가능성도 있을 것이다. 그럼에도 류영석 등의 인물들은 앞서 《매일신문》의 분쟁 당사자였기도 했고 또한 곧바로 《제국신문》의 창간에도 합력했던 정황은 이들이 동일한 성향을 지녔다는 점을 시사한다.

그렇다면 네 명의 인물들의 면모를 살펴보자. 앞서 류영석 등의 인물들 가운데 최정식의 경우 《제국신문》 창간 직전 이탈한 것이 확인된다.[54] 이는 성향의 차이가 아니라 만민공동회상에서 '어픽'(御逼)한 발언을 해 경무청에 구금된 결과였다.[55] 최정식의 행보는 《제국신문》 창간자들의 성향을 파악하는 하나의 단서를 제공한다.

먼저 류영석에 대해 살펴보면 이승만과 비슷한 나이로 추정되며, 만민공동회 당시 배재학당 학생들을 동원해 '강연대'를 조직한 인물이다. 아울러 류영석이 《매일신문》에 강한 애착을 보인 것은 인민들이 압제, 토색, "러시아의 압박"으로 죽을 지경에 이르렀어도 이를 대변해줄 신문이 없었기 때문이었다고 한다.[56]

이승만은 왕족 가계를 이어받았지만 가세가 빈한했기에 신식 학문을 익혀 하급관료로 등용될 길을 얻고자 배재학당에 입학한 것으로 보인다.[57]

---

53 《매일신문》 제1권 제79호, 1898년 7월 19일, 4면.

54 이종일은 《제국신문》의 창간을 주도한 인물로서 이종일 자신과 함께 류영석, 이승만을 꼽았다(「본사의 행복과 본기자의 해임」, 《제국신문》 제2424호, 1907년 6월 7일, 2면).

55 《제국신문》 제1권 제2호, 1898년 8월 11일, 3면.

56 신흥우, 앞의 글.

그는 《제국신문》이 창간된 지 얼마 지나지 않아 경무청에 체포되었는데, 이는 독립협회 과격노선자와 관계를 맺고 일본에서 국내에 잠입한 상태였던 박영효 계열 망명자와 접선했기 때문이었다.[58] 앞서 류영석과 최정식이 《매일신문》에 영향력을 행사했을 때 유독 일본의 망명자 소식을 적극적으로 기사화한 점은 이승만이 류영석, 최정식과 함께 독립협회 과격노선자와 관계가 있었기 때문임을 알 수 있다.[59]

《제국신문》이 창간된 지 얼마 지나지 않아 류영석은 병사했고 최정식, 이승만은 체포된 반면, 이종일은 시종 사장직을 유지해나갔다. 그는 일찍부터 박영효와 강한 관련성을 지닌 인물이었는데,[60] 만민공동회 시기 독립협회의 과격노선자들은 주로 박영효와 연계를 맺고 있었다는 점과 함께 과격노선자로 분류할 수 있는 이승만으로 하여금 옥중에서 신문 논설의 집필을 계속할 수 있게 했다는 점[61]은 이를 방증하는 사례로 볼 수 있다. 앞서의 류영석, 이승만에 대한 내용과 함께 생각해본다면 《제국신문》의 창

---

57 고정휴, 앞의 글, 25~32쪽.

58 경무사 이근용 → 의정부 찬정 법부대신 이도재, 제2호, 「보고서」, 《사법품보》 16, 아세아문화사, 1997, 305쪽.

59 《매일신문》에서는 1898년 6월 20일부터 7월 1일까지 많은 지면을 할애해 궁궐의 경비 상황, 서재필 및 박영효, 의화군의 동정, 일본의 망명자 귀국설을 유포하고 있었다. 이 시점은 7월 초순 독립협회 과격노선자들이 주도했던 이른바 '황태자 양위 음모사건'이 일어나기 직전으로서 다른 신문에서는 이러한 내용이 별반 나타나지 않았다.

60 그는 1882년 수신사 박영효의 수행원으로 일본에 다녀온 적이 있으며 박영효가 내부대신으로 있을 대인 1895년에는 판임관인 내부주사직에 임명된 바 있다. 아울러 1896년 8월 망명자와 관련된 인물들에 대한 검거 선풍이 불었을 때도 가장 먼저 체포된 인물 중 하나였으며(경성 특명전권공사 원경 → 외무대신 후작 서원시공망, 「日本派等ノ朝鮮人逮捕ニ關スル件」, 1896년 8월 22일, 『주한일본공사관 기록』 9, 국사편찬위원회, 1991, 450쪽) 옥파 비망록에 의하면 만민공동회 시기에는 독립협회 과격노선자와 관련이 있었던 대한청년애국회에도 참여한 바 있었다고 한다(「옥파 비망록」, 『옥파 이종일 선생 논설집』 3, 옥파기념사업회, 1984, 558쪽).

61 "본사의 행복과 본 기자의 해임", 《제국신문》 제2424호, 1907년 6월 7일, 2면.

간은 협성회에서 독립협회 과격노선자들이 이탈해 자신들의 입장을 개진하기 위한 수단을 마련한 것으로 볼 수 있다.

서재필이 독립협회를 창립했을 당시부터 일본의 망명자와 연계되어 있음은 이미 서술한 바 있다. 이런 점에 비추어볼 때 독립협회의 온건노선과 과격노선은 모두 일본의 망명자와 어느 정도 관계가 있었다는 것을 추정할 수 있다. 앞서 서술했듯 독립협회 과격노선자가 주로 박영효와 연계되어 있었던 반면 온건노선자는 일본의 유길준과 연계되어 있었다고 생각된다.[62] 온건노선자의 경우 처음에는 앞서 과격노선자와 함께 만민공동회를 주도했지만 시위의 양상이 과격해지고 또한 이에 따른 열강의 개입을 우려해 차츰 정부에 타협적인 자세를 취했다.[63] 반면 과격노선자의 경우 1898년 7월에 고종을 퇴위시키려는 '황태자 양위 음모 사건'을 기획 및 주도하다 발각된 바 있으며[64], 이후에도 계속해서 만민공동회에 열성을 보였다. 따라서 협성회의 갈등은 단순한 주도권 다툼이 아니라 이러한 당시 사정과 결부된 것이었으며 이후《매일신문》과《제국신문》의 논조 차이 역시도 바로 여기에 기인한 것이었다.

---

62 1902년 유길준이 일본에서 기획한 혁명일심회 사건이 적발되자 박영효는 유길준과 항상 정치적 견해를 달리했다고 하며 독립협회 운동 당시 그 내부에서 30명 정도가 유길준을 지지하는 인물이었다고 말한 바 있다(兵庫縣知事 復部一三→外務大臣 男爵 小村壽太郎, 兵發秘 第252號,「朴泳孝ノ言動ニ就テ」, 1902년 5월 5일,『要視察韓國人擧動』2, 國史編纂委員會, 2001, 552쪽). 실제로 독립협회 온건노선자의 대표적 인물이었던 윤치호의 경우 독립협회의 창립에 간여한 이완용, 안경수 등이 박영효와 주로 연락을 취했던 것과 달리 유길준의 권고를 받아들이는 태도를 취했다(警視總監 大浦兼武→外務大臣 靑木周藏, 乙秘第744號,「韓國人 亡命者에 대한 日本政府의 對策」, 1898년 12월 8일,『要視察韓國人擧動』1, 國史編纂委員會, 2001, 325쪽).

63 警視總監 大浦兼武→外務大臣 靑木周藏, 乙秘第744號,「韓國人 亡命者에 대한 日本政府의 對策」, 1898년 12월 8일,『要視察韓國人擧動』1, 國史編纂委員會, 2001, 325쪽.

64 加藤 公使→大隈 外務大臣, 機密第33號,「讓位事件ニ關スル疑獄結了ノ件」, 1898년 9월 19일,『要視察韓國人擧動』1, 國史編纂委員會, 2001, 426쪽.

그렇다면 양자의 노선 차이는 어떠한 점에 기반을 두고 있었던 것인가? 협성회 내분에서 나타나듯 양자의 입장은 타협 불가능했다. 이는 양자의 주장이 포기할 수 없는 어떤 기반에 위치하고 있었음을 시사한다. 주진오의 입론에 의하면 온건노선자들의 경우 주로 갑오개혁 이전부터 정부의 근대 개혁 사업에 참여하거나 권세가의 측근세력 및 전통적 입장을 견지했던 인물들(이른바 '上村人')이었고 과격노선자들은 주로 갑오개혁기에 입지를 다진 사람들이었는데, 과격노선자의 경우 권력 자체를 장악함으로써 자신들의 정치적 지향을 달성한다는 사고를 지녔다고 한다.[65] 이러한 설명은 양자의 노선 차이에 놓인 근본적 기반을 설명하는 단초가 될 수 있다.

앞서 아관파천 이후 독립협회는 일본의 망명자와 결탁해 입헌군주제를 관철시키고자 했다는 것을 살펴본 바 있다. 그러나 이들은 만민공동회 운동이 점차 과열되어 정부의 탄압이 예상되었고 아울러 국내의 사태에 열강이 간섭할 소지가 나타나자 당시 전제황제권을 지향하던 고종과 타협하는 자세를 취했다. 온건노선자 입장에서 본다면 입헌군주제의 실시는 일본의 그것과 같이 의회 정치를 통해 자신들의 입지를 강화시킬 수 있는 계기가 될 수 있었다.[66] 그러나 국내외 정세상 입헌군주제가 실시되지 않더라도 기존의 사회적 영향력을 잃지 않을 수 있었다. 앞서 언급했듯이 온건노선을 견지한 계층은 그 계층적 특징으로 인하여 황제권이 강화된다고 하더라도 관료조직 및 사회 주도층이 급속히 대체되지 않은 이상 전통적인 인적 관계망을 통해 자신의 입지를 계속 보존할 수 있었기 때문이었다.

반면 과격노선자의 경우 앞서 살펴보았듯 갑오개혁 이후 새롭게 부상

---

65   주진오, 「1898년 독립협회 운동의 주도세력과 지지기반」, 《역사와 현실》 15, 한국역사연구회, 1995, 207쪽.

66   이에 대해서는 최덕수, 「獨立協會의 政體論 및 外交論研究: 독립신문을 중심으로」, 《민족문화연구》 13, 고려대학교 민족문화연구소, 1978를 참조.

한 계층으로서 이들은 온건노선자에 비해 사회적 입지가 미약했다. 그렇기 때문에 황제권과의 타협은 곧 권력에서의 소외로 이어질 가능성이 높았다. 이러한 점 때문에 이들은 온건노선자에 비해 권력 자체를 장악하는 것에 강한 집착을 보였던 것으로 이해할 수 있겠다.[67] 앞서 류영석, 최정식의 경우 확인할 방법이 없지만 이승만의 경우 자력으로 하급 관직에 오르려 했다는 점과 이종일 역시도 1875년에 문과에 급제했는데도 별다른 관직 경력도 없었던 점은 이들이 공통적으로 가문적 배경이 미약했던 것을 방증하는 것이라 생각된다. 갑오개혁 이후 과거제가 폐지되고 관리의 임용은 주로 추천제로 이루어졌으며 시험을 통해 선발되는 관직이라도 그 결과에 관계없이 '액외지인(額外之人)', 즉 대신이 자의적으로 선택한 인물이 주로 등용되고 있었는데,[68] 이러한 상황을 용인하고 있던 기존의 체제에서는 이들의 입신양명을 기대할 수 없었을 것이다.

다음 절에서는 이러한 점에 기반을 두어 《제국신문》 논조의 차별성에 대해 서술하고자 한다.

5. 《제국신문》의 창간과 그 논조의 차별성

만민공동회의 시기였던 1898년의 언론은 점차로 독립협회 온건노선자들이 장악하는 경향성이 두드러졌다. 독립협회에서 발간하던 《독립신문》

---

67 이를테면 독립협회의 임원격이었던 이완용, 이윤용, 안경수 등도 일반 인민들에게 '일명(一名) 양반'으로 조롱을 당하며 그 권위를 인정받지 못하고 있었다(辨理公使 小村壽太郎→外務大臣臨時代理 西園寺, 機密第13號, 「去ル十一日事變顚末報告後ノ模樣」, 1896년 2월 17일, 『駐韓日本公使館記錄』 9, 國史編纂委員會, 1993, 391쪽).

68 《매일신문》 제1권 82호, 1898년 7월 23일, 3면.

은 윤치호의 입지가 강화되어 독립협회 온건노선의 논조가 두드러지게 되었다.[69] 아울러 과격노선자들이 이탈한 이후 재발간된 《매일신문》도 온건노선자가 장악하게 되었다. 《제국신문》과 한 달의 시차를 두고 《대한황성신문》이 《황성신문》이라는 제호로 발간되기 시작했는데 그 발간을 맡은 인물 역시 남궁억, 라수연으로서 이들도 독립협회 온건노선자였음은 앞서 언급한 바 있다. 특히 앞서 《대한황성신문》은 1898년 2월에 창간된 한글신문인 《경성신문》이 그 전신이었는데 당시 사장은 윤치호였고 주필은 이승만이었으며 《대한황성신문》의 경영진 역시도 같았다.[70] 그럼에도 이승만이 《경성신문》과 《대한황성신문》에서 이탈해 《제국신문》의 창간에 간여했다는 사실은 앞서 협성회에서 제명당한 것과 같은 맥락으로 볼 수 있으며, 이승만의 행보는 독립협회 온건노선자가 다수의 언론을 장악해나가는 현상 속에서 그와 차별적인 언론을 마련하겠다는 과격노선자의 의지를 상징하는 것으로 볼 수 있다.

재간행된 《매일신문》과 《제국신문》의 논조 비교는 당시 독립협회 온건노선자와 과격노선자의 입장을 선명하게 파악할 수 있게 해준다. 창간 당시부터 《매일신문》을 구독했던 어느 독자는 신문의 전후 논조 변화에 대해 '풍마우불상급(風馬牛不相及)'이라 지칭하면서 그 현격한 차이에 대해 지적할 정도였다.[71]

먼저 재간행된 《매일신문》을 살펴보면, 이 신문이 본 당대 한국사회는 인민 개개인이 개명되지 못한 상태였다.[72] 이는 인민 개개인의 근대적 교

---

69 이미 서재필은 1897년 말에 《독립신문》과의 관계를 단절하고자 했다. 당시 윤치호가 독립협회 회장을 맡고 있었던 점은 자연스레 이 신문에 영향력을 확장시킬 계기가 되었을 것이다(加藤 辨理公使→西 外務大臣, 機密第3號, 「獨立新聞買收ノ件」, 1898년 1월 15일, 『駐韓日本公使館記錄』 12, 國史編纂委員會, 1995, 391~392쪽).

70 이광린, 앞의 논문, 7쪽.

71 '논설', 《매일신문》 제1권 111호, 1898년 9월 6일, 1면.

육 수준이 일정 정도에 이를 때까지는 당대 여느 근대국가와 같은 체제를 구성할 수 없다는 논리로 귀결된다.[73] 따라서 재간행된 《매일신문》의 입장에서는 국가 체제를 급격하게 변혁시키기보다는 국가를 점진적으로 개변시킬 수 있는 인물이 정치 일선에 나서는 것을 중시했던 것이다.[74] 정부의 탄압이 격심해지자 정부에 타협적인 자세를 취했던 독립협회 온건노선자들이 상원(上院)을 설립하자는 주장만큼은 끝까지 철회하지 않았던 것도 이와 같은 맥락으로 이해할 수 있다.[75]

아울러 재간행된 《매일신문》에서 개개인의 인민에게 강조했던 사항은 평등권으로 요약할 수 있겠다. 이 신문에서 보기에 세계의 개명한 국가들이 모두 부강한 원인은 정부와 인민이 평등하기 때문이었다. 여기에서의 평등은 반상 간의 구별을 타파하며 개개인의 권리에 대한 존중을 의미했다.[76] 그러나 이 개념은 전통 시대의 생득적인 사회적 신분상의 불평등은 배격했지만 지위에 따른 상하관계 그 자체에 대해서는 인정하고 있음에 유의할 필요가 있다.[77] 즉, 일반 인민이 이치에 닿지 않은 말로 관리를 모욕

---

72 "지극히 바라건대 전국 우리 동포 이천만 형제들은 정신을 도저히 차려 아무쪼록 국기를 공고하고 부강을 힘써서 외국이 엿보고 침노하는 것을 막아 볼 도리를 하여 봅시다. (…) 그 확실한 목적은 두 가지니 하나는 게으른 것을 아주 버리고 하나는 옛 버릇을 일절 버리고 새로 좋은 것을 본받는 밖에 없는지라"('논설', 《매일신문》 제1권 83호, 1898년 7월 25일, 1~2면).

73 "지금은 교육 없는 인민들을 대하여 일을 하고 먹으라 하는 것은 소경더러 청, 황, 적, 백, 흑 오색을 분간하라 함과 귀먹은 사람더러 궁, 상, 각, 치, 우 오음을 변론하라 함과 같은지라." ('논설', 《매일신문 제1권 137호, 1898년 10월 7일, 1면)

74 "옛말에 하였으되, '나라가 어지러우매 어진 정승을 생각한다' 함은 고금 동서양의 나라마다 통한 의리라 이를지라"('논설', 《매일신문》 제1권 96호, 1898년 8월 18일, 1면).

75 하봉규·김경호, 「독립협회의 성립과 의회설립운동」, 『부경대학교 논문집』 5, 부경대학교, 2000, 103쪽.

76 '논설', 《매일신문》 제1권 122호, 1898년 9월 20일, 1면.

77 "다스리는 나라는 어찌하여 빈 것 같으뇨? 정부 백집사가 다 법과 장정대로 각기 맡은

하는 것에 대해서는 '참개화'가 아니라고 단언하고 있으며,[78] 제 분수 밖의 일을 하지 않도록 항상 조심해야 할 것을 강조하고 있었던 것이다.[79]

그런데 재간행된 《매일신문》은 독립협회가 주도하던 만민공동회를 긍정적으로 보았다.[80] 이는 얼핏 앞서 《매일신문》이 설파한 평등 개념과 모순된 것으로 보인다. 이 점에 있어서 《매일신문》이 당대 현실에 대해 법률이 무너져서 정부 관리가 제 직책을 제대로 감당할 수 없는 사람으로 충원되고 아울러 인민 역시도 제 분수를 지킬 줄 모르는 상태였다고 진단하고 있었음을 주목할 필요가 있다.[81] 아울러 독립협회의 통제가 없는 만민공동회는 있을 수도 없고 있어서도 안 된다는 사고 역시 주목해둘 필요가 있다.[82] 이 두 논리에 의하면 독립협회는 만민공동회를 통해 정부와 백성을 중재하며 올바른 '평등'이 실현되도록 조율하는 위치에 있는 것이었다. 《매일신문》이 보기에 독립협회는 정부와 인민을 조율할 충분한 역량을 지닌 단체였으므로,[83] 독립협회가 제어하는 한 만민공동회 활동은 앞서의 평등 논리

직임을 지켜 행하여 가는 고로 만사가 다 순리로 돌아가서 조금도 어겨짐이 없고 백성도 사농공상 길에 각기 안업하여 제 분수만 지켜가고 쟁힐하는 폐단이 없어 그 나라 안에 화한 바람과 상서의 기운만 어리었고 아무 폐단과 분운한 일이 없은즉"('논설', 《매일신문》 제1권 155호, 1898년 10월 29일, 1면).

78 '논설', 《매일신문》 제1권 188호, 1898년 12월 7일, 1면.

79 '논설', 《매일신문》 제1권 93호, 1898년 8월 15일, 1면.

80 '논설', 《매일신문》 제1권 122호, 1898년 9월 20일, 1면.

81 '논설', 《매일신문》 제1권 155호, 1898년 10월 29일, 1면.

82 "만민회는 독립회원들이 아니 주장하면 어찌 회 모양이 되며 국사를 어찌 의논하리오?"(《매일신문》 제1권 167호, 1898년 11월 12일, 3면).

83 "광무 일년 팔월에 독립협회가 생겼으니 이 회는 무엇으로 되었느뇨? 제일은 충군애국이요 제이는 정대광명이라. 이 회가 한 번 생긴 후에 세상에 공도가 나타나고 인민의 문견이 넓어져서 사람마다 제 권리를 생각하고 개명하기를 주의하니 이대로 한 결같이 나아가면 몇 해가 아니 되어 우리 대한이 문명하고 부강하여 오주 세계에 외외한 일등국이 될 터이니 어찌 우리 이천만 동포의 홍복과 영광이 아니리오?"('논설', 《매일신문》 제1권 84호, 1898년 7월 26일, 1면).

와 결코 모순된 것이 아니었다.[84]

반면 《제국신문》에서는 자유권을 유독 강조하고 있었다. 앞서 재간행된 《매일신문》에서 평등권을 천부적인 권리로 보았다면,[85] 《제국신문》은 마찬가지로 자유권을 천부적인 권리로 규정했다. 《제국신문》에서 규정하는 자유권이란 "사람이 제 수족을 가지고 기거와 운동을 제 마음대로 하여 남에게 제어함을 받지 않는 것"이었다.[86] 앞서 재간행된 《매일신문》에서는 인간의 권리로서 자유에 대해 언급한 것은 12월 7일자 논설과 12월 23일자 임병구의 기서에서였는데, 전자의 경우 개화라는 명목으로 상하 없이 행동하는 것을 자유라 할 수 없다는 논리를 펼치고 있으며,[87] 후자의 경우 역시 "국민의 자유권이라 하는 것은 국민의 당연한 의무"를 행해야 하는 것이며 "자유권을 지킨다 하고 직권 밖의 마땅히 행치 못할 일"을 행하는 것은 도리어 '자유 대의의 원수'라고 지칭하며 부정적으로 인식을 하고 있다.[88] 《제국신문》에서 의무를 강제한 자유에 대해서는 별로 나타나지 않는

---

84 앞서 평등은 유길준의 '통의(通義)' 개념과도 매우 유사하다고 생각되는데, 이는 앞서 서술한 온건노선자가 일본에 망명 중이던 유길준의 영향을 받은 것과 상관관계가 있다고 생각되지만 이 상관관계에 대해서는 좀 더 연구가 필요하다. '통의(通義)'에 대해서는 쓰기아시 다쓰히코(月脚達彦)의 책 1장을 참고(月脚達彦, 『朝鮮開化思想とナショナリズム』, 東京大學出版會, 2009). 아울러 당시 근대 교육기관에서도 유길준의 저술, 특히 『西遊見聞』과 같은 서적을 교재로 사용하고 있었던 점을 놓고 볼 때 비록 유길준이 국사범으로 망명길에 올랐지만 그의 사상이나 저술은 국내에 꽤 유포되고 있었던 것 같다(《제국신문》 제1권 70호, 1898년 11월 2일, 2면).

85 '논설', 《매일신문》 제1권 144호, 1898년 10월 15일, 1면.

86 '논설', 《제국신문》 제1권 7호, 1898년 8월 17일, 1면.

87 "반연이 재주도 없고 학문도 없고 처지도 천하여 저더러 물어보아도 남만 못 하여 의례히 남의 아랫 사람 되암즉 한 사람도 남이 제게 말을 좀 하대 한다든지 좀 심부름을 시킨다든지 하면 감심하여 할 일도 아니하고 도로 욕하고 입술을 번득이면서 하는 말이, '개화한 세상에 상하가 왜 있으리오? 사람마다 평등, 자유권이 있다'고 하나니 이러한 사람이 자유권이 무엇인줄이나 자세히 알리오?"('논설', 《매일신문》 제1권 188호, 1898년 12월 7일, 1면).

것과 대비된다.

앞서 살펴보았듯 재간행된《매일신문》에서 강조한 평등이 능력과 지위에 따른 상하관계를 인정하는 바탕 위에 성립된 논리였다면《제국신문》에서의 자유권이란 지위 여하에 관계없이 옳지 않은 것에 항변할 수 있는 권리였다.《제국신문》에서 평등이라는 단어를 구사할 때는 주로 국가 간의 평등에 관한 내용에 한정되어 있었으며 인민에게 요구하는 것은 자유권의 함양이었다는 점은 재간행된《매일신문》과의 차별성이라 지적할 수 있겠다. 다만《제국신문》에서는 한국 인민이 아직 자유권을 행사할 역량이 없다고 보고 있는데, 이는 굴종하는 자세에 익숙해 윗사람에게 좀처럼 잘못된 것에 대한 시정을 요구하려 들지 않는다고 보고 있었기 때문이다. 게다가 앞서 재간행된《매일신문》에서 근대적 학문을 쌓고 분수를 지키는 것을 중시했다면《제국신문》에서는 자유권을 행사할 역량으로서 근대적 학문과 함께 외국의 문견(聞見)을 알아야 함을 강조하는 것 역시 달랐다.[89]

여기에서《제국신문》이 말하는 문견이란 무엇을 의미하는가? 이는 사전적 의미로 '듣고 보아서 아는 지식'을 의미하는데,《제국신문》에서는 주로 외국의 사정을 아는 것을 의미했다. 그렇다면 외국의 사정은 주로 무엇을 뜻하는가? 이 신문 8월 17일자 논설에서는 압제하는 정치 밑에서 개개인의 자유를 지키고자 저항해 성공한 사례들을 거론하고 있었다. 그러면서 "우리나라 사람은 다만 자유를 지키지 못할 뿐 아니라 좋은 줄도 몰라서 '재하자는 유구무언'이라고 하면 경계에 합당한 줄"로만 아는 것을 비판하고 한국이 발전하기 위해서는 인민들의 행위를 제약하지 않고 자유권을 함양해야 하며 이를 위해 근대적 학문을 배우거나 가르쳐야 함을 강조하

---

88 "사립 흥화학교 교사 임병구 씨 기서",《매일신문》제1권 202호, 1898년 12월 23일, 1면.

89 '논설',《제국신문》제1권 7호, 1898년 8월 17일, 1면.

고 있었다.[90] 그리고 문견을 통해 자유권에 대한 관심이 개개인에게 함양되면 정부를 반대하거나 혹은 민권을 확장시키는 움직임으로 이어진다고 보았다.[91] 이 논리라면 문견은 개개인의 자유권을 고양시킬 촉매제로 자리매김할 수 있으며, 그에 반해 지식은 그 자유권을 쟁취할 수단, 혹은 그것을 공고히 하고 발전시키는 도구로 위치짓는 셈이 된다.

《제국신문》 간행자들은 만민공동회 시작 단계에서부터 나타난 인민의 광범위한 참여에 대해, 인민들이 독립협회 근대화 논리에 포섭된 것이 아니라 그들 개개인의 일상생활 개선을 위한 것이었음을 직시하고 있었다. 이는 그 당시 류영석이 영향력을 행사하던 《매일신문》에 편지를 보낸 어느 독자의 인식과 그에 대한 신문 편집자의 반응을 살펴보면 잘 알 수 있다.

> 근래 쌀값이 고등하여 백성이 다 죽게 된지라. 정부에서 급히 방곡을 하여 곡식이 외국으로 못 나가게 하던지 미전 시정 몇 명을 죽여 시가를 떨어지게 하던지 하면 민폐가 덜릴 터인데 법부와 경무청에서 민폐를 돌아보지 아니하니 원망이 많은지라. 악에 오른 백성이 죽기는 일반이니 큰 거조나 한 번 내겠노라[92]

이 인식에 의하면 인민들이 거리에 나선 이유는 쌀값 때문이었다. 정부에서 방곡령을 하달해 미곡의 국외 유출을 막든가 혹은 경무청에서 매점매석하는 미곡장사 몇을 본보기로 죽여 민심을 달래야 할 텐데, 이러한 권한을 지녔던 법부와 경무청이 아무런 조치를 취하지 않았기에 인민들이 봉기했다는 것이었다. 당시 독립협회 주도로 열렸던 만민공동회 역시 정부를 비판하는 점에서는 같았기에 인민들은 만민공동회를 이용해 자신들

---

90 '논설', 《제국신문》 제1권 7호, 1898년 8월 17일, 1면.
91 "대한 형세론", 《제국신문》 제2권 15호, 1899년 1월 21일, 1면.
92 '논설', 《매일신문》 제1권 8호, 1898년 4월 19일, 1면.

의 주장을 관철시키고자 했다고도 볼 수 있겠다.

이러한 움직임에 대해 류영석 등이 주도하던 《매일신문》에서는 당장 분노해서 외국과 통상조약을 위반하는 것은 더 큰 화를 불러올 것이며, 아울러 미곡이 유출되는 경제 구조 자체에 문제가 있는 것이라 미곡상을 죽인다고 해결되지 않는다고 답변하고 있다. 그리고 그 해결책에 대해서 구체적으로 말하지는 않으나 정부가 제대로 된 시책을 내지 않는다는 인식 자체에는 동감을 표하며 논설 말미에 현재 한국이 위급한 상태이니 그 '근원'을 고칠 방책을 강구해야 한다고 역설하고 있었다.[93]

아울러 《제국신문》은 지면을 통해 독립협회 온건노선자와 생각의 상이성을 분명하게 드러내고자 했다. 이를테면 《독립신문》에서 자신들의 논설에 대해 '개명'에 유리한 글이며 외국 통신과 전보 등을 신속하게 게재한다고 자찬하는 것에 대해 《제국신문》에서는 "그 신문사에 만 권 서책이 쌓인 것을 누가 그리 긴하게 여기리오?"라고 의문을 제기하면서 신문은 그저 "긴요하고 유조한 말만" 게재하는 것이라고 논평하고 있었다.[94] 물론 그 이튿날 《제국신문》에서는 《독립신문》을 너무 심하게 비판한 것에 대해 단순한 '농담'으로 해명하면서 재차 《독립신문》의 의의에 대해 언급하고 있기는 하지만 이 역시 신문의 논조에 대해서는 해명이 없고 다만 외국의 문견

---

93   이러한 점은 다음과 같은 논설에서도 나타나듯 일반 인민이 직접 행동을 의미하는 것이었다. 독립협회가 아니라 인민 그 자체가 자유권에 기반한 자신의 권리를 주장할 때 국가의 독립이 유지된다는 논리가 주목된다. "권리 없는 백성이 말 한마디도 못 하려니와 민권 있는 나라에는 남이 군함을 가지고 들어와 정부를 압제하고 그 나라를 빼앗으려 하더라도 그 나라의 백성이 수효대로 나서서 저의 권리는 일호라도 잃지 않으려하는 까닭에 구라파 안으로 보더라도 대한보다 삼분지일이나 적은 나라가 능히 독립을 지탱하는 것은 그 나라 정부관인네 힘이 능히 강한 나라 군사와 군함을 저당할만하여 그러한 것이 아니라 그 백성이 능히 제 권리를 잃지 않으려 하는 때문이라"('논설', 《제국신문》 제1권 48호, 1898년 10월 8일, 1~2면).

94   '논설', 《제국신문》 제1권 24호, 1898년 9월 7일, 1면.

을 전파하는 역할에 한정해 해명한 것이라는 점에 주목할 필요가 있다.[95]

《제국신문》 발간자들이 《독립신문》과 상이한 주장을 한 것은 이미 류영석 등이 《매일신문》을 간행했을 때에도 나타났다. 당시 《매일신문》은 《독립신문》과 이질적인 주장을 할 때 그 당위성을 일반 인민의 삶 그 자체에 두고 있었다. 즉, 《독립신문》이 만민공동회 당시 창간된 다른 신문들에 대해 인민들을 선동하거나 "결단코 인민이 들어서 쓸데없는 말"을 게재하지 말 것을 권고하는 논설을 게재했을 때,[96] 《매일신문》은 "제자 신문에게 시비를 듣지 않도록 자기 일이나 잘 하여 가기를 바라오"라며 응수하거나 혹은 개항장을 더 늘려 이를 기반으로 전국 인민을 계도하자는《독립신문》의 논설에 대해서도 인민의 삶을 돌보지 않는 논리라 비판한 것이 그 대표적 예라고 할 수 있겠다.[97]

그런데 앞서 《매일신문》이나 《독립신문》의 예에서도 알 수 있듯 《제국신문》 발간자들이 여타의 신문과 상이한 논조를 견지할 때 내세우는 것은 국가의 형세나 근대적 계몽이 아니라 항상 인민의 삶이었던 점에 주목할 필요가 있다. 《제국신문》 발간자들이 전통적인 인적 관계망과 별 관계가 없었다는 점은 앞서 언급한 바 있는데 이러한 점은 이들이 일반 인민과 그리 다른 삶을 살지 않았으며 아울러 기존 체제가 부정되지 않으면 입신양명의 기회를 잃을 가능성이 농후했던 것에 근간한 것으로 보인다. 따라서 이들이 그동안 계몽의 객체가 되었던 존재들, 이를테면 사회 하층민, 부녀

---

95   "지금 우리나라에서 외국 정형과 인정이 어떠한지 아는 것이 제일 긴요한 목적인데 그 것을 배우자면 아직은 독립신문만한 것이 없는 줄로 믿는 바니 몇 푼 값에 상관되는 것을 불계하고 사다들 보기를 실로 바라노라"(《제국신문》 제1권 25호, 1898년 9월 8일, 3면).

96   '논설', 《독립신문》 제3권 43호, 1898년 4월 12일, 1면.

97   '논설', 《매일신문》 제1권 57호, 1898년 6월 13일; '논설', 《매일신문》 제1권 58호, 1898년 6월 14일.

자층에게까지 신문을 값싸게 전파하기 위해 고심했던 것[98]은 바로 사회 하층민과의 연대를 통한 국가 체제의 개변을 도모했기 때문이라는 추론이 가능하다.[99]

이러한 점은 만민공동회가 진압될 무렵 《제국신문》이 독립협회 온건노선자가 보인 주장과 상이한 논조를 취하게 만들었다. 앞서 《매일신문》에서 독립협회를 국가와 인민 사이의 중재자로 위치짓고 있다는 것을 살펴본 바 있다. 이러한 점은 만민공동회가 독립협회의 통제를 따르지 않는다면 이들은 얼마든지 정부와 타협할 수도 있다는 여지를 남기는 것이었다. 실제로 만민공동회가 진압될 때 《매일신문》에서는 《독립신문》, 《황성신문》과 유사한 논조를 보이며 인민들에게 해산할 것을 강압적 어조로 말하고 있었던 점은 바로 독립협회 온건노선자의 행보와 같았다.[100] 반면 《제국신문》의 경우 비록 만민공동회가 과격해져도 불법을 저지른 당사자만 처벌하는 데 그치지 않고 이를 해산시킨 것에 대해서 비판적으로 보고 있었다.[101] 이는 앞서 말했듯 《매일신문》을 비롯해 독립협회 온건노선자의 신

---

98 실제로 이 신문의 가격이 다른 신문에 비해 더 저렴했다. "우리는 신문을 아무쪼록 천하고 흔하게 만들어 귀천 간 모두 보아 속히 개명되기를 주의함이거늘"('논설', 《제국신문》 제1권 24호, 1898년 9월 7일, 1면).

99 이종일의 비망록은 앞서 머리말에서도 언급했듯 가필의 흔적이 나타나 그대로 믿기 곤란하다. 그럼에도 그가 이 신문에 대해 언급한 것을 믿을 수 있다고 본다면 그가 "독립신문은 민중을 선도하는 근본이지만 부녀자의 개명에는 아직 이르지 못했다. 만약 신문을 발행한다면 반드시 부녀자 계몽지를 창간할 일이다"라고 언급했던 것은 《제국신문》이 부녀자 그 자체를 위한 신문이 아니라 부녀자'까지도' 독자층으로 포함하도록 만들겠다는 의지의 표현으로 해석할 수 있다(「沃坡備忘錄」, 『沃坡李鍾一先生論説集』 3, 옥파기념사업회, 1984, 2쪽).

100 "무릇 모든 시허 하신 것이 아닌 즉 그 신민 된 도리에 곧 마땅히 물러가 처분만 기다릴 것이거늘 파분둔취하여 지껄이고 재촉하여 마침내 천노하시기에 이르니 송름치 아니하리오"('논설', 《매일신문》 제1권 215호, 1899년 1월 13일, 1~2면).

101 "가령 민회가 죄 있으면 사람은 죄줄지언정 회는 두는 것이 당연한지라" (「논설」 《제

문들과는 차별적인 것으로서 《제국신문》 간행자들의 사고를 반영한 것이었다.[102]

6. 맺음말

이상으로 협성회의 노선 분화 과정을 바탕으로 《제국신문》의 창간 과정과 함께 그 논조의 차별적 성격에 대해서 살펴보았다. 여기에서는 지금까지 살펴본 것을 요약하는 것으로 글의 매듭을 짓고자 한다.

1896년 11월 30일 서재필의 지도로 창립된 협성회는 본래 배재학당의 학생단체로서 토론회 활동을 통해 서구 의회 제도를 회원들에게 실습시키고자 했다. 이는 독립협회의 정변 구상과 맞물려 있는 것으로서 배재학당 학생으로 구성된 협성회 회원에게 의회 제도를 학습시키고 점차 일반 인민에게 전파하기 위한 것이었다. 협성회에서는 창립 이듬해인 1897년에 찬성원이라는 회원제도를 신설했고 1898년에는 본회원과 찬성원의 구별을 없애 본격적인 대중단체로 변모했다. 이는 독립협회가 주도한 만민공동회의 전위적 조직의 외연을 확장시키기 위한 것이었다.

만민공동회가 고조되는 분위기에서 협성회는 기존의 기관지였던 《협

국신문》 제2권 17호, 1899년 1월 24일, 2면)

102 이러한 《제국신문》의 논조적 특질은 《매일신문이 유길준의 사상과 유사성이 발견되었던 것과 마찬가지로 일정정도 박영효의 사상과 유사성을 지닌 것은 아닌가 생각되지만 연구가 더 필요하다. 박영효의 사상에 대해서는 김현철의 논문을 참고(김현철, 「박영효의 「1888년 상소문」에 나타난 문명·개화론」, 『박영효 연구』, 한국정신문화연구원, 2004). 단, 1888년 건백서에서 박영효는 인민의 자유권을 제한해야 한다고 보았지만 1900년 이후 활빈당 운동을 통해 정변을 기획한 것으로 보아 이 글에서의 입론을 전제로 본다면 건백서 이후 민의 자유권을 좀 더 적극적으로 활용하고자 했던 것으로도 볼 수 있을 것이다.

성회 회보》를 일간지 《매일신문》으로 바꿔 발행했다. 이 신문은 협성회 회장이 사장직을 겸임했던 것으로 보아 협성회의 입장을 일반 인민에게 신속하게 전파하기 위한 것이었다. 그러나 당시 협성회 회장이자 《매일신문》의 사장이었던 류영석 및 그와 행동을 함께한 협성회 내부의 독립협회 과격노선자는 이 신문의 영향력을 계속 유지하고자 했고, 신문 논조에 불만이 있었던 독립협회 온건노선자들은 이를 견제하고자 했다. 이들의 분쟁은 결국 온건노선자의 승리로 끝났고 협성회를 이탈한 과격노선자는 별도로 《제국신문》을 창간하게 되었다.

협성회 내부의 분쟁은 단순히 주도권 분쟁이 아닌 노선 대립적 성격을 지녔다. 그리고 그 각각의 노선은 계층적 성향 차이에 기반을 둔 것이라 생각된다. 독립협회 온건노선자의 경우 갑오개혁 이전부터 정부의 근대 개혁 사업에 참여하거나 권세가의 측근 세력이거나 전통적 입장을 견지한 인물들이었기에 독립협회의 주장이 관철되어 입헌군주제가 시행된다면 자신의 입지를 신장시킬 수 있었다. 물론 전제군주제가 시행된다고 하더라도 전통적 인적 관계망을 통해 자신의 입지를 보존할 수 있었다. 반면, 독립협회 과격노선자의 경우 갑오개혁 이후 부상한 신흥 세력으로서 이들은 권력을 장악하는 것에 중요성을 부여하였다. 이는 이들의 사회적 기반이 약했기 때문에 전통적 체제 속에서는 자신의 입지를 유지시킬 수 없었기 때문이었다. 협성회는 독립협회 전위적 조직이라는 성격을 지녔으므로 협성회 내분은 이와 관련된 것이었다.

협성회 내분 이후인 1898년 7월 하순 이후 재간행된 《매일신문》은 이전의 논조와 상당한 차이를 보였다. 이 신문에서 인민에게 요구하는 내용은 평등권으로 요약할 수 있는데 이는 지금의 평등과는 달리 인간 개개인이 생득적으로 지녀온 계급에 대해서는 배격하되 능력과 지위에 따른 상하관계에 기인한 차별은 인정하는 특성을 지녔다. 따라서 이 신문에서는

각 개인의 분수에 맞는 행동을 강조했고 만민공동회에서 독립협회의 역할
은 인민을 대표하는 것이 아닌 정부와 인민을 중재하는 역할로 평가하며
신문의 논조도 독립협회 온건노선자의 주장에 맞추고자 했다.

《제국신문》은 잘못된 정치는 백성 모두가 봉기해 시정해야 한다는 것
을 강조했다. 이 신문 간행자들은 일찍부터 인민 봉기에 주목해 인민의 생
활 문제를 기준으로 자신들의 주장을 설파하고 있었다. 이는 자유권이라
는 용어로 요약할 수 있는데, 이 개개인의 자유권을 수호하는 방책은 근대
적 지식에 앞서 문견의 중요성을 강조하고 있었던 것이 특징이었다. 이 신
문에서 언급한 문견이란 외국에서 인민이 합심해 정부를 개조하거나 혹은
독립을 쟁취한 것과 관련된 소식으로서, 이것이 인민 개개인에게 함양되
어야 자유권에 대한 의식을 고양시킬 수 있다고 본 것이다. 이에 따른다면
근대적 지식은 이 자유권을 지키고 발전시킬 수 있는 매개로 위치지을 수
있다.

양 신문의 논조 차이는 만민공동회가 진압될 때 극명하게 나타났다. 재
간행된 《매일신문》은 독립협회 온건노선자 입장에 서서 시위 인민에게 물
러나라고 강압적인 어조로 일갈하고 있지만 《제국신문》은 정부를 비판하
는 자세를 시종 유지했다. 이러한 《제국신문》의 논조는 재간행된 《매일신
문》과 더불어 독립협회 온건노선자가 발간했던 여느 신문과 차별적인 것
으로써 이후 《제국신문》 논조의 기본 성격을 규정하는 것이다.

참고문헌

1. 기본 자료

1) 신문류

《독립신문》,《매일신문》,《제국신문》,《협성회 회보》,《한국신문편집인협회보》

2) 기록류

『獨立協會沿歷畧』(「資料紹介: 獨立協會沿歷畧」,《創作과 批評》16, 창작과비평사, 1970)
『獨立協會討論會規則』(「資料紹介: 獨立協會討論會規則」,《한국학보》15, 일지사, 1989)
『民事判決原本』
『司法稟報』
『沃坡備忘錄』(「沃坡備忘錄」,『沃坡李鍾一先生論說集』3, 옥파기념사업회, 1984)
『要視察韓國人擧動』
『尹致昊日記』
『駐韓日本公使館記錄』
『協成會規則』

2. 논문

김동면,「協成會 活動에 관한 考察 ─ 토론회와 기관지간행을 중심으로」《한국학보》
　　　7, 일지사, 1981.
김영주,「《데국신문》의 여성개화론 연구」, 이화여자대학교 사회생활학과 석사학위
　　　논문, 1990.
김영희,「데국신문에 관한 一研究 ─ 韓國 新聞史에서의 그 意義 糾明」, 서울대학교 신
　　　문학과 석사학위논문, 1977.
김유원,「근대언론의 전개」,『새로 쓰는 한국 언론사』, 아침, 1993.
김훈순,「구한말 五大紙 연구 ─ 민족언론의 역사적 의의를 중심으로」, 이화여자대학
　　　교 신문방송학과 석사학위논문, 1980.

김현철, 「박영효의 「1888년 상소문」에 나타난 문명·개화론」, 『박영효 연구』, 한국정신문화연구원, 2004.

고정휴, 「개화기 이승만의 사상형성과 활동(1875~1904)」, 《역사학보》 109, 역사학회, 1986.

문일웅, 「대한제국 성립기 재일본 망명자 집단의 활동(1895~1900)」, 《역사와 현실》 81, 한국역사연구회, 2011.

─────, 「만민공동회 시기 협성회의 노선 분화와 《제국신문》의 창간」, 《역사와 현실》 83, 한국역사연구회, 2012.

신용하, 「獨立協會討論會規則(資料解題)」, 《한국학보》 15, 일지사, 1989.

이광린, 「《황성신문》 연구」 《동방학지》 53, 연세대학교 국학연구원, 1986.

이경현, 「《데국신문》 초기 논설에 나타난 '학문'의 성격과 '동양' 사유방식」, 『한중인문학연구』 14, 한중인문학회, 2005.

이현희, 「동암 장효근의 역사의식」, 『한국사연구』, 고대사학회, 1977.

전기영, 「옥파 이종일의 교육사상」, 『중앙사론』 5, 한국중앙사학회, 1987.

정영희, 「묵암 이종일의 근대교육운동」, 《한국민족운동사연구》 43, 한국민족운동사학회, 2005.

주진오, 「1898년 독립협회 운동의 주도세력과 지지기반」, 《역사와 현실》 15, 한국역사연구회, 1995.

─────, 「청년기 이승만의 언론·정치활동 해회활동」, 《역사비평》 33, 역사문제연구소, 1996.

최덕수, 「獨立協會의 政體論 및 外交論硏究: 독립신문을 중심으로」, 《민족문화연구》 13, 고려대학교 민족문화연구소, 1996.

하봉규·김경호, 「독립협회의 성립과 의회설립운동」, 『부경대학교 논문집』 5, 부경대학교, 2000.

3. 단행본

박걸순, 『이종일 생애와 민족운동』, 독립기념관 한국독립운동사 연구소, 1997.

서정주, 『우남 이승만전』, 화산문화기획, 1995.

月脚達彦, 『朝鮮開化思想とナショナリズム』, 東京大學出版會, 2009.

정진석, 『한국언론사연구』, 일조각, 1983.

주진오, 「19세기 후반 개화 개혁론의 구조와 전개-독립협회를 중심으로」, 연세대학교 사학과 박사학위논문, 1995.

최기영, 『《뎨국신문》연구』, 서강대언론문화연구소, 1989.

_____, 『대한제국시기 신문연구』, 일조각, 1991.

최준, 『한국신문사』, 일조각, 1977.

《제국신문》 초기 논설에 나타난 "학문"의 성격과 "동양" 사유 방식

1. 《제국신문》 창간 전후

《제국신문》은 1898년 8월 10일 이문사의 주도로 창간된 일간지다. 이 신문이 창간될 무렵부터 러일전쟁이 일어난 1904년까지의 시기는 소위 개화기라고 불리는 세기 전환기에서도 다소 특별한 의미를 지니고 있는 것으로 보인다. 1897년 조선은 '대한제국'이라는 국호 아래 스스로 황제를 중심으로 한 독립국가임을 선포했고, 1899년에는 갑오개혁을 주도하던 개화파 세력인 독립협회가 해체된 후, 황실을 중심으로 전기·전신·철도·체신·지방 제도 등 여러 방면에서 개혁이 추진되었다.[1] 보수적인 집권 세력 중심의 개혁은 여전히 논란거리지만, 제국주의 열강들 사이에서 세력 균형이 유지되었던 때라는 점은 여전히 이 시기를 다시 보게 만든다. 국제 질서의

---

1   대한제국 '광무개혁' 시기에 관한 논의는 광무개혁 연구반, 「'광무개혁' 연구의 현황과 과제」, 《역사와 현실》 8호, 1992, 342~366쪽 참고.

재편 과정에서 조선이 자기 나름의 방향을 모색할 수 있는 가능성이 존재했기 때문이다.

이 시기의 담론이 어떻게 형성되는지에 주목할 때, 《제국신문》의 초기 논설은 중요한 텍스트다. 《독립신문》과 《매일신문》이 폐간되고 교과서의 공급이 중단되어 서적발행 자체가 드물었던 이때,[2] 《제국신문》은 《황성신문》과 함께 몇 안 되는 대중매체의 하나로서 당시의 지배적인 개념들을 일반 대중에게 유포하는 역할을 담당했다. 이 시기의 신문들은 앞선 급진적 개화 계몽의 실패를 거울삼아 비교적 온건한 태도를 보였다. 그 대신 현실 조건에서 실현 가능한 계몽의 방향을 모색하고 문명화를 반성적으로 진행시키고자 할 때, 어떠한 자기 변신을 꾀해야 하는지 고민한 흔적을 남기고 있다.

일요일을 제외하고 매일 발간된 일간지였던 《제국신문》은 국한문 혼용의 《황성신문》과 달리 "샹하 남녀 귀쳔 무론ᄒ고 져마다 보게 ᄒ"[3]려는 생각에서 한글로 신문을 냈다. 《독립신문》이래로 발간된 여타 신문과 마찬가지로 《제국신문》의 편집자들은 관념의 차원에서 당위적으로 받아들인 개념들을 일반 민중들이 현실 영역에서 구현할 수 있도록, 다채로운 수사와 서사 양식 등을 활용하고 추상적인 개념들을 익숙한 사례와 접목했다.[4] 예민하고 비판적인 시각에서 사회 현실을 전달하던 논설에서 이 점은 두드러졌다.

---

2   이 시기의 서적 출판에 대해서는 김봉희, 『한국 개화기 서적문화연구』, 이화여대출판부, 1999, 95~132쪽 및 정진석, 『한국언론사』, 나남출판, 1990 참조.

3   '논설', 《제국신문》, 1898년 9월 7일. 이는 창간호에서 "우리 신문이 한문은 아니쓰고 다만 국문으로만 쓰는거슨 샹하귀쳔이 다 보게 홈"이라고 말했던 《독립신문》과 같다.

4   당시 신문의 편집자들은 "소설을 쓰고 싶어서 이야기를 만들어낸 것이 아니라 자신이 주장하는 바를 좀 더 설득력 있게 전달하기 위해 서사적 양식을 취하"는 일이 많았다. 조남현, 『한국 현대문학사상 탐구』, 문학동네, 2001, 39쪽 참조.

《제국신문》은 특히 개화기의 여러 신문 가운데 이러한 서사적인 논설을 가장 많이 실은 것으로 알려져 있다.[5] 추상적인 개념을 구체적인 일상을 바꾸는 동력으로 인지시키는 과정에서 《제국신문》의 논설들은 계몽 운동에서도 효력을 발휘했을 뿐 아니라, 문학 사상사 측면에서 볼 때 근대 문학의 형성에도 영향을 끼쳤다.[6] 《제국신문》이 논설에서 서사성을 부각시킨 데는 무엇보다 부녀자나 서민층 등 한글을 주로 사용하는 언중(言衆)을 주된 독자층으로 삼고 있었기 때문일 것이다.

《독립신문》(1896~1899)과 《매일신문》(1897~1899)에 이어 지식의 대중화 차원에서 '한글'로 간행되었던 《제국신문》은 《독립신문》과 《매일신문》이 각각 외부 압력과 재정난으로 발행이 중단된 후 한문을 읽을 수 없는 사람들이 읽을 수 있는 유일한 한글 신문이었다. 《제국신문》의 사장으로 부임했던 이종일은 신문 발간 전에 부녀자를 대상으로 한 신문을 냈으면 좋겠다고 말하기도 했는데,[7] 이로 인해 《제국신문》은 흔히 "부녀자 계몽"을 표

5　신문의 논설란에 이야기를 들려주듯이 쓴 논설을 실은 것은 《독립신문》에서부터 계속 있어왔다. 연세대 근대한국학연구소에서 진행한 연구 결과에 따르면, 《제국신문》에서 서사적 성격을 띤 논설과 소설류 자료는 약 90편이다. 이는 정선태, 설성경·김현양 등의 기왕의 연구를 수정·보완한 것으로, 개화기 신문 자료 가운데 《제국신문》에 서사 양식을 활용한 논설이 가장 많이 실려 있음을 알려준다. 김영민·구장률·이유미, 『근대계몽기 단형 서사문학 자료전집 (상)』, 소명, 2003, 547~583쪽 참조.

6　설성경과 김현양은 이 서사 논설이 고전문학의 양식들을 활용해 근대문학에서 보다 적극적으로 형상화될 사상의 싹들을 틔운 것으로 보고 있다. 설성경·김현양, 「19세기 말~20세기초 《뎨국신문》의 '론셜' 연구 —'서사적 논설'의 존재 양상과 그 위상에 대하여」, 《연민학지》 제8집, 2000, 223~253쪽 참조.

7　"나는 이렇게 말했다. 생각건대 개명 개화하는 데 신문보다 더한 것이 없고 나라의 주인에는 민중보다 더한 것이 없다. 우리들의 사명이야 말로 더욱 무겁고 크다 했다. 밤새도록 마시면서 시국에 관해 얘기했다. / 독립신문은 민중을 계도하는 데 앞장을 나서고 있다. 그러나 부녀자층은 아직 개명치 못하고 있으므로 만약 내가 신문을 발행한다면 꼭 부녀자의 계몽을 위주로 한 것을 창간하겠다"(이종일, 「옥파 비망록(沃坡備忘錄)」, 1898년 1월 10일[최준, 「뎨국신문」 해제」, 《뎨국신문》 영인본 1권, 아세아문화

방한 신문으로 알려져 있기도 하다. 《제국신문》이 국한문으로 발행되었던 《황성신문》과 종종 비교되어, 각각 '수[雄]신문'과 '암[雌]신문'으로 불린 것도 이러한 이유에서다.

신문의 담론은 현실의 독자층을 고려해 구성되기 마련인지라, 실제 독자와 지면에 구성된 담론 사이에 어떠한 상호작용이 있는지의 문제는 보다 세밀하게 고찰될 필요가 있다. 그러나 《제국신문》의 경우 표기 문자에서만 차이가 있었을 뿐, 그 논조에는 큰 차이가 없었던 것으로 보인다.[8] 《제국신문》에서 자주 언급되는 여성 문제 역시 그러하다. 당시 신문들에서 종종 여성 교육과 여성을 압제하는 사회 관습의 타파 등은 공통의 관심사였으므로, 제국신문만 특별히 여성에 대한 관심을 드러냈다고 하기는 어려울 듯하다.[9]

순경, 병정, 시정상인뿐 아니라 부녀자 및 하인들까지 《제국신문》을 읽지 않는 이 없다는 말이 나온 것은 이 때문일 터이다. 이들은 모두 국문 신문인 《제국신문》을 읽어 세계형편과 조정의 득실, 실업의 발전 등을 알게 되었다고 한다.[10] 그럼에도 《제국신문》의 경우, 동시기에 발간된 《황성신문》에 비해 상대적으로 연구가 덜 이루어진 편이다. 이에 이 글에서는 특

사, 1986에서 재인용]).

8 "皇城新聞이 讀者를 上流階級을 對像으로 한데 反하야 이 帝國新聞은 中流以下階級과 婦人層을 對像으로 한 것이 한 特色이었다. 그러나 그 論調에 있어서는 皇城과 비슷하야 姉妹紙와 같은 感이 있었으니 그때 말에 皇城을 수雄新聞, 帝國을 암雌新聞이라 지칭한 것도 無理가 아니었다." 차상찬, 「조선신문발달사」, 《조광》, 1936년 11월 45쪽.

9 최기영, 『《데국신문》 연구』, 서강대언론문화연구소, 1989, 22쪽 참조.

10 박은식의 『학규신론(學規新論)』(박문사, 1904)을 보면 《제국신문》의 독자층과 그 영향에 대한 언급이 있다. "(…) 余見近日 巡檢·兵丁市井商賈之民 以至婦人·女子及隸役之屬 無不能讀帝國新聞者 每過而聽之 未嘗不喜文化之有進機也 若無此國文新聞 則世界之形便·朝廷之得失·實業之發明 豈若輩之所夢想者耶信乎 其有益於開發民智也 (…)"(최기영, 위의 책, 7쪽에서 재인용).

정한 독자층과 담론의 내용을 결부시키는 대신, 대한제국의 초기에 발간된 신문 매체에서는 어떠한 현실을 주조하는 담론을 생산하였는지에만 초점을 맞추고자 한다.

대한제국 초기 언론의 담론 구성에 주목하고 있는 만큼, 여기에서는 《제국신문》 전체에서 우선 영인본으로 묶여 나온 부분(1889년 8월~1902년 12월)과 마이크로필름으로 구할 수 있었던 부분(1903년 1월~1903년 7월)까지의 논설을 연구 대상으로 삼아,[11] 대한제국 시기 "독립" 담론을 둘러싸고 빈번하게 호출되었던 "학문"과 "동양" 개념이 구성되는 장면을 볼 것이다. "독립"이 기본적으로 타자와의 관계를 전제하고 있다는 점에서, "학문"과 "동양"이라는 개념은 당시 세계 질서의 재편 과정에서 조선이 근대 이후 타자와의 관계를 정립하는 방식을 살펴보는 데 중요한 시사점을 던져준다.

《독립신문》에서부터 독립의 필수 요건으로 강조되었던 "학문"은 계몽의 실천성을 고려하기 시작하면서 변화를 겪는다. "학문"을 통해 독립한 조선이 위치할 공간으로 등장하는 "동양"에 대한 사유 방식도 이와 더불어 변모한다. 이러한 점에 착안해, 이 글에서는 《제국신문》이라는 텍스트 속에서 이 두 개념이 제시되는 양상들을 검토해보고자 한다. 이를 통해 궁극적으로 당시의 텍스트들이 '조선의 독립'을 둘러싸고 어떠한 담론을 만들어나갔는지를 살펴볼 수 있을 것이다.

---

11 《제국신문》을 연구하는 데 가장 큰 장애물은 자료 확보의 어려움이다. 《제국신문》은 1898년 8월 10일부터 1910년 3월 31일까지 10여 년에 걸쳐 약 3,240호가 발간되었다. 그러나 장기간에 걸쳐 발간된 이 신문들 가운데 1898년 8월 10일부터 1902년 12월까지 약 3년 반에 해당하는 시기만이 아세아문화사에서 영인본으로 묶여 간행되었다. 나머지 부분들은 연세대 도서관, 국립중앙도서관, 한국연구원 등에 나뉘어 마이크로 필름과 귀중본 자료 등으로 분류되어 있을 뿐 아니라 이 가운데 일부는 자료 데이터베이스에 등록되어 있지 않아, 자료 열람에 어려움이 있다.

2. 독립담론의 전개와 "학문"의 성격변화: 문명에서 일상으로

1897년 10월 황제를 중심으로 하는 대한제국의 성립을 반포하면서부터, 조선은 이미 대내외적으로 독립된 국가라 할 수 있다. 그런데도 당시의 언론들을 보면, 조선이 여전히 독립의 문제를 앞에 두고 씨름했음을 알 수 있다. 이처럼 독립된 나라에서 계속해서 독립을 주장하게 된 데에는 이 "독립"이 주변의 상황 — 러시아와 일본 사이의 긴장이 팽팽하게 유지되었던 점, 서구의 열강들이 조선보다 청(淸)에 더욱 눈독 들였던 점 등 — 에 의해 우연하게 이뤄진 것이라는 사정이 있다.

19세기 중후반 아시아 대부분의 나라는 구미 열강의 개방 압력에서 자유롭지 못했다. 《제국신문》 또한 곳곳에서 서구의 아시아 침입에 대한 충격 속에서 독립의 논의를 진행시킨 흔적을 보여준다. 먼저 개국해서 서구의 다양한 제도를 모방하려 한 일본과 이전까지 세계의 중심이라고 생각했지만 열강의 싸움터로 변해버린 청 사이에서, 조선은 자신의 위치를 재조정하고자 했던 것이다. 앞서 《독립신문》에서 주장한 "독립"이 청에 대한 의존적인 태도에서 벗어난 것(청으로부터의 독립)을 기념하는 취지에서 비롯되었다면, 여기서의 "독립"은 보다 넓은 세계 속에서의 자신을 의식한 발언이라고도 할 수 있겠다.

《제국신문》의 창간사에 해당하는 창간일의 논설 "고백"에서부터 이러한 태도가 확인된다.

> 본샤에서 몃몃 유리흔 친구를 모하 회샤를 죠직ᄒ여 가지고 새로 신문을 발간ᄒ
> 홀식 일홈를 뎨국신문이라 ᄒ야, 순국문으로 날마다 출판홀 터이니 ᄉ방 쳠군
> ᄌ는 만히 쥬의들 ᄒ여 보시오 대기 뎨국신문이라 ᄒ는 쯧슨 곳 이 신문이 우리
> 대황뎨 폐하의 당당흔 대한국 빅셩의게 속흔 신문이라 홈이니 쯧시 또흔 즁대

ᄒ도다 본릭 우리 대한이 긔국ᄒᆫ 지 ᄉ쳔여 년 동안에 혹 ᄂᆞᆷ의게 죠공도 ᄒ고
ᄌ쥬도 ᄒᆞ엿스나 실노 대한국이 되고 대황뎨 존호를 밧으시기는 하늘 ᄀᆞᆺᄒ신
우리

황상 폐하ᄭᅴ오셔 처음으로 창업ᄒ신 긔쵸라 우리 일쳔이빅만 동포가 이ᄀᆞᆺ치 경
ᄉ로온 긔회를 져음ᄒᆞ여 나셔 당당ᄒᆫ 대한 뎨국 빅셩이 되엿스시 동양 반도국
ᄉ쳔여 년 ᄉ긔에 처음되는 경ᄉ라 우리가 이ᄀᆞᆺ치 경츅ᄒᄂᆞᆫ 뜻슬 쳔츄에 긔렴
ᄒ기를 위ᄒᆞ야 특별히 뎨국 두 글ᄌ로 신문 제목을 숨아

황상 폐하의 지극ᄒ신 공덕을 찬양ᄒ며 우리 신민의 무궁히 경츅ᄒᄂᆞᆫ 뜻슬 낫
하ᄂᆡ노라 (…) 그즁에 국문으로 닉이는 거시 뎨일 기요ᄒᆫ 쥴노 밋는 고로 우리도
ᄯᅩᄒᆫ 슌국문으로 박일 터인디 론셜과 관보와 잡보와 외국 통신과 뎐보와 광고
등 여러 가지를 닉여 학문상에 유죠ᄒᆯ 만ᄒᆫ 말이며 시국에 진젹ᄒᆫ 소문을 드러
등직ᄒ려ᄂᆞᆫ바 본샤 쥬의인 즉 신문을 아모됴록 널니 젼파ᄒᆞ여 국가 긔명에 만
분지 일이라도 도움이 될가 ᄒᆞ야 특별히 갑슬 간략히 마련ᄒ고 날마다 신실히
젼ᄒᆞ여 보시는 이들의게 극히 편리토록 쥬의ᄒᆞ오니 ᄉ방 쳠군ᄌᄂᆞᆫ 만히 ᄉ다들
보시기를 깁히 ᄇᆞ라오[12]

인용한 논설에서 논자는 처음으로 황제를 둔 "자주"하는 나라(제국)가
되었음을 경축하는 뜻에서 신문의 제호를 "제국신문"이라 붙였다고 말한
다. 국문으로 내는 이유 또한 이와 무관하지 않다. 황제 옹립, 국문의 의도
적 사용을 통해 탈(脫)중국적 입장을 분명히 하는 동시에, 대한제국의 수립
을 기념하고 그 공덕을 행한 황제를 찬양함으로써 독립된 국민국가로서의
지위를 공고히 하려는 것이다. 자주 독립을 외치는 《제국신문》의 언설은
"학문"처럼 "국가 개명"에 도움을 주는 행위들에 의해 뒷받침된다.

---

12 "고빅",《제국신문》, 1898년 8월 10일.

학문과 국가 개명, 자주독립(자유)의 결합은 자유와 압제의 관계를 논한 이후의 논설에서도 찾아볼 수 있다.

> 즈유라 ᄒᄂ는 거슨 사름이 제 슈족을 가지고 긔거와 운동을 제 ᄆᆞ음ᄃᆡ로 ᄒᆞ야 ᄂᆞᆷ의게 졔어홈을 밧지 안는 거시오 압졔라 ᄒᆞᄂ는 거슨 졔 몸과 졔 뜻슬 가지고도 ᄂᆞᆷ의게 눌녀셔 ᄒᆞ고 십흔 노릇슬 임의ᄃᆡ로 못 ᄒᆞᄂ는 거시니 능히 일신샹 즈유를 직히는 쟈는 가히 스지가 구비ᄒᆞ야 온젼ᄒᆞᆫ 사름이라 일컷겟고 능히 졔 권리를 직히지 못ᄒᆞ야 ᄂᆞᆷ의게 압졔를 밧는 쟈는 스지가 온젼치 못ᄒᆞᆫ 사름이라고 일을만 ᄒᆞ도다 그런 즉 셰샹 사름이 져마다 즈유ᄒᆞ기를 됴하ᄒᆞ지 누가 압졔 밧기를 즐겨 ᄒᆞ리오 그럼으로 틔셔 졔국에 몃빅 년을 두고 나려오며 큰 시비와 굉장ᄒᆞᆫ 쓰홈 된 스긔를 궁구ᄒᆞ여 보면 무비 즈유와 압졔를 인연ᄒᆞ야 싱긴지라 (…) 이 두 가지 목적이 셰계에 크게 관계되는 바이어늘 우리나라에셔는 즈유라 압졔라 ᄒᆞᄂ는 거시 무엇신지도 모로고 지닉엿스ᄆᆡ 졔 스지를 가지고도 임의로 못 ᄲᅥ셔 아릭 빅셩이나 관속이 되여 아모리 원통ᄒᆞᆫ 일이 잇슨들 관쟝을 걸어 졍소ᄒᆞᄂ는 거시 풍화에 관계라고 ᄒᆞᄂ는 풍속도 잇고 노속이 되여 샹뎐의 손에 죽어도 살인이 업다는 법도 잇고 ᄂᆞᆷ의 직산을 빅쥬에 창탈ᄒᆞ면셔도 량반 ᄒᆞᄂ는 일을 엇지 샹놈이 감히 거역ᄒᆞᄂᆫ냐 ᄒᆞ며 무죄ᄒᆞᆫ 빅셩을 죽도록 짜리기도 ᄒᆞ야 억지로 누르ᄆᆡ 원통ᄒᆞᆫ 빅셩이 호소홀 곳시 업스니 이샹 몃 가지는 진실노 야만의 힝습이라 사름이 인졍이 잇스면 엇지 참아 다숫치 난 인싱을 억지로 위협ᄒᆞ야 ᄂᆞᆷ의게 속ᄒᆞᆫ 권리와 싱명과 직산을 압졔로 쎅아스리오 이거슨 다른 ᄭᆞ닭이 아니라 그 나라 졍치가 흉샹 압졔ᄒᆞᄂ는 뜻시 만흔 연고라 이 압졔ᄒᆞᄂ는 졍치 밋헤셔 굴네 쓰고 지낸 빅셩을 셔양 각국에 져마다 즈유권 직히던 빅셩과 홈씌 노코 본 즉 졔 나라에셔 틸긋 마치라도 즈유권을 일치 안턴 사름들이 ᄂᆞᆷ의 나라에 가셔야 더구나 일너 무엇ᄒᆞ리오 목숨을 바릴지인졍 남의게 굴ᄒᆞ지는 아니ᄒᆞ려 홀 터이오 졔 나라에셔 밤낫 압졔만 밧던 사름은 외국인을 딕한

들 무슴 싱거가 잇스리오 아모리 분호고 붓그럽고 원통훈 일을 당호드리도 의
레히 당훈 일노 참고 넘기기로만 쥬의 훈 즉 엇지호여 남의게 슈모를 면호리
오 대한 빅성이 외국인의게 욕보고 미맛고 심지어 목슘을 일는 폐단이 종종 싱
김을 엇지 괴이히 넉이리오 빅성이 이 디경이미 그 정부가 쏘훈 남의 나라 압제
를 밧ᄂᆞ니 이거슬 보면 빅성이 맛당히 ᄌᆞ유를 직혀야 훈지라 그러나 ᄌᆞ유를 능
히 직흴 쥴 모로는 사름을 기명훈 빅성과 ᄀᆞ치 권리를 줄 디경이면 도로혀 큰 해
가 잇슬지라 (…) 만일 이거슬 보고 제 몸과 제 슈족을 가지고 임의로 못 ᄒᆞ는 거
슬 분히 넉여 온젼훈 사름 노릇들을 ᄒᆞ고 십것던 외국 사름의 인졍과 학문을
좀 빅화 ᄌᆞ유권 직힐 만훈 빅성들이 되여 봅시다[13]

인용문에서 자유는 "사람이 제 수족을 가지고 제 마음대로 하여 남에게
제어함을 받지 않는" 것으로, 압제란 그 반대의 개념으로 쓰이고 있다. 논
자는 세상 사람이 모두 자유를 누리기를 좋아하는데, 대한의 백성들은 압
제하는 정치 밑에서 살아온 까닭에 자유를 제대로 지키지 못한다고 비판
한다. 자유권을 지키지 못했으면서도 "참고 넘기기"만 하고 호소하지 않는
습성은 몹시 "부끄럽고 원통한" 일로, 그것은 곧 개인의 불행을 넘어 국가
차원의 불행을 초래하는 근원이 되기 때문이다.

압제로부터의 해방이라는 측면에서, 자유는 독립의 다른 이름이기도
하다. 국가적 차원에서 보면 독립은 외세로부터의 해방이며, 개인적 차원
에서 보면 국가 관리들의 학정에서 벗어나는 일 등이 모두 여기에 해당한
다. 《제국신문》의 여러 논설에서는 이 두 가지 측면이 모두 발견된다. 물론
개인적 차원의 독립이 중요한 이유도 궁극적으로는 그것이 국가 독립으로
이어지는 전제 조건이기 때문이다.[14] 독립은 단순히 권리의 확보를 위해서

---

13 '논설', 《제국신문》, 1898년 8월 17일. 강조는 인용자.

뿐만이 아니라, 상대방의 가치를 인정하는 평등을 실현하는 기초가 되기에 필수적이다.

개인 대 개인, 나라 대 나라는 본래 동등한 것인데, 한 사람이 자유(독립)를 지키지 못하고 다른 이에게 맞고 빼앗기기를 원통히 여기지 않으면, 개인/나라가 다른 개인/나라에 의해 압제받는 일을 피할 수 없다. 《제국신문》에서는 이러한 압제의 상황을 자유권을 잘 지키는 "개명"한 나라의 백성들에게서는 일어나지 않는 야만의 풍습이라 보았다. 자유의 확립이라는 보편적 당위의 제시 → 그 당위에 미달하는 대한의 백성 비판 → 당위를 실천하는 개명한 모델로서 외국의 백성을 제시하는 여러 단계를 거쳐, 《제국신문》은 최종적으로 대한의 백성들에게 외국 백성들처럼 자유권을 확립하는 데 필요한 "학문"을 권유한다.

남에게 수치스러운 일을 당하지 않기 위해서는 나라의 힘을 길러야 하며, 이를 위해 가장 필요한 자질이 학문이라는 생각은 일찍이 《독립신문》에서부터 강조된 바다. "조선이 이렇게 약하고 가난하고 백성이 어리석고 관인이 변변치 못한 것은 다름이 아니라 관민이 다 학문이 없는 까닭"이라고 하는 등,[15] 학문 혹은 지혜의 결여는 조선이 약하고 가난한 처지에 이른 것을 당연시하게 하는 가장 큰 이유로 지목되었다.

《제국신문》에서도 학문은 개명과 독립을 가능하게 하는 중요하고도 유일한 통로로 제시된다. 독립을 위해서는 그동안 지식을 향유하는 자리에서 배제되었던 이들도 모두 학문을 하도록 권유해야 했기에, 학문은 인간

---

14 독립 개념과 개체성의 존재, 개인의 긍정적 변화가 집단의 긍정적 변화로 수직 확산되는 양상 등에 대한 분석은 류준필, 「19세기 말 '독립'의 개념과 정치적 동원의 용법 ─ 《독립신문》 논설을 중심으로」, 고미숙 외, 『근대계몽기 지식 개념의 수용과 그 변용』, 소명, 2004, 38~44쪽 참조.

15 《독립신문》, 1896년 10월 10일.

의 기본적인 특징이자 의무로 규정되었다. "사람의 지혜는 금수와 같지 않아 가르칠수록 더 많은 것이라. 사납기가 호랑이와 사자 같으며 크기가 코끼리와 약대 같은 짐승이라도 반드시 힘없는 사람에게 잡히며 부리며 죽는 것은 다름이 아니라 그 영혼이 없음으로 능히 사람의 지혜를 당치 못함이라"[16]고 하며 지혜를 기준으로 사람과 금수 사이에 차등을 두었다. 이것은 다시 "사람의 일신상 자격 중에 제일 귀하고 보배로운 것은 총명"[17]이라는 명제로 거듭된다.

문명의 진보와 나라의 독립을 위해 학문을 해야 한다는《제국신문》의 논지는 조선보다 앞서 문명화를 외친 일본에서 후쿠자와 유키치(福澤諭吉)가 펼쳤던 견해와 유사하다. 19세기 후반 '문명'은 조선을 비롯한 동양에서 자신의 위치를 정립하는 새로운 가치 척도로 등장한 개념으로, 이를 선구적으로 전파시킨 이가 후쿠자와 유키치다. 후쿠자와의 문명론에 따르면, 문명은 인류 전체가 지향해야 할 방향으로, 지선(至善)이 아니라 선을 향해 나아가는 과정일 뿐이다. 이런 의미에서, 그것은 어디까지나 상대적인 개념이다.[18]

> 현재 세상을 널리 살펴보면 문명개화하여 문학과 군비도 발달하여 부강한 나라가 있는가 하면, 야만하고 미개하여 문무가 뒤떨어진 가난하고 약한 나라도 있다. 대개 유럽이나 미국의 나라들은 부유하므로 강하고, 아시아나 아프리카 나라들은 가난하여 약하다. 그러나 이러한 빈부강약은 그 나라의 지금의 상황이

---

16 '논설',《제국신문》, 1898년 12월 9일.

17 '논설',《제국신문》, 1900년 8월 30일.

18 후쿠자와 유키치의 문명 개념의 성격과 아시아 지역에서의 전파에 관해서는 류준필,「일본의 침략주의와 문명론의 아포리아: 福澤諭吉의『文明論之槪略』과 그 동아시아적 계기」,《한국학연구》제26집, 2012.2.

며 원래부터 그런 것이 아니었다. (…) 빈부의 강약의 상태는 하늘이 정해준 것이 아니라 인간의 노력 여하에 따라 달라질 수 있는 것이므로 현재 어리석은 사람도 내일은 현명한 사람이 될 수 있으며 옛날의 부강함도 오늘날에는 빈약하게 될 수도 있다. 옛날을 되돌아보면 그러한 예가 적지 않다. 우리 일본 사람도 지금부터 학문에 정진하며 확실한 정신을 가지고 우선 자기 자신의 독립을 이루고, 나아가서는 한 나라의 부강을 이루게 되면 그까짓 서양 사람의 힘은 두려워하지 않아도 된다. 도리를 지키는 국가들과는 서로 교류하며, 도리를 지키지 않는 국가들과는 교류를 끊어야 한다. 일신 독립하여 일국 독립한다는 것은 이것을 두고 한 말이다.[19]

후쿠자와는 학문을 통해 이러한 문명으로 나아갈 수 있으므로, 학문을 할 것을 권유했다. 학문 혹은 지혜가 곧 문명은 아니지만, 적어도 문명의 가능성을 열어주는 '개인과 국가의 독립'을 보장해줄 것이라 믿었기 때문이다. 후쿠자와는 모두가 동등한 자유의 권리를 지닌 국가와 그곳에 사는 국민들 사이에 빈부강약의 차이가 생기는 근원을 '학문'에서 찾는다. 그리하여 약한 나라의 사람들도 학문에 정진하여 우선 자신의 독립을 이루고, 나아가서 나라의 부강을 이루면, 강자의 힘에 휘둘리지 않을 수 있다고 말한다.

후쿠자와가 펼친 문명론이 국가의 자유와 독립이라는 당면 과제를 풀어나가는 과정에서 파생된 것이라는 점에서, 일본과 마찬가지로 구미 열강의 압력에서 자유롭지 못했던 조선에서도 그의 논의는 적극적으로 수용되었다. 《제국신문》에서도 사정은 크게 다르지 않았다. 서구 열강의 북경

---

19   후쿠자와 유키치, 『학문의 권장』, 남성영·사사가와 고이치 옮김, 소화, 2003, 48~49쪽. 강조는 인용자.

진입으로 청이 최대의 혼란을 맞고 있을 때《제국신문》에서는 시시각각으로 변하는 청의 상황을 용의주도하게 보도하면서, 다른 한편으로는 이들에 걸쳐 논설란에 '복택유길[후쿠자와 유키치]' 씨를 소개하는 글[20]을 싣는다.

자기 자신의 자유[一身獨立]뿐 아니라 나아가 일국의 독립[一國獨立]을 달성할 수 있는 최선의 방법이 학문이라는 주장은 이즈음 의심할 바 없는 당위처럼 반복되었다. 이제 중요한 것은 학문을 하는 방법이었다. 후쿠자와는 문명을 '서양과 거의 동일한 것으로 취급했는데, 서양의 여러 나라들이 인류가 지향해야 할 가치척도로서 등장한 문명을 현재 가장 잘 실현하고 있는 것으로 보였기 때문이다.[21]

얼마 전까지만 해도 세계에서 가장 크고 중심이 되는 지역이라고 생각했던 청이 영국·프랑스·이탈리아·러시아·독일 등의 개방 압력에 무력하자,《제국신문》에서도 이들 여러 나라를 포괄하는 서양을 이상적인 모델로 삼았다. 그리하여 개명한 나라들의 지식을 배워서 우리도 문명부강을 이룩하자는 말 그대로, "지지(地誌)"·"역사"·"운동"·"체조"·"수학"[22]·"창세기"[23]·"호흡론"[24] 등 구체적인 이름을 지닌 서양의 학문을 배우자는 논의가 상당 부분을 차지하게 된다.

---

20 《제국신문》은 1900년 10월 5~6일 이틀에 걸쳐 논설란에 '복택유길' 씨를 소개한다. 10월 5일에는 그의 일생을 간략히 소개했고, 10월 6일에는 '자유'에 관한 그의 논의를 번역해서 실었다. 전날인 10월 4일의 논설에서는 나라의 자주 독립에 관한 글을 실었는데, 이 글의 전반부 또한 후쿠자와의 논의와 흡사하다.

21 후쿠자와 유키치, 『문명론의 개략』, 정명환 옮김, 광일문화사, 1989, 23쪽.

22 '논설',《제국신문》, 1990년 9월 26일. 지리학, 역사학은 9월 5일자 논설에서도 등장한다.

23 '논설',《제국신문》, 1898년 12월 16~17일. 기독교의 성경("창셰긔")은 여기서 종교가 아니라 학문 서적으로 간주된다. 그것은 "도덕경, 쥬역, 격치서, 니젼" 등과 대립되는 것으로 여겨진다.

24 '논설',《제국신문》, 1990년 10월 18~19일.

그러나 《제국신문》에서 학문은 오직 서양의 지식을 배우는 데 그치지 않는다. 《제국신문》에서는 현실의 구체적인 사례와 접목시켜 학문이 일상의 영역을 넓혀가려는 사소한 노력에서 얻어질 수 있는 것임을 역설한다.

> 대뎌 학문이란 것은 학교로 다니며 빈호고 외이는 것만 학문이 아니라 무삼 셔칙이던지 만이 보아셔 이전 남의 일을 긔억ᄒᆞᄂᆞᆫ 것도 학문이오 학문 잇는 사람과 츄츅ᄒᆞ야 유식흔 리야기 듯는 것도 학문이오 근일 신문 잡지 갓흔 것도 만이 보아셔 세상 소문 아는 것도 학문이라[25]

인용문에서 논자는 "학교로 다니며 배우고 외우는 것" 외에도, "무슨 서책이든지 많이 보아서 이전 남의 일을 기억하는 것", "학문 있는 사람과 추축하여 유식한 이야기 듣는 것", "신문 잡지 같은 것도 많이 보아서 세상 소문 아는 것" 등 일정한 형식과 원리를 갖추지 않은 행위들도 모두 학문하는 방법이 될 수 있다고 말한다. 견문이 넓은 사람이 이상적인 존재로 부각되는 것은 이런 맥락에서다. 《제국신문》에서는 학문 있는 사람의 이상적인 모델을 "물새"에 비유한다.[26] 여기저기 다녀서 보고 들은 것이 많은 "물새"와 같은 인물이야말로, 우물 안의 개구리를 벗어나 새로운 세계 속에서 자신의 위치를 재정립할 수 있는 존재라 여긴 까닭이다.

첩첩산중에 살아 자기 자식이 다른 사람의 삶을 들여다보지 못해서 걱정하던 부모가 그 동네에 찾아온 소금장사에게 자식을 맡겨 세상 사는 이치를 깨우치게 한다는 논설[27]에서도 그렇거니와, 견문이 고루하고 지식이 별로 없어 "고집불통"인 노인과 학문도 많거니와 재덕을 겸비한 "박람식"

---

25 '논설', 《제국신문》, 1900년 10월 13일.
26 '논설', 《제국신문》, 1898년 12월 24일.
27 '논설', 《제국신문》, 1899년 4월 12일.

이라는 소년을 대비하는 논설에서도 좋은 평가는 모두 후자의 인물을 향하고 있다.[28] 노인처럼 모든 생각이 자기 몸-자기 집-자기 동네에만 머무른다면, 어느 것이 중하고 경한지 알 수 없어 옳은 일을 행할 수 없는 것으로 묘사된다.

등장인물이 꿈을 통해 어떤 깨달음을 얻게 되는 것으로 끝맺는 또 다른 논설에서도 동일한 사고를 확인할 수 있다.[29] 논설의 전반부는 꿈의 내용에 해당하는 부분으로, 경치 구경을 나선 한 남자가 흥에 취해 석벽에서 떨어져 죽을 위험에 처해 있으면서도 천하태평이니 가련하다는 이야기를 담고 있다. 등나무 줄기를 잡으면 살 길이 열리지만, 흰 쥐와 붉은 쥐 두 마리가 등줄기를 캐 먹고 있는 마당이니 서두르지 않으면 위태롭다. 서둘러야 하는데도 남자는 앞일을 생각지 않고 향기로운 무화과 열매를 따 먹는 데에만 열중한다.

꿈에서 깨어나 그 꿈의 의미를 곰곰이 더듬어 보는 후반부에 이르러서야, 남자는 비로소 그 꿈의 내용이 눈앞의 사사로운 부귀공명을 취하려다가 장차 자신이 죽을 것조차 깨닫지 못한다는 것이었음을 깨우친다. 당시의 국제 정세에 비춰볼 때, 이때의 "풍류남자"는 조선에, "흰 쥐"와 "붉은 쥐"는 호시탐탐 대한의 이권을 장악할 기회를 노리는 열강에 포개어진다. 위기에 처한 "풍류남자"에게 제시된 최선의 길도 역시 "격치공부 문견 늘"리는 교육이다. 교육은 "삼십"의 나이라도 "늦지 않"다. "학문이란 것은 한정이 없어 늙어죽는 날까지는 학문 공부를 아니할 수 없"[30]기 때문이다.

여기에서도 학문과 교육의 방법으로 언급되는 것은 "동서양 육대주의 이리저리 구경하"는 "유람"이다. 유람한 선비가 "개명이치 배운 후에 후생

---

28   '논설', 《제국신문》, 1899년 3월 15일.

29   '논설', 《제국신문》, 1899년 11월 22일.

30   '논설', 《제국신문》, 1900년 10월 13일.

을 교육"하면 "부국강병 도모하여 이천만 동포형제 태평안락 지내도록 사면에 강한 이웃 접촉하지 못하도록 마음먹고 경영"할 수 있다는 것이다. 전대(前代)의 학문이 책상 앞에 앉아 서책을 읽는 관념성에 치우쳐 있었다면, 이제 학문은 문자를 깨치는 일과 그 문자를 활용한 책읽기를 넘어서 우선 타자를 향해 자신을 열어두는 태도에서 비롯됨을 역설하고 있는 것이다.

학문이 이렇듯 일상 세계 위에서 펼쳐질 때, 그것은 "소문"에 대한 민감성과도 결합한다.

> 세상에 샹하귀쳔을 무론ㅎ고 누구던지 듯고 본 것이 업스면 지식이 옹폐ㅎ야 소견이 즈긔 눈으로 보는 집안일에서 지나지 못ㅎ는 고로 싱각이 쳔협ㅎ고 일 ㅎ는 것이 고루ㅎ 것은 리치에 당연흔 것이라 그런 고로 문견이 널너야 지혜가 더욱 박다ㅎ엿고 들은 것이 만으면 아는 것이 널짜 ㅎ엿스니 <u>사름의 학식을 널니고 지혜를 더ㅎ는 것은 문견이 아니면 엇지홀 슈 업는 것이오 쏘 문견이 널너서 쟝후에 지식의 진ㅎ는 것은 그만두고라도 당쟝 스긔로 말ㅎ더리도 누가 우리를 히하랴고 은밀이 쥬션ㅎ는 일이 즈연 현발ㅎ야 세샹이 왁쟈ㅎ는 것을 우리만 몰으고 잇다가 누가 말을 통긔홈을 인ㅎ야 방비를 잘ㅎ야 화를 면ㅎ는 것은 소문을 됴화ㅎ는 효험이어니와</u> (…) 소문 됴화ㅎ고 슬여ㅎ는 리히가 엇더타 ㅎ리오 죠금만 스스일도 그러ㅎ거든 함을며 텬하 각국이 분징ㅎ야 강흔 이가 약흔 니를 먹고 나흔 놈이 익의고 못된 사름이 피ㅎ는 잇쌔에 (…) <u>나라의 유조흔 것은 소문 듯는 것으로 데일을 삼는 것이 가치 안타고 홀 슈 업는 줄노 아노라</u>[31]

위 논설에서 논자는 사람의 학식을 늘리고 지혜를 더하기 위해서는 문

---

31 '논설', 《제국신문》, 1900년 8월 15일. 강조는 인용자.

견을 늘리는 방법밖에 없고, 문견을 늘리는 데에는 소문을 좋아하는 것만한 게 없다고 주장한다. 자신들이 소문의 주요 전달 경로인 신문을 발간하고 있었던 탓인지, 《제국신문》은 개명하기 위해서는 신문을 많이 보라는 말과 함께 소문에의 민감성이 지니는 힘을 자주 강조했다.[32] "소문 잘 듣는 것이 눈 뜨는 것"[33]이라고 할 정도로 "소문" 자체를 지혜로 내세우기도 하였다. 그러면서도 《제국신문》은 이러한 행위들이 모두 "나라에 유조(有助)"하다는 것, 즉 나라의 독립에 기여한다는 점을 끊임없이 환기시킨다.

문명으로 나아가기 위한 독립을 위한 최상의 길로 제시되었던 "학문"은 여기서 사방에서 일어나는 일들에 자신을 열어두고 얼마나 잘 대처할 수 있느냐를 묻는 행위와 별반 다르지 않은 것으로 변모한다. 이와 같은 학문 개념의 성격 변화는 기본적으로 전대의 학문 방식이 더 이상 유효하지 않음을 시인하면서 생겨난 것일 테지만, 급진적인 개혁을 피하고 현실의 조건을 고려하는 과정에서 생겨난 것이기도 하다. 학문을 통해 도달하는 지점이 궁극적으로 타자가 아닌 자기 자신의 독립임을 강조하기 위해서는 외부에 놓인 문명의 지식과는 별도로 자기 내부의 동력이나 일상에서의 실천 가능성을 강조할 수밖에 없기 때문이다.

설득과 계몽의 과정에서 언술과 현실의 벌어지는 틈을 봉합하려는, 그리하여 도달하려는 가치와 현실적 조건의 거리를 좁히려는 이와 같은 시도는 자신을 독립시키는 일뿐만 아니라 '독립된 자신을 어디에 위치시킬 것인가'라는 문제에서도 드러난다.

---

32 대표적으로 1899년 1월 19일의 논설을 들 수 있다. "신문이란 거슨 기명에 지남철"이라고 말하는 이 글의 핵심은 신문이 개명하는 데 얼마나 유익한 일을 하고 있는지를 알리는 데 있다.

33 '논설', 《제국신문》, 1900년 7월 13일.

3. 독립-문명화의 딜레마와 "동양"[34] 사유방식의 역설

1898년 9월 12일 《제국신문》의 논설란에는 날로 늘어나는 군비에 대한 생각이 담겨 있다. 한 해의 군비가 구십여 만 원에 이르는데, 논자는 그 시세 형편을 고려하더라도 그 돈으로 "교육을 힘쓰며 법률을 공평히 하"는 게 도리라고 말한다. 군사 교련의 효력이 동학과 의병 등 백성을 압제하는 데에는 그럭저럭 발휘되나, 강한 이웃의 침략에는 여전히 쓸모없다고 판단한 것이다. 국력을 기르기 위해 교육을 권장하는 건 그리 새삼스러운 일이 아니다. 흥미로운 점은 교육에 힘쓰고 법률을 공평하게 할 때 "동양 판도에 중립은 확실히 될 줄로 믿"는다는 데에 있다.

이때 "중립"이라는 말은 어느 편에도 치우치지 않고 중간 입장을 지키며 공정하게 처신한다는 의미보다는 구미 열강의 개방 압력에 시달리는 동양에서 독립은 지킬 수 있을 것이라는 뜻으로 읽힌다. 조선 역시 동양의 일원이지만, 그 자신이 위치하는 동양에 대해서는 부정적인 시각을 견지한다. 서양과 대비되는 지역으로 동양을 설정하고 이 둘을 비교·대조하는 일련의 논설에서 이 점은 더욱 두드러진다.

엿던 크 동리 둘이 잇스되 동편 동리는 슈석도 됴커니와 토디가 광활ᄒ야 년년

---

34   동양, 동방, 동아시아라는 말은 자주 혼용되고 있다. 19세기 이후, '동양'은 단순한 지리 개념이 아니라 '지리 문화적 영토권역 개념'으로 사용되어왔는데, 이는 보통 한자 문화권 사람들이 자신들의 문화권을 총칭할 때 쓴다. 그러나 좁게는 중국이 일본을 경멸적으로 지칭할 때 사용되는 개념이기도 하다(전형준, 「동아시아 담론의 비판적 검토」, 《人文學志》 15, 1997년 5월, 7~9쪽 참조). 이 글에서는 동양을 한자 문화권을 총칭하는 의미로 쓸 것이다. 이 경우, 동아시아 혹은 중국에서 쓰는 동방이라는 개념을 사용할 수도 있으나, 《제국신문》에 나타난 용어를 그대로 살리기 위해서 '동양'을 사용한다.

이 오곡빅곡은 이삼비 츌식□고 계견뉵축은 쳔빅 슈식 기르며 □은 농쳘은 도
산이 즈죡ᄒ고 례의 눈물은 일용이 풍□ᄒ니 가위 별유텬디오 데일강산이라 보
ᄂ 사름마다 뉘 아니 됴타 ᄒ리오마ᄂ 그곳에 사ᄂ 사름들의 셩픔이 나약ᄒ고
풍속이 희이ᄒ야 롱스 짓ᄂ 규모ᄂ □고 밀 쌔에 힘을 서로 쓰지 아니ᄒ야 명식
이 취숑이오 쟝수ᄒᄂ 모양은 스고 팔 쌔에 ᄆ음을 서로 속히랴 ᄒ니 원숭의 슌
닌라 즈숀 교훈ᄒᄂ 말은 슈분슈조ᄒ라면서 제 ᄒᆼ스ᄂ 쥬식잡기 난봉질만 ᄒ고
타인 졉딕ᄒᄂ 법은 례의 슝상 흔다면서 속ᄆ음□ 론인쟝단 시비질만 ᄒ며 흔
품 버리 못 ᄒ고도 열 량 아치 먹으랴고 안녀편네 구박ᄒ되 반찬 업ᄂ 이 밥샹은
춤 보기가 슬타□고 삼간쵸□ 못나면서 어린 즈식 쑤즈□되 젼릭ᄒ던 우리 가
문 뉘가 능히 보젼ᄒ리 심심ᄒ면 잔소리요 일 업다고 눗잠자며 즈긔 동리 토옥
□야 물샨도 죽죡ᄒ고 사름 살기 죠타 ᄒ며 셔편 동리 흉보더니 셔편 동리ᄂ 토
디와 산쳔은 볼 것이 업건마ᄂ 인심이 근간ᄒ고 풍속이 슌후ᄒ야 롱스에 힘을
쓰되 긔계가 쳡리ᄒ고 거름도 만히 ᄒ야 일년 츄슈가 수십만 셕식 되니 이ᄂ 롱
가의 치□ᄒᄂ 근본이오 쟝수에 취리ᄒ되 물건이 구비ᄒ고 물가도 뎍당□야 일
일 미매가 수빅만 량식 되니 이ᄂ 샹민의 치우ᄒᄂ 슐업이오 쟝식이 공부ᄒ되
슈직도 잇거니와 긔물이 졍미ᄒ야 잠시간에 ᄆᆫ들기를 불가승수라 이런 고로 집
집마다 요부ᄒ고 사름마다 유여ᄒ야 고루거각은 거쳐가 편안ᄒ고 진슈셩찬은
음식이 믓이 잇고 룽라금슈ᄂ 의복이 찬란ᄒ야 동편 동리에 비홀 배 아니라 (…)
슯흐다 동편 동리 사름들도 셔편 동리 사름갓치 치샨 범졀 몬져 ᄒ고 놀기ᄂ 후
에 흡쇼[35]

"동편 동리"와 "서편 동리"라는 두 지역의 환경과 기풍을 비교하는 위의
논설에서 동편 동리와 서편 동리는 각각 동양과 서양을 가리킨다. 전자는

---

35 '논설',《제국신문》, 1899년 3월 13일. □는 원문에서 본래 알아볼 수 없는 글자.

본래 타고난 환경은 좋으나 "그곳에 사는 사람들의 성품이 나약하고 풍속이 해이하여" 그곳을 제대로 지켜가기 힘들어지는 동네로 묘사되는 데 반해, 후자는 타고난 조건은 별 볼일 없지만 "인심이 근간하고 풍속이 순후하여" 삶이 편안해지고 모두가 부유하게 된 동네로 묘사된다. 여기에서 동양 혹은 서양이라는 지역을 구분하는 근거는 그곳의 풍토나 환경, 혹은 교류의 역사가 아니라, 지역에 사는 사람들의 풍속이다.

한 지역의 현재 모습을 풍속에 따른 결과로 이해함으로써, 물질적인 부(富)로 표상되는 문명 세계는 "동편 동리 사람들도 서편 동리 사람같이" 행동하는 '자기 개선'을 통해 도달할 수 있는 세계로 그려진다. 동쪽과 서쪽의 지리적 관계는 진보된 곳과 뒤처진 곳, 진보된 사람들과 뒤처진 사람들이라는 시간적 관계로 바뀌고, 이로써 '동양'과 '서양'이라는 새로운 대립 개념이 만들어진다.[36] 《제국신문》에서 두 개념의 대립을 더욱 팽팽하게 만들어주는 역할을 하는 것은 "인종(人種)"이다.

《제국신문》에서는 1900년 초부터 열강의 청국 진입 소식을 촉각을 세워 보도한다. 광서제(光緖帝)와 개화당의 개혁 시도를 좌절시킨 서태후(西太后) 중심의 보수파가 세력을 집권한 후, 청은 구미 열강에 더욱 속수무책이 되었다. 《제국신문》은 무너지는 청을 복거지계로 삼기 위해 매일매일 청국의 상황을 상세히 보도하면서 이 상황이 "황인종" 전체에 대한 위협임을 강조했다. 이것은 오늘날 아시아에서 "독립의 체면을 보존하는 자는 오직 대한(어찌 될지 모르는 독립)과 일본과 청국과 섬라와 파사 이 다섯 나라"[37]밖에 없다는 절박한 시대 인식과 맞물려 있다.

---

36 지리적 관계를 시간적 관계로 바꾸는 이러한 논리에 출현에 대해서는 임지현·사카이 나오키, 『오만과 편견』, 휴머니스트, 2003, 204~205쪽 참조.
37 '논설', 《제국신문》, 1898년 8월 25일.

무릇 인종이 갓흔 즉 긔질과 셩졍이 쏘한 갓고 글즈이 갓흔 즉 문견과 지식이 쏘한 갓흘지라 (…) 텬하의 변ᄒᆞᄂᆞᆫ 거슬 볼지어다 십 년이 지나지 안어서 우리 아셰아쥬에 황인종이 다 미리견 홍모번 토죵갓치 변ᄒᆞ야 빅인종의 셰계가 될 거시니 그거시 두렵지 아니ᄒᆞ랴 (…) 한일쳥 사름들아 한일쳥 사름들아 한일 쳥 사름들아 셰 나라이 합력ᄒᆞ야 써나지 말고 큰 국셰를 붓잡으라고 ᄒᆞ려 ᄒᆞ 노라[38]

논설에서 동양 인민은 똑같이 황인종이라는 이유만으로도 서양 인민에 맞설 자격이 충분한 것으로 그려진다. 서양이라는 하나의 공동체를 구성하고 그에 맞서는 동양이라는 새로운 공동체를 창출해내는 과정에서, '인종'은 공동체 내부의 차이를 무화하고 균질화하는 데 더할 나위 없이 훌륭한 연결 장치로 기능했다. 같은 황인종으로 묶인 동양의 상상된 통일성은 국민문화의 통일성을 강조하는 것처럼 재생산되었다. 나라의 독립을 위해 "백성의 합심"이 필요하듯,[39] 동양 전체 인민들의 "합력"하는 마음을 간절하게 요청하는 문구도 여기저기에 등장했다.

논자들은 조선의 "인민이 속히 개명하여 세계에 동등 백성이 되기를" 바라는 동시에, 자신들이 "큰 목적" 아래 청, 일본과 함께 "한 나라의 사람 같이" 되기를 바란다.[40] 동양 내의 차이는 무화되고, 서양과 동양의 이원 대립만이 부각되는 것이다. 물론 이러한 대립 개념이 그 자체로 설득력을 지니는 것은 아니다. 학문을 권장할 때와 마찬가지로, 문명을 잘 구현한 서양

---

38 '논설', 《제국신문》, 1899년 1월 26일. 강조는 인용자.
39 나라가 잘되기 위해서는 백성들이 다 애국하는 마음을 가져야 한다는 주장은 《제국신문》 전반에 걸쳐 있다. 나라 잘되는 것의 관건이 백성의 '합심'에 달려 있다는 말이 직접적으로 표현된 글로는 '논설', 《제국신문》, 1898년 10월 29일 참조.
40 '논설', 《제국신문》, 1898년 9월 14일.

이 한편으로는 자유와 독립의 메신저이되 다른 한편으로는 자신의 독립을 방해하는 존재가 된다는 이중적 상황을 고려해야만 하기 때문이다.

> 지금 셰상이 이럿케 요란ᄒ야 젼에 듯도 보도 못ᄒ던 셔양 각국이 날노 강셩ᄒ 야 우리 동방 ᄉ쳔 년 례의지방이 졈졈 셔양 사름의 풍속에 무져져 만이 지국이 되여갈 ᄲᅮᆫ더러 동양 각국이 다 그 사름들의게 부듸겨 견댈 슈 업시 되어가ᄂᆡ 엇지 인ᄌᆡ가 나지 아니ᄒ니 답답ᄒᆫ 일이로셰[41]

> 셰계 형편을 ᄉ롷혀보니 시셰가 동졈ᄒ야 외면으로ᄂᆞᆫ 평화 약조가 분명ᄒ나 리허 를 궁구ᄒ니 약육을 강식이라 어와 동방 신민들은 깁히 든 잠을 ᄭᅵ울지어다[42]

인용한 논설들은 절대적인 긍정의 영역이었던 '서양' 개념에 제국주의 적인 야만성이 덧붙여져 의미의 조정이 일어난 사례다.《제국신문》에서는 동양 각국이 "전에 듣도 보도 못하던 서양 각국" 사람의 풍속에 의해 오랑 캐가 되었다고 하거나, 서세 동점은 약육강식에서 오는 일이니 "동방 신민 들은 깊이 든 잠을 깨"어야 한다고 촉구하는 내용을 논설에 담았다. 그런가 하면 또 다른 논설에서는 서세 동점에 대한 서로 다른 의견을 지닌 두 사람 의 문답을 나란히 배치시킴으로써, 모순에 빠진 현실을 전면에 내세워 당면 한 상황을 피하지 않고 나름대로 끌어안으려는 모습을 보여주기도 한다.[43]

---

41 '논설',《제국신문》, 1898년 11월 9일.

42 '논설',《제국신문》, 1899년 10월 27일.

43 '논설',《제국신문》, 1898년 11월 4일. 논설의 내용은 비교적 단순하다. 세상 형편을 토 론하던 중 한 친구가 '서양'에 복종하게 된 '동양'의 현재 상황을 탄식하자, 다른 친구 하나가 세상의 모든 나라는 성쇠를 반복하기 마련이며, 현재 서양이 동양에 와서 성세 를 구가하는 것도 동양이 개명하는 일이 될 터이니 걱정할 필요가 없다며 안심시킨다 는 이야기다. 첫 번째 친구가 서양의 제국주의에 포섭되는 동양을 걱정하고 있다면,

백인종과 황인종의 대립 구도 속에서 서양의 가치를 끌어내리는 태도는 서양을 문명의 척도로 삼았던 기존의 태도에 역행하는 일이다. 문명을 서열화해 바라볼 때와 달리 독립된 자신이 놓일 곳, 즉 자기 자신의 정체성에 대해서 고민하기 시작하면서, 《제국신문》은 논리의 일관성을 지켜나가지 못한다. 모순적인 상황에서 균형 감각을 확보하기 위해서는 동서양을 동등한 대립항으로 만들면서도, 서양이 잘 구현하고 있는 문명의 흐름을 거스르지 않아야 한다. 이로써 《제국신문》에서 부정적으로 평가했던 자신과 동양의 가치가 긍정적으로 전환될 가능성이 싹트게 된다.

상대적으로 문명의 우위에 있던 서양에 맞서 동양이라는 대등한 공동체를 구축하기 위해서 《제국신문》에서는 자신의 긍정적인 측면을 부각시키기 시작한다. 서양 이야기가 동양 이야기의 우위에 있었던 창간 즈음의 논설들은 차츰 동양 사기(史記)와 서양 사기의 나란한 배치를 통해 양자의 동등함을 주장하는 쪽으로 바뀌어간다. 더 적극적인 자기 긍정은 서양 사람과 대한 사람의 만남을 다룬 일련의 논설에서 볼 수 있다.

긱이 비록 대한 풍속을 안다 ㅎ나 고왕금릭에 ᄉ젹은 ᄒ나도 모롬이라 우리 동방이 긔국ᄒ 지 ᄉ쳔여 년에 셩현에 덕화와 남녀의 힝실이 거륵ᄒ 곳이 만하 슈빅 년 동안 새로 긔국ᄒ 셔양에 바홀 빅 아니라[44]

일위 쇼년이 문을 두ᄅ리거늘 급히 문을 열고 본즉 일젼에 대한 풍속을 담론ᄒ던 셔양 친구라 손을 잡고 례필좌졍ᄒ 후에 긱이 굴ㅇᄃᆡ 쥬인의 보시ᄂ 셔쳑이 무슴 글이뇨 쥬인 왈 아시아 녯젹 ᄉ긔언니와 그ᄃᆡᄂ 엇지ᄒ야 뭇ᄂᆞ뇨 긱이 굴

────────────────

두 번째 친구는 모든 나라가 흥함과 망함을 반복한다면서 서양이 동양에 와서 흥성한 게 동양에 이득이 되기도 하니 걱정할 거리가 아니라는 입장을 취한다.
44 '논설', 《제국신문》, 1901년 1월 31일.

오딕 대한과 청국의 형편을 보건딕 열심히 즈긔 나라를 위ᄒᆞᄂᆞᆫ 쟈ᄂᆞᆫ ᄒᆞ나도 업ᄂᆞᆫ 모양이니 녜젹 스긔에ᄂᆞᆫ 츙신렬스가 더러 잇ᄂᆞ뇨 <u>쥬인 왈 동양 사ᄅᆞᆷ은 근본 츙효를 슝샹ᄒᆞᄂᆞᆫ 고로 녜로브터 님군을 위ᄒᆞ야 나라 일에 죽은 쟤ㅣ 만흔지라</u> (…) 비록 무지흔 빅셩신지라도 님군이 하늘ᄀᆞᆺ치 존귀ᄒᆞ시고 만민의 부모가 되시ᄂᆞᆫ 줄을 알며 정부의 명령을 슌죵ᄒᆞᄂᆞ니 <u>셔양 빅셩의 강흔 풍긔로 님군이 조금 잘못ᄒᆞ면 폭발약이나 륙혈포로 죽이고쟈 ᄒᆞᄂᆞᆫ 야만의 풍속은 업ᄂᆞ니라</u>[45]

인용문은 대한 사람이 서양 사람과 더불어 대한의 풍속을 논하는 장면을 기록하는 양식을 취한 논설들로, 여기서 대한 사람은 서양의 풍속과 대비되는 동양 풍속의 장처(長處)를 부각시킨다. 동양의 오랜 역사를 높이 평가하는 과정에서 대한 사람은 동양의 고유한 가치로서 "충효"와 "신의"[46] 등을 내세운다. 이 가치들을 동양인의 장점으로 제시하면서 자연스레 서양인들은 그와 대조되는 모습을 지닌 "야만"의 위치에 놓이게 된다.

견문이 좁다고 비판의 대상이 되었던 동양의 가치를 긍정적으로 재발견하면서, 동양 내부에서 일어나는 '서양적' 행위들에 대해서는 다른 평가를 내리기도 한다.

우리 동양 각국 풍속에ᄂᆞᆫ 어느 나라 ᄯᅡ을 엇거드면 그 ᄯᅡ에 사ᄂᆞᆫ 인민을 늬 나라 빅셩과 갓치 딕졉ᄒᆞ여 별노 등분이 업거늘 뎌 셔양 사ᄅᆞᆷ들은 그러치 안어서 어딕 가셔 어느 나라 ᄯᅡ을 ᄲᅢ앗던지 그 ᄯᅡ에 살던 빅셩은 상관이 업고 빅인죵만 보닉여 번셩ᄒᆞ게 ᄒᆞ야 그 ᄯᅡ에 쥬인이 되도록 ᄒᆞ고 그 본토죵은 업셔질스록 죠아ᄒᆞᄂᆞ니[47]

---

45 '논설',《제국신문》, 1901년 2월 4일. 강조는 인용자.
46 '논설',《제국신문》, 1901년 2월 2일.
47 '논설',《제국신문》, 1899년 2월 20일.

인용문에서 논자는 남의 땅을 취하는 침략적 행위라도 반드시 부정적인 것은 아니라면서 동양 내부의 일이냐 아니냐에 따라 다시 긍정적인 침략과 부정적인 침략으로 구분한다.

> 동양 고금 녁ᄉᆞ를 볼진티 토디를 욕심 닉여 서로 견징ᄒᆞᄂᆞᆫ바 그 토디만 ᄲᅢᆺ앗고 그 인죵은 샹관이 업ᄂᆞ니 지나 폭원으로 말ᄒᆞᆯ지라도 당 우 하 은 쥬로붓터 한 당 숑 명ᄉᆞᆫ지 여러 세대를 변쳔ᄒᆞ얏셔도 그 인죵은 그ᄃᆡ로 잇셧거니와 ᄇᆡᆨ인죵의 경영ᄒᆞᄂᆞᆫ 바ᄂᆞᆫ 이와 크게 다른지라 (…) 우리 (누른 빗) 인죵 대한 일본 쳥국 사름들은 ᄇᆡᆨᄉᆡᆨ 인죵들이 벌ᄂᆞ히 익기며 고마히 녁일 일이 잇셔 그 토디만 욕심 닉고 인죵은 샹관이 업다 ᄒᆞ야 잇고 업ᄂᆞᆫ 것ᄉᆞᆯ 서로 보조ᄒᆞ며 남녀 혼인ᄒᆞ기를 거릿ᄭᅵ미 업시 ᄒᆞ야 ᄌᆞᄌᆞ손손히 영원 화평ᄒᆞ게 지닐넌지 혹 흑ᄉᆡᆨ 동ᄉᆡᆨ 죵ᄉᆡᆨ 인죵들과 ᄀᆞᆺ치 ᄃᆡ졉ᄒᆞᆯᄂᆞᆫ지 꼭 알 수ᄂᆞᆫ 업거니와[48]

"우리 동양 각국 풍속에는 어느 나라 땅을 얻게 되면 그 땅에 사는 인민을 내 나라 백성과 같이 대접하여 별로 등분이 없거늘 저 서양 사람들은 그렇지 않아서"라는 말에서 알 수 있듯, 침략 혹은 점령이라는 똑같은 행위에 대해 《제국신문》은 전혀 다른 판단을 내린다. 당시 일본과 러시아의 세력 견제에 대해서 '일본은 서양과 같은 침략 의도는 없으며, 단지 청국 평화 유지에 도움이 되고자 하는 것'[49]이라는 판단을 이끌어낼 수 있었던 근거도 이와 같은 맥락에서 이해할 수 있다.

이러한 언술은 열강으로부터의 독립을 주장할 때 제시했던 논거들과는 모순된다. 서양과 동양을 평가하는 잣대가 일치하지 않을 뿐 아니라 동양

---

48 '논설', 《제국신문》, 1899년 3월 31일. 강조는 인용자.
49 '논설', 《제국신문》, 1900년 8월 16일, 1900년 9월 12일.

내에서도 일본과 청을 바라보는 시각이 서로 다르게 형성되기 때문이다. 《제국신문》의 논설에서는 동양 내의 다른 나라, 특히 청을 바라보는 자신의 시선이 갖는 '서양적' 측면에 대해서는 문제 삼지 않는다. 서양이 동양을 야만으로 보는 것은 약육강식의 논리에 따른 것이라 불쾌하지만, 동양 내에서 조선이 청을 야만의 나라라고 여기는 것은 괜찮다는 식이다. 이 경우 "동양"은 동양 내의 폭력을 지우기 위해 존재한다.

　새로운 세계 질서 내에서 독립된 자신을 상상하는 과정에서 불러들였던 "동양"은 스스로 불러들였던 동양을 구성하는 무수한 타자들을 배제한 채 조선만을 사유하는 방식으로 또 한 차례 변용된다. 이러한 개념 활용은 《제국신문》에서 펼쳐지는 동양에 대한 사유가 실질적으로 동양 내부의 다양성을 껴안지 못하고 있음을 말해준다. 학문의 성격을 조정하면서 열렸던 타자에 대한 사유는 자신을 세계와 연결하는 동양(일본, 청)의 존재를 처리하는 방식에서 빚어진 딜레마로 인해 다시 타자를 배제시키는 방향으로 좁혀질 수밖에 없었다.

　《제국신문》은 국가 내부적으로는 계몽의 관념성을 벗어나 실천 가능한 영역을 최대한으로 확장시키는 것으로 "학문" 개념의 변용을 시도했다. 하지만 현실적 조건에서 학문에 이르는 방법을 모색하는 과정에서 열렸던 타자와의 만남은 "동양" 개념을 통해서 알 수 있듯 국가의 경계를 넘어서는 가능성에는 이르지 못한다. 국가의 경계를 넘어서 대면한 장애, 즉 자신과 뗄 수 없는 관계를 맺고 있었지만 이제 문명의 그림자가 되어버린 청국을 부정하는 방식으로 조선은 새로운 길을 나아가고자 한다. 이로써 독립한 조선이 세계 질서 안에서 자신을 위치시킬 때 불러들였던 "동양"은 그 개념이 환기시키는 존재의 확장과는 달리, 조선의 내부적 동일성을 강화시켜주는 역할을 수행하게 된다.

4. 맺음말

《제국신문》이 발간될 즈음 조선에 있어서 '독립'은 이전 시기 청으로부터의 독립에서, 서구 열강들과 동등하게 하나의 국민국가를 형성하는 것으로 그 의미가 옮겨가고 있었다. 이 과정에서 독립의 확실한 수단으로 여겨졌던 "학문" 개념 또한 상당한 변화를 겪는다. 문명을 가장 잘 구현한 것으로 보였던 서양의 지식은 조선이 청으로부터 자유로워지는 데에는 확실히 유용한 수단이 되었을지 모른다. 그러나, 서양이 지향점이면서 동시에 비판해야 할 대상임을 고려하게 되면서, "학문"은 그 외연을 넓혀나가지 않을 수 없었다.

이 글은 "학문" 개념의 이러한 변모에 주목하여, 그 과정을 따라가 그러한 변모를 추동시킨 동력을 추적해보고자 했다. 학문 개념에 주어진 변화는 또한 그 주변의 다른 개념들의 의미도 변화시켰다. 《제국신문》 논설의 "동양"에 대한 사유 방식을 되짚어 보면서, 텍스트 위에서 독립 담론을 펼치기 위해 내세웠던 태도가 거듭 자기 조정을 행하는 것을 확인할 수 있었다.

단순히 지리적인 명칭에 불과하던 "동양"은 '문명을 위한 학문 → 학문 습득이 보장하는 독립 → 독립한 자신이 자리 잡을 공간'으로 그 배후에 여러 단계의 의미망을 끌어안으면서, 상상의 가치를 부여받는다. 이 과정에서 자신이 속한 동양이나 타자로서 설정한 서양을 완전히 거부할 수도 완전히 수긍할 수도 없는 현실의 딜레마로 인해, 텍스트 위의 담론도 논리적으로는 나란히 놓일 수 없는 상반된 태도를 동시에 취하는 일이 생겼다.

이처럼 《제국신문》은 스스로 중점을 두었던 "독립"의 가능성을 유지시킬 수 있는 범위 내에서, 학문과 동서양 등 주변 개념을 계속해서 적절히 자신의 논리에 맞도록 변용해나갔다. 신문이 현실에서 발을 뗄 수 없는 일반 대중을 설득시키는 공공의 매체이기에, 《제국신문》 논설에서 개념이 빠져든 혼돈의 폭은 더욱 컸다. 텍스트 위에서 관념과 상상으로는 가능할 것 같았던 "독립"이 현실의 조건들과 만나 충돌하면서, 주변의 개념들 또한 모순과 역설의 성격을 띠게 된 것이다.

열정의 과잉에서 현실의 발견으로 눈을 돌리면서, 이 시기의 계몽은 관념과 실감의 틈을 적극적으로 사유하도록 요구받기 시작한다. 자신의 존재를 변화시키기 위해서, 그리고 존재의 확장을 통해 보편적 세계로 나아가기 위해서 대면해야 할 이 과정에서 국가의 경계를 넘어서는 곳으로까지 어떻게 시선을 돌릴 수 있을까. 《제국신문》이 "학문"과 "동양"을 중심으로 펼친 담론에서, 문명화와 독립에 얽힌 한국의 복잡한 근대 경험을 해명하는 일과 함께 이러한 과제를 발견할 수 있다.

참고문헌

1. 기본자료

《제국신문》,《독립신문》

2. 논문

강만길, 「大韓帝國의 性格」,《창작과비평》, 1978년 여름.

'광무개혁' 연구반, 「'광무개혁' 연구의 현황과 과제」,《역사와 현실》 8호, 1992.

김윤규, 「초기《뎨국신문》所載 창작서사물의 문학사적 의미」,《어문학》, 1978.

도면회, 「총론: 정치사적 측면에서 본 대한제국의 역사적 성격」,《역사와 현실》 19호, 1996년 3월.

류준필, 「일본의 침략주의와 문명론의 아포리아: 福澤諭吉의『文明論之槪略』과 그 동아시아적 계기」,《한국학연구》 제26집, 2012.2.

설성경·김현양, 「19세기말~20세기초《帝國新聞》의 「론셜」연구 — 「서사적 논설」의 존재양상과 그 위상에 대하여」,《淵民學志》 제8집, 2000.

신용하, 「光武改革論」의 문제점」,《창작과비평》, 1978년 가을.

3. 단행본

고미숙 외, 『근대계몽기 지식개념의 수용과 그 변용』, 소명, 2004.

김봉희, 『한국 개화기 서적문화연구』, 이화여대출판부, 1999.

김영민·구장률·이유미, 『근대계몽기 단형 서사문학 자료전집 상』, 소명, 2003.

임지현·사카이 나오키, 『오만과 편견』, 휴머니스트, 2003.

정선태, 『개화기 신문논설의 서사수용 양상』, 소명, 1999.

정진석, 『한국언론사』, 나남, 1990.

조남현, 『한국 현대문학사상 탐구』, 문학동네, 2001.

최기영, 『《뎨국신문》 연구』, 서강대언론문화연구소, 1989.

최준, 「「帝國新聞」解題」, 『帝國新聞』 영인본 1권, 아세아문화사, 1986.

후쿠자와 유키치, 『문명론의 개략』, 정명환 옮김, 광일문화사, 1989.

_____, 『학문의 권장』, 남상영·사사가와 고이치 옮김, 소화, 2003.

계몽적 주제와 연설적 수사

《제국신문》의 정운복 논설

이대형

1. 머리말

《제국신문(帝國新聞)》은 1898년에 창간되어 1910년 3월에 폐간될 때까지 계몽에 앞장 선 대표적인 신문이다. 한글 위주로 신문을 발행함으로써 하층민과 부녀자들을 주요 독자층으로 확보하였고,[1] 법률의 공정한 시행과 풍속 개량을 급선무로 보는 한편 특히 여성문제에 관심이 많았는데, 경영난으로 인해 친일 세력이 간여하면서 성격이 변질되다가 폐간되었다고 평가되고 있다.[2]

---

1 《황성신문》1909년 4월 2일자에 '帝國報大發展'이라는 제목으로 "近日에는 婦人社會
   와 勞動團體의 購覽ᄒᄂ 者 多홈으로 該新聞이 大發展된다니"라는 표현이 있다. 김양
   원, 「구한말 제국신문에 나타난 교육사상연구」, 동국대 교육대학원 석사학위논문,
   1984, 7~8쪽 참고.
2 최기영, 『대한제국기 신문연구』, 일조각, 1991, 11쪽 등 참고. 박노자는 "개화기 신문
   도 '촌지'를 먹었다"(《한겨레21》, 한겨레신문사, 2005.4.22)에서 "(제국)신문이 1903
   년 경영난에 빠지자 고종이 2천원과 사옥을 하사해 구해준 일을 생각해보면 역시 '순

《제국신문》의 초기 논설에 대해서는 계몽의 관념성을 벗어나 실천 가능한 영역을 확장시키는 것으로 '학문' 개념의 변용을 시도했다는 분석이 나온 바 있다.[3] 1907년 6월부터 시작되는 정운복(鄭雲復)의 논설도 대체로 이러한 선상에 있다고 하겠는데 아직 이에 대한 연구는 나오지 않았다. 한편 《제국신문》의 '서사적 논설'에 관해 그것이 중세소설과 근대소설을 매개하는 양식으로 파악하는 견해가 있었는데 그것을 부정하는 연구가 발표되기도 했다.[4]

정운복에 대해서는 교육사상과 관련하여 짤막하게 언급한 경우가 있는데,[5] 그가 근대 교육과 한글 전용에 관심을 기울였다는 점을 지적하면서 아직 밝혀져야 할 사실이 많다고 하였다. 정운복은 대체로 '출세지향형 친일파'로 분류되고 있으며[6] 일제 세력과 긴밀한 관계에 있었던 것으로 보이나, 일제시기에도 '계속하여 항일운동에 투신하였다'[7]고 평가되기도 하는 등 엇갈린 평가가 존재한다. 정운복이 친일 행적을 보였으나 애국계몽 운동에 앞장섰고 한글 전용을 주장한 것도 사실이다.

정운복이 1907년 6월 8일부터 1909년 2월 21일까지 《제국신문》 주필

수 민간지'를 이야기하기란 쉽지 않다. 통감부 시절에 고종의 지원이 어렵게 되자 《제국신문》은 1907년 10월 이토 히로부미와의 관계가 돈독한 친일 개화파 정운복(鄭雲復)에게 인수되어 급속히 친일화됐다"고 언급했다.

3 이경현, 「《데국신문》 초기 논설에 나타난 '학문'의 성격과 '동양' 사유방식」, 《한중인문학연구》 14, 한중인문학회, 2005.4, 86쪽 등 참고.

4 설성경·김현양, 「19세기말~20세기초 《帝國新聞》의 <론셜> 연구」, 《연민학지》 8, 연민학회, 2000, 223~253쪽.

5 김양원, 「구한말 제국신문에 나타난 교육사상연구」, 동국대 교육대학원 석사학위논문, 1984.

6 김기란, 「근대계몽기 매체의 코드화 과정을 통한 여성 인식의 개연화 과정 고찰」, 《여성문학연구》 26, 여성문학회, 2011, 14쪽; 부산대 점필재연구소 고전번역학센터, 『대한자강회월보 편역집1』, 소명출판, 2012, 인명 주석 등에서 그렇게 평가하였다.

7 『한국민족문화대백과』 '정운복' 항목 참고.

을 맡으면서 게재한 논설은 아직 학계에 소개되지 않은 자료들이다. 해당 시기는 애국계몽 운동가에서 적극적인 친일파로 변모하기 이전 시기에 해당한다. 그러므로 정운복의 사상적 특징에 대해 파악하고자 할 때 해당 논설에 대해 검토하지 않을 수 없는 것이다.

2. 정운복의 생애

정운복(鄭雲復, 1870~1920)의 생애는 『조선신사보감(朝鮮紳士寶鑑)』[8]과 『친일인명사전』[9]에 대체로 정리되어 있고 그 이전에 한말 자강운동론 연구서에서 다루어지기도 했다.[10] 문학 쪽에서는 정운복과 일본 여자 사이에 태어난 아들 정인택(鄭人澤, 1909~1953)이 박태원·이상 등과 어울리며 소설을 다수 썼기 때문에 관련해서 언급되었다.[11] 이상 기존에 규명된 사항들을 토대로 하여 그 외 잡지에 소개된 내용과 국사편찬위원회 DB를 통해 알 수 있는 사항들을 정리하면 다음과 같다.

극재(克齋) 정운복은 연일(延日) 정씨 문정공파 24대손으로서 조부는 정후겸(鄭厚謙)이다. 정후겸은 본래 가난한 집안 출신이었는데 영조의 서녀 화완옹주(和緩翁主)의 양자로 입적되고 나서 병조참판 등을 역임하며 권세를 누렸고, 세손(世孫: 正祖)을 모함했다가 정조가 즉위하자 유배되어 사사

---

8   다나카 쇼우코(田中正剛) 편집, 조선문우회(朝鮮文友會), 1913년 제3판.(『한국근대사인명록』, 여강출판사, 1987 영인) 초판은 1912년 조선출판협회에서 발행.

9   민족문제연구소, 2009.

10 박찬승, 『한국근대정치사상사 연구』, 역사비평사, 1992, 54~55쪽.

11 정인택에 대해서는 박경수, 「정인택 문학 연구」, 전남대 박사학위논문, 2011.2 참고. 정운복은 조성녀와 결혼을 하여 아이를 낳은 상태에서 일본인 여자와 관계하여 정인택을 낳았다고 한다.(11쪽)

되었다. 부친 정기원(鄭璣源)은 정5품 통덕랑(通德郎)을 지냈고, 형인 정운구(鄭雲衢)는 정3품 통정대부(通政大夫)를 지냈다.[12] 정운복은 1870년 8월 황해도 평산군 하서봉면(下西峰面) 율동(栗洞)에서 출생해서 일본 오사카(大阪) 상업학교를 졸업했다.

1896년(27세) 7월 4일 고베 시(神戸市)에 체재 중인 의화궁(義和宮) 이강(李堈)과 박영효의 처소를 내방하고, 5일에 본국 정치에 대해 개혁을 하려면 일본의 힘을 빌려야 한다고 협의했다.[13] 이듬해 8월 25일에 영국으로 '만유(漫遊)' 가는 영선군(永宣君) 이준용(李埈鎔)을 따라 오사카에서 배타고 출발했고, 1899년 11월 5일 도쿄와 오사카를 거쳐 13일에 귀국했다.[14] 이러한 행적 때문에 1901년 이준용의 무리로 지목되어 전남 지도군(智島郡) 흑산도에 유배되었고, 1904년에 사면되어 서울로 돌아왔다.[15] 그런데 정운복이 영국에 있을 시기인 1898년 무렵 『독립협회연혁략』에 총무부 과장 및 부장급으로 '윤이병·안창호' 등과 함께 기재되어 있어서 독립협회 일을 하였던 것으로 보인다.[16] 어떤 일을 하였는지는 미상인데 안창호와는 후에 같이 연설하러 다니게 된다.

그는 기독교에 입교하여 한때 경신학교(儆新學校) 학감을 맡기도 했으나 1년여 만에 뜻이 맞지 않아 뛰쳐나왔다고 하는데,[17] 1905년(36세) 1월 6일 윤치호·남궁억 등과 황성기독교청년회에서 '치안의 방책은 교화가 법률보다 낫다[治安之方은 敎化가 勝於法律]'는 주제로 개최한 토론회에 참여한 것

---

12 정운복의 가계도에 대해서는 위의 글, 11~17쪽 참고.
13 이에 대해서는 『주한일본공사관기록』 10권에서 볼 수 있다.
14 『한국근대사자료집성』 02권 한국인 동정에 대해 오사카지사(大阪府知事)가 외무대신에게 보낸 문서.
15 신용하, 앞의 책, 132쪽 참고.
16 신용하, 『신판 독립협회 연구(상)』, 일조각, 2006, 2쪽 참고.
17 박찬승, 위의 글, 54쪽.

은(《대한매일신보》1906.1.6) 이러한 인연 때문인 듯하다.

1906년(37세) 일어신문 경성일보(京城日報) 언문란(諺文欄)의 주필이 되었고, 4월 14일에 대한자강회 임시회에서 간사원으로 선출한 10명 가운데 참여하였는데[18] 이때부터 사회활동이 본격화된다. 이해 5월 19일 대한자강회 평의원으로 선출되었고, 6월 19일 대한자강회 교육부위원으로 선출된 5명에 참여하였다.(《대한자강회월보》2호) 대한자강회에서 장지연·윤효정 등 월보편집협찬위원 10명과 월보검열위원 3명(윤효정, 장지연, 정운복) 가운데 참여하여, 《대한자강회월보》 1호(7월 31일)에 '교육의 필요(教育의 必要)'에 대해 연설한 글이 게재되었고, 《대한자강회월보》 2호(8월 25일)에 "관존민비의 폐해(官尊民卑의 弊害)"가 게재되었으며, "가정교육(家庭教育)"이란 글은 1호와 2호에 이어 게재되었다. 10월 26일에는 이갑 등과 서우학회(西友學會)를 조직하여 회장을 맡았다.

동경에서 유학하는 한국 학생들의 모임인 태극학회의 기관지《태극학보(太極學報)》10호(1907년 5월 24일)에는 안창호와 정운복을 환영하는 기사가 실렸는데, 정운복은 '학업 방침과 품행'에 대해 연설하고 안창호는 '현 상황과 실업계의 경제 상황'에 대해 연설한다고 기록되어 있다. 6월에는 《제국신문》주필을 맡으며 2대 사장으로 취임하였고, 6월 15일 장충단에서 열린 진명부인회 개회식에서 축하 연설을 하였다(《제국신문》1907.6.18.). 11월 10일 오세창·윤효정·장지연 등과 함께 대한협회(大韓協會)를 발기하여, 17일에 개최한 창립총회에서 평의원으로 선출되었다(《대한협회회보》1호, 《황성신문》1907.11.19).

1908년(39세) 1월 3일 서우학회와 한북학회(漢北學會)를 통합한 서북학

---

18 대한자강회는 1906년 4월 4일부터 1907년 8월 21일까지 17개월간 존속하였다. 유영열, 「대한자강회 애국계몽운동」, 52쪽 참조(조항래 편, 『1900년대 애국계몽운동연구』, 아세아문화사, 1993)

회(西北學會)에서 회장으로 선임되었고(《황성신문》 1908.1.5.) 1월 11일 서북학회 개회식을 거행할 때 회장으로서 취지를 설명하였다(《황성신문》1908.1.11.) 1월 23일 경성 고아원 제2회 기념식에 내빈으로 참여하여 고아원 유지 방법에 대해 연설하였다(《황성신문》1908.1.24). 2월 8일 관인구락부에서 대한협회의 총회를 열어 정운복은 '지방 정형의 문제'로, 안창호는 "우리 한국의 앞길은 어떠한가[我韓 前途의 如何]"라는 제목으로 연설하였는데, 방청객이 1000여 명이었고 연설에 대한 감동으로 눈물을 흘리는 이가 많았다고 한다(《황성신문》1908.2.11). 2월 19일 값싼 일본 면제품에 맞서기 위해 조선 포목상들이 설립한 회사 창신사(彰信社)의 낙성식을 거행할 때 취지를 연설하였다(《황성신문》 1908.2.20). 같은 날에 교남교육회(嶠南敎育會)가 전동(磚洞) 보성중학교에서 특별 총회를 열고 안창호와 정운복을 초청하여 연설하게 하였다(《황성신문》 1908.4.16). 5월 7일 협성학교(協成學校) 제1회 졸업식에서 연설하였다(《황성신문》 1908.5.9). 9월에 동척법(東拓法)에 대하여 대정부질의대표로 선출되어 질의하였고(《대한협회회보》6호) 9월 26일에 '국문 발달과 제국신문'이란 문제로 황성기독청년회관(Y.M.C.A)에서 연설하였다(《황성신문》1908.9.5) 이 해에 신문지법 위범으로 검거되었다.(『조선총독부기록물』 내부 경무국 제2과 신문계).

1909년(40세) 2월 16일 100여 명이 대한협회 사무실에서 회의하고 정운복이 연설하였는데 정부대신 가운데 역적 3명을 비난하였다. 22일에는 나인영 외 45명을 자택에 초청하여, "우리 한국은 일본의 보호에 의지하지 않으면 도저히 독립할 수 없을 뿐 아니라 결국은 백인종에게 한국 전 국토를 점령당하는 것은 필연이다"라고 하여 선후책을 협의했다(『통감부문서(統監府文書)』 6권). 9월 6일 대한협회 임시회의에 참석하여 일진회와 연합할지 논의하였다.[19] 9월 23일 이완용에 대항하여 대한협회와 서북학회·일진회가 제휴하려 한다는 정보를 듣고 이완용이 정운복을 매수하려다가 실패하였다(『주한일본공사관기록』 1909년 8월~9월). 10월 10일에 교육계 대가들에 대한 투표에서 2점을 받았다(《황성신문》 1909.10.10.).[20] 12월 5일에 서대문 내 원각사에서 열린 국민대연설회에서 매도당한 것에 분개하여, 6일에 대한협회를 탈퇴하고, 제국신문사 사장 자리에서도 물러났다(『통감부문서』 8권).. 매도당한 직접적인 이유는 적혀있지 않은데 아마도 일진회와 연합하려 했기 때문이 아닐까 한다. 이 시기부터 그의 친일 행각이 두드러진다.

1913년(44세) 무렵 《매일신보》 주필을 맡았고,[21] 1918년(49세) 2월에 조선총독부 경무국 촉탁이 되었다. 1919년(50세) 11월 11일 《독립신문》 4면 "자신이 지은 재앙은 피할 수 없다[自作孽은 不可逭]"에 "高等偵探軍 鄭雲復은 多年 倀鬼노릇 하되"라고 비난하는 글이 실렸다. 일진회에서 활동하다 독립운동에 헌신한 전협과 대동단(大同團)의 최익환 등이 의친왕(義親王) 이강(李堈)을 상해에 있는 대한민국 임시정부로 탈출시키려고 했을 때 이용된 인물로 기사에 나온다. 이강은 만주 안동(安東, 현재 丹東)에 도착하였다가 결국 일본 경찰에 체포되었다(《신보(晨報)》 1919.12.9,[22] 《독립신문》 1919.12.25 2면 "義親王出京詳報"). 1920년(51세) 5월 27일 《독립신문》 1면 "宣告를 밧은 倭犬 아직 執行猶預"에 "京城敵犬으로 有名한 鄭雲復, 尹秉熙 等"이라는 표현이 있어 비난의 대상이 되고 있음을 보여준다. 1920년 12월 6일 숙환으로 여러 달 고생하다가 운명하였다고 하며 "실로 이 세상에 풍운아라고 흐지 안

---

19   이 연합론의 추이와 성격에 대해서는 이현종, 「대한협회의 조직과 활동에 관한 성격」, 177~191쪽 참고(조항래 편, 『1900년대 애국계몽운동연구』, 아세아문화사, 1993)

20   당시 민영휘가 20점으로 최고였고, 안창호는 4점을 받았다.

21   정운복의 아들이자 소설가인 정인택도 아버지의 친구 권유로 매일신보사에 들어간다. 조용만, 「李箱時代, 젊은 예술가들의 肖像」, 《문학사상》 174호, 문학사상사, 1987, 108쪽 참고.

22   《신보》는 중국 장개석(蔣介石)의 직계 기관지인데 『대한민국임시정부자료집』에 실려 있다.

을 수 업는"이라고 평가되었다(《매일신보》 1920.12.7). 이후 서북학회 시절에 한일 병합 성사를 위해 상소를 올린 공을 인정받아 일본 우익단체 흑룡회(黑龍會)가 1934년 건립한 일한합방기념탑에 이름이 새겨졌다.

아울러 그는 실용적인 저서를 몇 권 발행하였다. 한국인으로서 회화형식으로 만든 최초의 일본어 교과서『독습 일어정칙(獨習 日語正則)』(1907년, 광학서포)은 자주독립을 고취하는 부분이 있다고 하여 일제에 의해 금서로 지정되기도 했는데,[23] 한글문장의 형성과 관련하여 학계의 주목을 받고 있다.[24] 1908년에는 일한서방(日韓書房)에서『최신 세계지리』와『신 산술(新算術)』도 간행하여 근대 지식의 보급에 관심을 기울였다.

이상 살펴본 정운복의 생애는 크게 두 부분으로 구분된다. 1906년(37세)에 대한자강회 임시회에서 간사원으로 선출되면서 사회활동을 활발하게 전개하여 1907년과 이듬해에 곳곳에서 연설을 하였고 안창호와 같이 활동한 기록들이 보인다. 1909년부터는 친일 행위를 노골화한 탓인지 국민대연설회에서 비난당하였고 1918년에는 조선총독부 경무국 촉탁을 맡는 등 적극적인 친일 행위를 하였다. 그러므로 정운복의 생애는 1908년까지의 애국계몽운동과 이후의 친일행위로 구분될 수 있다. 다음에 다룰 그의 논설은 애국계몽운동 시기에 해당하는데, 연설 활동을 한 것과 관련되는 면모가 보인다.

---

23 한원미, 「「獨習 日語正則」의 한일 대역문 연구」, 고려대 석사학위논문, 2013.8, 13쪽 등 참고.

24 이와 관련한 논문으로 송민, 「개화기의 신생한자어 연구」, 『어문학논총』 20, 국민대 어문학연구소, 2001, 33~77쪽; 유성민, 「『獨習日語正則』을 통해 본 和製漢語의 수용연구」, 단국대 석사학위논문, 2011 등이 있다.

3. 계몽적 주제

3.1. 논설 개관

《제국신문》이 흥성할 때는 4000부에 가까웠는데 1907년 9월 폐간을 언
급할 즈음에는 2000부로 줄어들었다.[25] 정운복이 《제국신문》의 주필을 맡
은 1907년 6월은 이미 사세가 기운 시기에 해당하는데 그는 열정적으로 논
설을 집필한다. 주필을 맡은 해에 정운복은 필명인 '탄해생'의 이름으로 논
설을 활발하게 게재하였다. 그러나 다음해 1908년이 되어서는 '탄해생'의
논설이 줄어들고 기서와 별보의 비중이 높아진다. 1907년에 '탄해생'이라
고 밝힌 논설이 82번 나오는데 1908년에는 1년 다 합하여 78번의 논설이
있을 뿐이다. 1908년에는 '정운복' 이름으로 1번의 논설과 7번의 별보가 게
재되었는데 이것을 다 합해도 1907년 하반기에 실린 논설 정도의 분량일
뿐이다. 특히 11월과 12월에는 1편의 논설만이 있을 뿐인데, 제목이 "병중
소감(病中所感)"이다. 그 내용을 보면 10월 4일부터 70여 일을 몸져누워 있
었다고 한다. 이런 개인 사정을 감안하더라도 이전 해에 비해 '탄해생'을 표
방한 논설이 줄어든 것이 분명하다. 1908년에는 논설이나 논설을 대신하
는 기서·별보도 없는 경우가 전반기에 6번, 후반기에 3번이나 된다. 1907
년 하반기에는 12월 17일 한 차례뿐이었다. 1908년에는 논설이 검열 때문
에 삭제된 경우도 10월 30일과 11월 20일, 11월 27일 세 차례나 된다. 그렇
다면 1908년에는 검열이 강화되는 등 시국이 악화되었기 때문에 논설을
아예 싣지 않거나 기서나 별보로 대체한 것으로 보인다. 아울러 앞서 생애
를 살펴본 바와 같이 1908년에 활발하게 연설 활동을 하였기 때문에 논설

---

25 《제국신문》 1907년 9월 10일자 논설 "붓을 들고 통곡함" 참고.

을 집필할 여유가 없기도 했을 것이다.

1907년 6월부터 시작되는 정운복의 《제국신문》 논설은 다른 신문 논설과 마찬가지로 시국에 대한 걱정을 토로하거나 정치적 방향을 논하는 경우가 많지만 그와는 다른 주제도 적지 않다. 그의 논설을 날짜별로 계산하면 총 179건인데[26] 그 가운데 풍속 관련 45건, 정치 관련 45건, 계몽적 발언이 24건, 교육 관련 20건, 신문 관련 19건, 단체 관련 10건, 여성 관련 7건, 기타 9건이다.[27] 여기서 '계몽적 발언'이란 "국민의 주신력이 업습을 한탄홈"(1907년 12월 27일)처럼 대중의 상태를 한탄하거나 계도하는 부류의 글을 말한다. 특이한 것은 1907년 6월부터 12월까지 7개월 동안 실린 계몽적 발언이 20건인 데 비하여 1908년과 1909년 2월까지 실린 계몽적 발언은 4건뿐이라는 점이다. 이는 '신문'에 관한 논설의 경우와 유사하다. 1907년의 경우 신문에 관한 논설은 15건이 실렸는데 이후는 5건에 불과하다. 정도의 차이는 있지만 여성에 관한 논설도 1907년에는 5건으로 이후의 2건에 비하여 많다. 그 밖에 다른 경우들은 1907년보다 시기가 늘어나는 이후 시기가 당연히 더 많은 횟수를 보인다. 이를 표로 제시하면 [표1]과 같다.

시대를 한탄하거나, 장사하는 사람은 공손해야 한다는 등 지도자의 위치에서 대중을 계몽하려는 식의 논설들이 1907년에 많았다는 점은 정운복

---

26 179건은 기서와 별보 그리고 '사설'을 포함한 숫자다. 현재 연세대에 소장되어 있는 상태로는 이 가운데 2건이 유실되어 있다. 1907년 12월 4일자와 1908년 1월 11일자가 해당된다. 앞의 것은 다음 날에 "의병의게 권고홈 (二)"가 실린 것으로 보아 "의병의게 권고홈 (一)"인 것이 분명하고, 뒤의 것은 (기서) "정부명령이 밋업지 안음을 한탄홈"인데 '(미완)'으로 끝났으니 다음 날 후속 편이 실렸을 것으로 보인다. 178건에는 '사설'이 2건, 별보가 10건, 기서가 2건 포함되어 있다. 이들은 '논설'과 다르나 논설을 대신하는 글이므로 같이 다룬다.

27 위 분류는 대체적인 경향을 표시한 것으로, 딱히 하나로만 분류하기 어려운 경우들도 있으나 논설의 주제를 일별하기 위해 단순화한 것이다. 자세한 것은 논설의 제목을 제시한 부록 참고.

[표1] 제국신문에 게재된 정운복의 논설 분야 및 편수

	계몽	신문	여성	정치	풍속	교육	단체	기타
1907년	20	14	5	18	22	3	5	0
1908년~	4	5	2	27	23	16	5	9

이 처음《제국신문》을 맡으면서 가졌던 계몽가로서의 열정을 보여주는 게 아닐까. "사회와 신문"(1907년 12월 26일) 등 신문 자체와 관련한 논설 역시 1907년에 많았다는 점도 신문 주필을 맡으면서 가졌던 열정에서 비롯되었던 것으로 볼 수 있지 않을까 한다.

논설에서 정치에 관한 언급이 많은 것은 당연하다 할 것인데 특기할 만한 점은 외교에 관한 글이 극히 적다는 것이다. "신협약에 대한 의견"(1907년 7월 27일)과 "한인이 일본을 의심ㅎ는 원인"(1907년 11월 30일) 외에는 찾아보기 힘들다.《대한매일신보》의 경우 1907년 8월에 한일협약(4, 6일), 미국 독립한 날(7, 8일), 한국과 미국의 관계(10일), 일본과 미국의 관계(15, 16, 17일), 일본과 한국(23일) 등 외교에 관한 논설을 많이 싣고 있는데, 해당 날짜에《제국신문》에 실린 논설은 주로 풍속과 관련된 주제들이다. 이는 일본의 정치 간섭을 당연시하며 일본의 지도를 받아 성장해야 한다는 그의 정치의식에서 비롯된 것이다. "신협약에 대한 의견"에 다음과 같은 구절이 보인다.

지금 일본과 우리 나라 사이에는 됴약을 톄결홀 필요가 업도다 엇지ㅎ야 그러뇨ㅎ면 우리는 심히 가난ㅎ고 약홀 뿐안이라 일반국민의 지식이 발달치 못ㅎ야 우흐로 정부의 왼갓 졍무와 아릭로 민간의 범빅 스업을 모다 외국사룸의 가라침과 인도홈을 밧게 되엿슨즉 설령 됴약이 업슬지라도 일본이 우리롤 가라치고 인도흔다는 아름□온 일홈을 가지고 모든 일을 임의로 ㅎ홀지니

헤이그 밀사 사건을 빌미로 이루어진 한일 간의 불평등 협약에 대해, 정운복은 몇몇 부분에 대해 비판을 토로하기는 하나 기본적으로 위 인용문에서 보듯이 일본의 간섭을 긍정하고 있다. 이러한 정치 인식은 그의 논설에서 풍속 개량을 강조하는 발언이 많은 부분을 차지하는 이유가 된다. 정치 개혁을 일으키기에는 국내외적으로 한계가 있기 때문에 풍속 개량에 주목하게 되는 것이다.

3.2. 풍속 개량

1907년 8월 17일 논설 "봉독(奉讀) 성조(聖詔)"는 혼인의 연령에 관한 글이다. 조혼을 금하는 조칙을 인용하면서 논의를 전개했는데, 인용된 조칙은 다음과 같다.

> 인싱이 삼십에 안히를 두며 이십에 싀집감은 녯적 삼디의 셩혼 법이거늘 근릭에 일즉 혼인ᄒᆞ는 폐가 국민의 병원(病源)이 막심ᄒᆞᆫ 고로 년젼에 금령을 반포ᄒᆞ엿스되 지금까지 실시치 못ᄒᆞ엿스니 엇지 유ᄉᆞ(有司)의 허물이 안이리오 이졔 유신(維新)ᄒᆞ는 ᄯᅢ를 당ᄒᆞ야 풍속을 기량(改良)흠이 가쟝 급히 힘쓸 바이라 부득불 녯법과 지금 풍속을 참작(參酌)ᄒᆞ야 남즈의 나히 만 십칠셰(滿十七歲)와 녀즈의 나히 만 십오 셰(滿十五歲) 이샹으로 비로소 가취(嫁娶)ᄒᆞ되 각별히 쥰힝ᄒᆞ야 어김이 업게 ᄒᆞ라

정운복의 논설 가운데 중요한 부분을 차지하는 풍속 개량은 위와 같이 대한제국 황제의 의지와 관련 있으며 이는 '제국'신문이라고 내건 기치와도 부합한다. 이러한 풍속 개량론은 그가 함께 연설을 하러 다녔던 안창호의 경우 기독교와 사회진화론을 바탕으로 인격 혁명을 통한 민족 역량의

함양을 꾀했던 것과는 다른 방향으로서[28] 그의 특징적 면모에 해당한다.

1907년 10월 9일 '탄희싱' 이름으로 게재된 논설의 제목은 "정치 기량보담 풍속 기량이 급흠"이다. 정치 개량은 근본을 버리고 끝을 취하는 격이라고 하며, 풍속 개량이 근본이라고 주장한다. 아무리 좋은 정책을 마련해도 인민의 풍속이 좋지 않으면 실행될 수 없기 때문이라는 것이다.

> 정부에셔 빅 가지 아름다온 법도와 쳔 가지 됴흔 규측을 마련ᄒ얏슬지라도 그 인
> 민의 풍속이 괴악ᄒ야 실상으로 힝ᄒ지 안이ᄒ면 필경은 지상공문이 될 쑨이라

풍속을 개량하는 방법은 정부대관과 지식인이 먼저 행하는 것이라고 하였다. 10월 9일에 이어 10일부터는 본격적인 풍속 개량의 내용에 대해 논의하고 있다.

[표2] 풍속개량론 게재 날짜 및 순서와 제목

10.10	풍속개량론 1) 녀자의 기가를 허할 일
10.11	2) 닉외하는 폐습을 곳칠 일
10.12	3) 압졔혼인의 폐풍을 곳칠 일
10.13	4) 압졔혼인의 폐풍을 곳칠 일(전호 속)
10.15	5) 택일하는 폐풍을 버릴 일
10.16	6) 위생에 쥬의할 일
10.18	7) 샹업게의 폐풍을 고칠 일
10.19	8) 온돌을 폐지할 일
10.20	9) 음식 먹는 습관을 고칠 일

---

28 안창호에 대해서는 이윤희, 「도산 안창호의 독립운동사상에 관한 고찰」, 《한국사상사학》 18, 한국사상사학회, 2002, 539쪽; 심옥주, 「도산 안창호의 정치활동의 성격과 의미 : 공립협회와 신민회 활동의 연계성을 중심으로」, 《민족사상》 6(1), 한국민족사상학회, 2012.4, 141쪽 참고.

[표2]의 8가지 풍속개량론 가운데 결혼과 관련된 항목이 3가지나 차지하여 비중이 높다. 특히 '압제 혼인'에 대해서는 이틀에 걸쳐 게재하고 있는데 '압제 혼인'이란 부모가 강제로 일찍 결혼시키는 것을 말한다. 이는 실상 조혼의 다른 측면을 표현한 것인데, 이에 대해 "나라를 멸망ᄒᆞ는 근본"이라고 강하게 비판한다.

　　풍속 개량의 이유는 그것이 개화된 나라의 풍속에 비해 불합리하다고 인식되었기 때문이고 풍속 개량이 곧 부국강병의 길이라고 여겼기 때문이다. 그런데 정운복의 논설에서 보이는 표현으로 보면 "외국 사름의 보는 바에 붓그러운 일이"(1907년 10월 15일)기 때문이라[29] 했다. 풍속 개량의 내용 가운데 음식 먹는 습관에 대해서, 서양 사람들이 아침밥보다 저녁밥을 낫게 먹으므로 아침밥을 중시여기는 우리 풍속을 바꿔야 한다고 주장하고 있다. '조반석죽'으로 표현되는 전래의 식습관은 요즘 시각으로 보면 권장할 만한 것인데, 이러한 풍속이 '한가한' 데서 나온 것이니 바꿔야 한다고 했다. 아침식사를 준비하는 데 걸리는 시간이 많으므로 간단하게 줄이고 저녁을 풍성하게 먹어야 한다고 주장하고 있는데 그 주장의 근거가 서양의 식사 풍속이다. 서양은 아침보다 저녁을 풍성하게 먹는다는 것이다. 식사를 하는 시간이 많이 드는 것을 문제 삼고서 '조반석죽'과 다른 서양의 풍성한 '만찬(晩餐)'처럼 해야 한다는 것은 일관적이지 못하다. 처음 지적했던 '시간'이 문제라면 서양의 만찬을 준비하는 데 걸리는 시간이 어떠한지 비교해야 할 텐데, 그렇지 않고 서양처럼 저녁을 풍성하게 먹어야 한다고 주장하는 것은 근대의 표상으로 여겨지는 서양의 풍속을 따라가야 한다는 의식에서 나온 담론이라 하겠다.

29　외국 중에서도 '구미'와 '일본'이다. 구미와 일본을 같이 언급한 사례는 다음과 같다. "뎌 구미 각국이나 일본 사름들도 녯젹에는 사름의 소견이 어둡고" 1907년 10월 15일 논설.

식구들이 순서대로 따로 밥을 먹는 풍속에 대해서도 비난하면서 서양 사람들이 식당에서 같이 화락하게 식사하는 풍속을 따라야 한다고 주장하였다. 서양 사람들은 식사를 같이 하므로 화기가 도는데, "우리나라 사름의 집은 일년 삼빅륙십 일에 늬외 쓰홈이나 고부 싸홈 안이 ᄒ는 날이 업셔셔 집마다 불평ᄒ 긔운뿐인즉 엇지 젼국 동포가 화합ᄒ기를 바라리오."라고 했다. 이것 역시 문명국인 서양의 풍속을 추수해야 한다는 인식에서 나온 담론으로서, 실상을 근거로 하여 주장했다고 보기는 어렵다.

3.3. 여성 계몽[30]

일반적으로 애국계몽기 지식인들이 여성의 계몽에 주목을 한 것처럼 정운복의 논설에서도 여성 계몽에 관한 내용이 여러 차례 등장한다. 1907년 6월 18일 "진명부인회를 하례홈"에서는 군두목으로 편지 쓰고 『삼국지』나 『소대성전』 같은 고소설을 보는 풍속을 비난하고 '지식'이 없으면 '가사'와 '자녀 교육'을 제대로 할 수 없으므로, 서양처럼 남녀 구분 없이 가르쳐야 한다고 주장하였다.

여성 풍속에 관한 비판은 1907년 11월 26일 "귀부인샤회에 경고홈"에 본격적으로 제시된다. 부인이 마땅히 해야 할 침선과 음식 마련을 침모·반비·차집 등이 대신 거행하게 하고, 나들이 할 때는 사인교(四人轎)나 장독

---

30 근대계몽기의 여성 계몽에 대해서는 홍인숙의 「근대계몽기 여성담론 연구」(이대 박사학위논문, 2007)에서 전반적으로 다루었고, 《제국신문》이 특히 여성 계몽에 주목한 것에 대해서는 김종욱, 「한말 여성계몽운동에 대한 일연구 — 《제국신문》의 역할을 중심으로」, 한양대 교육대학원 석사학위논문, 1985, 4쪽 등이 있다. 《제국신문》에 여성독자의 투고가 많은 것도 논의와 관련될 텐데 이에 대해서는 이경하, 「제국신문 여성독자 투고에 나타난 근대계몽담론」, 《한국고전여성문학연구》 8, 한국고전여성문학회, 2004 참고.

교(帳獨轎)에 종을 두셋 거느리고, 하는 일이란 놀이 가는 일, 약물터에 물 맞으러 가는 일, 친정에 나들이 가는 일, 담배 먹는 일, 세책(貰冊) 보는 일뿐이라 하였다. 여기서 언급되는 '세책'이란 주로 소설책이 해당될 텐데, 소설책에서는 대해서 다음과 같이 비난한다.

> 우리나라의 국문으로 지은 쇼셜칙이라 ᄒᄂᆞᆫ 것이 부녀ᄌᆞ의 마암을 슯흐게도 ᄒ
> 고 혹 위로도 ᄒᄂᆞ 그러나 만에 ᄒᆞᆫ 가지도 유익ᄒᆞᆫ 말이 업ᄂᆞᆫ즉

소설책을 언급한 이유는 소설책 보지 말고 신문을 보라고 권유하고자 함이다. 소설과 신문은 분야가 다른 것인데 정운복은 '유익한 말 즉 지식'의 관점에서 도움이 되는 신문을 보라고 권유하고 있다.

귀부인은 교군(轎軍)을 타고, 그 다음은 장옷이나 치마를 쓰거나, 양복이나 일복을 입고 외출하며, 인력거는 기생이나 삼패 외에는 타는 사람이 없는 풍속을 문제 삼고서 의복 개량이 필요함을 주장하였는데, 1907년 6월 19일 "부인의 의복을 기량홀 일"에서는 부인 의복을 어떻게 개량할지 상세하게 제안하였다.

> 젹오리나 젹삼은 읍뒤 셥을 조곰 길게 하야 슈구와 도련에ᄂᆞᆫ 션을 두르거나 양
> 복 모양으로 무엇을 아로 삭여 달고 치마는 도랑치마로 ᄒᆞ되 외오 닙고 바로 닙
> ᄂᆞᆫ 폐단이 업시 통치마로 민드러셔 거름 거를 젹에 치마자락이 버러지지 안케
> ᄒᆞ고 신은 비단으로 짓ᄂᆞᆫ 풍속을 버리고 가족으로 지으되 양혜의 반혜(半鞋) 모
> 양으로도 지어 발이 편ᄒᆞ며 질게 ᄒᆞ고 머리ᄂᆞᆫ 이마를 지우고 밀과 기름으로
> 붓쳐셔 쪽지ᄂᆞᆫ 풍속을 폐ᄒᆞ고 셔양부인의 머리를 본 밧아 우흐로 치그어 올니
> 고 모ᄌᆞ랄 쎠야 홀 터이니

위 인용문을 보면, 저고리와 적삼, 치마, 신발, 머리 모양이 당시 어떠했음을 말하면서 각각에 대해 상세하게 규범을 제안하고 있다. 규범의 방향은 '양복 모양으로 무엇을 아로 삭여 달고'와 '양혜의 반혜(半鞋) 모양으로도 지어', '서양 부인의 머리를 본 밧아'에서 알 수 있듯이 서양의 모습이다.

정운복이 보기에 의복에서 긴요한 것은 모양과 위생과 비용 세 가지이니 기존 복장에서 조금만 변형하면 된다고 주장하였다. 의복에 대해서는 1908년 6월 5일 "녀즈의 의복과 단장을 급히 기량홀 일"에서 다시 한번 거론한다.

> 녀즈의 의복으로 말홀진된 오날늘 변천흐는 시디를 당흐야 혹은 양복을 닙엇스며 혹은 통치마에 긴 적삼을 닙엇고 양혜를 신엇스며 혹은 우리나라의 전흐야 오는 의복을 닙어 그 규모가 흔결갓지 못홀 뿐 안이라 닷토어 번화하고 샤치흔 것을 숭상흐야 쵸록, 연두, 람, 분홍, 당홍 등의 각식 빗이 사롬의 눈을 얼이고 청국, 일본, 서양 각국의 왼갓 쥬단 등속을 갑의 다소을 불계흐고 긔어히 남보담 이 상흐고 낫게 흐랴 흐니 이는 곳 국가를 망흐며 샤회를 어즈럽게 홈이로다

여기서도 이전과 마찬가지로 의복의 기능성을 강조하면서 사치함을 비판하는데 사치를 비판하는 건 타당하나 그것이 다양성과 개성의 부정으로 읽혀지기도 한다. 변천하는 시대를 맞아 서로 다른 시공간의 옷차림들이 거리를 활보하게 된 것인데 그 다양성을 인정하지 않는 태도라 하겠다.

이 당시에 위생에 대한 발언은 인구 증가가 곧 나라를 부강하게 하는 방법이라는 인식 아래 자주 등장하고 있는데, 이와 관련하여 정운복은 여성의 해산 방식을 바꾸어야 한다고 주장하였다. 1907년 6월 26일 "히산 구원을 싱슈에 맛기지 못홀 일"이 그것인데, 이는 당시의 해산 방식을 보여주기도 한다는 점에서 주목된다.

아무것도 몰으는 이웃집 로파나 일가친척의 늙은 부인으로 ᄒ야곰 아히를 밧게 ᄒ니 다힝히 슌산이나 ᄒ면 핑계치 안으되 난산이나 도산을 ᄒ다던지 후산을 못ᄒ면 엇지 홀 쥴을 몰으고 약으로 물 ᄒ면 불수산이나 쓰고 그러치 안이하면 삼신의 탈이라 ᄒ야 메역국 흰밥으로 긔도나 홀 ᄯᅡ름이니 무슨 효험이 잇스리오. 그ᄲᅮᆫ 아니라 산모와 아히의 몸을 도모지 씻지 안이ᄒ고 더온 방바닥에 거적을 펴셔 드러온 것을 밧으며 여름이나 겨울이나 문을 겹겹으로 봉ᄒ야 씻ᄭᅳᆺ혼 공긔는 죠금도 통치 못게 ᄒ고 산모의 머리는 슈건으로 싸미여 밧갓 긔운을 밧지 못ᄒ게 ᄒ고 ᄐᆡ는 삼일 동안을 방안에 둔즉

  해산 후에 산모와 아이를 씻기지 않는다는 점, 방문을 닫고 산모 머리를 수건으로 감싸서 외기를 소통시키지 않는다는 점, 태를 삼 일 동안 방안에 둔다는 점 등이 비난의 대상으로 언급되었다. 정운복이 기대고 있는 당시 서양의학을 기준으로 할 때 이러한 방식은 개선되어야 할 점들이겠으나, 달리 보면 산후풍을 방지하기 위한 조치로 이해된다.[31] 그의 논설들은 전래적 방식을 전면 부정하면서 대안을 제시하고 있는데 합리적인 논리라기보다 서양문화를 추수하는 담론인 경우가 많다.

4. 연설적 수사

  《제국신문》은 국문을 전용함으로써 부녀자와 하층민들을 독자로 끌어들일 수 있었다. 그러나 한글을 전용한다고는 했지만 실상 완전한 한글 전

---

31 《국민일보》 2008년 7월 21일자에는 산모 머리는 출산 3일후부터 샤워는 1주일 후부터 하는 게 좋다는 견해가 게재되었다.

용은 하지 못했다. 기사마다 제목을 붙일 때 한문으로 된 제목들이 많이 보이니, 예를 들면 1907년 9월 10일 2면 잡보 "楊州大掃蕩說" 등이 그러하다. 이러한 사정은 논설문의 경우도 마찬가지다.

신문의 주필을 맡은 정운복은 신식 교육을 받은 이로서, '배우기 어려운' 한문을 배격하고 배우기 쉬운 한글을 기반으로 서구적 지식으로 계몽해야 발전할 수 있다고 주장하였다.[32] 그러나 아직 한글 문법이 자리를 잡기 이전이라 여전히 한문 문투가 잔존하고 있는 것도 사실이다. 먼저 글의 구성상에 있어서 문답법을 활용하는 경우가 그렇다. 1907년 10월 5일 "신문긔쟈"에서 "엇더흔 긱이 와셔 한헌의 례를 필흔 후 긱이 본 긔쟈의게 질문ㅎ야 갈아듸"라고 하여 문답법을 활용하는 경우가 보이는데 이것은 한문의 전통적 양식이다.[33]

어휘의 경우에는, 예를 들어 1907년 9월 10일 논설 "붓을 들고 통곡홈"은 '탄해생'이라는 필명이 아니라 '정운복'이라는 본명으로 쓴 몇 편의 글[34]

---

32   1908년 6월 8일 샤설 "첫인사"에서부터 그런 입장을 표출하였고, 1907년 9월 17일 "국문을 경ㅎ계 넉이는 싀돏에 국셰가 부픠흔 리유", 1907년 9월 18일 "국문을 경ㅎ계 넉이는 싀돏에 국셰가 부픠흔 리유(젼호속)", 1907년 10월 26일 "림피군으로 모범을 삼을 일", 1907년 11월 20일 "리쳔 군슈 리쳘영(利川郡守李喆榮) 씨의게 경고홈", 1907년 11월 21일 "리쳔 군슈 리쳘영 씨의게 두 번 경고홈", 1908년 6월 7일 "국문과 한문의 경즁", 1908년 6월 9일 "국문과 한문의 경즁(속)", 1908년 6월 10일 "국문과 한문의 경즁(속)", 1908년 7월 3일 "교육월보(敎育月報)를 하례홈", 1908년 7월 14일 "한문을 슝상홈은 의뢰심을 양셩홈과 갓홈", 1908년 11월 5일 "국문신문을 빅쳑ㅎ고 신문을 구람치 안이ㅎ는 동포의게" 등도 그러하다.

33   이에 대해서는 김현양의 앞의 글에서 지적한 바 있다.

34   이외에 1908년 3월 10일부터 7차례 연재된 '평양유긔(平壤遊記)'와 1909년 2월 21일 별보 "대한협회연셜 여론의 가치(輿論의 價値)"에 '정운복'이라 밝혔다. 이 글들은 해당 신문의 논설이 아니기 때문에 개인 이름을 밝힌 것이라 생각된다. "붓을 들고 통곡홈"과 1908년 4월 23일 "셔북학회의 학교 건츅ㅎ는 일"은 '논설'이라는 항목으로 게재되어 있는데 '탄해생'이 아니라 '정운복'이라 한 것은 정운복 개인의 견해임을 표방한 것이 아닌가 생각된다.

가운데 하나인데, "어국어민에 유죠홈이 잇다 ᄒ시면"이라고 하였다. 이는 '於國於民에 有助'라는 한자말을 한글로 표기한 것으로 한문 문장을 한글 형태로 문장 성분의 위치를 바꾼 것이다. '於'라는 전치사가 한글에서 사용되지 않는다는 점에서 이 문장은 한문의 영향이 짙게 남아 있다고 하겠다. 1908년 5월 27일 논설에서 "어ᄎ어피에 한심 통곡홀 바이로다"의 구절 또한 마찬가지다.

'한심 통곡'이라는 말처럼 관련 있는 두 단어를 연이어 사용함으로써 4음절을 맞추는 것도 한문 문투에 해당한다. '천견박식' '평균분배' '허황밍랑'(1908년 2월 18일), '성경현전(聖經賢傳)' '와석종신(臥席終身)' '우부우부(愚夫愚婦)'(1908년 5월 14일) 등 이러한 사례는 빈번하게 발견된다. 이러한 문제들은 한문과는 문장 구조가 다른 한글 문장이 자리잡는 과정에서 발생할 수밖에 없는 현상으로 보인다.[35]

한문투는 이전에 사용되던 것이어서 이에 대한 거부감이 없지만 일본식 표현의 경우 정운복은 그 부당함을 지적한다. 이 시대 문명화의 핵심적 과제로 떠오른 번역과 관련한[36] "번역의 어려옴"이라는 1908년 4월 17일 논설에서 이런 문제의식이 표현된다.

본년 일월 이십일일에 칙령으로 반포ᄒ 삼림법(森林法) 데ᄉ됴에 굴아딕 「部分林의 樹木은 國과 造林者의 共有로ᄒ고 其持分은 收益分收部分에 均케홈」이라 ᄒ얏스며 데오됴 데륙항에 굴아딕 「魚附에 必要ᄒ 箇所」라 ᄒ얏스니 이 글을 보고 그 뜻을 엇지 알니오 위선 지분(持分)이라 ᄒᄂ 말은 우리나라 말로도 알 슈 업고

35 20세기 초 이러한 국문과 한문의 문제에 대해서는 한기형, 「근대어의 형성과 매체의 언어전략」, 『문예공론장의 형성과 동아시아』, 성균관대 출판부, 2008, 62쪽 등 참고.
36 이 시대 번역 인식에 대해서는 정선태, 「근대계몽기의 번역론과 번역의 사상」, 『근대어·근대매체·근대문학』, 성균관대 대동문화연구원, 2006 참고.

한문 뜻으로 풀 슈 업거날 당당흔 법문에 그딕로 긔록흐야 학문의 뎡도가 어리고 나즌 우리 동포다려 알나 흐니 이는 참 한심흔 일이로다 기즁에 심흔 쟈는 어부에 필요흔 기소(魚附에 必要흔 箇所)라 흐는 말이니 대톄 어부는 무엇이며 기소는 무엇이뇨 이는 빅셩을 가라치고져 흠이 안이라 아모쪼록 몰으도록 흠이라 흐야도 가흐도다 시험흐야 이 글을 번역흐던 번역관과 이 법문을 닉각회의에 올녀 토론흐고 의결흐던 대신네들도 아지 못흐리니 아지 못흐는 것을 엇지 번역흐엿스며 엇지 의결흐얏는지 춤 구셜부득의 일이로다 쏘 작일에 엇더흔 신문을 본즉 외국에서 온 뎐보 가온딕 이호 활즈로 대셔특셔흐되 닉각역할변경(內閣役割變更)이라 흐얏스니 역할(役割)이란 말이 무엇이뇨 신문은 일반공즁의 이목이어늘 이갓치 아지 못홀 말을 긔져흠은 진실로 한탄홀 바이라 흐노라

일본어 열풍이 몰아치는 시기에[37] 일본 말의 영향을 받는 것은 당연한 일이다. 그러나 아직 자국어로 일반화되기 이전에 법문이나 신문 기사라는 공식적인 글쓰기에까지 생소한 표현들을 그대로 사용하는 것은 옳지 않다. 이러한 문제의식은 일본에서 공부하였고 일본 지향적 인물이지만 한글을 중시했던 애국계몽 운동가로서의 면모를 보여주는 것이다.

정운복의 논설에는 연설문을 그대로 전재한 것들도 보이는데 이는 계몽적 글쓰기의 일환이요, 입말을 잘 표현해 내는 한글의 효용성을 살린 글이라 할 것이다. 1907년 6월 18일 "진명부인회를 하례흠" 등이 그러하다. 연설문이 아니더라도 정운복의 논설 중에는 논리적인 '논설'이라기보다는 정감에 호소하는 '연설'에 가까운 경우가 많다. 1907년 8월 21일 "동포들 싱각흐야 보시오"와 1907년 8월 22일 "락심흐지 말고 힘들 쓸 일", 1908년 2월 9일 "닉 몸이 곳 나라오 나라가 곳 닉 몸" 등이 그러하다. 이러한 글들

---

37   이 현상에 대해서는 정선태, 앞의 글, 59쪽 참고.

은 지식인으로서 대중을 계몽하려는 목적을 드러낸다. 어휘 면에서 논리적이기보다는 감성적이고 주관적인 표현들이 많이 사용되고 있으니, 이는 대중을 선동하는 연설문의 특징이라 하겠다.[38]

정운복의 논설에서 보이는 문체적 특징 중 하나는 서술이 구체적이라는 점이다. 위에서 감성적인 연설문의 형태를 띠는 것과는 정반대로 대단히 구체적인 실례를 들어서 서술하는 경우들이 있다는 것인데 이것 역시 '논설'에 적합한 문체라 하기는 어렵다. 이런 현상은 보리짚 마련하는 법을 설명하는 데서 두드러져 보인다. 1908년 5월 28일과 29일 이틀에 걸쳐 실은 논설 "보리집(麥稭)의 리익"에서 "이에 보리집 짜는 법과 밋 모주 민달기 위ᄒᆞ야 짯는 법을 좌에 긔재ᄒᆞ야 전국 동포가 모다 알게 ᄒᆞ고져 ᄒᆞ노니"라고 하여 7가지로 나누어 상세하게 설명하였다. 그 첫 번째 항목을 예로 들면 다음과 같다.

> 一. 보리집을 쓰게 ᄒᆞ랴면 위션 버힐 쩍에 쥬의ᄒᆞ야 항용 버히ᄂᆞᆫ 쩍보담 십일이나 혹 십삼일을 압셔 버힐지니 이ᄂᆞᆫ 죠곰 일즉 버히면 광틱이 고음을 위홈이오 쏘 죠곰 일즉 버힐지라도 보리쌀은 죠곰도 관계치 안이홀 쑨 안이라 그 쌀의 품질이 도로혀 됴흘지오"

'론설'이라는 항목에서 위와 같이 어떠한 물품을 마련하는 방법에 대해 상세하게 서술하는 것은 격에 맞지 않다. 그러나 모자를 만드는 데 사용되는 보리짚을 마련하는 것이 개인의 소득이 될 뿐 아니라 나라 경제에도 큰

---

38 예를 들면 다음과 같다. "우리 이천만 동포가 ᄒᆞᆫ 뜻으로 나라를 사랑ᄒᆞ야 닉 몸의 리히를 도라보지 안코 굿건ᄒᆞ게 나아가면 우리의 뜻을 싸은 셩은 텬하의 폭발약을 모다 한 곳에 모화 쌋고 불을 지를지라도 문허지지 안으리니 죠곰도 겁닉거나 두려워ᄒᆞ지 말고", 1908년 2월 9일 논설 "닉 몸이 곳 나라오 나라가 곳 닉 몸".

관계가 있다고 판단되기 때문에 위와 같이 자세히 서술한 것으로 보인다. 한편으론 경제 문제 역시 대한제국의 정치적 독립과 무관하지 않은데 이러한 측면은 외면하고 있다는 데서 사상적 한계를 보인다.

5. 맺음말

정운복은 친일파로 분류되는 인물이지만 애국계몽기에 그가 행한 역할들을 그저 무시할 수도 없는 인물이다. 그는 한글 전용을 주장하면서 한글의 정착에 기여하였고, 교육과 풍속 개량을 시행해야 한다고 주장하였으며, 여러 사회단체를 통해 자신의 주장을 개진하였다. 본고에서 살펴보려는 《제국신문》의 논설 집필 또한 그러한 맥락에서 이루어진 행적이다. 본고에서는 우선 정운복의 행적에 대해 기존에 알려진 사실들 외에 연설로 유명했던 그의 행적에 따라 연설한 흔적들을 보완하였다. 그는 안창호와 함께 여러 지방을 순회하며 연설을 통해 계몽 운동을 벌였으며 대단한 호응을 받았음을 신문 기사를 통해 알 수 있다.

1907년에 그가 주필을 맡은 《제국신문》은 한글 전용을 통해 하층민과 여성 독자를 주요 독자로 확보하였다고 하였는데, 정운복의 논설 역시 그런 맥락을 계승하고 있다. 그의 논설은 정치에 관한 언급 못지않게 풍속에 관련한 언급이 많다. 풍속 개량을 강조하고 특히 여성의 계몽에 주목한 것은 정운복 논설의 내용적 특징이라 하겠다. 논리적인 측면에서 보자면, 서구 문화를 기준으로 해서 그와 다른 우리 문화를 개선해야 한다고 주장하는 식의 담론인데 합리적이지 못한 부분들이 보인다.

정운복이 한글 전용을 주장했지만 그의 논설문에는 아직 한문 문투가 많이 남아 있다. '어차어피' 등에서 한문 문투가 확인되며, '천견박식'처럼 관련 단어를 병치하여 4음절을 자주 사용하는 것도 한문 문투에 해당한다. 구성상에 있어서 문답법을 활용하는 것 역시 한문에서 자주 사용하는 전래적인 방법이다. 한문 문투가 전래적인 것이라서 아직 극복되지 못한 것이라면, 생경한 일본 한자어를 배격하는 모습은 자못 주목된다. 시대적 분위기뿐만 아니라 그의 친일적 성향에도 배치되는 이러한 문제의식은 높이 평가되어야 한다.

문체 면에서 정운복의 논설은 감성적인 연설문의 성향을 띠는 것들이 많은데 이는 계몽적 태도에 따른 것이며 또한 그가 연설에 능했던 때문이기도 하다. 한편으로 대단히 구체적으로 서술하는 경우도 있는데 이는 구체적인 사안에 대해 독자들이 실행지침서로 활용할 수 있도록 하고자 함이니 역시 계몽적 태도에 기인한 것이라 하겠다.

부록) 정운복의 《제국신문》 논설 목록[39]

1907년 6월~12월

날짜	논설	분류
6.8	(사설) 첫인사	신문
6.9	박지(雹災)	정치
6.11	공립신보로 모범을 삼을 일	신문
6.12	살기를 닷토는 시티	계몽
6.14	흘 수 업다는 말을 흐지 말 일	계몽
6.15	상품진렬소를 보고 흔탄홈	풍속
6.16	부즈런히 벌어서 졀용흘 일	계몽
6.18	진명부인회를 하례홈	여성
6.19	부인의 의복을 기량흘 일	여성
6.20	어린아히 フ라치는 법도	교육
6.21	어린아히 フ라치는 법도(속)	교육
6.25	기성교육총회를 하례홈	단체
6.26	희산 구원을 싱슈에 맛기지 못흘 일	여성
6.27	나라 흥망은 정부에 잇지 안코 빅셩의거 잇슴	계몽
6.28	경성상업회의소와 밋 한성 니 상업가 제씨의게 경고홈	단체
6.29	즁츄원	정치
6.30	츄셰를 됴하홈은 나라를 망흐는 근인	풍속
7.4	단발에 디흔 의견	풍속
7.5	풍셜	계몽
7.6	근릭에 처음 듯는 희소식	여성
7.10	만세보를 위흐야 한번 통곡함.	신문
7.13	새벽 최북 한 소래	신문

---

39   대부분 필자명이 '탄해생'으로 나오므로 '정운복'으로 표기된 경우만 따로 표시함.

7.23	젼국 동포에게 경고홈	계몽
7.24	피란가는 쟈롤 위호야 한탄홈	계몽
7.25	내각 졔공은 홀로 그 칙망이 업슬가	졍치
7.26	민심 슈습호기롤 힘쓸 일	졍치
7.27	신협약에 대한 의견	졍치
7.28	락심하지 말 일	계몽
8.1	당파의 리히	단체
8.2	해산한 군인에게 고함	졍치
8.10	단셩사롤 평론함	풍속
8.15	반디호는 쟈롤 뮈위호지 말 일	계몽
8.16	쟝사호는 사룸은 공손홈을 위쥬홀 일	계몽
8.17	봉독 셩죠 奉讀 聖詔	풍속
8.23	즈강 동우 량회의 히산을 이셕홈	단체
8.31	(별보) 박람회를 구경홀 일	계몽
9.10	붓을 들고 통곡함-졍운복	신문
9.19	법규와 풍속의 관계	풍속
10.3	본신문 속간호는 일	신문
10.4	(무졔. "나보단 나흔 쟈롤 슬혀호는 마암"으로 시작)	계몽
10.5	신문긔쟈	신문
10.6	닉 졍신은 닉가 차릴 일	계몽
10.8	아편을 엄금홀 일	풍속
10.9	졍치 기량보담 풍속 기량이 급홈	풍속
10.10	풍속개량론 1) 녀자의 기가를 허할 일	풍속
10.11	2) 닉외하는 폐습을 곳칠 일	풍속
10.12	3) 압졔혼인의 폐풍을 곳칠 일	풍속
10.13	4) 압졔혼인의 폐풍을 곳칠 일 (젼호 속)	풍속
10.15	5) 택일하는 폐풍을 버릴 일	풍속
10.16	6) 위생에 쥬의할 일	풍속

10.18	7) 상업계의 폐풍을 고칠 일	풍속
10.19	8) 온돌을 폐지할 일	풍속
10.20	9) 음식 먹는 습관을 고칠 일	풍속
10.22	청국 지ᄉ의게 권고흠	정치
10.26	림피군으로 모범을 삼을 일	신문
11.6	경무 당국쟈의게 경고흠	정치
11.7	지판소 관리의게 경고흠	정치
11.8	밤에 젼문을 닷치지 말 일	풍속
11.12	영웅호걸이 업슬가	계몽
11.13	젼국 청년에게 경고흠	교육
11.14	대한협회를 하례흠	단체
11.16	빅셩의 밋음이 업스면 서지 못흠	정치
11.17	비를 무셔워ᄒ지 말 일	풍속
11.20	리쳔군슈 리쳘영(利川郡守 李喆榮) 씨의게 경고흠	신문
11.21	리쳔군슈 리쳘영 씨의게 두 번 경고흠	신문
11.23	한의(漢醫)와 양의(洋醫)를 의론흠	풍속
11.24	션비의 긔운이 쓸치지 못흠을 한탄흠	계몽
11.26	귀부인 샤회에 경고흠	여성
11.27	정부 졔공의 칙임을 뭇고져 흠	정치
11.28	일본 당로쟈의게 질문흠	정치
11.30	한인이 일본을 의심ᄒᄂ 원인	정치
12.1	한인이 일본을 의심ᄒᄂ 원인 (속)	정치
12.4	(신문 유실. 의병의게 권고흠 一)	정치
12.5	의병의게 권고흠 二	정치
12.7	의병의게 권고흠 三	정치
12.8	의병의게 권고흠 四	정치
12.10	엇지ᄒ면 살가	계몽
12.11	엇지ᄒ면 살가 (속)	계몽

12.12	엇지호면 살가 (속)	계몽
12.14	리치원(李致遠)씨의 부인의 신의를 감샤홈	신문
12.15	합호는 것이 귀홈이라	계몽
12.18	거울을 달고 물건을 비쵸임	풍속
12.19	거울을 달고 물건을 비초임	풍속
12.22	공립신보(共立新報)와 대동공보(大同公報)를 위호야 하례홈	신문
12.25	동업쟈의 필젼을 흔탄홈	신문
12.26	사회와 신문	신문
12.27	국민의 조신력이 업슴을 한탄홈	계몽

1908년 1월~1909년 2월

날짜	논설	분류
1.5	새해에 바라난 바	계몽
1.7	미주에 재류호는 동포의게 권고홈	단체
1.8	서북 양 학회의 합동을 하례함	단체
1.10	(기서) 정부명령이 밋업지 안음을 한탄홈	정치
1.11	(신문 유실. 위 기서 속편)	정치
1.12	던긔회샤의 불법힝동을 통론홈	기타
1.14	노름군의 큰 와쥬	풍속
1.15	던긔회샤의 무샹홈을 다시 의론함	기타
1.26	(별보) 긔호흥학회룰 하례함	단체
2.7	시히에 신슈점치는 악풍	풍속
2.8	정부 당로자에게 경고함	정치
2.9	내 몸이 곳 나라오 나라가 곳 내 몸	계몽
2.12	안성군슈 곽찬은 엇던 쟈이뇨	신문
2.13	청년의게 비단옷을 닙히지 말 일	풍속

7.14	한문을 슝상홈은 의뢰심을 양셩홈과 갓홈	교육
7.17	공인(公人)과 수인(私人)의 구별	정치
7.18	직권을 람용ᄒᆞᄂᆞᆫ 폐히	정치
7.22	무능흔 관리ᄂᆞᆫ 도틱홈이 가홈	정치
7.23	인심을 진졍케 홀 일	정치
8.2	지판소 기쳥을 하례홈	정치
8.8	본보의 창간 십쥬년	신문
8.12	직물을 져츅홀 일	풍속
8.13	직물을 져츅홀 일 (속)	풍속
8.14	직물을 져츅홀 일 (속)	풍속
8.18	부쳐 세 자로	풍속
8.20	부쳐 세 자로 (속)	풍속
8.30	역둔토 관리 규뎡의 딕흔 의견	정치
9.5	내부관리의 관탕 폐지	풍속
9.18	춍리대신의 량쵝	정치
9.26	민스쇼숑에 쥬의홀 스항	정치
10.1	(별보) 단발에 딕한 공론	풍속
10.14	변소 개량에 딕ᄒᆞ야 위싱 당국쟈의게 경고홈	풍속
10.15	지답 국민긔쟈	풍속
10.18	연강 각 학교의 련합운동회를 하례홈	교육
10.24	병즁에 씌다름이 잇슴	정치
12.17	병즁소감(病中所感)	정치
1.8	텰도론	정치

참고문헌

1. 기본 자료

《제국신문》 연세대학교 소장본.

『대한자강회월보』 1호~7호(아세아문화사, 1976 영인)

『대한자강회월보 편역집1』, 부산대 점필재연구소 고전번역학센터, 소명출판, 2012.

『대한협회회보』 1호~12호(아세아문화사, 1976 영인)

『한국근대사인명록』, 여강출판사, 1987 영인: 원제 '조선신사보감(朝鮮紳士寶鑑), 다나카 쇼우코(田中正剛) 편집, 조선문우회(朝鮮文友會), 1913년 제3판.

2. 논문

김양원, 「구한말 제국신문에 나타난 교육사상 연구」, 동국대 교육대학원 석사학위논문, 1984.

김종욱, 「한말 여성계몽운동에 대한 일연구 ―《제국신문》의 역할을 중심으로」, 한양대 교육대학원 석사학위논문, 1985.

민족문제연구소, 『친일인명사전』, 2009.

박경수, 「정인택 문학 연구」, 전남대 박사학위논문, 2011.2.

박노자, 「개화기 신문도 '촌지'를 먹었다」, 《한겨레21》, 한겨레신문사, 2005.4.22.

설성경·김현양, 「19세기말~20세기초《帝國新聞》의 <론설> 연구」, 《연민학지》 8, 연민학회, 2000, 223~253쪽.

심옥주, 「도산 안창호의 정치활동의 성격과 의미 : 공립협회와 신민회 활동의 연계성을 중심으로」, 《민족사상》 6(1), 한국민족사상학회, 2012.4, 135~172쪽.

유영열, 「대한자강회 애국계몽운동」, 39~101쪽.(조항래 편, 『1900년대 애국계몽운동 연구』, 아세아문화사, 1993)

이경하, 「제국신문 여성독자 투고에 나타난 근대계몽담론」, 《한국고전여성문학연구》 8, 한국고전여성문학회, 2004, 67~98쪽.

이경현, 「《데국신문》 초기 논설에 나타난 '학문'의 성격과 '동양' 사유방식」, 《한중인문학연구》 14, 한중인문학회, 2005.4, 65~90쪽.

이윤희, 「도산 안창호의 독립운동사상에 관한 고찰」, 《한국사상사학》 18, 한국사상
　　사학회, 2002, 531~562쪽.

이현종, 「대한협회에 관한 연구」, 《아세아연구》 39, 고려대 아세아문제연구소,
　　1970.9, 15~56쪽.

_____, 「대한협회의 조직과 활동에 관한 성격」, 조항래 편, 『1900년대 애국계몽운
　　동 연구』, 아세아문화사, 1993.

정선태, 「근대계몽기의 번역론과 번역의 사상」, 『근대어·근대매체·근대문학』, 성균
　　관대 대동문화연구원, 2006, 43~66쪽.

조용만, 「李箱時代, 젊은 예술가들의 肖像」, 《문학사상》 174~176호, 문학사상사,
　　1987.

한기형, 「근대어의 형성과 매체의 언어전략」, 『문예공론장의 형성과 동아시아』, 성
　　균관대 출판부, 2008.

한원미, 「『獨習 日語正則』의 한일 대역문 연구」, 고려대 석사학위논문, 2013.8.

홍인숙, 「근대계몽기 여성담론 연구」, 이대 박사학위논문, 2007.

3. 단행본

박찬승, 『한국근대정치사상사 연구』, 역사비평사, 1992.

신용하, 『신판 독립협회 연구(상)』, 일조각, 2006.

최기영, 『대한제국기 신문연구』, 일조각, 1991.

대한제국기 일반 독자층의 《제국신문》 광고 게재와 사회상의 일면

장영숙

1. 머리말

《제국신문》은 부녀자층의 교육과 개화를 위한 신문을 만든다는 정신으로,[1] 옥파 이종일이 협성회와 배재학당 출신인 유영석·최정식·이승만 등의 인사들과 손을 잡고 1898년 8월 10일 서울 종로에서 창간한 대한제국기의 대표적 한글 신문이다.[2] 창간 이후 《제국신문》은 1910년 3월 31일자로 폐간될 때까지 일간지로서 총 3240호 정도가 발행되었고, 최초의 여성

---

[1] 최근 문일웅은 《제국신문》의 창간 경위를 밝히는 글(「만민공동회 시기 협성회의 노선 분화와 《제국신문》의 창간」, 《역사와 현실》 83호, 2012)에서 그동안 《제국신문》이 부녀자와 하층민 계몽을 목적으로 창간한 신문이었다는 해석에 대해, 만민공동회의 과 격노선을 주장하는 자들이 근대적 지식을 알리고 정부에 대한 강렬한 비판의식을 기 저에 담으면서 운영한 신문이었다는 해석을 내놓았다. 이는 신문 경영인들의 경향성 을 밝힌 것이며, 주요 대상이 부녀자와 하층민이었다는 점은 크게 달라지지 않는다. 이 외에도 역사학 쪽에서 《제국신문》을 활용한 연구로는 박은숙, 「대한제국무본보험 회사의 조직과 운영」, 《역사와 현실》 83호, 2012가 있다.

[2] 최준, 「《제국신문》 해제」, 《제국신문》 1, 1986, 1~2쪽.

신문이라는 자부심 속에서 사회적 역할을 다해나갔다.[3]

이 시기 대표적 언론이었던 《황성신문》이 주로 지식인과 유생 층을 대상으로 하는 기사를 게재했다면, 《제국신문》은 상대적으로 사회적 약자에 해당하는 여성과 하층 일반인들을 대상으로 한 신문을 발간했다. 따라서 《제국신문》을 통해서 당대 사회적 논의와 주요 현안 외에도, 민중과 밀착된 다양한 사회상을 살펴볼 수 있다. 특히 신문 광고란에 일반 독자들이 광고를 게재하는 등 적극적인 독자층으로 성장하는 모습 속에서 이 시기 일반민들이 부딪치고 있던 사회적인 문제의 독해도 어느 정도 가능할 것이라 생각된다.

우리나라 신문 광고의 효시는 일반적으로 《한성주보》 제4호(1886년 2월 22일자)에 실린 세창양행 광고인 것으로 알려져 있다.[4] 그러나 광고주가 독일 무역상이라는 점, '광고'라는 용어 대신 '고백'이라는 말로 표기되어 있다는 점, 광고 내용이 모두 한문으로 쓰여 있는데 이마저도 당시 상해 지방의 글이라는 점 등이 지적되면서 최초의 근대적 광고라는 데 문제점이 제기되고 있다.[5] 아직까지는 한국 최초의 근대적 광고를 무엇으로 볼 것인가에 대해 학문적인 합의가 이뤄지지 않은 상태이다.

《제국신문》의 경우에는 지면이 전체 4면인데 통상적으로 1면에는 논설, 2면에는 관보·잡보, 3면에는 외국 통신과 광고를, 이어서 4면에도 광고를 싣는 형태로 구성되었다. 《제국신문》의 첫 광고는 신문의 창간을 알리면서 "널리 광고할 것이 있으면 신문지면을 적극 활용하되, 한 달 기준으

---

3   최기영, 『《제국신문》 연구』, 서강대 언론문화연구소, 1989, 72쪽.
4   이는 1974년 한국언론학회 세미나에서 서강대 유재천 교수가 처음으로 밝힌 것으로 전해진다. 김봉철, 「구한말 '세창양행' 광고의 경제·문화사적 의미」, 《광고학연구》 제13권 5호, 2002, 118쪽.
5   이에 대한 문제제기로는 황창규, 「광고의 역사이야기」, 《消費者》 77, 소비자보호단체협의회, 1986; 신인섭·서범석, 『한국광고사』, 나남, 1998 등이 있다.

로 매 줄에 50전씩이고 다섯줄이 넘으면 45전씩이라"[6]는 자체 광고를 낸 것이 최초였다.

이후 광고 시장은 점차 신장되어 창간 4년이 되는 시점인 1902년 8월경에 가면 기사의 양보다 광고의 양이 더 많아지는 역전 현상까지 빚어지게 된다. 분야도 다양해져서 서양 물품에서부터 의원, 약국, 사진관, 회사, 전당포, 학교에 이르기까지 변화하는 대한제국기의 사회 모습을 폭넓게 담아내고 있다. 그 가운데에는 상업적 이익을 목적으로 하지 않는 일반민들이 개인적 이유로 광고를 게재하는 건수가 나날이 증가하면서 적극적인 독자층으로 성장해가는 모습도 보인다.

이에 이 글에서는 《제국신문》 광고란의 주요 변화를 살펴보면서, 평범한 개인이 사기 사건 광고와 분실 광고 및 사례 광고 등의 직접적인 광고주로 등장하는 모습에 주목해보고자 한다. 이들은 일반 독자로서 신문을 읽기만 하던 수준을 넘어서 자신의 재산을 보호하거나 잃어버린 물건을 찾고, 특정인에게 감사한 마음을 공개적으로 알리는 수단으로 신문광고를 활용하고 있었다. 이른바 일반 독자층에서 신문에 광고를 게재할 정도의 적극적인 독자층으로 변모해나가고 있었던 것이다.[7] 따라서 이들이 수단으로 삼고 있는 신문광고를 통해 당대의 일반민들이 널리 알리고자 했던 현실적인 문제로는 어떤 것이 있었는지, 그 속에 담긴 사회적 함의는 무엇인지, 《제국신문》에 대한 일반인들의 인식과 활용 정도는 어떠했는지를 살펴보고자 한다. 이는 곧 《제국신문》의 성격을 살필 기회가 될 수도 있을

6　'광고', 《제국신문》 제1권 제1호, 1898년 8월 10일. 이하 《제국신문》. 호수는 생략.

7　일반 독자층은 광고를 통해서뿐 아니라 '기서'를 통해 자신의 주장을 담은 글을 신문사에 기고하는 등 적극적인 참여 활동을 벌이기도 했다. 그러나 글쓴이의 주체를 명확히 파악할 수 있는 사례가 드물고, 편집진이 일반 독자를 가장해 여론을 담아내는 글쓰기도 이루어지고 있었기 때문에 이 글에서는 그 부분은 제외했다.

것이다.

지금까지 개화기 신문을 자료로 활용한 연구는 많이 있지만, 광고를 대상으로 한 연구는 별로 없다. 몇 편 안 되는 연구도 광고학과 언론학 분야에서 광고 자체의 양상과 변화를 연구한다든지,[8] 언어와 어휘의 변화를 국어학적으로 검토하는 연구[9] 등에 국한되어 있다. 광고라는 매개물을 통해 시대상과 사회상을 분석하는 역사학적인 접근 방법도 간혹 나오고 있지만,[10] 독자층에 주목한 연구는[11] 별로 없다. 이 글은 부녀자 및 일반 민중을 대상으로 한《제국신문》을 주요 소재로 하되, 지금까지 다루지 않았던 주제로서 일반민이 적극적인 독자층으로 성장해 광고를 활용하는 과정과 그 이면의 사회적인 문제를 살펴본다는 점에서 차별성이 있다.

---

8 김근용, 「大韓帝國時代 新聞廣告에 대한 一考察」, 한국외대 신문방송학과 석사학위논문, 1989; 안종묵, 「韓末 皇城新聞의 廣告에 관한 研究」, 《里門論叢》 15, 한국외국어대학교, 1995; 이종은, 「대한매일신보와 황성신문의 서적 광고에 관한 연구」, 《韓國傳統商學研究》 제17집 제1호, 2003; 이두원·김인숙, 「근대 신문광고(1886~1949) 내용분석 연구: 근대 소비문화 형성과정을 중심으로」, 《광고학연구》 제15권 제5호, 2004; 박혜진, 「개화기 신문 광고 시각 이미지 연구」, 이화여대 미술사학과 석사학위논문, 2009.

9 서은아, 「개화기 신문 광고에 사용된 어휘 연구」, 《겨레어문학》 42집, 2009.

10 개화기 신문광고를 통해 사회상을 분석한 논문으로는 다음과 같은 연구가 있다. 정진석, 「광고사회사 I (한말~1920)」, 《광고연구》 제7호, 1990; 한은경, 「개항기 신문광고에 나타난 특성 및 시대상: 황성신문을 중심으로」, 《광고연구》 36, 1997; 하세봉, 「近代中國의 新聞廣告 讀解: 辛亥革命 前後(1905~1919)의『申報』廣告」, 《中國史研究》 19, 2002; 김봉철, 「구한말 '세창양행' 광고의 경제·문화사적 의미」, 《광고학연구》 제13권 제5호, 2002; 조한경, 「《독립신문》廣告에 나타난 開化期 社會相」, 《靑藍史學》 12, 2005. 이처럼 기존의 연구들이 《독립신문》이나 《황성신문》을 주요 소재로 삼았다면, 본 연구에서는 지금껏 대상으로 삼지 않았던 《제국신문》을 연구 자료로 활용했다는 점에서 차이가 있다.

11 독자층을 대상으로 한 연구로서 전은경, 「근대 초기 독자층의 형성과 매체의 역할 —《대한매일신보》를 중심으로」, 《현대문학의 연구》 40집, 2010이 있으나, 광고주로서가 아닌 기사 투고의 면에 주목한 글이다.

2. 《제국신문》 광고의 양상

2.1. 광고의 종류

《제국신문》은 창간 이후 폐간까지 만 12년 동안 발행되었다. 중간중간 재정난과 신문사 화재 등의 사고, 검열 위반 등으로 정간된 때도 많았지만, 대한제국과 한말의 시대적 정황을 적나라하게 보도하며 언론지로서의 역할을 다했다. 창간 이후부터 1902년까지의 시기는 대한제국이 주변 열강의 제국주의적인 침탈과 간섭에서 비교적 자유로운 상황에서 '광무개혁'을 추진하던, 대한제국의 정점기라고도 볼 수 있다. 또한 1903년부터 1905년까지의 기간은 한반도의 이권을 둘러싸고 러시아와 일본 간의 대립이 격화되면서 전쟁으로 치닫게 된 시기다. 그 이후는 대한제국이 일본의 강도 높은 간섭과 침탈 아래에서 간신히 명맥만 유지하고 있던 시기라 볼 수 있다. 따라서 비교적 안정된 개혁기와 혼돈기를 거치면서 대한제국민이 시대적 변화를 어떻게 겪고 있었는지가 광고에 그대로 드러나고 있다.

우선 광고의 수효를 보면, 발간한 지 6개월이 지날 무렵인 1899년 3월 정도에는 그 수가 점차 늘어 1, 2개에 불과하던 광고가 3, 4개로 증가했다. 신문 면수로 보면 4단의 한쪽 귀퉁이만을 간신히 할애하고 있는 정도였다. 광고의 수가 6, 7개로 대폭 늘어나면서 신문의 4면 전체를 당당하게 차지하기 시작한 때는 1900년 1월 중순부터다. 이때는 이미 논설은 1면에 완전히 자리를 잡았고, 관보와 잡보는 2·3면을, 광고는 온전하게 4면을 차지함으로써 신문의 체제가 안정되기 시작했다. 이후 이러한 구도 속에서 신문이 계속 제작되고 있었으므로, 창간한 지 1년 5개월 만에 광고의 양은 정상 궤도에 올라섰다고 볼 수 있다.

이런 가운데 1900년 하반기부터는 3면에 자리 잡고 있던 잡보의 양은 오히려 줄어든 반면, 광고의 양은 대폭 증가하는 역전 현상이 빚어지게 된다. 그 결과 광고란은 기존의 4면에다 3면의 거의 절반 정도를 더 차지할 정도로 양이 늘었다. 건수로 따지면 20건 내외까지 증가했다. 1903년 5월 무렵부터는 전체 2면을 아예 광고로 구성하는 형식이 일반적일 정도로 광고의 양은 대폭 증가세를 보이고 있다.

이는 꼭 게재해야 할 중요한 기사의 양이 줄어들었기 때문이라기보다는 광고를 통해 민중에게 알려야 할 정보의 양이 늘었다는 점과 이를 통해 벌어들이는 수입이 현실적으로 신문사에 필요했기 때문으로 보인다. 신문값을 제때 내지 않는 구독자들이 많아 경비를 감당하기 어렵다는 고백이 이어지고 있는 점,[12] 특히 제국신문사가 한 차례 화재를 당한 이후에는 밀린 신문값을 독촉하는 사례가 빈번했다는 점[13] 등을 통해 광고의 양이 대폭 증가하게 된 배경을 유추할 수 있다.

《제국신문》 광고의 양상은 비슷한 시기의 순 한글신문인 《독립신문》의 모습과 상당히 대비된다. 《독립신문》은 창간 후 두 달이 못 된 1896년 5월 26일부터 국배판 4면 가운데 1면을 광고로 채워갔으나, 1897년부터 폐간되는 1899년 12월까지는 3~4개에서 5~6개 정도밖에 채우지 못했다.[14] 광고보다는 오히려 기사의 양이 훨씬 더 많은 양상을 보이고 있었던 것이다.

이처럼 《독립신문》의 광고량은 절대적으로 적어 《제국신문》 광고란을 통해 접할 수 있는 정보의 양에는 훨씬 미치지 못했다. 서양 상품을 파는 상점과 일본의 술 광고 및 담배 광고 등 몇 가지 품목은 양대 신문에서 공통적으로 볼 수 있지만, 《제국신문》에서는 이보다 훨씬 더 다양한 광고를 만

---

12 '광고', 《제국신문》, 1899년 5월 16일.
13 '본사고백', 《제국신문》, 1900년 1월 27일; '본사고백', 《제국신문》, 1900년 1월 29일; '논설', 《제국신문》, 1900년 5월 30일 등을 참고.
14 1896년 4월 7일부터 1899년 12월까지 《독립신문》 '광고'란 참조.

날 수 있다. 그런 점에서 이 시기 국한문 혼용 신문인《황성신문》의 광고량과 오히려 유사하다고 할 수 있다.

《황성신문》도《제국신문》과 마찬가지로 2~6개에서 많게는 20개 내외까지 광고를 싣고 있었는데, 이는 단지 구성상의 특색으로 보아야 한다. 신문기사를 통한 인민의 계몽과 정보 공유가 중요한 만큼 광고를 통한 정보 교류의 장으로 기능하는 측면 또한 크므로 광고량 자체를 가지고 각 신문의 비중을 정량적으로 비교·평가할 수는 없기 때문이다. 또한 각 신문마다 내용이 유사한 다양한 광고가 중복으로 게재되었기 때문에,[15] 신문의 성격과 성향 차이가 광고에까지 반영되었다고는 보기 어렵다. 다만《제국신문》광고에서 특히 일반민들이 빈번하게 겪고 있는 토지 사기 사건이나 물건 분실 광고 등이 상대적으로 자주 게재되었다는 정도로 비교할 수 있다.

《제국신문》광고의 종류를 살펴보면 분실 광고, 창업 광고, 상품 광고, 모집 광고, 알림 광고 등으로 대별할 수 있다. 분실광고는 물품 특히 도장이나 돈, 서책, 땅문서 등을 잃어버리고 이를 찾아달라거나 휴지로 시행하라는 내용이 대부분이다. 창업 광고로는 회사를 창업한다거나,[16] 술을 만들어 파는 주장(酒場)[17] 혹은 전당국 개설[18] 등 창업과 관련한 다양한 광고들이 속속 등장하고 있다. 상품 광고는 신상품을 소개하는 경우가 대부분이며, 이 가운데는 담배와 신약 광고가 압도적으로 많은 양을 차지하고 있다. 특히 아이를 잘 포태하게 하는 약이라든가,[19] 상품은 아니지만 부인병 치

---

15 예를 들어 명동조일주장광고, 어음 분실 광고, 회사 창업 광고, 채표 광고, 소다 및 각 종 의약품 광고, 병·의원 광고, 경품 광고 등등은《제국신문》과《황성신문》에 거의 동 일하게 게재된 광고 종류였다.

16 '광고',《제국신문》, 1899년 4월 11일, 1900년 2월 20일, 1900년 7월 9일 등.

17 '광고',《제국신문》, 1898년 11월 17일 등.

18 '광고',《제국신문》, 1901년 1월 11일 등.

19 '광고',《제국신문》, 1899년 3월 6일.

료를 위한 의원을 선전하는[20] 경우도 종종 있어, 여성 독자층을 염두에 둔 광고로 해석된다.

모집 광고의 종류로는 합자회사의 경우 자본을 모금하는 광고,[21] 학교에서 입학생을 모집하는 광고,[22] 경부철도 역부(役夫) 모집 광고[23] 등이 등장했다. 모집 광고 가운데는 특히 여성을 대상으로 한 광고도 눈에 띈다. 제직 회사에서 피륙을 짤 부인을 구하는 사례,[24] 요릿집에서 내외국인 요리를 담당할 부인을 구하는 사례[25] 등이 등장한다. 이는 제한된 범위이긴 하나 사회적으로 여성을 필요로 하는 분야가 생기고 있는 초기적 모습이다.

알림 광고로는 학당이 개학하는 날짜와 새로운 교사들의 명단을 신문 광고란을 통해 고지하는 경우,[26] 대구와 공주에 약령시장을 개폐하는 내용을 알리는 광고,[27] 경인철도회사가 화륜거를 운행하는 시간을 알리고 또 이를 개정한 광고[28] 등이 등장했다. 알림 광고 가운데는 특히 토지와 관련한 사기 사건을 알리는 경우가 종종 게재되고 있는 것이 주목된다.

이처럼 전 분야를 망라하는 다양한 신문광고의 등장과 광고 건수의 급격한 증가는 신문이 일반민의 삶 속에 깊이 들어와 있었음을 의미한다. 특히 사기를 예고하거나 분실물을 알리는 광고는 광고를 이용하는 계층이 신제품을 소개하거나, 상업적 이익을 목적으로 하는 업주 측 광고주에만 국한되지 않았음을 보여준다. 이는 상업적 이익과는 특별히 관계가 없는

---

20 '광고', 《제국신문》, 1900년 7월 10일.
21 '광고', 《제국신문》, 1900년 2월 20일.
22 '광고', 《제국신문》, 1898년 9월 15일.
23 '광고', 《제국신문》, 1900년 4월 28일.
24 '광고', 《제국신문》, 1901년 3월 30일.
25 '광고', 《제국신문》, 1902년 8월 13일.
26 '광고', 《제국신문》, 1898년 9월 19일 등.
27 '광고', 《제국신문》, 1899년 10월 24일.
28 '광고', 《제국신문》, 1900년 9월 6일 등.

일반 독자층도 광고를 활발하게 활용하고 있었음은 물론, 광고를 사회적인 의사 교류의 수단으로 인식하고 있었음을 나타낸다.

2.2. 내용과 형식의 변화상

이 시기 신문광고는 대한제국 사회의 변화와 요구를 즉각적으로 담아내고 있었으며, 광고를 게재하는 기간 역시 사회적인 여건과 수용자의 요구에 따라 좌우되고 있었다. 외국의 상품이나 서양 문물은 그 자체가 문명과 진보를 상징하며 민중의 삶 속으로 침투해 들어왔고, 민중은 자연스럽게 근대를 경험하면서 계몽되고 있었다.

광고가 처음 선을 보일 때에는 지극히 제한된 분야에서 한두 종류만 등장했는데, 광고 시장이 무르익어가자 각 분야에서 생활과 밀착된 다양한 내용과 형식이 나타나기 시작했다. 《제국신문》 최초의 상업광고주인 고살기 상점은 광고를 통해 금계랍과 밀가루 및 석유를 판매하는 곳임을 알렸다. 상점 주인은 덕국인으로, 대한제국기에는 청과 일본 상인 외에도 독일 상인까지 진출해 활발한 상업 활동을 벌이고 있었음을 짐작할 수 있다. 특히 이 고살기 상점은 《독립신문》에도 지속적으로 광고를 내고 있었다.

애국심과 민족애에 기댄 광고도 등장했다. 당성냥을 판매하면서 외국의 것보다 훨씬 낫다는 점을 강조한 광고는[29] 당성냥을 우리나라 사람이 만들었다는 점, 외국의 것보다 백 배나 더 낫다는 점 등 민족애에 의지해 판매고를 높이려 한 측면이 엿보인다. 외국인이 광고를 통해 아쉬운 바를 호소하는 경우도 더러 있었는데, 영국인 엠블리가 대표적이다. 이 사람은 돈이 필요하다며 5000원을 후한 변리로 얻어 쓰겠다는 광고를 내기도 했

---

29 '광고', 《제국신문》, 1899년 4월 26일 등.

고,[30] 상품 자전거를 팔겠노라는 광고를 1900년 1월 15일부터 시작해 6월 23일까지 지속적으로 내기도 했다.

일본인 침구 의사도 약국을 개업한 후, 만병통치약과 침놓는 방술에 대한 광고를 1899년 11월 24일부터 1900년 11월 13일까지 무려 1년 남짓 지속적으로 냈다. 일본에서 만든 지권련 광고도 외국인 광고주가 신문을 이용한 대표적인 경우다. 지권련은 경성 내 특약 판매점을 통해 판매되었음은 물론, 인천과 평양 등의 개항장에도 판매점을 수삼 호씩 설시했다는 광고를 냈다.[31] 이처럼 외국인들도 신문광고를 다양한 방식으로 활용함으로써 자본과 기술을 앞세워 시장을 공략해온 측면을 볼 수 있다.

1900년을 기준으로 볼 때 후기로 갈수록 광고의 내용은 더욱 구체적이고 다양해지기 시작했다. 집문권을 가짜로 판각해갔으니 한성부로 와서 타협하지 않으면 물시하겠다는 경고성 광고,[32] 약국을 개업하면서 의사들이 돌아가며 입직하는 사실을 알리고 늦은 밤에 오더라도 성심껏 치료해주겠다며 잠재적 고객을 감동시키는 광고,[33] 학당의 개학 사실을 알리면서 교과목, 접수 기한, 교사 등에 대해 친절하게 안내하는 광고,[34] 우체총사에서 서울-인천 간 우체물건을 보내는 횟수와 시간을 정확하게 고지하는 광고[35] 등이 속속 등장한 것이다.

이로 보면 광고의 내용은 간단한 상품 소개와 취급점의 위치만을 일러주던 데서 더 사실적이고 직접적으로 상품을 묘사하거나 소개하는 형식으로 바뀌고 있음을 알 수 있다. 또한 내용 소개에서도 사실과 현상을 알려주

---

30 '광고', 《제국신문》, 1900년 1월 20일 등.
31 '광고', 《제국신문》, 1900년 9월 4일 등.
32 '광고', 《제국신문》, 1900년 8월 11일.
33 '광고', 《제국신문》, 1900년 6월 2일 등.
34 '광고', 《제국신문》, 1900년 9월 5일 등.
35 '광고', 《제국신문》, 1901년 3월 15일.

는 수준으로만 구성하다가 점차 경고, 경쟁, 감동, 친절, 비교, 다양성, 정확성 등을 교대로 활용해가며 내용의 수준을 한층 높인 광고문을 구성하는 사례가 늘었다. 나아가 광고의 횟수에도 많은 변화가 있었다. 가장 짧게는 한 번으로 끝나는 경우도 있지만, 대개는 한 달여 정도 지속되거나 긴 경우 1년 넘게 동일한 광고를 게재하는 경우도 있었다. 특히 약종과 당창에 좋은 고약을 만들어 파는 윤상윤 약국과 신체 강건하게 하는 만병통치약인 구전영사(九轉靈砂) 광고 등은 각각 2년, 3년 가까이 장기간 지면을 장식한 대표적인 광고라 할 만하다.[36]

형식면에서도 다양한 변화가 일어났다. 광고가 게재되기 시작한 초기에는 문장으로만 작성하다가, 일반기사와 광고를 구분하기 위해 무늬가 들어간 박스로 처리하는 모습을 보이기도 했다. 광고 시장이 점점 가열됨에 따라 광고주의 이름을 굵고 큰 인쇄체로 표시하거나,[37] 광고를 눈에 띄게 하기 위해 글자 자체를 옆으로 누이거나 거꾸로 인쇄하는 경우도 생겨나기 시작했다.[38] 또한 단 구획을 없애 2단 또는 3단의 공간을 넓게 사용한 형태의 광고도 나타나기 시작했으며,[39] 다양한 모양의 디자인을 가미해 내용을 압축적으로 드러낸 광고들도 나타났다.

특히 늘어나는 광고의 영향으로 신문의 편집 자체를 바꾼 일은 여러 가지 변화 가운데 주목할 만한 것이었다. 1905년 12월 1일부터는 논설을 1면 머리글에 싣던 통념을 깨고 광고부터 게재하기 시작하는 파격적인 양상도 보이고 있었던 것이다. 첫 번째 지면과 마지막 네 번째 지면에 광고를 분산

---

36 윤상윤 약국은 1903년 2월 16일부터 1905년 10월 21일까지, 구전영사는 1902년 12월 22일부터 1905년 12월 9일까지 장기간 게재된 대표적 광고다. 특히 구전영사는 1906년 이후에도 수개월 단위로 광고를 재개하기도 했다.

37 '광고',《제국신문》, 1899년 1월 20일 등.

38 '광고',《제국신문》, 1900년 10월 8일, 1902년 12월 6일 등.

39 '광고',《제국신문》, 1900년 11월 12일 등.

게재함으로써 편집 구성을 변화시켰는데, 이러한 시도는 1906년 4월 23일까지 지속된 후 다시 예전 방식으로 돌아갔다. 변화에 대한 시도는 타 신문과는 구별되는 것으로서, 광고의 비중이 커지고 다양한 시장이 형성되면서 이를 담아내려는 노력이 《제국신문》만의 색다른 방식으로 드러난 것으로 보인다.

광고 시장이 점차 커지면서 광고를 활용하는 층도 보다 다양해지고 있었다. 광고주의 대부분은 한국 상인인 가운데 일본인과 청국인, 여타 서양인들이 광고주로 등장하는 경우도 증가하고 있었다.[40] 더불어 상업적 이익을 목적으로 하지 않는 일반민들도 사기 사건의 고지나 물건 분실에 대한 호소 등을 신문 광고를 이용해 알리려는 광고주로 등장하기 시작했다. 이른바 신문을 받아 읽기만 하던 단순한 독자층에서 신문을 활용하는 적극적인 독자층으로 나서기 시작한 것이다. 이는 곧 사회 구성원끼리 정보를 공유하고 전달하는 의사소통의 도구로 신문을 인식했음은 물론, 중요한 수단으로 활용하기 시작했음을 의미한다.

3. 일반 독자층의 광고 게재 사례와 사회 변화

3.1. '사기 사건' 고발 광고 — 집단 속에서 개인의 발견

평범한 일개인이 광고를 게재하는 내용 가운데 가장 빈번하게 나오는

---

40 《황성신문》 광고를 연구한 사례를 보면 이 시기 광고주의 비율은 한국인, 일본인, 청국인, 영국인, 미국인, 프랑스인, 독일인, 기타 순으로 높은 것으로 나타났다. 한은경, 「개항기 신문광고에 나타난 특성 및 시대상 ─《황성신문》을 중심으로」, 《광고연구》, 1997년 가을.

종류는 토지와 어음 및 기타 재산과 관련해 '사기 사건'을 알리는 경우다. 광고란에는 거의 2~3일에 한 번꼴로 친족 간의 재산을 둘러싼 분쟁과 사기를 예고하면서, 이에 속지 말 것을 당부하는 글들이 올라와 있다. 더불어 사기를 목적으로 어음과 지폐, 문권을 위조하는 사례도 많아 그 손실을 경고하는 광고도 나오고 있다. 사기를 치는 대상도 부모님은 물론, 사촌, 6촌, 8촌까지 촌수를 가리지 않고 등장하고 있다. 또한 가족의 재산뿐 아니라 문중의 재산까지도 탐냄으로써 같은 문중의 족인끼리 고소와 신문광고를 통한 '사회적 고발'을 거리낌 없이 하는 모습들이 엿보인다.

결국 이런 일들은 전통적인 가족 질서와 윤리를 저해하는 반인륜적 사건들로서, 광고란에 게재된 대표적인 '사기 사건'의 종류를 표로 구성해보면 다음 [표1]과 같다.

[표1] 광고란에 게재된 사기 예고 사건 및 위조 사건 분류

사례 번호	일시	내용	피해자 와의 관계	타 신문 게재 여부
1	1899년 3월 31일	연안군 나진포 사는 노윤구가 지난 해 6월에 죽었는데, 노윤구의 당질 노경선이 그 삼종질 노만국 형제와 모의하여 그 재산을 가로채려 한다. ※ 고백자 없이 광고.	당질, 삼종질	황성(×) 독립(×)
2	1900년 8월 6일	충북 충주의 조용구가 족형 조봉구로 하여금 본군 사이면의 논을 사음(舍音)을 정해 측량케 했는데, 그 자식인 조남승이 상경해 위조 문권을 만들어 판다고 한다. 조용구 고백.	족형의 자식	황성(○)
3	1900년 9월 1일	태안에 사는 고영집은 부랑자로 그 재종 삼종의 약간 남은 재산을 모두 탕진하고 끝내 뉘우치지 않은 채 논을 파는 허위 문서로 사방에 빚을 청하니, 만약 논을 사고 혹 돈을 빌려주면 손실 보게 될 것이다. 고맹유, 고성일, 고경오 고백.	재종, 삼종	황성(×)
4	1900년	태안군 서면 중방리 사는 김상규는 잡기에 빠져 과	사촌서	황성(×)

	9월 1일	부인 사촌형 아내의 단답 4두락 농우 1마리와 종답 두락을 위협해 탕진하고 또 본인 종형의 논을 위조하여 몰래 팔았기로 관에 호소하여 징계하였다. 김상원, 김군범, 김덕춘 고백.	방님, 종제	
5	1900년 10월 5일	8촌 이행원이 잡류와 한통속이 되어 통진군 붉은 바위 방축에 있는 본인의 논 6섬 16두락을 입지를 내어 방매코저 하니 낭패당하지 말라. 통진 고리꽃면 이형근 고백.	8촌	황성(○)
6	1901년 2월 12일	본인의 아들 봉의가 사촌의 전답 문권을 위조하여 차관이나 도매하려 하니 속지 말고, 또 양채를 썼다며 잡류를 부동하고 본인에게 와서 시끄럽게 하였으니, 그런 부량한 자에게 속지 마시오. 영평 일동면 기산리 김만기 고백.	사촌	황성(○)
7	1901년 5월 7일	본인의 손자 태성이가 부랑하여 중서 오순덕의 교동 25통 2호 와가 16칸반 판각 문권과 남의 전당잡은 가권을 다 가지고 나갔다. 교동 정순명 고백.	손자	황성(○)
8	1902년 8월 14일	본인의 종숙 정환이 부평군에 거생하는데, 과천군 동면 우면리에 소재한 본인의 전토 11섬락을 위조문권하여 방매하려 하니 사기당하지 마시오. 과천 변홍기 고백.	종숙	황성(○)
9	1902년 9월 11일	본인의 재종 기한이가 협잡으로 종사하여 10여 대소가 전답과 과목 문권을 의병시에 실화하였다며 본군에 입지를 내어 도매코자 하니 見欺치 마시오. 가평군 이기복 고백.	재종	황성(×)
10	1902년 10월 21일	본인의 姪 도선이 교하군 전답문권과 은방 6천냥가치 문권을 둔 문서궤를 갖고 달아났으니 이 문권을 전당하거나 방매한다 해도 속지 마시오. 廣橋下 반우물골 박대진 고백.	조카	황성(×)
11	1902년 12월 22일	본인의 산소가 양주 토목동인데 묘전 1일경을 당숙 김창식이가 신문기로 방매하려 함에 누구든지 매매하면 토가를 견실할 것이오. 김명회 고백.	당숙	황성(×)
12	1903년 1월 5일	본인의 子 성규가 본인의 전답 10여석락을 관립지를 내어 투매코저 할뿐더러 또 기만량 청채를 한다 하니 상관치 마시오. 부평 서면 전 사천 신치관 고백.	아들	황성(×)
13	1903년 3월 20일	本郡人 조병묵이가 性本浮浪하여 박창운을 付同하고 寡居하는 其伯母 윤소사의 位土文券을 위조방매코저	조카	황성(×)

		하오니 견기치 마시오. 강화 넙성리 윤소사 고백.		
14	1903년 4월 23일	본인의 경기 이천 도리동에 있는 선산위답 16두락을 본인의 7촌 치양과 8촌 덕문 양인이 위권도매코자 하오니 견기치 마시오. 서명신 고백.	7촌, 8촌	황성(○)
15	1903년 6월 10일	본인의 재종제 승리가 부랑배의 꼬임을 믿고 비싼 고리채를 도모하고, 전답문권을 위조하여 채권을 도모하니 견기치 마시오. 광주 월곡면 한택리 고백.	재종제	황성(×)
16	1903년 6월 25일	본인의 재종숙 제원이가 性本浮退하여 不事家業하다가 문중 재산을 탈취코자하여 사기를 꾸미니 당하지 마시오. 박우양 고백.	재종숙	황성(×)
17	1903년 6월 30일	본인이 3대과부로 8세먹은 손자 태원을 데리고 영평 읍내에 있는 전토의 추수를 받아 근근히 지내다가 년전에 집을 실화하여 그 땅 문권까지 소화하온바 관가에 입지를 내고 누가 임의로 매매치 못하는데, 지금 본인의 사촌 시숙 윤재신이가 위조문권을 하여 그 땅을 매매하려 하니 견기치 마시오. 영평 윤소사 고백.	사촌 시숙	황성(×)
18	1905년 10월 2일	김양숙, 김경칠은 본인의 6촌인 바 본시 불량한 사람이로되 부친이 12세내 내게 물려준 답 기십석락의 문권을 양숙과 경칠이 부동하여 위조 투매코자 하니 견기치 마시오. 전북 함열군 김병순 고백.	6촌	황성(○) 대한매일 신보(×)
19	1905년 10월 6일	본인의 망부 이종협이 물려준 황해도 신천 전답 50석락을 추수하여 생활하는데 시숙 이종익이가 문권을 도적하고 수표 1장만 해주며 자식이 장성한 후 출급하마 하니 이같이 의리 없고 경계 없이 승강하는 전답을 상관치 마옵소서. 진골 이소사 고백.	시숙	황성(×) 대한매일 신보(×)
20	1905년 10월 20일	본인의 조카 광진이가 탕패 가산하여 삼촌 작고 후, 숙모의 전답을 투매코자 광주 동골 소재 답 16두락을 표목을 박고 늑탈코자 하오니 견기치 마시오. 니현 화방동 최소사 고백.	조카	황성(×) 대한매일 신보(×)

* 타신문 게재 여부란의 '독립'은 《독립신문》을, '황성'은 《황성신문》을 의미함.

위의 표는 신문지상에 등장하는 사기 사건 가운데 피해자와의 관계가
가까이는 자식에서부터 문중 친척에 이르기까지 다양한 인간관계를 드러

낼 수 있는 사건 위주로 선별해 작성한 것이다. 표에 나타난 사기 사건은 《제국신문》에만 게재된 것은 아니다. 하루 이틀의 시차를 두고 타 신문에도 동일하게 광고된 사건의 경우에는 (○) 표를, 아예 게재되지 않은 경우에는 (×) 표시를 했다. 표에 구성한 내용 외에도 《독립신문》과 《대한매일신보》 등에는 여타의 사기 사건이 어김없이 실리고 있었다.

[표1]을 보면 사기를 치거나 어음을 위조해 재산에 손해를 입히는 가해자는 가까이는 친자식에서부터 멀리는 문중 족형의 자식까지 촌수를 헤아릴 수 없는 관계도 있다. 사건 역시 부모의 논밭을 몰래 팔아먹는 사례에서부터 재종간 삼종간 되는 동생이나 족형들이 논밭을 투매하는 경우까지 아주 다양하다. 피해자들은 가해자들을 직접 관가에 호소해 4번의 경우처럼 징계를 받게 하기도 했지만, 대개는 신문광고를 통해 가해자들의 죄상을 미리 알림으로써 예상되는 피해 확산을 막으려 했다.

피해자들은 근대에 들어 정보 전달과 확산의 최고 매체라 할 수 있는 신문광고 형식을 통해 자식의 죄상을 만천하에 알렸고, 문중 족형의 죄상까지 사회적으로 고발함으로써 이들을 공공연하게 '패륜아'로 낙인찍었다. 유교적 가족 윤리를 절대적 가치로 여기던 근대 이전의 사회에서도 패륜적인, 도덕적 일탈 사례는 있어왔고,[41] 18세기 후반 서울은 특히 위조 등 경제 범죄의 비중이 가장 높은 도시였다.[42] 근대 이전 사회에서는 이러한 범죄 행위를 정부의 형률 체계 안에서 다스리는 것이 유일한 방식이었다면, 신문이 등장한 이후에는 피해자가 정부를 통해 해결하는 동시에 피해 확

---

41 강정훈, 「조선조의 도덕적 일탈사례에 대한 윤리문화적 이해」, 《윤리연구》 78집, 2010, 119~125쪽.

42 18세기 후반 범죄의 통계를 보면 서울은 여타 지역에 비해 인구수 대비 범죄 발생률이 높았으며, 범죄의 유형에서도 위조 등의 경제 관련 범죄가 집중적으로 발생했음을 알 수 있다. 심재우, 「18C 후반 범죄의 통계적 분석 ─ 『심리록』을 중심으로」, 《법사학연구》 32호, 2005, 182~185쪽.

산을 예방하기 위해 사건의 전말을 직접 광고함으로써 신문을 효과적으로 활용하고 있는 점이 비교된다.

[표1]의 사례들을 보면 효에 기반을 둔 전통적인 가족 윤리, 더 넓게는 향약을 통해 마을 단위로 형성되어 있던 협동심과 유대감 등은 빠른 속도로 유입해오는 서구 자본주의의 논리 속에서 변화되어가는 모습을 보인다. 사례 12번은 아들이 아버지의 전답을 몰래 팔고 빚까지 내려 하자, 아버지가 그런 아들의 사기 행각을 광고를 통해 일반 대중에게 알린 대표적인 기사다. 그 밖의 사례 역시 문제를 일으킨 사촌과 조카를, 문중의 일원을 사기꾼이라 규정해 알리고 이들을 집안의 패류로 몰아가는 일종의 선언문이라고 볼 수 있다. 여기에서 엇나간 자식을 보듬고 감싸는 어버이의 헌신, 동족 간의 우애라는 전통 사회의 미덕을 찾기는 쉽지 않다.

사례 2번을 비롯해 3번, 4번 등 같은 문중 내에서 일어난 사기 사건들은 화합과 결속이라는 동성집단[43] 상호간의 엄격한 규율이 경제적인 불균등 앞에서 지켜지지 못하는 상황을 보여주는 것이다. 당시에는 동성 내 일원이 이웃 간에 불편을 주거나 품위를 떨어뜨리는 행위를 하면 문중으로부터 출동(黜洞) 조치까지 받을 수도 있었다. 이와 함께 동성촌락의 토지가 외지인이나 타성에게 넘어가는 것을 대단한 수치로 생각할 정도였다.[44] 그럼에도 개인의 욕심과 욕망을 채우기 위해 동족의 재산을 몰래 처분하는 등 동족간 반목을 일삼는 행위들이 자주 고발되고 있었다.

신문지상을 통한 사회적인 고발 외에도 피해자들이 직접 가해자를 관

---

43 조선 후기에 일부 민촌은 동일성관 집거의 경향을 보이고 있었다. 이는 양반들의 가족, 친족 문화가 하위 신분층으로 확산되면서 그러한 경향은 더욱 확대되었다. 권내현, 「조선후기 평민 동성촌락의 성장」, 《민족문화연구》 52집, 2010, 2쪽.

44 김건태, 「조선후기 단성지역의 사회상: 조선후기~일제시기 전통동성촌락의 변화상 — 전라도 남원 둔덕리 사례」, 《대동문화연구》 62집, 2008, 296쪽.

에 고소하는 일들도 많았다. 토지를 둘러싸고 일어난 늑탈과 경작권 탈취 사건과 관련하여 경기일원에서 일어난 사례를 보면 봉세파원이 경작하는 토지를 늑탈하거나,[45] 둔감을 사주하여 경작지를 빼앗아 조카에게 넘기거나,[46] 일진회원이 일진회의 세력을 배경삼아 가난한 농민의 땅을 빼앗는 경우,[47] 담당 마름과 짜고 대대로 내려오던 논의 경작권을 빼앗는 경우,[48] 의지할 데 없는 과부나 어리석고 미약한 자를 무시하여 토지를 빼돌리는 경우[49] 등 다양한 사건들이 일어나고 있었다.

피해자가 관에 직접 호소하는 사건 가운데는 일면식도 없는 사람들이 자신의 지위나 권력을 이용해 토지를 늑탈해 당하는 경우가 대부분이었다. 경우에 따라서는 같은 동리 사람이거나 이웃마을에 사는 사람이 경작지와 경작권을 빼앗는 가해자인 경우도 있었다. 가장 가까운 친인척 관계로서는 양아버지가 수양아들에게 주었던 곳간 세납 관리권을 타인에게 이임한 사건이[50] 대표적이다.

이처럼 토지를 둘러싸고 친인척 간에 벌어진 갈등에 대해 관에 호소해 정식 재판을 받는 방법이 동원되는 한편으로, 신문이라는 사회적 장을 통해 유교 윤리에 어긋나는 일을 공개적으로 고발하고 비난하는 형식을 취한 이유는 무엇일까? 이는 곧 도덕적, 윤리적으로 위배되는 일을 저지른 친인척의 사기 행각을 공개하는 일이 가족의 입장에서나 문중의 시각에서나 부끄럽지 않을 정도의 일상이 되고 있었던 것이라 생각해볼 수 있다. 반면

---

45 「경기각군소장」, 『각사등록』 제12집, 108쪽.

46 「경기각군소장」, 『각사등록』 제11집, 87~88쪽.

47 「경기각군소장」, 『각사등록』 제16집, 73~74쪽.

48 「경기각군소장」, 『각사등록』 제15집, 201~203쪽.

49 「경기각군소장」, 『각사등록』 제14집, 278~279쪽; 「경기각군소장」, 『각사등록』 제17집, 218~219쪽.

50 「경기각군소장」, 『각사등록』 제17집, 334~335쪽

사회적으로 상호존중과 공존의 도덕관념으로서 유교적 윤리 의식이 작동하고 있었기에 이 부분에 기대 호소했던 것으로도 유추할 수 있다.

결국 어느 경우라도 가족 내, 문중 내에서 생긴 잘못과 허물을 드러내기보다는 은폐함으로써 폐쇄적으로 향촌 사회의 질서를 지켜나가던 것과는 거리가 있다. 또한 직계 후손이든 아니든 간에 공동체의 삶의 윤리에 무조건 순응하기보다, 개인의 이익과 권리를 중시하는 경향이 생겨나고 있었음을 볼 수 있다. 이는 서양 자본주의의 유입과 더불어 물질을 무엇보다 우선하며 신성시하는 당대 세태의 변화 속에서도 설명될 수 있을 것이다.

이 시기 사회적인 분위기는 "돈은 上天처럼 하늘의 조화를 부리는 존재요, 천하에 능히 귀한 자"[51]라며 돈을 변화무쌍하게 재주 부리는 신으로 떠받들고 있었다. 물질을 중시하는 풍조는 당대의 결혼관이 급변하고 있던 모습에서도 읽을 수 있다. 《제국신문》에서는 변화하는 혼인 세태에 대해서 "혼인이라는 것은 인류의 큰일이고 복록의 근원인데 신랑과 신부의 덕행과 상대집안 가풍을 보기 보다는 오로지 재물의 다과와 집안 가세부터 탐문하고 (…) 납폐하기 전에 신부 집에 보내오는 패물 등속이 흡족하지 않으면 혼인을 물리는 경우도 생겨나고 있는데, 이는 곧 오랑캐 풍속"[52]이라며 일갈하고 있다. 물질에 대한 맹목적 숭배와 추종이 심각한 수준에 이르렀음을 보여주는 대목이라 하겠다.

따라서 생존의 기초 수단을 지키고 빼앗으려는 분쟁과 사기 사건은 서구 자본주의가 유입되는 불안정한 사회 분위기 속에서 발생했고, 여기에 물질을 중시하는 사회적 풍조가 확산되면서 더욱 기승을 부렸던 것으로 보인다. 개인들은 자신의 권익을 보호하기 위해 법에 의존하는 수단 외에

---

51 《황성신문》광무3년(1899) 11월 17일 '논설'.
52 1905년 5월 13일 '기서'.

도 신문매체를 적극적인 도구로 활용하고 있었고, 이는 곧 신문이 일상의
삶 속에 깊이 들어와 있었다는 의미로 해석될 수 있을 것이다.

3.2. 각종 분실 광고; 사회불안의 요소, 도적의 증가

각종 분실 광고는 도장이나 전당표, 돈과 어음, 집문서 또는 논문서, 아
이 등 물건이나 사람을 잃어버리고 신문을 통해 찾아달라며 호소하는 내
용이 주를 이룬다. 상업적 이익을 목적으로 하는 회사나 물품 광고가 대부
분을 차지하는 가운데 개인이 소유한 물건을 분실한 뒤 이를 되찾기 위한
수단으로 신문광고를 이용하는 사례도 매우 빈번하게 나타나고 있었다.
그 대표적인 사례를 분실물의 종류를 기준으로 분류해보면 [표2]와 같다.

[표2] 각종 분실광고의 대표적 사례

사례 번호	일시	내용	분실대상	타 신문 게재 여부
1	1898년 8월 25일 (잡보)	6살된 계집아이 유감이를 잃었는데, 베속곳에 모시 분홍적삼 입었으니 큰이문골 김소사 집으로 데려다 주시오.	계집아이	
2	1899년 3월 18일	전동의 김창기가 수원 대황교 주막에서 도적을 당해 시표·망건·풍잠·돈 20냥 등을 분실.	시표,망건, 풍잠,돈	황성(×)
3	1899년 4월 15일	음력 3월 4일 육도 앞에서 파주 천현면 논문서 한 봉을 분실, 줏은 이는 북서 신작로 교번소로 보내면 상을 많이 주겠소.	논문서	황성(×)
4	1899년 5월 5일 (잡보)	(아이 잃은 방) 먹적골 사는 방거북란 7살 된 사내아이가 재작일에 어디로 나갔는데, 당목 분홍 겹저고리와 당목 겹바지에 발벗은 차림.	사내아이	황성(×)
5	1900년 6월 22일	서서 관정동 제51통 8호 6칸반 집문서 분실.	집문서	황성(×)
6	1900년	금월 초5일 밤에 자는 데서 안경과 전당표지와 각	안경,전당	황성(×)

		패와 성명도장을 잃고 신비할 터이오니 경향간 거래하는 첨원은 조량하시오.	표지,도장	
	9월 6일			
7	1901년 2월 4일	삼개 사는 김진섭에게 찾을 당오전 5천량 무일자 어음 1편을 음력 12월 12일에 문 앞서 잃었기로 어음주에게 말하였으니 습득하면 휴지로 시행하시오. 신원옥 고백.	어음1편	황성(×)
8	1901년 6월 4일	음력 본월 11일에 全景善이란 흑각 원도장을 서실, 全鶴奎로 고쳐 조성하니 조량하시오.	도장	황성(×)
9	1903년 1월 9일	서서 삼간동 이김해댁에서 초9일 밤 일곱점에 13세된 계집아이를 잃었는데 이름은 옥매요 그 모양은 당목저고리 청치마요 노랑머리 녹발이오. 이김해 고백.	계집아이	황성(×)
10	1903년 2월 11일	본인이 음 정월 12일에 성명도장과 새푸리 나무 적치표중 나무는 찾아오고 환출급못한 적치표를 유실하였으니 습득하와도 휴지시행하고 도장은 주시면 후사하겠소. 남문외 팔홍문 미전 허익 고백.	도장, 나무 적치표	황성(×)
11	1905년 10월 13일	본인이 음력 9월 13일 밤에 洛賊하온바 당전 1만2천5백량과 은 3作과 은지환 1건과 銀班持 1개와 본인성명도장을 幷當見失하였기 自議廣考하오니 첨군자는 조량하오. 桂洞 口米塵 李景和 고백.	당전, 은, 은지환, 은반지, 도장	황성(○) 대한매일 신보(×)
12	1906년 3월 1일	본인의 성명 별호 자호로 한데 새긴 도장을 노중 서실하였으니 지구간 조량하신 후 서실한 도장은 시행치 마오. 楊州 張相基 고백.	도장	대한매일 신보(×)

*'황성'은《황성신문》을 의미함.

　　[표2]의 구성은 성명도장을 잃어버렸다는 광고가 매우 빈번하게 이어지는 가운데 유사한 광고들은 제외하고 분실물 유형의 특이성을 기준으로 분류해보았다. [표2]를 살펴보면 이 시기 일반민들이 잃어버린 분실 대상으로는 돈과 어음, 집문서나 논문서, 도장과 전당 표지, 은반지, 안경, 망건, 풍잠 등 경제적 가치가 크거나 개인적으로 경제적 손실을 입을 수 있는 귀중품들이었다. 어린아이의 경우에는 잃어버리는 빈도가 거의 일주일에 한

번꼴로 등장하고 있다. 《제국신문》 창간 초기 1~2년간은 잡보와 광고란이 내용상으로 별다른 구분 없이 편집되기도 하는 가운데 일반민은 잃어버린 아이를 되찾을 수 있는 가장 손쉬운 방법으로 신문을 활용하고 있었기 때문에, 잡보란에 게재된 아이 잃은 기사도 분실 대상에 함께 포함해보았다.

어린아이의 경우에는 남자아이보다 여자아이를 잃어버리는 경우가 더 많았으며, 특히 1번의 사례는 《제국신문》이 창간된 후 처음으로 아이를 잃었으니 찾아달라는 내용을 신문을 통해 알린 첫 사례라 할 수 있다. 비록 광고란이 아닌 잡보란에 실리긴 했으나, 서울의 큰이문골에 사는 평범한 김소사란 여성이 다급한 마음에 신문을 통해 아이 잃은 소식을 알렸으며 신문사는 이 소식을 기사화해 잡보란에 다룬 것으로 보인다. 그러나 아이를 잃어버리는 경우가 워낙 빈번하게 생기고, 그럴 때마다 기사화하기는 어려웠는지 1900년도부터는 광고란에만 주로 실리기 시작했다.[53]

사례 9번은 아이를 잃은 광고 가운데 가장 나이가 많은 경우에 해당된다. 대개 사람과 사물에 대한 인식이 서툰 서너 살짜리 아이들이 길을 잃거나 부모를 잃어버리는 경우가 많았는데 비해 이 경우는 특이하게 13세나 된 여자아이를 잃은 사례다. 남자보다 여자아이를 잃는 경우가 압도적으로 많은 가운데 어린 여자아이들이 범죄의 대상이 되기 쉬웠던 원인으로도 추측해볼 수 있다. 아이 잃은 광고는 일반민들이 신문이라는 매체를 통해 자신의 위급한 사실을 알리고, 이를 빨리 해결하는 수단으로 신문을 활용하고 있었음을 보여주는 대표적인 경우라 할 수 있다.

사례 2번과 11번은 도적을 당해 가지고 있던 귀중품을 모두 잃은 경우다. 2번의 경우에는 전동의 김창기가 수원의 주막에서, 11번은 계동에서

---

53 간혹 예외적으로 아이를 잃어버렸으니 찾아주면 후사하겠다는 내용의 기사가 광고란에 실린 경우도 있었지만(1898년 11월 3일), 창간 초기에는 잡보란에 주로 실렸다.

쌀가게를 운영하던 이경화라는 인물이 도둑을 맞은 내용이다. 도둑은 돈과 은반지 외에도 망건과 풍잠 등 돈으로 교환이 가능한 가치 있는 물건 모두를 몰래 탈취해 갔다. 망건과 풍잠은 남성이 의관을 정제할 때 옷과 더불어 머리에 쓰는 아주 중요한 것이다.

망건은 갓을 쓰기 전에 머리털을 위로 걷어 올리기 위해 이마에 두르는 띠로, 색깔이 곱고 값비싼 말총으로 만들기도 했다. 풍잠은 바람이 불어도 갓이 뒤로 넘어가지 않게 앞에 장식하는 것으로, 상류층에서는 대모·마노·호박 등을 사용해서 만들었다.[54] 1895년부터 이미 단발령이 시행되고는 있었지만,[55] 단발을 하고 구습을 버릴 것을 주장하는 신문 논설이 1900년대까지도 실리고 있는 것으로 보아[56] 갓을 쓰고 두루마기를 입는 전통 복제는 크게 변화하지 않고 있었다고 볼 수 있다. 갓은 또한 양반만의 전유물은 아니었기 때문에 망건과 풍잠 모두 성인 남성에게는 꼭 필요한 값비싼 물건이었고, 그에 따라 도둑의 표적이 되었던 셈이다.

도둑을 맞은 사람들이 이미 잃어버린 값비싼 물건을 되찾기 위한 수단으로 신문 매체를 적극 활용하고 있었다면, 잃어버린 물건으로 인해 앞으로 큰 손실을 입을 것을 미연에 방지하기 위해 신문에 광고하는 경우는 더 많았다. 이를테면 사례 7번과 10번의 경우처럼 어음이나 나무적치표 등을 잃어버린 후 '휴지로 시행하라'는 광고를 내게 되면, 그 자체가 물적 증거가 되어 2차적으로 입게 될 손해를 예방하는 안전장치가 될 수 있었던 것이다. 집문서나 논문서, 도장 등을 분실하는 경우도 신문에 널리 광고하는 방법이 가장 빠르고, 확실하게 자신의 재산권을 보호하는 수단이 되고 있었던

---

54 한국고문서학회, 『의식주, 살아있는 조선의 풍경』, 역사비평사, 2006, 33~36쪽; 『브리태니커』 7, 1993, 263쪽.

55 『고종실록』, 고종32년(1895) 11월 15일.

56 '논설', 《제국신문》, 1906년 2월 13일.

셈이다.

사례 6번, 8번, 12번 등 도장을 잃어버린 경우에는 새로 도장을 구비하겠다거나 아예 이름을 고쳐서 새로 조성한다거나 본인의 잃어버린 도장이 성명·별호·자호를 한데 새긴 특색 있는 도장임을 강조하고 시행하지 말 것을 광고함으로써 피해 확산을 예방하려 했다. 특히 [표2]에서 제시한 사례 가운데 11번을 제외하고는 모든 분실광고가 타 신문보다《제국신문》의 광고 지면을 더 많이 애용한다는 점을 엿볼 수 있다.[57] 이는《제국신문》이 관료나 유교적 지식인이 아닌 일반민들이나 부녀자들을 대상으로 발행한다는 점을 표방한 영향이 있었을 것으로 보인다. 또한 분실물을 널리 알리는 광고주들이 대개 일반민들이나, 어음과 도장을 생활 속에서 꼭 필요로 했던 소상인들이었던 만큼 다른 어떤 신문보다《제국신문》이 이들의 의사 교류의 장이 되기에 적합했던 것으로 보인다.

분실의 원인에는 개인의 부주의한 경우가 많았지만, 도적을 당하는 사례도 지속적으로 생겨나고 있었다. 도적은 어느 사회나 존재할 수 있지만, 날로 많아지고 흉포화된다면 이들이 생겨나는 사회적인 배경과 관련지어 생각해볼 수 있을 것이다. 이 시기 도적은 토지와 자본에서 유리된 빈곤층이 유민화하면서 집단적으로 생겨나기 시작했다.

대한제국기는 농민층의 분화가 절정에 이르는 시기라 볼 수 있다. 특히 토지를 둘러싼 농민층의 분화는 서양 자본주의의 유입과 함께 상품화폐경제의 발달이라는 경제적 요인에 기초하고 있으며, 소작 빈농으로 몰락한 농민들은 농업·수공업·상업 등의 부문에서 임노동자로 전락하고 있었다. 또한 동학과 천주교, 개화 운동 등의 영향으로 민중의 사회의식이 심화되

---

57 물론《황성신문》이나《대한매일신보》등에 물건 분실에 대한 광고가 실리지 않은 것은 아니나,《제국신문》과 비교할 때 그 양은 현저히 적다. 이에 대한 구체적인 비교 분석은 성격이 다른 논문 주제에 해당되므로 다음 기회로 미루고자 한다.

면서 지주와 전호 간, 부농과 빈농 간의 대립의식도 격화되고 있었다. 여기에 일본 상인을 통해 서양 여러 나라들의 공산품이 조선에 유입되면서 서양의 산업자본 앞에 시장이 무방비로 개방되어 토지와 자본으로부터 유리된 빈곤 농·상민층이 급증하고 있었다. 이들은 조선이 반식민지 과정을 걷게 되면서 유민화하고 무장 집단화하는 가운데 화적이나 활빈당으로 등장해 사회불안을 가중시키는 주체가 되고 있었던 것이다.[58]

갑오농민항쟁 이후 농민 세력은 이처럼 분화하는 여러 가지 사회변동의 원인 속에서 활빈당으로 변화해갔으며, 이들은 전국 각지를 돌면서 부호와 탐관오리를 습격하거나 관아의 무기를 탈취하는 등 반봉건과 반제국주의적 기치를 내세우며 활동하고 있었다. 《제국신문》을 비롯해 《황성신문》 등 당대의 신문에는 화적 무리가 육혈포를 소지한 채 가산집물과 군용미를 탈취하는 사례가 자주 보고되었는데,[59] 이는 대개 활빈당이 저지른 일로 간주된다.

활빈당과 일반 비적의 구분이 어려운 가운데[60] 도적이나 비도, 적한, 적당 등으로 불리우며 사회를 불안하게 하는 무리들과 사건들은 상시적으로

---

58 19세기 이래의 사회불안 요인과 농민층의 동향, 활빈당의 등장 등에 대해서는 오세창, 「활빈당고(1900~1904)」, 《사학연구》 21호, 1969; 박찬승, 「활빈당의 활동과 그 성격」, 《한국학보》 10집, 1984 등을 참고.

59 '잡보', 《제국신문》, 1903년 6월 29일, 1905년 11월 15일; '잡보', 《황성신문》, 1904년 7월 18일, 1906년 4월 24일 등.

60 활빈당은 갑오농민항쟁이 실패로 돌아간 후에도 반봉건과 반제노선을 띠며 혁명적 슬로건을 내걸고 활동한 무리들로서 의병대열에 흡수되었다(오세창, 앞의 논문)고 보는 것이 일반적인 시각이다. 그러나 이 시기의 신문 자료에 나타나는 활빈당의 존재를 살펴보면 토지에서 축출되거나 유리된 농민층이나 사회에 불만을 가진 다양한 하층 농민들이 결집한 형태로서 일반 도적이나 비도들과 쉽게 구분이 되지 않는 측면이 있다. 이들은 흔히 나름의 강령을 가지고 '절대평등'을 지향한 세력들인 것으로도 알려져 있으나, 일반 도적무리들과 혼재되거나 도적이 활빈당을 사칭하는 사례도 많아 그 진위를 판별하기 또한 어렵다.

일어나고 있었다. 이들은 군민을 위협하여 재산을 탈취하거나,[61] 포수를 모집한다며 허위 선전을 한 뒤 강제로 비도(匪徒)에 합류하게 하거나,[62] 주야를 가리지 않고 또한 외진 길이나 대도를 가리지 않고 곤봉이나 병기를 사용해 재물을 약탈함으로써[63] 사회를 어지럽히고 있었다. 특히 이 시기 적당들은 일반인들이 쉽게 가질 수 없는 병기를 상시적으로 사용하고 있었고, 무리를 지어 재물을 약탈할 시 종신 징역에 처하는 경우가 많았는데도 끊임없이 늑탈 행위를 일삼았고, 지역을 가리지 않고 전국에서 들끓을 정도였다.[64]

[표2]의 예시는 분실물의 다양한 유형을 대상으로 게재된 광고만 분석한 것이지만, 잡보에는 거의 매일 한 건씩 비도의 공격을 받는 기사들이 올라오고 있었다. 일반민들이 도적을 당하는 사례를 비도나 적도 등 활빈당 무리와 직접적인 관련이 있는 것으로 단언하기는 어렵다. 다만 적도들이 발호하는 불안한 사회 분위기 속에서 도적이 더욱 기승을 부릴 수 있었다는 점은 생각해볼 수 있을 것이다. 도적을 당한 민들의 입장에서는 잃어버린 도장이나 어음 등을 이용한 2차적인 피해 발생을 예방하려는 공개적인 조치로써 광고를 활용하고 있었다는 점도 주목된다.

그러면 분실 대상을 광고를 통해 다시 찾을 수 있는 확률은 어느 정도였을까? 놀랍게도 다시 찾은 사례는 아이를 보호하고 있으니 찾아가라는 잡

---

61 '보고서 제30호', 『사법품보』(奎 17278-V.1-128) 119책, 광무10년(1906) 7월 2일, 16면~19면.

62 '질품서 제35호', 『사법품보』(奎 17278-V.1-128) 115책, 광무10년(1906) 5월 11일, 142면~145면.

63 '질품서', 『사법품보』(奎 17278-V.1-128) 114책, 광무10년(1906) 4월 28일, 77면~78면.

64 이 시기의 신문을 비롯해 사건·사고와 관련해 법부로 올라온 각종 보고서와 품의서를 모아놓은 『사법품보(司法稟報)』에는 비도들과 관련한 사건이 넘쳐날 정도로 많은 양을 차지하고 있다.

보의 기사까지 포함해 불과 몇 건 정도밖에 되지 않는다.[65] 사람이든 물건이든 분실하는 경우가 3~4일에 한 번꼴로 기사화되는 것에 비하면 되찾을 확률은 비교가 안 될 정도로 희박했다.

물건을 되찾는 경우보다 잃어버린 아이를 되찾는 경우가 종종 있었던 것은 어린아이는 미래의 동량으로서 존중받아야 한다는 인식이 확산되는 가운데 아이를 잃은 광고는 다른 물건을 분실한 경우보다 더 주목받았고, '사건'으로 더 중요하게 취급되었기 때문이다. 아이를 찾은 사례도 광고가 아닌 잡보를 통해 신문사에서 알릴 정도로 하나의 주요 기사로 다룬 반면, 어음을 비롯한 지폐와 도장 등을 돌려주는 데에는 일반민이 광고를 통해 알리고 있다.

결국 분실 대상을 잃은 후나 찾은 후나 어떠한 경우라도 일반민들이 신문을 통해 절실하고 긴급한 부분을 해소하기 위해 직접 광고주가 되기도 하는 등 적극적인 독자층으로 변모하는 측면을 살필 수 있다. 광고주가 아니라 하더라도 일반민의 제보를 통해 아이를 찾은 기사를 신문에 게재할 수 있게 되었을 것이란 점을 고려한다면, 일반 독자는 신문의 신속한 보도와 폭넓은 파급력을 인식하면서 이를 적극 활용하고 있었다고 볼 수 있다.

3.3. 사례 광고: 민의 일상이 된 신문

일반 독자들은 여러 대상을 정해놓고 감사의 인사를 전하는 방편으로

---

65 아이를 보호하고 있으니 찾아가라는 기사는 1898년 10월 15일, 1899년 4월 4일, 1899년 5월 10일 '잡보'에 세 차례 게재되었고, 어음과 지폐 및 도장을 찾아가라는 광고는 1906년까지의 신문을 검토해본 결과 1902년 9월 26일 '광고' 단 한 건에 불과하다. 그 외에 전당 표지를 습득했으니 찾아가라는 기사가 가끔 등장했다('잡보', 《제국신문》, 1898년 11월 2일, 12월 8일).

[표3] 사례 광고의 대표적인 예

순번	일시	내용	타신문 게재여부
1	1899년 5월 1일	(恭謝 朝日酒場) 나의 적년(積年) 주벽(酒癖)에 귀 주장 신양(新釀)을 마신 열월(閱月)에 숙아(宿疴)도 낫고 허위(虛胃)도 청건(淸健)하니 가위 위생 양품이라, 감사하여 널리 알림. 소초(小樵) 박명원(朴明元).	황성(○)
2	1900년 3월 24일	본인의 처가 잉태한 모양으로 열 달이 되었더니 고양 사는 의사 김수언씨가 혈괴라고 장담하고 순식간에 고쳤기로 그 은혜를 광포. 천연정앞 이응렬.	황성(×)
3	1902년 12월 5일	음력 9월분에 용산 선두에서 침구를 서실하왔삽더니 다행히 사덕순(史德順)씨의 후의를 힘입어 찾아오니 무한히 감사. 선전일방 고시현(高時鉉).	황성(×)
4	1902년 12월 8일	음력 본월 초육일 밤에 평양 병정 오십인이 종로에 순찰하는데 그날밤 일기는 차고 밤은 야심하여 난감한 중에 종감 조영희씨가 장작 이삼태를 주어 무사 순찰 하였삽기 그 은혜가 감사하와 광고. 평양일대 삼중대 조환구.	황성(○)
5	1903년 4월 16일	본인이 신병으로 7~8년을 앓아 가산이 탕패하고 병은 낫지 아니하여 죽게 되었더니 삼청동 사는 시위일대대 향관 박정위 댁에서 의약을 전당하여 주시고 극히 구완하셔서 죽게 된 인생을 살려주시니 이런 은덕은 하해같고 세상에 없이 후덕하신 양반이라 은혜를 백골난망이오 감격한 마음을 충양치 못하여 광고. 삼청동 친위3대대 하사 김창길.	황성(×)
6	1905년 10월 31일	본인이 음력 9월 28일 탕건을 유실하고 찾을 길이 없더니 서서 순검 장승춘씨가 노중에서 습득하였다고 광고까지 하고 찾아주시니 그 감사함을 치하. 최상준 고백.	황성(×)

신문을 활용하는 경우도 자주 있었다. 현대와 같이 통신기기가 발달하지 못한 시기에 공개적으로 폭넓게 감사의 뜻을 전달할 수 있는 수단은 오직 신문밖에 없었던 셈이다. 사례 광고의 경우는 병을 낫게 해준 의사에 대한 감사 혹은 특정 물품에 대해 효과를 본 후 그에 대한 감사의 뜻을 표현하는 내용이 대부분이다. [표3]은 여러 종류의 사례 광고 가운데 업주나 회사 측의 영업 확장과 이익을 도모하기 위한 의도로 파악되는 것은 제외하고, 개

인 독자가 자신의 권익과는 상관없이 순수하게 감사의 뜻을 전하고자 게재한 광고만 대표적으로 구성한 것이다.

[표3]의 사례 1번을 보면 술을 만들어 파는 조일주장 회사에 대해 공개적으로 감사의 뜻을 전하는 내용으로 되어 있으나, 일반 독자가 과연 순수한 의도로 광고를 냈는지는 확인할 길이 없다. 이는 자칫 조일주장을 광고해주는 결과로 이어지기 때문에, 업주 측의 광고 활용 사례로 볼 소지도 있는 것이다. 사례 2번 역시 의심이 갈 만한 내용으로 구성되어 있다. 이 경우는 개인의 입장에서 특정 상품을 사용한 후 큰 효과를 본 데 대한 감사의 표시를 널리 일반인에게도 알리는 동시에, 특정 상품에 대한 홍보 효과도 동시에 노린 것일 수 있다. 그런데도 [표3]에 함께 구성한 것은 이중적으로 해석될 수 있는 사례 광고의 한 예가 되기도 하고, 나머지 순수한 사례 광고 4개와 비교되기도 하기 때문이다.

사례 3번에서 6번은 일반민이 상업과 이윤을 목적으로 하지 않으면서 순수한 감사의 인사를 하기 위해 광고를 활용한 경우에 해당한다고 볼 수 있다. 잃어버린 침구를 찾게 해준 데 대한 감사, 야심한 밤에 순찰을 무사히 돌 수 있도록 도와준 사람에 대한 감사, 신병을 구완해준 사람에 대한 감사, 탕건을 찾아준 데 대한 감사 등 그 어디에도 실리를 취하기 위한 의도가 들어 있지 않다.

예시하지 않은 다른 많은 사례 광고의 대부분이 회사를 경영하는 데 이익이 될 만한 업주나 사주 측 간접광고에 해당된다면, 이러한 예는 지극히 평범한 개인이 자신의 의사를 전달하기 위한 수단으로 신문을 활용하고 있는 경우라고 볼 수 있다. 신문광고는 빠르고 폭넓은 전달력으로 독자들의 의사를 대변해준다는 믿음이 있었기에 가능한 일이었다.

당시 《제국신문》 광고료는 한 달 기준으로 매 줄에 50전씩이며 다섯 줄이 넘으면 45전이었다.[66] 1897년 7월 초 쌀 한 되에 7~8전, 편차는 다소 크나 경기 양근군 분원의 백미 한 되 값이 4냥 5전 정도[67]였다고 하니 확실한 통계가 뒷받침되지 않는 가운데 단순 비교만 해도 광고료는 결코 싼 값이 아니었음을 알 수 있다. 따라서 일반 독자층에서 다섯줄이 넘는 사은광고를 하는 것은 흔히 볼 수 있는 풍경이 아니었다. [표3]의 3~6번 사례에서와 같이 감사한 마음이 무한히 솟구치는 경우가 아니면 어려운 일이었을 것이다.

또한 다른 신문이 아닌 《제국신문》에 이러한 사례 광고가 상대적으로 많이 게재되었다는 것은 《제국신문》이 일반 하층민의 의사 교류의 장으로서 실질적 기능을 하고 있었다는 사실을 의미한다고 볼 수 있다. 특별한 통신 수단이 없었던 일반민의 입장에서는 빠르고 폭넓게 자신의 생각을 전달하고 알릴 수 있는 수단으로서 《제국신문》을 인식하는 한편 이를 적극적으로 활용하고 있었던 것이다.

4. 맺음말

지금까지 일반민들이 《제국신문》에 게재한 대표적인 광고를 통해 적극적인 독자층으로서 신문을 활용하는 모습과 그들에게 비친 《제국신문》의

---

66 『대한매일신보』의 경우 기한의 장단과 자행의 다소에 따라 증감되긴 하였으나 4호 활자 13자에 신화 25전(매일 매행 6전에 상당함)을 받고 있었고, 《황성신문》은 4호 활자로 매 행에 엽3전씩을 받았다. 물론 기한과 행의 다소에 차이는 있었으며, 양 신문 모두 광고란을 통해 밝히고 있다. 두 신문 모두 엽전을 기본으로 한 것이라면, 《대한매일신보》 광고료가 《황성신문》의 두 배에 달하는 것을 알 수 있다. 이에 반해 《제국신문》 광고료는 매 시기마다 화폐단위가 달라 정확한 비교는 어려우나, 한 달 단위를 환산하면 상대적으로 가격이 저렴했던 것을 알 수 있다.

67 박은숙, 앞의 논문, 303쪽.

모습, 나아가 그 이면에 놓인 대한제국기의 사회 변화상의 일면을 아울러 살펴보았다.

《제국신문》광고는 초창기에 한두 개에 불과하던 광고의 양이 대폭 증가해 4면인 광고란을 모두 차지하다가, 1900년 하반기부터는 기사와 광고의 양이 역전되는 양상으로 바뀌고 있었다. 이는 게재할 만한 기삿거리가 줄었다기보다는, 독자층이 다양해지면서 광고에 대한 수요가 증가하는 가운데 이를 신문사가 자본의 논리로 적극 수용한 결과로 보인다. 광고량이 증가하는 가운데 특히 상업적 이윤의 창출과 관계없는 일반 독자층이 광고를 게재하는 모습이 주목된다. 이들은 적극적으로 그들의 권익을 보호하고 의사를 교환하는 수단으로 신문광고를 활용해나가고 있었다.

일반 독자층이 게재한 광고 중 가장 대표적인 것은 토지를 매개로 사기 사건이 일어나는 것을 예고하거나, 각종 분실물을 알림으로써 2차적 피해를 예방하려는 광고, 은혜를 입은 대상에게 감사의 마음을 전하는 사례 광고 등이었다. 이러한 광고는 보다 많은 수익과 이윤을 창출하기 위해 신문 지면을 활용하여 홍보하는 전문적인 광고주들의 그것과는 확연히 다른 것이었다.

이 글에서는 일반민들이 광고를 활용하면서 적극적인 독자층으로 부상하는 모습과 그 이면을 살피는 속에서 다음과 같은 점을 확인할 수 있었다. 우선 일반 독자들은 자신들의 권익보호와 의사 교류의 수단으로서 여타의 신문보다는《제국신문》을 주로 선호하며 활용하고 있었다는 점이다. 일반인이 광고주가 되어 생활 속에서 생기는 대소 사건들을 알리는 광고류가 다른 신문에서는 상대적으로 적었다는 점이 이를 반증한다. 부녀자와 일반 하층민을 대상으로 간행해온《제국신문》의 취지에 맞게 광고료가 여타의 신문보다 상대적으로 저렴했던 점도《제국신문》을 선호하는 이유가 되었다. 즉《제국신문》은 일반민들이 친연성을 느끼고 있던 신문이었으며,

그들의 입장과 권익을 보호하는 보조 수단으로 광범위하게 활용되던 신문이었음을 알 수 있었다.

둘째, 당시는 공동체의 삶의 윤리에 무조건 순응하기보다 개인의 이익과 권리를 중시하면서 자신의 재산권을 광고를 통해서라도 적극적으로 지켜나가려 하는 모습이 엿보이는 사회였음을 알 수 있다. 도덕적이며 윤리적으로 위배되는 일을 저지른 친인척의 사기 행각을 해결하는 데 가족 내, 문중 내에서 생긴 잘못과 허물을 더 이상 은폐하거나 폐쇄적으로 향촌 사회의 질서를 지켜나가는 방식을 취하지는 않았다.

특히 사기 사건을 해결하는 방식에서도 사건이 발생할 때까지 기다렸다가 법에 호소하기보다 직접적이고 공개적인 방법인 신문광고를 활용해 자신들의 권익을 최대한 보호하려 하는 등 개인의 이익 보호에 보다 적극적이었음을 알 수 있다. 또한 비도나 적도가 발호하는 불안한 사회 분위기 속에서 도적을 당한 사실을 광고를 통해 직접 알린 것은 잃어버린 도장이나 어음 등을 이용한 2차적인 피해 발생을 예방하고, 자신의 재산권을 보호하려는 공개적인 조치였다. 즉 종래 수동적이던 일반 독자층이 보다 적극적으로 신문광고를 활용하며 자신들의 권익을 보호하려 한 측면을 볼 수 있다.

셋째, 토지 사기 사건을 예고하는 광고와 분실물을 알리는 광고 등을 통해 대한제국기의 사회가 상당히 불안했던 일면도 살필 수 있다. 특히 서울을 비롯한 경기 일원은 타 지역보다 경제 범죄의 비율이 높은 가운데 여러 사람들이 운집하는 대도시이다 보니 물건을 분실하는 경우도 상대적으로 많이 생겨났다. 이는 토지와 자본으로부터 유리된 빈곤 농·상민층이 급증하는 속에서, 이들이 유민화하고 무장 집단화하는 가운데 사회불안이 가중되고 있던 일면이 반영되어 나타난 것이라 생각된다.

넷째, 대한제국기 신문 발간 이후에 나타난 현상 가운데 하나로서 상업적 이윤과 수익을 극대화하기 위한 업주 측의 전문적인 광고주가 아닌, 지극히 평범한 독자들이 광고주로 등장하고 있었다는 점이다. 이들은 상대방에 대한 자신들의 감사 인사를 효과적으로 빠르게 전달하기 위한 수단으로 신문을 활용하는 적극적인 독자층으로서의 역할을 하고 있었다. 이는 전신·전화와 같은 통신수단이 일반화되지 않았던 대한제국 사회에서 신문은 곧 신속하고 폭넓은 전달력으로 자신들의 의사를 대변해주는 매체라는 인식과 믿음이 있었기에 가능한 일이었다.

참고문헌

1. 기본 자료

《제국신문》,《독립신문》,《황성신문》,《대한매일신보》

『고종실록』,『司法稟報』(奎 17278-V.1-128),『각사등록』

한국고문서학회,『의식주, 살아있는 조선의 풍경』, 역사비평사, 2006.

2. 논문

강정훈,「조선조의 도덕적 일탈사례에 대한 윤리문화적 이해」,《윤리연구》78집, 2010.

권내현,「조선후기 평민 동성촌락의 성장」,《민족문화연구》52집, 2010.

김건태,「조선후기 단성지역의 사회상: 조선후기~일제시기 전통동성촌락의 변화상 — 전라도 남원 둔덕리 사례」,《대동문화연구》62집, 2008.

김봉철,「구한말 '세창양행' 광고의 경제·문화사적 의미」,《광고학연구》제13권 5호, 2002.

문일웅,「만민공동회 시기 협성회의 노선분화와《제국신문》의 창간」,《역사와 현실》83호, 2012.

박은숙,「대한제국무본보험회사의 조직과 운영」,《역사와 현실》83호, 2012.

심재우,「18C 후반 범죄의 통계적 분석 —『심리록』을 중심으로」,《법사학연구》32호, 2005.

최준,「《제국신문》해제」,《제국신문 1》, 아세아문화사, 1986.

한은경,「개항기 신문광고에 나타난 특성 및 시대상 —《황성신문》을 중심으로」,《광고연구》1997년 가을, 1997.

3. 단행본

최기영,『《뎨국신문》연구』, 서강대 언론문화연구소, 1989.

《제국신문》 여성 독자 투고에 나타난 근대 계몽 담론

이경하

1. 머리말

> 독립신문은 민중을 선도하는 근본이지만 부녀자층의 개명에는 아직 이르지 못
> 하였다. 만약 신문을 발행한다면 반드시 婦女子啓蒙紙를 창간할 일이다.[1]

이것은 제국신문사 사장이었던 옥파 이종일(1858~1925)이 1898년 1월
10일자 일기[2]에 남긴 말이다. 유영석이 찾아와서 이종일에게 신문 발행을

---

1 "獨立新聞者, 先導民衆之本, 而未到婦女子層開明, 故按若刊新聞, 則必決創刊起婦女子啓
   蒙紙."(『黙菴備忘錄』, 1898.1.10.)
2 『黙菴備忘錄』은 이종일이 1898년 1월부터 1925년 8월까지 기록한 일기체 메모를 집
   대성한 것이다. 제국신문 창간 동인인 東菴 張孝根(1867~1946)이 보관하고 있던 것인
   데, 이현희 교수가 발굴·정리하여 책제목을 붙이고 《한국사상》 16~20집에 소개했다
   (이현희, 「신자료해제 묵암비망록」, 《국학자료》 30호, 문화재관리국 장서각, 1978년
   10월; 「묵암비망록의 자료적 가치」, 《월간중앙》 129권, 1979년 3호). 이 글에서『묵암
   비망록』의 인용은 《한국사상》 16집(한국사상연구회, 1978)에 근거한다.

권고하면서 밤늦도록 환담하고 돌아간 날이었다. 이미 신문의 중요성을 절감하고 있었던 이종일은 이 무렵부터 유영석, 이종면, 장효근 등과 함께 《제국신문》 창간의 뜻을 구체화하기 시작한다. 《제국신문》은 1898년 8월 10일 창간호를 시작으로 1910년 3월까지 수차례의 휴간과 정간을 거치면서도 10년이 넘게 지속된 대표적인 민족지였다.

국문으로 간행된 《제국신문》은 국한문혼용인 《황성신문》과 대비되어 각각 '암[雌]신문'과 '수[雄]신문'으로 불리기도 했다.[3] 이는 단지 신문의 표기 수단 때문만이 아니라, 부녀자를 위한 신문을 만들겠다는 《제국신문》의 창간취지 및 기본성향과 무관하지 않을 것이다. 이종일은 '부녀자계몽지' 창간을 염두에 두고 《제국신문》을 여성계몽에 이바지하는 신문으로 만들겠다는 의도를 여러 차례 밝혔던 것이다.[4] 순국문으로 신문을 발행한 이유도 부녀자를 《제국신문》의 주요 독자층으로 상정한 데 있었다.[5]

여성계몽에 유의하는 《제국신문》의 특성은 여러 차례 지적된 바 있다.[6]

---

3 최기영, 「제국신문의 간행과 하층민 계몽」, 『대한제국시기 신문 연구』, 일조각, 1991, 11쪽.

4 "柳永錫同志來訪, 創刊新聞事業協議次, 余之意見, 則讀者層卽好示婦女子也. 柳曰, 銘心 沃坡之高見, 而去."(『黙菴備忘錄』, 1898년 6월 12일); "柳永錫李鍾冕·張孝根同志相面, 以新聞論調問題, 亦主啓婦女子層及民衆意識構造改革件, 我等主旨則以民衆啓蒙爲開化 意識高揚矣."(1898년 8월 5일); "開化問題尤火急諸分野, 特解分野則知識人群, 又婦女子 之參與社會運動及解放也. 此事揭爲帝國新聞, 好反應女性界, 而未盡進出現況, 頻數促求, 則事歸良況也. 然則未認識多數知識人, 此速決則早就女性之解放又參與也."(1898년 8월 20일).

5 "李鍾冕·柳永錫張孝根新聞同人相面於帝國新聞社屋內, 發刊準備大奔走, 余曰, 體制則爲 婦女子階層, 純國文(한글)使用, 最緊要事也, 多曰, 沃坡意見大贊成也."(『黙菴備忘錄』, 1898년 8월 1일).

6 《제국신문》의 여성 계몽적 성격에 주목한 것으로 김인옥, 「한말여성계몽운동에 대한 일 연구—《제국신문》의 역할을 중심으로」, 한양대 석사학위논문, 1985; 김영주, 「제국신문의 여성개화론 연구」, 이화여대 석사학위논문, 1989; 남주형, 「독립신문과 제국신문의 여성관 비교 연구」, 국민대 석사학위논문, 1997 외 다수의 학위논문이 있다.

그러나 이종일을 비롯한 남성 지식인들이 의도했던 여성에 대한 계몽이 얼마나 효과적이었는지, 즉 여성들이 계몽 담론을 어떻게 수용했는지는 간과되어왔다. 대한제국기의 여성들은 계몽해야 할 대상인 동시에 계몽 담론을 수용하고 또한 창출하는 주체이기도 하다. 이 점에 유의할 때, 대한 제국기의 여러 신문에서 확인되는 독자 투고에 주목하게 된다. 《제국신문》도 예외가 아닌데, 투고자가 여성 독자인 것으로 간주되는 사례가 적지 않아 흥미를 끈다.

그동안 이 시기의 신문독자에 대한 학문적 관심은 그리 많지 않았다. 1990년대 중반 이후 신문학 및 역사학계에서 《독립신문》을 중심으로 한 신문 독자 연구가 이루어졌다.[7] 국문학계에서는 독자 투고에 대한 관심이 주로 계몽 가사의 작자층 문제에 집중되어 있었다.[8] 논설란과 잡보란에 실린 '기서'가 예상외로 큰 비중을 차지하는데도 '독자'의 목소리가 그동안 별 관심을 끌지 못한 것은[9] 당대 신문지상의 계몽 담론을 일부 남성 지식인이 주도했다는 인식이 연구 방향과 대상을 미리 한정한 감이 있다. 그러나 신

근대 계몽기 신문의 전반적인 사항은 최기영, 앞의 책과 한원영의 『한국신문 한 세기 — 개화기편』(푸른사상, 2001)을 참조했다.

7 채백, 「독립신문 독자 투고의 현황과 특성에 관한 연구」, 《언론과 사회》 3, 1994; 홍찬기, 「개화기 한국사회의 신문독자에 관한 연구」, 《한국사회와 언론》 7, 1996; 서순화, 「독립신문의 독자 투고 연구」, 충남대 박사학위논문, 1997.

8 김영철, 「개화기 시가의 창작 계층」, 《근대문학연구》 1, 지학사, 1987; 이형대, 「근대 계몽기 시가와 여성 담론-신문매체 소재 작품을 중심으로」, 《한국시가연구》 제10집, 2001.

9 특히 논설의 경우 당연히 신문을 만드는 지식인들의 언술이라고 간주하는 경향이 있다. 그런데 《독립신문》의 경우를 보면, 논설위원이 따로 있어도 논설을 독자 투고로 대신하는 경우가 드물지 않았고, 논설뿐 아니라 기사의 상당부분이 독자 투고로 채워졌다고 한다(서순화, 앞의 논문, 13~17쪽). 기삿거리 제공 정도에 그치는 독자 투고도 있지만, '근대화 시책'으로 분류되는 일군의 독자 투고에서는 이른바 계몽의 대상인 일반 민중의 계몽 담론 수용 및 생산에 주목할 필요가 있다.

소당의 예에서 보는 것처럼,[10] 대한제국기에는 신문을 통해 세상을 읽고 독자 투고를 통해 자신의 생각을 세상에 공표한 여성들이 적지 않았다.

이 글은 《제국신문》의 여성 독자 투고를 대상으로[11] 당대 여성의 계몽 담론 수용 양상을 분석하는 데 목적이 있다. 선행 연구에 따르면 남성 지식인에 의해 주도된 신문지상의 계몽 담론에서 여성의 시각은 거의 포착되지 않는다고 하는데,[12] 어쩌면 그것은 이 시기 여성의 텍스트를 보다 광범위하게 포괄하지 못한 데 원인이 있는지도 모른다. 《제국신문》은 '암신문'으로 인식되었던 만큼, 여타 신문에 비해 당대 여성의 목소리가 독자 투고의 형태를 빌려 더욱 활발하게 표출될 가능성이 높다고 가정할 수 있다. 이러한 점들에 유의하면서 근대 계몽 담론의 여러 주제가 여성 독자들에 의해 수용 및 재생산되는 양상을 고찰하기로 한다.

---

10 애국계몽운동가로 알려진 신소당(1853?~1930)은 1898년에서 1909년 사이에 《제국신문》과 《대한매일신보》 등 각종 신문에 모두 여섯 차례 독자 투고를 한 바 있다. 신소당의 생평과 독자 투고에 관해서는 졸고, 「애국계몽운동가 申蕭堂의 생애와 신문독자 투고」, 《국문학연구》 제11호, 2004년 6월 참조.

11 《제국신문》은 현재 1907년까지만 남아 있다. 이 글에서 다룬 자료는 한국학문헌연구소에서 편찬한 《제국신문》(아세아문화사, 1986. 창간호~1902년), 국립중앙도서관에 소장된 《제국신문》(창간호~1903년 7월 4일), 이화여자대학교 한국여성연구소에서 편찬한 『한국여성관계자료집 — 근대편』 상·하권(이화여대출판부, 1979, 1980)이다.

12 전미경, 「개화기 축첩제 담론분석」, 《한국가정관리학회지》 제19권 2호, 2001a; 「개화기 과부개가 담론분석」, 《한국가정관리학회지》 제19권 3호, 2001b; 「개화기 '남녀동등' 담론에 나타난 여성에 대한 계몽의 시각」, 《한국가정관리학회지》 제20권 1호, 2002; 이형대, 앞의 논문.

2. 근대계몽 담론의 재생산

2.1. 처첩제 · 과부 개가 담론

여성에 관한 근대 계몽기의 주요 담론 가운데 혼인 제도와 관련된 주제를 꼽는다면 조혼 및 축첩의 폐습과 과부 개가의 문제를 들 수 있다. 주지하듯, 조선의 제도와 관습이 이른바 '문명'인 서구의 잣대로 재단되면서 '야만'으로 부정되는 것은 이 시기 계몽 담론의 보편적 현상이었다. 혼인 제도 역시 마찬가지였다. 조혼의 관습은 '규칙 없고 경계 없고 의리 없이 혼인하는 풍속'[13]으로 매도되었고, '일처이첩은 대장부의 당연한 일'[14]로 여기면서 '서방이 죽으면 개가하여 가는 것을 천히 여기는'[15] 축첩과 과부 개가 금지의 관습은 미개한 악습으로 지목되었다. 특히 축첩제와 과부개가금지법은 남녀 간의 이중적 성윤리에 기반해 있다는 점에서 전통사회의 남녀불평등 구조를 대변한다. 근대계몽기에 남녀동등 담론을 주도했던 신문들이 여성 교육과 함께 축첩 및 과부 개가의 문제를 자주 도마에 올렸던 것은 당연하다. 이러한 문제들을 당대 여성들은 어떻게 인식하고 있었을까?

2.1.1. 처첩제에 관한 인식

1898년 11월 10일자에 실린 "엇던 유지각한 시고을 부인의 편지"는 첩의 신분으로 짐작되는 여성 독자가 바로 처첩제에 대한 문제의식을 드러낸다는 점에서 주목된다. 투고문 서두에서 《제국신문》 논설 보니 말마다 당연하나 부인평론 논설 중에 분간이 희미'한 대목이 있어 글을 쓴다고 밝

---

13 '논설', 《독립신문》, 1898년 2월 12일.
14 '논설', 《제국신문》, 1901년 1월 31일.
15 '논설', 《독립신문》, 1896년 4월 21일.

혔다. '시골 부인'이 문제 삼은 '부인평론'은 같은 해 11월 7일자 논설을 가리킨다. '정실'과 '천첩'의 차등 대우를 주장하는 내용인데, 그 논조가 축첩제 존속의 책임을 여성에게 돌리는 경향이 있고 해결 방식에도 문제의 소지가 있었다.

11월 7일자 논설에 따르면, 남의 첩 노릇을 하는 여인은 하늘이 모든 사람에게 똑같이 품부한 권리를 지키지 못한 인생이니, 이들을 한 등급 천한 사람으로 대접하는 것이 불가피하고, 그렇게 해야 세상에 명분이 바로 서게 된다. 양반이니 상놈이니 하는 신분상의 차등을 부정하면서도, 천첩과 정실의 구분은 "마땅히 없이 하지 못할 층등"이라 했다. "사나이가 첩 두는 것은 제일 괴악한 풍속"인데, 남의 첩 노릇 하는 여자들이 이를 부끄럽게 생각하지 않고 "무슨 일이며 어느 좌석이든지 거리낄 것이 없으니" 문제라 하고, 반상의 구분이 없어진 지금에 정실과 천첩의 등분마저 없으면 명분이 뒤섞여 축첩제와 같은 나쁜 풍습을 고칠 수 없다고 주장한다.

더 나아가 '첩'을 '천기,' '명색' 등과 동일 범주로 묶어 "행동 처신이 탕잡한 계집들"로 일반화하고, 부인회 사업에도 규칙을 세워서 "남의 첩 노릇 하는 계집들은 일절 동등권을 주지 말아 등분을 밝게 해야" 한다고까지 주장한다. 첩이나 기생들은 여학교나 부인회 사업에 함께 참여하지 못하도록 규칙을 마련해야 하는데, 사부가의 부녀자들이 그들을 꺼려서 개화운동에 동참하지 않으면 곤란하다는 것이 그 이유였다. 그렇게 하면 여자들이 첩 노릇 하는 것을 부끄럽게 여겨서 처첩제와 같은 괴악한 풍습이 차차 줄어들 것이라는 논리다.

이 논설은 당시 축첩제 담론이 노정한 첩에 대한 시각을 극단적으로 드러낸 것이다. '첩을 얻는 사람이든지 첩이 되는 계집들은 세계에 제일 천한 사람으로 대접하여야 마땅'하다는 논리는 독립신문에서부터 일찍이 천명된 것이었다.[16] 이처럼 축첩제 담론은 첩에 대한 비하와 처첩 간의 차별을 강화하는 방향으로 이어졌는데,[17] 이에 대해 '시골 부인'은 이렇게 반박한다.

부인도 충충이요 ᄉ부도 충충이오 남의 첩도 충충이지 ᄉ부의 쏠이라고 힝세가 탕잡ᄒ면 그리도 부인잇가. 샹놈의 쏠이라도 종작업는 남쟈들이 후취 삼취 ᄉ취ᄉ지 흠부로 희온 것도 부인츅에 가오릿가. 첩이라도 승쳐흔 후 드러와서 고락을 갓치 격고 봉졔ᄉ 졉빈킥에 자식 낫코 일부종ᄉᄒ는 첩이 부인만 못ᄒ릿가. 탕잡부랑ᄒ는 첩과 갓치 옥셕 구분ᄒ여셔야 엇지 아니 분ᄒ릿가. 녀학교를 셜ᄒ다니 셜시 젼에 이 구졍을 먼져 ᄒ기 쳔만츅슈ᄒ나이다.[18]

정실과 천첩에 차등을 두어야 한다는 주장에 대해, '부인도 충충, 남의 첩도 충충'이니 일괄적으로 처와 첩을 구분해서는 안 된다는 것이 이 '시골 부인'의 생각이다. 봉제사접빈객에 자식 낳고 일부종사하는 첩은 부인만 못하지 않다 하고, 이들을 '탕잡부랑한 첩'과 동일시하지 말아달라고 했다. 7일자 논설에서 첩의 신분인 여성을 모두 "행동 처신이 탕잡한 계집들"로 몬 데 대한 반박으로, 비난받아야 할 것은 처·첩의 신분에 상관없이 '탕잡부랑한 행실'임을 분명히 했다. 신문사측에서는 투고문 뒤에 논평을 달아 이에 대한 해명을 했다.[19]

한편 이 글에는 첩인 여성들에 대한 투고자의 동류의식이 엿보인다. "슬

---

16 '논설', 《독립신문》, 1896년 6월 16일.
17 전미경, 앞의 논문(2001a), 76~77쪽.
18 "엇던 유지각한 시고을 부인의 편지", 《제국신문》, 1898년 11월 10일.
19 "우리가 신문에 첩이 쳔ᄒ다고 흔 말은 샹하귀쳔 물론ᄒ고 남의 시앗 노릇을 ᄒ거나 탕잡흔 거슬 쳔ᄒ다고 흔 말이오. 샹쳐흔 듸던지 과부되여 긔가흔 시름을 나물인 말이 아니어니와, 이 편지를 보니 긔명에 유위ᄒ는 무움이 감소ᄒ야 발간ᄒ니, 아모죠록 우리 신문 보는 부인들은 이런 편지한 부인에 뜻과 갓치 진보ᄒ기를 힘쓰시오."

프다 대한 천첩 된 여인들아, 음력 구월 이십사일《제국신문》논설 끝을 가슴에 새겨 두오"[20]라는 대목에서 다소 격앙된 감정을 읽을 수 있다. 첩의 신분인 여성들을 향해 '우리'라고 지칭하면서, 첩이라는 이유만으로 천한 대접을 받지 않도록 노력하자 하고, "부디부디 딸 가지고 남의 시앗 주지 말고 첩 노릇을 하지" 말자고 당부했다. 이 여성 독자는 아마도 상처한 홀아비에게 혼례 없이 시집가서 "봉제사 접빈객에 자식 낳고 일부종사하는 첩"이 아니었던가 추측해볼 수 있겠다.[21]

2.1.2. 과부 개가에 관한 인식

1899년 10월 14일자에 실린 '자칭 대한 광녀'의 투고는 여성 교육과 과부 개가의 실천이 국가를 부강하게 하고 개명진보하는 길임을 주장하는 것이다. 여성교육과 과부 개가의 두 가지 문제를 번갈아 논의하는 방식으로 구성되어 있는데, 후자에 대한 문제의식이 더욱 첨예하고 논의한 분량도 길다.

글의 첫머리에서, 남녀가 음양의 기운에 다름이 있으나 차등의 분별이 없음을 대전제로 내세우고 '태서 각국'의 사정을 요약했다. 서구/조선, 문명/야만, 새것/낡은 것 등 전형적인 계몽의 이분법은[22] '대한 광녀'의 글에서도 뚜렷이 드러나 있다. 남녀가 차별 없이 교육을 받고 동등한 대접을 받

---

20 "엇던 유지각한 시고을 부인의 편지",《제국신문》, 1898년 11월 10일.

21 이 투고문 바로 앞에 신소당의 두 번째 투고가 실려 있고 신소당은 김규홍의 첩이었다는 점에서 '유지각한 시골 부인'이 곧 신소당이 아닌가 의심해볼 수 있다. 그러나 1898년 11월 당시 신소당은 서울에 거주하고 있었고, '유지각한 시골 부인'이 말한 것처럼 '상처한 데 들어간' 첩은 아니었다. 김규홍의 원배 여홍민 씨는 1898년 당시 살아 있었다. 여러 정황을 미루어 보건대 '시골 부인'이 곧 신소당이라고 단정하기는 어려울 듯하다.

22 전미경, 앞의 논문(2001b), 5쪽.

으며, 혹 집안에 청춘과부가 있으면 예절을 갖추어 다시 시집보낸다는 서양은, 그렇지 못한 동양과 대한의 풍습을 '슬프다'고 한탄하게 하는 기준이 된다. 동양의 여자들은 교육을 받지 못하여 세상 돌아가는 형편은커녕 이웃집 일도 알지 못하고 '깊은 방이 감옥서가 되고 녹의홍상이 징역군의 의복과 같아'졌다고 했다. 이어서 청춘과부들의 신세를 동정하고 그들의 원한이 집안과 나라의 재앙을 부른다고 했다.

> 더욱 참아 말ᄒ지 못홀 것은 녀ᄌ의 신세가 불힝ᄒ야 청츈에 과부가 될 지경이면 그 참혹ᄒᆫ 광경은 니ᄅ로 말홀 슈가 업거니와, <u>적적히 뷔인 방에 고침을 의지ᄒ야 이 싱각 져 싱각에 심ᄉ를 둘디 업셔 덜은 흐슙 긴 탄식에 긔구ᄒ다 내 팔ᄌ여 봉바람 가을달은 이를 ᄃᆞᆫ는 경식이오 겨울밤 여름날에 잠 못 들어 성화홀 제 원한이 사모쳐서 적으면 혼집에 지앙이오 크면 나라에 요얼이라.</u> 계집에 한이 오월에도 셔리친다 ᄒ엿스니 그 아니 지독ᄒᆫ가.[23]

그런데 청춘과부의 참혹한 신세를 묘사한 이 대목을 보면, 서술자의 목소리가 다소 격앙되어 어조에 감정이 실림을 느끼게 된다. 여성교육의 문제를 논하는 대목에서는 비교적 차분하게 서술하는 데 반해, 청춘과부의 개가 문제에 이르면 그 어조가 감상적으로 흐르는 경향이 있고 때로는 4·4조의 가사체로 문체가 바뀌기도 한다. '후원 깊은 방에 앵무새를 가둔 것같이 밤낮으로 홀로 앉아 무정한 세월은 꿈결같이 지나갈 제 생각하는 것은 남의 부처 해로하는 것이요 들리는 것은 남의 아들 딸 나은 것이라' 하는 대목은 청상과부의 외롭고 한스러운 심정을 묘사한 것이 실제 경험에서 우러나온 듯하다. '자칭 대한 광녀'라는 이 여성 독자가 실제로 개가에 뜻이

---

23 《제국신문》, 1899년 10월 14일.

있는 청상과부일지 모른다는 추측을 하게 되는 것은 이 때문이다.[24]

본래 행실이 탁월하여 송죽(松竹)이나 금석(金石)과 같이 절개가 굳은 사람이라면 굳이 그 뜻을 빼앗을 필요는 없지만, 자기 자신의 의지에 의해서가 아니라 시부모를 비롯한 주위 사람들의 압제 때문에 어쩔 수 없이 수절하는 과부는 너무나 불쌍하다고 했다. 그리고는 '당초에 학문 없이 자라나서 직업 없이 홀로 앉은 저 청상들'에게 음란한 마음이 드는 것은 당연하니, 공연히 신세를 그르치기 전에 그 시부모나 동기들이 나서서 일찌감치 개가를 시키는 것이 마땅하다고 했다. 이제 법이 과부 개가를 허용한다고 하지만 점잖은 집안에 과부가 시집갔다는 말은 듣지 못했다 하고,[25] 그 실천이 중요함을 역설했다.

2.2. 여성 교육과 국문신문

2.2.1. 여성 교육의 필요성

근대계몽기 신문지상에서 가장 널리 확인되는 여성 담론은 여성 교육에 관한 것이라 해도 과언은 아니다. 《제국신문》에는 앞서 언급한 '자칭 대한 광녀'처럼 여성 교육 문제를 직접 거론한 여성 독자 투고가 흔하지는 않다. 그러나 당시 여성 독자들이 여성 교육에 기울인 관심이 결코 작지 않았

---

24 이 투고문 앞에는 "엇던 녀인이 즈칭 대한 광녀라 ᄒ고 본샤에 편지ᄒ엿ᄂ되 말이 가장 유식ᄒ기로 긔지ᄒ거니와 필연 그 녀인이 쳥년 과부로셔 기가ᄒᆯ 싱각이 미우 간절ᄒ이 보더라"라는 논평이 덧붙어 있다. 과부 개가 허용을 주장하는 신문의 논설들이 독수공방의 '참혹한 정경'에 주목하는 것은 흔한 일이지만(전미경, 앞의 논문(2001b), 20쪽), 신문 편집자가 덧붙인 논평을 미루어 보건대 '자칭 대한 광녀'가 여성 독자인 것은 분명해 보인다.

25 그런 사례가 전혀 없는 것은 아니다. 예를 들어, 제도국 총제 김윤식은 청상인 외손녀와 상처한 이교영의 혼례를 주선하여 성례시켰다(《대한매일신보》, 1908년 7월 8일).

음을 보여주는 사례가 있으니, 1903년 3월 20일자에 실린 '안연희'의 "弔女校長書"(조여교장서)가 그것이다. '경상도 연일 살던 안소사 연희씨가 여학교장 양현당 김씨를 위하여 부의전 이 원과 글을 지어 보내었기로' 신문에 게재한다는 설명이 투고만 앞에 붙어 있다. 양현당 김씨는 순성여학교 교장직을 맡아 사재를 털어가며 학교 운영에 악전고투하다가 병사한 것으로 알려진 인물이다.[26] 투고문의 첫 대목을 보자.

> 저동 류 안연희는 양현당 김씨 령연지하에 고하나이다. 오호 통지며 오호 이직라. 니가 김씨의 면목은 부지오나 높흔 성명 들엇도다. 녀학교를 창설ᄒ니 ᄉ쳔년에 처음이오 녀학도를 모집ᄒ고 한문교ᄉ 고빙ᄒ야 열심으로 교육홀 ᄶ 한문국문 침션녀공 셩취흔 쟈 잇다 ᄒ니 그 아니 쟝ᄒ시오. 학도들이 빈한키로 먹여가며 글ᄋ칠졔 경비가 말유ᄒ야 탕픽가산 불샹ᄒ꼬, 학비를 청구츠고 학원들을 거나리고 학부졔진 몃십 차에 소원을 불성ᄒ니 억울흔 일 가이 업다. 작년 일을 들어보니 일공ᄉ 아공ᄉ는 십오 원식 보죠로듸 우리나라 남ᄌ들은 돈불고견 무심ᄒ니 외국에 슈치로셰.[27]

투고자 안연희에 대한 다른 정보는 전혀 없지만,[28] 두 가지 사실을 짐작해볼 수 있겠다. 첫째, 그녀가 전통사회에서 여성에게 허용되었던 국문 문학의 교양을 일정 수준 갖추고 있었던 인물이란 점이다. 상기 인용에서 보

---

26 순성여학교(順成女學校)는 찬양회가 주축이 되어 1899년 2월에 임시로 개교한 여학교다. 양현당 김씨는 찬양회의 부회장이었다(박용옥, 『한국근대여성운동사연구』, 한국정신문화연구원, 1984, 57~78쪽).

27 "'弔女校長書", 《제국신문》, 1903년 3월 20일.

28 안연희의 글이 실린 이튿날, 청구산인이 이에 답하는 글이 '긔셔'란에 실렸다. 청구산인은 "그 글의 ᄉ의를 보건듸 응당 규중쳐ᄌ여나 여염가 부인은 아닌 듯ᄒ니"라고 했다("답안씨연희", 《제국신문》, 1903.3.21),

듯, 안연희의 투고문은 4·4조 가사체가 두드러진다는 점과 조선후기 국문 제문의 전통을 잇고 있다는 점이 두드러진다. 둘째, 여성 교육 문제에 평소 관심이 많았던 여성이란 추론을 해볼 수 있다. 안연희는 양현당 김씨의 얼굴을 알지 못하지만 '높은 성명을 들었다'고 하면서 양현당의 노고를 치하했고, 여학교 운영을 위한 일본과 러시아의 찬조 소식도 알고 있다. 무엇보다 양현당의 죽음을 애도하는 글을 지어서 부의금과 함께 신문사에 보내는 일을 자청할 정도니, 여성 교육 문제에 대한 안연희의 높은 관심을 충분히 짐작할 수 있다.

잘 알려져 있듯, 여성 교육을 위한 '여자계'의 활동은 1898년 가을, 여학교 설립을 주장하는 '부녀통문'과 '상소'로 가시화되기 시작했다. '정부에서 사나이 아이들을 위하여 학교 하나를 지으면 계집 아이들을 위해서 또 하나를 짓는 것이 마땅한 일'[29]이라는, 교육에서 남녀동등의 대원칙은 독립신문 발간 초기부터 줄곧 이어진 여성 교육 담론의 공통된 논조였다. 그러나 현실에서 그 실천은 용이하지 않았다. 안연희는 그런 열악한 환경 속에서 양현당 김씨가 여학생을 가르치기 위해 애쓴 노고를 치하하는 한편, 여학교 운영을 방관하는 정부 당국을 원망하고 남성들의 무관심을 '나라의 수치'라고 비난했다. 얼굴도 본 적 없다는 양현당의 임종 장면을 안연희는 이렇게 그렸다.

황텬이 돕지 안코 우리 녀즈 복이 업셔, 쟝ᄒ신 우리 션싱 심화로 셩병ᄒᆞ야, 계묘 이월 십구일에 셰샹을 이별홀싀, 학원들을 모아 노코 일쟝셜화 유언ᄒᆞ되, 일기 녀즈 이닉 몸이 우리 대한 녀즈들을 틱셔 각국 본을 받아 문명교육 긔진키로 텬디신명 도으실싀 밤낫으로 츅슈터니 잔명이 길지 안어 구쳔으로 도라가니 지원

29 '논설', 《독립신문》, 1896년 5월 12일.

극통 이내 한은 내 한 몸 죽은 후에 학도를 누가 교육ᄒ고. 한마디 긴 소리에 불성인ᄉ ᄒ얏는디, ᄉ고무친 그 신톄를 믹장홀 길 바이 업셔 방안에셔 썩깃다니, 우리 한국 남녀 간에 그 졍상을 누가 알며 그 원한을 누가 풀녀. 두어 마디 거츤 말노 령혼을 위로홀 졔, 눈물이 압을 덥고 가슴이 억식ᄒ야 엇지홀 쥴 모르깃네. 오호통지 오호이지.[30]

흥미롭게도, 안연희의 투고는 《제국신문》의 독자들에게 작은 반향을 일으킨다. 그 이튿날 3월 21일자에는 '안씨의 학문을 원하는 뜻'이 아름답다고 칭송하고 여성 교육의 필요성에 찬동하는 '청구산인'의 글이 실렸다.[31] 23일자에는 독일인 '고솔긔씨' 집에 고용인으로 있는 박창준이란 사람이 신문사에 부의금 삼 원과 함께 편지를 보내온 소식이 실렸다. 박창준은 안연희의 행동을 치하하면서, '몸이 죽어서도 이름은 죽지 않은 여학교장 신체로 하여금 한 됨이 없이 가게 하고 후진의 학문을 개도하도록' 이 사실을 신문에 널리 알려서 많은 사람들이 보조하기를 바란다고 했다.[32]

2.2.2. 국문신문의 가치

《독립신문》 창간호에서 "조선 부인네도 국문을 잘 하고 각색 물정과 학문을 배워 소견이 높고 행실이 정직하면 무론 빈부귀천 간에 그 부인이 한문은 잘 하고도 다른 것 모르는 귀족 남자보다 높은 사람이 되는 법"[33]이라고 천명했듯이, 근대계몽기에서 '국문'의 가치는 여성 교육의 문제와 긴밀하게 연결되어 있다. 또한 남녀노소 상하귀천을 불문하고 '우리 신문을 하

---

30 '吊女校長書', 《제국신문》, 1903년 3월 20일.
31 "답안씨연희", 《제국신문》, 1903년 3월 21일.
32 "朴氏義助", 1903년 3월 23일.
33 '논설', 《독립신문》, 1896년 4월 7일.

루 걸러 몇 달만 보면 새 지각과 새 학문이 생길 걸 미리 아노라'[34]는 장담은 '국문신문'의 가치를 교육의 효과로 직결시키고 있다. '어떤 사람들은 자기 어머니 누이 아내 딸들 주겠다고 다섯 여섯 장씩 한 번에 사가더라'[35]는 기사는 국문 신문이 여성 계몽에 유익함을 완곡하게 전달한다.

《제국신문》 여성 독자 투고 가운데는 이 '국문신문'에 대한 여성 독자들의 인식이 직접적으로 드러나는 경우가 적지 않아 주목된다. 신문 구독을 신청하거나 신문사에 기부금을 보내면서 편지를 동봉하는 경우가 그것인데, 국문 신문의 유익함과 고마움을 표하고 신문 발간을 격려하는 것이 주된 내용이다. 다음은 1907년 4월, 함경북도 길주에 사는 '리금사'가 《제국신문》 구독을 신청하면서 보낸 편지의 전문이다.

경계쟈 본인은 하향벽읍 일기 녀즈로 셰상에 싱겨난후 발즈최난 셩문밧게 쎠나지 못흐엿스니 안즌방이와 달음업고 눈은 한 줄 글을 보지 못흐얏스니 쟝임이나 달음업소오나 이것은 우리나라 풍속이 녀즈에게난 교휵을 허지 안이흐고 학문을 갈아 치지 안이흔 연고라. 본인이 미양 혼즈 탄식홀 쑨이거니와 이위 가뎡 교훈을 밧아 여간 국문을 학습하와 가장이 샹판츠로 츌타한 후면 고담칙이나 보옵다가 근쟈에 귀샤 신문 일쟝을 힝득하와 보오니 그 스의가 공평졍대흐야 셰계스졍을 력력히 긔재함과 애국스샹을 흥긔케 권고흐고 국민의 지식 발달 권도흐는 졍셩을 한번 보미 이위 보던 고담칙의 허탄흐믈 가히 씨닷깃난 쟈라. 이것을 즈조 듯고 오리 보와스면 안즌방이와 쟝님의 병신 칙망을 십분지일이나 면홀가 료량흐와 위션 륙삭 션금 지젼 이원 십젼을 동봉부뎡흐오니 조량흐신후 특별히 애휼흐시는 셩녕으로 편지 당도흐는 늘노 위시흐와 귀신문 일쟝식

34 '논설', 《독립신문》, 1896년 4월 7일.
35 "爲女買紙", 《독립신문》, 1896년 4월 11일.

하숑호시기 복망홈. 졍미 이월 쵸일일 함경북도 길쥬읍 셔문외 합동 리금사 상
셔.[36]

장님과 귀머거리, 앉은뱅이 등의 비유는 비단《대한매일신보》소재 "소
경과 안즘방이 문답" 때문이 아니라도 당시 계몽 담론에 등장하는 상투적
인 수사 가운데 하나였다. 이 여성 독자 역시 자신을 일러 앉은뱅이나 장님
과 다름없는 신세라 하며 계몽 담론의 이른바 구비공식구를 사용한다. 바
깥세상으로 나가지 못하니 앉은뱅이요 글을 읽지 못하니 장님이란 말인데,
'리금사'가 읽지 못했다는 '글'이란 중세사회의 '文字' 즉 '한문'이고, '한 줄
글을 읽지 못했다'는 것은 곧 '학문'이 없음을 의미한다.

'리금사'는 자신이 앉은뱅이 장님과 같은 신세가 된 것이 여자에게 교육
을 시키지 않는 우리나라 풍속의 탓이라고 인식하고 있다. 국문을 배워서
겨우 '고담책이나' 읽는 정도였는데, 우연히《제국신문》한 장을 얻어 보고
고담책의 허탄함을 깨달았다면서, '국민의 지식 발달을 권도하는'《제국신
문》을 열심히 읽으면 앉은뱅이와 장님의 신세를 조금이라도 면할까 싶어
신문 구독을 신청한다고 했다. '고담책'을 위시한 전통사회의 독서물을 폐
기처분의 대상으로 내모는 것이 계몽 담론의 일반적인 수사였다는 점, 무
엇보다 교육과 지식이 계몽 담론의 대표적인 모토였다는 점을 상기할 때,[37]
'리금사'의 신문 구독 신청 발언은 그야말로 계몽의 효과가 '성공적으로' 드
러나는 지점이라 하겠다.

《제국신문》을 즐겨 읽는 여성 독자는 해외 교포들 가운데에도 있었다.
하와이에 거주하는 '손창희의 실인 고모잇가'는 제국신문사 사장 앞으로

---

36   "有志婦人",《제국신문》, 1907년 4월 3일.
37   고미숙, 『한국의 근대성, 그 기원을 찾아서 ─ 민족·섹슈얼리티·병리학』, 책세상, 2001,
      100쪽.

격려편지를 써서 《제국신문》의 확장을 기원하고 미금 2원을 기부했다. 이 여성은 남편과 함께 《제국신문》을 오래전부터 구독해왔는데, 덕분에 국내의 사정을 외국에서도 알 수 있으니 참으로 고맙다고 했다. 국문은 '우리나라 글'로서 '우리 이천만 인구의 학문이 발달되는 기초'라 하고, 《제국신문》은 '학문상에 편리한 기관이요 본국사상을 배양하는 지남침'이라고 칭송했다.[38] '리금사'와 마찬가지로 '국문/신문'의 가치를 뚜렷이 인식하고 있다.

한편, 1907년 9월 《제국신문》이 폐간 위기에 처했을 때, 이준 열사의 부인 이일정은 '우리 대한 《제국신문》이 없어지면 우리 이천만 인의 귀와 눈이 없어짐'과 같다면서 《제국신문》을 살리자는 내용의 글을 투고했다. 재정난으로 인해 여러 차례 휴간을 해야 했던 《제국신문》은 급기야 폐간하지 않을 수 없게 되었다는 기사를 실었는데, 이 기사를 본 이일정이 동포형제자매들에게 《제국신문》을 어떻게든 살리자는 호소문을 쓴 것이다. 첫째는 나라를 위해, 둘째는 《제국신문》을 위해, 셋째는 일정 자신을 불쌍히 여겨 부디 《제국신문》을 다투어 보자고 했다.[39]

《제국신문》이 폐간 위기에 처했다는 소식은 애국계몽에 뜻을 둔 신문 관계자들과 독자들에게 모두 적지 않은 충격이었다. 《황성신문》은 이일정의 '기서' 소식을 전하면서, '이천만 민족의 반만이라도 신문 사랑하기를 이일정과 같이 하면 민지(民智)의 개발(開發)이 날로 증진할 것'이라 칭송하고, "招帝國新聞魂"(초제국신문혼)이란 논설을 싣기도 했다.[40] 이일정의 호소가 반향을 일으켰는지, 《제국신문》을 살리기 위한 의연금 모집이 사회 일각에서 이루어졌다. 여자교육회에서 후원회를 결정하는 등 여성들도 이에

---

38 "感淚先咽", 《제국신문》, 1907년 6월 26일.

39 《제국신문》, 1907년 9월 11일.

40 "文明婦人", 《황성신문》, 1907년 9월 12일; "招帝國新聞魂", 《황성신문》, 1907년 9월 22일.

적극적으로 참여했고, 마침내 유지한 신사들과 귀부인들이 협조해 신문을 속간하게 되었다는 기사가 실리기에 이른 것이다.[41]

2.3. 여성의 사회참여의식과 국민담론

2.3.1. 신소당과 '여노인'의 시국 인식

신소당은 1906년에서 1910년 사이 애국계몽운동에 앞장서서 여러 신문지상에 족적을 남겼던 인물이다. 그런데 이 여성이 1898년에 일종의 시사논평을 《제국신문》에 투고한 사실이 있다는 것은 흥미로운 일이다. 11월 5일자 투고에서는 '자칭 평안도 여노인'이라고만 했는데, 곧이어 11월 10일자 투고에서는 '평안도 안주 여노인 신소당'이라고 자신을 밝혔다. 그뿐 아니라 신소당은 각종 부인회를 결성하고 광동학교를 운영하던 시기, 1907년 《대한매일신보》와 《만세보》, 1909년 《황성신문》에도 글을 투고한 바 있다.

신소당이 《제국신문》에 글을 실었던 1898년 11월은 독립협회와 만민공동회의 활동이 열렬했던 시기다. 9월 11일 김홍륙독차사건(金鴻陸毒茶事件)을 계기로 독립협회의 7대신 탄핵운동, 합동상소와 연좌시위, 언론·집회통제 조칙, 관민공동회 개최, 헌의6조와 5개조 조칙, 그리고 11월 7일 독립협회의 주도 인물 검거에 이르기까지, 국가정세가 그야말로 급박하게 돌아가던 때였다. 신소당이 당시 정세에 대한 높은 관심과 일정 수준 이상의 식견을 갖추고 있었음을 11월 10일자 투고문에서 확인할 수 있다. 1906년 이후에 드러나는 신소당의 행적을 보건대, 《제국신문》 투고문에 나타나는

---

41 "女中君子", 《황성신문》, 1907년 9월 24일; "본신문 쇽간하난 일", 《제국신문》, 1907년 10월 3일.

신소당의 시대 인식이 계몽 담론의 단순한 동어반복에 그친 것은 아니었음을 알 수 있다.[42]

1900년 봄의 독자 투고 세 편은 투고자가 모두 '여노인'이란 점에서 공통적인데, 여러 정황을 미루어 볼 때 동일인일 가능성이 높아 보인다. 2월 5일자 투고는 딸 하나를 둔 과부로서 남의 집에 방 하나를 얻어 침선으로 생계를 잇는 '어느 가긍한 여노인'의 편지다. 3월 21일자 투고는 그 논평에 '이 여노인의 글을 두 번째 본다'는 편집자의 말이 있으니, 2월 5일자 투고인과 동일인이라고 보아도 무리가 없을 듯하다. 4월 12일자 투고는 '녀노인의 긔셔'라는 제목과 '이런 노병여자의 말을 광망타 웃지 말고'라는 구절이 본문 중에 발견되는 것 외에 투고자를 지칭하는 별도의 표지가 없어 판단하기 곤란하나, 앞서의 '여노인'과 동일인일 가능성이 없지 않다. '여노인'(들)이 바라보는 시국은 이러하다.

> 홈을며 이 세계는 전천고 후만디에 처음되는 시국이라. 세계상이 한집되여 좌고힝상 세음 속에 외양은 은극 업시 화목흔 듯흔것만은 실상은 남의 집안 모든 리익 다 쎄가고 토디싯지 잠식흐며 남의 집에 일 잇기를 바라고 기디리며 취모멱주 흔극을 보는 눈은 번기갓치 번젹번젹 요령막업 언론을 듯는 귀는 황시갓치 기웃기웃 흐는 쩌에 어리셕고 렴치업고 호강스런 사름들은 즈긔일신 리익만 도모흐여 셩은도 싱각지 아니흐고 국가에 슈치도 돌아보지 아니흐니 익돕고 분흐도다.[43]

지금 청국이 뎌럿케 위틱흐다 흐니 남의 일갓지 안소. 각국 공스들이 강흠을 밋

__FOOTNOTE__
42   신소당의 신문투고에 관한 상세한 내용은 졸고(2004) 참조.
43   "유식한 녀노인의 편지", 《제국신문》, 1900년 3월 21일.

고 남의 나라 미약홈을 릉모ᄒᆞ야 틈을 타셔 남의 집 뎐리ᄒᆞ던 토디와 리익을 감
언리셜노 달ᄂᆞ기도 ᄒᆞ고 위협으로 압졔도 ᄒᆞ야 쳔만 방법으로 쎅앗ᄂᆞᆫ 힝위ᄂᆞᆫ
현인군주의 참아 보고 들을 바 아니로딕, 즈긔 나라에ᄂᆞᆫ 지모가 유여ᄒᆞ고 즈긔
나라 님군의 명령을 욕되게 ᄒᆞ지 아니ᄒᆞ다 홀지니, 우리게ᄂᆞᆫ 히로되 즈긔 나
라에ᄂᆞᆫ 츙신이라. 남의 나라 신하ᄂᆞᆫ 엇지ᄒᆞ야 뎌러ᄒᆞ고 우리나라 신하ᄂᆞᆫ 엇지
ᄒᆞ여 이러ᄒᆞ오.[44]

투고자는 약육강식의 논리가 지배하는 세계질서의 판도를 분명하게 인
식하고 있다. 겉으로는 전 세계가 한 집처럼 화목한 듯하지만 실상은 전혀
그렇지 않아서, 세계열강이 문명개화를 명분으로 약소국을 호시탐탐 노리
고 있다는 것이다. 자국의 이익을 위해 타국의 빈틈을 노리는 눈들이 사방
에서 번득이는데, 대한의 위정자들은 자기 일신의 이익만 도모하고 있으
니 안타깝고 분하다고 했다. 국가의 위기를 깨닫지 못하는 위정자들을 일
컬어 '어리석고 염치없고 호강스런 사람들'이라 하고, 이 대목 앞뒤에서 그
들을 신랄하게 비판했다.

대한제국이 처한 위태로움은 곧 탐관오리들의 그릇된 치민행정 탓으로
인식되었다. 요순 같은 황상은 각 도의 방백 수령들에게 조칙을 내려 백성
을 부디부디 사랑하라 당부했건만, 어리석은 위정자들이 황상의 하교를
제대로 이행하지 않고 제 몸만 살찌운 탓에 대한의 정치와 동포의 명예가
실추되었다. 탐관오리는 "나라에 불충, 자기 집에 불효자, 백성에게 사갈"
이라 비난하고, 어서 개과천선하여 '살아서 악명, 죽어서 죄명'을 씻으라고
요구했다.[45] 백성이야말로 나라의 근본임을 상기시키면서, 탐관오리들이

44   "녀노인의 긔셔", 《제국신문》, 1900년 4월 12일.
45   "유식한 녀노인의 편지", 《제국신문》, 1900년 3월 21일.

백성을 학대하는 것은 곧 나라의 뿌리를 흔드는 것이라 경고했다.[46] 그리고는 '아무리 빈약한 나라라도 신하가 충성하고 백성이 낙업하면 강한 나라가 능모하지 못할 줄은' 동포가 먼저 안다면서, 우리도 세계에서 큰소리치며 지낼 때가 오리라고 믿는다 했다.[47]

신소당과 '여노인'은 국내외 정세에 높은 관심을 보이고 문명개화의 논리에 기본적으로 동조하는 발언을 했지만, 그들의 《제국신문》 투고에서 '국민'이란 개념은 아직 뚜렷하게 감지되지 않는다. 신소당의 경우 '대한제국의 신민 된 자'로서의 의무에 대한 자각은 여섯 차례 신문투고에서 지속적으로 표출되고 있으나, 근대계몽기 '국민' 담론을 '이 몸이 비록 여자나 이천만 동포 중에 참예한 몸인 즉 국가화육중일물이라'[48]는 표현으로 글 속에 구체화한 것은 1907년에 이르러서다.

2.3.2. 근대 여성의 '국민 된 의무'

1907년 한 해 동안 '여자도 국민', '여자도 국가화육중일물'이란 선언은 아마도 신문의 여성 독자 투고에서 가장 빈번하게 쓰였던 표현일 것이다. '나라 위하는 마음과 백성 된 도리에는 남녀의 차이가 없다'는 주장은 국채보상운동이라는 거국적 행렬에 여성들이 동참할 수 있게 하는 논리이자 명분이었던 것이다. 1907년 국채보상운동은 '여성을 근대적 국민의 일원으로 재탄생시키기 위한 계몽의 프로젝트 가운데 가장 뚜렷한 계기'[49]였다. 국채보상운동을 계기로 여성과 어린이, 노동자 등 주변부 집단이 '국민'의 상을 획득하고, 더불어 국문의 위상 또한 '국민의 언어'로서 제고되기에 이

46　"유식한 녀노인의 편지",《제국신문》, 1900년 3월 21일.

47　"녀노인의 긔서",《제국신문》, 1900년 4월 12일.

48　"긔부용형셔",《만세보》, 1907년 4월 2일.

49　고미숙, 앞의 책, 95쪽.

르렀다.[50]

대구에서 광문사(廣文社) 회장 김광제(金光濟) 등 남성들이 국채보상의연금 모금을 위한 단연(斷煙) 운동을 제기했을 때, '여자는 논외로 한다'는 말에 이의를 제기하고 국채보상운동을 위한 부인회를 최초로 결성한 것은 대구 남일동 정운갑의 모(母) 서씨 등 7인에 의해서였다.[51] 이후 국채보상운동에 동참하는 부인회들이 전국적으로 설립되기 시작했고, 민족지들은 한동안 계속해서 집단 및 개인의 국채보상의연 소식을 전했다. 《제국신문》에 국채보상부인회 발기문이나 취지서의 전문이 실린 것은 7건이다.

전국에서 일어난 국채보상부인회의 취지서는 '국민 된 의무'를 환영하며 기꺼이 구국의 대열에 동참하여 한몫을 하겠노라는 여성들의 강렬한 참여의식을 반영한다고 볼 수 있다. '조선 부인들아, 이때를 당하여 국민된 의무를 행하여 봅시다'[52] 하는 청구형 문장은 《제국신문》 여성 독자들 사이에 보편적인 것이었다. '은금보패폐지부인회취지서'는 4일 동안 연재될 만큼 분량이 긴데, 여기에는 쓰러져 가는 한민족의 운명을 1천만 여성의 손으로 구하겠다는 확고한 의지가 담겨 있다. 패물폐지운동을 통해 국채보상은 물론, 은행과 학교를 지어 명실공히 부국민강을 이루어 '상등국국민'이 되는 데 최대 목표를 두자고 했으며, 벌금제 등 구체적인 회규칙을 마련하는 등 대단한 적극성을 보였다.[53]

독립협회를 주축으로 하여 계몽 담론이 급속도로 전파되어가던 1890년대 후반에 '여자도 국민'이라는 명제는 계몽에 유의하는 남성 지식인들이

---

50   권보드래, 「한국근대의 '소설' 범주형성에 관한 연구」, 서울대 박사학위논문, 2000,
      110~111쪽.

51   "경고아부인동포라", 《대한매일신보》, 1907년 3월 8일.

52   "인천항적성회취지서", 《제국신문》, 1907년 4월 1일.

53   "佩物廢止會", 《제국신문》, 1907년 4월 4~8일.

국민의 절반인 여성들을 문명개화의 대열에 동참시키는 강력한 수단이었다. 여성도 국민의 일원으로서 부국강병과 보국안민을 위한 근대화의 대열에 동참해야 한다는 논리는 애국계몽운동의 주요한 전략 가운데 하나였던 것이다. 따라서 국민으로서의 남녀동등은 '국가'의 범위 내에서만 의미를 가지며, 이는 근대계몽기 남녀동등 담론의 한계로 비판된다.[54]

그러나 근대계몽기의 여성들에게는 '국민 된 의무'란 것이 새로운 의미로 해석될 여지가 적지 않았다고 생각된다. 당시 여성들에게 있어서 '국민 된 의무'를 행한다는 것은 곧 국가 또는 정치와 같은 '바깥 일'에 대해서도 입을 열 수 있는 '권리'와 상통한다는 점에서, 귀찮은 의무가 아니라 기꺼이 자청할 만한 의무였다고 할 수 있다.

애당초 '여자도 국민' 담론이 남성 계몽론자들에 의해 형성되어 여성들에게 일방적으로 주입된 측면이 강했던 것은 사실이다. 그러나 어떤 면에서 이는 근대적 여권론의 시발점으로서,[55] 시간의 경과와 함께 여성들 스스로의 각성에 의한 담론의 내적 변화가 없지 않았고 본다. "동포시여, 이 사람들의 말을 괴이타 마시오" 라며 '여자는 안에 거하여 밖을 말하지 않는다'는 옛 법이 더 이상 시대에 맞지 않는 구습이라 천명했던 하와이 동포 여성들처럼,[56] 여성의 공적 발언권 획득은 '여자도 국민' 담론이 당시 여성들에게 특별히 의미 있었던 지점일 수 있다.

'여자이기 때문에 나라 일에 참여하지 못하고 초목과 같이 썩을 신세가 안타까워 그 한이 가슴이 사무쳤다'[57]는 한 마디 고백은 신소당뿐 아니라

---

54   전미경, 앞의 논문(2002), 89~93쪽.

55   '여자도 국민'이라는 인식 다음에는 '여자도 인간'이라는 인식이 등장하게 된다. 이상경은 전자를 문화계몽운동기의 여성 政論이라 하고, 후자를 부르주아 계몽운동기의 근대적 여권론으로 구분했다(이상경, 「여성의 근대적 자기표현의 역사와 의의」, 『한국근대여성문학사론』, 소명, 2002, 37~47쪽).

56   "在外婦人義捐書", 《제국신문》, 1907년 5월 27일.

근대계몽기 많은 여성들의 사회참여의식을 대변하는 것은 아니었을까. 요컨대 근대계몽기에 가정의 테두리를 벗어나 대외활동을 하는 여성들이 '국민 된 의무'를 앞세우는 것은 내외법과 남녀유별관에 근거한 전통적인 성역할 관념에 대해 당대 여성이 스스로를 합리화하는 방편이었을 수 있는 것이다.

2.4. 위생담론과 여성

《제국신문》 여성 독자 투고 가운데 내용상 좀 '튀는' 글을 한 편 고른다면 1906년 8월의 '婦人寄書'(부인기서)를 들 수 있다. 투고자는 거주지의 통·호수까지 밝히고 '노참서 병선의 아내'라고 자신을 소개했다. '신문에 낼 만하면 내고 쓸데없거든 도로 보내달라'는 단서를 붙인 것은 신문 편집자에게 하는 말이다. 여기까지는 서문이고, 본문에 해당하는 투고문은 보구여관[58]이란 신식병원에서 병 고친 사연을 기술한 글이다. 투고자가 붙인 글의 제목은 '보구녀관 수업'인데, 사흘 동안 연재될 만큼 대단한 장문이다.

본문 첫머리에서 "우리나라에 급히 할 일이 하나 둘이 아니로되 이 미련한 여편네 소견은 여인을 위하여 병원을 설시할 일이 급한지라" 한 것이 이 투고문의 주제다. 다음은 그 주제가 가장 집약되어 있는 부분이다.

> 싱각ㅎ여 보시오. <u>녀즈의 병은 흔이 싱산ㅎ는 되에서 남니다.</u> 병이 나니 의원이
> 나 잘 보게 ㅎ주오, 스시쟝철 치우나 더우나 시원흔 거동 보지 못ㅎ고 안방 구석
> 에셔 쓸소. 그리도 욕심만은 사나희는 즈식 나키만 바랍데. 여보 의복음식 걱

---

57   "긔부용형셔", 《만세보》, 1907년 4월 2일.

58   정동에 설립된 미국 부녀병원 보구여관에 대한 광고가 간호원장 에드먼스의 이름으로 《제국신문》에 실린 바 있다(1904년 11월 24일).

정 업고 만수가 튀평으로 지닉는 대관네 부인들 싱각ᄒ여 보시오. <u>우리가 병 곳</u>
<u>들면 고명ᄒ 의원 어딕 잇소.</u> 고명흔 의원은 잇ᄂᆞᆫ지 모르거니와 젼국에 녀의 흔
낫도 업ᄉᆞ니 아모리 부긔가 흔뎐동디ᄒ 너빅노 숙을 수밧긔 업소. <u>녀즈교육회니</u>
<u>잠업시험쟝이니 녀즈회니 ᄒᄂᆞᆫ 것이 급션무가 아닌 것은 아니로되 녀즈가 셩</u>
<u>흔이 급션무로 나는 싱각ᄒ오.</u> 왜 그런고 ᄒ니 우리가 젼국인구를 번셩케 ᄒᄂᆞᆫ
쳐디에 우리 속에 병이 잇고ᄂᆞᆫ ᄌᆞ녀 간 암만 만이 나터릭도 또 변변치 못ᄒ 병든
ᄌᆞ녀를 나아 이 시뎌 사름보다 더 나흘 것이 업슬 ᄯᅳᆺᄒ오.[59]

여기에 언급된 여자교육회, 잠업시험장 등은 1906년 당시 고관대작의
부인들이 중심이 되어 일었던 '여자계의 새바람'을 상징하는 것이다.[60]《제
국신문》을 비롯한 당대 신문들은 논설이나 기사를 통해 여성계의 새로운
동향을 계속해서 소개하고 있었다. '노병선의 아내' 역시 신문지상을 통해
그러한 소식들을 접했을 터인데, 여자교육이나 여자회도 중하지만 여자의
건강을 돌보는 일이 급선무라고 주장하고 있다. 교육담론에서 그랬듯이,
육체적으로도 '건강한 어머니, 건강한 자녀'의 논리는 모성을 강조하는 전
형적인 계몽 담론의 방향인데, 투고자 역시 그 논리를 이유로 내세웠다.
투고문의 문체와 어휘, 내용 등을 미루어 짐작건대, '노병선의 아내'는
아마도 경제적으로는 부유하나 신분은 그리 높지 않은 여성인 듯하다. 그

---

59 '婦人寄書',《제국신문》, 1906.8.23.
60 여자교육회는 양규의숙 후원을 목적으로 1906년 5월에 조직된 여성단체다. 매월 두
    차례씩 통상회를 개최해 여성들의 계몽에 힘썼고, 서울 5서에 의무소를 설치하고
    1908년에는 지방 각지에 지회를 설치하는 등 활발하게 움직였던 단체이다(박용옥, 앞
    의 책, 80~106쪽). 양잠실업교육은 한일부인회에서 주관한 사업인데, 일제의 식민지
    여성교육정책의 일환으로 전개되었다. 1905년에 설립된 한일부인회는 정부와 황실
    의 후원 아래, 황족과 고관의 부인들, 통감부 계통의 일본인 부인들로 구성되어 있었
    다. 두 단체는 한국여성의 계몽 및 교육을 목적으로 내세웠으나 친일적 성격이 농후했
    다(같은 책, 112쪽).

런 그녀가 '대관네 부인들'과 자신을 '우리'라고 묶을 수 있는 근거는 생물학적 성, '여성'이다. 그녀가 보기에, 여자의 병은 흔히 임신·출산과 관련된 것이고 그 점에서 '우리 여편네는 빈부귀천 물론하고 초록은 한 빛'[61]인 것이다. '남북촌 대가집 부인네들'을 향해 전국의 여인동포를 위한 신식 의료 시설을 갖추는 사업을 도모하자고 촉구할 수 있었던 것은 그러한 동류의식에 기반한다.

보구여관과 같은 신식병원의 설립이 시급하다는 주장을 펴기 위해 '노병선의 아내'가 택한 서술방식은 '신식'과 '구식'의 비교였다. 여기서 또 한 번 계몽 담론의 이분법이 확인되는바, 서구/조선, 신식/구식, 깨끗함/더러움, 건강/질병 등의 대조가 두드러진다. '노병선의 아내'는 병으로 십여 년을 고생하면서 찾아다녔던 '구식' 의원들을 이렇게 묘사한다.

> 되지안은 늬외ᄒ노라고 의원인들 쾌활이 보며 소위 고명흔 의원이라고 병 좀 보아 달나 ᄒ면 거드름뛰고 안이곱상스럽게 차탈피탈ᄒ다가 급기 병을 보는 디 경에는 남녀유별이라고 외면ᄒ고 진찰하는지 믹을 보는지 엇더케 메라메라 ᄒ면서 이 약 삼십 첩 먹으면 아조 나흐리라 ᄒ며 여차여차흔 병이라고 언덩리순ᄒ게 우부우부가 속을 만큼 말ᄒ니 이러케 ᄒ기를 십여 년을 속아왓스니 차라리 무당과 소경에게 속는 것만 못ᄒ도다. 무당은 굿홀 씨에 쟝구나 시원이 치지오. 소경은 경 닑을 씨에 감은 눈을 번적거리면서 경이나 시원이 닑지오. 의원이란 쟈들은 약셩가쥴이나 닑고 의원노릇 ᄒ노라고 감초는 맛이 달다 인삼은 원긔를 보흔다 그것도 간신이 말ᄒ니 참 위티흔 쟈 의원이로다. 지즁흔 인명이 풀쑤리 탕약 몟 첩에 달녀고나.[62]

---

61 '婦人寄書', 《제국신문》, 1906.8.24.
62 '婦人寄書', 《제국신문》, 1906년 8월 22일.

여기서 '구식' 의원들은 병명을 제대로 짚어내지도 못하면서 그럴 듯한 말로 약만 팔아먹고 환자들을 속이는 존재로 희화화된다. 고명한 의원이라고 찾아가면 거드름만 피우고 아니꼽게 굴면서 진찰할 때는 남녀유별만 따진다고 했다. 그들에게 십여 년을 속은 것이 억울하다면서 차라리 무당에게 굿을 시키고 소경에게 경을 읽힌 것만 못하다고 비웃고 있다. '노병선의 아내'는 신분이 그리 높지 않은 듯하다는 말을 앞서 했는데, 문체상으로 볼 때 특히 이 대목은 신소당이나 '유식한 여노인'의 점잖음과 적지 않은 차이를 느끼게 한다.

보구여관과 같은 신식병원이 구식의원과 크게 다른 점은 병원이 모든 면에서 '규모'를 갖추었다는 점이었다. 병으로 고생하다 못한 투고자는 "체면 불고하고 치마 쓰고" 보구여관을 찾아가 진료를 받고 20일 동안 입원치료를 받았다. 입원한 동안 병원의 시설과 운영 체계 등을 관심 있게 살핀 투고자는 그 '규모 있음'에 탄복하여 이에 대해 길게 서술했다. 진료실과 병실, 약 보관실 등이 모두 정결하고 체제가 잘 갖추어져 있다는 것, 입원환자들을 위한 보호시설이 잘되어 있다는 것, 간호원과 의원이 직무를 나누어 환자를 보는 데 일정한 순서가 있으며, 기다리는 동안에는 좋은 말씀을 해주는 선교사가 환자를 감화케 한다는 것, 약값이 합리적이라는 것 등을 차례로 기술했다.[63]

근대 계몽기에 문명개화의 척도로 간주되며 계몽 담론에 자주 등장했던 화두 가운데 하나가 '위생'이다. 1884년 김옥균이 "각국의 가장 요긴한 정책"을 세 가지로 요약했을 때 그 첫째가 위생이었고, 《독립신문》에서도 대소변과 쓰레기 처리 등 위생의 문제는 주요 화두였으며, 1905년 이후에는 청결과 위생을 모토로 한 '근대적 기획'이 더욱 가속화되었다.[64] 그 과정

---

63 '婦人寄書',《제국신문》, 1906년 8월 23, 24일.

에서 배태된 모순을 "위생위생 원수로다"[65]라고 노래하는 계몽가사들도 있었지만, '노병선 아내'의 눈에 비친 보구여관은 말 그대로 청결과 위생을 실천하는 '근대적' 의료시설이었다. 청결과 위생을 문명의 척도로 인식하는 계몽 담론 속에서 근대의 병리학적 메커니즘의 작동[66]과 같은 본질에 대한 인식을 1906년 '노병선 아내'에게 기대할 수는 없을 듯하다. 그녀에게 '신식'은 10여 년을 앓던 자신의 병을 낫게 해준 '고맙고 신통한'[67] '문명'이었고, 그 놀라움이 클수록 '구식'에 대한 부정도 컸다.

3. 여성 글쓰기와 계몽 담론의 변주

일반적으로, 남성 지식인들이 이끌었던 신문지상의 남녀동등 담론은 '여성의 재발견'이라는 일정한 성과에도 불구하고 결국 '여성의 도구화'에 그쳤다고 비판된다.[68] 처첩제를 폐지하고 과부 개가를 주장했던 계몽 담론은 여성에게 더욱 고매한 정절 윤리를 강요하는 결과를 낳았고, 여성 교육의 필요성에 대한 주장도 '장차 어머니가 될 여성'에 대한 교육이란 데 초점이 맞추어지는 한계가 뚜렷했다고 비판되었다. '여자도 국민' 담론 역시 같은 한계를 노정했다. 근대 계몽 담론의 궁극적인 지향점은 '문명한 국가'에 놓여 있었던 까닭에,[69] 남녀동등에 대한 주장 역시 국가의 경쟁력이라는

---

64   고미숙, 앞의 책, 134~141쪽; 조형근, 「근대 의료 속의 몸과 규율」, 『근대성의 경계를 찾아서』, 서울사회과학연구소 편, 새길, 1997, 224~230쪽.

65   '시사평론', 《대한매일신보》, 1908년 11월 8일.

66   고미숙, 앞의 책, 144쪽.

67   '婦人寄書', 《제국신문》, 1906년 8월 23일.

68   전미경은 일련의 논문에서(2001a, 2001b, 2002) 그러한 주장을 폈다.

69   고은지는 이 시기 계몽 담론이 궁극적으로 '국가주의'를 지향한다는 데 특성이 있다고

목적을 달성하기 위한 하나의 수단에 불과했던 것이다.

이처럼 계몽 담론 속에 여성의 관점에서 여성을 조망하고 이해하려는 시가이 부재했다고 할 때,[70] 이는 신문을 중심으로 전개된 당대 계몽 담론이 특정 성향을 공유하는 남성 지식인에 의해 주도되었다는 외적 조건과도 무관하지 않을 것이다. 또한 이 시기 여성의 글쓰기에 나타나는 목소리 역시 남성 계몽 지식인의 그것과 다르지 않다는 것이 중론인 듯하다. 여성이 지었다고 판단되는 계몽가사에서 "여성 자신의 진정한 내면의 소리는 아직 들리지 않는다"[71]고 지적되었다. 신문이나 잡지에 실린 여성들의 글에는 "여성만이 공유할 수 있는 여성적 삶"은 반영되지 않았고 철저하게 계몽의 시선에 감금되어 있다고 평가되었다.[72] 앞서 고찰한 《제국신문》 여성 독자 투고 자료들에도 그와 같은 계몽 담론의 지향이 깊숙이 자리하고 있음을 부정할 수는 없다. 보국안민과 개명진보의 논리는 물론이고, 처첩제와 과부 개가, 여성 교육 등 여성 문제에 관한 발언들에서도 '주제' 면에서 볼 때 계몽 담론의 자장에서 크게 벗어나는 사례를 발견할 수는 없었다.

그러나 이 시기 여성 글쓰기 자료들에서 더 주목해야 할 것은 그 동일한 '주제'가 아니라 주제를 풀어가는 방식, 여기서 드러나는 미세한 차이들이다. 계몽 담론의 국가주의적 지향이라는 본질을 파헤치는 데 골몰해 이 시기 자료들의 공통점을 찾는 데만 주력한다면, 근대 계몽기에 분출된 '계몽

했다(고은지, 「개항기 계몽 담론의 특성과 계몽가사의 주제 표출양상」, 《우리어문연구》 제18집, 2002).

70 전미경, 앞의 논문(2002), 98쪽.

71 이형대, 앞의 논문, 288쪽.

72 전미경, 앞의 논문(2002), 13쪽. 전미경은 여성이 창출한 계몽 담론의 사례로 '염량자'(《대한매일신보》, 1909년 8월 17일)의 글을 거론했는데, 이 자료가 실제 여성의 글로 볼 수 있는지는 의문이다. '낭자'라는 표지 외에 '여성'을 암시하는 다른 근거가 전혀 없는데, 남성 작가가 여성 문제에 대해 논하면서 '여성적인' 필명을 사용했을 가능성을 배제할 수 없기 때문이다.

의 대상'인 하층과 여성의 다양한 목소리를 놓칠 수 있기 때문이다. 계몽 담론이란 그물 안에 드는 여성 독자 투고 사례들이 동일한 주제와 결론을 공유하면서도 어떤 작은 차이들을 변주하는가에 유의할 필요가 있는 것이다.

예컨대, 《제국신문》 여성 독자들의 글쓰기는 투고의 계기나 논의 대상이 대개 구체적이고 현실적인 사안에서 출발하는 경향을 보인다. 신소당이 시국을 근심하면서도 낙관론을 폈던 투고는(1898년 11월 10일) 며칠 전에 있었던 고종의 독립협회 금칙조서와 회원 17명의 체포·투옥 소식에 대한 즉각적인 반응이었다. 계천기원절(繼天紀元節)의 경비지출이 낭비였다고 지적한 것(1898년 11월 5일) 역시 구체적인 사실을 문제 삼았다. '노병선아내'가 여학교도 중하지만 부녀자를 위한 병원을 세우는 것이 급선무라는 주장을 편 것은(1906년 8월 22일) 10여 년 동안 병으로 고생한 자신의 개인적 경험에서 비롯한다. 안연희의 여성교육에 대한 관심이 독자 투고로 발현된 것은(1903년 3월 20일) 여학교장의 사망소식을 계기로 한다. 반지를 뺀다(탈환회), 패물을 판다(패물폐지회), 식량을 던다(국미적성회) 등등 여성의 일상을 모토로 한 국채보상부인회의 취지서는 '국채보상의연'이라는 구체적인 행동과 실천을 전제로 쓰였다.

신문지상에서 이루어진 여성 글쓰기가 어떤 의미에서 상호소통적 성격을 띤다는 사실도 주목할 만하다. 안연희의 투고는 불쌍하게 죽은 여학교장을 위한 부의금 찬조 동참을 유발했고, 이일정의 투고는 《제국신문》 살리기 운동으로 이어졌다. 여성 독자들이 《제국신문》의 논설이나 기사에 대해 반론을 전개한 것도 비슷한 맥락에서 이해할 수 있다. '유지각한 시골부인'은 처첩제를 바라보는 《제국신문》의 시각을 문제삼았고(1898년 11월 10일), '가긍한 여노인'은 동사 소식을 전하는 기사가 당사자에게 그 책임을 돌리는 논조로 쓰인 것이 그릇됨을 지적했다(1900년 2월 5일).

국민 담론에 묻어서 한결같이 '여자도 국민'을 외치는 듯 보이는 국채보상부인회취지서에서도 미세한 차이들을 읽는 노력이 있어야 할 것 같다. 이들이 말 그대로 계몽 담론의 '유행어'를 단순 반복하는 것으로만 보는 시선은 온당하지 않은 듯하다. 오히려 공적 활동에 대한 여성의 욕망 혹은 여성 문제에 대한 근대적 인식이 '애국' 또는 '국민의 의무' 운운하는 외피를 쓰고 표출되는 것이 이 시대의 특징이었는지도 모른다. 근대 계몽기 국민 담론이 표면에서는 여성에게 '국민의 권리'를 주고 이면에서는 여성의 '국민 된 의무'를 취했다면, 국민 담론을 수용했던 당대 여성들은 의식적이든 무의식적이든 표면에서는 의무를 강조하면서 이면에서는 권리를 찾고 있었던 것이 아닐까?

4. 맺음말

이 글에서는 여성 글쓰기로 간주할 수 있는 《제국신문》 독자 투고를 대상으로 당대 여성들이 근대계몽 담론을 수용하고 재생산하는 양상을 고찰했다. 수합한 자료가 모두 20편이었는데 절반 이상이 1907년의 자료다. 국채보상운동에 동참하는 부인회의 취지서를 제외하면 13편이다. 후대로 갈수록 거주지와 성명 등 여성 독자의 신분을 명시한 사례가 늘고 있다. 1898년 11월에 실린 최초의 여성 독자 투고 두 편이 생애가 확실한 신소당의 글이었다는 사실은 당시 신문 독자 투고를 하나의 의사표현의 통로로 여겼던 여성 독자들의 실재성에 무게를 실어준다. 《제국신문》이 1907년까지밖에 공개되어 있지 않아[73] 1908~1910년 사이의 사정은 단정해서 말할 수 없

---

73 이 논문은 2004년에 발표된 것으로, 《제국신문》 미공개 자료는 분석 대상에 포함하지 못했다.

다. 다만 이 시기 다른 신문들에서 독자 투고가 전반적으로 활발하게 이루어지고 있음을 미루어 보건대,《제국신문》도 사정이 크게 다르지 않았으리라 추정해 볼 수 있다.

'여자는 안에 거하여 밖을 말하지 않는다'는 법이 폐기처분해야 할 구습으로 공론화되고, 여성이 공적 매체를 통하여 공적 사안에 대해 자신을 드러내며 발언하기 시작했다는 것은 한국여성의 언어문자생활이 새로운 시대로 들어섰음을 의미한다. '언문'이 '국문'의 지위를 얻고 '국민일분자지의무는 남녀가 일반'인 시대가 온 것이다.《제국신문》은 그러한 새 시대의 이념을 여성들에게 전달하는 '부녀자계몽지'를 자청했고, 독자 투고는 여성의 발언을 공적 영역으로 이끌어내는 선구적인 역할을 담당했다고 평가할수 있다.《제국신문》의 여성 독자 투고는 근대전환기 여성이 새롭게 경험한 글읽기와 글쓰기 사례로서 한국여성문학사에 자리매김해야 한다.

독자 투고를 통해 드러나는 여성의 목소리는 당대 계몽 담론의 테두리에서 크게 벗어나는 것은 아니었다. 그러나 각각의 자료들에서 주제의 동일성으로 환치할 수만은 없는, 여성 독자 개개인의 구체적 현실과 여기서비롯된 입장의 차이를 조금이나마 엿볼 수 있었다. 처첩제 문제를 다룬 논설에 대해 이견을 표했던 1898년 11월 10일자 투고가 그 대표적인 예다. 그러나 신문의 독자 투고에 관한 문학적 연구가 일천한 상황이어서 '여성' 독자 투고의 특징을 일반화하기는 아직 이르다. 성별은 물론 계층, 지역 등의 차이를 고려해 여타 신문과 잡지를 포괄한 독자 투고 전반에 관한 후속연구가 이루어졌을 때,《제국신문》의 여성 독자 투고가 갖는 특징이 선명해질 것으로 기대한다.

참고 문헌

1. 기본 자료

《제국신문》

『묵암비망록』(《한국사상》 16, 한국사상연구회, 1978)

이화여자대학교 한국여성연구소 편, 『한국여성관계자료집 — 근대편(상)』, 이화여
　　　대출판부, 1979.

이화여자대학교 한국여성연구소 편, 『한국여성관계자료집 — 근대편(하)』, 이화여
　　　대출판부, 1980.

2. 논문

고은지, 「개항기 계몽 담론의 특성과 계몽가사의 주제 표출양상」, 《우리어문연구》
　　　18, 우리어문학회, 2002.

권보드래, 「한국근대의 '소설' 범주형성에 관한 연구」, 서울대학교 박사학위논문,
　　　2000.

김영철, 「개화기 시가의 창작 계층」, 《근대문학연구》 1, 지학사, 1987.

서순화, 「독립신문의 독자 투고 연구」, 충남대학교 박사학위논문, 1997.

이경하, 「애국계몽운동가 申蕭堂의 생애와 신문독자 투고」, 《국문학연구》 11, 국문
　　　학회, 2004. 6.

이상경, 「여성의 근대적 자기표현의 역사와 의의」, 『한국근대여성문학사론』, 소명,
　　　2002.

이현희, 「신자료해제 묵암비망록」, 《국학자료》 30, 문화재관리국 장서각, 1978년 10
　　　월.

_____, 「묵암비망록의 자료적 가치」, 《월간중앙》 129, 1979년 3호.

이형대, 「근대계몽기 시가와 여성 담론」, 《한국시가연구》 10, 한국시가학회, 2001.

전미경, 「개화기 축첩제 담론분석」, 《한국가정관리학회지》 19-2, 한국가정관리학회,
　　　2001a.

_____, 「개화기 과부개가 담론분석」, 《한국가정관리학회지》 19-3, 한국가정관리학

회, 2001b.

_____, 「개화기 '남녀동등' 담론에 나타난 여성에 대한 계몽의 시각」, 《한국가정관리학회지》 20-1, 한국가정관리학회, 2002.

조형근, 「근대 의료 속의 몸과 규율」, 『근대성의 경계를 찾아서』, 서울사회과학연구소 편, 새길, 1997.

채백, 「독립신문 독자 투고의 현황과 특성에 관한 연구」, 《언론과 사회》 3, 성곡언론문화재단, 1994.

최기영, 「제국신문의 간행과 하층민 계몽」, 『대한제국시기 신문 연구』, 일조각, 1991.

최준, 「국채보상운동과 프레스 캠페인」, 『한국신문사논고』, 일조각, 1976.

홍찬기, 「개화기 한국사회의 신문독자에 관한 연구」, 《한국사회와 언론》 7, 한국사회언론연구회, 1996.

3. 단행본

고미숙, 『한국의 근대성, 그 기원을 찾아서』, 책세상, 2001.

박용옥, 『한국근대여성운동사연구』, 한국정신문화연구원, 1984.

한원영, 『한국신문 한 세기 ─ 개화기편』, 푸른사상, 2001.

기획

근대초기매체연구회

2004년부터 《제국신문》, 《황성신문》 등의 근대초기매체에 나타난 지(知)·담론·
일상·문화·서사에 대해 연구하고 있다.

지은이

김복순·명지대학교 방목기초교육대학 교수

박애경·연세대학교 국어국문학과 교수

김현주·한양대학교 기초융합교육원 교수

최기숙·연세대학교 국학연구원 HK교수

김기란·홍익대학교 국어교육학과 겸임교수

박상익·세명대학교 강사

배정상·성균관대학교 국어국문학과 박사후연구원

김윤선·고려대학교 인문대학 교수

문일웅·국사편찬위원회 편사연구사

이경현·서울대학교 강사

이대형·동국대학교 불교학술원 교수

장영숙·상명대학교(천안) 교양대학 교수

이경하·서울대학교 인문학연구원 HK교수

《제국신문》 총서 06

제국신문과 근대: 매체·담론·감성

첫 번째 찍은 날   2014년 10월 15일

기획   근대초기매체연구회
지은이   김복순·박애경·김현주·최기숙·김기란·박상익·배정상·김윤선·문일웅·
          이경현·이대형·장영숙·이경하

펴낸이   김수기
편집   문용우, 김수현, 이용석, 허원
디자인   박미정
마케팅   임호
제작   이명혜

펴낸곳   현실문화연구
등록번호   제2013-000301호
등록일자   1999년 4월 23일
주소   서울특별시 마포구 포은로56, 2층(합정동)
전화   02-393-1125
팩스   02-393-1128
전자우편   hyunsilbook@daum.net
ISBN   978-89-6564-104-9 93900

가격은 뒤표지에 있습니다.

이 도서의 국립중앙도서관 출판시도서목록(CIP)은 서지정보유통지원시스템 홈페이지(http://seoji.nl.go.kr)와
국가자료공동목록시스템(http://www.nl.go.kr/kolisnet)에서 이용하실 수 있습니다.(CIP제어번호: CIP2014027981)